[MIRROR]
理想国译丛
071

想象另一种可能

理
想
国
imaginist

理想国译丛序

"如果没有翻译,"批评家乔治·斯坦纳(George Steiner)曾写道,"我们无异于住在彼此沉默、言语不通的省份。"而作家安东尼·伯吉斯(Anthony Burgess)回应说:"翻译不仅仅是言词之事,它让整个文化变得可以理解。"

这两句话或许比任何复杂的阐述都更清晰地定义了理想国译丛的初衷。

自从严复与林琴南缔造中国近代翻译传统以来,译介就被两种趋势支配。

它是开放的,中国必须向外部学习;它又有某种封闭性,被一种强烈的功利主义所影响。严复期望赫伯特·斯宾塞、孟德斯鸠的思想能帮助中国获得富强之道,林琴南则希望茶花女的故事能改变国人的情感世界。他人的思想与故事,必须以我们期待的视角来呈现。

在很大程度上,这套译丛仍延续着这个传统。此刻的中国与一个世纪前不同,但她仍面临诸多崭新的挑战。我们迫切需要他人的经验来帮助我们应对难题,保持思想的开放性是面对复杂与高速变化的时代的唯一方案。但更重要的是,我们希望保持一种非功利的兴趣:对世界的丰富性、复杂性本身充满兴趣,真诚地渴望理解他人的经验。

理想国译丛主编

梁文道　刘瑜　熊培云　许知远

[美] 埃里克·塔利亚科佐 著　　闫佳 译

渗透边界的秘密贸易：
东南亚边境地带的走私与国家，1865—1915

ERIC TAGLIACOZZO

SECRET TRADES, POROUS BORDERS:
SMUGGLING AND STATES
ALONG A SOUTHEAST ASIAN FRONTIER,
1865-1915

民主与建设出版社
·北京·

© 民主与建设出版社，2024

图书在版编目（CIP）数据

渗透边界的秘密贸易：东南亚边境地带的走私与国家：1865—1915 /（美）埃里克·塔利亚科佐著；闫佳译. -- 北京：民主与建设出版社，2025. 2. -- ISBN 978-7-5139-4832-6

Ⅰ. F753.309

中国国家版本馆 CIP 数据核字第 202499081U 号

SECRET TRADES, POROUS BORDERS:
SMUGGLING AND STATES ALONG A SOUTHEAST ASIAN FRONTIER, 1865–1915
© 2005 by Yale University
Originally published by Yale University Press
Simplified Chinese edition copyright © 2025 Beijing Imaginist Time Culture Co., Ltd.
All right reserved.

地图审图号：GS（2024）4264 号

北京市版权局著作权合同登记号 图字：01-2024-6327 号

渗透边界的秘密贸易：东南亚边境地带的走私与国家，1865—1915
SHENTOU BIANJIE DE MIMI MAOYI DONGNANYA BIANJING DIDAI DE ZOUSI YU GUOJIA 1865—1915

著　　者	［美］埃里克·塔利亚科佐
译　　者	闫　佳
责任编辑	王　颂
特约编辑	刘　铭
装帧设计	陆智昌
内文制作	陈基胜
出版发行	民主与建设出版社有限责任公司
电　　话	（010）59417749　59419778
社　　址	北京市朝阳区宏泰东街远洋万和南区伍号公馆 4 层
邮　　编	100102
印　　刷	山东临沂新华印刷物流集团有限责任公司
版　　次	2025 年 2 月第 1 版
印　　次	2025 年 2 月第 1 次印刷
开　　本	635 毫米 ×965 毫米　1/16
印　　张	31.75
字　　数	420 千字
书　　号	ISBN 978-7-5139-4832-6
定　　价	118.00 元

注：如有印、装质量问题，请与出版社联系。

纪念我的父亲安杰洛·塔利亚科佐（Angelo Tagliacozzo）

目 录

第一章 导言 001

第一编 开辟边疆：边境的形成和国家

第一部分 建设边疆：在物理空间中划出界线

第二章 测绘边疆 027
第三章 执行边疆 050
第四章 巩固边疆 069

第二部分 想象边疆：国家视野中的边境沿线威胁

第五章 暴力的幽灵 097
第六章 边疆的"外籍亚裔" 115
第七章 来自当地人的威胁 141

第二编　穿越边疆：走私、利润和抵抗

第三部分　秘密贸易，漏洞百出的边境

第八章　毒品走私 165
第九章　跨国伪币制造者 183
第十章　非法人口贩运 201

第四部分　跨越英荷边疆的非法武器交易

第十一章　弹药和边境：军火的背景 229
第十二章　实践与逃避：武器走私的动态 254

第五部分　边疆故事：格拉姆·梅里坎的悲伤

第十三章　违禁品和"金万安"号帆船 277
第十四章　非法世界，1873—1899 295
第十五章　结语 315

注　释 329
地名人名拼写和用法说明 411
致　谢 413
常用名称缩写 421
参考书目 425
索　引 465

第一章
导言

> 我记得在巴伊亚附近的一个夜晚，萤火虫的磷光烟花表演将我包围起来；它们发出黯淡的微光，忽明忽暗，却不曾带来任何真正的光明刺破黑夜。事件也是如此，微光之外，黑暗笼罩。
>
> ——费尔南·布罗代尔（Fernand Braudel），
> 《论历史》（*On History*，1977）

1890年5月22日，北苏门答腊岛亚齐（Aceh）一个受荷兰控制的小国统治者，用马来语写了一封短信。收信人是一个叫峇峇曾（Baba Seng）*的华人，他住在马六甲海峡对岸的马来半岛上的英国殖民地。亚齐头领告诉这位华商，他需要一些东西：20支后膛枪、20条俄制肩带、火帽、枪油，还有其他东西。作为回报，头领承诺从他自己的农作物收成中拿出一批胡椒，这在马六甲的公开市场上

---

* 书中所有华人的名字，均根据罗马字母拼写法的读音音译为中文，但历史记录上并没有留下这些人的中文姓名，所以音译可能并不完全准确。（若无特别说明，本书所有页下注均为译者和编者注。）

可以为峇峇曾带来不错的收益。这封信是通过两名担任信使的亚齐女人送出的。[1]至于这笔交易是否真的发生过,这趟将武器和弹药走私到荷属东印度群岛(以及再从当地运出胡椒)的旅程是否遭到殖民当局的阻挠,如今没有留下记录。不过,有两件事是可以肯定的。在东南亚殖民地的英荷边疆经常发生这类走私活动,很多时候(甚至大多数时候)都未遭发现。从1865年左右开始,到1915年大致结束,英属和荷属东南亚殖民地之间3000千米的边界一直处在变动当中。这50年间,虽然这两个殖民地国家并不乐意,但走私商品经常越过边境。

这封100年前写给峇峇曾的信,很好地概括了本书中提出的一些主要问题。第一,所运输的货物是什么性质?当货物穿越国际边界等不稳定空间时,它们的性质是否固定?时间、地理和其他因素如何帮忙确定货物何时被视为违禁品,何时不是?第二,文化在"走私"中扮演什么角色?开展此类活动的伙伴关系是怎样以及何时建立的?谁参与其中?种族、语言和阶级在这些商议中扮演什么角色?第三,国家是如何"看待"的?哪些因素影响了国家(尤其是边疆诸国)的视角?技术对国家和走私者而言扮演什么角色?大多数情况下,"走私者"使用什么规避机制,瞒骗掌握大量优势资源的国家?[2]

在本书中,我按年代顺序记录了19、20世纪之交前后50年英荷边疆上各种"秘密贸易"的性质、实践和程度。这一走私环境的动态是怎样的?从种族、地理和社会阶层的角度看,这套系统是如何运作的?为什么新加坡,以及槟城(Penang)、马六甲和纳闽(Labuan)等港口会成为这种商业活动的理想中心?它们的经济触角越过边境,延伸到荷属东印度群岛上多远的地方?这些问题将在本书以下五个部分中得到解答,它们又分为大致相等的两编。第一编有两部分。第一部分考察了这两个殖民地国家在1865年至1915

年间是如何通过各种监管、拦截和执法机制（如测绘、勘探和武装力量）来构建边境的。第二部分追问殖民地国家认为边疆地区的哪些群体和现象具有威胁性，特别是跨境走私和迁徙等活动带来的危险。本书的后一编探讨各种各样打着不同算盘、有着不同顾虑的走私者，怎样跨越这一条在实际上和殖民想象中被建立起的边界。第三部分通过三种违禁商品的例子来讨论此类越境：毒品、伪币（counterfeit currency）和人口贩卖。第四部分随后将视野缩小到单独一种走私买卖上，即非法武器和弹药的跨境贸易。最后，第五部分通过一桩案件来讨论这些问题，即1873年"金万安"（Kim Ban An）号帆船因在亚齐海岸涉嫌"走私"而被抓获。在此后的25年里，这一案件的法庭记录，包括参与者自己的陈述，打开了一扇了解当时的走私世界的独特窗口。

3

我在这本书中提出，英国和荷兰两国在东南亚的殖民政权之间边境的变化与通过这一边疆的大量走私活动密切相关。换句话说，这本书展示了同一枚硬币的正反两面：边界的产生和与之相伴的（通过走私）逾越边界。1865年至1915年间，欧洲人构建和维护边境的能力有所增长，这主要是因为应用技术和组织方式的进步，我将在后文对此进行探讨。然而，正如第二部分所指出，在这半个世纪的过程中，西方，尤其是荷兰对边疆地区"蛮荒之地"的恐惧，从未真正减弱。走私的许多表现形式（毒品、武器、人口和货币，这是本书提出的四个主要例子）与这种矛盾的动态有很大关系。尽管两国对其中一些"秘密贸易"（如伪币）发起了相当成功的反击，但在本书所讨论的半个世纪中，其他贸易（如毒品）却从未得到控制。还有一些违禁品，如娼妓、"苦力"和奴隶等各种形式的人口交易，随着时间的推移发生了变化，或多或少地转入了地下。在本书中，我按年代顺序记录了边境如何被这些现代化的英属/荷属东南亚殖民地国家构建、滋养和巩固，又如何被走私者刺探并最终渗透的。

J.V. 普雷斯科特（J.V. Prescott）等学者指出，边境（Borders）、边疆（frontiers）和边界（boundaries）并不完全是一回事。不过，出于本书的目的，我多多少少地混用了这些术语。这是因为，50年来英国和荷兰在亚洲的势力范围不断变化演进，随着时间的推移，从边疆变成了边境甚至边界。[3] 这片区域的某些角落，即使在欧洲人已经认定某个特定地方存在边境概念很久之后，仍然是未被开发的边疆地带。每一条边界都有两侧，因此人们很容易以同等的重视程度对待英荷边境线两侧的资料和观点。然而，在研究走私的历史，以及走私活动与边界在这座舞台上的出现有什么样的关系时，这将是个错误。在荷属东印度群岛的荷兰人总是比在英属东南亚地区的英国人更担心边界和越界者。理由很充分：由于不同的经济和政治原因，绝大多数的走私活动都是越过边境进入荷属东印度群岛的。因此，尽管我从不同来源的英语资料中使用了大量的档案和史学资料，但本书的主要视角是荷兰人的。[4] 荷兰人凭借其垄断经济倾向及其与边境沿线地方政治势力的持续斗争，为研究这片共有边疆的动态变化留下了最多的资料。只要有可能，我也会强调当地人对边境构建和走私的看法，尽管这类文献鲜见记载，就算有，往往也很难找到。

本书使用了来自东南亚这一不断演变的边境两侧的荷兰和英国定居点和领地的数据与信件，来概述这一特殊地区的边境和走私故事。[5] 我收集并提供了一些我认为可靠的统计数据，有时，它们虽然并未告诉我们关于特定商业线路或整体交易环境的信息，我仍认为它们是有用的。不过，关于走私（尤其是那些跨越不断变化的敏感国际边界的走私）的信息，在性质上充其量也只是零散、支离破碎的。因此，在讲述这个故事时，我并没有完全依靠宏大的经济和政治叙事。相反，我还关注许多个人和地方，好让读者对边境和走私在当地的实际互动情况有个大概的了解。因此，我介绍了荷兰伪币专家G.C.鲍曼（G. C. Bouwman），以及伟大的婆罗洲殖民探险家G.A.F.莫伦格拉夫（G. A. F. Molengraaf）。书中还提供了被贩卖到苏门答腊岛沿岸的华人伐木工的证词，以及船只在亚齐海岸附近遭海盗袭击的受害者的证词。我仔细考察了邦加岛（Bangka）水域，将之视为窥见直至20世纪初帝国在边疆地区的水文测量能力变化的窗口。本书分析了1906年槟城的吗啡缉获情况。本研究的实际地点是东南亚岛国的英荷边界，但故事涉及的范围偶尔会穿透边境，到达距离边疆有一段距离的陆地，如爪哇、东帝汶，甚至中国、阿拉伯和日本。因此，不妨把这一特殊的边境视为一个由人、地貌和联系组成的旋涡，它们不仅将这一地区越来越多地束缚在一个新的网格当中，同时也维持着该地区与外部的连接。

走私及其背景

通过研究大量违禁品的流动，我们可以就这些系统的性质和运作方式得出一定的结论。此类非法贸易的整体，可被称为"地下贸易"：在这一领域中进行交易的大多数货物，都从地下或从法律和地理的夹缝中通过。在这一地区，地下贸易似乎分阶段存在，在一个阶段内，一种地下交易类型中的某些产品甚至是成箱货物在这里进进出出。这些水域中没有任何物品是因其本身而变成违禁品的。相反，特定的历史时刻决定了该地区的殖民地政府主要是基于自身利益考量而将货物正式设为非法。因此，枪支、野生鸦片，尤其是人（如妓女和奴隶）常常被列为违禁品，但其他商品，如胡椒、瓷器，甚至大宗运输的大米，只是有时会被列为违禁品。同样，完全取决于对殖民地政府有利的各种因素，同一座港口有时宣称开放贸易，有时宣称严禁贸易。这两种情况都鼓励了非法物品的快速流动，不是以新的形式流入，就是流入新的非法地点。

然而，有些空间一贯被认为比另一些空间更适合走私，因此，在记录中，有利于走私的地理位置显而易见。从历史分类来看，地下贸易最常发生在三种地方：边境和外围地区，远离国家的视野和触角；自然形成的咽喉关隘，如山口和狭窄的水道，贸易会因地理原因被引导至此；混乱的城市，纷繁复杂的活动在一定程度上蒙蔽国家的眼睛。例如，新加坡就是地下贸易活动的完美中心。它位于海峡的狭窄水道上，也是位于荷属与英属东南亚这两个不断发展的殖民地国家边疆的海上边境城市。[6] 由于规模大和鱼龙混杂，这座城市是走私者重要的避风港。在这里，国家的视野和触角，原本应在这一地区的帝国权力中心最为强大，实际上却在自己的后院遭到削弱。海岸警卫队的快艇和警察总是不够用，舢板和暗巷总是太多。从地区政权的角度来看，这种失明状态非常危险。当政府向当地走私者施加强制力量，阻止其非法活动时，这些走私集团以各种方式加以抵制。伪造的货运文件、虚假目的地、隐蔽的货舱和小型快帆船，都会与其他规避手段（如法律的漏洞和有组织集团的替罪羊）叠加使用。[7]

走私还经常发生在抽象意义上的第四种空间：以国家公务员为代表的腐败和私人利益网。此类行为者的协助与合作，往往对走私活动的成功至关重要，因为这些人可以保证国家的目光在合适的时候偏转到其他地方去。我们在本书中会看到，在19世纪的东南亚，英国和荷兰的势力范围里就发生着这一幕。然而，由于这两大殖民地国家都对其政权的所谓道德优越性做了大量投资（至少在面对其臣民时是这样），因此很难找到有关这些联系的丰富记录。也就是说，无论官员是欧洲人还是当地人，有关官员腐败的文件都并不会被轻易、自愿或迅速地提供。然而，这一现象也是该区域走私历史的一个重要组成部分，下文将对此加以说明。

然而，档案文献本身并不足以涵盖这个故事的全部面貌。有人说，农民的工作就是让自己别进档案馆；每当国家开始关心农民的日常生活时，历史学家就知道出问题了，因为原因通常涉及抗议或不满。这句话，用到走私者这个群体上再合适不过了。因此，大多数国家的走私记录都是在记录失败：只有走私者遭抓获，许多案件的细节才得以记录下来。尽管如此，关于走私及其与殖民地边境关系的线索，也可以从其他地方寻找。报纸在这方面很有帮助，19、20世纪之交的早期人类学家和传教士的田野记录也是如此。旅行者如约瑟夫·康拉德（Joseph Conrad）的故事，也得到了仔细研究，以表明从同时代目击者对地点和事件的描述中可以收集到多少事实信息。[8]法庭案件、证人证词和缴获的信件让我们得知了行动的细节，有时还能听到走私者自己的声音。把当时的照片、航运方面的专栏文章和条约放到一起，我们就能了解可用资料的来源有怎样的范围和深度。最终得以编目并记录下来的口述记录，还有现存的物质文化器物本身，也是非常有用的信息库。[9]

在殖民时期的东南亚，是什么人在走私商品？毫不夸张地回答，"几乎所有人"：来自不同亚群和语言背景的华人、"马来人"、布吉人（Bugis）、达雅克人（Dayaks）、日本人和"海上吉卜赛人"，都有参与。如前所述，欧洲人同样参与了这些交易，有时还走私违禁品来对抗他们自己的殖民地政府。泰国学者吴汉泉（Sarasin Viraphol）已经向我们展示了一艘从事远洋贸易的中式帆船需要多少人力：人数可能高达数百，所有人都在船只所载货物上有所投资。他还注意到，商人和腐败的公务员利用便利的虚假手段让商品通过垄断性国家系统，包括将贸易货物伪装成压舱物以规避法律限制。[10]将商品重新分配给下属，是确保其臣属附庸地位的一种重要方式。这种方式似乎已经成为泛东南亚的特点，能将人力资源与整个地区的头领绑定，并巩固这些头领的地位。[11]因此，在世界的这一地区，成功进行交易或走私的回报相当高。能否确保所需货物的流通（哪怕运输它们有时违背政府规定），可能意味着一个人能保住权力，还是输给竞争对手。事实上,走私活动所需的常规成本通常很低(一艘船、一些补给,以及对当地潮汐、沙洲和风向的了解),这意味着许多人都可以参与违禁品交易。[12] 19世纪后期,随着欧洲列强在该地区施加统治,很多当地人都尝试用这种方式赚钱。

为什么呢?是什么原因促使人们冒着生命危险进行这样的"旅行"呢?走私者的盘算很复杂,但关于这些"旅行"的理由和决定可能围绕着3个主要问题展开:权力、收入和道德。从政府的角度来看,国家无法接受与其他任何伙伴共享人身胁迫或施展权力的手段;这就是为什么非法贩运武器让巴达维亚(Batavia,今雅加达)大感焦虑。从相反的角度来看,走私者在权力问题上的优势就显现出来了:需要武器,恰恰是为了抵御国家讨人厌的袭扰,甚至是为了与东南亚地区其他武装竞争者较量。从收入的角度来看,现代国家建立垄断和税收制度,都是为了确保其财政生存。失去这两者,国家是无法承受的。例如,鸦片在荷属和英属殖民地均被国家垄断,为两国政府提供了过半的收入。因此,两国政府都认为非法鸦片的大规模交易非常危险。最后,殖民地国家的文明教化使命的道德正当性问题,也是走私活动发生变化的一个关键因素。至少从殖民地国家的角度看,如果要让文明教化使命获得任何合法性,就不能允许贩卖未成年妓女或奴隶这样的交易继续下去。然而,东南亚人对这些禁令的看法往往非常不同,因为他们自己对奴隶和妇女贸易的道德等级观有别于欧洲人。因此,走私或不走私的决定围绕着这3个问题展开,并在不同的情况下呈现出不同面貌。

在人类历史上,这种国家指定的犯罪形式和对统治政权的反抗,有着多种表现形式。美国政治学家詹姆斯·斯科特(James Scott)提出,农民使用一些日常方式来抵制国家和精英阶层的压榨;如果这是正确的,那么对行商坐贾而言,情况又何尝不是如此呢?[13] 商人拥有农民所没有的资本和错综复杂的人脉,流动性是其职业的组成部分,他们往往与腐败官员结成盟友,从许多方面(尤其是通过走私)抵抗政府日益严格的约束。本来,有些商人无非是在延续古老的商品流通线路,眼下这些业务却被地区政府认定为走私。其他人则把新的边境和严格的控制措施看成从不断变化的政治和经济环境中赚钱的机会。然而,在所有这些情况下,这些行为者往往从殖民地买办变成不法之徒,尽管也有许多最聪明的人似乎能够身兼二职。对19世纪犯罪性质(从工业化的西欧,到东南亚殖民地)的研究,有助于我们了解这些过程的发展。[14] 然而,由于反抗殖民地国家是一个高度情境化的决定,当地居民什么时候决定走私,什么时候不,还有待观察。在这方面,学术争论往往具有启发性,它们概述了不同时间、场所和地点的所谓反国家犯罪行为的决策因素。[15]

在新兴的全球政治经济史中,走私是一个虽小但重要性日益增长的课题。然而,对于殖民时期的东南亚,只有历史学上的片段在某种程度上触及了这些活动。例如,有人曾研究过殖民时期新加坡的卖淫情况,但人口贩卖的实际机制,通常只会放在殖民地女性生活研究的序言部分。[16] 同样,有人研究过南苏门答腊的胡椒和锡走私,以及越南北部大米和铁器走私,但只是在研究其他课题的作品中做了简要说明。[17] 对殖民地贸易的概述也会涉及海峡殖民地(Straits Settlements)和荷属东印度群岛的经济史,但很少有人尝试量化或评论统计数据之下的违禁品流动情况。[18] 这些研究的出发点,都不是要描述非法贩运。每一项研究主要涉及对一种特定现象的全面考察,如卖淫、海盗或殖民地贸易的总体流动。然而,正是这种将走私边缘化为纯经济问题的做法,导致我们对东南亚殖民地的总体认识出现了偏差。许多相同的(种族相同、地理位置相同、社会经济地位相同)行为者,同时参与了合法与非法的活动。本书不再孤立地研究这些现象,而是探究走私者和不断推进的边境跟整个殖民地社会的更大结构的互动。

不断演变的空间网格

东南亚这一地区的走私活动,以及不同形态的国家或初具国家形态的政治体试图阻止走私的历史,可以追溯到该地区过去的几个世纪。这一地区的早期文明没有明确的边境和边界,因此也就不存在非法跨越。相反,这些早期文明,特别是在大陆上,多以曼陀罗(mandalas)*的形式存在,有一个拥有强大权威的地理核心,以逐渐减弱的方式向外辐射,直至完全得不到有效的效忠。在东南亚岛国,一种伴随而来的模式是在河口上建立小王国,此类王国的权力部分来自控制贸易的尝试,尤其是对上下游(在马来语里,上下游分别是"hulu"和"hilir")产品征税。这两种组织形式都为走私活动留出了空间。东南亚第一个伟大的海洋文明三佛齐王国(Srivijaya,又作"室利佛逝",公元7世纪至12世纪),其繁荣便主要建立在垄断马六甲海峡的贸易上。这个王国在马六甲海峡的苏门答腊和马来半岛两侧都设有前哨,因此能够迫使经过船只接受强制征税,这一政策促使了有能力避免缴税的商人开展违禁品贸易。[19] 几个世纪后,继三佛齐王国之后,马六甲苏丹国(Melaka Sultanate)成为这片水域的最高权力中心,它从这一经验中汲取教训,将关税和港口税保持在较低水平,试图鼓励大量贸易。[20] 然而,由于马六甲(位于今天的马来西亚)成为一个著名的中转站,用于运输价值与

---

* "曼陀罗"一词在梵语中意为"圆圈",另有聚集、坛场之意,是印度教和佛教常用的象征性图形,也被用来描述东南亚历史早期的一种多圈层的国际秩序体系,即"曼陀罗体系"。在该体系中,存在多个核心国家,各国之间的朝贡关系复杂,核心国家直接统治的范围往往局限于首都周边,其他疆域则依赖地方政权的承认,因此各国领土范围频繁变化。

第一章 导言

体积/重量比非常高的货物,包括金粉、宝石、香料和"异域药材",因此可以假设,这些贸易中也存在相当数量的走私活动。

然而,随着17世纪荷兰人的出现,这些模式中有一些开始发生变化。荷兰东印度公司(Vereenigde Oostindische Compagnie,简称"VOC")试图制定严厉的强制垄断政策(尤其是在香料的生产和运输上),确保其在东印度群岛(今印度尼西亚)部分占领地区的利润。在印度尼西亚东部,特别是在马鲁古(Maluku,过去被称为香料群岛),这些政策包括大肆谋杀某些生产丁香和肉豆蔻的岛屿上的居民、将之驱逐出境,以及武装监视香料园,以确保这些商品不会被走私出去,从而对荷兰的垄断企业造成经济损失。[21] 在18和19世纪的印度尼西亚西部,荷兰人还对邦加岛和勿里洞岛(Belitung)的锡的自由贸易采取了打压举措,这促使居民尝试把矿石偷偷地卖给路过的英国商船和中国帆船。[22] 在东部水域,荷属东印度群岛首府巴达维亚外的某些海湾和溪流以走私者聚集地而闻名。当然,这些午夜交易的部分主要参与者,本身就是荷兰东印度公司里报酬微薄的职员,他们在自己首府的眼皮底下讨价还价。[23]

到了19世纪初的前后几十年,一些在本书所研究的时期变得重要起来的政治地理格局已经逐渐得到巩固。1769年,英国人占领了北婆罗洲北端的巴兰邦(Balambangan)岸岛;1786年,马六甲海峡北端的槟城也遭吞并。1819年,斯坦福德·莱佛士(Stamford Raffles)爵士买下新加坡的著名举动,将这两个早期的前哨地区一分为二,开始显示出日后划分整个东南亚诸岛英荷边界的"项链"轮廓(地图1)。1824年的一项重要条约首次将海峡一分为二,英荷双方交换了各自在对面的领土,但在这片新兴的边疆地带,贸易和影响力仍持续快速发展。19世纪40年代初,英国冒险家詹姆斯·布鲁克(James Brooke)在婆罗洲西部建立了自己的小王国;巴达维

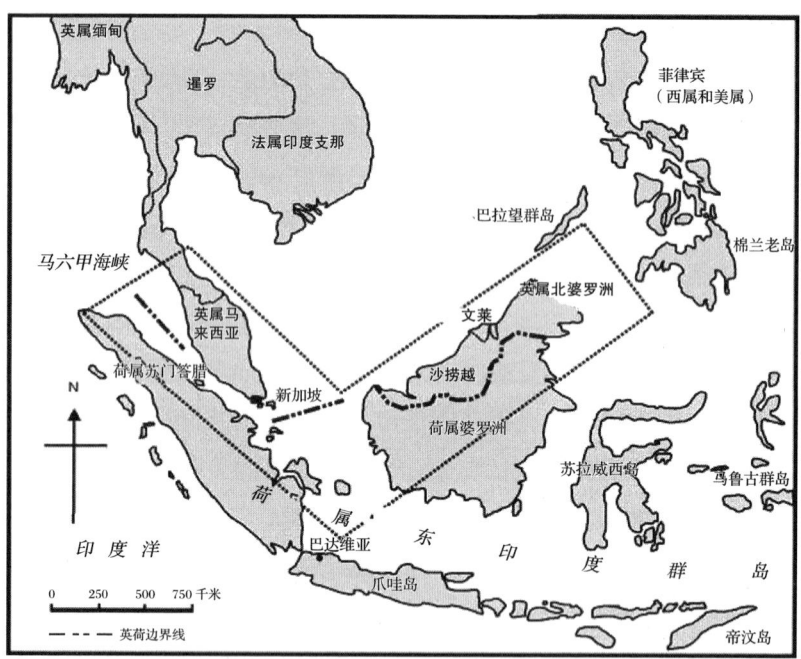

地图 1　19 世纪英荷边疆的陆地和海域

亚密切关注着这一举动，对其影响深感不安。19 世纪 40 年代，英国王室占领了西婆罗洲海岸以北的纳闽岛。1851 年，其他冒险家[比如美国人吉布森（Gibson）在占碑（Jmabi）]试图沿着这片快速发展的边疆开辟独立的小领地，荷兰人对此非常焦虑。最终，1871 年，两个殖民大国再次来到谈判桌前，划定各自的势力范围。伦敦承认苏门答腊完全是荷兰的领地，以换取在近年来得以巩固的海上边界上实现商业权利的保障。两年后，荷兰人袭击了亚齐苏丹国，随后开启了征服亚齐苏丹国的进程。亚齐苏丹国是边境沿线最后一个有一定规模的独立政治体。一年之后，也就是 1874 年，英国人在马来半岛开始"前进运动"（Forward Movement），将他们的势力和影响扩大到了霹雳州（Perak）。本书研究了该地区从 19 世纪 60 年代中期到1915年前后的跨境走私活动。在此时期，边疆地区的今日形态已大致显现。

在东南亚塑造这一新兴的英荷边疆，需要许多铺垫的过程。1865年至1915年期间，绘制边境地图的各种任务一直在推进，包括勘探、实地测量，然后将所得数据分类为两个殖民地国家能够处理和理解的形式。有关帝国主义发展轨迹的学术经典提供了一套宽泛的概念框架，用于研究这些被划定的边境是如何落实和执行的。[24] 只有相对较少的作者着眼于对英国这一侧开展分析工作，印度总是比东南亚更能引起英国帝国史学家的关注。[25] 总体而言，关于荷兰帝国主义在东印度群岛的著述要多得多，也更具争议性。一些作者质疑荷兰帝国主义与其他帝国主义项目是否存在本质上的不同，这一质疑引发了激烈的辩论。尽管此类讨论在20世纪70年代就开始了，但近年来，对话中又加入了一些重要的研究，其中最引人注意的是对荷兰外交政策的新修正主义研究。很遗憾，将这一课题纳入更大的帝国主义主题之下的最优秀的学术研究大部分都是用荷兰语写的。[26]

如果说，东南亚诸岛的边境形成，是通过欧洲军事力量的胁迫实现的，那么也可以说，它是通过持久而复杂的测绘项目来完成的。一些重要的学术工作研究了该地区的这些过程，尽管这方面最详尽的文献仍然只有荷兰语版本。[27] 然而，关于东南亚殖民地边境形成的概念演变，最佳研究代表作是通猜·威尼差恭（Thongchai Winichakul）洞见犀利的《图绘暹罗》（Siam Mapped），但仍未涉及南岛语族（Austronesian）的世界。[28] 而这本书中所描述的地理和认识过程，也尚未在该世界的岛屿和海峡中找到对应情形。目前，也还没有人基于近年来对近代早期欧洲已趋成熟的研究思路，解释边疆地区国家的形成。这很令人感到遗憾，因为欧洲历史所描述的国家支持的暴力过程，恰恰是西方在世界其他地方扩张动态的前

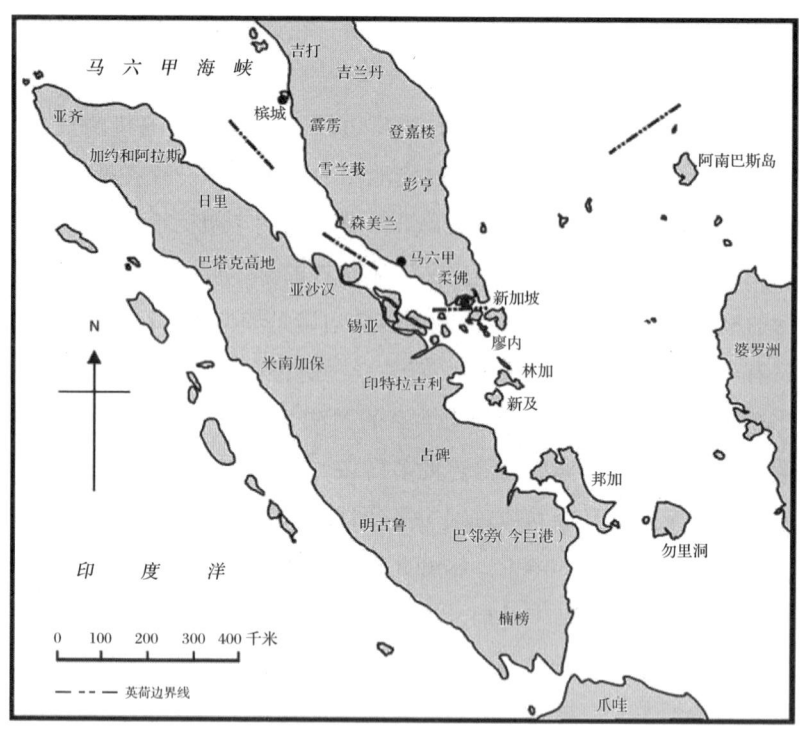

地图2a 19世纪马来半岛、苏门答腊

身。[29] 这在东南亚尤其如此，因为这个地区和欧洲一样，由许多小规模或中等规模的政治体构成，它们的边境领土彼此接壤，有时甚至重叠。

随着学者们着手研究不同地区如何以不同的形式经历往往相似的过程，关于边境如何形成的概念性研究已然成为一个庞大而复杂的领域。例如，通过分析加拿大五大湖周围的毛皮贸易史，我们可以为分析东南亚地区提供经验；而圣彼得堡对俄罗斯远东地区巨大木材储备的推动，从资源的角度来看也对东南亚研究有着指导意义。[30] 在中国，遥远的西部省份新疆和甘肃常常充当帝国的流放地，而在亚马逊地区，巴西在边疆开发橡胶的活动不断扩大，许多

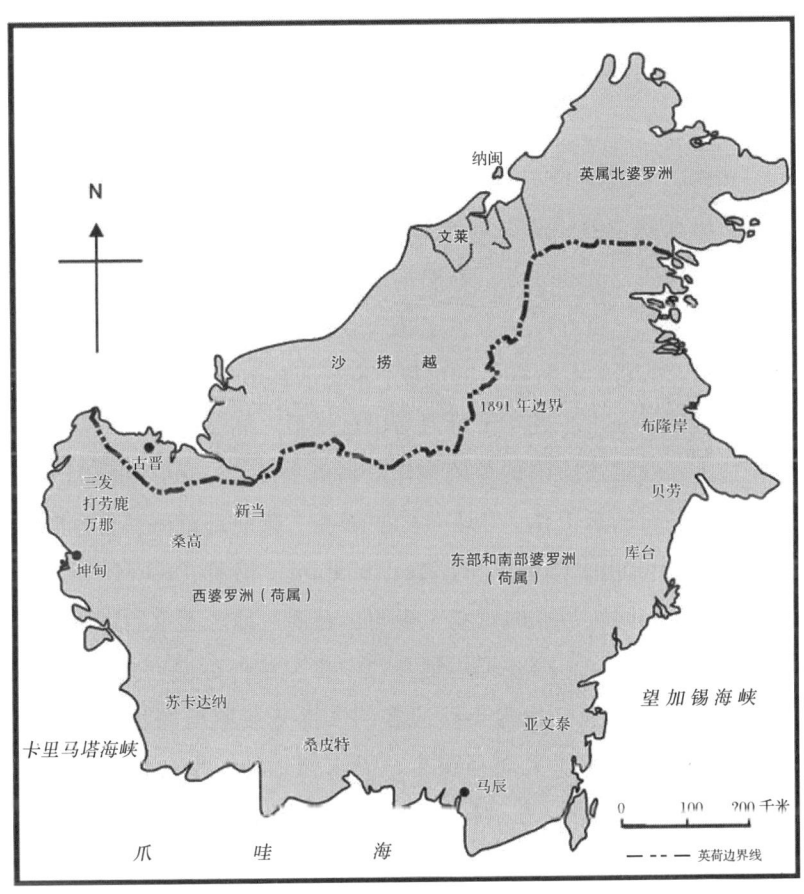

地图 2b 19 世纪婆罗洲

当地人别无选择，只能参与到该地区的经济活动中。[31]历史学家试图追踪病原体在外围人口中的流动，也顺带研究了印度的疾病及其与边境地区的关系。[32]不管讨论的对象是资源、政治还是当地民族的融合，所有这些全球边疆环境都与东南亚新兴的英荷边界存在相似之处。一些学者已经开始跨越时间和空间，比较不相关的边境地区的经历和环境；他们的结论既有趣又令人惊讶，而且涉及文化、政治和农村经济。[33]其他作者也参与了这场辩论，他们着眼于比利牛斯山的边境村庄、世界范围内不同边疆的身份认同问题，以及著名的特纳（Turner）的美国西部边疆理论的修正及其重要的知识遗产。[34]

然而，较之对世界其他地区的研究，对英荷东南亚殖民地区之间新出现的边界的研究直到最近仍落后一步。20世纪60年代末出版了有关婆罗洲和北苏门答腊岛边疆方面的扎实著作。但怎样研究边境的观念，自那以后发生了重大变化。[35] 只是在过去15年里，才陆续有一些研究从各种新的角度，审视局部边界形成的特定方面。这些尝试包括分析区域本土势力与巴达维亚之间微妙的、不断变化的关系，以及论述所谓的荷属东印度群岛外岛（Outer Islands）经济的令人兴奋的新工作。[36] 还有一些研究［特别是对荷兰皇家邮船公司（Koninklijke Paketvaart Maatschappij，简称"KPM"）及印度尼西亚岛屿间航运业的研究］表明，在周边地区国家的形成中作为组成部分的海洋，往往把边疆与"中央"拉得更近了。[37] 这在东印度群岛尤其重要，因为英荷边疆的大部分接壤地区都为水域而非陆域。马六甲海峡又浅又狭窄，隔水相望的两岸陆地上的居民拥有相似的语言、种族和宗教，这对划定国际分界线而言并不理想。事实上，贸易和移民在海峡两岸已经互相渗透了至少2000年，这也给任何尝试划定边界的人带来了问题。下面的篇幅，将详细讨论这些对边境的固化以及边界形成过程的挑战。

上文提到的政治进步所创造的经济世界，在19世纪末和20世纪初也是一个截然不同、对比鲜明的世界。在新出现边界的英国一侧，马来亚西海岸通过殖民地种植园（特别是橡胶和油棕种植园）以及锡矿（在马来半岛的锡矿开采历史可追溯到殖民前的时代）迅速成为财富的来源。[38] 沙捞越（Sarawak）和英属北婆罗洲（分别由布鲁克家族和北婆罗洲公司经营），最终也成为高资源驱动型经营单位，尽管时间比马来半岛晚。[39] 然而，沿着婆罗洲边境，仍然有大片森林将英国和荷兰的势力范围分割开来,远离英属一侧蓬勃发展的矿区和种植园世界。在荷属东印度群岛,大部分边境居民区的经济通常被描述为二元经济的证据:荷兰的资本密集型农业和采掘业,与当地生产者的乡村经济。在这种对外岛的描述中,当地居民的经济世界与其殖民统治者的经济世界之间少有交集。[40] 然而,新近的研究表明,在荷属殖民地首府、当地生产者和诸如新加坡等地区港口连接成的一张错综复杂的网络中,边境居民之间实际上存在着怎样复杂的经济互动和相互影响。[41] 因此,边境上殖民者和被殖民者之间的经济联系非常微妙,巴达维亚和泗水(Surabaya)等殖民中心彼此之间的联系、它们与海峡殖民地等其他殖民前哨之间的联系,都是多种多样、非常复杂的。

商品和不断变化的世界

分析边境的演变所需的资料来源多种多样。这些资料也为我们打开了一扇窗,让我们得以了解跨越英荷边疆的同样多种多样的走私商品。出于本书的目的,这里突出强调了几种商品,以充实走私贸易的具体细节。如前所述,非法麻醉品、伪币和人口买卖构成了第三部分的内容,而第四部分的全部内容都用来审视进入东印度群岛的非法军火贸易。第五部分介绍了一艘在马六甲海峡走私的中式帆船的细节,探讨了大米、胡椒和槟榔以及上面已经提到的一些物品的走私。然而,可以用来说明本书中探讨的模式和趋势的商品还有很多。酒精和烈酒、印刷品或各种其他货物的非法运输,也可以用来展示这些活动。

边境沿线的烈酒交易,就是一个很好的例子。早在19世纪50年代,婆罗洲西岸的纳闽等港口,就将销售烈酒的执照外包出去,以增加殖民地的财政收入。几乎在同一时间,走私集团迅速涌现，挑战此类垄断举动。因此，政府必须不断修改法律，打击这些集团，确保政府利润。[42] 在其他英属领地，如马来半岛，也存在走私酒类的情况，19世纪90年代的马来语报纸清楚地表明，就算是英国权力的所在地新加坡，也从未完全避免这些问题的影响。[43] 金酒、白兰地、威士忌，甚至自制的阿拉克酒（arrack），都越过边境，流入荷属东印度群岛。[44] 这种情况发生在西婆罗洲等地，走私者每次带入小批的欧洲酒以规避当地的垄断性法规，而与边疆相邻的廖内（Riau）和亚齐的荷兰农场也因此损失惨重。[45] 由于商人从贩酒中获取利润，完全禁止向荷属东印度群岛边境的当地居民运输酒类（这是道德运动的一部分）的尝试注定会遭到失败。直到20世纪初，苏禄（Sulu）这样能指望与其他殖民地的政府展开合作的地方，才出现了规模更大、更系统的努力来阻止此类商品流动。[46]

特定类型印刷品的流动，是另一个切题的例子。特定类型的信件，如鼓吹阴谋或反抗国家的信件，也经走私越过边境。例如，1889年，一名荷兰翻译被派往沙捞越，翻译38封中文信件，这些信件的内容将古晋（Kuching）的秘密社团活动与荷属东万律（Mandor）和打劳鹿（Montrado）的华人矿工联系起来。[47] 然而，边境线两侧穆斯林之间的"煽动性"信件似乎要常见得多。在1873年荷兰对亚齐的两次攻打之间，在（英属）海峡殖民地的亚齐战争（Aceh War）*抵抗派成员携带大量的信件偷渡荷兰边境，连接婆罗洲东南部的马辰（Banjarmasin）、西苏门答腊岛的巴东（Padang）、爪哇的井里汶（Cirebon）和万丹（Banten）。此类穆斯林协调内部活动的企图，让巴达维亚大为惊恐，仅在1881年，官方就查获了

---

* 亚齐战争（1873—1904），荷兰殖民地政府与亚齐苏丹国之间发生的一系列战争，是荷兰在东印度群岛扩张的一部分。战争持续了31年，是荷兰殖民历史上最漫长的战争之一。

至少200封可疑信件。有些信件是从遥远的阿拉伯来到东印度群岛的，虽说它们并不全都能到达最终目的地。从奥斯曼土耳其和其他地区流出的激进伊斯兰报纸，也让东印度群岛的荷兰政策规划者感到焦虑。这种煽动性的宣传刊物在群岛上的出现，导致政府没收、禁止了其中的几期，还颁布了法律，"保护"当地人民不受这种"邪恶"的外来影响。[48]

然而，只要该地区的殖民地政府认为符合其利益，其他任何东西也都可以变成违禁品。因此，在亚齐战争期间，历史悠久的苏门答腊沉香木、达玛（dammar）树脂和金粉被定为违禁品，因为荷兰人知道这些产品价值不菲，容易隐藏，可以在海峡另一端的槟城卖出高价，为亚齐人提供资金。[49] 来自临时检疫地区的动物产品，如孟买和卡拉奇（Karachi）的内脏、蹄子和鬃毛，也定期受到禁止，但仍会被寻求利润的人悄悄带进东印度群岛。[50] 盐在荷属东印度边疆屡屡被走私，很大程度上是因为盐的价格因地而异，在边境的英国一侧几乎总是更便宜。[51] 这样的例子数不胜数，从高质量的雪茄到量贩布料，从一圈圈的细电线（战争期间被视为危险品）到没有版权的书，都曾是某一时期的违禁品。[52] 在婆罗洲热带雨林的树冠下，围绕着有500年历史的明代瓷罐发展出了走私贸易，因为当地的达雅克人想要越过边境交易这些瓷罐，但现在却听说要课税。[53] 就连活猩猩有时也会遭到扣押，例如一艘驶离新加坡港的帆船上发现了一只被链子锁着的可怜猩猩。[54] 所有这些商品都在不同的时间、不同的地点跨越边境，但总是违背这两个欧洲政权至少其一的（道德、金融或政治）意愿。

在本书所研究的时期内，走私在有些时候比在另一些时候要容易。19世纪60年代中期，英荷边疆已经是一个不断演变的实体：边境并不固定，不同地方的形状有着微妙的改变。随着两个殖民政权各自与婆罗洲地区首领签订新契约，以及与边疆上其他民族谈判和重新谈判条约，边境在地面上的形状不断变化。数十个小的政治体在不同的地方毗邻边界：仅在荷属婆罗洲，巴达维亚就必须编制详尽的名单来记录这些公国。边疆周围的华人矿业社群也让局面变得更为复杂，另外还有许多完全忽视边境存在的游牧民族。迁徙和以劳工为基础的流动让人口向四面八方转移，该地区人口统计数字迅速变化，这一事实使得这个情况变得更加不稳定。因此，要想在这样错综复杂的局面中，开辟出一条独立的、在经济上和政治上可控的边疆极为困难。这两个殖民地国家的可用资源似乎都不足以完成此项任务。

然而，到了1915年左右，这片绵延3000千米的空间明显呈现出了一幅截然不同的景象。微型政治体、欧洲殖民宗主国、自由游荡的流动人口和半独立矿业社区的复杂组合，其存在形式均与半个世纪前大相径庭。尽管荷兰法院甚至荷兰政治家都认识到，从技术上讲，一些亚洲人口仍然不在自己直接监督和控制的范围内，但束缚这些公国的套索却以越来越快的速度收紧。从前的附庸国可为自己的船只颁发执照，现在没有这样的权限了；荷兰人甚至不再用"属国"（vassal）来称呼这些领土了，而是改用"自治区"（self-governing region）这个被认为更能表达新"整体"（holistic）关系的词。[55] 海峡对岸的英属东南亚领土上，情况也大致相同。1909年，半岛上剩余的"马来属邦"被并入英国的控制之下。两个殖民大国强化了行政管理，提高了在各自领域内对贸易和流动的执法水平。然而，为了生存，走私活动也需要发展。因此，在迈入20世纪的前后几十年里，走私活动变得愈发复杂，与边境沿线许多地方的执法能力不相上下。

走私者能做到这一点所采用的最重要的方法之一，是利用当地的知识。国家通常在监视、拦截和控制能力方面占据技术优势；为了在某种程度上平衡竞争环境，走私者依靠的是对当地情况的详细了解。马六甲海峡作为走私场所的地理位置就是一个很好的例子。

马六甲海峡长 500 英里*，最宽的地方有 300 英里，最窄的地方只有 8 英里。这里有一张巨大的贸易和旅行网络，哪怕走私行为要受到法律的限制。海峡的深度在不同地点之间变化很大，有时在南北通道上会缩小到仅为几米，洋流和风力条件也变幻莫测。[56] 走私者根据多年来在这一浅海湾从事贸易的经验，最大限度地利用这片区域提供的速度和隐蔽性，智胜殖民地国家。类似的情况也存在于陆地上的婆罗洲，当地人对边疆的了解，倒不在于礁石和狭窄水道，而体现在使用便于藏身的小路（setapak）和隐蔽支流上。因此，跨越边境的走私历史，基本上是一场关于当地情况的知识博弈，随着时间的推移，殖民地国家开始学习这一概念，一如走私者（反向）学习使用国家的技术。

最后，我还需要提一下本书是如何运用"地理学"（geography）的，不仅本书中的走私者、殖民地国家使用它，我也将在概念层面使用它。最近，越来越多的人意识到，采用以国家为中心的地理学很难研究地区。这个概念在论述历史学家如何书写历史的更宽泛的史学讨论中得到了一些关注。[57] 在东南亚，特别是在英荷殖民地边疆，这样的趋势近年来也迅猛发展。一些学者针对早期现代研究采用这种方法，取得了很好的效果；而另一些学者则在经济学研究中揭示了它的意义，还有一些学者则把它用于更广阔的爪哇海（Java Sea）文化模式分析。[58] 对殖民时代东南亚的走私和边境形成模式的研究，这种视角似乎不仅具有挑衅性和趣味性，更是一种不可或缺的分析工具。1865 年至 1915 年这段时期很有趣，因为正是在这一时期，在世界的这一地区，民族国家的基石逐渐成形，殖民地国家或其臣民尚未视之为理所当然。因此，围绕一个更广泛、更具包容性的地理环境——包括当代马来西亚、新加坡、印度尼西亚、文莱和菲律

---

* 一英里约为 1.6 千米。

宾——进行考察，似乎恰如其分。正是在检验和争夺这些新出现的边界的过程中，走私活动找到了自己的角色：它既是一种赚钱的事业，也是一项有力的抵抗运动。

第一编

开辟边疆：
边境的形成和国家

第一部分

建设边疆：在物理空间中划出界线

在大地上有力地刻下边境线的，不是警察、海关人员，也不是城墙后面的大炮，而是感情，是高涨的热情——和仇恨。

——吕西安·费弗尔（Lucien Febvre），
《莱茵河》（*Le Rhin*，1995），第 84 页

第二章

测绘边疆

　　西方对世界的勘探史、地图测绘史以及随之而来的分类史是一个庞大的课题，学者们长久为之着迷。欧洲人对分类学的渴望，有一种几近林奈*式的特质：世界的存在当然是为了征服，但也是为了要被认知。探险家、制图师和政治家们推进了这些计划，将新"发现"的陆地和海洋归入可根据帝国的考量加以阐释的类别。在东南亚，这些活动有着跨区域的特点，在长达数个世纪之久的时间里，遍布在这座舞台的各处。这些新民族是什么人？他们住在哪里？他们的特征是什么？到了19世纪中期，这些问题有了更强的掠夺性：那条河湾上的人，属于你的势力范围，还是我的势力范围？那些山有多高，里面的矿物是归你们管，还是归我们管？也许最重要的是，殖民统治者开始提出这样一个问题：怎样阐释和控制这一地区生活中各种各样的经济和政治现实？历史学家吕西安·费弗尔提出，在这一地区划定新边境所需的必要工具并不只有警察、海关人员和大

---

* 指瑞典著名自然学者卡尔·林奈（Carl von Linné, 1707—1778），近代植物分类的奠基人。

炮，他或许是对的。但在19世纪中期，想要播下这些象征帝国掌控最初方面的种子，对欧洲人来说似乎也是一项巨大的挑战。

探索边界地貌

在迈入20世纪之前的几十年里，在英属与荷属东南亚之间刚萌芽的边疆地区，政治经济十分复杂，从概念上看，这些空间就像一床碎布片拼接起来的被子。1871年英荷之间的条约将马六甲海峡一分为二，一条浅浅的水道分开了两国所属的殖民地。[1]然而，从实际情况看，在毗邻边疆地区的陆地和海洋上，情况就复杂多了。例如，在西婆罗洲的华人金矿公司（kongsis）*、南海的邦加和勿里洞等岛屿上的锡矿合作社，与槟城和新加坡等新兴殖民城市共享边界。无论是在婆罗洲森林里还是在海峡尽头水域上漂泊的民族，多多少少都会在边境上来回移动。苏门答腊岛和马来亚的大量种植园也毗邻边疆，往往还与独立的苏丹国相邻，这些苏丹国有时非常强大。基督教传教所和政府边防哨看着华人矿工、马来商人、日本妓女和流动的海上民族在边界上来回穿梭。划定边境可能是远在欧洲的官僚们心中的愿望，但在东南亚这一地区的现实生活要微妙得多，也复杂得多。

尽管沿着这条分界线的民族、权力结构和经济活动存在巨大的多样性，但巴达维亚和新加坡都对边疆的大部分地区知之甚少。从

---

* "公司"一词在中文文献中最早可追溯到17世纪，至18、19世纪在东南亚华人社会中得到广泛应用。与现代的"公司"（company）概念不同，当时的"公司"概念比较宽泛，纯粹的华人投资集团、接近于"会馆"的华人综合性社会组织，乃至一些拥有广阔领土且兼具商业、金融、司法和军事等多重属性的大型华人集团都可以被称为"公司"。学者陈国栋指出，"公司"一词在当时有多种用法，可以指具有"合伙投资"和"共同经营"属性的各种华人集团。参见陈国栋著《东亚海域一千年（增订新版）》，远流出版公司2013年版。

第二章 测绘边疆

该时期的勘探和民族学期刊可看出，从 19 世纪 60 年代到 80 年代初，边境沿线上仍能频繁发现新陆地和新民族，我们稍后将引用相关例子。然而，到了 19 世纪 80 年代末，一直到 90 年代，沿着边疆的勘探步伐开始发生变化，目的地变得更加遥远：高地、小岛、河流和湖泊的源头构成了此时的大部分地理发现。勘探本身也越来越难以实现，残余的未知地带越来越远，很难到达。到 20 世纪的头十年里便几乎已经没有这样的地区了。这个时候的边疆探险有了完全不同的性质，专注于新的奇特现象和小发现：未知的瀑布、新的和未使用的航路，甚至是含有未知昆虫和植物的宁静山谷。

然而，对英国／荷兰边疆的勘探是一项重要事业，在某种意义上，它创造了一种此前从不存在的实体：一条陆地和海洋线，将两块归属不同的殖民领地分隔开来。有些事情，虽然欧洲人在会客室里就能作出决定，但勘探证实并描述了这些决定能落地执行的有限性。这些勘探将产生影响深远的后果。一群群企业家、科学家、矿工和传教士组成的船队浩浩荡荡地驶向东印度群岛，投身这一过程。不同的群体各有理由，有人为了逐利，有人为了求知，有人为了拯救灵魂，但所有这些都为开辟新边疆作出了贡献。仅从这些学会和机构中的极少部分出版物就可以看出，它们的影响是多么广泛而巨大。巴达维亚艺术与科学学会（Batavian Society for Arts and Sciences）、皇家民族学研究所（Royal Institute of Ethnology）、巴达维亚皇家博物学家学会（Royal Naturalists' Society in Batavia）、东印度群岛医学知识促进会（Society for the Furthering of Medical Knowledge in the Indies）、东印度群岛工业学会（Indies Society for Industry）和皇家地理学会（Royal Geographic Society）齐聚一堂，派出代表参与"揭示"未知世界。[2] 边疆将获得勘探和利用，但主要是（用当时的殖民用语）为了当地居民自己的利益。"在这方面不需要任何武力，"东印度群岛的一份出版物郑重地写道，

"只需要强大的、慈父般的东印度群岛政府所拥有的说服力。为了他们自身的利益,我们群岛的人民和他们居住的土地必须变得繁荣富裕。"³

当然,在世界这一地区开疆拓土的实际情况,与这一崇高宣言存在一定差异。以始于 19 世纪 70 年代的苏门答腊岛探险为例。早在 19 世纪初,荷兰探险家和军事纵队就已经穿越了这座巨大岛屿的部分地区;1819 年至 1824 年间的低地巨港(Palembang,也译作"巴邻旁")和西苏门答腊岛的帕德里(Padri)地区(那里直到 1837 年一直进行着一场漫长而血腥的战争)均已被荷兰人占领。然而,在 19 世纪 70 年代和 80 年代初,该岛的大部分地区仍不为人知,或者刚刚开始勘探。其中包括占碑、穆西(Musi)、通卡(Tonkal)、雷特(Reteh)的河口以及东部海岸的印特拉吉利(Indragiri)的河口(该河口直到 19 世纪 80 年代才开始系统地得到勘测),还有甘巴河(Kambar)上游,正如 J.B. 诺伊曼(J. B. Neumann)和 J. 费斯(J. Faes)的大规模河流探险所描述的(图 1)。⁴ 在苏门答腊岛中部的内陆,J.C. 普伦(J. C. Ploen)由政府承担费用,前往若干不为人知和难以进入的地区,主要是收集动植物标本。这些内陆地区的小政权,逐渐被巴达维亚接触和吞并。海峡对岸的英国人注意到这些情况,他们忙于翻译相关探险报告,以跟踪荷兰人的进展。⁵ 然而,在苏门答腊岛的早期勘探中,最受关注的还是亚齐。19 世纪 70 年代,荷兰与亚齐苏丹国的战争一直在持续。容洪(Junghuhn)在 1873 年的书中列出了当年亚齐地理情况的一些参数,后来的探险者所作的贡献表明了这种兴趣的发展方向,特别是在资源开发方面。⁶

到了 19 世纪 80 年代末及 90 年代初,苏门答腊边疆勘探的性质发生了变化。岛上的海岸和低地现已为人熟知,新发现的主要地点只剩下了内陆和高地地区。例如,上占碑就是其中之一,那里的

第二章　测绘边疆

图1　对苏门答腊占碑内陆的勘探，1879年。照片来源：KITLV，莱顿

大部分勘探工作仍依赖河流进行。有人预测，"用不了多久，荷兰国旗便将在整个苏门答腊岛飘扬，作为和平与保护（当地）居民的象征"。[7]荷兰的大学和其他高等教育机构也在帮助勘探过程：例如，阿姆斯特丹的荷兰国家艺术与工艺学校（Rijkskunstnijverheidschool）自愿派遣一名代表到边疆研究动植物，而乌得勒支的一名动物学教授获得了4200荷兰盾的政府基金，从事国家批准的研究考察。位于北苏门答腊岛的多巴湖（Lake Toba）此时也再次受到关注，吸引探险家前往相对不为人知的北部湖区，当地的巴塔克人（Bataks）对荷兰人不算友好，该地区的地图上仍存空白。寻找铋和其他有潜在价值的矿物，成为这些勘探之旅的推动力量。[8]尽管欧洲探险家和官员早已知道多巴湖的存在，但在19世纪80年代和90年代，吸引荷兰人注意的是比该湖流域更远的地方。

进入19、20世纪之交和20世纪最初的几十年，苏门答腊岛此类边疆勘探的性质再次发生了变化。最大的变化是，不再有真正的、至少是传统意义上的边疆了。荷兰的苏门答腊岛地图包含了所有主要的地理地标,并将苏门答腊岛的民族及其自然环境进行了分类。剩下的勘探,要么用于填补现有知识空白,要么便是在发现过程中采取更缓慢、更悠闲的节奏。例如,军事药剂师 W.G. 布尔斯马(W. G. Boorsma)获允进行一次化学药理学考察,特别关注于收集可能在制造药物方面有用的新植物。1907 年,J.T. 克莱默(J. T. Cremer)动身前往巴塔克高地。这一次,陪伴他的不再是一队负重的苦力,而是一辆汽车,勉强能通过刚刚开辟出的道路。[9] 后来的其他探险家也不甘示弱,冒险前往多巴的大湖北岸,搭乘以汽油为燃料的摩托艇。就连多年来已被搭乘各种蒸汽船的荷兰商人、冒险家和军人环行无数次的苏门答腊岛海岸也有了一些小发现,例如曼萨拉尔(Mansalar)的一条瀑布现在可以用于辅助导航。[10] 所有这些航行都增进了欧洲人对"周边地区"的了解,然而,随着殖民探险家"发现"的民族和地方越来越少,收集数据的速度明显放缓。

1865 年至 1915 年间的边疆勘探不仅限于苏门答腊。1900 年左右,南海上星罗棋布的岛屿,也为荷兰的探索提供了动力,尽管这些行动更多地集中在海上。其中一些岛屿早已为荷兰人所知,并与该地区马来人的政治和贸易有重要联系。芭芭拉·沃森·安达娅(Barbara Watson Andaya)揭示了 17 世纪和 18 世纪邦加在这方面的情况,卡尔·特劳基(Carl Trocki)揭示了 18 世纪和 19 世纪新加坡以南的廖内在这方面的情况。其他学者则致力于研究这些岛屿通过采矿、华人的活动和当地文学以及民族语言接触,逐渐融合到区域贸易和联盟的网络之中的情形。[11] 事实上,早在 1865 年之前,邦加和勿里洞就已经是重要的贸易和生产中心,因此,对这些岛屿的勘探基本上是在填补已知空间的空白。[12] 然而,位于南海南部边缘的阿南巴斯(Anambas)群岛、纳土纳(Natuna)群岛和淡美兰(Tambelan)群岛距离这些十字路口则远得多,在这一阶段,巴达维亚对它们也几无关注。荷兰人知道这些岛屿上居住着马来人、海人（Orang Laut）、布吉人和华人，但对那里的日常生活知之甚少，包括岛上（合法或非法）的贸易往来和其他经济活动。[13]

到19世纪90年代末，这种对荷属东印度群岛最北端岛屿的无为而治迅速发生了改变。船长们对岛屿地理的记录开始得到编撰和整理，人们记录下新的海湾和小溪，以英寻*为单位测量水深，标注饮用水源，让往来商人更清楚这些岛屿的情况。[14] A.L. 范·哈塞尔特（A. L. Van Hasselt）在1894年至1896年间的探险之旅尤其取得了新的突破，表明该地区早期的地图上有一些并不存在的岛屿，或是画错了地方，这对旅行者不利。范·哈塞尔特坦率地承认，他的大部分信息都来自英国海军部的海图。英国海军部几年前曾勘测该地区，绘制了精美的地图。虽然这些海图的测绘得到了巴达维亚的允许，但范·哈塞尔特还是忍不住说，应该由荷兰探险家进行这些测量，因为这些岛屿（毕竟）是荷属东印度群岛的一部分。经过范·哈塞尔特的描述，随后出现的地区民族词汇表、当地地形的照片和民族志笔记将荷兰人对群岛的认识提升到了新的水平。事实上，在他航行到该地区的前后几年里，巴达维亚开始下达更多综合指示，要求遥远群岛的行政管理者将这些民族志数据送到首都，从此，重要的资料得到系统化的整理和评估。[15]

进入19、20世纪之交，对南海岛群的勘探已成为东印度群岛长期开发计划的一部分。矿业公司率先开展了新的勘测和探险行动，对邦加岛做了令人难以置信的详细测绘，并在1894年之后也对勿里洞甚至勿里洞海岸附近的微型岛屿开展同类工作。[16] 巴东岛（廖内群岛中正对着新加坡的岛屿）也在这一时期得到了大范围勘测。虽然荷兰人从前认为这是一块毫无用处的荒地，自然资源稀少，人

---

*　1英寻约1.8米。

口寥寥无几，但到1900年，规划师将该岛视为新加坡附近的一座补充港口，拥有煤棚、码头综合设施和一系列互有联系的灯塔。事实上，这种有着连贯和明确开发目的的勘探，属于英荷边疆区域的最后发现阶段。甚至构成荷属东印度群岛海上边界的无数珊瑚礁和环礁，从亚齐向东到新几内亚沿海，都在这个时期由荷兰海洋学家探索并记录下来。[17] 其中有一些人是为了纯粹的科学研究，或受到新兴民族主义冲动（即用荷兰国旗标记群岛的边界）的怂恿。但也有很大一部分人怀着经济和功利目的，因为勘探是为国家寻找新资源和新财富而服务的。

在苏门答腊岛和南海的岛屿之外，婆罗洲广阔的森林荒野是最后一块成为勘探目标的边疆地区。和苏门答腊岛一样，这里在19世纪初就已经与荷兰人有了初步的接触。例如，荷兰人在西婆罗洲坤甸（Pontianak）的身影，可以追溯到18世纪末。[18] 然而，直到19世纪70年代和80年代初，荷兰人才开始更系统地探索内陆地区。例如，凯特（Kater）、格拉克（Gerlach）和巴克（Bakker）将荷兰的知识疆域推向了大河，深入了西婆罗洲内陆的部分湖区，而荷兰定居者则到达了马哈坎（Mahakam）河的上游源头（这条河的尽头在岛屿的东半部）。[19] J. J. K. 恩托文（J. J. K. Enthoven）的项目也表现出探索的步伐以及荷兰人在该岛西半部利益的推进，他的两卷本大型研究著作成为西婆罗洲的里程碑式作品。然而，正如英国人仔细翻译了荷兰探险队留下的苏门答腊岛记录，巴达维亚的荷兰人也在确保及时了解英国人在婆罗洲边境另一侧边缘地带的行动。英国居民对沙捞越内陆地区的公开描述很快被翻译成荷兰语，这样荷兰人就知道自己以前的盟友（和竞争对手）在边境上做了什么。[20]

在该岛东半部，勘探的步伐也很迅速，特别是在19世纪80年代和90年代。卡尔·博克（Carl Bock）进入婆罗洲东部内陆的著名旅程是最早的探险活动之一，这位挪威人的这次旅行得到了巴达维亚的批准，尽管他的几位前任在沿着大河向内陆前进时遭到谋杀。[21] 莱顿的皇家民族学博物馆（Royal Museum for Ethnology）赞助了更多此类性质的任务，提供大量政府补贴，用于对内陆未知土地上的动植物进行编目。[22] 在东北海岸，"马卡萨"（Macassar）号等测量船在19、20世纪之交把大片边疆地区绘制成地图，勾勒出珊瑚礁和海岸（从前曾是海盗的居住地）的轮廓。[23] 在荷兰势力范围的对面以及英国北婆罗洲公司的领地上，也存在着性质非常类似的活动。19世纪80年代，该公司的一名科学官员弗兰克·哈顿（Frank Hatton）的日记显示，进入没有标记的内陆地区探险有多么困难：武装警卫必须随时待命，时刻准备射杀鳄鱼，水蛭趁着夜色爬进熟睡者的耳朵。哈顿对内陆河流航行的艰苦条件的描述（尤其是要在湍急的水流中强行拉动满载设备的船），表明了这些探险队员付出了何种代价才换来对边疆的了解。[24]

然而，尤其是在为"开拓边疆"留下遗产方面，有些探险家显得更为重要。G.A.F. 莫伦格拉夫教授就是这样一位更值得注意的人物，1893年到1894年间，他带领一支探险队沿着卡普阿斯河（Kapuas）进入婆罗洲中心。莫伦格拉夫的团队由4名科学家、20名士兵和100名卡扬人（Kayan）挑夫及向导组成，他们消失在森林的树冠间长达数月。然而，当莫伦格拉夫深入内陆时，他却听说自己的队伍有遭到袭击的危险，便在到达预定目的地前就停了下来。莫伦格拉夫、随队的动物学家和植物学家，以及其他大多数人回到了海岸。[25] 然而，这次旅行中的医生A.W.尼乌文赫伊斯（A. W. Nieuwenhuis）在接下来的几年里继续带领其他几次著名的内陆探险活动，实际上，他才是第一个穿越婆罗洲的探险家。尼乌文赫伊斯率领的团队的人数比莫伦格拉夫的少得多，也不包括士兵，这是他们获允过境的先决条件。内陆的许多当地人还对尼乌文赫伊斯的医术和语言能力印象深刻，他用这种能力来尝试理解遇到的不同民族。不过，尼乌文赫伊斯是他那个时代的人，他的旅行不仅仅是为了追求纯粹的科学，也是为了帮助荷兰人在内陆腹地建立影响力。[26] 正因如此，在婆罗洲的荷兰居民通过巴达维亚得知了他的旅行，也曾为他提供帮助、解决一些问题，因此得以把这次探险变成一场成功的爱国行动。[27]

然而，尤其是在1900年之后，有一个因素比其他任何因素都更快更有力地推动了勘探工作，那就是对自然资源的搜索。这里再次以婆罗洲为例，说明边疆的形成在多大程度上缘于国家和私人利益集团的角逐，他们在整个岛屿上竞相寻找矿石。从这个意义上说，是应用地质学推动了帝国的发展；地质学家的铲子和探险家的六分仪在"开拓"边疆方面是同等重要的工具。在分界线的英国一侧，这种情况很早就出现了：例如，英属北婆罗洲成立后不久，该领地的总督就召开了每周一次的黄金委员会（Gold Committee）会议，其中包括政府官员和几名华人勘探员。[28] 到19、20世纪之交，公司管辖范围内的非正式会议已让位于关于潜在钻石区的密码电报通信，以及出租给各种企业的石油和矿产权协议。[29] 在文莱（当时是英国保护国），这种交易出现得更早，因为当地的苏丹在19世纪中期就与英国投机者达成了锑和锡的勘探协议。[30] 然而，因为在沙捞越发现的矿物和矿石最多，英国官员越来越深入森林腹地，寻找原材料并从中获取利润。[31] 1878年，沙捞越民都鲁（Bintulu）的驻地官员A.哈特·埃弗里特（A. Hart Everett）列举了一些当时发现的各种资源：金、铁、钴和铜，以及铂金、猫眼和尖晶红宝石。此外还有钻石，其中包括一颗重达76克拉的巨大钻石，据说是非法越过荷兰边境进入沙捞越的。[32]

有价值的石头和矿物或许偷偷越过边境进入了英国领地，但在荷属西婆罗洲也不乏新发现的资源。长期以来，华人公司一直活跃在该地区，在沙捞越边疆附近的上游地区开采黄金。然而，在19

第二章　测绘边疆

世纪中叶，部分因为出现了更成熟的勘探技术，在西婆罗洲发现资源的频率和质量均开始提升。[33] 例如，1873 年在桑高（Sanggau）发现了煤，这些煤炭被小批量送往巴达维亚进行品质分析。[34] 此外，人们偶尔还会发现上文提到的钻石，走私者会想方设法将它们迅速带离荷兰领土（避免荷兰收税），找到通往沙捞越的路。然而，正是有大规模黄金储备的可能性，尤其是在那些曾经被华人开采但后来年久失修的地区，才真正让荷兰人对这一边缘地带产生了兴趣。根据 1880 年 5 月 31 日的第 15 号政府令，地质考察队前往万那河（Landak River）和三发（Sambas River）之间的许多华人聚集区重新勘测，目的是寻找黄金。[35] 与此同时，在上侯河（Sekayam River）最上游的流域也发现了朱砂和锑。[36] 到 1889 年，长途跋涉到内陆寻找自然资源的这些勘探活动带来了显著成果：除了前面提到的大量贵金属，还发现了碲、硒和铋。[37]

最后，我们可以从该岛的东半部来看一看对财富的追求是如何推动荷兰人前进的。煤炭是岛上这一侧的主要产品之一，它被运往菲律宾、澳大利亚、日本甚至南非。或许更重要的一点是，东印度群岛不断壮大的蒸汽船队迫切需要它，因为这些船队在东印度群岛土地上最优先考虑的目标就是煤炭储备。[38] 然而，对煤炭的依赖需要付出可观的人力代价。东婆罗洲的煤矿，如奥兰治—拿骚喷口（Oranje Nassau vent），往往是疾病和虐待的地狱。1870 年 1 月，这座矿井由 8 名欧洲人、12 名当地自由劳工、115 名水手和 495 名囚犯共同运营，经常有六分之一的人同时躺在医院里。大多数人入院是因为胃病和发烧，但是煤仓失火，更不必说自杀和自杀未遂，也增加了入院人数。[39] 在库台（Kutei，要到达此地，需要朝北婆罗洲边境的方向沿着海岸线走到更北的地方），巴达维亚还签发了沥青、石脑油和天然气 / 石油合同，让荷兰的势力范围向圣卢西亚湾（St.Lucia Bay）推进。[40] 最后，荷兰政府能够通过出租黄金和钻石开采权获得利润,这也成为扩张其领地的额外动力,因为随着新的资源丰富的大片土地被纳入版图,可供开采的区域也随之增加。仅在1873年的头三个月里,马塔普拉(Martapura)的钻石开采许可证就为巴达维亚带来了10818荷兰盾,而塔纳劳特区(Tana Laut)签发的淘金许可证则使荷兰的收入逐年增加。[41]虽然后两个地点距离不断演变的边境尚有一段距离,但随着这些收入源源不断地涌入巴达维亚,人们有充分的动机尽可能迅速而积极地探索边疆。沙捞越的布鲁克政权和已对婆罗洲北部领土虎视眈眈的西方投机者也迅速跟进。

陆地测绘,海洋测绘

随着欧洲探险家沿着边疆分散前进,将殖民知识和帝国议程推入边缘地区深处,绘制这些地区的地图成为两个殖民地国家的重要优先事项。在英国属地,受政府雇用的测量员分散到不同的地点,以便将当地风景地貌纳入殖民知识。他们主持进行了测地线测量(Geodesic measurements),测量结果先是送回新加坡,其后送抵伦敦。在荷属东印度群岛,绘制荷兰扩张地图的主要机构是地形测量部(Topographische Dienst),到1878年,该机构拥有6支完整的制图师队伍。[42]《地理学会杂志》(*Tijdschriji voor de Aardrijkskundige Genootsichap*)成为这些探险知识的主要传播者,为更多受过教育的公众记录了巴达维亚测量员的进展。苏门答腊岛的三角测量等项目(始于南苏门答腊岛,慢慢地覆盖这座巨大的岛屿)用了几十年才完成,但这表明,在19世纪末,荷兰规划者对于能够准确地看到岛屿地形一事有多么重视。[43]不过,像这样协调一致的、集中规划的科学考察并不是推动荷兰地图绘制向前发展的唯一动力。例如,在西婆罗洲,荷兰人在19世纪80年代初华人起义期间意识到了当地缺少优质地图,便将新的精力投入到发展现代制图技术当中,而在苏门答腊岛,军队和教育部合作为探险队提供装备,通过整合双方资源,扩大了巴达维亚的势力范围。[44] 在边境的英国一侧,即使在纳闽殖民地建立 30 年后,英国人仍没有当地的地形图。该岛虽然被绘制在地图上,但仅仅作为通往中国的海上航线的一部分,缺乏当地的详细情况和环境,这一遗漏限制了英国在婆罗洲水域的治安视野。[45]

然而,制图项目对荷兰扩张的关键意义,在亚齐表现得最为明显。在当地,测绘对入侵的荷兰军队来说是生死攸关的大事。荷兰海军的侦察航行开始对海岸进行三角测量,而其他船只沿着亚齐的河流航行,对抵抗力量聚集的内陆地区进行测绘。[46] 雅加达的印度尼西亚国家档案馆(Arsip Nasional)的三幅地图展示了荷兰连续几年在亚齐的测绘进展。第一幅地图完成于 1873 年,也就是巴达维亚开展入侵的第一年,它表明荷兰人的信息收集有多么仓促草率:海岸线的矢量和距离测量数据由一艘船采集,但由于敌方火力威胁,这艘船无法收集更准确的数据。因此,这幅"地图"仅由数字符号组成,表示从海上看到的不同距离处的方位角和水平线。[47] 它看起来跟现代意义上的地图毫无类似之处。第二幅地图是一年后绘制并在雅加达复制的,它表明,随着荷兰人从哥打拉惹(Kota Raja)的滩头向南推进,现在可以更清晰地描绘出亚齐人的村庄和农村地区。[48] 亚齐人和他们的自然环境不再是抽象的空间,也不再是一堆数字;如今,欧洲人的知识中有了视觉元素,因为当地的地形和民族已经被纳入了帝国的视野(图 2)。第三幅地图来自 1875 年,距离最初的入侵仅两年,它表明,亚齐海岸附近的布拉斯岛(Pulau Bras)已经修建起一座灯塔。这张地图使巴达维亚能够从空中视角(灯塔的塔顶)对特定海岸的整个区域进行网格划分,并高精度地绘制当地土地的地图。[49] 测绘方面的这些进步对荷兰最终在亚齐取

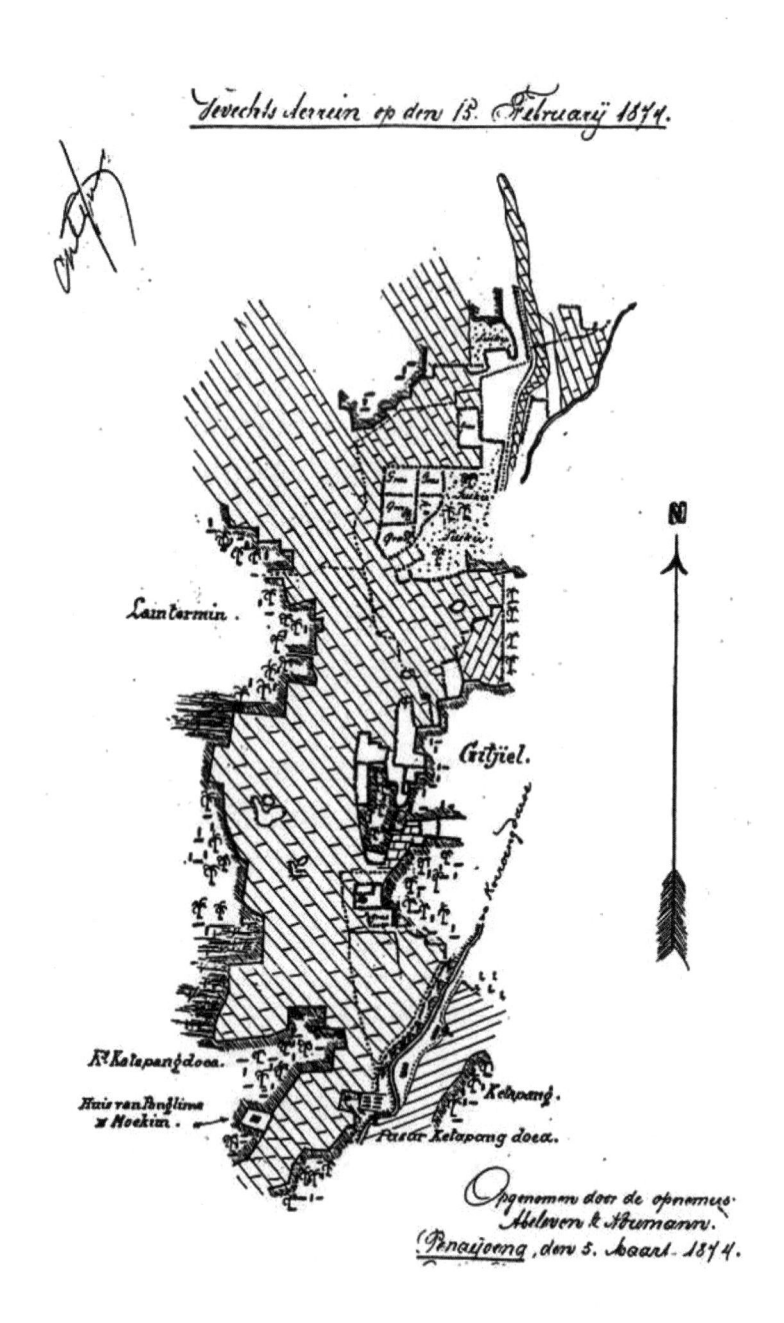

图 2　荷兰人在亚齐测绘的地图，1874 年。图片来源：印度尼西亚国家档案馆，雅加达

第二章　测绘边疆

胜厥功至伟，巴达维亚应对当地状况的能力慢慢赶上了当地居民。到20世纪的头十年，亚齐的许多地区都已被精细入微地绘成了地图，丘陵、山脉和其他自然特征都被仔细地记录到荷兰军事档案中。事实上，随着亚齐的测绘工作成为其他边境活动的模板，这些勘探方面的测绘方法和过程最终被应用到东印度群岛的其他地方。[50]

到20世纪，东印度群岛的制图学已经成为一门比过去几十年更加成熟复杂的科学，它的发展受到各种因素的推动。其中之一是大众兴趣和民族自豪感。荷兰制图师带着关于东印度群岛的新数据参加国际会议，荷兰国内的媒体也报道了他们的发现，将新知识传播给了更多读者。[51]因此，卡尺和六分仪不仅成为测绘的工具，还为荷兰蓬勃发展的民族主义事业提供了动力。然而，也许更重要的一点是，工业和生产逐渐开始发挥作用，因为矿业和农业企业怀着赚取巨额利润的念头着手测绘广阔的土地。例如，从巴邻旁的卡朗林（Karang Ringin）采矿特许区，以及巴达维亚在婆罗洲东部内陆深处出租的卡哈扬（Kahayan）矿区的详细地图中均可看出这一点。[52]然而，边境本身的争议性可能是推动边疆测绘的主要现象，因为这两个欧洲列强在边界的划定上展开了激烈争夺。随着英国对该地区地形的认识加深，它对领土的主张也变得更加具体，逼得荷兰人在制图方面迎头赶上。不过，这一切是慢慢发生的。在1909年发生的一起事件中，荷兰驻伦敦大使似乎不知道荷兰对婆罗洲东部领土主张的性质，这一事件引起了海牙的警觉，促使海牙让所有外交人员了解东印度群岛的"真正边界"。因此，大约在这个时候，制图师们开始制作地图，以超精确的细节勾勒出荷兰人在地面上的存在。[53]一张地图，不光囊括了行政区划、矿藏、工业中心和灯塔，也将道路、铁路线、收费站和驻军全然呈现。[54]

不过，对边缘地区的测绘并不仅限于陆地。在殖民时期的东南亚，水文科学也被用于帝国的扩张，而对于分布范围广的荷属东印度群岛来说，水文科学的重要性尤为突出。[55] 巴达维亚在 1860 年设立的水文测量局于 1871 年迁至荷兰，4 年后迁回东印度群岛，1894 年再次迁回荷兰，此后便一直留在那里。这种混乱和管理不善似乎是荷兰早期在东印度群岛水文科学领域的典型特征，各种关于测绘不佳地区的通告都暗示出这一点。即便如此，在 1874 年，为了在东印度群岛进行水文测量，荷兰专门造了一艘蒸汽船，即"水文测量师"（Hydrograaf）号，1883 年又增加了两艘帆船来执行必要的任务。[56] 海事部提供资金翻译英文标记，以便荷兰航海人员能获取更多该地区的最新海图。[57] 到 19 世纪 70 年代初，水文学已和陆地制图测量并驾齐驱，成为荷兰扩张的重要组成部分，甚至在亚齐战争中也是如此。巴达维亚甚至开始向海峡对岸的英国人发出自己的海事通告，以通知和警告的形式刊登在英国属地的贸易报刊上，如《槟城卫报》（Penang Guardian）和《商业广告报》（Mercantile Advertiser）。[58]

但荷兰在边缘地区的水文视野仍然存在巨大的问题，这引起许多国家船队的强烈不满，还造成了可观的航运损失。邦加附近的水域可以作为一个例子，它横跨中印之间的主要海上航线。19 世纪 60 年代初，荷兰的水文制图表明当时对这一交易频繁区域的海事知识有多么原始：丘陵、海岸线的铅笔草图，以及对过往船只的舵手几乎没有帮助的水深测量。[59] 到了 19 世纪 70 年代和 80 年代初，这些不足之处的后果变得显而易见：一艘又一艘船在邦加水域沉没，货物和人员落水的速度惊人。1870 年，载有樟脑和其他货物的英国三桅帆船"蓝夹克"（Blue Jacket）号在邦加附近沉没，同年以及几年后，还有数艘德国商船沉没于此。美国的"塞缪尔·拉塞尔"（Samuel Russel）号当年遭遇了同样的命运，也正是在同一个十年里，法国邮船经常在此地触礁，或是不得不需要帮助才能离开浅滩。[60] 1878 年，荷兰蒸汽船"佩尔将军"（General Pel）号在从巴达维亚开往亚齐战区的途中，在同一水域撞上了礁石，船体被撞开一条裂缝，许多荷兰人开始质问，巴达维亚究竟什么时候才会真正下定决心解决这个问题。[61] 这些抱怨在 1891 年达到高潮，《东印度指南》（*Indische Gids*）公开谴责政府过分依赖英国的边疆海域测量，没有尽力确保荷兰船员自己绘制这些水域的海图。[62]

然而，在 1900 年左右，荷兰人对错综复杂的海上边疆的认识突飞猛进。水文局档案显示，中央数据库里存入了越来越多的地图：廖内和林加岛（Lingga）、阿萨汉河（Asahan River）河口和婆罗洲东部海岸的各个部分都绘制了地图，有时甚至绘制得非常详细。[63] 英国绘制的婆罗洲东北部海上边界地区的地图、荷兰绘制的分隔婆罗洲和苏拉威西岛（Sulawesi）的珊瑚礁和小岛地图，都让两国看到了走私者和海盗在传统上进行活动的各种地点。[64] 老式的水文测量船遭淘汰，取而代之的是几乎可以在任何条件下开展测量活动的蒸汽船。[65] 在 19 世纪末，仍有人抱怨部分地区勘测不足，如北苏拉威西岛与菲律宾南部的边境水域，甚至新加坡以南的某些水道；但现在，两个殖民地的媒体对此已经不再频繁抱怨了。[66] 到 1915 年，一幅清晰的图景浮现出来：当一份显示地区测量日期的实用地图在《地理学会杂志》上发表时，英荷殖民地的边疆水域几乎已经完成了测绘。[67] 19 世纪 70 年代看起来无边无际、无法绘制的漫长而曲折的边疆，到了 20 世纪初已成为一个相当明确的区域。巴达维亚和新加坡此时把这些水域的资料交给档案馆，对其进行研究和保存，以支持这两个国家的意志。

对边疆地区进行分类

已被勘探并绘制了地图的土地和海洋，最终需要由该地区的殖民地国家进行分类并编入索引。詹姆斯·斯科特把这一过程称为"像国家一样看问题"：政府试图把地方现实情况纳入政策规划者能够理解的体系,哪怕这与当地实际情况几乎没有关系。[68] 在东印度群岛,这表现为巴达维亚和地区统治者之间的几种关系,N.J. 斯特鲁伊克(N. J. Struijk)在1881年将其具体化为5类法律义务。首先,有些地方政治势力虽然没有与巴达维亚签订任何条约,但由于它们地处群岛的大弧线上,仍被视为东印度群岛的一部分。苏门答腊岛中部的几个小国就是这种安排的例证。第二,有些政治体确实与荷兰签订了条约,但迄今为止还没有迎来巴达维亚的正式代表,婆罗洲和苏拉威西的几个州就是例子。第三种情况在苏门答腊岛的占碑和印特拉吉利等地很明显,这些地方签订了条约,当地也有荷兰使节,但这些使节实际上没有权力管理当地生活。第四种义务关系存在于廖内、锡亚(Siak)和日里(Deli)的部分地区,在这些地区,条约将当地人民置于荷兰法院的管辖之下,并要求他们向巴达维亚缴纳税款,因此这些政治体的命运与巴达维亚的政策紧密相连。第五种也是最后一种情况,是东印度统治者和荷兰人之间的完全依赖和控制关系,这种关系可以在西婆罗洲的几个地区如坤甸、曼帕瓦(Mempawah)和三发看到。[69]

这种分级和可能出现的义务关系的选项,模糊了一个简单的事实,即欧洲势力,特别是在19世纪60年代和70年代,正在东印度群岛各地悄悄推进。荷兰人,还有英国人,都需要对地区统治者施加宗主权,以便在帝国扩张的许多方面实现自己的意志,尤其是对贸易的控制。然而,当时欧洲势力仍然相对较弱,并且宗主权(与直接主权相对)通常被认为足以排除其他欧洲列强的主张,因此,不管当地情况如何,宗主国都制定了复杂的安排来约束这些关系。至少从1878年开始,在北婆罗洲,当地苏丹写给英国人的马来语信件就清楚地表明了这一点。[70] 仅仅两年后,在占碑,人们就依照协议决定,所有鸦片收入都由农民而不是苏丹来处理;与此同时,这名苏丹还要对遇难荷兰水手的安全负责,因为这些水手有时可能会被冲到他的海岸上。[71] 甘昂塔布尔（Gunung Tabur）的苏丹因参与资助东婆罗洲的海盗活动而受到惩罚，而在岛另一边的坤甸的苏丹则被迫允许巴达维亚推荐的货币流通，否则将面临政府的谴责。[72] 因此，欧洲势力正通过各种手段慢慢推进。事实上，1824年的条约要求巴达维亚将与当地领主签署的所有协议的副本送到英国，以便白厅能够了解边境沿线双方相互接触的性质。[73] 然而，这并没有阻止双方在这些契约范围内进行周旋，因为伦敦和海牙对已经签订的新协议反应迟缓，有时甚至根本不回应。地区统治者也密切关注规避这一复杂体系的可能性，有时试图挑拨欧洲大国彼此对抗，以维系自身的独立性。[74]

廖内群岛位于新加坡以南的荷属水域，对该群岛及其周边的争夺就是巴达维亚与当地首领错综复杂的交涉关系的一个例子。虽然从纯技术的角度说，这一时期的廖内群岛是自治的，但实际上，通过一系列的广泛措施，该群岛一直处于荷兰的严格控制之下。廖内的苏丹和他的下级首领必须同意不断调整种植胡椒和甘蜜（gambier）*的土地，并对岛屿上政府（相对于当地势力）所拥有土地的边境进行类似的修改。[75] 马来人的信件也显示了地方统治者如何被迫接受地图测绘勘探，他们对是否应该勘测这些名义上独立的土地没有发言权。[76] 来自邻近的新加坡英国当局的访问受到了密切监控，而荷兰政府也会酌情扣留应付给当地统治者的款项，迫使他们采取符合政府期望的行为。[77] 1888年，巴达维亚颁布法令，规定廖内的任何人如被发现篡改政府电报线路（这些线路在通往新加坡

---

* 一种热带作物，学名Uncaria gambir，属茜草科（rubiaceae）茜草目（rubiales），盛产于东南亚的马来半岛、加里曼丹、苏门答腊、爪哇西部等地，可用来治疗烫伤、疥疮（疥癣）、腹泻、痢疾、喉炎等病，也可作鞣制皮革和染色的原料。当地人通常从中提炼出一种膏状物，晒干后用于咀嚼等，因此甘蜜也可指这种膏状物。参见［新］尼古拉斯·塔林主编、李晨阳译《剑桥东南亚史》，云南人民出版社2003年版。

的途中需借道廖内群岛），将交由荷兰法院而不是由当地司法机构处理。同样的趋势在采矿特许权政策上也显而易见：尽管巴达维亚允许地方政府决定这些许可证的发放，但在廖内，按照修订后的协议所规定的，这种特权应与国家共享。[78] 换句话说，荷兰人确保与当地领主在边疆上的接触可以被调整至有利于巴达维亚。边境的渗透性和发展太过重要，不能纵容其随机演变。

到1915年，欧洲与边缘地区地方领主的关系已经发展成一门更为精确的科学。为规范巴达维亚对边疆邦国的吸引力，名为"短期声明"（korte-verklaringen）和"长期政治合同"（lange politieke contract）的正式协议获得标准化。新加坡和巴达维亚之间的新闻报道系统也开始有规律地运作，英荷两个殖民列强以更及时和准确的方式分享与当地邦国关系的新闻。测绘和勘探技术的进步推动了这一进程，因为1900年左右，未知地区愈发稀少，协议也写得更为详细。[79] 不过，哪怕到1900年之后，殖民地政府与边缘地区半独立的地方领主之间的联系仍然存在很多复杂的问题。为影响当地领主的行为，殖民地政府多次扣留应向其支付的补偿金；在一些地方，政府保留任命文职官员的权利，包括廖内的港务局成员和警察。[80] 1907年发生了一起很能说明问题的事件，西婆罗洲的三发苏丹因向英国国王赠送可食用燕窝作为礼物而被巴达维亚提出警告。这一举动与荷兰对它的反应表明，殖民地政府与当地的关系仍然十分敏感：这类礼物可以被理解为一种附庸关系的表现形式，巴达维亚则会竭力避免此种误解。[81] 不过，这也表明，直到20世纪，欧洲势力在边缘地区的发展仍不足以对这些邦国施加有效约束。当地领主必须恪守巴达维亚煞费苦心地详细勾勒出来的严格的规章和行为准则。

这使得边境的实际建设本身，成为测绘边疆的最后一个方面，这一过程也发生在本书所涵盖的整个50年期间。如前所述，1824年和1871年的条约，以及1889年边界委员会（Boundary Commission）

的工作，确定了英荷在东南亚边疆的外交细则，在两个殖民领地之间划出了一条固定的界线。然而，涉及边境地区的少量史学研究清楚地表明，当地人以各种方式逾越这些界线。例如，詹姆斯·沃伦（James Warren）揭示了历史上的威廉·林加德（William Lingard）上尉（他后来靠着约瑟夫·康拉德的小说出了名）如何将鸦片、盐和枪支贩卖到东婆罗洲内陆，引发了从英国北婆罗洲公司领土向南进入荷兰领土的流动和贸易"渗透效应"。[82]沃伦还展示了婆罗洲东部的布吉人贸易定居点如何与内陆的陶苏格人（Taosug）堡垒互相交叠和补充，从而将横跨新兴边疆的延伸网络连接起来。[83]丹尼尔·周（Daniel Chew）研究的是边境另一侧的沙捞越，他深化了这一图景，揭示了内陆华商的跨境活动，他们为了逃避欠港口中更大华商的债务，悄然无声地越过荷兰边界消失了。[84]还有一些作者指出，在19世纪60年代和70年代，荷兰人无力阻止所有这些违法行为，因为巴达维亚经常要么不确定违法者的势力范围究竟在哪里，要么没有公务员在当地检查这些活动。[85]

就我们的目的而言，只要注意一点就够了：甚至直到20世纪，在强行塑造边疆上的新地缘政治现实方面仍然存在类似问题。在英荷边疆，这几乎随处可见。在19世纪80年代的马六甲海峡，占碑苏丹的人一直能够越过海上分界线，从新加坡运送大米回来，支援抵抗荷兰的斗争。到1887年，事态严重到荷兰驻槟城领事要求巴达维亚在外交上对新加坡施加更大压力，并要求途经的商人发誓不携带任何违禁品到苏门答腊。[86]然而，荷兰试图落实海峡之间的假想分界线的做法，最终激起了悬挂英国国旗经商的商人的一致愤怒，因为他们看到自身的经济自由和机会被更严格的边疆规定所削弱。[87]到19世纪90年代，当荷兰海军巡逻队能够更好地监管海峡，阻止一切越界贸易活动时，这种愤怒已经超出了地方当局的控制，连在伦敦的官员都能感觉到。不过，白厅当时的政策是让荷兰人赢得苏门答腊岛的和平,哪怕这意味着伦敦自己的臣民在海峡地区的贸易暂时减少。[88] 因此,随着时间的推移,海上边疆变得更加固定,部分原因是警务技术的发展,部分原因是英国外交的顺从,英国人寻求长期解决该地区贸易不稳定问题的办法。

在婆罗洲,对边疆确切形状和性质进行分类用了更长时间,因为这里的地形远比马六甲海峡可通航的浅水域更难以接近。达雅克人的农田越过了英荷利益之间的假想界线,而内陆腹地存在的猎头习俗使得勘测探险十分危险,需要付出昂贵的保护费用。[89] 19世纪七八十年代,此类越境袭击极其普遍,阻碍了尝试测绘两个殖民区域界线的定位团队和探险家的工作。[90] 然而,到19世纪80年代后期,这方面的情况有了改善的迹象,尽管英荷两国对各自的殖民领土究竟在什么地方接合仍很不确定。[91] 1889年的边界委员会通过欧洲地图的理论空间解决了这些问题,并于1891年通过条约使其合法化,但在实际的边疆地区,这种审议仍然存在问题。即使在相对较晚的年代,也没有任何一排灯塔和界碑可以向腹地的农民、商人与游牧民族说明,哪些土地是英国的,哪些是荷兰的。尽管巴达维亚不断提出实施这一设想的必要性,但北婆罗洲公司对这一项目的成本犹豫不决,声称采纳这一方案之前需要武装护送、医疗人员和大量资金。[92] 直到1910年以后,关于在边疆进行相对复杂的划定边界物理参数的工作才刚刚开始。此时,两国的资源都集中投入到将此前仅存在于欧洲外交官头脑中的边境标示出来(至于生活在丛林深处的居民,他们对这一边境并无太多概念)。[93]

因此,绘制在东南亚不断演变的荷兰和英国势力范围的边界地图是一个长达数十年的项目。作为一项拓展殖民知识的事业,探险和测绘依靠许多人才得以完成:专业探险家和测量员,以及纯粹对知识感兴趣的业余冒险家。然而,这些旅程的背后,多多少少总有着国家的影子,尤其是巴达维亚,它更是付出了海量精力将探险成果汇编成表。测绘是国家扩张的关键组成部分，并以科学严谨性支持着向边疆推进的过程。勘探人员一遇到边疆地带的各种封地、公国和苏丹国，就按照欧洲国家能够理解的指标对其进行分类。两大殖民国家都认为，如果最终目的是控制这些新出现的边界空间，获得这些知识就至关重要。正如前文所述，这是一个不平衡的过程：殖民政权对某些地区了解得比另一些地区更多，而且是在不同的时间获得这些知识的。然而，大多数为人所知的地方最终都成了令人垂涎的地方。强行实践政府关于边疆的主张和已掌握的知识，将是另一类国家"公仆"的工作。

第三章

执行边疆

随着对英荷边疆的勘测和绘图，一些机构也逐渐加强了对边疆的管控，以确保巴达维亚和新加坡的意志得以贯彻执行。这些机构分别是陆军、海军、警察部队和法律系统。每个机构都以不同的方式为这两个殖民地国家服务，但它们都有一个共同的目的，即充当"帝国的工具"，以控制生活条件艰苦而偏远的边疆。对远在欧洲会议室里的外交官来说，划定界线在地图上看起来轻而易举，但这些地区的地方行政官员都知道，必须要有一些机制在整个广阔的地区范围内执行这些协议。因此，对边界的控制力不断加强：为了确保国家在地方上的意志得以贯彻，枪支、舰船和侦探等手段都被调用，一套新的法律体系也被制定出来。然而，这些机构或制度是如何运作的呢？国家能力普遍提高了吗？这些边境工具中有一些的效果更好吗？如何将强制手段有效地运用到辽阔的边疆地区呢？

陆上军队

使用赤裸裸的武力一直是殖民政权加强西方国家在边境地区影响力的一种选择。荷属东印度陆军（The Dutch Indies army）就是一个很好的例子，它是一支全志愿部队，有一支荷兰和欧亚军官团，其余部队成员主要来自群岛各地方群体。三分之二的常备军一直驻扎在外岛，远离位于爪哇的权力核心；到20世纪之初，这意味着大约有15000人驻扎在所谓的"外围领地"（Buitenbezittingen），另有7000人驻守远离边疆地区的爪哇。如果对比这22000人所巡逻的人口规模，你会知道这支部队有多么微不足道：5000万居民，部分接受荷兰的直接管辖，同时也受整个群岛数百份政治契约的约束。[1] 在边疆居住地，根据与当地统治者达成的协议的性质，这样的安排意味着欧洲人通常对当地的日常事务几乎没有控制力。尤其是在19世纪60年代和70年代，此类失衡给欧洲人带来了强化边境方面的各种各样的问题。

这些问题中最严重、最关键的或许是殖民地军事资源的过度扩张，特别是荷兰兵力和物资的严重不足。例如，仅在1872年，整个英荷边疆就不断发生骚乱，这需要荷兰军队出现在相隔数千海里*的不同地区。第一支针对亚齐的远征军正进行筹划和物资调配，以备来年正式开战。与此同时，在苏门答腊岛北部的日里，由于地方骚乱逐渐脱离中央政府的掌控，当地的殖民当局也提出兵力增援的请求。[2] 在苏拉威西岛，当局需要军队来对付望加锡（Makassar）以外的武装暴乱；而在婆罗洲，该岛西半部内陆的猎头活动和东北海岸的海盗活动也消耗了宝贵的资源。[3] 同一时期，新加坡也报告了类似的军力过度扩张的情况，尽管涉及的领土要小得

---

* 一海里约为1.85千米。

多。[4] 巴达维亚应对这些突发事件时的捉襟见肘，可以从将人力和物资输送到边境偏远哨所时要经历重重的困难中看出。可用于运输的船只很少，因此军队被迫以过高的价格租用商船，仅在第二次亚齐战役中就花费了共570万荷兰盾。[5] 荷属东印度陆军缺乏完善的运输系统，需要从四面八方征召强制劳工，把荷兰军队的装备运到边疆。到1875年，人们研究出一些激进的计划来纠正这种不稳定局面，包括在亚齐战区尝试用大象作为驮兽。[6]

然而，在19世纪中期，荷兰的军事问题并不限于向不断扩大的边疆地区运送物资的效率低下。军队本身的组成也产生了组织工作上的难题，特别是在招募和语言方面。荷属东印度陆军是一支兵源多样的军队，士兵来自非洲、欧洲和东印度群岛的各个部分。来自几内亚海岸的非洲人也在服役，还有人曾试图从利比里亚招募新兵，尽管这些尝试最终都以失败告终。[7] 至于欧洲人，德国人、瑞士人、法国人和比利时人各有代表，让语言和文化本就混杂的荷属东印度陆军部队更加混乱。[8] 到19世纪80年代，由于东印度群岛和霍尔木兹群岛（Hormuz）之间开通了蒸汽船航线，部队还试图将波斯人（甚至日本人）加入这份名单。[9] 这种种族和语言的混杂，完全忽略了那时当地民族的不同性质：马都拉人（Madurese）、布吉人、巽他人（Sundanese）、马来人、爪哇人、达雅克人、万鸦老人（Manadonese）和安汶人（Ambonese）都被招募入伍、并肩作战。海峡对岸的英国军队也由来自不同种族的士兵组成，但他们被分隔开，组织工作做得比荷兰一侧更好。[10] 人力短缺问题迫使荷兰决定这么大范围地招募士兵，但最根本的问题是东印度军队成员之间的沟通往往非常困难。荷兰司令部了解这一缺陷，但直到20世纪，欧洲军官每星期仍只接受半小时的马来语教学。[11]

在糟糕的运输状况和巴别塔式的语言混杂之外，荷属东印度陆军还面临着高逃兵率的问题，这使得形势更加严峻。19世纪70年代，逃兵现象不仅发生在外岛（如1871年的巴邻旁，当时荷兰被迫派一艘军舰前往苏门答腊岛镇压当地士兵的武装起义），也发生在荷兰统治中心爪哇岛。[12] 巴达维亚意识到，问题的一部分出在荷属东印度陆军中庞大的外籍军团，中央军事管理部门对逃兵进行了统计，将这些逃兵按种族和次种族分为几类。[13] 然而，荷属东印度陆军的队伍也因其他原因而不断减员，包括监禁、开除军籍和携款潜逃。因此，在许多史料中，我们都能读到士兵开小差失败后，会被藤条抽回队列，或被骑兵践踏倒地的情况。[14] 所有这些问题，都极大地削弱了巴达维亚在任何时候都能在边境沿线部署军队的能力，它在处理走私等违法现象时的效率也因此大打折扣。

然而，有一个指标可能比其他指标更能说明军队效能从早期到后期的提升，那就是健康状况的改善。进入20世纪之前，仅仅因为派遣不健康的士兵，荷属东印度陆军便遭受了一些最严重的系统性问题。19世纪70年代，军队中的医疗部门不断改组，但要等到几十年后才显著改善了东印度士兵的健康状况。脚气病在普通士兵中肆虐，亚齐有5%到15%的士兵曾因此住院，每年还有数百人死亡。[15] 政府将奎宁派发给战地药剂师以预防疟疾，但患者（大多来自在荷兰多项军事行动中被征召的劳工）极其庞大的数量还是给航运路线带来了巨大的压力。[16] 荷属东印度陆军士兵的饮食是所有欧洲军队中最差劲的。例如，从士兵摄入的动物蛋白数量方面看，荷兰人排名倒数第三，仅优于法国和意大利。[17] 然而，最严重的或许是士兵中持续存在的酗酒现象，1900年之前的几年里，这种现象普遍到了惊人的程度，以至于荷兰媒体上出现了数十篇抱怨的文章。在海峡对岸的英国驻军中，酗酒也是一个大问题。[18] 英国军队同样出现了水疱和溃疡，因为他们的制服对热带气候来说太厚重了，每年都有士兵死于健康问题，就连在马六甲、槟城和新加坡也不例外。

然而，到了20世纪初，荷属东印度陆军逐渐成为一个更有效的组织，无论是在爪哇还是英荷边境沿线的外岛。士兵健康管理的改善是一个非常重要的原因。荷兰军方热切地阅读英语和法语医学杂志，了解来自遥远的马达加斯加和法属圭亚那等地的有关热带地区的最新知识。荷兰人自己也开始积累实用知识，涉及服装、食物供应、饮用水和季节性预防措施。大约在这一时期，人们在东印度群岛开展实地试验，研究防水服装，以及适合在边境居民区进行长期探险的其他类型的织物。[19] 此外，荷属东印度陆军还委托专家对靴子进行研究，试图找到一种合适的鞋类，在雨季作战环境中具备足够的抓地力和保暖性能。[20] 他们设立了基金，促进部队的锻炼和体操运动，同时还发布了详细的指示，说明如何在丛林中长时间保持水的洁净。[21] 到1896年，已经有了一系列的腌制食品，在远离补给线的地方维持政府军的生活：在氯钙液体中以超过100摄氏度的温度煮熟的澳大利亚肉类、鱼干、干蔬菜和沙丁鱼就属于此类腌制食物。[22] 甚至酗酒和脚气病也减少了，这使得荷属东印度陆军在20世纪早期成为一支更加称职的警察部队。[23]

到20世纪初，还有其他原因帮助欧洲人更好地将其武装力量扩展到广阔的边疆地区。其中一些来自组织方面。在沙捞越，布鲁克家族在内陆地区建立起了一张堡垒网，以便在农村地区施加长期影响力，人们在文冬（Bentong）、甲望（Kabong）、沐胶（Muka）、民都鲁以及巴南河（Baram River）和特鲁桑河（Trusan River）上游都可以找到这些设施。[24] 对荷兰人来说，一套层层叠叠的复杂系统，可以促使外岛的军事和文官政府在动乱地区合作，便于灵活地监视潜在的叛乱人口。等到和平时期，这些偏远地区的许多部队会遭到裁减，并被重新分配到其他地区。1900年前后，经常发生叛乱的亚齐和婆罗洲东南部的部分地区便是如此。[25] 然而，在其他地区，如婆罗洲西部的上杜逊（Upper Dusun）和上卡普阿斯（Upper Kapuas）地区，权力维持在军事保护伞下，这削弱了民政部门的作用。由于行政当局看到自己的管辖权消失在军队的强制权力之下，荷兰当局的军事和民政两个分支经常为此发生矛盾。然而，从巴达维亚的立场来看，民政让位给军事，几乎总是比军事让位于行政、军队缺乏对当地人口（尤其是边境居民）控制的情况更可取。大多数时候，巴达维亚非常乐意损失地方行政效率——也就是说，只要军队能够在这些新征服的地方维持秩序，使用了解当地习俗并与当地人有着长期联系的公务员来管理就够了。[26]

军事演进的最后一个重要方面与物资，以及在19、20世纪之交，技术的进步怎样使荷兰更快、更彻底地渗透到边缘地区有关。正如荷兰人阅读外国医学期刊以跟上医疗技术的进步一样，巴达维亚的军事规划人员也在阅读外国军事期刊，获取关于新武器和新材料的信息，用这些数据为不断扩张的殖民地国家服务。因此，在世纪之交，荷属东印度陆军对铝的开发产生了浓厚的兴趣，因为铝能够制造出较轻的小型野战步枪，让士兵在杂草丛生的地形中获得更高的机动性。他们也在试验重量较轻的火炮，特别是比利时的一种新型火炮，这种火炮可以在不到5分钟的时间内组装和拆卸。[27]汽车的军用运输潜力得到研究，军用飞艇（主要指齐柏林硬式飞艇）也被纳入讨论，尤其是它们被用于侦察和跨水域运输的巨大潜力。[28]换句话说，几乎在所有地方，荷属东印度陆军都在想方设法提高其在周边地区的推进速度和快速打击能力，尤其是在英荷边疆这种动乱频发的地区。到1912年，荷兰人将外岛地区分块接入军事信息网，无论驻地有多远，巴达维亚都能即时掌握各种信息。[29]这些信息可以用来迅速判断危险局势的发展，无论当前出现的棘手问题是走私、骚乱还是彻底的叛乱。当然，陆军并不是这些国家控制边境秩序和行动的唯一武器。

海上强制性措施

英荷边疆以海洋为主,这也使得维持一支强大的海军成为巴达维亚的首要任务。到19世纪末,英国拥有世界上最强大的海军,然而,荷兰自17世纪均势格局以来,已远远落后于其邻国和昔日的盟友。出于若干原因,荷兰需要不断地巡逻,监视经常渗透东印度群岛的走私者便是原因之一。为了达到这些目的,东印度群岛的海军力量被分为以下几个部门,各部门都为防御和阻截做出不同的贡献。政府海军(The Gouvernements Marine),本质上是殖民地的海岸警卫队,由几艘汽船和若干小木船组成,履行各种职能。辅助舰队(The Auxilliary Eskader)是荷兰皇家海军(Royal Dutch Navy)的一部分,为东印度群岛贡献了几艘更大的船只,它们均由巴达维亚总督直接调派指挥。东印度海军陆战队(The Indisch Militair Marine)是第三个组成部分,同样是荷兰皇家海军的一部分,但在海牙由殖民地部直接控制。与东印度陆军的军人相比,这里的后两支海军部队的大部分军人都是欧洲人,包括舰队上的所有军官和工程师。荷兰认为海上力量是在东印度群岛有效维持秩序的关键,这就解释了为什么海军军种(而非陆军的骑兵和步兵)里有更多的欧洲人。[30]

尽管有这样的认识,在19世纪60年代和70年代,巴达维亚在东印度群岛的海上力量,一如它的陆军部分,仍稀稀拉拉得无可救药。边境控制在日常的实际工作中根本不可能:从北苏门答腊岛的顶端到苏禄海(Sulu Sea)的开阔水域以及更远的地方,能调配的船只太少。在西婆罗洲,海军不光缺少可用的船只,而且从4月到10月都要忙于追捕海盗,在剩下的时间里还要为政府履行运输职责。[31] 在东婆罗洲海岸,荷兰海军也忙得不可开交,主要任务是在望加锡海峡北口追捕海盗。[32] 在这条漫长而"无政府"的海岸线的北部地区，荷兰海军必须展示巴达维亚的旗帜，为部队运送疫苗和货币，以及运送政府乘客。[33] 在苏门答腊海峡马六甲海峡沿岸宽阔的洋面上，荷兰海军力量也同样是捉襟见肘。在楠榜（Lampung）、邦加和巴邻旁附近海域，海盗活动十分猖獗；占碑附近海峡两岸的走私活动则需要政府采取协调一致的监视行动。[34] 尽管英国的海军遍布全球，但英国在这一地区也面临着类似的海事问题：在观察者的描述中，驻扎在亚洲的船只不是漏水就是破旧不堪，而新加坡又迫切需要蒸汽船只来监视当地水域的非法贸易。[35] 由于要执行包括运输、灯塔供应、信标维修和水文测量在内的各种任务，海军的力量已达到极限，因此，用于拦截和控制海峡两岸走私活动的时间少得可怜。

然而，自从1873年亚齐战争爆发以来，持续消耗人员和物资的战争才是夺走欧洲海上警务力量最多的一个因素。英国人不得不在这期间派遣船只到马六甲海峡，以确保自身利益在出现敌对行动后仍可受到保护。[36] 不过，荷兰遭受的打击要沉重得多。冲突开始整整20年后，东印度群岛的常规军舰，除了　艘，全都还在北苏门答腊战区；在其他地方，政府海军不得不充当临时部队，在东印度群岛巡逻。[37] 封锁亚齐的船只发回的文件显示，在这条航线上，就算是主力舰也效力有限。煤炭供应极度短缺，因此许多船只会花大量时间在舰队间运送燃料，而不是执行原本的封锁任务。[38] 海军的纪律也有问题，而且不甚可靠，因为关于水手偷窃、酗酒和值班时睡觉的告示不断出现。[39] 疾病感染率很高，供水问题（亚齐海岸的大部分地区环境恶劣，无法收集淡水）也占用了执行监视和控制任务的时间。然而，最严重的问题或许是，封锁舰队往往无法靠近海岸并阻止走私活动。荷兰的主力舰过于庞大，无法接近海岸，而沿海的火力对海军的单桅帆船来说又太强了，一旦试图拦截穿越封锁线的船只，就可能被击毁并沉没。[40]

对巴达维亚来说，这些都无法使它密切关注并严格控制各种会引发焦虑的商品在漫长的英荷边疆地区流动。到了19世纪80年代和90年代，这些条件只得到了有限的改善。在东印度水域的大部分水文测量工作仍然是由政府海军而非受过专业训练的测量员来完成的；这极大地阻碍了国家对海洋周边地区的认识，我们将在下一章中更明确地看到这一点。[41] 由于各海事机构预算不足，许多东印度群岛附近的船只不得不被出售，因为要在整个边境线上维护这些船只的费用太过高昂。[42] 将这样的现实情况，与欧洲军官和大多数本地船员之间充其量也只能进行有限交流的事实（实际上，到1903年或1904年，荷兰皇家海军学院停止了马来语教学，支持荷兰语优先政策）结合起来看，我们就能够更清晰地看出东印度海军官兵面临的困境了。[43] 由于军力捉襟见肘，缺乏明确的改进计划，直到进入20世纪，巴达维亚才在改善海洋控制方面取得重大进展。

当荷兰规划人员越来越多地考虑怎样以各种方式保护东印度群岛的海上边境时，转变的种子就埋下了。这番重新评估背后的主要原因之一是担心东印度地区太容易受到外部攻击，并且殖民地可能很容易与荷兰隔绝开来。自19世纪70年代中期以来，巴达维亚就一直从国际军事杂志上剪下有关各国海军实力比较的文章，这些文章记录了中国、日本和西方各国舰队的进步和部署情况。[44] 然而，A.T. 马汉（A. T. Mahan）的《海权对历史的影响》（*The Influence of Sea Power Upon History*，1890）一书的革命性力量，以及1904年至1905年俄国远东舰队被日本击败的事实，给荷兰政策规划者小圈子里的这些讨论增添了新的紧迫性。[45] 在20世纪的最初十年里，荷兰皇家法令将东印度群岛的舰队力量置于严密监控之下，规定了随时都应部署在殖民地的船只的参数和吨位。[46] 1900年以后，更多质量更好的船只驶往东印度群岛，对巴达维亚在英荷边疆的警务能力产生了积极的影响。

第三章 执行边疆

　　海军技术进步的飞速发展，点燃了这一时期荷兰政界的相关讨论。到 1895 年，荷兰向许多主要国家首都的荷兰使节发送了紧急通告，以了解各国的海军开支。这些通告不仅发给了荷兰驻伦敦、巴黎、柏林和华盛顿的全权代表，还发往了瑞典、挪威等殖民势力较弱的国家，尤其是葡萄牙和西班牙等次要殖民国家。这样做的目的是确定其他规模类似的国家如何将这些新变化整合到他们的海军之中。[47] 巴达维亚从荷兰驻巴黎使节那里了解到，法国舰队即将扩建，改善西贡（Saigon）等殖民地港口、为殖民地铺设电缆提供资金、建立殖民地防御基金等事务，均已提上日程。荷兰驻柏林代表提供了有关德国在太平洋地区海军实力的情报，这对巴达维亚很重要，因为柏林对该地区的电报和航运很感兴趣。[48] 然而，与英国在马六甲海峡的海军实力相比，东印度海军明显落后，这才真正给巴达维亚敲响了警钟。伦敦《泰晤士报》（*Times*）的剪报显示，英国的装甲板实验、蒸汽实验和浅吃水结构，让荷兰在东印度群岛的船只相形见绌，如果两个大国之间关系友好，这种局面尚可容忍，但从长远来看是不可取的。[49] 1910 年，日本计划建造比英国技术更先进的船只，这一消息加深了巴达维亚的焦虑，因为荷兰人意识到，自己在该地区的海军力量相较于邻近势力远远不足。[50]

　　然而，就诸如监控和拦截走私者等内部目的而言，20 世纪初的东印度海军现在是一支比过去数十年里更有效的力量，这种进步的证据几乎随处可见。在苏门答腊岛，现在有越来越多的蒸汽船专门用于上游巡逻，航行到以前无法到达的地方，在那里，政治抵抗和"非法贸易"几乎横行无阻。[51] 在东婆罗洲的海岸，有一段漫长的海岸线一直被视为大麻烦，因为几十年来那里一直是海盗、走私者和其他各种巴达维亚国家建设项目反对者的藏身之处。这里的情况同样得到了改善，因为船只按区域网格分配，巡逻整个地区。[52] 中央政府对外岛许多地区的控制大有改观，有些巡逻站实际上甚至不再依赖船只。[53] 这并不是说东印度海军现在无懈可击,也不是说它不再存在重大问题,而这些问题当然会影响它有效巡逻边境以打击走私者的能力。例如,巡逻船上的卫生条件仍然很差,疾病在船员中滋生,这往往限制了船只的实际效力。[54] 然而,对从前存在的许多限制巴达维亚在边缘地区能力的结构性问题而言,形势已经发生了逆转。到 20 世纪初,试图通过海路进入东印度群岛的走私者,必须做得比过去 50 年的任何时候都要机警得多才行。

维持边境治安

殖民地政府负责执行边境实际限制的最重要部门是两大帝国列强的陆军和海军。不过,除了集结在海峡两岸的军队和舰队,荷兰和英国殖民地政府的警察部队也参与了边疆监控。在东印度群岛,警察本身没有独立的行政机构,并不是独立的组织部门。相反,它划归内政部和司法部,前者(内政部)为之提供资金,后者(司法部)为之设定规章制度。此外还存在特别的警察分支,包括林业、盐业和咖啡业监视部队,以及属于外岛各当权者的当地警察。[55] 这些部门都要关注整个殖民地面对的走私威胁。在海峡对岸的新加坡,早期的警察局主要设立在沿海地区,以对付岛内的华人,以及经常藏身于岛内溪流的海盗。在英国管辖范围内,同样有着不同的地方统治者维持的警察部队,这使得大片领土上的警力存在巨大差异。[56]

与该地区的其他国家执法部门一样,海峡两岸的警察部队,在 19 世纪 60 年代和 70 年代也不足以应对自己要面对的许多任务。走私者和有组织的贩运网络造成的问题当然是这些挑战之一。在新加坡,1869 年的第 19 号条例便专门为"镇压危险社团"制定,而"危险社团"指的是在当地居民中与政府争夺权威的许多黑社会和兄弟会组织。然而,整个 19 世纪 70 年代,殖民地的骚乱和派系斗争持

第三章 执行边疆

续不断，这表明无论法律如何规定，针对这些人，警察的权力都很有限。认识到这种局面后，海峡殖民地终于考虑征召华人加入警察部队,作为对付当地居民的潜在盟友和公务人员。[57]在更北部的槟城，该岛的媒体也抱怨警察部队不足以满足当地的需求，而用于侦探和特勤上的支出则低得可怜。[58] 在靠近婆罗洲海岸的纳闽岛，情况更加严重：常驻警察大多是来自锡兰的步枪手，在殖民地可怕的疟疾气候中一死就是几十个。纳闽行政当局呼吁尽快纠正这种状况，因为如果一半的警力不是在医院就是在墓地，警力几乎毫无用处。[59]

在荷兰管辖范围内，实行威权控制的前景同样不如人意。在西婆罗洲，警察的数量少得可怜，无法满足控制庞大居住人口的需要，驻地长官自己也评论说，那里的纪律意识需要增强，专业水平也有待提高。[60] 在婆罗洲东南部，警察的数量甚至更少，大部分可用人力都集中在大河沿岸的主要城镇及其周边。这给内陆广大地区的非法贸易和所谓的"无法无天"状况留下了很大的空间，包括不计其数的猎头探险（许多人命丧于此）。[61] 国家几乎所有的警察都集中在勿里洞和廖内的城市地区，而国家眼里的各种犯罪分子则在大片沿海地区活动。[62] 在廖内，结果是与新加坡之间存在着大规模违禁品贸易，从事这种贸易活动的人主要是当地华人，他们"散落四方，住在森林和小溪里"。[63] 新加坡的地理位置及其带来的贪污也影响了巴邻旁，巴邻旁有很长一段空旷的海岸，走私者可以躲在沼泽里。关于警方无力打击边境沿线的犯罪活动的抱怨最终成为报纸上主要的话题，迫使巴达维亚调查其原因。[64]

19世纪80年代和90年代，海峡两岸仍然存在许多这类问题。在荷兰势力范围内，外岛（如巴邻旁）驻留费用的削减剥夺了国家的众多耳目，使本已很低的执法水平进一步降至几乎无法维持的地步。[65] 廖内的问题也一样，由于驻扎在该地区的汽船经常外出执行其他任务，海上治安力量仅限于一艘桨船和两艘小型巡逻艇。19世纪90年代荷兰的一份廖内地图揭示出这支规模不大的船队在新加坡以南所面临的迷宫般的岛屿：走私和跨境流动十分猖獗，政府部队看不到任何缓解迹象。[66] 整个外围领地警察四分五裂的状况使得这种局势成为常态，不同种类的警察出于权宜之计而被拼凑在一起。[67] 英国的属地上也明显存在类似运转不良的情况。在新加坡，总警探宣称他的部门规模太小，无法对岛上的有组织犯罪产生重大影响，与此同时，各部门之间的沟通又陈旧而缓慢。[68] 纳闽的警察在一轮服役期满后几乎总是拒绝延长服役年限，当地总督将这种拒绝归咎于"马来人喜欢变化"，但实际上这真正反映出岛上的薪水和工作条件长久以来都很糟糕。[69] 在英属北婆罗洲，当地警察的任务范围表明了为什么他们在抓捕罪犯方面表现得令人绝望：那里的警察除了履行治安的职责，还要当搬运工、邮递员、船夫和收税员。[70] 因此，不足为奇，在这片由森林、海岸线和荒野组成的广阔领土上，走私和相关犯罪肆无忌惮。

然而，进入20世纪的前几年，这种状况确实出现了改善的迹象。巴达维亚和新加坡逐渐能够将更多的人力投入到监控和拦截活动中，并在短期内获得了丰硕的成果。荷兰在西婆罗洲的警力不断扩大，随着边疆朝着岛内腹地推进而成为一支东拼西凑起来的政府部队。[71] 婆罗洲东南部的警力也扩展到从前只有临时分遣队的内陆贸易站点和沿海地区。[72] 荷兰派出了更多的警探，而诸如法医化学研究等领域的科学进步，也让警察有了更多的工具来追捕重刑犯。[73] 英国的收获同样显著。1900年以后，英国当局建立起了民事、刑事和政治情报部门，以追踪对既定殖民秩序的各种威胁。[74] 数百盏电力街灯照亮了海峡殖民地的街道，这一市政方面的进步，让新加坡能够在夜间比以往任何时候都更清楚地看到自己的臣民，特别是在小巷和码头。[75] 这一国家发起的照明工程带来了重要结果，其中之一是减少了走私者可以利用的黑暗空间。殖民统治政权实际上已经开始辐射到这些空间，因此，开拓政见不同的经济和政治地域也越来越难。就连大众意识也察觉到了这种广泛的变化，马来语报纸开始谈论"mata mata gelap"（黑暗中的眼睛），即英国侦探部队或卧底警察。[76] 警察已逐渐开始有效地介入当地社会的运作，海峡殖民地的当地居民也认识到了这一点，这甚至体现在语言的改变上。

然而，哪怕到了20世纪初，边境沿线的陆地和海洋在水陆治安方面仍漏洞百出，使人们能够大规模流通商品，不受国家监控，违背国家的明确指示。警察经常因贪污和非法行为而受到谴责，例如，新加坡的一名警察因未经任何指示就擅自释放了一名被监禁的嫌疑人而被判入狱。[77] 如果边境行政管理人员的报告可信，那么在荷属西婆罗洲这样广阔、难以管理的地区，警察部队的规模或许有所增加，但专业性未必提高。[78] 军事部队从外围领地撤出之后，往往会替补上同等数量的警察，这表明，该地区仍需要类似程度的强制力量（虽然人员构成或策略已发生改变）。[79] 这些信号表明，即使到了20世纪初，边疆地区的"平定"和治安仍然存在很大问题。1896年，外岛总共有1535名东印度警察，这仍然是一个很小的数目；1905年增补了700人，但几乎于事无补。[80] 到1912年，政府要求警察用马来语喊出如下命令来平息骚乱：

> 散开！回家去！如果不遵守命令，你们会有麻烦！
> 如果不立刻回家，你们会被狠狠揍一顿！
> 到底回不回去？我们是认真的——你们真的会挨揍的！[81]

面对横跨边境线的大量流动人口和多种族人口，任何殖民地国家的警察都无法随时对边境进行全面控制。即使到了今天，从某些方面来看，情况仍然如此。

法院的影响范围

加强对边境控制的最后一种手段是使用法律"封锁"边境，有关殖民社会的历史学文献显示，此类计划由多种方式完成。[82] 荷兰法律史学家 G.J. 雷辛克（G. J. Resink）曾提请人们注意，在 19 世纪末到 20 世纪初的东印度群岛，这一进程的推进是毫无章法的。雷辛克展示了海盗、奴隶贩子、鸦片贩子和其他各种团体是如何逐渐被纳入荷兰领海的法律管辖范围的，以及这种海洋所有权的概念本身如何随着时间的推移而演变。尽管荷兰人在 1879 年设定了 3 英里的界限，并在 1883 年将其扩大到 6 英里，但这些划定只对东印度群岛的部分水域有效，特别是外岛。巴达维亚承认，许多外围领地政治体拥有自己的领海，这使它们在各自的海岸线上享有一定的权利。[83] 然而，到 1915 年，这些独立特权宣告结束，因为进入新世纪的头 15 年后，大多数东印度统治者都失去了这些权力，所有残存的独立性也化为乌有。[84] 到第一次世界大战开始时，荷兰的法律体系已经将整个边疆囊括其中。

利用法典在边疆地区强制执行新加坡和巴达维亚意志的早期尝试收效有限。荷属东印度的法律已被翻译成各种群岛语言并分发给当地居民，但说到巴达维亚在这方面的计划，最强力的举措无非是把惹麻烦的群体驱逐出荷兰属地（图 3）。[85] 尽管有这类驱逐出境的权力，但人们普遍认为，荷兰在外岛的法律系统十分薄弱。在巴邻旁就是如此，荷兰人在 1874 年对那里进行了全面的审查，试图纠正这种情况。[86] 在廖内也是如此，法官和警察人数很少，相隔甚远，而新加坡则是包括走私犯在内的各种犯罪分子的方便（也经常使用）的逃亡通道。[87] 英国人在英属婆罗洲纳闽前哨也面临着类似问题，早在 19 世纪 50 年代，他们就意识到，自己对当地居民最多只有着极为有限的法律权力。[88] 英国的权力所在地新加坡的情况要好一些，

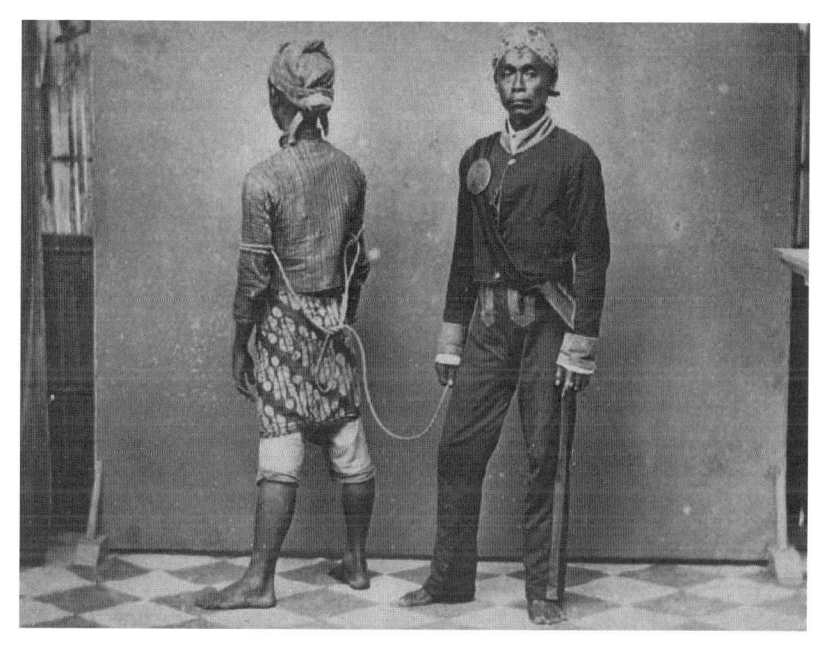

图3 东印度警察和罪犯，1870年。图片来源：KITLV，莱顿

法官可以发出搜查令，需要维持治安的地域也较小。[89] 然而，即使在这里，执法和逃避也总是并存，在19世纪60年代的大部分时间里，逃避者往往比执法者更为狡猾。

然而，到19世纪70年代末和80年代，这样的法律格局发生了重大变化，尤其是在边疆的荷兰一侧。1876年，强大的东印度议会（Council of the Indies）的一名议员T.H. 德·金登（T.H. der Kinderen）负责全面整顿并重组外岛司法体系。德·金登挨个巡查居民区，研究外围领地判例问题，并提出改进建议。[90] 例如，在婆罗洲东南部，法院被划入泗水而不是巴达维亚的集中管辖范围，节省了协商的时间和距离，从而可以更迅速地采取法律行动。[91] 在廖内，司法机构的程序准则得到了修订和调整，减少了与当地领土签订的契约之间的不一致，而这种不一致有时会让罪犯因技术细节而逃脱惩罚。[92] 在苏门答腊岛的东海岸，法院的管辖权扩展到内陆地区，在勿里洞设立了新的法官席位，以加快处理大量有待审理的案件。[93] 德·金登大力推动荷兰改革外岛的法律结构，他在十年内所完成的工作，换作其他任何官员，恐怕都要花费更长时间。[94]

不过，引渡恐怕是用来加强殖民边疆的最强大的法律工具，这一进程得到了边境双方的推动。尽管伦敦和海牙在1874年签署了一项引渡条约，但该条约的规定对两国在亚洲的殖民地并无法律约束力。相反，荷兰和英国在海峡两岸的行政官员在这些事务上依赖彼此的友好协助，在很多情况下，这一安排促成了引渡，但也因为缺乏任何法律规定，两个殖民地首都也都有拒绝的权利。[95] 这套系统在一定程度上发挥着作用，但有许多公务员（特别是在边疆上的荷兰一方）认为，现有的程序不足以处理日益增多的案件。[96] 因此，荷属东印度群岛当局试图将这些协议与海峡殖民地当局正式缔结成法律，同时进一步向英国的澳大利亚殖民地、暹罗和法国在东南亚大陆的领土发起提案。巴达维亚希望在东印度群岛周围建立一个"法律圈"，让罪犯无处可逃，并提出将罪犯引渡到其他一些尚未签订条约的行政辖区，如马来亚的马来属邦。[97] 进入20世纪，终于有了确保许多此类互惠协议的机制，包括与海峡殖民地的协议。[98]

这个重要的过程及其影响，可以聚焦在一个方面，也即从不断变化的边境线进行更仔细的考察。婆罗洲就是一个很好的例子。1889年，沙捞越当局将1884年华人东万律起义的主要组织者之一张忠福（Tjang Tjon Foek）引渡到荷属西婆罗洲。荷兰人很高兴能将此人接收回来，因为张氏一直从事非法武器越境运输，被视为极度危险的人物。[99] 两年后，5名男子乘船逃离英属北婆罗洲，带着大量武器和弹药逃往荷属东婆罗洲。英国人要求立即遣返相关人等，但邻近的荷兰领地布隆岸（Bulungan）的地方长官拒绝了这一要求，等待上级的进一步指示。英国领地的总督对这种不服从行为持悲观态度。他写信给自己的上级说:"由于本州的南部边界距离布隆岸不远,我只能预计,未来北婆罗洲的逃犯将会再次逃往布隆岸……除非地方长官有足够的权力来进行逮捕。"¹⁰⁰ 新加坡和巴达维亚之间交换了电报,经过一系列短暂的争执,英方得到了他们想要的人。《沙捞越公报》(Sarawak Gazette)上充斥着大量越过西婆罗洲的类似案例。¹⁰¹ 军火走私者和叛乱人员因此被告知,边境将不再是他们可以藏身的分界线。

直到 1910 年,英属北婆罗洲和荷属东印度群岛之间才达成正式的引渡协议。边疆煤矿的建立,以及随之而来的苦力逃亡问题,最终促成这一"君子协议"成为法律。¹⁰² 不过,该地区外交特有的非正式渠道在很长一段时期里都运转良好,让边境线两侧的许多行政官员都相信,就现状而言,现有的协议就足够了。然而,君子协议的时代很快就要走到尽头。婆罗洲工业和资本密集型企业的崛起,迫使新的(尤其是涉及跨境流动的)法律结构出现。英属北婆罗洲最终对纳闽(1890 年)、沙捞越(1891 年)和香港(1896 年,当时为英属殖民地)实施了引渡条例,所有这些至少部分是上述进程带来的结果。¹⁰³ 事实上,与香港的协议是以两个殖民地之间建立直接的蒸汽船运输服务为前提的。此刻,劳工有了一个便捷的逃脱通道,只要他们能登上返程的船只,就可以摆脱合同的约束,并设法带着手头的现金回到中国南方的村庄。¹⁰⁴ 与文莱苏丹国关于引渡的讨论,最终也获得批准成为法律,因为文莱已成为伪币制造者(counterfeiters)、奴隶贩子和苦力贩子逃离英属北婆罗洲的首选之地。¹⁰⁵ 因此,该地区政府之间法律结构和法律联系的建立,是加强东南亚边疆的另外两种方式,尽管这些机制即使到了 20 世纪初仍未臻完善。

因此,划定和管控英国和荷兰殖民属地之间不断变化的边界是一个困难的过程。国家资源很少能满足地方行政官员的期待,两个政权随时可以动用的强制执行的能力也存在严重缺陷。然而，尽管存在这些缺陷，荷兰人的武装扩张能力，特别是在1865年至1915年期间的边疆地区，得到了根本性的改善。这种改善通过防水服装、药物、指纹，以及不断演变的法律得以实现，而不仅仅是靠枪。比起向边境大规模引入新的军事技术，维持治安和执法更加困难。国家强制的这些方面不太容易发生结构性改变，因为它们更多地依赖于人，而不是依靠坚硬的钢铁和快速的船只这一类进步。当然，不可否认的是，在这50年间，边境地区政权的执法能力总体上有所提高。但是，伴随着边界的逐步形成，相关的制度需要得到维护和巩固。

第四章
巩固边疆

英荷在东南亚的边疆得到测绘,又经陆军、海军、警察和法院等政府机构管控,同时也被国家所支配的各种力量所巩固。通信、海事技术、经济政策和各类代理人,都发挥了"驯化"边境的作用。这是一个极不平衡的项目,只有部分得到了来自中央政府的充分协调。然而,边境地区的逐渐巩固最终改变了这些殖民属地间分界线的性质,并影响了走私者在这一广阔而有限的空间中所能做到和不能做到的事情。巴达维亚和新加坡通过一系列旨在使边疆本身更接近国家影响范围的机构和制度,巩固了它们在外围地区的扩张。50年里,这一切是怎样在长达3000千米的边境空间实现的呢?帝国的哪些工具被用来巩固殖民中心与新兴跨国边界所涉及的陆地和海洋之间的纽带?殖民统治精英和遥远臣民之间的联系,怎样在边疆的广阔空间中得以具体化?

不断演变的通信网络

改善通信是当地的帝国议程上最重要的项目之一。通信对于完成前面提到的强制执行手段至关重要,如果不能快速地获取边疆地区的信息,没有任何国家能够在边境沿线实现自己的愿望。然而,以19世纪70年代和80年代初外岛的道路为例,它们极其简陋和有限,即使有公路,也很难为国家效劳。在婆罗洲西部,华人金矿区修建了几条道路,但大多数人都是走水路或只有当地村民知道的几条小路。婆罗洲东南部的道路也很少;本托克(Bentok)和马塔普拉(Martapura)钻石区有几条路连接,而在其他大多数地方,当地人都是乘坐内河船或独木舟。荷兰行政管理官员注意到这些情况,并抱怨缺乏可用的基础设施,这阻碍了部队行动,不利于步兵进入外岛动乱地区。[1] 雨水周期性地冲毁苏门答腊岛的道路,使得一年中有好几个月都无法进入巴邻旁的高地——根据荷兰人的说法,这是一个特别"顽抗到底"的居住地。巴达维亚不能指望通过河流到达外围领地的所有内陆居民点,有许多河流水位低,淤积着许多被冲倒的树干,无法通行;另一些河流则是海盗的聚居地,他们会伺机抢劫搁浅的徒步旅人。[2] 进入内陆的其他路线还有野生老虎,同样极其危险:仅在1869年,巴邻旁的一段道路就发生了17起致命袭击事件。在荷兰当局计划修路的地方,医生是研究和清理团队的标准成员,随时准备应对伴随帝国建设而来的诸多紧急情况,包括疾病、袭击和受伤。[3]

相比之下,1900年左右,国家的道路建设和铺设道路网的范围就宽广多了。改善道路状况的呼声至少可以追溯到19世纪80年代初,但直到90年代末,外岛地区才出现了大范围的具体改善。[4] 当时进行了更多的建筑勘测,其目的通常是将巴达维亚的经济和治安力量扩展到外岛居民地内部。[5] 在亚齐等地,人们修建公路,连接

第四章　巩固边疆

邻近地区，这通常有特定的目的：让部队更快速、更便捷地从一个驻地转移到另一个驻地。[6] 为适应此种运输，在婆罗洲东南部等地，人们采取措施来拓宽道路；而在苏门答腊岛的东海岸，人们则着重于硬化路面，以免其随着季风降雨的到来而消失。[7] 到 1906 年，仅在巴邻旁就有超过 800 英里的道路，为国家安全机器提供了比以往任何时候都更发达的交通网络。[8] 荷兰记者马德隆·塞凯伊－卢洛夫斯（Madelon Szekely-Lulofs）抓住了这些过程背后的动力，她评论说，道路建设经常超出预算，也未经政府许可，但政府容忍成本超支的原因也很简单——所有人都知道这些道路的意义重大。[9] 某种程度上，英属北婆罗洲的情况似乎也是如此。[10] 到 20 世纪初，这种放手修路的政策带来了显而易见的改变。一份 1915 年的苏门答腊岛地图显示了当时岛上可供巴达维亚及其士兵使用的公共道路网。[11]

然而，道路仅仅是边境居民区发展出的通信网的一部分。电报的发展，也使得殖民地国家得以加强其在边疆地区的强制力量。早在 1870 年，在海峡的英国一侧，新加坡就与槟城相连，一年后，槟城又与英属印度的马德拉斯（Madras，现名"金奈"）建起了线路。[12] 新加坡与巴达维亚之间也于 1870 年建立了可靠线路，避开了之前一次最终被证明不可靠的尝试。[13] 因此，如今各港口、各殖民地之间，监视和信息处理都可以更快速，这在以前是不可能的。巴达维亚立刻明白了这些通信联系对帝国建设规划的重要性，一条横跨狭窄海峡并通往南苏门答腊岛的电缆很快就出现了。[14] 然而，在电报扩张方面，荷兰人的资源远不如英国人，常常不得不依赖英国人的电线来传递信息，尤其是在边疆地区。因此，荷兰公务员普遍使用新加坡—槟城的电缆，特别是用来报告亚齐人在战争期间的走私活动和密谋。[15] 不过，19 世纪 70 年代，两个殖民地政府都为电报线路和资源的问题所困扰。大雨经常破坏荷兰现有的线路，一些英国的重要前哨站，如纳闽，被迫多年都没有电报线路。[16]

然而，进入20世纪，电缆技术逐渐改进，成本下降，两个殖民大国都看到了扩大通信网络的好处。英属北婆罗洲公司（British North Borneo Company）对沙巴（Sabah）的收购，大部分都是通过电报通信进行的，身在伦敦的商人阿尔弗雷德·登特（Alfred Dent）不断给他在新加坡的代理人发电报，传达如何进行收购的指示。[17] 十年后，该公司在婆罗洲的官员试图说服伦敦将帝国电报网扩展到婆罗洲，把荷兰在边境另一侧的电报网络扩张当作竞争方面的诱因，以吸引白厅的官员。[18] 荷兰人确实在扩张：矿产收购和政治不稳定促使巴达维亚在婆罗洲投资电缆，以期改善对当地情况的控制。[19] 然而，荷兰报刊不断抱怨说，英荷在边疆地区架设的电报线路的比例，在很大程度上仍是英国一方占优。到20世纪初，全世界23家电报公司中有20家以伦敦为总部。从地缘政治和战略的角度看，这是许多生活在东印度群岛的荷兰人完全无法接受的，尽管他们对此无能为力。[20]

这种厌恶的主要原因是民族主义的骄傲，巴达维亚不喜欢依靠英国的电缆与荷兰保持通信，哪怕自己建设电报网必须付出巨大成本。然而，一位荷兰观察家说得好，巴达维亚没有实力负担"大国"思考方式的成本，只得通过其他欧洲国家的线路把信息"捎带"回国。[21] 然而，进入20世纪后的技术进步使得荷兰人有可能在东印度群岛甚至漫长的边疆地区独立运营电报。到20世纪的第二个十年，无线通信方面的新发明有望为整个边境带去更廉价和更便捷的移动通信。无线电台可以放在船上，也可以放在陆地上；导线相对廉价，意味着邮局即使设置在偏远地区仍能迅速向较大的中继站报告。巴达维亚并未忽视这项新技术的监控意义。一些政策规划人员设计了一套计划，要在群岛上建立庞大的全新通信网络，将巴达维亚与整个边疆地区有效联结起来。[22] 这些设备器材的实际开发不在本书讨

第四章　巩固边疆

论的范围,但这些早期发展极有意义地向欧洲人展示了哪些事情可以完成。英国和荷兰最终都建立了远程无线站点,比如说,这可以使菲律宾的棉兰老(Mindanao)与英属北婆罗洲和荷属东南婆罗洲进行几乎即时的通信。[23] 政府机构可以前所未有地追踪到有关走私者、海盗袭击和可疑活动的信息,哪怕在该地区最偏远的外围地区。

陆上通信的最后一个重要方面是铁路向外围地区的扩张。出于若干原因,铁路对殖民项目至关重要。有了铁路,国家不仅能够大量转移人员和物资,而且一旦偿还修建铁路的初始成本之后,铁路便可充当积累长期资本的资源。围绕苏门答腊岛翁比林(Ombilin)煤田的讨论,可以作为一个例子。19 世纪 70 年代初,政府为在这些煤田和苏门答腊岛西海岸的巴东港之间铺设铁路提供了特许权。[24] 人们为开采做了准备,研究了从产煤丰富的高地到海拔更低的蒸汽船港口铺设铁路需要政府为此提供多少费用。最初的估计是每千米 2.2 万荷兰盾,但人们觉得这个价格是值得的,因为销售煤炭最终会带来大量收入。[25] 许多规划人员认为(一如他们对待修建电报线路的态度),有必要确保巴达维亚拥有自己的煤炭资源,荷兰殖民地不能过度依赖外国政府。[26] 1890 年,苏门答腊岛东海岸印特拉吉利的长官被派往邻近的自治地区,看看荷兰铁路能否在通往东海岸的途中,也把这片领土串起来。[27] 故此,为了将内陆地区的煤炭廉价而迅速地运送到东西海岸,巴达维亚正在修建铁路,这些铁路既可用于矿产开采,也可以用于整个苏门答腊岛屿范围内任何其他形式的物资调运。

19 世纪 80 年代,苏门答腊岛东部种植园区铁路的扩张也很能让人有所启发。到 1880 年,荷兰人对铁路特许权十分感兴趣,据《东印度邮报》(Indische Mail)报道,甚至"人们可以筹到钱修一条通往月球的铁路"。[28] 1881 年,日里铁路公司(Deli

Spoorwegmaatschappij）获得一项特许权，将一些居住点的种植区连接到勿拉湾（Belawan）港口，最主要的考虑是不管天气和地表条件怎样，都要让烟草更快、更便宜地进入市场。1883年，苏门答腊岛东海岸的特派专员亲自为该项目破土动工，显示了政府与私人资本在这条铁路上的密切联系。[29] 合作并未止步于此。巴达维亚允许日里铁路公司在铁路系统建设期间就使用铁路线运送货物，并且在日里铁路公司建设进度滞后而无法按时完成所有建设要求时，还延长了合同期限。[30] 巴达维亚甚至保留了规定日里铁路公司列车行驶速度的权利（最高时速不得超过每小时35千米），很像父母给孩子和新玩具划定界限。[31] 因此，哪怕铁路线路的所有权和修建是由国家以外的参与者实施的，铁路与国家在周边地区扩张方面的计划仍密切相关。

到20世纪初，技术与国家建设之间的联系比以往任何时候都更加明确了。边疆各地都在修建铁路，虽然形式不同，但效果统一。在柔佛（Johor），使用不断扩张的英国铁路的人数，从1912年的159317人次，跃升至4年后的418047人次，而在20世纪头几年，马来联邦铁路的净收入才区区100多万美元。[32] 1876年，荷兰军队在亚齐建造了第一阶段的蒸汽有轨电车线路，该电车线路最终于1916年由国家延长并接管。修建该线路的目标是平定叛乱，虽说这一目标经过了数十年的尝试才最终实现。[33] 在南苏门答腊，政府有意让爪哇移民进入该地区的肥沃土地，铁路建设便与此设想挂上了钩：人口过剩的爪哇将输出移民，在南苏门答腊开始新的生活。这个项目同样只取得了部分成功，虽然扩大了国家在楠榜和其他地方的影响力，但远未像预期中那样帮助到足够多的定居者。[34] 在婆罗洲，人们期待着一些最引人瞩目的扩张计划，根据一位专家制定的计划，在短短6年的时间里，婆罗洲就会出现纵横交错的铁路。[35] 在婆罗洲边境的荷兰一侧，这种情况从未真正发生过。不过，英国

第四章　巩固边疆

人确实扩大了婆罗洲的铁路网（主要是在沿海地区），尽管这个项目几乎在各地都遇到了巨大的问题，如洪水、建筑工地坍塌和大规模山体滑坡。[36] 哪怕到了这一晚近时期，通过铁路技术建立帝国在世界的这个地区仍然是一个充满了不确定的过程。但这些困难并没有阻止两大殖民地国家为后来的几十年奠定基础，届时这些资源便可得到更充分的利用，以扩大国家影响力。

巩固海上分界线

除了公路、电报和铁路等交通手段，巴达维亚和新加坡还通过各种海事机构巩固边疆。不断演变的边境大部分在水上而非在陆地上，这些空间包括平静的浅海，如马六甲海峡和苏禄海峡，以及南海最南端岛屿密布的海域。这两处海域都以风力、天气和分散的岛屿地形为主，是走私的理想地理环境。在这一舞台上加强国家力量，最重要的海事机构之一是海岸照明系统，即通过各种方式为海岸和港口提供信标。灯塔、煤气灯浮标和不同结构的信号灯，都曾被用于实现这一目的。如果政府不仅能看到周边地区，还能通过这些厉害的设备看到航道的动向，那么，打击走私的战争就会容易得多，尤其是在夜间。然而，一如其他大多数致力于为国家效力的技术，这方面的进步也非常缓慢。与19世纪末的普遍进步相比，19世纪中叶的国家政府效率低下且能力十分有限。

1859年，在荷属东印度群岛只有一盏能用的海岸灯，位于爪哇西北海岸的安杰尔（Anjer）附近。巴达维亚，甚至海牙，都知道这是一种危险的情况，因为这不仅对东印度群岛的航运构成了危险，也限制了国家自己在群岛上的愿景。于是，荷兰决定实施一项耗资650万荷兰盾、为期25年的计划，旨在将荷兰的海岸照明扩展到东印度的其他地区。[37] 尽管该计划只实施了一部分，但到1870年，群岛上的信标和海岸照明明显比十年前得到了改善。例如，海岸照明灯环绕开采锡矿的邦加岛，使得国家在当地水域的视野比从前大得多。[38] 然而问题仍然存在。强劲的水流冲走了荷兰海军使用的许多信标，例如，南婆罗洲的驻地首府是马辰，但通往该地的航路却不安全。[39] 政府投入了一艘蒸汽船专门修理信标，但这艘船又老旧又不结实，大多数时间都停泊在干船坞里。[40] 在海峡对岸的英国属地，新加坡在这些职能上也只能提供微薄的预算。槟城是海峡殖民地的第二大港口，但在1873年完全没有照明。[41]

进入20世纪的头几年，这种情况只得到了部分改善。南苏门答腊岛的楠榜、北加浪岸（Pekalongan）和明古鲁（Bengkulu）附近都修建了照明灯，至少苏门答腊岛的部分地区在夜间亮起了灯。1886年，随着新的资金投入，廖内的港口也得到了更好的照明，这些岛屿的一些较大港口也更换了旧灯。[42] 事实上，根据荷兰海事部的记录，19世纪80年代，外围领地的照明开始了前所未有的扩张，从西部的苏门答腊岛一直延伸到相对较少开发的群岛东部地区。[43] 然而，严重的问题仍然存在。一些主要的国际水道，如望加锡海峡的东半部，甚至新加坡和爪哇之间的大部分海上航线，到20世纪初仍未获得照明。[44] 在英方水域，前往纳闽岛的航道"在夜间既不安全也不容易"，岩石和低洼的浅滩危及航行。[45] 在东南亚的部分地区，英国人在晚上根本看不清东西，很多时候，国家都看不见航行穿越其领海的船只。更复杂的是，英国水域内的不同行政实体——海峡殖民地政府、英属北婆罗洲公司、沙捞越王国和马来联邦——经常为谁应该为必要的改善举措买单而发生争吵。[46] 在这样的氛围下，走私者无须大费周章，就能不受任何干扰地穿越该地区。

然而，到了1900年左右，国家的海岸照明和夜间观察能力大幅改善。这在婆罗洲东南部尤为明显，过去海盗和走私者经常出没的海岸上现在建起了新的灯塔。[47] 苏门答腊岛东海岸的情况也一样，当局下放权力，把信标服务交给了地方官员，他们知道哪里最需要资源。[48] 甚至灯塔的建造也在发生变化。以前，这是一项巨大的工程，建筑材料必须从遥远的欧洲一路送来。到 20 世纪初，灯塔的结构本身以及照明所需的很多材料均可在东印度群岛买到，如现在从苏门答腊的冷吉（Langkat）开采出来的矿物油。[49] 灯塔成为气派、高效的建筑，是一座浮动"圆形岛"，工作人员可以待在上面几个月都自给自足（图 4）。现在，整个边疆地区修起了一连串哪怕夜间也完全能看到的瞭望塔，人们想神不知鬼不觉地进入东印度群岛变得更加困难了。当然，问题仍然存在：愤怒的英国海事报告不时提到一些海岸存在危险的照明缺口，该地区不同的英国政府机构继续发生外交争执。[50] 然而，即使是像亚齐这样在 19 世纪 70 年代曾给巴达维亚带来如此多不幸的争议性地区，到 20 世纪初也或多或少地被控制住了，这至少部分要归功于这些灯塔的力量。[51] 走私或者只是不被人注意地溜过国际边疆所必需的空间正悄然消失。到 20 世纪初，巴达维亚和新加坡已经学会了如何更有效地在黑暗中观察。

除了海岸照明和信标，两国使用的第二种海上扩张工具是蒸汽航运。蒸汽船的发明，对帝国殖民计划来说是如虎添翼，不仅在东南亚，在世界其他地方亦然。在荷属东印度殖民地，研究这些进程最重要的历史学家是约普·阿·坎波（Joep a Campo），他关于荷兰皇家邮船公司的著作，是对史学界的重大贡献。坎波明确地揭示出巴达维亚乃至海牙如何利用蒸汽航运线路将国家的议程和影响力推向广阔的海上周边地区。然而，由于这样的项目所需的资源超出了巴达维亚的财政负担能力，因此，一如上文提及的其他几个行业，扩张是与私人资本携手进行的。成立于 1888 年的荷兰皇家邮船公司继承了早期实施这一计划的尝试，迅速将其航运线路扩展到东印度群岛的大部分地区。不过，直到 20 世纪初，它才进入许多最为

图 4　荷属东印度的灯塔，卡里马塔海峡（Karimata Strait），1909 年。
图片来源：KITLV，莱顿

偏远的地区，当时在这些水域航行的，是华人和其他航运公司所谓的"快艇队"（mosquito fleets）。坎波认为，荷兰皇家邮船公司演变成了一只受巴达维亚控制的章鱼：它的触须遍及各地，尽管它以追求商业利润为基本生存原则，但它的资源也可以用于实现国家的愿望。[52] 例如，该公司的船只被用于征服苏拉威西、龙目岛（Lombok）和新几内亚等多个外岛政权，同时，它也参与了对亚齐抵抗力量的缓慢经济扼杀。坎波认为，对荷兰人来说，荷兰皇家邮船公司是荷兰帝国的一种重要工具，在不同时期和不同的情况下，在边境沿线充当税收手段和政治工具。

巴达维亚非常清楚，航运将是在荷属东印度扩张的关键。因此，巴达维亚很早就开始关注商业航运活动，特别是在边境定居点。比如，在婆罗洲东南部，它极为密切地关注着沿海政权和新加坡之间的海运活动。在西婆罗洲也是如此，当地的华人、阿拉伯人和布吉人的船只经常穿越边疆来来往往，在海峡殖民地的港口进行贸易。[53] 廖内群岛在新加坡正对面，从很早就开始详细地统计与对岸往来的货物种类、参与贸易的船只所属的种族和悬挂的旗帜。[54] 在海峡的另一边，英国人也在不同地点做着同样的记录。例如，英国人曾指责纳闽岛的船只装卸不能令人满意，因为分散的停靠地点阻碍了国家有限的治安权力。此外，尽管纳闽具备诸多优势，但在这一早期阶段，新加坡和纳闽之间没有国营蒸汽船航运服务，这也阻碍了贸易的增长。纳闽总督问道，纳闽拥有丰富的煤矿资源，而且在通往中国的航线上具有战略地位，还是东部海域最好的港口之一，怎么可能与新加坡没有蒸汽船航线连接？[55]

因此，蒸汽航运出现了两种彼此矛盾的现象。如果驾驭得当，它可以被国家用作经济增长和强制力的动力；但它也可以被那些希望在国家视线之外进行贸易的人利用，特别是在外岛地区。因此，19世纪80年代和90年代，国家再次努力试图控制这些进程，并将规则修改得有利于国家的目标。1891年，荷兰皇家邮船公司获得了第一份合同，被授权（并命令）它在接下来的15年里扩大与群岛其他地方的联系。[56] 坎波出版了一系列有用的地图，展示了在接下来的几十年里，荷兰皇家邮船公司如何缓慢地渗入婆罗洲和苏门答腊的河流，并渗透到边疆区域一些更遥远的海岸线。[57] 然而，这一进程也伴随着殖民地公务员部门（Binnenlands Bestuur）蒸汽船的增加，特别是在苏门答腊东海岸、楠榜和婆罗洲东部海岸等外围居住区。[58] 英国、法国、中国和德国的船只继续穿梭于群岛之间，连接边疆的各个港口，携带种类繁多的大量商品（其中一部分是非法商品）。[59] 但一如英国驻亚齐领事在1883年所写，荷兰人也在利用蒸汽船的发明，来更好地控制海上贸易活动。这位英国特使指出，荷兰人抱怨海峡两岸走私活动猖獗，并暗示如果公平分配蒸汽船运输合同，许多荷兰人将蒙受损失。巴达维亚限制了外国参与蒸汽航运贸易的某些形式，表面上（甚至可能实际上）是因为有太多的贸易在合法渠道之外进行。[60]

国家在这些水域的海上扩张，逐渐演变成一张广阔而相互连接的大网。根据新加坡的统计，1869年苏伊士运河开通后不久，蒸汽船数量就超过了帆船。尽管如此，直到1900年左右，蒸汽船航线才将东印度群岛的广大地区连接起来。[61] 在巴邻旁，蒸汽航运的数量增加，巴达维亚追踪这类活动的能力也增强了；在占碑，情况也是如此，在交通繁忙的河流上从事沙洲、外凸的丛林和移动滩涂的清理工作更为蒸汽船所擅长。[62] 望加锡获得了大笔预算，用于改善港口蒸汽设施；婆罗洲（包括岛上西部和东南部定居点）的服务也得到了扩展。[63] 然而，这些设施、目标和资源扩张的最明显迹象，是亚齐的一部分地区变成了一座巨大的加煤站，以近海的韦岛（Weh）为基地。到1900年，岛上已经建起了一座巨大的干船坞，配有煤棚、码头设施和一座维修用华人工棚。[64] 在这个曾是"蛮荒

第四章　巩固边疆

西部"最蛮荒角落的地方，建起了从前不可能实现的海上基础设施和控制。现在，荷兰皇家邮船公司的站点，从沙璜（Sabang）的韦岛，一直延伸到东印度群岛对面的新几内亚马老奇（Merauke）。[65] 巴达维亚和新加坡正自己摸索着，学习如何控制海洋。

经济劝说和经济强制

国家向外围地区的扩张，很大程度上与基础设施的改善有关，但也与决策（其中有许多是经济决策）有关。因此，巩固边疆，不光是海军水兵和边境卫兵的工作，也是巴达维亚经济官僚的工作。他们都在为巩固边境，使之成为一个可管控的实体作出贡献。事实上，19世纪60年代和70年代，外围领地的许多边远区域都和外部世界有着极为自由的贸易关系。巴达维亚开始实施的关税条例，在广阔的边疆地区几乎没有什么效力。然而，19世纪80年代和90年代，全球帝国主义的性质发生了变化，从自由贸易的意识形态转向了对商业更多干涉、更具强制性的态度。这给东南亚海域的此种体系带来了压力。到19世纪末，该地区各地的政府项目都试图以前所未有的方式对此类贸易活动征税并加以控制。例如，在沙捞越，布鲁克政权制定了方方面面的规定，规定什么人和什么东西可以前往上游或下游，而上游的长屋则要接受抽查和检查。[66] 在东印度群岛，长期以来由各种族小商人从事的外岛森林产品的大宗贸易，也越来越受到政府的监管。[67] 海峡两岸都在运用这种新的控制手段（强制性经济政策的范围不断扩大），从殖民地首都往外扩展。

从19世纪70年代开始，边境线两侧的告示都清楚地说明了这一过程。1873年，一项大范围关税法律在荷属东印度群岛生效，意图控制大量跨境货物并征税。然而，新法律几乎毫无成效。1875年6月10日《巴达维亚商报》（*Bataviaasch Handelsblad*）的头条文章报道了大量违反酒精税的行为,因为酒精被装进小船运入东印度诸岛,逃掉了所有的进出口税。[68] 在亚齐,监视情况非常糟糕,因为没有人相信官方的贸易统计数据,特别是那些监控海峡对岸动向的数据。槟城的港务长告诉荷兰驻槟城领事,当地有着规模庞大的秘密贸易,不会出现在槟城的账目上,更不会出现在殖民地政府国库的账簿里。[69] 事实上,荷兰语文献中对苏门答腊河河口设立收费站的描述几乎具有超现实的色彩,因为在敌对地区,为安全起见,哨兵不得不在夜间撤回,从而使任何想从事交易的人都可自由行动。[70] 来自英国一侧的司法结果也显示出类似的模式。每年因触犯海峡殖民地专卖制度而被捕的人数多达数百,其中鸦片、烈酒和其他贵重物品的具体数字都得到了详细记录。[71] 例如,纳闽对某些商品大范围征税刺激了走私活动:既然殖民地的治安力量无法发现欺诈行为,为什么还要在现有的体系内支付国家的巨额税款?[72]

在爪哇和马都拉等核心岛屿以及大部分边境定居点中履行职能的荷兰关税区(*tolgebied*),试图调整此类贸易模式,使之转向对荷兰有利的方向。东印度群岛的所有定居点,无论其地理位置如何,都要缴纳不断变化的复杂税款。贸易商要缴纳的进出口关税各不相同:一些商品的税率为6%,另一些商品的税率则为8%、10%或12%,具体取决于现行的规定。在这一制度下,兽皮、石油、锡和燕窝等商品统一按物品名目征税;其他商品,如许多种类的森林产品,只在外岛征税。[73] 然而,被管制的物品范围(包括瓷器、啤酒、贵金属、茶叶和锌)足够大,导致走私持续不断。[74] 考虑到各地可利用的监控手段有限,走私这类商品的利润实在太过丰厚,令人难以抗拒。就连柚木这样的大宗商品也会被偷偷运出东印度,荷兰决策圈内就如何最好地阻止这类货物的争论不断爆发。一些外岛官员认为情况无望,他们指出,如果这些货物被抢占,当地首领将失去与荷兰政府签订的契约中被保证的收入。另一些官员则试图想出解决办法，或者至少想出权宜之计，来提高走私的难度。[75]然而，在整个19世纪80年代和90年代，不管是在居住地还是整体层面上，巴达维亚的进出口贸易利润均有增加。[76]只要国家的收入不断增长，存在一定数量的走私似乎是可以容忍的。

这种模式延续到了20世纪10年代。许多容易出口外岛的森林产品，包括蜂蜡、安息香、达玛树脂、犀牛角和特定种类的木材，仍要征收出口税。[77]这些贸易项目的税收，每年都给巴达维亚带来越来越多的收入。[78]如果出现诸如森林产品市场衰退等问题，荷兰的公务员就会针对如何增加收入撰写大量的文章，这表明这些税收计划已经成为中央政府的重要收入来源。[79]其他市场主体也试图从这些商品的税收中捞钱。当地首领，包括1897年廖内的几个首领，也试图利用整体贸易的好转，不经国家允许就对经过自己领土的森林产品征税。巴达维亚当然不允许此类行为的存在，这些胆大妄为者很快就受到了惩罚。[80]巴达维亚最看重的是外岛的大范围和平带来了更多的征税手段，因为仍然能逃避国家控制的地区越来越少。因此，到20世纪初，它开始对一系列新物品征收关税：溴化镭、添加了薄荷醇和桉油的润喉糖，以及钢制桅杆、扑克牌和重型碎石设备。[81]较之以往任何时候，国家现在可以更广泛地对跨越边境的商品征税。

然而，进出口税并不是殖民地国家构建边境的唯一经济手段。封锁和航运法规（scheepvaartregelingen）是用来加强殖民地边境并同时为国家赚钱的额外工具。自19世纪初以来，巴达维亚一直在施加规则，规定什么人可以、什么人不可以在东印度群岛延伸水域的港口之间进行贸易。自1825年以来，外国航运被禁止参与所谓的沿海贸易，或东印度群岛港口之间的内部商业。这本身就是加强边境的一种形式，因为它让荷兰船只在当地贸易中占据了巨大的优势。[82]不过，众多利益集团最终联合起来反对这一特权，其中包括被排除在沿海贸易之外的海峡殖民地商人,以及希望通过自由竞争来降低运输成本的荷兰大型农业企业。[83] 直到1912年,东印度水域才放弃了这种形式的航运限制,外国竞争者获允在东印度群岛内部的港口之间开展贸易。

封锁是一种建立或维护国家海洋边界完整性的更严厉的举措。19世纪末20世纪初,在英荷边境沿线的几个地方,一些势力进行了封锁。例如,地方政权有时会为了加强统治而相互封锁,而在苏禄和北婆罗洲的西班牙人也实施了封锁,只是这些封锁经常被各种走私团伙所突破。[84] 不过,迄今为止,在东印度群岛水域中最重要、也是规模最大的一次封锁,是荷兰人对亚齐进行的封锁。对亚齐的封锁始于19世纪70年代初期,一直持续到90年代,但在此期间曾多次解除和重新实施,封锁地点也时常变化。的确,这是它的主要弱点之一:似乎没有人,包括荷兰人自己,能很确定地说明封锁在哪里进行,或者在任何时候基于什么具体的原因进行。[85] 我将在第十三章和第十四章中详细讨论19世纪70年代初对亚齐进行的封锁,但这里不妨简单地概述一下封锁的一些基本方面。封锁的目的是切断亚齐抵抗力量的武器供应,切断他们通过出售胡椒、槟榔和其他有价值的经济作物来赚钱的手段,从而迫使其缺乏物资供应直到最终屈服,但一如下面来自该时期的若干评论所表明的那样,封锁从来不曾真正发挥作用。

虽然来自海峡殖民地的商人从1873年以来就对围绕亚齐建立的警戒线展开了最强烈的批评,因为这条警戒线切断了他们的生计,让他们无法进入从前开放的贸易渠道,但就连荷兰内部的评论也经常将封锁贬低为只是在浪费时间,根本毫无用处。在封锁存在的最初几年里,它的确毫无用处。荷兰人没有足够的船只来封锁长长的海岸线,当地的船只要花费大量时间执行其他任务,而不仅仅是从事海岸警戒工作。例如,一些船要负责把亚齐的囚犯送往巴达维亚,而另一些船则需来回奔波于距离海岸线几英里的日里，为舰队提供淡水（几乎整个北苏门答腊地区都是敌对地区，因此上岸取水会吸引敌人的火力）。巴达维亚频繁发来电报指示，但电报只能到达槟城，前往槟城取电报同样占用了一些地方船只。[86] 采煤消耗了大量的时间，不断把船只调离战场。煤炭不得不储存在日里，直到后来才出现了煤船，荷兰人将之拖到亚齐，为封锁线上的船队提供补给。用其中一艘封锁船的船长、海军少校克鲁吉特（A. J. Kruijt）愤怒的话来说，很多时候"封锁船毫无价值，封锁只是一句空话"。[87]

对封锁的抵抗有几种形式。一种是地方统治者采用的招数：不少地方统治者白天接受荷兰人的条件，假装与占领军结盟，方便自己的船只进行交易，港口保持开放；而到了晚上，他们秘密地为抵抗力量提供物资，甚至以此炫耀。其他参与其中的群体，例如海峡殖民地的许多贸易商，一旦有机会就偷渡海峡，拒绝放弃运输纺织品、黄金和其他贵重商品的有价值的商业路线。新邦乌林（Simpang Ulim）是荷兰人眼中最"顽固"的邦国之一，当地居民甚至在荷兰人无法到达的地方挖运河，试图连接内河系统，以便从合法的河口离开苏门答腊。[88] 荷兰的封锁反复无常，它规定了港口、时间、特定货物，甚至装船重量，接着又不断地改变这些规定，这种反复无常往往使抵抗成为必要。[89] 直到19世纪末，荷兰海军在数量和技术上都有了显著增长，封锁才得以更切实地被用于管理跨境贸易。我们不光从荷兰的内部文件和亚齐抵抗力量的步步落败中了解到这一点，还从海峡对岸的英国人那里了解到这一点，因为当地商人向本国政府施压，要求与荷兰人达成和解。[90] 不过，即便如此，到了19世纪末前后，荷兰人最终还是醒悟过来：许多人都明白，封锁长期不奏效，政府多年来试图让当地人屈服的计划都打错了算盘。批评家抨击政府这20年来白费力气、牺牲无数，政府威信也在目标模糊不清的非正式行动中逐步丧失。[91] 可事实是，封锁最终的确帮助了荷兰的事业，但只有当它足够稳定和成熟时，才能真正产生影响。从经济的角度看，巴达维亚用了近30年的时间才完成边境的巩固。

人事因素

殖民地掌握的最后一种工具是出于各种原因被派遣到边境的形形色色的人——传教士、民族学家、公务员和管理人员，他们都受命研究边疆的风俗习惯。他们的职责是将当地居民纳入殖民主义的理解框架。业余或首次出现的专业人类学家，是这一群体中最为重要者。殖民地国家需要更好地了解边境民族所谓的"特色"，以便预测其反应，加快扩张的步伐。不过，19世纪60年代和70年代从英荷边境周围的地区发回的民族志报告却毫不详细。它们大多粗略地描述双方第一次接触的经历，充其量只能作为国家理解这些人群的最基本要素。这一点，从当时人类学杂志的文章中可以很明显地看出，《婆罗洲西海岸的马来人》("The Malays of Borneo's West Coast")和《马来人村落》("The Malay Village")就属于此类例子。[92] 对这些民族的这些知识和经验还不足以给殖民地政府提供有用信息。人们首先需要学习语言，政府需要创办学校来培训探险队；只有这样，殖民地国家才有希望收集到详细的数据。[93]

然而，进入20世纪后，这些实地考察的报告发生了变化，因为民族学家在边疆花了越来越多的时间，了解当地的情况和习俗。他们对大片文化区域进行了更深入的研究，前所未有地详尽记录当地生活，取代了此前模糊笼统的描述。学者开始更严肃地探索当地各个社区的文化价值观的真实细节（图5）。人类学杂志上的文章不再是对地方群体的简略勾画，比如"普南族"（The Punan）、"马兰诺族"（The Melenau）、"加拉必族"（The Kelabit）和"巴塔

图 5 人类学家拍摄的一名达雅克男子的照片,荷属婆罗洲,1890 年。图片来源:KITLV,莱顿

克族",反而逐渐出现了如下标题:《波文穆西库布的烟斗》("The Tobacco Pipes of the Boven Musi Kubu")、《巴东低地当地居民药典》("Indigenous Pharmacoepia of the Padang Lowlands")和《婆罗洲东部达雅克人的疾病治疗》("Treatment of the Sick Among the Central Bornean Dayaks")。[94]诚然,这些研究有着高度的科学自主性。然而,无论是自觉还是不自觉,民族志正越来越多地被国家用于识别对当地人民而言至关重要的物质文化。特别是在边境居住区,这些商品可能重要到使人们跨境交易。荷兰人收集了这些文章,并在海牙一个名为"商业笔记"(Zaakelijk Aantekeningen)的中央归档系统中为之建立了索引。例如,人类学观察员发现婆罗洲中部(横跨英荷边疆)的达雅克人会"为釉面珊瑚做任何事情",巴达维亚便从文件中注意到了这一点。[95]布吉人、华人和马来商人,当然还有欧洲商人,他们前往上游进行此类物品的贸易,将之作为装饰品出售。如果这些东西对内陆居民如此重要,他们愿意拿什么来交换呢?燕窝?樟脑晶石?古塔胶(gutta-percha)?这些森林产品价值极高,理应被征税。

在20世纪的头几年,殖民地国家用另一种方式利用民族志,巩固东印度群岛周围的边界。学界逐渐发现了东印度地区各民族之间的文化共性。1900年之后,伦理时期拉开序幕,荷兰民族主义开始抬头,对荷兰帝国工程的批评越来越多,而人类学家对东印度不同民族之间文化相似性的断言有助于为扩张和泛群岛统治提供理论基础。既然这些岛屿的大部分地区具有共同的文化特征,因此,至少在一部分荷兰人看来,巴达维亚将所有这些岛屿统一到一把保护伞下的努力就有了合法性。我们可以看到,各个领域都在传播这些不同民族之间的相似之处,从东印度群岛不同地区的面具,再到婚姻和爱情等各个方面。[96]巴达维亚的展览汇集了来自群岛各地的民俗知识,并在展览大厅中并排展示这些特征。[97]蓬勃发展的出版业,特别是有关"土地和民俗"的书籍,也促进了这种感觉的发展。[98]"我们的东印度"(Onze Indië)成为集结的口号,旨在尽最大的努力完成荷兰帝国的版图扩张(afronding)。为了证明这些共性,荷兰民族学家最终将长途跋涉至新几内亚,哪怕当地的文化特征实际上截然不同。[99]这些还不是最重要的。真正重要的是,民族志服务于国家,虽然这一过程缓慢、不均衡,但对边疆的未来产生了重要影响。

传教士是另一类有助于在边境沿线的土地上实现国家计划的公仆。19世纪,荷属东印度群岛的传教士团体数量激增,令人震惊:在这一时期,厄尔梅罗什使团(Ermeloosche Zending)、爪哇委员会(Java Comite)、乌得勒支传教会(Utrechtsche Zendingsvereeniging)、荷兰归正会传教士会(Nederlandsche Gereformeerde Zendingsvereeniging)、基督教归正会(Christelijke Gereformeerde Kerk)、路德会(Luthersche Genootschap)和莱茵兰传教会(Rijnsche Zendelinggenootschap)都向整个东印度群岛派出了自己的传教士。[100] 19世纪下半叶,这些先遣团体进一步发展,欧洲教会(大多同时也是荷兰政府)的仆人几乎渗透到群岛的每一个角落。传教士扩散到婆罗洲东南部内陆,到苏门答腊中部巴塔克人的各个地区,甚至有少数人还到了亚齐。[101]皈依宗教的许多当地民族属于最低阶层,如东婆罗洲部分地区以身抵债的家仆。[102]在其他定居点,如巴邻旁,传教士在劝说内陆地区民众皈依宗教方面就运气不佳了。一些传教士遭到杀害,因为接受其"教化"的本地民众对他们表现出了强烈的敌意。[103]在不愿皈依巴达维亚宗教的地区,当地人想出了许多不该转变信仰的理由,婉拒是更常见的做法。[104] 19世纪,尽管一些皈依计划(有些出于自愿,有些并不完全自愿)在外岛迅速推广,但无论施加多大的压力,仍有大量民众拒绝接受基督教。

这种压力通常不是直接的,因为巴达维亚官方的说辞是,东印度欢迎所有宗教，甚至包括伊斯兰教。但巴达维亚的许多行为及其仆从的著作表明，宗教经常被视为用于征服东印度的一种额外工具。殖民大臣 L.W.Ch. 库切尼乌斯（L. W. Ch. Keuchenius）在1888年公开宣布，如果荷兰各教团能够共同对抗伊斯兰教的传播，那将会是很有价值的。此话让许多传教士大感欣慰。但他的言论也引起了强烈的抗议，因为荷兰社会中有很多人认为国家不应该向国民宣传任何宗教。[105] 然而，库切尼乌斯的言论并非孤立事件。传教团体积极游说巴达维亚扩大其活动范围，指出边境定居点是传播基督福音的广阔领域。[106] 一些有权势的行政官员，比如婆罗洲东南部的驻地长官也表示同意。"如果有更多达雅克人皈依基督教，"他在一份报告中说，"政府会发现这些人将更加支持维护荷兰的权威。"[107] 荷兰驻新加坡领事也表达了同样的看法，并对外岛的穆斯林社会保持警惕，因为他们可能对荷兰的统治构成威胁。[108] 还有一些人，如散文家 L.W.C. 范登贝格（L. W. C. van den Berg），认为没有必要隐藏直接的意图："在我看来，基督教……远超伊斯兰教，完全没有必要在这方面为传福音表示歉意。"[109]

可惜，由于聚集在边疆地区寻找信徒的传教会太多，有时，这股能量会与国家可能获得的利益背道而驰。传教士沿着边境扩大了欧洲文化的影响，让国家获得了更多的关注。但他们也彼此竞争，这偶尔会引发严重的问题。在苏拉威西岛北部的米纳哈萨（Minahasa），天主教徒和新教徒之间不时爆发紧张关系，有时还促使政府拒绝批准新的传教士进入此地。[110] 在其他地方，每个教派都彼此指责，说对方给自己的皈依者重新施洗，此类争执最终不得不由国家仲裁。[111] 罗马天主教徒作为东印度地区的少数基督教教派，首当其冲地受到这些指控，许多尖锐的文章称呼他们为"信仰宣传员"。[112] 因此，这些传教士并非可以与协调一致的国家扩张项目相关联的国家代理人。传教士有独立的目标，但巴达维亚的行政人员因为需要边境沿线的数据而经常利用他们的地方性知识。由于不管是天主教徒还是新教徒，都同样能提供这类信息，再说，国家的文职人员本就由不同教派的信徒组成，这样的教派摩擦便被允许存在。从1865年到1915年，关于边疆的信息，有一些总比没有要好。因此，巴达维亚允许各类传教士进入外围地区，而不管他们属于哪个教派。

最后一类重要的行政强化手段是派遣越来越多的欧洲公务员前往边疆。[113]这些人是国家的先遣人员，以欧洲政府代表的身份被派往边境地区。因此，他们每天通过收取通行费、监控人员流动以及向区域中心报告边疆信息等方式，为巩固边界作出了贡献。然而，一如殖民大国巩固外围地区的几乎所有其他方面，这一过程也发展得并不均衡，一些地区做得比其他地方更成功，而且随着时间的推移才逐渐获得成效。在边界沿线的土地上，从来不存在统一的国家影响力，而是存在着实现了有效治理的小块土地以及大片的领土，中央权力仍不太稳固。有些地区很早就成功阻挡了越过边境的走私者，而在邻近的地区，走私活动却持续了更长时间。

总的来说，在19世纪60年代和70年代，国家在边疆充其量也只有着微弱的行政影响力。无论驻地在哪里，外岛的公务员总会在地方记录中一再强调这一点。在西婆罗洲，行政长官抱怨说，他手下只有15名公务员，管理的领土却比爪哇和马都拉加起来还大。[114]由于外岛地区站点的交通和通信效率低下，许多这样的外岛行政人员还常常无法从驻地联系上首都。一如前文已经详细介绍的那样，道路常常在雨季被冲毁；河流是东南亚大部分地区的传统交通干线，但在旱季和季风期间也不甚可靠。因此，在这些地区的内陆，"旧有的不公正局面仍在持续"，上述驻地专员写道，因为国家的影响力仍然太小，无法产生重大的变化。[115]

这并不是唯一的挑战。众所周知，边境驻地的行政人员（无论是欧洲人还是本地人）的薪水很低，这带来了另一种严重的治理问题。贪腐无处不在。在英属婆罗洲，贪腐案件困扰着英国政府，而在荷兰边疆，公务员也在玩弄法律。[116] 西婆罗洲的荷兰驻地长官在一份报告中说，当地官员完全依赖微薄的工资为生是问题所在；有时，这些报酬仅够勉强度日。巴邻旁的情况变得极为严重，殖民当局被迫对持续贪污的地方行政人员处以罚款，甚至将之投入监狱。[117] 来自群岛各地的法庭案件显示，公务员之间的走私活动十分猖獗。[118] 荷属东印度媒体也特别指出官员的走私和贪污行为，并问道，如果本地人看到当地官员都在这么做，他们进行走私岂非很自然？[119] 特别是在边境定居点，殖民地官员的利己主义对边境执法来说绝非好兆头，因为许多人都靠着这种方式提高自己的薪俸。

腐败不仅发生在巴邻旁和婆罗洲的定居点，以及英荷边疆的其他偏远地区，还发生在离欧洲权力中心很近的地方，有时甚至就发生在中心内部。霹雳州因此类活动而臭名昭著，《槟城公报》（Penang Gazette）偶尔会刊登意图在当地政府疏通关系的贿赂和腐败报道。[120] 1894 年，马来亚最有权势的人之一弗兰克·阿瑟尔斯坦·斯韦特纳姆（Frank Athelstane Swettenham，汉名瑞天咸）的姐夫在瓜拉江沙（Kuala Kangsar）因贪污 8000 美元而遭定罪，其他英国人威胁说，除非他们洗清自己的不法行为，否则，就要揭露更多的贪污事例。[121] 这些指控每隔一段时间就会让殖民地部陷入混乱。即使在英国权力中心新加坡，官员和走私者之间的不法行为和"黑暗联盟"也很明显。1894 年，一份本地人的匿名请愿书声称："新加坡的公务员欺骗贫穷居民……私定法律。"请愿书中罗列了警察索要保护费的具体案件，以及受幕后交易影响的法庭案件。被告包括殖民地的探长、警察局局长和殖民地卫生局局长，请愿书指认他们私收贿赂。[122]

然而，与腐败问题同样重要的是，殖民地国家在早期几乎不了解其领土的实际大小，也不知道领土内的什么地方住着什么人。早在 19 世纪初，荷属东印度就设立了地籍局，但无论从什么角度看，

第四章　巩固边疆

它都未能有效帮助国家获取地方土地和状况的知识并绘制成地图。到1884年，为帮助国家了解其领地的情况，人手和设备得以增加，这种情况发生了变化。然而，大多数测绘活动仍然发生在位于中心的爪哇岛和马都拉岛。[123] 在外岛地区，特别是在婆罗洲东南部和廖内等边境定居点，行政官员仍然不知道什么人住在什么地方，也不知道当地的土地范围有多大。当地首领和华人头领的确向荷属东印度政府的省级行政机构提交了必要的人口数据，但他们经常谎报人口，以便减少向巴达维亚中央政府缴纳的税款。[124] 海牙试图加强东印度行政机构的这一部门，但进展痛苦而缓慢。荷兰派出了测绘员，设立了学校培训新员工，但直到20世纪初，这些努力仍不能带来令人满意的结果。[125]

此时，殖民地国家在外岛地区的人事状况仍然严重地制约着中央政府的能力，但也有所进步。外岛行政人员渺茫的晋升机会和差劲的薪酬计划正在得到改进。巴达维亚试图消除经常导致政府运转不良的两个主要原因，其中包括外围地区的贪污和走私。[126] 它还试图与边境居住区的自治政治体重新订立政治契约，让地方统治者有更多的运作空间以过上体面的生活，无须被迫依靠走私来维持地位。[127] 然而，问题依然存在，很多时候还非常严重，并且在最需要国家影响力的边境地区损害了政府的运转。地方长官仍然超负荷工作，承担各种各样的任务：教育、基础设施、港口控制和治理都是其职责。这让他们不堪重负，效力极低。[128] 自治地区的权力仍然支离破碎，利益集团多种多样：苏丹、苏丹的孩子、地方强人和富商（Orang kaya），他们各自把持不同的领域。[129] 巴达维亚的部分荷兰公务员（比如万鸦老有一个声名狼藉的好色之徒），在行使权力时招致当地民众反感，降低了政府在当地人心中的声望。[130] 所有这些现象同时发生，横跨英荷边境。这些现象的同时发生或许比任何其他指数都更能说明，在本书讨论的大部分年份里，欧洲人在殖民地边境的权威多少有些七零八落。

西方国家在东南亚的殖民地上建立边界，需要动用多种工具。政府修建公路、铁路和电报线路，以便将人员和物资迅速运送到边远地区。随着巴达维亚和新加坡试图监控英荷之间的群岛空间，灯塔和蒸汽船开始被用来确保英荷更积极地控制海洋。诸如设立关税区等经济政策，以及封锁等经济胁迫，也以扩大控制为目标，虽说这些措施从来都不尽如人意，达不到欧洲政策规划者的期待。边疆沿途还部署了西方势力的代理人（有些人是奉国家命令前往，有些人是自有打算），两个帝国政权将这些人对边境动态的观察详细记录在案。故此，1865年至1915年之间，这两个相邻的殖民地之间的边界，逐渐成为更有形的结构。它在1865年还纯属概念，到了1915年已经远超于此。不过，在20世纪初，地方上的许多人员仍然很难准确地对边境下定义。然而，边境的构建不仅发生在地面上的物理空间中，也发生在殖民地国家的想象之中。

第二部分

想象边疆：国家视野中的边境沿线威胁

哪怕在最好的情况下，这里的政府人员也不多，15个人要负责一个比爪哇和马都拉加起来还大的地区。而且，此地通信手段不足，气候对欧洲人来说可谓恶劣，人口非常分散、好战……我们告诉（当地居民），从此以后，奴隶制、人口典当、强迫贸易和猎头活动都属于过去了；未来，这些事情将受到警方和司法部门的惩罚。但这都没有发生。这些承诺中的大部分，我不得不完全放弃……旧有的不公正局面仍在持续。

——政府特派专员，荷属西婆罗洲，
ANRI, 1872年《政治报告》（#2/10）

第五章

暴力的幽灵

在东南亚新兴的英荷殖民地之间建立边境是一项技术工程。为实现这一目标,两个欧洲政权动用了一系列的手段,将已有技术投入使用,并在反复试错的过程中发明新的技术,以提升成功的机会。这些过程是持续进行的,在这方面,西方把世界各地的殖民地视为发展新控制形式的实验室。[1] 然而,边境不仅仅是在物理空间中形成的,它也是由帝国的恐惧和意识形态编织而成的一种复杂形态。尽管欧洲人正在驯化东南亚的这些土地和海洋,但他们一直把英荷两国殖民地之间的边疆地带看成有待驯服的野生空间。边境沿线的人口和相关"问题"成为关注的重点并被识别出来,政策规划者和殖民地公众都在问,如何才能更好地控制这些外围地区。尽管到19世纪中期,两国的强制性管控措施已逐步推进了几十年,但在19世纪60年代和70年代,当欧洲殖民政权眺望东南亚内陆的广阔空间时,他们常常对所见情形感到沮丧。[2]

海上无序：海盗的威胁

暴力行为，以及它对欧洲试图建立"秩序"的破坏性影响，似乎无处不在。事实上，这一时期对东印度群岛殖民边境建设的可行性造成威胁的主要是海盗活动：该地区各航海民族的掠夺、抢劫和暴力行为。19世纪英国和荷兰对海盗现象的处理方法很多，主要是以政策为依据：荷兰的H.P.E.克尼佛斯特（H. P. E. Kniphorst），以及英国方面更知名的托马斯·莱佛士（Thomas Raffles）、詹姆斯·布鲁克等人都将海盗视为文化失范和暴力的一种表现形式，如果文明要进入该地区，就必须杜绝此类现象。[3] 当然，这一时期的实际情况（哪怕它们都被笼统地概括为"海盗"现象）要复杂得多。同时代的学者已经指出，在当地政治和经济制度的背景下，人们通常可以更准确地理解海上暴力、奴役和对商业航运的袭击，因为它们提供了维持整个社会运行所必需的社会地位和剩余物资。在这方面，持修正观点的部分最优秀的学术研究把焦点放在了婆罗洲水域上的海盗行为，尽管争议区域往往延伸到更远的地方，包括北苏拉威西和苏禄盆地。[4] 在不同地方工作的其他学者则从其他角度对海盗的概念进行了探究，表明这些掠夺行为可能是季节性或临时的生存策略，与任何针对特定国家的公开政治挑战无关。[5]

然而，对当时英荷两国的作家和政治家来说，海盗威胁非常紧迫，还经常在边缘地区构成对商业和行政稳定计划的障碍。在1865年之前的几十年里尤其如此。克尼佛斯特引用了古代地中海的例子，表达了他对东印度海域海盗活动持续存在的不满。他把难于镇压海盗的荷兰人比作爱琴海上的希腊人，由于那里的海盗受到许多小型独立政权的领主支持，希腊人无法遏制海盗活动。[6] 克尼佛斯特撰写过一部关于东印度海盗的多章节历史书籍，他从欧洲人到访之前的几个世纪中寻找起源，思考这种行为是否真是该地区特有的文化。[7]

第五章　暴力的幽灵

19世纪中叶的英国人对这一现象就较少采取哲学的态度，而是专注于镇压手段。布鲁克多次向伦敦报告说，"海盗越来越大胆，现在甚至敢于组成大型舰队四处游弋"。[8]布鲁克的信件最终起到了作用，关于东印度海盗问题的决议最终一路传到了下议院，使伦敦这座大都市和布鲁克这样的冒险家一同卷入了遥远的亚洲海域的斗争。[9]英国人最终还得以征召东印度的当地统治者帮助自己打击海盗，只不过，这些统治者的态度也并不一致，有些人乐于接受此类安排，有些人就没那么情愿了。[10]

由于若干相互关联的原因，到19世纪60年代和70年代，海盗仍然对外岛国家形成过程构成威胁。首先，英荷两国势力范围之间有着漫长的边疆地区，这样的地理条件有利于潜在的掠夺者隐藏和逃匿。19世纪70年代，边境定居点的荷兰特使对此进行了详细描述：新加坡对面的廖内群岛是由无数极小岛屿组成的迷宫，它们是海盗活动的天然咽喉点（Choke Point）；北苏拉威西巨大的哥伦打洛湾（Gulf of Gorontalo）也成了海盗的避风港，那里的快帆船（*Perahu*）在荷兰势力范围的北部边缘活动。[11]然而，在沿线更长、更缺乏防卫的海岸线上，沼泽和小溪也成为海盗的天然避难所。荷兰和英国官员分别在亚齐与马来半岛发现了这一点，当时，马来统治者抱怨海峡沿岸遍布着迷宫般的沼泽，为潜伏的华人海盗提供了保护。[12]因此，当地的地理条件总能得到当地人的巧妙利用以谋取实际利益，尽管这些地理条件所涵盖的实地情况多种多样。特别是在马六甲海峡，持枪男子似乎无处不在，这种状况引起了国际水道两侧的关注。

该地区的众多河流同样助长了海盗活动。几个世纪以来，河流网络一直是东南亚诸岛大部分地区传统商业和联络的动脉。早在1849年，英国人就开始在婆罗洲河流上游开展遏制海盗的探索活动；而该岛东海岸的荷兰特使则张贴警告称，由于海盗活动猖獗，贝劳

(Berau)和巴里托(Barito,因约瑟夫·康拉德写的许多故事而出名)的河口非常危险。[13] 不过,欧洲人碰到麻烦的地方不光在婆罗洲及其周围水域。保存至今的马来苏丹和马来亚的华人矿工首领之间的信件显示,在19世纪70年代初的动荡时期,马来亚的河口常有海盗活动。[14] 哪怕到了19世纪60年代,荷兰人已正式征服了南苏门答腊的巴邻旁整整50年,但直到19世纪末,穆西河的上游地区仍然是海盗、混乱和暴力事件的源头,此类活动持续扰乱着海上航线。占碑高地的塔哈(Taha)叛乱,以及新加坡港口(这座港口能提供丰富的海上财富)的繁荣,都助长了这一现象。[15] 一位荷兰海军军官认为,由于苏门答腊岛的河流在难以到达的内陆地区多处相通,海盗能快速地从数不清的地点进入马六甲海峡,一旦碰到欧洲人的武力威胁,也可立即撤退。[16]

当地的海洋地理环境,以及当地人利用这些环境的方式,使得海盗行为对殖民地国家的扩张及其遵奉的法治政策构成了持续的威胁。不过,至少在这里讨论的早期阶段,英国和荷兰从来不曾真正拥有适当的资源来执行管制条款。该区域的欧洲行政官员和海事人员都理解这一点,这在资料中也随处可见。1873年,海峡殖民地总督威廉·奥德(William Ord)在要求殖民地部增派船只以打击新加坡附近的海盗时表达了同样的观点。在英属婆罗洲,纳闽总督也在这一时期致信伦敦,通知殖民地部要推迟针对特定海盗的远征,因为许多海盗窝点位于尚未勘察的海岸线上。[17] 荷兰方面的情况更加复杂。荷兰占据的领土比英国殖民地延伸得更远,荷兰人拥有的船只又比英国人少得多。在巴达维亚看来,这种比例上的倒置是混乱的诱因。1870年底,一艘荷兰船只"苏珊娜·科妮莉亚"(Susanna Cornelia)号在望加锡海峡遭到至少27艘快帆船袭击后,荷兰终于派了一艘蒸汽船前往该处咽喉点执勤。巴邻旁就没有这样的运气了,1871年,它向政府请求从邦加派出船只以追击海盗,但

第五章 暴力的幽灵　　　　　　　　　　　　　　　　　　　　101

未获成功。[18] 从 1873 年开始，亚齐战争成为荷兰在该地区争夺海洋资源的焦点，这场战争不断消耗荷兰的海军力量，加剧了可用船只匮乏的局面。要不是西班牙人恰好在这个时候采取了新的行动，通过积极调派蒸汽船巡逻以平定菲律宾南部的骚乱，那么在荷属东印度群岛的外围地区，海盗活动将更为猖獗。[19]

　　在早期，欧洲殖民国家对当地海盗的真实身份知之甚少。他们曾试图按照帆船和风帆的设计，对海上犯罪的嫌疑人进行分类，并认为廖内的林加岛可能是外岛众多海盗的一处源头。[20] 很能说明问题的是，如果荷兰人遇到此前做过海盗俘虏或是从海盗手里逃出来的人，便会不断盘问他们，尽可能多地了解海盗的行踪和做法。逃出来的人里有个叫阿明娜（Amina）的女性，荷兰人问她，俘虏她的人有多少武器、多少艘船，甚至问及这些人有什么样的风俗习惯，所有这些都是为了获得从其他地方无法得到的宝贵信息。[21] 通过经验，巴达维亚和新加坡逐渐意识到，至少在最初的几十年里，对手的船只往往只比他们自己的稍逊一筹。马来亚半岛沿海的海盗船上安装有回旋炮（swivel guns），配备多达 80 名操作风帆和桨的水手，因此，在穿越马六甲海峡到苏门答腊的追逐中，英国人经常追不上海盗。[22] 拖曳缆索和庞大的枪支储备在海盗船上也并不少见，此外还有各种各样保护船只免受炮击影响的木板和装甲。[23] 随着欧洲船只在技术上的进步，1870 年后，蒸汽船逐渐出现在这些水域，海盗也学会了适应。有关一艘英国军舰的一则记载显示，该船无法靠近婆罗洲海岸去追捕海盗，因为它的吃水很深，会在潮汐滩涂上搁浅。英国人只能隔着 900 码（约 823 米）的距离向海盗开炮射击，而海盗一看到炮弹飞来就纷纷潜入水中。[24] 另一段记载讲述道，荷兰水域的海盗发现，苏门答腊海岸附近的一座灯塔是诱捕过往船只的理想地点。因为所有的欧洲船只自然而然地都会依靠灯光指引航向，海盗便在附近埋伏，突然袭击毫不知情的过往船只。[25] 因此，在当地海盗不断试错的过程中,边境沿线国家的新技术也被海盗钻了空子。

不过,对于早期殖民地行政官员而言,在与海盗的斗争中面临的最大问题可能是,海盗似乎可以凭空出现,又凭空消失。巴达维亚和新加坡慢慢地认识到,事实上,根本不存在所谓"海盗"这个固定类别——海盗对法律和秩序的威胁基本上是隐藏的,因为这些人哪怕从事着其他职业,也经常在海盗和本职之间来回切换。纳闽总督威廉·特雷彻(William Treacher)是最早明确指出这一点的人之一,1879年,他评论说:"一艘炮舰在海上巡逻时,根本别指望能找到海盗,因为他们可以很快伪装成本分的商人。"[26] 在马来亚西海岸,情况更加复杂,因为霹雳和拉律(Larut)两地的苏丹互相竞争,并且该地区华人矿工的各个派系全都拥有自己的支援船队,捕捉附近航行的所有船只。[27] 沿海的华人捕虾村因这些变色龙般的特性而声名狼藉,尽管有证据表明,只要有利可图的机会出现,荷属廖内的华人和马来商人也会在非法活动与"合法职业"之间灵活转换。[28] 在婆罗洲东海岸,贝劳和甘昂塔布尔等地的苏丹支持海盗活动,这根本不是什么秘密,尽管他们的官方声明与此相反。在这片水域和邻近的苏拉威西岛附近,海参渔民的名声与更西边的华人捕虾村差不多。对过往商船来说,人们收集可食用海参的景象就是"小心海盗"的警告信号。[29]

虽然两个殖民地国家都将海盗视为在该地区建立并维持强大有效权威的威胁,随后又将其视为麻烦,但此类袭击的主要受害者通常是通过这些水域的和平的贸易船。1876年年初,一名华人船员在槟城警长面前的详细证词让我们得以了解这种掠夺行为是如何发生的:朱仁德(Joo in Tek)和图阿龙(Too Ah On)从亚齐附近的一次袭击中侥幸逃生。他们的船"新顺诚"(Sin Soon Seng)号于1875年12月离开中国南部,船上装载着牲畜、移民和茶叶,前往

第五章 暴力的幽灵

海峡殖民地。此后,"新顺诚"号在该地区各港口之间运输其他货物,包括瓷砖和细布,而后于1876年年初前往亚齐。当这艘船刚刚到达亚齐海岸北部的韦岛的海岸时,16名船员分头执行不同的任务:一些人在搬运胡椒包以备交易,而另一些人在海滩上寻找柴火。一群马来海盗可能一直在海岸边观察他们,并选择了这个时机:朱仁德说,还没等人们反应过来,马来人就拔出长刀,杀死了几名船员。其他人跳船逃生,但被这些海盗追得无奈地逃到岸上。等马来人拿走船上所有值钱的东西后,岸上的船员才得以返回自己的船。最终,"新顺诚"号的幸存船员得以返回槟城作证。在资料中,有关商人侥幸从这类袭击中全身而退的记载很多(表1)。如果商人希望在边境弧形海岸线的大部分地区从事商业活动(不管是合法还是非法

表1　1876年,槟城帆船"新顺诚"号船员对在亚齐水域遭遇海盗袭击的证词

到达那里(韦岛)后,一些船员去找柴火,另一些船员去采椰子,船上只留下6人,一艘载有7名马来人的舢板来到帆船旁。他们杀死了两名船员,一个是船长,一个是木匠。当时我在岸上,可以看到发生了什么事。我还看到5个马来人跳进舢板,追赶水里的人,并砍伤了一个人的脸。他现在就在我的帆船上。后来,马来人砍断缆绳,将帆船洗劫一空,并把东西搬到岸上。我当时跟找柴火的人在一起,我们试着跟采椰子的那伙人集合。找到他们之后,我们弄来了两只舢板,登上了已经漂近的帆船。马来人已经回森林了。退潮时,我们找到了同伴的尸体,埋葬了他们……午夜时分,我们驶往亚齐,但因风向不顺,我们到了槟城。

——朱仁德的证词,1876年4月4日,槟城

在一个叫韦岛的地方,农历的3月4日下午一点半,我们在准备胡椒,这时有12个马来人靠近我们的船。船上只有我们6个人。马来人都拿着长刀。有个人砍伤了我的肩膀。7个(马来)人登上船,另外5个人还留在舢板上。我们有2个人被杀了,3个人跳进水里。5个坐在舢板里的人跟在后面,又狠狠地砍了我一下。马来人以为我死了,就回到船上。他们得到了想要的所有东西后,就离开了。我在岸边漂着。马来人走后,朋友们把我捞了起来。

——图阿龙的证词,1876年4月5日,槟城

来源:ANRI, NEI Consul General to GGNEI, 13 April 1876, #921 G Confidential, in Kommissoriaal, 3 May 1876, #332az.

的），都必须将被海盗袭击的风险计算在内。30

另外的袭击同样颇有启发。这次是一艘阿拉伯商船，被袭击的位置在爪哇附近更靠近荷兰行政和海军监控中心的水域。1873年3月，"詹普隆"（*Tjemplong*）号快帆船——船长名叫涂马里亚（To Mariam），船上载有5名船员和3名阿拉伯商人——在爪哇北岸（*Pasisir*）被海盗挟持。这艘船（同样来自爪哇）是一个名叫塞赫·艾哈迈德·本·阿卜杜勒·拉赫曼·本·萨伊姆（Sech Achmat Bin Abdul Rachman Bin Sa'im）的富裕阿拉伯商人租用的。遇劫时，船上有1500荷兰盾现金和价值2150荷兰盾的贸易货物。3月14日上午11时，另外5艘快帆船在离爪哇海岸不远的地方拦下"詹普隆"号，抢走了船上所有值钱的东西。这名阿拉伯商人失去了全部的贸易投资，并对接下来发生的事情感到愤怒：驻扎在附近的荷兰侦探艇无法追捕海盗，因为几乎所有的船员都因发烧而倒下了。31 因此，国家的不称职加剧了海盗猖獗的问题。这起案件清楚地表明，阿拉伯人是犯罪和暴力的受害者，也是在荷属殖民地国家遭受种族嫌疑的对象，这将在本书后面讨论。它还表明，即使在荷属东印度群岛的权力中心、治安相对良好的爪哇北岸水域，到了19世纪70年代，哪怕是在光天化日之下，也可能发生海盗行为。荷兰人已经控制群岛的这片海域很多年了，故此，在这个本应是安全的地方，海盗仍是潜在的隐患，更不用说在那些治安更差的边疆水域了。

整个19世纪70年代到90年代，在边境居民区水域，海盗行为与不断扩大的殖民势力之间继续保持着不稳定的平衡。虽然荷兰的法典在如何处理这类行为的肇事者方面逐渐变得成熟和直接，但要有效地在地方上巩固这些新的现实，则完全是另一回事。32 这一时期的一系列荷兰法律案件清楚地说明了这一点。33 历史上新加坡的林加德船长，也即康拉德的"东方水域"（Eastern Waters）故事里的主要人物之一，在19世纪70年代末的东婆罗洲附近频频遭到

第五章 暴力的幽灵

海盗袭击。马来线人说,这些海盗的目标是林加德船上价值不菲的布匹。[34] 当南海阿南巴斯群岛(这是荷属西部群岛中最靠北的岛屿)的航运袭击普遍发生后,一艘蒸汽船终于从苏门答腊的占碑出发前往当地。武力威慑管用了一段时间,但这让苏门答腊的水域无人巡逻,当地海盗很快乘虚而入,这可以通过一伙臭名昭著的强盗在该地区抢劫航运并将沿海居民点夷为平地的事件得到明证。[35] 在婆罗洲,英属北婆罗洲公司于1878年开始监管该岛的北端,这让伦敦部分摆脱了这片臭名昭著的水域的海盗问题,外交部官员为此感到欣喜,他们嘲笑说,暴力和骚乱"现在成了这家公司的麻烦事"。[36] 然而,巴达维亚认为,在处理海盗问题上,这家不断扩张的公司是一个潜在的新盟友,它与该公司董事就两国政府如何共同应对该问题展开了讨论。[37]

到20世纪头十年,外岛大部分地区的海盗活动已经逐渐减少。这与蒸汽航运的迅猛发展以及蒸汽船被纳入英荷两国派驻该地区的海军有很大关系,但这两个国家整体的"文明教化工程"也发挥了重要作用。随着人们被迫更多采取定居的生活方式,以及两国影响力不断扩展到边缘地区,海盗这类自由散漫的政治经济活动可以施展的空间越来越小。倒不是说海盗活动彻底消失了,只不过,它转移到了国家权力网络的缝隙当中,只在有望成功的地方和时机展开攻击。例如,1910年,7名"摩洛人"(Moros,摩尔人)从菲律宾南部进入荷属苏拉威西水域,杀死两名荷兰商人。荷兰和美国殖民政权旋即联合派出侦察队和海军部队,菲律宾抢匪越境进入苏禄水域,试图以边境为缓冲,但最终仍被击毙。[38] 第二起事件发生在1909年,进一步说明了边疆上可供海盗利用的空间正在缩小。当时一名美国公民在荷属婆罗洲附近的水域遭到绑架,巴达维亚通知了英国"梅林"(Merlin)号和附近的美国军队,请求他们帮忙营救人质。用英国外交部的话说,海盗最终被"歼灭",但这一事件却触动了荷兰方面的神经。荷兰驻伦敦特使致信英国政府，抱怨说"荷兰在东方的领土对我们来说太大了"。这句看似不经意的话，却让海牙的政策制定者感到非常担忧。[39]

虽然到了 20 世纪初，海盗活动已被逐出群岛海域，不再对两国构成真正的威胁，但它在遥远的边境上仍然会给人带来困扰。缺乏有组织国家机构的存在，使得上述夹缝区域给了海盗活动延续的空间，而该地区一些最大的港口则集中了大量有价值的航运，为海盗提供了相当多的抢劫机会，抢劫事件围绕港口呈同心圆状散点分布。这些偶尔发生的海上暴力事件不仅在马六甲海峡和西爪哇海的大多数港口周围，甚至在整个地区最大的港口新加坡附近都很明显。例如，"国王诉谢国陈等人案"（*The King vs. Chia Kuek Chin and Others*）涉及 1909 年华人抢匪在新加坡沿岸对其他华人实施的海盗行为，表明即便到了晚近时期，这片水域也并非完全安全。[40] 事实上，直到 20 世纪初，柔佛海峡似乎一直都是滋生各种海盗船的沃土。[41] 这片殖民地的马来语报刊文章清楚地表明，新加坡巴西班让（Pasir Panjang）附近相对较长的开放海岸在这一时期仍会受到海盗的骚扰。[42] 从 1865 年到 1915 年，海盗活动可能经历了转变，从威胁到殖民地国家命脉的现象，转变为在有限时间和地点偶然发生的异常现象，但它从未彻底消失。20 世纪初，在这一区域，当地小商船摇身变为海盗船，胁迫贸易船只的景象曾引发人们的焦虑，直到今天仍然如此。

边境地区的低烈度暴力活动

20 世纪最初的几年里，海盗活动并不是唯一一种让新加坡尤其是巴达维亚感到不安的不受控制的暴力现象。正如来自绝大多数边境居住地的报告表明的，整个东印度地区普遍存在着低烈度的暴

第五章 暴力的幽灵

力活动。低烈度暴力活动指的不是与当地王公（rajas）和苏丹的战斗——随着时间的推移，殖民地武装部队对这种情况的应对已越来越得心应手。它指的也不是城市犯罪——该地区的警察部队在20世纪初便开始更有效地遏制城市犯罪。较之这些"无序"形式，这里讨论的发生在边境沿线上的暴力事件更微妙，也更持久。特别是荷兰人，他们似乎不明白，正是他们自己的国家建设项目造就了这种暴力：在东印度的大部分地区，人们都得按照新的规则去生活，按照殖民地国家制定的条款和条件去生活。很自然地，针对这种不断发展的权力结构、禁止行为和等级制度，东印度地区出现了一定程度的抵抗。如果说，1865年以前欧洲人就认为群岛外部空间的状况天然地不稳定，那么在接下来的几十年里，欧洲人对该群岛大部分地区的统治加剧了这种状况。[43]

正是考虑到这一动态，我们必须仔细审视发给巴达维亚的边疆专员报告。乍看起来，这些报告似乎有悖于19世纪60年代及70年代普遍存在不稳定和动荡局势的初步假设。几乎所有寄回巴达维亚的信都以这些偏远边境居住区的和平有序开篇。1870年，邦加的驻地专员告知总督，"总体形势良好，一切和平"；在东婆罗洲和西婆罗洲的专员也分别表示那里"十分和平，（生活里）没有什么特别值得期盼的事情"，以及"总体而言，这一居住区的政治形势没有什么不好的"。[44] 巴邻旁和边境沿线其他几个居民区的报告大体上同样是这类温和的评价。[45] 然而，这些声明似乎比其他任何东西都更能表明，至少在1860年至1880年，农村的行政人员认为，少不了会存在一定程度的系统性、低烈度的暴力事件。在邦加，专员在宣称1870年的生活十分和平后，仅仅隔了几行就承认，当地暴动导致几十人被捕，18人最终被判服苦役。在上述西婆罗洲一片宁静的声明之后，该地专员接下来就概述了一连串低烈度暴力事件，包括内陆地区的达雅人叛乱，以及居住在该地区的华人矿工叛乱，后者与邦加的情况一样。婆罗洲东南部普遍良好的政治局势也与华人艋舺（Wangkang，马来语里中式帆船）的长期"河上叛乱"相矛盾，该事件导致荷兰人逮捕了300名华人，调查认定其犯有叛乱罪后，还监禁了其中的大部分人。

这些报告里表述的暴力程度与实际情况之间的差异似乎表明，暴力和不稳定仍然被视为边境居住区生活的正常组成部分，至少在这一早期阶段，一些人是这样认为的。撰写这些报告并不得不驻扎在边缘地区的公务人员基本上持这样的看法，他们理解19世纪70年代和80年代荷兰政府权威的局限性。但巴达维亚的政府则不然，他们着眼于自己的国家建设计划，并在收到这些报告后得出了自己的结论。总督向海牙的殖民地部报告说，东印度群岛普遍存在着令人担忧的安全问题，这一说法以边境沿线各居住区报告为基础，很可能是正确的。[46] 有多类地区成为滋生外岛长期暴力和不稳定局面的温床。英荷边境地区是其中之一，西婆罗洲专员公开指出这一点，认为他的辖区内频发抢劫和谋杀与地处边疆有关。[47] 仅在名义上受荷兰管辖的真正偏远地区，比如新几内亚的漫长海岸，据报道在1873年年初就有18名英国臣民在当地神秘遇害（这让巴达维亚颇感尴尬）。[48] 不过，最长期存在暴力活动的空间，兴许并不是物理意义上的"空间"，而是存在于特定空间的一种职业：采矿。在整个19世纪末，采矿殖民地，无论是婆罗洲的华人金矿开采公司，还是邦加和勿里洞的锡矿开采合作社，都是麻烦不断的地方。在过度扩张的荷兰势力范围和19世纪70年代初的英属马来亚，情况也是如此。只要读过1873年从新加坡疯狂发往伦敦的急件公文（当时，全副武装的中式帆船从澳门一路航行到马来亚，支持跟英国人对着干的华人锡矿合作社），就能看出采矿业给附近的英国行政人员带来了何等混乱的局面。[49]

尤其让巴达维亚当局感到不安的是，外岛不断发生针对欧洲人的攻击和掠夺事件。此类攻击事件的数量似乎并不多。然而，只要我们扫一眼19世纪70年代初许多边境居住区的情况，就可以看出，针对欧洲人的反抗和暴力行为相当频繁，中央政府也很快就意识到了这种破坏举动。例如，1870年在巴邻旁，一群流浪男子协力烧毁了穆阿拉港（Muara Bliti）一栋荷兰人的房子，并一直逍遥法外；3年后，在附近的占碑，一名当地男子刺死了驻地军士长冯·克斯特伦（Van Kesteren）。[50] 在海岸线上更远的亚沙汉（Asahan），当地专员派往内陆的信使在送信时遭到枪击；他的腿部中弹，被弃置路旁无人搭理，直到因伤口流血过多而死。[51] 再往东，同样是1873年，一名欧洲商人在巴厘岛被谋杀，行凶者是联手作案的华人、布吉人和巴厘岛人，当地专员也注意到了这一事实。[52] 一名欧洲妇女在荷属东印度群岛最东边的班达（Banda）遇害；而明古鲁（这里是外岛所有荷兰占领区里，荷兰占据时间最长、最安全的地方之一）的助理专员在一个宁静的黎明，险遭自己辖区的民众杀害。"阁下，请容我侥幸向您报告，"他说，"今晨6时左右，有人企图直接取我性命，但未能取得有利的结果。"尽管他不得不穿着睡衣仓皇逃出自己的房子，但最终还是毫发无损——他在信件附言中指出，他的财物和他的家恐怕就没这么幸运了。[53]

19世纪70年代初，边境地区英国这边的情况也好不到哪里去。19世纪60年代和70年代，我们已经研究过的马来半岛矿区的利益、利润和各方人士之间错综复杂的关系，导致了持续的不稳定状态，为争夺锡矿和水道而展开的全面派系斗争最终成为1874年英国前进运动的借口之一。不过，深深卷入这些纠纷和资源争夺之中的华人地方集团，与该地区蓬勃发展的英国城市也有密切联系，因此，许多暴力事件发酵为槟城和新加坡街头的"秘密会社"械斗。[54] 历史学家谢文庆（Cheah Boon Kheng）指出，作为一种社会经济现象，黑帮在半岛大部分地区普遍存在，极大地限制了在开放土地上的出行和联络,因为帮派分子看到任何人都会动手。[55] 事实上,当时大多数马来人出门都会携带几件武器,这也正说明了局面的不稳定。但往往是精英阶层的代理人,如当地苏丹和王公的侍从护卫(budak raja),才激起了该地区农民对所谓无法无天行径的最大恐惧。[56] 1875 年 11 月,霹雳州第一任英国专员威尔弗雷德·伯奇(Wilfred Birch)遭当地马来人杀害,海峡殖民地的政策制定者忍无可忍。在那之后,殖民地的扩张和英格兰特有的强制征税显著增加。[57]

在南海南端的英属婆罗洲,类似的长期暴力状况在 19 世纪 60 年代和 70 年代同样常见。历史学家詹姆斯·沃伦和乌拉·瓦格纳(Ulla Wagner)揭示出婆罗洲当地的不同民族如何在急剧变化的森林景观下采取行动和做出反应。经济贸易路线、种族间对资源的争夺以及殖民地国家的扩张共同构成婆罗洲竞争加剧的局面。[58] 两位学者认为,围绕猎头活动和保护有经济价值的资源(如燕窝洞)而产生的文化方面的争端,是这一时期许多不断变化的暴力活动的主要原因。然而,低烈度的系统性暴力活动也可以从其他方面看到。这些暴力活动的形式之一是绑架和从周边地区"抢人",因为当地各群体的奴役行为受到该地区殖民当局的严厉打击。[59] 在婆罗洲的河流上,公然抢劫和杀害满载货物的商人(尤其是在内陆地区面临武力威胁时,反抗力量相对较弱的华人),也是常见的情形。直到 1871 年,纳闽总督才有能力强迫文莱苏丹处决一名对华商犯下此类罪行、情节最为恶劣的犯人,这是一个多世纪以来,文莱苏丹第一次同意对杀害几名无辜华人这种"区区小罪"实施这样的惩罚。[60] 档案中充斥着这类针对华商的暴力事件,在英属婆罗洲的不同地区,这儿猎了 3 人的头,那儿又杀死 4 人。在这些案件中,至少有一起案件的马来凶手声称,下令杀人的是与遇害华人对立的华人帮派,尽管这些说法无法得到证实。[61]

最后,从各苏丹和华商的信件及证词来看,欧洲人也是该地区

第五章　暴力的幽灵　　　　　　　　　　　　　　　　　　　　　　111

日常暴力行为的常见肇事者。事实上，在19世纪70年代婆罗洲诸多种族的参与者里，西班牙人似乎是对反对者实施暴力行为最无情的人之一。在此处讨论的情况下，西班牙人眼里的犯罪者是走私者，或任何试图打破其在婆罗洲北部苏禄海实施的商业封锁的人。西班牙蒸汽船撞击无辜商船，将沿海村庄夷为平地，这也助长了该地区无法无天的氛围，而肇事者还自称是为了维护法律和公共秩序。[62] 英国人和荷兰人也被当地人视为犯罪者，在群岛各地的日常生活中不断引发暴力事件。不过，当地的参与者对这些破坏行为的书面记录相对较少，两个殖民大国都没有主动收集过此类记录。然而，很明显，欧洲人和亚洲人从彼此身上看到了暴力意图和暴力行为，而且这样的情况被视为司空见惯，是事物自然运作的一部分。但19世纪中期，真正的变化在于，欧洲人试图以前所未有的方式改变群岛的政治和贸易的基本结构。这不仅发生在岛屿世界中的英荷边疆，也发生在东南亚其他地区的陆地上。[63]

　　这类系统性暴力行为，使得新加坡尤其是巴达维亚非常担心非法贸易的影响，特别是枪支等商品。巴达维亚对这个问题的担忧尤其明显，因为即便到19世纪80年代和90年代，随机发生的暴力事件也没有从爪哇根除，边境居住区就更不用说。《东印度指南》上的一系列文章清楚地说明了这一点。哪怕到19世纪80年代，荷兰人也难以控制岛上的核心地区，因为从泗水到巴达维亚，爪哇各地的冲突随时都在爆发。1886年，爪哇岛东边的三分之一处，一支由70名男子组成的武装团体在茉莉芬（Madiun）城外放火焚烧了一名地区长官的房子并趁夜逃跑：当地由12人组成的警察巡逻队在事件发生时躲藏起来，只有一小部分罪犯最终被抓获并送上法庭。[64] 1888年，在爪哇中部，各居住区都出现"阴谋性质"的宗教和政治聚会，导致警察围捕和拘留了许多爪哇人，这些人的头领被控煽动本土主义叛乱，意图推翻荷兰当局。[65] 在西爪哇的万丹附近，同年的暴力和不稳定局面更加严重。穆斯林"激进分子"劫持了欧洲人做人质，其中有许多人最终被杀害，包括一名助理专员、一名盐务管理员、一名镇长以及他们的直系亲属。《东印度指南》愤怒地谴责政府不知道是什么原因引发这些骚乱，抨击巴达维亚没有能力有组织（并有效）地应对参与骚乱的人。[66]

当然，荷兰人对东印度群岛当地居民实施的暴力行为，远远超过了当地居民对荷兰人犯下的罪行。这一点很容易在整个群岛的范围内得到证明。即便如此，荷兰人仍一直认为边境居住区不安全，虽说到了19世纪末，部分地区的直接暴力犯罪已变得越来越少。在西婆罗洲，企图杀害边远地区总督的情况仍偶有发生，比如1890年E.F.G.洛林（E.F.G. Lorrain）在桑高的遭遇；而在东婆罗洲，专员仍认为"货物和人相当不安全"，在尚未直接控制的土地上，猎头、抢劫和谋杀依然存在。[67] 在边境另一侧的英属婆罗洲，系统性低烈度暴力活动也在周边地区持续发生。在文莱河上游采集西米的中国工人只要有机会便会袭击来自沙捞越的马来商人，英属北婆罗洲的武装部队有时也会袭击文莱定居点，谋杀华人村民和达雅克警察。[68] 因此，很明显，即使是在19世纪的最后一二十年，在边境海岸线的大部分地区，武装暴力活动导致的不稳定状态仍然非常普遍。然而，随着荷兰当局的影响力渗透到村庄，并在当地产生了明显的影响，其他居住区的一些最严重的犯罪逐渐减少。以廖内为例，它在行政区划上不仅包括新加坡以南的岛屿，还包括东苏门答腊海岸的大片地区，在19世纪80年代末，当地的谋杀和武装叛乱事件有所减少。治安得当的固定居住区的常见犯罪，如小偷小摸、扰乱治安等，取代了杀人、纵火和海盗行为。[69]

然而，与一种总体印象相一致的是，直到20世纪初，某些地区的暴力活动仍然持续存在。值得注意的是，边境沿线地带的不稳定因素随着时间推移而趋于减少的总体趋势，并不是同等或同时覆

第五章 暴力的幽灵　　　　　　　　　　　　　　　　　113

盖所有地方的。边境线上总有些地区比其他地区更麻烦，巴达维亚会专门把这些地方挑出来严加监控，以防非法枪支等违禁品的进口（图6）。在苏门答腊，未开垦的高地（hulu）就属于此类受限区域，比如1905年，在印特拉吉利的高沙（Gangsal）地区，几个警察被来自占碑的流窜团伙杀害。[70] 亚齐的抵抗战士在1904年还利用邻近地区相对安静、治安松懈的特点，定期袭击苏门答腊的东海岸居民区；而在楠榜的部分地区，周边村民通过烧毁当地官员的房屋来抵制繁重的劳役。[71] 然而，除了"尚未驯服的山地"、亚齐边境和苏门答腊的偏远平原，还有其他长期存在暴力活动的地方。在勿里洞，华人矿工之间的激烈斗争甚至持续到了20世纪，警察往往"无力干涉"，直至从外地调来援军。[72] 在婆罗洲，与英国属地交界的地方多被当地的突袭队用作缓冲空间，边境两边的达雅克人会闪电般地刺进英国或荷兰的领土，之后越过边境线火速撤退。[73] 因此，在特定的空间和地方，低烈度暴力活动延续到了20世纪。到1915年，新加坡和巴达维亚已占领大部分的低地和重要水道，但山地、沼泽和森林仍然是枪支、抵抗运动和异议思想继续传播的地方。国家的文明教化工程仍然可能受到远处的挑战。

　　尽管人们很容易相信这一时期的许多殖民文学，这些文学将东南亚描述为完全受欧洲控制的被驯化的天堂，但现实情况往往更为复杂。诚然，到了1915年，西方的电报和蒸汽航运线路在边境地区纵横交错，将巴达维亚和新加坡与遥远边疆连接起来。这些地区的海盗数量确实有所减少，在世纪之交的边境弧形地带的陆地和海洋上，荷兰人所说的"不受控制的系统性暴力"也减少了。然而，欧洲人，尤其是荷兰人，仍然对边界地区的稳定和可控程度感到不安。即使到了19世纪末甚至进入20世纪，巴达维亚依然担心，长长的边疆地带很可能发生暴力事件，而且持续的人员和物资跨境流动会助长这些暴力活动。在一定程度上，这些地方的确存在暴力活

123

图 6　荷兰武装快船向亚齐河上游驶去，1893 年。图片来源：KITLV，莱顿

动，历史记录中的许多行为和事件都表明了这一点。不过，它们也始终是西方边疆叙事的一部分，这种叙事将此类暴力活动视为新近征服的空间里遗留的人为现象。我们可以通过审视挑战边境完整性的最为重要的现象——走私，来有效地考察跨越边境（也即野蛮空间）的犯罪。东南亚各地的殖民区域之间已经建立了一条边界，但在进入 20 世纪前后的几十年里，走私者不断威胁着要把它撕裂。

第六章

边疆的"外籍亚裔"

除了海盗和边疆地带不受控制的暴力活动对荷兰政权及"秩序"造成的威胁,巴达维亚还担心另一个潜在的危险群体:外籍亚裔(Vreemde Oosterlingen)。荷属东印度群岛有许多被归于这一类别的族群。在这些可疑的民族中,最重要的包括各地方的华人和日本人,还有外国穆斯林,通常是来自波斯湾或中东的阿拉伯人或土耳其人。巴达维亚和海牙一直担心这些亚洲人会越境走私鸦片、伪币和大量非法武器,从而造成潜在破坏。他们担心的主要原因之一非常直接:与这些种族群体的总人口相比,东印度群岛上的荷兰人非常少,在爪哇以外边境居民区的偏远土地上,这一比例甚至更加夸张。例如,1870年,在西婆罗洲,整个居住区只有207名欧洲人,其中60人是成年男性,而华人有2.4万,达雅克人接近25万。在婆罗洲东南部,根据1871年当地专员报告的统计数据,人口对比更加悬殊。在邦加诸岛和廖内,19世纪70年代初的数字大致相似:邦加有63名欧洲男性,而华人近1.9万,马来人超过4万;廖内有123名欧洲人,而马来人有2.5万,华人超过3万。[1] 苏门答腊岛的巴邻旁甚至新加坡本身，也反映了这样的整体比例。² 1865 年，表面上是这个过度扩张的岛屿殖民帝国主人的荷兰人收集了这些数据，并对所见情况大为震惊。这些外籍亚裔在边疆上做什么？怎样控制他们？

巴达维亚的担忧，从其在殖民地采取的各种立法行动中表现得很明显，这些行动试图消除外籍亚裔带来的潜在威胁。一般来说，外籍亚裔被从概念上划分为同一类，并视为同一个问题加以处理。最能说明问题的是巴达维亚限制这些人口流动的措施，也就是后来广为人知的通行证法。该法让华人居住到指定的城市地区（wijken），没有通行证不得离开这些区域。这么做的目的是密切监视他们在东印度群岛的影响和活动，而保护群岛的当地人则是另一个冠冕堂皇的理由。³ 通行证制度以这样那样的形式持续了近一个世纪（从 1816 年到 1914 年），不过效力因地而异。荷兰试图采取的第二项广泛措施与记账有关，外籍亚裔被要求用国家能理解的语言保存商业记录副本。这一举措背后的很大一部分动力似乎来自荷兰的大型金融机构，比如爪哇银行（Javasche Bank）和荷兰安达银行（Nederlandsch-Indische Handelsbank），这些机构常因华人破产而亏损，如果能检查和了解债务人的账簿，这些亏损本是可以避免的。⁴ 然而，政府也在这个问题上看到了自己的利益，因为它相信："外籍亚裔是隐藏和掩盖货物的高手，配偶、孩子、好友和邻居都会出力相助，这对欧洲人来说是极难控制的……"⁵ 用巴达维亚几乎无法理解的语言精心修改的账簿，与荷兰的国家建设项目并不相容。如果被隐藏的商品包括威胁殖民经济的鸦片和货币，或者威胁荷属东印度生存的枪支，情况就更是如此。1865 年的一项法令规定，除了原本使用的语言（汉语、阿拉伯语等），外籍亚裔的记录还必须使用欧洲语言或鲁米语（Rumi，罗马化的马来语）保存。东印度法律界认为这一点尤其至关重要，否则巴达维亚在这些人面前将无能为力。⁶

第六章　边疆的"外籍亚裔"

外籍亚裔作为一个概念类别的最后一个方面,是他们在东印度法律下有着怎样的待遇。在19世纪中叶之前的几个世纪里,宗教一直是荷属东印度法律的基础:在荷兰东印度公司的土地上,基督徒就是基督徒,无论他们是什么种族,在既有的法律规范下,这种分类比任何其他东西都重要。然而,到1854年,这种状况不复存在:当年的《政府规定》(Regeeringsregelment)第109条以种族为基础做了新的区分,在此法律体系下,欧洲人占据了一类,"当地人"(也即马来人、布吉人和爪哇人等)是另一类。[7] 根据该法律,外籍亚裔等同于"当地人",而不是欧洲人。然而,为了与政府政策(政府希望统治这些亚洲人,并在方便的情况下加以利用)保持一致,外籍亚裔实际上只在相同的公共法律(例如刑法)下被与"当地人"归为一类。私法和商法仍将外籍亚裔视为欧洲人。从巴达维亚的观点来看,这种区别纯粹是出于实际原因:荷兰人发现,根据荷兰民法和商法与外籍亚裔做生意要比根据单独的公法容易得多,而公法会阻碍效率。[8] 我将在第八章和第十章研究这种安排,分别讨论政府与鸦片种植者和苦力经纪人的关系。将外籍亚裔在法律上分开的决定很有意思,因为它显示了他们在政府眼中的双重性质:根据一套歧视性的法律,他们是令人恐惧和需要被控制的人群,但另一套法律又要调动他们参与商业利益。东印度群岛外籍亚裔要面对的这种复杂的法律状况,似乎反映了他们的总体地位。作为单列的一个"种族",外籍亚裔既是买办,也是国家眼中的嫌疑犯。[9]

殖民思想下的华人

毫无疑问,东印度群岛最大的外籍亚裔群体是华人。到19世纪60年代,华人移民和定居者已经来到东南亚几个世纪了:根据卡尔·特劳基的划分,这类迁徙从17世纪初便已开始。马尼拉、泰国大城府和印尼巴达维亚等城市出现了第一代大规模的华人社区。[10] 许多华人参与贸易，成为殖民地社会的重要组成部分，推动了零售和批发商业的发展，同时融入了蓬勃发展的城市。此后不久，以采矿和农业为基础的华人公司开始成立，18世纪末和19世纪初是这些半独立政治体的黄金时代。然而，到19世纪中叶，不断扩张的欧洲殖民地吸引了更多的华人移民乘帆船前往，这些殖民地作为大多数华人移民的目的地之一，与同样是移民目的地的华人公司相竞争。公司，特别是在西婆罗洲拥有道路、防御工事、水利设施和外交政策的强大联合体，最终输给了海峡两岸的欧洲列强。[11] 福建人、潮州人、海南人和广东人仍然分布在群岛各地，但他们越来越多地开始接受不断扩张的殖民地国家的权威和保护。尽管如此，直到1891年，著名的荷兰汉学家高延（J. J. M. de Groot）还是在哀叹欧洲人对华人缺乏了解："他们的思路，他们的内在生活，他们的宗教、道德和习俗，以及祖先的做法，这些都是他们所做一切的主要驱动力——而所有这些，对我们来说仍然是一本尚未翻开的书。"[12]

当地很多荷兰人则以另一种方式看待华人。与汉学家高延所声称的无知不同，当地荷兰民众对华人及其在东印度地位的普遍态度有时充满恐惧，而且这种态度随着时间的推移变得越来越负面。这在很大程度上与19世纪后半叶开始大量涌入东南亚的"新客"（singkeh，新移民，通常是劳工）有关。"黄祸"情绪在海峡两岸的殖民地慢慢扎下根来，荷兰语中的类似说法"Gele Gevaar"也体现了这种情绪。所谓的专家（比如爪哇的农业巡视员）散布恶毒的言论，说是华人令当地人陷入贫困，而其他更笼统的说法则称东印度的华人是"小偷、造假者和其他成千上万不光彩行为的肇事者"。[13] 一本杂志提到了据说正在折磨东印度群岛的"华人瘟疫"（chineezenplaag），而另一些杂志则断言，"（华人带来的）危险肯定不是想象出来的——现在人们就应该质疑未来会发生什么，以及该如何应对"。[14] 中国对东印度群岛华人居民事务"不受欢迎的干涉"构成了这场辩论的基础之一，因此就连荷兰本土的报纸也激烈宣称，"不能容忍一股外国势力以语言或出身为由……来干涉我们的内政"。[15] 然而，这种蔑视和负面情绪的真正基础似乎首先是恐惧，因为荷兰人担心中国本土的演变会导致什么样的结果。"清楚地认识中国对我们是有益的，"1907 年，《每日商报》(Algemeen Handelsblad) 报道说，"它在几十年后将会被这样看待：过去，它多多少少是一个由血缘相近的人构成的封闭的共同体，而在即将到来的几十年里，它会发生巨大的变化，因为中国的河流和海岸已经开放了贸易，人们还谈到了统一。"[16]

这些对华人的担心有道理吗？在东印度地区的华人，是否对殖民地国家的福祉构成了威胁？虽然在这些年里，华人确实比例过高地参与了当地的贸易和商业活动,尤其与当地居民相比更是如此 (这种情况至少部分是由荷兰人自己的立法导致的)，但大多数华人的生活状况对巴达维亚根本没有构成威胁。在爪哇岛，许多华人是杂货贩 (klontong)，也就是四处游荡的流动商人，肩上背着麻袋出售小商品。一位编年史作者记载道，在西婆罗洲,许多中国人过着捕鱼、打猎和农耕生活，或多或少地融入了当地农村。[17] 然而，据新加坡的《南洋总汇报》(Nanyang Chung Wei Pao) 等中文报纸报道，总的来说，在邦加等边境居住区矿山工作的华人就没这么幸运了。[18] 目击者写信给编辑说，在这些地方，苦力不光遭到剥削，有时还会被殴打致死；甚至荷兰人也报告说，矿山会发生火灾、遭遇洪水，也有在这种环境下工作多年的矿工自寻短见。[19] 在婆罗洲开阔的土地上，华人的处境也没有好多少。幸存的华人妇女的证词告诉我们，她的丈夫因为手里的货物而遭到攻击并遇害；当地的马来人或达雅克人，如果自认为能逃脱惩罚，有时会抢劫整个由华人移民组成的村庄。[20] 在所有这些情况下,华人显然无法对殖民地国家的发展构成威胁。事实上,许多居住在边境的华人忙于相互争斗和竞争,无暇顾及任何协调一致的政治颠覆计划。[21]

然而,政府并没有从这个角度看待所有华人。由于种种原因,特定类别的华人让巴达维亚感到紧张。其中最重要的一类是秘密会社,荷兰语叫"geheime genootschappen",马来亚和东印度群岛均有其身影,但它们在边境地区似乎特别普遍。1873年,汉学家沙尔杰(M.Schaalje)发表了一篇关于横跨苏门答腊东海岸和槟城两地华人秘密会社文件的报告:该文件称槟城是苏门答腊会社的总部,这种海峡两岸共为一体的前景令巴达维亚大为震惊[22](图7,上)。十年后,另一篇关于在婆罗洲发现的秘密会社文件的文章被发表:这次发现的文件是一本小书和一册红色卷轴。这本书被描述为天地会标准文本之一的摘录。它讲述了该组织是如何从中国传播到马来水域一个名为"班汕"(Baan-saan)的地方。该卷轴被解释为"义兴公司"(Ghee Hin Kongsi,也叫义兴会)成员的捐款请求,上面称会社的地点在昔佳掩(Sik-Ka-Iam),极有可能转录自"Sekayam",这是西婆罗洲桑高地区的一条河流(图7,下)。[23] 西婆罗洲的这些文件证明了荷兰人已在专员报告中注意到的蛛丝马迹。华人秘密组织在居住区非常活跃,参与了诸如跨越婆罗洲边境走私鸦片等行动,这种违禁品贸易让巴达维亚的国库损失惨重。[24] 由于这个原因,荷兰人一直关注着马六甲海峡对岸形势的发展,同时也观察着英国人在海峡殖民地和霹雳等地怎样与华人秘密团体进行斗争。[25]

秘密会社并不是荷兰人眼中来自华人的唯一威胁。同样令巴达维亚感到不安的,还有华人在东印度法律体系中游走的方式,以及1911年之后中华民国成立,作为这个充满活力的新国家的潜在臣民,华人会拥有什么样的地位。多年来,华人一直采用各种花招逃避爪哇的法律制裁,例如在爪哇和边境居住区的不同法律领域之间

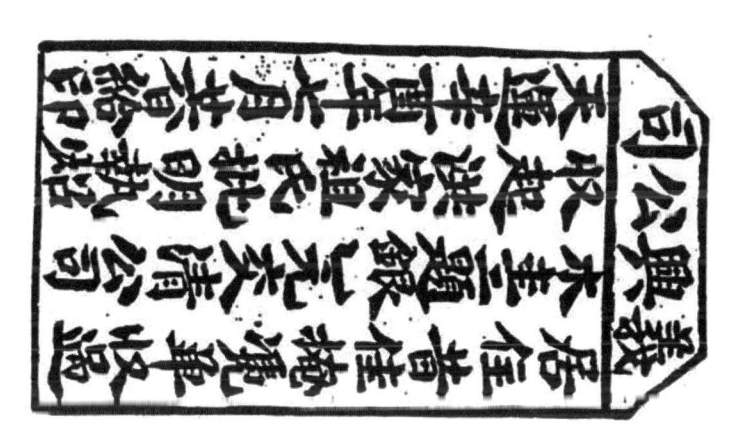

图7 华人秘密会社文件：苏门答腊/槟城（上），婆罗洲（下）。图片来源：Schaalje, "Bijdrage tot de Kennis" (1873)20, p.1–6；Young, "Bijdrage tot de Kennis" (1883)28, pp.547, 551–52, 574–77

跳来跳去，以及用假名借用通行证在边境居住区出行。[26] 走私者似乎特别擅长这些伎俩。然而，在巴达维亚看来，更让人感到不安，可能也更具破坏性的是，中国和许多来自东印度的华人日益要求将华人归类为中国公民，而不是荷兰公民。这个问题困扰着19世纪末一些最优秀的荷兰法律人士，包括西比路斯·特里普（Siberius Trip）、C.P.K. 温克尔（C. P. K. Winckel）和 G. 冯·法贝尔（G. von Faber）。[27] 1886年，一封来自北京的中文官方信函抵达海牙，荷兰人被告知，东印度群岛的华人应被视为中国臣民，不受荷兰管辖，这让负责殖民地事务的大臣大为震惊。[28] 他指示荷兰驻北京领事不要提及东印度华人的国籍，只称其为臣民。而到了20世纪初，这个问题变得十分紧迫，荷兰要求驻华盛顿、柏林和伦敦的领事立即向海牙报告其他西方政府采取了何种努力来处理这个问题。[29]

1911年至1912年，清朝覆灭，中华民国成立，事态在短短几个月的时间里达到沸点，各种形式的压力都积聚起来。受北京的直接协助，东印度华人组织开始根据中国模式创办学校，华人商会受邀参与选举1910年中华民国省级议会代表，而在辛亥革命后不久的1912年，甚至有东印度华人试图升起新的民国旗帜。[30] 在巴达维亚不少政策制定者眼中，所有这些举动或多或少都是在直接挑战荷兰的统治。1911年，中国特使赵崇凡（Chao Ch'ung Fan）访问东印度进行所谓的游学，他发表了几次公开演讲，其中一次面向泗水的一个华人组织，这让事情变得更加复杂。在演讲中，他告诉观众，他们可以指望中国政府的保护，并鼓励他们尽量多赚钱，为祖国的统一事业作出贡献。[31] 泗水负责华人事务的官员 H. J. F. 博雷尔（H. J. F. Borel）告知东印度司法部，尽管赵崇凡在出访前作过（不会这么做的）保证，但他还是传达了政府的官方信息，而且这次演讲不仅针对贸易机构，还向整个东印度的华人公众开放，并进行了相应的宣传。[32] 总督非常愤怒地写道，赵崇凡隐瞒了访问的真实意

第六章 边疆的"外籍亚裔"

图,还煽动华人情绪,使他们追求更大的种族团结。[33] 然而,东印度的中文报纸将1911年前后发生的事件视为一个新黄金时代的象征。例如,泗水的报纸兴奋地报道了中国政府要求荷兰取消针对华人的通行证制度,让读者知道他们很快就可以不受阻碍地在荷属东印度的土地上通行。[34] 巴达维亚的报纸更具有挑衅性地表达了喜悦之情,开玩笑说取消通行证制度将使人们更容易走私鸦片、更彻底地逃税。[35] 所有这些事情——升起的旗帜、创办的学校、北京有华人代表,以及中国使节让民众欢呼的访问——都为殖民官方日益增长的偏执奠定了基础。巴达维亚认为自己对相当数量的外籍亚裔臣民的控制有所松动。

对边境居住区的偏执,甚至比对核心地区(如爪哇等荷属政权的内部地区)更严重。其中一个主要原因是华人在外围领地,尤其是靠近边境的地区,人口增长速度太快。例如,在邦加,华人矿工的人口在1869年至1873年间增长了50%;专员在报告时认为有必要补充一句,说这些人也是"他们种族里地位最卑微的",是"中国本土社会里最劣等的"。[36] 在廖内,政府甚至没有关于华人人口的准确统计数据,这里的男性也被认为处于"道德水平低下"的层面,专员说,部分原因是华人女性少,男人们没事做。[37] 多年来,有关华人在这些岛屿上造成不稳定局面的报道不断在巴达维亚积累,内容包括从抢劫过往船只到矿场的长期暴力骚乱。[38] 在婆罗洲西部等其他居住区,华人在边境居住区的威胁和其与跨边疆的人脉连接有更直接的关系。1870年,人们已经在讨论将该地区与新加坡联系起来的活跃的秘密会社。而到了19世纪80年代末,沙捞越的陆地边境对面也追踪到了这种活动。坤甸、曼帕瓦、打劳鹿和东万律,都被认为与布鲁克领地内的义兴会有联系,特别是在大量走私非法鸦片方面。[39] 荷兰官员被派到边境另一侧,与布鲁克的公务人员就此议题进行协商,被引渡的华人"捣乱分子"则被送往相反的方向,但这些非法行为和联系一直持续到20世纪。

西婆罗洲确实是一个很好的研究案例,用来考察华人在边疆的动态和表现。巴达维亚经常把西婆罗洲视为边境地区多样性和潜在混乱的缩影,而这种认识在任何一方面可能都并非全无是处。华人采矿营散布内陆,其中有几座矿场规模很大,每次都有30到50人在挖掘黄金或钻石,但绝大多数矿场规模较小,杂乱地分布在整个居住区。1871年,仅孟嘉影专区(Bingkayang regency)就有44座矿山和524名矿工;打劳鹿有57座矿山,另有590名矿工。[40] 因此,华人的权威和人力散布并交织在这一片森林地区的各个角落里。矿区长期以来的不稳定状态,比如1891年罢工抗议和客家人与"福佬"(Hoklo,即闽南人)之间爆发的地盘战争,[41] 在西婆罗洲频繁发生,十分暴力。每隔几年,巴达维亚就会见到此类事件系统性地出现。然而,居住区里还有其他的情形,也让巴达维亚将华人群体等同于暴力,国家越来越敏感,认为灾难可能近在眼前。华人定期在城市中心的集市上与马来人开战,而华人伐木工在森林里引起骚乱。漫长而无人防守的海岸,如居住区的最北端,据说是华人船只穿越边境走私的区域。[42] 到1913年,荷兰人试图通过立法来限制进入西婆罗洲的外籍亚裔的人数,中国驻海牙大使正确地将之称为反华举动。[43] 然而,两年后,巴达维亚最担心的事情就变成了现实:1915年,华人挖出了此前埋在地下的步枪,在内陆起义,烧毁了多处荷兰政府建筑。

在苏门答腊和新加坡以南的岛屿上,巴达维亚认为存在类似的问题,这些问题让荷兰人把华人群体与其在边境沿线上分布的位置这两件事混为一谈。如果说,在巴达维亚的眼中,华人由于其阶层、职业和文化倾向,本就是一个"爱惹麻烦"的少数族裔,那么华人群体靠近边境就让这些特点变得更糟糕了。例如,来自新加坡的华人伐木工经常顺着海岸线,往南前往邦加装载木材。这本身并不稀奇,但岛上的警方记录显示,伴随这些短途航行的虐待和谋杀事件层出不穷。如果荷兰方面发现新加坡船员在偷窃木材并意图逮捕,华人船员往往会进行反抗,有时会杀死负责执法的当地马来官员,甚至携带枪支和大斧进行报复性远征。[44] 诸如此类的暴力事件,引发了关于华人意图抢劫边境居住区的谣言,但这几乎从来都不是真的:例如,1879 年 5 月,据称有 300 名华人正从新加坡前往廖内群岛抢劫,当地发布了大范围的军事警报。[45] 事实证明,这个谣言纯属捏造。不过,更接近真实情况的描述是,华人在边疆地区长期试图利用边界划分作为竞争优势,从当地法律管辖权限的分裂中充分获利。在邦加,同一批船员不断地砍伐超过许可范围的木材,而且在官方禁止的地方砍伐;在亚齐,向海岸警卫行贿的情况时有发生,而在苏门答腊,推广政府政策的管理人员也尽可能地捞取油水。[46] 荷兰人大都知道这些违法行为,但由于边境太长,他们无力阻止。考虑到大量华人村庄散布在边境,更不必说婆罗洲的采矿营地和苏门答腊的华人渔场,如著名的巴眼牙比(Bagan Si Api-Api),巴达维亚经常觉得自己对边境的大部分地区缺乏控制。

1912 年,这些担忧得到了具体体现,当时东印度群岛的华人群体爆发了暴力骚乱。在英荷殖民地边疆,婆罗洲、邦加和东苏门答腊的事态尤为严重。在东婆罗洲的巴厘巴板(Balikpapan),两名华人和几个马来人之间的打斗升级为一场用刀和削尖的棍子展开的激战。据汕头(Swatow)的中文报纸报道,警方最终向挑事者开火,造成数人死伤。[47] 在西婆罗洲,华人杀死了三发和曼帕瓦的税务员;匿名的中文传单随后被到处分发,威胁说如果不减轻税负,就会发生更多暴力事件。[48]《北京日报》(Pei Ching Chih Pao)报道说,在东苏门答腊的日里,警察在可疑的情况下杀害了华人苦力。[49] 在离海岸不远处的邦加,300 多名华人苦力因拒绝被分开带往不同的矿场,就遭到开火射击。[50] 最后一次事件导致 9 人死亡,20 人受伤;一封信在提及这场血腥事件时说,这些人"当牛做马,生活条件几近为奴"。⁵¹ 在边疆各处，边境线似已开始燃烧。

然而，让荷兰人更加担忧的是，这一年烧得最猛烈的火不是在外岛，而是在爪哇本岛。1912 年，岛上最大的两座城市巴达维亚和泗水发生了大规模的华人骚乱：华人为庆祝中华民国成立而燃放烟花，各地停工，但这场庆祝活动遭到打压。数百名当地华人被捕并受到预防性监禁，华人商店遭砸毁，并被洗劫一空。⁵² 骚乱的消息立即通过电报传到中国，在巴达维亚看来，更严重的是，南京的新政府给这些在东印度的华人发回了电报。来自东印度报纸《学铎》（*Hok Tok*）的记者翁庄辉（Ong Thiong Hoei）告诉当地华人，南京对他们给予支持：

> 2 月 22 日南京外交部就爪哇华人骚乱一事发来电报：我们理解在巴达维亚发生的情况；他们的事情已被报告给部长，此事必将得到有力处理。⁵³

中国的几家中文报纸为相关事件的报道提供了现金奖励。⁵⁴ 另一些报纸，如《中国日报》（*Chung Kwo Jih Pao*），刊登了关于海牙谈判的爱国社论。⁵⁵ 实际上，巴达维亚最担心的因素之一就是这些骚乱信息会传播到其他东印度华人耳中。一家华人会社的泗水分会联络了群岛周围不少于 26 个地方，同时也向中国驻海牙的领事发送信息。⁵⁶ 这些电报使用的是数字编码，这让荷兰人很担心；除非巴达维亚掌握密码，否则这些电报很难翻译。⁵⁷

巴达维亚指望借助传统的控制渠道——华人甲必丹（*Kapitans*）*——来应对骚乱。虽然从马来语文件中可以清楚地看出，

---

* 甲必丹是"首领"之意，这是葡萄牙及荷兰在东印度和马来亚殖民地所推行的侨领制度，即任命前来经商、谋生或定居的华侨领袖为侨民的首领，以协助殖民地政府处理侨民事务。

甲必丹努力恢复秩序,安抚荷兰人,但中文标语多将此类人称为"狗"和"叛徒"。[58] 在班芝兰(Pancuran)发现的两条标语指控华人甲必丹与荷兰人共谋镇压,并威胁说他们终将受到惩罚。[59] 荷兰人对这些骚乱作出了可以预见的迅速反应:数百名中国人遭到监禁,最严重者(即所谓煽动者)被驱逐出境。殖民大臣说,在这场"反政权的华人运动"中,他别无选择。[60] 混乱最终平息下来,华人最终回到了规定的社区。政府机构还重新发布并修订了警方如何处置此类情况的程序,包括骚乱开始之前警察必须用马来语高声发出警告的详细指示等。[61] 与海盗和低烈度长期暴力活动不同,政府对所谓的"华人问题"的焦虑,似乎始终不曾消失。

日本人和边境

另一群对欧洲殖民安全概念造成麻烦的是日本人。对东印度群岛的决策高层来说,日本人带来的威胁与华人截然不同。即使在19世纪80年代和90年代,荷属东印度水域的日本人仍然很少,他们中的大多数还是来自九州南部的妓女。[62] 然而,1900年左右,日本人开始大量涌入东印度群岛,并随着商贩、采珠人和航运商分散到外岛各地。1868年明治维新和随之而来的日本工业化,将日本人推向了南方。有些人充当商业和国家发展的代理人(前面提到的船夫、婆罗洲木材工和小型蒸汽船公司等),而另一些人则是这些新变化产生的副产品带来的结果(离开故乡成为妓女的贫穷女性,前往爪哇和新加坡的贫穷小贩等)。[63] 20世纪最初的一二十年,日本人开始渗透进东印度的经济领域,巴达维亚注意到这一现象并给予密切关注。当局认为,日本人在东印度群岛尤其是边境居住区的身影,在经济上有益,而在政治上越来越敏感。日本的地理位置,比在当地贸易的西方国家更接近东印度群岛,因此日本逐渐与东印度的岛屿建立了商业联系,通过出口和蒸汽船服务的普及,将两国经济挂上了钩。64 尽管东印度群岛上日本人的数量在任何时期都仅仅相当于华人的极小部分,但巴达维亚最终从东京那里看到了中国所没有的扩张主义力量。因此,如果说边境上大量不受控制的华人对殖民地国家构成了威胁,那么日本对东印度群岛的威胁虽然遥远,却同样真切。

巴达维亚做出这种评价的主要原因是,19世纪末,日本在政治和工业上取得了突飞猛进的发展。日本和欧洲列强在1856年至1866年之间签订的不平等条约,让欧洲国家在牺牲日本利益的情况下获得了各种权利和特权,而这些条约到19世纪90年代末开始被废除。"过去几年,"一位荷兰权威人士简要地宣称,"日本正在朝着某个方向快速前进。"65 巴达维亚对这一趋势十分不满,因为它似乎正向南方发展。荷兰专家J.H.恩格尔布赖特(J. H. Engelbregt)要求他的同胞在看待日本人的崛起时,"从商业、政治和军事的角度,着眼于我们东印度群岛属地的未来"。66 他公布的数据显示,日本政府预算大幅增加,尤其是战争、贸易和殖民等部门,日本将在夏威夷、悉尼、暹罗和马尼拉设立新的领事馆,将数亿日元用于军事项目。根据恩格尔布赖特的计算,"到1906年,甚至更早,日本在这片海域的海军规模将超过目前所有西方国家(在亚洲地区部署)的海军总和"。他补充说,所有这一切都来自一个30年前"尚处于中世纪"的国家。67

日本的实力和国际地位发生的这种巨大变化,特别是它在1894年至1895年的中日战争中出人意料地击败中国之后,促使荷兰重新思考日本在东印度群岛的地位。1897年,东京和海牙签订的一项新条约,给予在东印度群岛的日本国民最充分的最惠国待遇,取代了1854年荷属东印度《政府规定》的第109条。现在,日本人与所有欧洲人在法律上实现了平等。一如前文所述,情况的这种反转,部分为了促进商业发展。然而,荷兰公众舆论对修订后的法律（荷兰语称之为"*gelijkstellingen*"或"*equating*"，意为"平等法"）并未完全赞同。海牙《晚邮报》（*Avondpost*）发表一篇题为《警告》（*Waarschuwing*）的文章，明确表示此举大错特错。就连 J.A. 尼德堡（J. A. Nederburgh）等东印度法学家也在法律期刊《法律与传统法》（*Wet en Adat*）上撰文，质疑改变这一分类的合理性："一般来说，亚洲人中最不发达、最不开化的都来到了荷属东印度群岛，他们穿着深色西服……但里面隐藏着真正的、如假包换的亚洲人。"[68] 尼德堡继续追问日本人在"道德和认识，以及人民的本性"方面是否发生了真正的转变，暗示日本的政治和经济转型在"教化"人民方面没有产生太大作用。[69] 这种态度上的对比既矛盾又明确：一方面，日本人因其崛起的军事力量和扩张主义政策而令人恐惧；另一方面，他们又被西方人视为穿着文明服装的野蛮人而受到蔑视。20 世纪初存在的若干现象，帮助形成并强化了此类看法。

其中一个原因或许是，荷属东印度政府仅能看到日本人在当地的部分人口增长。荷兰驻东京特使编制并邮寄给海牙外务省一份清单，向荷兰政府详细说明了有多少日本人离开本国海岸以及他们要去哪里：这些数字包括东南亚各殖民地、东亚和更广阔的太平洋地区的其他目的地（表2）。[70] 然而，由于美国和加拿大新近制定了限制日本移民数量的法律，殖民地事务大臣建议荷兰政府从现在起仔细调查移居东印度群岛的日本人的数量。[71] 事实上，巴达维亚掌握的数据显示，到 1908 年，日本人扩散到东印度群岛的各个地区（尤其是外岛和边境居住区）的数量有明显增长。[72] 日本人的身影随处可见，他们在最偏僻的岛链附近采集珍珠，到婆罗洲热带雨林中央砍伐木材。从荷兰的立场来看，更令人担忧的是，巴达维亚和东京各自所说的前往东印度群岛的日本移民数量并不一致。就连日本媒体也承认，大量日本人正在前往该群岛，这一说法促使荷兰驻神户

表 2　荷兰殖民地和领事记录中日本人向东南亚的迁移

荷兰领事统计（东京）日本移民前往东南亚的情况，1905—1906 年

选择的目的地	1905 年 男	1905 年 女	1905 年 总计	1906 年 男	1906 年 女	1906 年 总计
马来群岛	0	1	1	2	1	3
新加坡	23	11	34	10	19	29
槟城	0	0	0	5	2	7
婆罗洲	0	0	0	1	5	6
爪哇	0	0	0	1	0	1
荷属苏门答腊	12	14	26	14	26	40
东印度群岛	27	0	27	2	0	2
总计	62	26	88	35	53	88

*** 注：1905/1906 年的数据还包括（中国）香港地区、法属亚洲、暹罗、美国、墨西哥、秘鲁、夏威夷和菲律宾的数据。

日本人在荷属东印度群岛边境居住区的情况，1908 年

居住区	上半年 男性	上半年 女性	上半年 总计	下半年 男性	下半年 女性	下半年 总计
楠榜	0	2	2	—	—	2
巴邻旁	2	15	17	0	14	14
占碑	1	2	3	4	1	5
苏门答腊东海岸	24	65	89	19	65	84
亚齐	5	7	12	8	22	30
廖内	0	0	4	—	—	22
邦加	—	—	16	—	—	22
勿里洞	0	0	0	0	1	1
西婆罗洲	17	16	33	12	17	29
东南婆罗洲	2	4	6	9	5	14
总计	—	—	182	—	—	223

来源：摘选自荷兰驻东京领事馆发给外交大臣的电报 (ARA #448/57‑12128，1908 年 5 月 11 日，见 MvBZ/A/589/A.209)，以及殖民大臣发给外交大臣的函件附件 (Kab. Litt. Secret #13422，1909 年 6 月 28 日，见 MvBZ/A/589/A.209)

领事进一步核实此事。[73] 他发现的情况让他吃惊不小。日本人通过假冒船员身份、藏在船舱底下，甚至搭乘小帆船偷渡进入东印度群岛。[74] 还有一些船只绕过荷兰的检疫规定，通过绕路的东线，把日本人送上东印度群岛。[75]

似乎有越来越多的日本人涌入印度群岛，而且其中一些人似乎想躲开政府的视线，这让巴达维亚感到极为不安。政策制定者怀疑存在某种泛亚洲的阴谋，他们从远方寻找线索，试图证实自己的猜测。1905年10月发生的一件事，可以反映出这种焦虑情绪。当时，荷兰驻神户领事向东京的上司报告了一个名叫陈合禄（Tan Hok Lok）的华商，这名华商来自望加锡，刚抵达日本不久。据领事所知，陈合禄对苏拉威西岛地方首领的起义很感兴趣，并在船上与许多人讨论过这个话题。领事怀疑，陈合禄来日本是为了给起义者购买武器，因为他似乎在神户、名古屋和东京都有联络人。他声称要将日本商品出口到南苏拉威西，但这很可疑，因为那里对这些商品几乎没有需求。东京大使命令日本警察在全国范围内监视陈合禄，并将警方报告的译文送回海牙，以便直接向外交大臣汇报情况。[76] 尽管没有任何确凿证据显示陈合禄有罪，并且他最后还是回到了苏拉威西，但荷兰政府为了调查这起可能涉及华人、日本人和东印度地方上潜在军火交易的阴谋而动用了大量资源。电报和信件频繁地在神户、巴达维亚和海牙之间传送：多个政府层级和不同的行政部门都参与其中。[77] 值得注意的是，在这起事件中，荷兰人对阴谋焦虑过头，以至于忽略了一个重要事实：面对所有指控，陈合禄似乎都是无辜的。他成了荷兰人对阴谋的焦虑的替罪羊和靶子。

如果说荷兰政府担心日本人对荷属东印度群岛造成潜在威胁，那么该地区的报纸则更加生动地描绘了这种危机的情景。我们已经从上文看到了荷兰人对日本人的一些感受，但巴达维亚还密切关注该地区其他列强对日本崛起的态度，以及日本自身出版物上的言论。早在1895年,甲午战争在北方爆发时,槟城的媒体就对这些动荡事件发表了评论。例如,《印支爱国报》(The Indo-Chinese Patriot)声称,"日本渴望在远东扮演英国的角色",并进一步指出,"日本作为军事强国的迅速崛起,让大多数人都感到惊讶"。[78]马来亚的英国人认为日本是一个遥远的、模仿大英帝国的扩张主义威胁,而澳大利亚媒体则担心日本军队可能侵占其海岸以外的岛屿。这种情况在1905年日俄战争(在这场战争中,日本意外地击败了俄国)后的几年里尤为明显。《墨尔本先驱报》(Melbourne Herald)报道说,法属新喀里多尼亚(New Caledoni)已经有数千名日本人定居,"如果岛上的日本人明天突然起义,新喀里多尼亚人根本无法阻止他们,就像无法阻止太阳升起一样"。[79]这一法属殖民地的许多日本人都参加过日俄战争,文章还说,其中一些人甚至公开携带左轮手枪。另一篇报道提到,在新喀里多尼亚有些日本人懂得使用无线电报通信,而日本在南太平洋扩大船队规模的行为也引起了怀疑。同时,日本杂志对其同胞在东印度群岛遭受不公正待遇也抱怨不已,这更加刺激了荷兰人的神经。随着巴达维亚的档案中关于日本的文件数量增加,荷兰人开始认真考虑日本对东印度群岛是否真有什么企图。[80]

进入20世纪之后又发生了一些事情,加剧了荷兰人的这种恐惧。1908年1月,桑皮特(Sampit)总督给婆罗洲东南部的专员写了一封信;他随信附上了一封马来语信件,后者似乎表明一位当地领主与日本政府之间商定了一份合同。这份合同是一个名叫K.野野村(K. Nonomura)的日本中间人斡旋促成的。总督命令说,不要阻止此人回来,以便巴达维亚查明他到底在做什么。[81]然而,婆罗洲边境的黑幕交易并不是唯一困扰荷兰人的事情。仅仅几年后,巴达维亚海岸便又出现了新问题,荷兰驻东京领事收到一连串令人费解的电话。荷兰领事报告说,有人打电话给大使馆,询问普林森群岛(Prinsen Islands)的情况。普林森群岛分散在爪哇和苏门答

第六章 边疆的"外籍亚裔"

腊之间的巽他海峡,而巽他海峡是东印度群岛的主要战略水道之一,距离荷兰统治中心巴达维亚很近。来电人请求提供这些岛屿上的人口数字和其他资料,但大使馆工作人员没有给予明确答复。荷兰领事告诉他的上级,他不想过分夸大此事,但认为应该引起警惕,特别是日本媒体曾反复提及,这些岛屿是进入"大亚洲"海上航线的入口。巴达维亚和海牙都认为上述两起事件颇为蹊跷,似乎有无声的力量在展开行动。[82] 被截获的信件、匿名电话、新闻剪报和移民数字上的差异最终都累积起来。东印度的战略规划开始转向以可能来自北方的入侵为主要威胁。

20世纪最初的几十年里,来自海峡殖民地对岸的英国信函也表达了同样的担忧。英国驻海牙的临时代办向伦敦报告称,荷兰人对日本人觊觎荷属东印度的计划感到极为焦虑,而新加坡自己也忧心忡忡。[83] 根据居住在该地区的日本专员柏尾百太郎(Kashio Hichitaro)提供的情报,英国人详细调查了日本人在附近廖内群岛拥有的地产的性质和范围。调查结果让英国人感到震惊:巴淡(Batam)、宾坦(Bintan)、洛巴姆(Lobam)、马日(Mamoi)、阿威(Awi)和卡里摩(Kerimun)等岛屿都有日本种植园,其中几座种植园还都超过1万英亩(约合4047公顷),可被用于对新加坡发动袭击。[84] 海峡殖民地总督也不满日本人在柔佛铁路两侧获得土地,认为这很危险,违背了英国的利益。到1919年底,殖民地部试图从荷兰人手中购买附近的这些岛屿,因为"如果日本暂时控制东部海域,这些岛屿将极大有助于我们保护海峡殖民地的采矿业,让日本人与新加坡保持距离"。[85] 新加坡武装部队大力支持这一设想。他们担心日本与荷属东印度群岛发生争执,迫使后者放弃这些岛屿以维持和平。一位陆军的规划人员总结道:"暗地里,日本人强烈渴望通过某种方式获得马六甲海峡和巽他海峡。不同的作家不断地用日语表达出这些愿望。毫无疑问,日本人觊觎荷属东印度群岛。"[86]

从巴达维亚手中购买这些岛屿的计划从未真正实现，而且直到 22 年后的第二次世界大战中期，日本才入侵东印度群岛。然而，除了日本在 19 世纪末、20 世纪初的几年里移民到东印度群岛的人数增加，日本的渗透还有另一个方面令荷兰人感到担忧。这就是日本资本的流入，其中的大部分与华人银行交织在一起。巴达维亚从这种结合中看到了同样值得担忧的问题。1918 年，一家中日联合银行在台湾（当时是日本的殖民地）成立，其明确目的是联合两个民族的资本，进一步促进两国在东印度群岛的共同商业利益，荷兰人立即注意到了这一点。有关这次合并的信件和日本账目译本，很快便送抵海牙。[87] 这次行动的主要负责人，荷兰人指明为林鹤书（Rin Hei-sho）、王新光（Wang Shin-ko）、林友昭（Rin Yu-cho）和郭树里（Kuo Shu-rio）四人，获得了日本政府对该项目的官方支持。然而，这家被称为"殖民者银行"（Kwakyo）的银行是在台湾成立的，"以避免荷属东印度政府产生误解"。[88] 将银行设在一个离岸地点，这并没有骗过荷兰人：所有人都清楚融资来自哪里。这家银行的启动资金在 500 万至 1000 万日元之间[89]，其宣言是要为在东印度的东亚商人提供比欧洲人更宽松的信贷，该银行业务受到了荷兰人的密切关注。[90] 荷兰驻东京领事除了提供上述信息外，还报告了在东印度有投资的日本公司的地理分布，以及日本人如今正学习荷兰语以"进一步扩大日本在海外的利益"的事实。[91] 所有这些情况都助长了荷兰人对日本人在东印度群岛活动的恐惧和不信任心理，特别是在边境问题上。1918 年 4 月，一份日本杂志说，"没有任何文明的荷兰人会对日本人的意图感到不安"，这句话更多的是对投资者的游说，而不是站得住脚的事实。东南亚岛国和海峡殖民地两岸，都把日本视为一个真正的威胁。

基于信仰的联系：泛伊斯兰主义的威胁

从上述诸多言论中可以看出，一种"围城心态"（siege mentality）在过去数年里逐渐形成。荷兰人正在扩大其在东印度群岛外岛的权威，哪怕他们越来越多地提防着在群岛上纵横交错的其他族群。虽然假想中对官方权威的威胁来自种族，但有时也会从宗教角度呈现出来。1878年，东印度思想家J.P.休梅克（J.P.Schoemaker）评论说："过去几年，尤其是日本表现出巨大进步之后，欧洲列强在远东的嫉妒心更多地聚焦到了亚洲人身上。这并非全无道理……殖民地国家现在受到了来自伊斯兰教和佛教的威胁。"[92]这段话的后半部分现在看来近乎滑稽：来自日本的真正威胁的根源，是法西斯主义，这完全是欧洲的舶来品，和佛教全无关系。然而，这段话仍有启示意义，因为它提供了一扇窗口，让人们了解东印度政府如何看待这些潜在的焦虑。休梅克将伊斯兰教视为一种危险的观点，比他对佛教的看法更受欢迎；当时许多作家都大肆评论了伊斯兰教的威胁。有时，人们会把这种危险的源头一路追溯到十字军东征时期，而像P.J.费特（P.J Veth）等评论家则把目光投向了东印度群岛皈依伊斯兰教的时代。休梅克本人指出泛伊斯兰主义给荷兰人带来的麻烦：西苏门答腊的伊斯兰教巴德利教派（Padris，1821—1837年），巴邻旁的阿卜杜勒·瓦哈卜一本·穆罕默德（Abdul Wahib-bin Muhammad，1881年）以及1888年万丹的叛乱。休梅克说，巴达维亚允许穆斯林从东印度群岛去朝圣，这仍然让他感到惊讶：他认为，这不过是信徒的一种仪式，只会在旅行者返回家园时播下不满的种子。[93]

假想的泛伊斯兰危险，或者像一位东印度伊斯兰教专家所说的"穆斯林争取政治统一"，的确是当时政策制定者和行政人员最关心的话题之一。[94]在整个东印度群岛，特别是在巴达维亚的控制力远低于爪哇的边境居民区,荷兰人以警惕和怀疑的眼光观察着激进的伊斯兰教传教活动。他们密切关注着宗教教师在各居住区之间的流动。例如,在邦加,专员报告说,来自马都拉岛和巴东高地的著名古兰经教师分别于 1871 年和 1872 年访问了该岛,两次都让清真寺里人满为患。在西婆罗洲西部,政府也在跟踪阿拉伯人和印度穆斯林的人口流动及人口比例,因为他们觉得"阿拉伯人不可信,克灵人(Klings,即印度穆斯林)更不可信"。[95] 阿拉伯人、印度穆斯林和宗教领袖进入内陆的旅行尤受关注:荷兰人担心,在这些地方,以及其他据说当地居民"安静、易受领导"的居住区,伊斯兰教意识形态会取得特别大的进展。在婆罗洲东南部的专员说,当地居民大多笃信宗教,并成为荷兰政府的反对者。当地的荷兰军事指挥官在亚文泰(Amuntai)被一名"宗教狂热分子"反复刺伤头部,这一事件证实了这种情况。[96] 巴达维亚知道,东印度群岛的各个苏丹都通过信使定期彼此联系,这更让国家疑虑重重。[97] 在不同时期不同地方的各个角落,荷兰人都在想象伊斯兰的阴谋(图 8)。

1873 年,荷兰人在北苏门答腊的亚齐地区展开了一场长期战争,这场战争直到 20 世纪开始后才渐趋停止,极大地增加了泛伊斯兰主义的风险。亚齐是东印度泛伊斯兰的宗教集结号:当地的苏丹和王公都密切关注这场冲突的走向,并将之视为自己在殖民主义下即将面临的命运的预兆。有趣的是,随着亚齐战争的开始,外岛专员报告的类别发生了变化:从 1873 年(或 1874 年)开始,巴达维亚要求提供有关外围地区情况的新型信息,其中大部分与伊斯兰教有关。因此,在邦加地区,我们看到专员首次被要求描述"伊斯兰的扩张和哈吉(麦加朝圣)对人口的影响";同样类别的报告也第一次出现在了巴邻旁,当地专员的回答指出,伊斯兰教在内陆取得了进展。[98] 在婆罗洲,专员对形势的评价非常坦率。该岛东部的负责人发现,"对亚齐宣战已在穆斯林人口中引起了不满",而他在

图 8 东印度群岛的阿拉伯男性，1870 年。图片来源：KITLV，莱顿

西婆罗洲的同僚则描述说，在他自己驻扎的森林内陆，伊斯兰教不断蔓延。[99] 不足为奇，解决方法和新的分类是根据这个大方向制定的。甚至在亚齐战争开打的前几年，东印度群岛的评论员就提起，群岛上正进行着一场"圣战"。P.J. 费特甚至说，即使是东部海域的非穆斯林海盗，包括"海上达雅克人"和"海上吉卜赛人"，如今也成了这个进程的一部分，因为他们的掠夺行为受伊斯兰海盗的唆使。[100]

最后一项分析显然过于牵强，但即使到了 19 世纪八九十年代，伊斯兰教的传播也在引发巴达维亚和海牙的焦虑。并非所有边境地区都是如此，伊斯兰教的传播速度在各地也并不相同。例如，19 世纪 80 年代中期的邦加，当地专员报告说，伊斯兰教基本上没有扩张，这可能是因为岛上的华人矿工占了多数。廖内专员说，本地已经没有更多的扩张空间了，因为几乎所有人早已是穆斯林了。然而，随着伊斯兰教（多借助贸易）渗透到村庄和内陆，边境居住区的整体情况似乎是穆斯林数量在缓慢但稳定地增长。在南苏门答腊的巴邻旁，情况显然是这样：当地专员写道，随着咖啡贸易的渗透，咖啡商人从低地的城市中心进入山区，许多村庄都出现了伊斯兰教加速传播的情形（特别是到麦加朝圣过的穆斯林越来越多，这将在下一章中讨论）。在婆罗洲东南部，贸易发挥的作用似乎不如政治上的不满，由于被荷兰废黜的苏丹的追随者在这片土地的内陆森林里游荡，达雅克人皈依伊斯兰教的速度悄然上升。[101] 巴达维亚要求其在外围领地的行政人员关注这些发展趋势，因为他们认为伊斯兰教的传播只有一部分是"自然的、内在的发展"，其余的则与海外势力的精心策划有很大关系。[102] 这种警告和规劝常常来自荷兰官员在多地的联合监视：海牙、君士坦丁堡、新加坡和东印度群岛，所有这些地方都作为一个整体在运转。[103]

事实上，正是在 19 世纪 80 年代，我们可以看到殖民地国家对东印度群岛伊斯兰教的监管活动达到高潮。当局越来越关注伊斯兰教经何种途径进入群岛:巴达维亚想知道激进的伊斯兰教教义是从哪里以及如何进入其领土的,也想知道如何阻止这种越过边境的流动。虽然早期的立法试图在一定程度上限制外国穆斯林"感染"当地人口的能力,但直到19世纪80年代,殖民地国家才得以更协调、更有效地基于这些愿望采取行动。[104] 官方仔细追踪在东印度群岛逾期居留的阿拉伯人,并将之逐出群岛;其他即将进入东印度群岛的阿拉伯人,还在新加坡等离岸港口时就遭到监视。到1885年,荷兰驻海峡殖民地的领事不仅对有多少阿拉伯人进入荷属管辖地进行了详细的统计,还跟踪调查他们前往哪些外岛居住区。[105] 如前所述,政府积极跟踪携带信件给东印度群岛同胞的外国穆斯林,一旦发现,其包裹就可能会被没收。然而,政府监视和跟踪的不仅仅是被怀疑煽动宗教叛乱的阿拉伯人。只要是阿拉伯人,仅仅是居住在边疆地区就意味着其行动和日常活动要受到审查。巴达维亚将泛伊斯兰主义看成是一场颠覆运动,对哪怕是平静悠然的忠诚的东印度阿拉伯人也不留余地。1883年,爪哇岛附近的喀拉喀托(Krakatoa)火山爆发,政府顿时有了额外的动力保持警惕:一些穆斯林把这场灾难作为"末日将至"的证据,怂恿同胞在末日到来之际奋起反抗,这让巴达维亚大为光火。[106]

进入20世纪前后,国家对泛伊斯兰主义的焦虑,一如对华人和日本人的焦虑一样,已经上升到令人不安的程度。荷属东印度群岛最著名的两位伊斯兰学者L.W.C.范登贝格和C.史努克·许尔赫洛涅(C. Snouck Hurgronje)在报纸上争论,国家过度忽视伊斯兰兄弟会是谁的错。非洲和亚洲的各个殖民地都认为这些社团是好战和叛乱的传播者。[107] 尤其是史努克,他这时已经有了伊斯兰教专家的美誉,荷兰公众非常认真地看待他的言论。英国人同样密切关注着荷属边疆上伊斯兰教的动态,担心东印度群岛的不稳定和暴力局面可能会在海峡殖民地的穆斯林群休中引起麻烦。[108] 长达数千英里、漏洞甚多的边疆塑造了这些焦虑，跨越边境的强大种族和家族纽带更是强化了他们的恐惧。面对泛伊斯兰主义紧张局势这一外部刺激，巴达维亚的反应通常迅速而果断。按照管理规定，国家会没收和禁止来自国外的伊斯兰教宣传品，比如君士坦丁堡的一份土耳其报纸上称，"世界上所有的穆斯林都是兄弟，如果一个穆斯林遭受了不公正对待，其他穆斯林有责任帮助他"。[109] 这篇文章专门论述了阿拉伯人在荷兰殖民地受到的待遇：有传言说，奥斯曼人将来到这个群岛，把当地人民从荷兰基督徒的枷锁中解放出来。然而，这些讨论的底线似乎是，泛伊斯兰主义只承认一个主人，即真主，而这一状况在荷属东印度群岛是完全不同的。正如范登贝格所说，"根据正统伊斯兰教法的教义"，"穆斯林首领不属于他们的君主"。这一原则成为欧洲人之间谈判主题的可能性，从来没人做过哪怕些微的考量。[110] 归根结底，这一主张是荷兰政权以及世界各地其他殖民地国家都无法容忍的。

如果说，20世纪初的几十年里，英荷边疆的海盗和不受控制的暴力威胁正逐渐减少，那么外籍亚裔带来的恐惧和威胁却在朝着相反的方向发展。华人群体在外岛大量扩张，尽管这种增长大部分是欧洲人资助的，但华人社区的规模和所谓的倾向，加上1912年前后中华民国在动荡中诞生所带来的影响，都让这样的增长在荷兰人眼中变得危险起来。东南亚的日本人从来没有华人那么多，但在那些来到边疆地区陆地和海洋的（有时没有记录的）旅居者背后，人们看到了日本军方可疑意图的无形之手。来自中东的穆斯林传教士和宗教教师也被认为是一种经常性的威胁，特别是在19世纪末的几十年中，泛伊斯兰"激进信息"在世界范围内传播。所有这些群体都对欧洲人所设想的受控边疆构成了问题；1900年之后，这些亚裔"他者"的行动和互动构成了对欧洲人更大的威胁。不过，除了上述迅速增长的族群，在荷兰人眼里，还有一种潜在的危险对边境完整性构成了更大的威胁，这就是在边疆土生土长的当地人。

第七章

来自当地人的威胁

巴达维亚强烈感受到的最后一类边境威胁,既不来自低烈度的暴力活动,也不来自外籍亚裔,而是来自东印度群岛的当地人群体。我们已经看到,较之东印度群岛的其他民族,荷兰人只是一个规模很小的少数族裔。跟外籍亚裔相比,这一比例被认为是不利的,而如果是跟群岛上的大量当地人相比,欧洲人在人数上更是相形见绌。[1]

巴达维亚使用了若干方法来征服和控制这些数量远远大于自身的人口,以促进荷兰在当地的利益,并将巴达维业的权威扩展到周边地区。其中一种方法是与群岛上的各个苏丹国和土国展开一系列的战争。第二种安抚方法是建立一套法律体系,让荷属东印度境内的当地人地位低于荷兰人。这一举措还减轻了当地人民对既定权威和社会稳定的威胁,因为荷属东印度的法律严重偏向荷兰的治安权力和控制。这两项计划的实施都是为了试图在对国家有利的控制形式内"俘获"东印度群岛的本地人口。[2]

下文将探讨国家行动和立法对当地人口的影响,以及引起巴达维亚焦虑的第三个也是最后一个现象：本土民族在某些地方和背景中的实际流动。麦加朝圣、以米南加保人（Minangkabau）的"沿岸航行"（rantau）而闻名的流浪文化习俗，以及边境民族在森林和海上的游牧生活方式，都给荷兰的边境控制带来了严重的问题。这种流动往往伴随着人们越来越容易获得违禁品，例如在国家垄断企业之外出售的鸦片或大量贩运的枪支，这使问题更加严重。如何命令和控制英荷边疆上这么多的民族？什么是让这些群体处于帝国控制之下的最佳机制？最为重要的一点也许是，如何才能以最少的资源支出和最小的生命损失来实现这一目标？在长达半个世纪的时间里，随着这两个不断扩张的政权试图将监视、封锁和胁迫的天平向有利于自己的方向倾斜，欧洲殖民者和边疆被殖民多数群体之间的这种复杂的辩证关系就在表面之下持续潜伏着。

边境安抚和法律的影响范围

巴达维亚得以加强对东印度群岛偏远地区当地人口的控制，直接征服是主要方式之一。荷兰在东印度群岛的扩张断断续续，有时是基于政策决定，有时是对各种周边地区所发生事件的反应。许多印尼历史学家都曾在以地区冲突为基础、日益复杂的史学文献中指出，荷兰并没有一套连贯的整体扩张计划。[3] 事实上，在19世纪初，荷兰在东印度群岛的领土控制仅限于爪哇、苏拉威西和马鲁古的部分地区，以及群岛其他地方一些分散的沿海定居点。随着荷兰东印度公司的衰败和解体，这与其说是一个帝国，倒不如说是一个由贸易前哨站组成的殖民地，重要节点广泛分布在整个地区。19世纪中期，巴达维亚几乎没有扩张，因为它认为扩展现有属地的成本太高，未来的预期收入不太可能弥补这笔费用。到19世纪60年代，这种看法才开始改变，而1873年亚齐战争的开始则标志着荷兰政策真正发生了重大变化。[4] 随着荷兰大张旗鼓地宣扬自己的文明教化使命，民族主义成为政治和政策的塑造力量，扩张主义亦成为政府言论的重要组成部分。讽刺的是，亚齐战争对巴达维亚来说如此艰难，以至于直到 19 世纪末，征服亚齐始终是巴达维亚最为关注的目标，令它无暇顾及在群岛其他地方的实际军事扩张。然而，到了 19 世纪 90 年代中期，亚齐的战争局面较此前 20 年大有好转，荷兰控制的触角也得到了显著扩展。1894 年，荷兰占领龙目岛，到 20 世纪初，又依次占领了苏门答腊、巴厘、苏拉威西、婆罗洲、努沙登加拉（Nusa Tenggara）、马鲁古和新几内亚的其余部分。关于这些战争背后的主导力量，人们提出了各种不同的阐释，从经济和欧洲竞争到麻烦不断的周边地区和内部威望。但重要的事实是，东印度群岛的几乎所有地区都在几十年的时间里相继遭到占领。[5] 到 1915 年，几乎整个边境沿线都处于荷兰各种形式的控制之下。

　　针对这一分析，不妨来看两个外岛对抗的典型例子。1860 年，婆罗洲东南部爆发了一场战争，马辰的苏丹被推翻。这场战争的结果是，荷兰人控制了这座城市和它的沿海低地，苏丹及其余党则逃到了上游的内陆。然而，这座舞台上接下来发生的事情，如在群岛许多其他地方发生的事情一样，显示了荷兰征服的令人迷惑的性质及其隐含的言外之意。随后几十年，战争在周边地区继续进行，原来合法的统治王朝与荷兰的扩张及控制力量对立。这一点可以从 19 世纪 70 年代初当地专员的报告中看出：荷兰直接占领区以外的土地均被认为完全不安全，甚至在非常接近马辰的地区也出现了抵抗势力。这位专员称，大部分危险是由一群想要恢复苏丹统治的武装分子造成的。专员还指出，苏丹本人也在遥远的上游劝说不同的达雅克人投入他的叛乱事业，而且十分成功。从荷兰人的角度来看，最糟糕的是，政府的法律力量完全无法触及苏丹：内陆的河流系统纵横交错，这意味着他随时都可能出现，一切只取决于他碰巧顺着哪条河流前往低地。⁶ 因此，在南婆罗洲的征服是有条件的，也是模棱两可的。苏丹在马辰的宫殿里悬挂着荷兰国旗，但与此同时，他的追随者以河流为向导遍布整个居住区。哪怕到了20世纪初，荷兰还在将探险队派往边境附近的内陆地区，试图平息苏丹残余势力造成的骚乱。

在南苏门答腊的部分地区，我们也可以看到类似的变化不定的抵抗局面。1859年，苏丹塔哈遭荷兰人废黜，他和追随者逃到了占碑高地，直到20世纪初，他在那里都享有"无限权力"（onbeperkte gezag）。这种状况在最初的征服战争之后还持续了几十年，对巴达维亚来说非常不利。"因此"，1900年，第一任政府秘书写道，"有必要改变这种不可接受的状态，巴邻旁专员已建议使用武力来实现这一点"。⁷ 这位专员曾向巴达维亚指出，荷兰在武器装备和对付本土敌人的战术方面都取得了重大进展——如果说亚齐战争没有别的成就，那它至少也把这些教给了巴达维亚的军事规划人员。可惜，计划中的内陆探险耗时远长于预期。荷兰人仍然要等待水位上升才能让船只逆流而上，而汽油的补给问题进一步推迟了行程。⁸ 次年，据报告，塔哈叛乱分子仍然驻守在高地阵地，就连独立的葛林芝（Kerinci）都有叛军的身影，那里是他们的避难所。⁹ 荷兰人在正面冲突中获胜后，苏丹军队的游击战一直持续到1907年。苏丹军队以河流和丘陵为盟友，在近半个世纪的时间里，一直抵挡着人数更多、技术更先进的敌人。因此，在南婆罗洲和南苏门答腊，人们都找到了办法来抵抗欧洲殖民当局对边疆版图的入侵。

这些针对"本土敌人"的征服战争，对理解荷兰殖民当局在20世纪初如何看待此类威胁很重要。¹⁰ 虽然荷兰人几乎在与苏丹国或小王国的每一次常规冲突中都能获胜，但这些冲突很少以荷兰人明确地实现绝对控制而结束。巴达维亚的规划者在审视同时代的群岛

第七章 来自当地人的威胁

表3 荷属东印度群岛边境居住区的武装行动和军事报告，1860—1916年

19世纪末、20世纪初荷兰在边境居住区的重要军事行动	
马辰（南婆罗洲）	1860—1865年
色当（Sedang）和亚沙汉（苏门答腊东海岸）	1864年
新当（西婆罗洲）	1864年
日里（苏门答腊东海岸）	1872年
亚齐（北苏门答腊）	1873—1913年
锡亚（苏门答腊东海岸）	1876年
冷沙（Langasar，亚齐）	1877年
巴塔克地区（北苏门答腊）	1878年
多巴地区（北苏门答腊）	1883—1887年
德侬（Trumon，亚齐）	1884年
占碑（南苏门答腊）	1885年
东万律（西婆罗洲）	1885年
特鲁孟（亚齐）	1887年
新当（西婆罗洲）	1896年
占碑（南苏门答腊）	1901年
占碑（南苏门答腊）	1916年

外岛军事报告模板（1912年）：

地区的地理描述，包括：
边界；山脉描述；水文等高线和季风特征、登陆点；河流及其作为交通手段的能力；连接邻近居住区的步道；村庄地形；植被和生长情况，以及它们对行动能力的影响等

对当地人口的描述，包括：
当地人与邻近地区的关系；总人数和人口划分情况；"狂热"程度；当地语言词典；武器装备；从前的战争经验；当地人自给自足的方式；"外籍亚裔"的影响

运输能力说明，包括：
陆上和海上的出行能力；运力

来源：摘选自 Heshusius (1986) and "Schema van de Militaire Memorie in de Buitenbezittingen, 1912", in de Graaf and Tempelaars (1991)

时，更经常看到的场景是：低烈度叛乱随处可见，特别是在边境沿线地区（表3）。非法武器的流动进一步加剧了这种对权威的试探和挑衅，本书后面将对此进行探讨。1870年，西婆罗洲报告了多

次针对当地荷兰代理人（他们几乎都是被派来统治达雅克民众的马来人）的叛乱；在婆罗洲东南部，前文提到的苏丹的党羽很活跃，但河上的"艎舡"叛军也很活跃，他们有时能召集100艘快帆船和500人的队伍。[11]在正对着菲律宾南部的苏拉威西岛北部以及巴邻旁和占碑发生的暴动，必须得到镇压，这些地方的骚乱与塔哈在内陆的叛乱只有部分关系。[12]直到20世纪，亚齐的荷兰巡逻部队一直会遭遇狙击。[13]从北苏门答腊到北苏拉威西，甚至在婆罗洲的中心，边境各地的当地人都可以获得枪支。枪支主要是用于狩猎和地方纠纷，但边境上的各种地方势力也将枪支指向国家代理人。

1873年发生在亚齐东海岸的一件事，揭示了巴达维亚对这种状况忧心忡忡的原因之一。当年8月，荷兰蒸汽船"帝汶"（*Timor*）号在该海岸执勤，检查过往船只是否运送武器，并执行荷兰的走私封锁任务。月底，"帝汶"号驶离亚齐的伊迪公国（Idi）。在亚齐的所有小公国中，伊迪一直对荷兰人最为友善，事实上，它还被视为荷兰人争夺北苏门答腊时的亲密盟友。22日，"帝汶"号看到一艘小型快帆船沿着伊迪海岸前进，它悬挂着一面红白相间的旗帜（这是伊迪的标志），正朝着伊迪河口移动。"帝汶"号船长C.博加特（C. Bogaart）派出一艘没有武装的单桅帆船前去调查。荷兰帆船在快帆船旁停了下来，然后乘着风以最快的速度返回。原来，快帆船在对方快靠近时，忽然间露出大炮，引诱荷兰帆船交战。毫无防御能力的单桅帆船回到了"帝汶"号，而快帆船则向岸边驶去，船上的人消失在森林里。博加特怒不可遏，第二天向伊迪王公提出了此事。王公的解释在意料之中，也可以理解：他说，这些人肯定是虚晃一枪，岸上帮他们带着货物潜入森林的当地人也一定来自邻近的政权。当地人带了一艘快帆船到荷兰人面前作为证据，但博加特说，这艘船跟自己见过的绝不是同一艘。博加特自己做了一番适用于边疆各地的推测，荷兰人后来才终于理解：几乎所有的地方统治者都只有

第七章　来自当地人的威胁

在对自己有利的时候才会成为荷兰的盟友。在这个例子里，伊迪与荷兰结盟只有一半出于真心：在剩下的大部分时间里，这个政权依靠着身为盟友因而海岸不受封锁的特权，正在向亚齐的其他地区输送枪支。[14] 前一天的快帆船毫无疑问是在参与此类活动。荷兰人很快意识到，在边疆上，哪怕是他们所谓的当地盟友也不值得信任。

然而，周边地区的许多当地民族并没有试图掩盖自己叛乱的本意。甚至到了20世纪初，巴达维亚的国家建设项目都面临着阻力，它还要惩罚那些不接受中央政府控制形式的"冥顽不化"者。这种镇压案例，在边境沿线上反复发生，尽管形式各异。《东印度军事杂志》（*Indisch Militair Tijdschrift*）是一份很好的资料来源，它记录了荷兰属地边疆不断向东西两端推进的过程。例如，1889年，一支荷兰探险队前往弗洛雷斯（Flores）勘探锡矿，却遭到当地居民的袭击；作为回应，巴达维亚直到1907年才发起惩罚性打击，以保证荷兰人能够进入矿山。[15] 在婆罗洲和印度尼西亚东部的塞兰岛（Seram），猎头活动成为荷兰人干涉周边地区事务的诱因，而干涉行为引发了小规模的叛乱，当地人反抗巴达维亚将自己纳入"文明行为"的企图。[16] 1908年前后，在马鲁古的哈马黑拉（Halmahera）和南苏门答腊，当地人因为逃税而发起反抗。[17] 最后，还是在20世纪，在北苏门答腊的中央地带，大部分地区也发生了叛乱，因为亚齐人的抵抗蔓延到主战场的外围地区加约（Gayo）和巴塔克。[18] 在边境的英国一侧也发生着类似的事件。北婆罗洲的木沙烈（Mat Salleh）叛乱和在沙捞越发生的针对布鲁克政权的周期性叛乱，也出现在这一时期。[19] 所有这些例子都揭示了一个共同主题的多种变体：国家控制力的扩大，以及边疆广袤地区对这种控制的局部暴力反应。叛乱一直持续到20世纪前数十年。不过，从进入20世纪的第二个十年开始，随着国家权力朝多个意想不到的新方向发展，这种抵抗变得越来越徒劳。

审视边疆居住区政治目标和武装力量结合的另一个重要资料来源是《外岛政治报告》(*Politieken Verslagen Buitengewesten*)。《外岛政治报告》的确是政治性的,但它也具有浓厚的军事色彩:荷兰向边疆扩张的这两股推力,直到 20 世纪初才被艰难地分开。故此,这些报告非常详细地按时间记录了荷兰殖民地国家向前推进的过程,概述了巴达维亚是如何在不同的地方和背景下让东印度群岛的"外围"地区接受欧洲的统治。对于北部面向大英帝国的边境地区来说,这意味着近乎无休止的接触和安抚,安抚往往是断断续续地实现的,并且要隔上很长一段时间才能逐渐取得真正的成效。苏门答腊东海岸的情况就是如此,直到进入 20 世纪的多年以后,当地的巴塔克人仍不断抵制国家对贸易施加更严格的控制。[20] 这种情况也发生在苏门答腊更南部的占碑和楠榜,事实证明,国家军事力量持续存在的时间比巴达维亚规划人员所希望的要长得多。[21] 在婆罗洲西部和东南部也是如此,这两个大型居住区直到 20 世纪初仍在武装抵抗殖民计划的侵犯和统治。[22] 因此,政治操纵和军事胁迫在边疆地区并行不悖,不管是殖民还是被殖民的一方,对此都很清楚。

荷属东印度应对来自当地人潜在威胁的第二种方法是编纂法律。我们已经看到,欧洲人如何制定这些法律以适应对荷属东印度群岛外籍亚裔的担忧。当地人的数量给巴达维亚决策者带来了不同的挑战,因为当地人的数量远远超过其他群体,需要根据法律采取不同的策略。[23] 实际上,在群岛的某些外围地区,人们认识到当地人完全不受荷兰刑法管辖。法律分析家 C.W. 玛加当特(C.W.Margadant)在 1895 年对此发表评论称,在拥有自治权利的附属国,当地人民所犯下的罪行,无法按照巴达维亚的法律接受惩罚。1902 年,J.W.G. 克鲁塞曼(J. W. G. Kruseman)对这一观点表示认同。[24] 这种状况使得荷兰人小心翼翼地尽可能彻底控制那些

第七章 来自当地人的威胁

事实上直接处于其司法管辖之下的当地居民。1873年，东印度殖民当局起草了一部单独针对当地人民的刑法，该法典中没有任何欧洲法典明确规定的限制政府专断行为的保护措施。被告的权利、羁押和搜查令保护条款都明显不如欧洲法律条款那么突出。对当地居民来说更糟糕的是，对其进行审判的法院官员很少是受过训练的法学家，大多只是当地公务员。19世纪60年代和70年代，荷兰在爪哇岛做了一些努力，以解决这种不公平的情况，但类似局面在外岛持续的时间要长得多。[25] 由此带来的结果是，群岛上的当地人处在荷兰法律的控制之下，而这些法律条款力求使当地人顺从巴达维亚的焦虑和愿望。

在20世纪初的外岛法庭上，只接受过极少法律训练的荷兰人对当地人进行审判，这样的情况引起了东印度媒体的注意。特别是1900年开始实施伦理政策之后，改革派质疑，如果当地人很可能因此而得不到法律规定的正当程序，那么政府何以允许这样的局面存在？[26] 然而，缺乏正当程序并不是外岛司法歧视的唯一迹象。其他一些记录者提请人们注意，荷兰法律和边境居住区当地的习惯做法往往格格不入，荷兰人在对当地居民提出指控时，往往没有适当考虑当地具体的文化环境。1907年，史努克·许尔赫洛涅是呼吁在亚齐采取这一立场的最知名人士之一，但边疆其他地方也出现了类似的呼吁，希望协调荷兰司法理论和当地实践。南苏门答腊楠榜的一名公务员这样说道："我们为当地人的利益而建立的司法制度，必须换上一套更切实、更迅捷、符合当地情况和条件的司法管理系统。"[27] 不过，有证据表明，即使到了20世纪，国家在进行此类修正时仍颇为狼狈，例如在一起边境拘留案件中，一名嫌疑人被预防性拘留了15个月，在整个过程中均未受审判。政府的批评者问，从法律、政治或人道主义的角度来看，这样的做法难道还有可以开脱的余地吗？[28]

到20世纪前夕，荷属东印度为针对当地人民的威胁而制定的整套歧视性法律体系受到了新闻界的攻击。首先受到挑战的是关于预防性拘留的法律：1898年2月18日的《爪哇公报》(Javasche Courant)刊登了包含有关此一议题的法律的新措辞，该措辞限制了专员判罚当地居民时的权力，并要求有合理的根据。[29]然而，进步并非没有代价：这些法律背后的既得利益团体仍然强大，诸多法律结构的批评者只能匿名发表意见。1897年，有这样的一本批评著作登上了头条新闻，知名学者纷纷表达同情和愤慨。[30]尽管玛加当特对作者不敢使用自己的名字感到遗憾，但其他权威人士的反应更为保守："我愤愤不平，无论我多么努力地想记住这位作者的良好意图都没有用。我读得越深入，就越确信他所谓的修正不过是对荷属东印度法律的攻击。"[31]这场争论涉及的利害关系太大，无法迅速达成共识：这个问题的核心其实就在于当地人民根据法律将获得多少代表权，以及是否要继续把他们视为威胁。在1915年之前的几年里，荷兰政府进一步认同了当时的自由精神。例如，他们成立了专门的委员会，研究如何让更多的当地人获允学习法律。[32]然而，到了20世纪20年代，东印度民族主义和本土主义政治团体出现，有效地延缓了此类进展。正如白石隆（Takashi Shiraishi）指出的那样，在1910年之后的几年里，当地人民对荷属东印度事务的政治参与变得更少而不是更多，因为国家不断完善镇压手段以对抗系统性变革。[33]

尽管荷属东印度的法律结构将当地人视为对国家权力的潜在危胁，但在这一评估准则下，并非所有边境居民都被认为具有同等的威胁性。我们已经看到，1854年之前，当地的基督徒在法律上与欧洲人是平等的：在那之前的民事、贸易和刑事问题上，他们基本上等同于权力精英，但在这之后，法律转而强调种族而非宗教，情况发生了变化。[34]不过，在东印度群岛有相当比例的欧洲人从来都不喜欢这种变化，并继续敦促法律为当地的基督徒赋予权利。基督教

第七章 来自当地人的威胁

在东印度群岛的传播当然鼓励了这种游说：在群岛的大多数岛屿上都可以找到基督教社区，这种社区在一些地方还相当集中。[35] 几个世纪以来，这些人在东印度群岛为荷兰人抛头颅、洒热血，而且基督徒在关键机构中占有的比例也极高，尤其是在东印度军队当中。许多荷兰人认为，宗教信仰应该在国家是否将当地人视为潜在威胁方面发挥重要作用，因为"皈依基督教确实对当地人的个人生活产生了有利的影响。随着基督教的传播，关于法律和正义等欧洲人同样奉为神圣的思想也发展起来"。[36] 19世纪90年代，政府再次对此展开辩论，尽管也有许多人认为，决定巴达维亚视何种人为威胁的因素应该是种族，而不是宗教。"人们理所当然地认为，在法律上与欧洲人实现平等的前景是一种刺激手段，激励当地人向前发展。"一名评论员说。[37] 在这些法律下，当地的基督徒最终地位不变：在巴达维亚的眼中，种族观念和焦虑压倒了其他一切，直到这些人独立。

荷兰法律和地方实践中与巴达维亚控制当地人及其在边境活动相关的最后一个方面是"阿达特"（adat，即传统法）概念。荷兰向东印度群岛的数千座岛屿扩张，接触到大量不同的民族及习俗。"阿达特"是源自阿拉伯语的马来语名词，用来描述很少被写入成文法的众多文化习俗。作为一个自称具有所谓文明教化议程（尽管也会施加重压）的殖民地国家，荷属东印度当局在边疆地区发生的许多冲突和案件中，常常质疑到底是荷兰法律还是当地法律具有最终影响力。19世纪末和20世纪初，巴达维亚对这个问题采用的是"头痛医头、脚痛医脚"的方法。一些民族，如内陆的巴邻旁居住区的库布人（Kubu，也即森林居民），或多或少地被放任自流，允许实行他们自己的法律体系，因为他们被视为边缘的"原始"群体，其社会不值得干涉。[38] 然而，在外岛的其他地方，当地人民制定的针对当地人的刑法也获允保留，但被认为"与西方司法不相容"的方面除外。[39] 这些方面主要是指包括酷刑和折磨在内的某些惩罚和审判，荷兰人认为它们令人难以接受（至少当别人这么做时，荷兰人是这样看的，他们自己做时或许另有一套说辞）。另一种选择是将现有的法律条文与荷兰法律融合起来。苏拉威西岛西南部望加锡的航运合同中便揭示了这种变化的证据：前往澳大利亚北部捕海参的航行是在荷兰法院前举行起航仪式的，但其中包含了许多起源于更古老的望加锡传统的规定。[40] 此类实践在不同边境地区有着多样化的形式，说明融合式法律在这些地区占主导地位，尽管这往往有悖于巴达维亚为之付出的最大努力。[41] 驻地行政人员有时会通过适应当地习俗来测试荷兰法律的僵化程度，但巴达维亚的许多决策者也会尽可能长时间地坚持东印度法律的压制力。荷兰莱顿大学教授C. 范·瓦伦霍文（C.van Vollenhoven）教授按纪年方式对阿达特传统做了精彩的记录，但他的阿达特项目在方向上却趋于保守，并最终使得当地人社区牢牢地受制于荷兰法律的管辖。[42]

运动的幽灵：朝圣者、游牧民族和其他流动人口

如果说，直接征服和歧视性的法律结构是巴达维亚尝试消除当地人对国家权威的"威胁"的两种方式，那么，边疆各地的地方生活中的一种现象对这些计划构成了更大的威胁：自由和无限制的流动。虽然群岛上的诸多民族多多少少采取定居的生活方式，但某些群体会随心所欲地进出荷兰领地，有时只是单纯地穿越。不少游牧民族和半游牧民族尤其如此，比如居住在英荷边境地区的某些森林民族和海洋民族。此外，特定的大规模迁徙，如麦加朝圣和米南加保人的沿岸航行也是如此。诸如此类的自由流动颠覆了国家为调节当地人之间的联系和商业活动而建立的控制机制。此类流动也建立了一些通道，让当地人有更大可能接触到枪支等危险过境物品。东印度群岛最重要的大范围自由流动事件是一年一度的麦加朝圣。截

第七章 来自当地人的威胁

至19世纪80年代中期,每年有4万到5万名来自世界各地的穆斯林参加朝圣;来自海峡两岸马来群岛的朝圣者人数,约占总朝圣人数的5%到50%,具体比例因年份而有所不同。[43] 评论人士怀着敬畏之情,描述这一伊斯兰世界团结一致的盛事。每年朝圣期间,阿拉伯城市便将见证这样的场面:"印度人、波斯人、摩尔人、尼日尔的黑人、爪哇的马来人、汗国的鞑靼人、法属撒哈拉的阿拉伯人……甚至还有来自中国大陆的穆斯林"纷纷涌向伊斯兰教的圣城。[44] 当然,随着朝圣及其对伊斯兰人口日益增长的影响引发了严重关切,并非所有的欧洲人都认为此类集会仅仅是一场盛大的景观。据说,一场复兴正在发生,"很难相信那些主要负责亚洲事务的官方人员,不曾焦虑地对此展开考量"。[45] 英国作家威尔弗雷德·布伦特(Wilfred Blunt)这样评论说。但他低估了巴达维亚和海峡殖民地的殖民地行政人员。这些人早就在跟踪朝圣的激进分子,并写信给各自的宗主国政府表达担忧。例如,19世纪70年代初,荷兰人便已在亚洲建立了监视朝圣的三角系统,让吉达(Jeddah,沙特阿拉伯的一座港口城市)和新加坡的领事与巴达维亚的监管机构挂上了钩。[46]

东印度群岛内部也受到监视。荷兰人会定期报告正在朝圣或朝圣归来者的动向,特别是他们在边境沿线岛屿上的活动情况。在南苏门答腊,专员报告说,朝圣者人数呈逐年上升趋势;事实上,当地原本有3艘蒸汽船经常往来于巴邻旁和新加坡,现在其中有一艘船已改为专门运送朝圣者往返。[47] 在邦加,专员的数据显示,从长远来看,当地前往朝圣的人数有所增加;在西婆罗洲,不仅整个居住区有统计数据,各个村庄(kampong)也有数据,这些数据显示,1878年去朝圣的人数是5年前的3倍(表4)。[48] 在东南婆罗洲,人们也精心绘制了表格,统计数据表明,当地朝圣者出发率高和荷属东印度军队派驻人数多之间存在着惊人的相关性。[49] 到麦加朝圣

表 4　从荷属东印度群岛和特定边境居住区前往麦加的朝圣者的统计数据，1873—1913 年

年份	从荷属东印度群岛到麦加的朝圣者人数，1881—1913 年		
	荷属东印度群岛朝圣者总人数	海外朝圣者总人数	荷属东印度群岛朝圣者人数占总人数的比例
1881	4302	25581	16.8
1883	4540	31157	14.6
1885	2523	42374	6.0
1887	4328	50221	8.6
1889	5419	39186	13.8
1891	6841	54491	12.6
1893	6874	49628	13.9
1895	1178	862726	18.8
1897	7895	38247	20.6
1899	5068	未知	未知
1901	6092	未知	未知
1903	9481	74334	12.8
1905	6863	68735	10.0
1907	9319	91142	10.2
1909	10994	71421	15.4
1911	24025	83749	28.7
1913	28427	56855	50.0

东印度群岛边境居住区的朝圣者人数，1881—1913 年									
地区	1873	1878	1883	1888	1893	1898	1903	1908	1913
楠榜	105	54	139	26	114	197	268	95	593
巴邻旁	390	305	472	252	1100	800	436	310	1487
占碑	无数据	无数据	无数据	无数据	无数据	无数据	无数据	77	172
苏门答腊东海岸	无数据	51	259	210	322	413	274	137	638
亚齐	无数据	无数据	无数据	3	17	73	79	30	308
廖内	4	17	3	31	218	24	无数据	14	177
邦加/勿里洞	30	31	28	6	73	45	41	143	182
西婆罗洲	47	149	131	187	230	230	201	119	563
东南婆罗洲	209	184	241	173	603	603	716	668	1053

来源：摘选自 Vredenbregt (1962): 139—149

第七章　来自当地人的威胁

当然不违法，但在行政话语和程序中，它似乎与国家特别担忧的地区画上了等号。

在马六甲海峡对面的英属领土上，也有许多类似的担忧。19 世纪 60 年代，朝圣的船只经常无视监管，在清单上没有列出的港口停留，搭载更多的人，这让新加坡颇感不快。大量此类非法停靠发生在荷兰边境居住区，多为苏门答腊东北部的敌对领土。[50] 在海峡殖民地和亚丁（也门）汇编并交叉校验的统计数据显示，这些"秘密接人"的情况有多么严重：由于沿途接上船的信徒越来越多，船上的朝圣者人数往往会出现多达数百的偏差。[51] 对伊斯兰旅行这种充满政治和宗教色彩的事情失去控制，让英荷两国极为担心。19 世纪 80 年代，两国推出了一种护照制度，以更好地记录此类活动，但在群岛各地每年朝圣的数万民众中，只有一小部分人申请了这些证件，国家在这方面仍然无法掌握情况。[52] 哪怕新加坡和巴达维亚已经从各居住区的消息人士处仔细收集了数据，但还是经常不知道什么人混杂在这些船上。多年来，为纠正这种情况，海峡殖民地的条例变得越来越严厉，详细规定了离开的地点和时间、警察检查的权力以及对违法行为的处罚。[53] 除去监督作用，部分法律也旨在保护朝圣者：一如康拉德的《吉姆爷》（*Lord Jim*）等文学作品的描述，沉船、虐待和疾病在那时都相当常见。[54]

19 世纪 80 年代和 90 年代，从边境居住区前往麦加朝圣的群岛民众的数量普遍增加。这让巴达维亚特别担心，因为在这一时期，朝圣受到指责，被认为是向世界其他地区（例如非洲东北部的苏丹）传播激进主义的途径。在 19 世纪 80 年代末的大部分时间里，西婆罗洲朝圣者的人数每年都过百，而紧邻东部的东南婆罗洲，到 19 世纪 90 年代，朝圣者人数往往达到了 80 年代总数的两倍（有时甚至达到了三倍）。[55] 廖内省的朝圣者通常并无明显增加，但巴邻旁报告说，前往麦加朝圣的人越来越多，尤其是在农业收成好的年份。[56]

这种人口流动常常导致阿拉伯人和地方血统混合，在荷兰人认为泛伊斯兰主义反复出现的地区尤其如此。例如，在占碑，"造反的"苏丹塔哈及其家族与阿拉伯人有长期联系；在西婆罗洲，特别是在坤甸前苏丹的宫殿里，朝圣也把阿拉伯人和当地人的血脉编织到了一起。[57] 因此，巴达维亚从过境的伊斯兰朝圣者群体中看到了潜在的阴谋和不满情绪的种子，特别是在边境居住区。1883 年，荷属东印度政府发表声明，明确表示：总督警告说，朝圣群体正利用外岛作为暴动的集结区，因为他们知道荷兰人的势力尚未覆盖到这些地方。[58]

进入 20 世纪，荷属东印度群岛的朝圣出发地和人口统计数据揭示出一个有趣的趋势：从外岛（特别是沿边境的弧形地区）出发的朝圣者人数，虽然在绝对数量上少于从爪哇大部分地区出发的人数，但占总人口的百分比要大于后者。[59] 换句话说，边疆居住区似乎正在形成一道越来越清晰可见的穆斯林弧线。将这一趋势与近数十年来在外岛观察到的许多不安定因素进行比较时，巴达维亚开始对此类人口流动投以更多关注。如 P.J. 费特等重要的东印度思想家认为，完成朝圣之旅和由此在本地获得的声望之间存在联系：不管是回到爪哇、马都拉还是任何边境地区，返回的朝圣者都会受到极大的尊重。[60] 1910 年之后的若干年，随着伊斯兰政治组织如伊斯兰联盟（Sarekat Islam）和穆罕马迪亚（Muhammadiyah）的成立与发展，荷兰政策圈对麦加朝圣的警惕和不安有增无减。相应的立法也在海峡对岸的新加坡持续至 20 世纪，这些立法既对朝圣持怀疑态度，又真诚地试图缓解它的一些弊端。[61] 英国和荷兰并未禁止臣民前往麦加朝圣。往好了说，它们认为这是一种难以监控的麻烦事儿；往坏了说，殖民地行政人员认为麦加朝圣可能会危及欧洲人的统治，因为它让当地人民接触到了一些物质和思想：如果没有这些物质和思想，一切会好得多。

第七章　来自当地人的威胁

麦加朝圣只是被视为对该地区的国家建设构成潜在威胁的地方运动的一个方面（尽管也是最重要的一个方面）。游牧、跨越荷属东印度边境的劫掠、米南加保人的沿岸航行,[62] 甚至国家自己发起的移民项目，都引起了欧洲人不同程度的担忧。这些现象与对威胁的感知之间的关系不容忽视，但荷属东印度市场的崛起是所有这些运动中的一个连接因素，它鼓励并促成了当地人追求利润的流动。许多这样的流动存在已久：群岛民族习惯于延续了数百年的远距离贸易活动，为了寻求商业机会而出行也不是什么新鲜设想。然而，欧洲统治带来的不断变化的结构性条件以新的方式加强了人口流动和市场在其中所扮演的角色。丹尼尔·周的研究表明，对森林产品不断增长的需求促使许多伊班人（Iban）减少了自身的稻米农业规模，转而专注于长途跋涉寻找此类产品，其行迹远至马来亚、新几内亚和苏门答腊东海岸。[63] 詹姆斯·沃伦也对此类商品价格上涨和竞争带来的影响发表了看法，他指出，随着燕窝越来越贵重，一些婆罗洲民族长途跋涉以求接近燕窝洞。[64] 哪怕是在婆罗洲腹地也流通着种类丰富的大量商品，这应该能清楚地说明旅行的吸引力：只要愿意寻找能提供商品的市场，当地人便可以获得金属、纺织品、盐和鱼干。[65] 如果市场在这片条件艰苦的土地上都能鼓励流动和迁徙，那么当地人在其他地方旅行也就不足为奇了，在那些地方，荷兰政府正忙着修建公路、开发蒸汽船航线，后来甚至修建铁路。从荷兰人的立场来看，这么做的问题在于，巴达维亚的基础设施最终可能会被用作反抗工具：这些"现代性的恩惠"同样可用来分发武器、传播异见和危险思想。

西婆罗洲展示了其中的一些动态，特别是与边疆相关的动态。当地人民把边境当成一种工具，在特定的情况下可以在边境两侧来回移动以获得优势。19 世纪 70 年代初，荷兰人承认新当（Sintang）内陆某些马来首领为其附庸，这些人利用所得资助，增加对当地达雅克人的徭役和森林产品征收。许多达雅克族群立刻搬迁到边境另一侧,这暴露出当时马来人以及荷兰人对该地区的深入程度极为有限。[66] 到19世纪80年代中期甚至90年代,问题仍未解决。沙捞越政府派代表前往坤甸,请求荷兰帮助控制鲁巴河(Batang Lupar)的达雅克人,他们不断越界进入英国地盘。荷兰专员的回应是,焚烧边疆上的达雅克定居点,并禁止他们在当地进一步定居,同时还试图强迫鲁巴河族群在内陆的湖泊附近永久定居。[67] 然而,该地区的达雅克人不光跨越边界,还在两国制造混乱;到19世纪80年代末,他们意识到欧洲人的统治沿着这些边界产生分裂,便巧妙地加以利用,这使惩处和执法变得更加困难。1888年,一支猎头探险队越过婆罗洲东南部的山区,在布努(Bunut)取下了许多人的首级;在婆罗洲分界线西边的马来人随后组织了一次报复性突袭,在此过程中武装了150人。[68] 荷兰人无力阻止任何一方行动的发展。即使到20世纪前后,这种扰乱国家和平的活动仍然相当常见。1905年,沙捞越的统治者布鲁克写道,达雅克人武装团伙仍在边境的荷兰一侧寻求庇护,4年后,暴力蔓延到边境另一侧,这激怒了坤甸。[69] 当地人口越过边境的流动是关键:达雅克人意识到,除非能够继续跨越边境线,否则就无法在徭役、森林产品征收和税收等方面争取到更好的待遇。

然而,这种迁徙自由不仅在婆罗洲的森林中央是常态,在海上也显而易见。东印度群岛的当地人经常借助广阔的海洋空间长途迁移,这常常让巴达维亚和新加坡感到焦虑。19世纪上半叶,东南亚的海上奴隶贸易从缅甸南部海岸延伸到菲律宾吕宋岛,顺着一条暴力和绝望的弧线穿过东印度群岛。到19世纪末,欧洲的蒸汽船逐渐消灭了这类掠夺,但规模较小、程度较轻的活动取而代之,这些活动仍需要国家给予监督和控制。荷兰殖民地部急切地阅读英国对该地区海洋民族的科学调查(如19世纪90年代末剑桥考察队的报

第七章　来自当地人的威胁

告)并将之归档:荷兰人希望尽可能多地了解居住在自己边疆的流动人口的信息,并将这些数据与自己的数据一并使用。[70] 外岛政府专员也向巴达维亚提供了有关此事的资料。东南婆罗洲的官员报告说,数千人乘船离开他的驻地,到苏门答腊去找工作。[71] 西婆罗洲海上最活跃的是布吉人,当地专员警告巴达维亚,有大量的布吉移民进入自己的驻地,有时乘着小船从东边的苏拉威西来,有时从西边的新加坡来。[72] 巴达维亚对这些流动进行了调查,以判断哪些民族在什么情况下是危险的,什么情况下不危险。国家最关心的是保持自己在边疆的最高权威。如果人口平衡发生根本性变化,或是海上航道受到任何威胁,这一主张就会受到挑战。

让巴达维亚最为紧张的或许正是特定种族大规模迁徙的不祥之兆。并非所有群体都属此类,例如,南苏门答腊森林时代的库布人基本上是一支迁徙族群,但他们相对孤立,而且在荷兰人眼里处于"较低的发展阶段",因此对国家不构成威胁。[73] 其他族群的情况就没那么乐观了。我们已经看到,荷兰人主要出于宗教传播的原因,不赞同阿拉伯人(或阿拉伯和马来人的混血后裔)进入巴邻旁和楠榜内陆。布吉人有相对严格的伊斯兰教传统和可怕的暴力传统,他们的流动(如上所述)也引起了严重关切。还有其他一些群体也属于这一类别。由于战争的惨烈,1873 年之后,前往东印度群岛其他地区的亚齐人总是会受到监视。然而,就连来自西苏门答腊岛的米南加保旅行者也引发了荷兰人的担忧。巴达维亚早在 19 世纪末就已经意识到沿岸航行的存在,这种迁徙呈放射状扩散,涵盖苏门答腊岛的大部分地区,有时甚至会延伸到更远的地方,这让荷兰人十分警惕。[74] 此外,大多数米南加保人也是狂热的穆斯林,而且该地区有武装抵抗荷兰人的历史,这进一步助长了荷兰的焦虑。

就连政府自己规划的迁移政策,比如将爪哇人运送到南苏门答腊以缓解爪哇严重的人口过剩问题,偶尔也会在巴达维亚引起担忧。并非所有荷兰人都认为这些重新安置的举措有用,有些人不太在乎人口分散带来的好处,而对国家支持的移民项目可能带来的混乱、不稳定和种族敌对等潜在负面影响则更加重视。[75] 外岛不同类型的人口流动极其复杂,因此,对于如何在中心地区应对此类流动,人们有不同的说法。然而,欧洲各方普遍同意的一点是,不论是在1865年还是1915年,当地民众的大规模流动对殖民地国家的稳定始终构成潜在威胁。到了殖民后期,边境基本上已获平定,但在某些地方和某些情况下,它仍然被视为蛮荒之地。边疆部分地区仍然很可能存在有损国家利益的物品走私和过境的机会。接下来,我们便要讨论这些危险商品的实际流动情况。

第二编

穿越边疆：
走私、利润和抵抗

第三部分

秘密贸易，漏洞百出的边境

    罪犯对生产力发展的影响可以明确地显示出来。如果没有盗贼，锁匠的手艺能像现在这般完美吗？如果没有伪钞制造者，银行票据业会像现在这般杰出吗？如果没有赝品制造者，显微镜会进入日常商业生活中吗？

    ——卡尔·马克思（Karl Marx），《剩余价值理论》（Theories of Surplus Value），转引自英国马克思主义社会学家托马斯·波托摩尔（Thomas Bottomore）编，《社会学和社会哲学著作选编》（Selected writings in sociology and social philosophy），1964年，第159页

第八章
毒品走私

当英荷边境正在建立时，大量携带各种商品的人也在不断越过这条边境。其中的一部分游商不过是继续从事长期以来一直在当地进行的贸易，另一些人则是对该地区的双头现代化殖民地国家结构所创造的全新经济机遇作出反应。还有一些人交易的物品令两大政权感到担忧，不是因为这些商品对政府的道德和经济基础至关重要，就是因为运输此类商品构成了一种政治抵抗行为。很有趣也很新颖的是，"走私者"兼具这三种角色。本书后半部分分析了一系列国家认定的违禁贸易品，以了解各种利益相关者如何渗透边境。这条不断变化的边境有多大灵活性？它的优势和劣势各是什么？走私者可以利用哪些机制越过边境运送违禁货物？如何判断边界的松散程度？哪类商品可以成功跨越分界线，哪些最终失败了？走私者如何作出判断，以确定最合适的走私物品？

鸦片的诱惑

单纯从记录中现存的案件数量来判断，在东南亚岛屿地区，没有任何一种商品如鸦片一般被频繁走私,并带来如此巨大的利润。其他几种毒品,最著名的是吗啡、可卡因和大麻,在1865年至1915年间的非法贩运可参考后文的图表。但就数量和密度而言,鸦片无疑是穿越英荷边疆的最重要的走私毒品。这一时期出版了大量文献,涉及鸦片在东南亚(以及更大的亚洲贸易范围内)的运输,学者和政治家都试图找出如何解决该地区"鸦片问题"的具体方法。[1] 鸦片是一种用途广泛的商品,正如2000年的一篇史学文章说的那样,它是"止痛的药品、娱乐的消费品、成瘾性药物食品、资本的储存形式、国家和民族堕落的标志,以及在地区和国家之间转移财富和权力的机制"。[2] 在本书讨论的整个时期,鸦片因其始终是一种有着巨大价值的过境商品而占有首要地位。它的多态化特征可以告诉我们与地方边界和走私的本质有关的什么信息呢?

欧洲人对印度尼西亚长达数百年的占领,使得这种毒品有了大规模流通的基础。几个世纪以来,荷兰人每年将数千公斤的生鸦片带到东印度群岛,但自1677年起,他们就无法彻底实现对鸦片的垄断了。荷兰东印度公司的仆人,无论是贸易商、行政人员还是武装巡逻的士兵,都通过走私赚了大钱,他们在此过程中不断从官方渠道抽出大量鸦片并出售。1741年成立的阿芙蓉协会(The Amfioen Societeit)和1792年成立的阿芙蓉指导会(Amfioen Directie)继承了荷兰东印度公司对鸦片的垄断地位,但仍无法遏制走私。这种毒品的利润过大,官方在正式分配上又缺乏控制,使得这些机构无法对非法贸易真正产生影响。[3] 面对日益扩大的鸦片销售,东印度群岛上的地方统治者采取了不同的应对方式。一些人反对鸦片的输入,如万丹的苏丹和龙目岛的王公,但最终输了这场战斗。一位学者声称,19世纪70年代初,荷兰征服亚齐后,在当地修建的第一座建筑不是学校,也不是教堂,而是荷兰批准的鸦片馆。[4] 群岛各地的其他统治者,尤其是在苏禄海沿岸的那些,

第八章 毒品走私

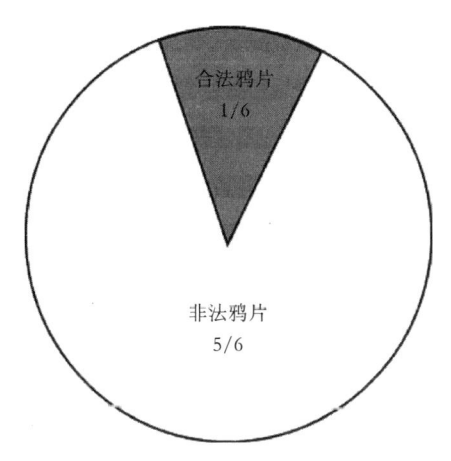

图9 进入荷属东印度群岛的合法与非法鸦片，1900年前后。
图片来源：Scheltema, "The Opium Trade" [1907], p.244

主动借助鸦片来扩大自己的权力基础，向自己的附庸及潜在客户分发毒品。[5]

然而，到19世纪末，东南亚的大多数鸦片都被殖民地国家分包给了华人饷码商（revenue farmers，也即包税商人），后者为获得向当地居民零售毒品的特权支付了巨额费用。最终，荷属东印度群岛在1894年至1898年间、英国属地在1910年左右废除了这一制度。两国都认为，华人在阻止饷码制度之外的走私方面不可靠，而此时，两个殖民地国家也更全面地接管了各自殖民地的经济控制权。[6] 两个殖民地政府最终都对鸦片采取直接销售和监管的方式，但这仍未能阻止大规模的鸦片走私。20世纪初，荷兰驻新加坡领事根据他掌握的情报估计，在东印度群岛非法运输的鸦片量是合法运输的5倍，这一数字在巴达维亚直接控制零售贸易后可能还有所增加（图9）。[7]

涉及该区域鸦片的研究聚焦于几个主题，但尤其在3本重要专著中得到了极佳的呈现。在海峡的英国一侧，卡尔·特劳基的《鸦片与帝国》（Opium and Empire）将鸦片视为新加坡阶级斗争的关键因素之一。当华人劳动阶层和商人阶层为争夺海峡殖民地的统治地位而斗争时，英国政府将鸦片作为维系其统治的工具。[8] 使用闽南语的"头家"（taukeh，企业家）在政府的支持下将鸦片卖给了农村的潮州劳工，并逐渐将出售范围扩展至数量激增的城市劳工群体。新加坡的城市无产阶级同样是詹姆斯·沃伦的《黄包车夫》（Rickshaw Coolie）的重点研究对象，这本著作以自下而上的底层视角来观察海峡殖民地的鸦片吸食情况。沃伦考察了吸食鸦片如何慢慢摧毁了许多城市穷人的生活，在与毒品成瘾的绝望斗争中，他们消耗了60%至80%不等的收入。[9] 詹姆斯·拉什（James Rush）的《爪哇的鸦片》（Opium to Java）考察鸦片作为荷属东印度群岛的一种制度是如何运作的，特别关注与爪哇岛中部和东部的华人饷码商及爪哇顾客有关的情况。[10] 拉什的研究展示了鸦片是如何进入当地人社区，以及政府是如何既限制它又靠它赚钱的。这3本书都极大地增进了我们对该地区鸦片问题的理解，但还没有人从更广泛的历史背景下探讨过鸦片越境——打破两个殖民地国家的垄断，远离新加坡和爪哇的中心——的问题。如今，我们有了几部关于亚洲鸦片的跨国史，但鸦片在东印度群岛边境沿线（从亚齐到廖内，而后再到北婆罗洲）上所扮演的角色仍然需要探索。[11]

在这里，我们只能朝着这个目标迈出很小的一步，即从广度而非深度上审视毒品走私。对这一主题进行更全面的研究，可能需要撰写一本完整的专著。为进行此种审视，首先要从监管鸦片过境的上层法律结构着手。在边境的荷兰一侧，这些规定涵盖了各种主题：从预防药剂师和类似职业滥用鸦片，到授权森林警察在巡逻过程中搜查（并没收）鸦片。[12] 荷兰军舰和东印度海岸警卫队得到了法律授权，可在过往船只上搜查非法鸦片；而警探们也得到了授权，为追踪本国内部的走私者，可在其向东印度群岛输入鸦片之前，前往新加坡甚至中国南方进行调查。19世纪末、20世纪初颁布的特别

第八章 毒品走私　　169

法律表明，巴达维亚担心非法鸦片会渗入武装部队和欧洲人群体自身。[13] 然而，大多数毒品都是卖给亚洲人的，无论他们是来自群岛的各个地方群体，还是印尼华人。然而，领土限制（只对离海岸几英里的海域具有管辖权）和法律制度本身（只要罪犯能付得起钱，就能找到东印度最优秀的律师），严重削弱了荷兰查获毒品的能力。[14]

海峡殖民地是东印度群岛大部分走私鸦片的来源地，至少是中转地，当地法律机构也尝试构建一套令人望而生畏的上层法律结构，以阻止海上的违禁品贸易。法律规范了已知携带鸦片前往殖民地的蒸汽船的进出港时间，同时也提供了搜查和没收的权力，希望从一开始就遏制走私活动。饷码商人若将鸦片非法转移到另一个主权国家，将被处以5000美元的罚款，法律同时也对鸦片仓库如何存放、监管和记入官方账目作了具体指示。[15] 禅杜（Chandu）是一种便于使用的零售鸦片衍生品，在法律机构中也得到了广泛关注。法律允许在没有任何搜查令的情况下进行现场搜查，如最终成功查获毒品，将给举报人提供保护。[16] 尽管这套体系令人印象深刻，但从1865年到1915年，鸦片继续源源不断地流入东印度群岛，也继续进入英国属地。[17] 1872年，正如东印度财政总检查官（inspector-general of finance）所说的那样，不管是从重量价值比还是体积价值比来看，都没有什么商品比鸦片更适合走私。[18]

早在19世纪60年代和70年代，鸦片走私者就利用整个边境将货物运入东印度群岛。荷兰驻新加坡领事抱怨说，毒品走私在19世纪70年代呈指数级增长，毒品以各种"形式和方式进入新加坡，包括装箱装包，伪装成沙丁鱼罐头、腌肉罐头，装在黄油桶和罐头里，装在酒桶酒瓶里，灌进香肠"，还有其他形形色色的外壳，包括完全组装好的家具。[19] 新加坡以南的岛屿是这些运输的主要目的地之一：例如，在邦加海岸对华人村庄的一次巡查中，人们发现了与荷兰属地之间的大规模走私贸易；1871年来自廖内的统计数据显示，在驻地首府地区，有三分之一的法庭案件涉及违反饷码条例的走私行为。[20] 新加坡当局意识到了这些联系，并试图让新加坡和荷属廖内的饷码条例保持一致，在 19 世纪，这一尝试取得了不同程度的成功。[21] 这有时阻止了一些鸦片走私，但通常，走私者会去寻找其他途径。19 世纪 70 年代末，勿里洞的华人饷码商向巴达维亚写了一封马来语信件，急切地恳求政府提供更多人力参与鸦片查禁。[22]

新加坡以南的小海湾和错综复杂的水道并不是这种毒品进入东印度群岛的唯一通道。整个马六甲海峡就像一个浅浅的筛子，而违禁鸦片从缝隙中渗漏到苏门答腊海岸，破坏巴达维亚正在发展的专卖制度。从统计上看，新加坡似乎是这类活动的重点，尽管槟城也扮演着一定的角色，而马六甲在毒品分销方面的作用要小得多。[23] 例如，到 1874 年，巴邻旁的大片区域都充斥着非法鸦片，当地专员将这种情况归因于治安警力不足，而村长们希望通过走私者提供的贿赂来补充自己微薄的收入。[24] 在 19 世纪 70 年代战争肆虐的亚齐，违禁鸦片也找到了现成的市场。荷属东印度海军军官 A. J. 克鲁吉特写道，亚齐沿海与荷兰结盟的王公无力阻止自己的手下把走私来的毒品贩卖给敌对的亚齐势力，而过往船只也悄悄地带来了鸦片，其中包括偶尔从槟城出发的荷兰军事补给船。[25] 槟城的荷兰副领事在 1876 年报告称，据他的线人所说，尽管荷兰下了官方禁令，并实施了 3 年的封锁，但鸦片仍然可以在亚齐买到，价格仅比战前略高。[26]

19 世纪 70 年代，婆罗洲边疆的情况也没什么不同。巴达维亚的监视和封锁力量根本无法达到实现鸦片垄断的理想状态。原因之一是，纳闽是英国属地内的转口港，在 1870 年，当地不仅出租了禅杜的零售权，还出租了毒品的进口、出口和运输权，将鸦片作为创收手段。纳闽是像新加坡一样的自由港，并很快成为向周边地区走私鸦片的区域中心，在夜晚，沿海小型船只通过潮沟和海湾将鸦片送入殖民地。[27] 然而，荷属西婆罗洲和沙捞越之间近乎无人看守的漫长边境线也是

第八章 毒品走私

鸦片走私活动的温床,由于毒品主要通过万那的华人代理进入荷兰属地,因此,在1872年,那里的总督称他们为"顽固的鸦片走私客"。[28] "两地分界线位于新加坡附近的海岸,"他说,"以及与沙捞越接壤的陆地一侧,这为鸦片走私提供了大量机会,因为监视海上和陆上大量入口点的手段根本不够。"[29] 这里和廖内省一样,破坏饷码规定的违法行为是当地警方记录上统计数据最大的单项犯罪。[30]

在荷兰人看来,腐败以及走私者、饷码商人和官员之间的邪恶联盟,为大量非法鸦片进入东印度群岛提供了便利。一位专栏作家写道,许多公务员协助鸦片走私贸易,并以回扣形式获得报酬。靠着这种方式,有些官员每月可赚到数百荷兰盾,而一些更加大胆的政府官员每天可通过运送大量毒品赚到500荷兰盾。[31] "唯一可以确定的是,"另一位评论员说,"规模如此庞大的非法鸦片贸易,只有在官员的默许下才有可能存在……下层地方公务员和警察从饷码商人那里获得巨额收入,这是个公开的秘密。"[32] 法庭案件明确揭露出,鸦片走私带来的巨额利润导致贪污腐败现象严重,在有些情况下,由于腐败官员的影响力过大,提交司法机构的案件在上诉时被迫作出改变。[33] 据上述那位愤愤不平的观察家估计,由于官员们接受贿赂,对鸦片的非法运输睁一只眼闭一只眼,在东印度群岛每年输入的5000万荷兰盾鸦片中,政府只享受了其中不到40%的收入。[34]

从19世纪80年代和90年代的记录中可以清楚地看出各种族参与鸦片走私的模式。华人是此类非法交易中最常见的罪犯之一,出现在新加坡、公海,也出现在荷兰人的公告里。新加坡的马来语媒体是寻找这些记录的很好的渠道,因为它们大多会清楚地指出被拘留的走私客是哪些群体(多为海南人或福建人):

> 本月某日上午9时,4名福建人因非法持有鸦片在明古连街(Jalan Bencoolen Street)被捕。

海南籍船舶机师齐亚林（Chee Ah Jin）因携带价值66美元的非法鸦片而于今晚出庭受审，地方法官判处其100美元罚款或两个月监禁。³⁵

荷兰驻新加坡领事和苏门答腊外岛居住区行政管理人员保存的图表显示，华人参与走私活动的比例很高，在所有缉获记录中，华人经常占到一半以上。³⁶然而，参与此类活动的并不只有华人走私集团，还有希望赚快钱的个体走私者。阿拉伯人是出了名地爱参与走私活动，有时他们趁朝圣归来时顺便交易，亚美尼亚人也是大宗毒品批发出口商。³⁷如果碰到机会，群岛上的当地人也会在途经群岛各地的蒸汽船上做船员和乘客时悄悄运送鸦片（表5）。³⁸当然，欧洲人同样大量私贩鸦片。船员和工程师是最常见的涉案人员，比如1890年在新加坡—巴达维亚航线上被捕的一名苏格兰锅炉房管理员。³⁹

我们来看一下19世纪80年代荷兰在新加坡以南的勿里洞岛开采锡矿的情况，这里可以揭示出当地鸦片走私猖獗的一些原因。荷兰任命的鸦片饷码商人何阿乔（Ho Atjoen）给巴达维亚总督写了一封信，揭示了在像勿里洞这样的地方无法实现鸦片垄断的一些结构性问题。该岛地处通往爪哇岛的海上航线上，靠近新加坡港口，养活着大量的华人矿工，对于从海峡殖民地出发的鸦片走私者来说，这里是天然的目的地。⁴⁰除了地理位置和人口构成，这一时期的总体经济状况也使勿里洞成为对鸦片贩子极富吸引力的天堂：例如，19世纪70年代末，贸易普遍萎缩，致使许多人靠走私糊口，而该地区海上巡逻松懈，当地首领自己也乐于参与非法交易。⁴¹1880年下半年，这个小行政区有不下55人涉嫌走私鸦片；供应和分销的主要路线向西北延伸到新加坡，向东北延伸到婆罗洲的坤甸，当地华人鸦片贩子黄齐山（Bong Kiesam）和查志忠（Ja Ji Tjong）等人

表5 荷属东印度群岛非法鸦片查获通告,边境居住区,19世纪80年代

日期	居住区	环境
1885年8月20日	邦加	阿拉伯人赛义德·阿卜杜勒拉赫曼(Said Abdulrachman)拥有的1285号舯舡(Tongkang #1285)在驶往巴邻旁的途中被抓到载有大量鸦片。
1885年10月6日	印特拉吉利	"恩沟"(En Goean)号蒸汽船的押运员走私鸦片到印特拉吉利
1885年10月20日	邦加	华人林阿吉(Lim Ah Kie)和陈阿水(Tan Ah Soeie)用235号舯舡走私鸦片到文岛(Mentok)
1885年11月21日	西婆罗洲	快帆船"塔尼·杰莱"(Tane Djelei)号在前往苏卡达纳岛(Sukadana)途中走私了3箱鸦片
1885年11月25日	邦加	236号舯舡走私鸦片到文岛
1887年2月10日	西婆罗洲	快帆船"菲尼斯"(Phenis)号走私400两(tahil)熟鸦片,该船1月28日申报前往哥打瓦林因(Kota Waringin),2月5日又改为前往苏卡达纳岛
1887年5月14日	西婆罗洲	蒸汽船"卢特·达辛"(Loot Dazin)号走私100两熟鸦片前往三发
1887年8月4日	东婆罗洲	快帆船"菲尼斯"号走私1箱熟鸦片和300两生鸦片

来源:ARA, Dutch Consul, Singapore to GGNEI, 10 Dec 1885, #986 in 1185, MR #807; Dutch Vice-Consul to MvBZ, 30 Jan 1888, #106

的中式帆船在此间来回穿梭。[42] 荷兰人试图限制这种贸易的扩大,有时是强迫涉嫌走私的矿工招供,随后又大力加强该地区的海岸警戒力量。[43] 到19世纪80年代末,一队缉私船开始在勿里洞附近的海峡巡逻,矿工里也安插了密探,报告一切可疑活动。[44]

华人大量涌入靠近新加坡的边境居住区,这种现象催生了一些关于边疆鸦片走私客的有趣故事,其中之一的主人公是一名被荷兰人称为阿梁柯(A. Liang Ko)的男子。阿梁柯在边境线上一条无名的宽阔河流边长大,那里经常有大小船只贸易往来。他和父亲一起到新加坡经商,18岁时便成了商旅常客。几年后,阿梁柯成了他父亲手下一条商船的船长。记录者J.W.扬(J. W. Young)说,新加坡对阿梁柯来说是一个"绝佳的学习场所",他在那里熟悉了走私客采用的所有方式和手段。最终,海关警察注意到了他,事情变得棘手起来。由于走私鸦片利润太高,阿梁柯无法抗拒,休息了一段时间后,他再度参与走私活动。有一次为了躲过缉查,他跳进海里,随后被鲨鱼尾随,不得不游了很远才躲开荷兰的缉私船。后来,他造了一栋豪宅,成为当地社区的重要人物。扬的描述揭示出在荷兰鸦片制度下发生的种种讽刺之事:走私者有很多破坏鸦片饷码制度的机会,而阿梁柯这样的走私者最终又成了鸦片饷码商人,因为他们靠着走私赶走了之前的商人。说这样的故事很有趣,是因为它们揭示了多年来,东印度群岛边境沿线的合法和非法生意是怎样相互交织的。[45]

19、20世纪之交的前后几年,鸦片源源不断地流入西婆罗洲。正如我们之前看到,19世纪70年代,大部分毒品似乎是由沙捞越边疆的华人移民运送的。这种模式一直持续到19世纪80年代和90年代。到1889年,边疆专员发现,主要负责鸦片流通的是义兴会的庞大网络,他们在西婆罗洲收买并恐吓目击者以确保自己的产品到达目的地。[46]然而,进入该地区的路线也更加迂回曲折。如我们所见,距西婆罗洲海岸有一段距离的岛屿,包括勿里洞,同样是供应中心。19世纪80年代末,就连荷兰管辖下地处南海最南端的岛屿,如纳土纳、阿南巴斯和淡美兰群岛,也成了中转站。1888年,荷兰蒸汽船"德·勒伊特"(De Ruyter)号的船员进行了一项调查,发现路过的美国船只(这些船上的船员告诉当地居民他们是俄罗斯人)在这些岛屿上卸下鸦片,这些鸦片随后被运到西婆罗洲。"德·勒伊特"号的船员要求南纳土纳的村民描述走私船悬挂的旗帜,当地人说,旗帜上布满了星星和条纹,荷兰人这才识破诡计。[47]

然而,无论进入东印度群岛的路线有多曲折,大多数违禁鸦片都会先经过新加坡,再越过荷兰边境到达目的地。殖民地工程师麦卡勒姆(McCallum)少校称,殖民地和周围地区的地理位置为鸦片的流通提供了便利。"我们的定居点的地理构造本身,"他说,"天然适合走私活动。领土最小,海岸线却又最长,我们的海湾、小溪和河流里,全是不断地来往邻近外国属地的中式帆船,在平静的水域上,它们用很短的时间便可到达。"[48] 当然,地理因素仅仅是其中的一部分。新加坡的鸦片价格几乎总是比隔壁的荷兰一侧更便宜,而且它的执法机制在纸面上虽然令人印象深刻,实际上却存在不少的弱点和漏洞。新加坡地方法官审理的大量鸦片案件清楚地表明了这一点,哪怕几乎是被当场抓获,鸦片贩子也可以使用多种策略摆脱困境。[49] 这些策略包括让律师质疑逮捕程序,借助从技术角度来说是开放的、公众亦可利用的藏匿处,以及推翻定罪结果(通常是因为量刑时往往会把几项罪行混到一起)等。进入 20 世纪的前后几年,荷兰法庭审理的案件也揭示出了同样的情况。[50] 整个 19 世纪 80 年代,荷兰每年查获数千起鸦片走私案,有消息人士估计,新加坡每年走私 4000 担(Picul,一担约 60 公斤)鸦片到荷属东印度。[51] 然而,巴达维亚政府对这些数字的操控和"摆布",让许多荷兰媒体感到厌恶。《东印度指南》嘲笑说,无论缉获量是上升还是下降,政府都会宣称取得了胜利:如果缉获量上升,他们会说执法力度得到加强;而如果缉获量下降,他们便声称走私者对继续从事非法活动感到害怕。[52]

其他毒品和后期发展

穿过这条漏洞百出的边境地区的毒品,并不只有鸦片。吗啡是从纯鸦片、可卡因和大麻中分离出来的生物碱。围绕吗啡建立起来的法律条文,几乎和围绕鸦片本身建立起来的那一套同样令人印象深刻,早在 20 世纪初,荷兰就开始针对这种药物进行立法,而英国的法律还出现得更早一些。[53] 按照法律的定义,吗啡、吗啡盐或吗啡溶液，都属于吗啡。针对可能接触到该药物及其运输的化学家和其他专业人员，政府还制定了专门的法规。[54] 由于吗啡的出现比鸦片晚得多，许多旨在控制吗啡的法律架构都借鉴自现行的鸦片法条，其中搜查权、证人保护和法律程序大多照搬了早期的法律。[55] 然而，吗啡出现得较晚，政府也通过了新的法律条款，如对嫌疑人进行指纹识别，对医用注射器的流通实施更严格的控制等。[56] 尽管有了这些进步，20世纪初，海峡殖民地的马来语和英语报纸上还是经常出现吗啡走私的新闻报道。[57] 这一时期的警方记录也为我们了解吗啡的持有及其流动（尤其是躲避检查机制以及藏匿毒品的种种手段）提供了一扇极佳的窗口：

> 我们花了一些时间才进入那栋房子。我们发出的声音一定比最初想象得要大，因为我们在据称是注射室的房间里没有发现任何人，除了一名抱着婴儿的华人女性。这孩子在哭闹，趴在软垫上，妈妈一边拍着他的屁股一边哼唱。看来，我们的线报有误，我打算离开，但是马来亚公务员埃利斯（Ellis）……看了看母亲，看了看婴儿，看了看垫子，然后上前一步抱起了婴儿。难怪他一直在哭，他一定很不舒服，因为在他身体下面，摊在垫子上的是注射器、吗啡瓶和其他用具！房间的角落里有一张很大的中式床，我们从床底下拖出了数量惊人的男人，他们躺在那里，一个压一个，像尸体一样一动不动。[58]

1906年发生的一连串相互关联的大规模吗啡走私案，清楚地揭示了其中一些问题。当年1月，在槟城码头的德尼斯公司（Messrs. A. Denys and Co.）货仓里，警方查获了一口装有15磅*吗啡氯化物的

---

* 一磅约等于0.45千克。

第八章　毒品走私

箱子。收件地址是槟城一家名为"何关"（Ho Guan）的华人公司，只是一个幌子。经不断追查，这批货物与驻亚齐的荷属东印度军队军需品供应商之一胡滕巴赫公司（Messrs. Huttenbach and Co.）的一名华人票据员，以及同样位于苏门答腊东北海岸的冷吉油业公司（Langkat Oil Co.）的一家华人代理商联系在一起。[59] 发货人是英国一家叫拜斯兄弟和史蒂文森（Baiss Bros. and Stevenson）的公司。警方随后发现的信件显示，英国和海峡殖民地的几名华人之间有一连串的吗啡订单和酌定请求。1904年1月到1906年2月之间，两地之间共进行了28批吗啡的运输，每批次涉及32盎司至420盎司*吗啡。[60] 这些信件本身很能说明问题。一位华人客户恳求道："不过，我希望你不要说出我的名字。"而拜斯兄弟自己也同意把吗啡和所有与吗啡有关的信件都分开寄出（这些吗啡被标记为"药品"或"商品"）。[61] 然而，在处理这些信件、查缴毒品以及应对为逃避责任而躲躲闪闪的英国拜斯兄弟公司的过程中，殖民地部因吗啡法律的不完备而焦头烂额，因为这使得该公司得以逃脱起诉。海峡殖民地总督约翰·安德森（John Anderson）爵士更为直接，因为此案，他写信给伦敦说殖民地的吗啡走私正失去控制，并要求制定严格的新法律以遏制其迅速增长。[62]

3年后的1910年，安德森再次写信给英国，这次是关于可卡因。伦敦迟迟未能制定更严格的法律，并且英国和殖民地之间缺乏补充性法律（这使得英国走私者可以在技术细节上逃避起诉），这些都在海峡殖民地引起了越来越多的担忧。总督写信给殖民地部说："不论吸食鸦片有什么害处……注射可卡因造成的危害在严重性和范围上都要大得多，在身体和道德上毁掉的人也更多。尽管警察和税务官员采取了行动，系统性驱逐熟练的注射者和毒品贩子，

---

* 一盎司约等于28.35克。

但我非常遗憾地看到，我们在减少这种危害方面并没有取得真正有效的进展。"⁶³ 1907 年，海峡殖民地的法律正式将可卡因、可卡因盐和它的一切"溶液形式"纳入《有害药品条例》（Deleterious Drug Ordinances）。1910 年，优卡因（eucaine）及其类似物也被列为违禁物质。⁶⁴ 此后不久，边境的荷兰一侧也出台了相关立法，其中最著名的是第 8253 号政府公报。⁶⁵

与 1906 年的拜斯兄弟公司案一样，1914 年在槟城发生的一起查获大量可卡因的重大案件也揭示了可卡因违禁贸易的一些特征。当年 3 月，警方在槟城港属于林翠梁（Lim Tsui Leng）的一艘舢板上缴获了 300 盎司可卡因。这些毒品被缝在 6 捆粗布里，粗布的内衬是哥本哈根报纸《埃科斯特拉报》（Ekstrabadet）。调查线索最终指向了一家名为新成（Sun Seng）的商店，警方在那里发现了相同纸张和相同日期的报纸碎片。槟城警方扩大调查范围，先后求助于伦敦警察局、殖民地部和外交部。人们这才发现，这批遭查获的毒品，显然只是找到途径进入海峡殖民地的众多可卡因中的一批。这次的收件人信息仍为假名，不过这次追查到的线索不仅指向了英国伦敦的"大英铁器及珐琅制造公司"（British Iron and Enamel Works Co.），也指向了丹麦，以及德国跨国航运公司"汉堡—美洲航运"（Hamburg-America Line）的办事处。最终，另外 7 批同样包装、寄给槟城同一收货人的毒品被发现。针对欧洲这种大规模可卡因走私活动，安德森总督在海峡殖民地的继任者亚瑟·扬（Arthur Young）总督延续了前任的传统，再次请求伦敦采取行动，但收效甚微。时值第一次世界大战前夕，白厅有比毒品被运往英格兰的遥远殖民地更紧迫的问题要处理。⁶⁶

大麻（20 世纪前后的殖民地记录中多称之为"ganja"）的流通也很普遍。和鸦片一样，海峡殖民地有时也对大麻的零售采取饷码制度，这些大麻多为膏状（bhang），可以各种形式消费。⁶⁷ 然而，

19世纪末，公众无法再容忍这种官方允许使用大麻（或对其视而不见，完全不采取行动）的情况，该地区的英国当局试图取缔大麻的使用和销售。1898年的《大麻禁令》（The Ganja Prohibition）于1899年1月1日生效，有效禁止了马来半岛大部分地区大麻的销售、运输或拥有，并规定对累犯处以最高1000美元的罚款或长达一整年的监禁。[68] 然而，新制度存在一个问题，即禁令并未在所有地方同时生效，例如，雪兰莪（Selangor）直到1899年还采用膏状大麻饷码制度，而附近的森美兰（Negeri Sembilan）却没有。[69] 第二个问题与在植物分类学上如何定义大麻有关，因为该地区的民众自古以来就习惯于使用各种各样能改变精神状态的植物。因此，1898年的禁令明确地将大麻（*ganja*）定义为"大麻（cannabis sativa）或长管大青（clerodendron siphonanthus）的幼花、树胶、茎、果或叶"。[70] 这个定义来自植物学专家、霹雳博物馆馆长L.雷（L. Wray）。荷兰人也开始关注大麻的暗中流通和种植，特别是在亚齐。战争期间，由于鸦片供应被禁止，亚齐的大麻变得更加普遍了。[71]

然而，在进入20世纪的前后几年，虽然出现了新的毒品，像大麻这样的古老毒品也重新获得关注，但鸦片仍然是海峡殖民地最常见的走私毒品。我们可以从各大城市、婆罗洲内陆和公海上的动态看出这一点。在19世纪末，鸦片的海上走私仍然占主导地位：大多数走私鸦片和禅杜都通过水路进入东印度群岛。从巴达维亚对进入荷属水域的法国邮船给予密切关注，到马来语媒体对禅杜走私进入东印度群岛主要城市的报道（图10），均可看出海上航线面临的压力。[72] 苏门答腊的占碑（对面就是马六甲海峡上一连串的英国港口），仍在努力招募尽量多的新警察，并将1908年的禁运经费增加一倍，以打击海峡对岸的违禁鸦片。[73] 早在1892年，荷兰的政策规划者就意识到，他们在这场打击毒品走私者的海上战争中已经失败，需要采取更严厉的措施，包括招募更多的密探。[74] 在1893年

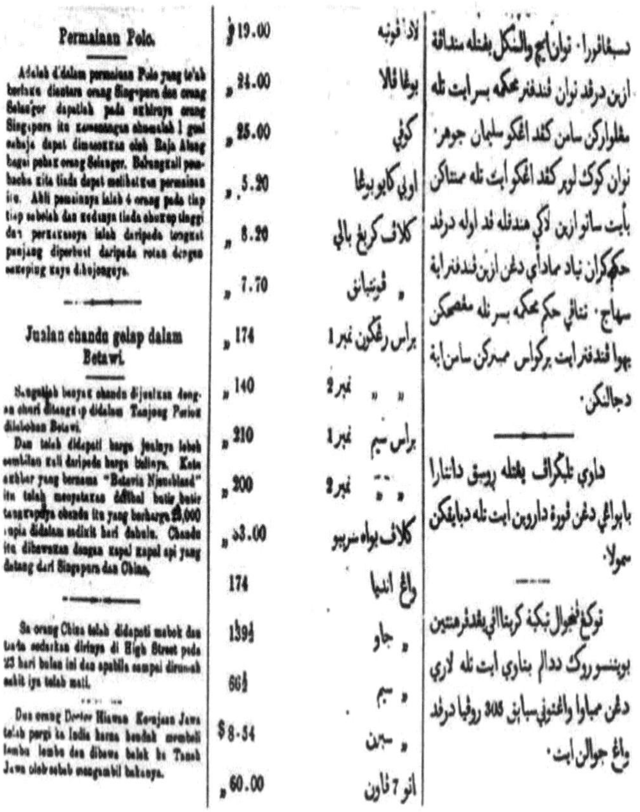

Permalaan Polo.

Adalah d'dalam permainan Polo yang te'ah berlaku diantara orang Singapura dan orang Selangor dapatlah pada akhirnya orang Singapura itu kemenangan ahmalah 1 gaol sahaja dapat dimasokkan oleh Raja Alang bagai pehak orang Selangor. Barangkali pembacha kita tiada dapat melihatkan permainan itu. Ahli pemainnya ialah 4 orang pada tiap tiap sebelah dan kedanya tiada ahukep tinggi dan perkakasnya ialah daripada tongkat panjang diperbuat daripada rotan dengan sakeping kayu dihujongnya.

Jualan chandu gelap dalam Betawi.

Sangatlah banyak chandu dijualkan dengan chari ditangkap didalam Tanjong Periok dilelohan Betawi.

Dan telah didapati harga jualnya lebeh sembilan kali daripada harga belinya. Kota akhbar yang bernama "Batavia Njeuwsblad" itu telah menyatakan difihal butir butir tangkapnya chandu itu yang berharga $5,000 rupia didalam sedikit hari dahulu. Chandu itu dibawakan dengan kapal kapal api yang datang dari Singapura dan China.

Sa orang China telah didapati mabok dan tantarkan dirinya di High Street pada 23 hari bulan ini dan apabila sampai dirumah sakit iya telah mati.

Dua orang Doctor Hiawan Kerajaan Jawa telah pergi ke India karna hendak membeli lembu lembu dan dibawa balek ke Tanah Jawa olehsebab mengambil bakanya.

图 10　鸦片走私进入巴达维亚，1909 年。图片来源：*Utusan Malayu*,2 Feb.1909, p.2

或 1894 年，荷兰当局拨出数千荷兰盾的资金制造专门用于缉毒的蒸汽船，最终建造了“百眼巨人”（*Argus*）号和她的姐妹船“独眼巨人”（*Cyclops*）号。这两艘船都在弗利辛恩（Vlissingen）制造，供东印度政府海军使用。它们均由镀锌钢材制成，可以打着探照灯以每小时 17 英里的速度巡航，搜寻一切不受欢迎的入侵者。[75]

迟至 20 世纪初，东印度群岛对面不断进行城市扩张的新加坡仍是这些非法运输的中心。其中一个原因是，新加坡的禅杜价格低

第八章 毒品走私

于荷属边境居住区，19世纪90年代中期巴达维亚推出政府控制的鸦片专营制度（regie）后尤其如此。[76] 然而，另一个同样重要的原因是，新加坡的违禁品走私集团已经积累了大量知识，知道如何通过巧妙的手段和法律漏洞来对抗现有的查缴制度。19、20世纪之交，新加坡的法庭案件无可争议地说明了这一点。保护船东和船长免遭"无主物品扣押"的法律以及关于何时和如何执行逮捕令的规定，都对职业走私客有利。[77] 至于将鸦片运到东印度群岛的各类欺骗手段，连远至中国的人们都知道，英国驻中国海关总税务司罗伯特·赫德（Robert Hart）爵士被迫卷入此事。[78] 那些声称自己携带的鸦片是要去海南和华南地区的船，实际上从未出现在这些地方，而是转向南方，驶入了荷属水域。赫德描述了南海水域的一套系统，在这里，从新加坡驶出的载有鸦片的帆船，只有其中的三分之一被查验，另外三分之二的船只完全逃过了检查，也没有缴纳关税。新加坡和中国铺设的复杂的入境电报系统从未真正发挥作用。这套策略还利用了东印度群岛东边遥远的葡萄牙属帝汶。[79] 这些非法运输活动都以新加坡为起点。事实上，读19、20世纪之交海峡两岸的报纸就跟阅读警方记录差不多：这些报纸上几乎天天都会刊登马来语和英语的缉获报告。[80]

除了马六甲海峡的海上世界和新加坡的城市环境，20世纪初，鸦片还在婆罗洲及其周边地区流通。对居住在边境线荷兰一侧的达雅克人来说，鸦片的吸引力显而易见。内陆的当地人长期以来习惯于交易和吸食鸦片，现在却被剥夺了合法获取该物品的权利——这是荷兰"文明教化使命"的一部分。[81] 然而，事实证明，执行这些禁令（英国一侧也有类似的限制，规定了允许购买神杜的具体时间和地点）比纸上谈兵难得多。在沙捞越、文莱和北婆罗洲等英国属地，鸦片饷码制度结束、不同地区政府直接负责销售的时间各有不同，这给走私者提供了机会。[82] 鸦片在这些边疆行政区的价格也各不相同。事实证明，布鲁克家族统治下的沙捞越尤其不愿意将零售价格提高到与其邻邦相当的水平，因为这样做会使"白人王公"损失廉价鸦片的生意。[83] 位于婆罗洲北部的山打根（Sandakan）成为向非英国领土走私大量鸦片的著名避风港，这些鸦片多以小船运载。"摩洛人"船员（常常代表华人利益）在这些航行中大多携带100到500罐鸦片，顺着已知的风向和潮汐赶到会合点。[84] 国家的触角在20世纪初的婆罗洲或许一直在扩展，但仍有许多地方是英国人和荷兰人无法触及的。

因此，19世纪末毒品走私如何运作的整体情况甚为复杂。尤其是对鸦片贸易的控制，海峡两岸的两个殖民地国家都采取了直接措施，但就遏制走私而言，充其量也只能算是喜忧参半。荷兰高级官员在给巴达维亚的报告中承认了这一点。[85] 然而，东印度政府的批评者在评价时就不留情面了，他们问道，政府怎么能相信（跟鸦片）没有利害关系的公务员会比依赖走私为生的华人饷码商更努力地遏制走私？[86] 走私似乎确实增加了，部分原因是合法的禅杜价格提高，部分原因是现在没了营生的饷码商人经常利用他们对走私机制的专业知识，自己搞起走私买卖。[87] 在边境线的英国一侧，错综复杂的毒品法律及其在各领土和各民族之间不均衡的应用，也确保了走私的长期延续。如前所述，进入20世纪的第二个十年，英国在该地区的各个属地都制定了规则，但这些规则仍是由每个政治体内部制定的。例如，在马来联邦各州，按种族、职业甚至沿海和内陆居住地点，法律对是否允许使用麻醉品作出了区分。而在马来属邦，价格、许可证和进出口权也因州而异。[88] 边境线两侧的制度极其复杂，两个殖民地国家又无法平等地在全境执行这套错综复杂的法律，这就导致了边疆地区的毒品走私直到进入20世纪很久以后仍十分猖獗。不过，英国和荷兰政府在打击其他非法贸易方面表现得稍好一些。下一章，我们要来看看伪币的流通。

第九章

跨国伪币制造者

毒品并不是跨越英荷边境走私的唯一商品。其他许多货物也通过水路或陆路，悄然穿行在这两个发展中的领地之间。伪币（也即伪造政府发行的纸币和铸造的硬币）是另一种高利润的违禁品，这类走私在1865年至1915年期间一直存在。伪造货币和"假币"（false money）是如何在这条边境沿线上流动的呢？围绕这一秘密贸易发展起来的一系列参与主体、地理位置和策略，跟鸦片贸易同样复杂。伪币制造者——也被称为"赝造硬币者"（coiners）——来自不同民族，他们出行的范围不仅跨越英荷水陆边境，还延伸到更远的地方。这些旅程最远到中国南部和东印度群岛西部，走私者在当地村庄的作坊里制造伪造的荷属东印度货币。在这个地区，伪造货币处在什么样的法律、种族和地理环境下呢？让大笔资金穿过管控日益严格的边境，涉及哪些机制？最重要的是，这样的做法蔓延到何等程度？走私伪币对当地殖民经济的运转构成了多大的威胁？

迅速发展的犯罪行为

不足为奇，货币本身就理应是一种极受欢迎的商品。从这个意义上说，伪造货币一直是最赚钱的走私活动之一，因为其最终产品本质上是一种社会认可的有价值物品。然而，19世纪的东南亚有着多种多样的交换手段，使得货币走私的形势变得极为复杂。例如，19世纪初，尽管许多价格以墨西哥鹰洋计算，但以物易物仍是该地区港口的一种常见交换形式，这种情形在荷属西婆罗洲等多个地方一直持续到19世纪70年代。[1]在这些以物易物的交易中，有些物品，例如各类布料以及黄铜枪（直到19世纪晚期仍然存在），普遍比其他物品更贵重，交换也更频繁。[2]随着货币（特别是铸币）被用于交易，它们的使用方式不见得跟政府造币机构的最初预期相同。例如，在苏门答腊和婆罗洲，人们对银币的需求更多出于其装饰价值，而非殖民地国家规定的交换价值。[3]然而，到1865年，墨西哥鹰洋成为海峡殖民地的官方货币，荷属东印度群岛大部分地区则采用荷兰盾作为货币。[4]不过，这套制度的执行是否严格呢？

这个问题的答案取决于年代。在19世纪60年代和70年代，执行得不怎么严格。1872年，西婆罗洲专员报告说，同时流通的货币包括荷兰的杜伊特（duiten）铜币、帕斯蒙特（pasmunt）铜币、墨西哥鹰洋、荷兰盾和生金。专员补充说，在同为荷兰属地的婆罗洲东南部，城市地区也使用纸币，但再往森林深处走，纸币就逐渐失去了作为交换媒介的价值。在南苏门答腊岛的巴邻旁，纸币也存在这种城市和边远地区的差异，而在邻近的占碑，荷兰和墨西哥的硬币并行不悖。[5]在海峡更北部的战时亚齐海岸，人们在港口可以使用荷兰银元（rijksdaalder），但这种货币尚未渗透到村庄。跨过狭长的水道来到英属新加坡，荷兰货币不仅受到欢迎，还备受尊重。[6]而新加坡以南的廖内群岛在货币使用方面可能最令人感到困惑：海峡殖民地硬币、荷兰货币和沙捞越货币可轮流使用，尽管每种货币的可用性（和可取得性）取决于所在地区。[7]

在漫长广阔的边疆地区，货币系统的多样性和复杂性很重要，因为它说明边境两侧的赝造硬币者都有机可乘。制造铸币或纸币，不仅可在自己的定居点或殖民区域谋取利润；由于货币顺畅流动，这些钱还可以转移到邻近的土地和岛屿上。出于这个原因，巴邻旁发布通告说，当地居民拒绝接受荷兰的50盾纸币，因为1871年有大量伪钞从海峡对岸涌入，让持有此类物品变成了高风险投机活动。19世纪70年代初，伪钞也出现在邦加、西苏门答腊的明古鲁以及遥远的爪哇中部。[8] 海峡殖民地的报纸让人们对这些早期伪钞的制作过程有了大致的了解。新加坡马车制造作坊的华人学徒被发现偷窃金属废料，后来，警方从他们家里又发现了与现有伪币相匹配的硬币模具。槟城也充当着走私者的避风港，经过长途航行之后，他们在这里卸下这些特殊的货物。[9] 1874年，《海峡观察家报》（*Straits Observer*）发表评论说，"据说伪币现在成了一场非常流行的瘟疫"，并警告公众在日常交易时提高警惕。[10]

在这一时期，实际进入东印度群岛的伪币似乎仍然相对较少。法庭案件显示，有的犯罪嫌疑人仅因为流通一枚伪造的荷兰银元就遭跟踪，而早期将此类物品走私到荷兰领土的企图，似乎大多以爪哇为最终目的地。[11] 但外岛出现的此类案件越来越多，到19世纪80年代中期，伪造货币和更多暴力犯罪（包括凶杀在内）时有交织。[12] 在边境居住区，流通伪币成为一项更严肃的生意，它不仅是单独的赝造硬币者的买卖，更受到犯罪集团的追捧。仅仅几年之后，荷兰人便注意到涌入的伪币质量有所提高。表面蒙上一层做工精致的银外壳的铜制硬币开始出现。[13] 在东印度边境沿线上的不同地方，好几个低级官员都在账簿中注意到并记录下了这一趋势。

不过，在19世纪70年代，荷兰政府高层仍然不认为走私伪币是个严重的问题，东印度群岛财政局局长所做的预测报告也这么表明。在1877年，财政局局长给总督写信说，由于各种原因，大规模伪造荷兰银元或荷兰盾的局面不太可能出现。他认为，赝造硬币者更有可能专注于一种比荷兰货币流通更广泛的货币，同时，以当时亚洲的制造水平还不足以生产出这种硬币。信中还引用了一份由英属印度陆军上校撰写的关于印度次大陆同样情况的报告充当后备证据，补充说明这种犯罪的出现概率比较渺茫："因此，我们认为，手头只有若干简陋工具的孤狼型赝造硬币者，没法伪造出真正的卢比；要想获得收益，就必须大规模操作，使用优质的机器。而在印度发生这种情况又想不被发现是不可能的，而且伪币也不可能从国外进口，海关会发现和没收它们。任何与我国政府关系友好的地方邦国，都不会允许也不会支持伪造我国货币的欺诈行为，即便真的发生伪造事件，我们也有办法立即采取永久性的制止措施。"[14] 财政局局长在其报告中简短地说，对英属印度事态的这一评估，概括了荷属东印度群岛类似的执法情况。这份报告代表了19世纪70年代的官方想法。

随着时间的推移，边境上复杂混乱的货币兑换体系开始瓦解，荷兰盾和海峡殖民地的叻币慢慢成为边境线两侧的主要货币。虽然英镑直到相当晚期仍然是更受欢迎的国际货币，但荷兰殖民势力不断壮大，逐渐推动荷兰盾成为境内唯一合法的交易手段。港元、棉兰（Medan）烟票、墨西哥鹰洋和日元（真伪都有）在数十年间逐渐从该地区慢慢消失（图11）。[15] 1904年，亚齐合法地"替换"了叻币，1906年西婆罗洲和1908年苏门答腊岛东海岸也相继"替换"叻币。[16] 当然，当地的现实情况使得这些新经济、政治和政策要求的执行滞后于司法基准的通过。约瑟夫·康拉德令人难忘的短篇小说《为了那些叻币》（"Because of the Dollars"）生动地回忆了所谓"货币替换"所隐含的漫长而艰巨的工作。孤独的巡视员沿着边境

第九章 跨国伪币制造者

图 11 伪币样本：边境地带使用的硬币和纸币，1868 年（上）和 1899 年（下）。图片来源：弗朗西斯·韦（Francis Wee）和拉赫玛娜·艾哈迈德（Rachmana Achmad）

线从一座边境小岛前往另一座边境小岛，收集老旧呦币，再把它们换成闪亮全新的荷兰盾。[17]

　　这位财政局局长在 19 世纪 70 年代所作的乐观预测，最终大错特错。到 80 年代末和 90 年代初，伪造的荷兰硬币在东印度群岛各地（特别是在外岛）出现，而在与英国边境接壤的居住区，伪币甚至比其他大多数地方更常见。巴达维亚绘编的巨幅统计图表详细地显示了这一点：从苏门答腊岛东海岸，到新加坡以南的岛屿，再到婆罗洲的两个地区，几乎每一个边境居住区都收到了来自边境另一侧的伪币。[18] 例如，在婆罗洲东南部多次查获伪造的荷兰银元，在勿里洞，海关当局也忙着对付这种走私活动，特别是在丹戎巴东（Tanjung Padang）。[19] 西婆罗洲坤甸城外边境沿线上的小作坊可以制造伪币，在邦加和苏门答腊沿海城市巴邻旁也发现了制造中心。[20] 船运公司密集的航运线路，使得穿越边疆、向东印度群岛内陆深处流通伪币变得很容易。连接新加坡与泗水、努沙登加拉诸岛，没有固定航线的华人货船显然在走私伪造硬币方面做得很好；"万兴源"（Ban Hin Guan）号的押送员是此类航行里臭名昭著的参与者，他们将荷兰银元从香港运送到爪哇东部的小岛。[21]

其中一些伪造网络的规模和大小表明，东印度群岛只是19、20世纪之交时期更广大的非法货币交换路线的一部分。在整个亚洲，伪币和伪钞都在加速生产，它们通常被用于出口。东亚的情况十分明显，日本大臣林权助（Hayashi）曾苦恼地抱怨，日本和韩国的通商口岸充斥着伪造的日元。[22] 据英国驻北京公使说，广州造币厂之外也有银币在生产制造，这使中国政府失去了"很大一部分合法利润"。[23] 与此同时，还有伪造的先令离开亚洲，在墨尔本和温哥华等地流转，这些伪币被华人茶商当作银行存款。[24] 这些模式没有逃过印度总督及其幕僚的监视。当地政府秘书请求英国驻亚洲的领事官员对"向印度出口非法卢比的企图"保持警惕。[25] 事实上，到19世纪90年代末，假卢比出现得越来越频繁，尽管非法制造卢比的利润比其他伪币要逊色。[26]

在海峡殖民地，直至相对晚近时期，法律上的缺陷都使得伪造货币和货币走私几乎不受限制。1868年，英国王室法官建议新加坡尽快处理这些缺陷。1873年，财政部批准了一项公告草案，将立即着手修改法律。[27] 随后颁布的法律禁止某些外国硬币的进口和流通，如对携带日元入境的罪犯判处6个月的监禁,因携带货币制造材料被捕的罪犯最高可判处5年监禁,因制造伪货当场遭到抓获的人将面临10年的监禁。[28] 马来亚联邦各州随后于1912年出台了自己的反伪造法律,该法律扩大了半岛开放海岸的禁令的覆盖范围。[29] 尽管立法逐步演变,但直到1916年,关于伪造问题的法律条款才最终出现。[30] 海峡对岸的荷属东印度群岛也有类似的法律,对发现赝造硬币者之人提供奖励,并就如何处理此类案件向执法人员提供指导。[31] 到1907年,关于禁止进口印刷机、过剩金属和其他可能用于制造荷兰货币的物品的详细规定已经载入法典。[32]

然而,赝造硬币者有各种伪装,为了靠伪币赚取利润,他们会跨越种族和国家界限。新加坡的印度教货币兑换商是偶尔会出现在记录中的一类人,纳加·皮莱(Naga Pillay)是其中之一。1897年,他与一名华人同伙试图将500枚伪造的荷兰银元运往东印度群岛,结果被截获。根据殖民地治安官的命令,他被判处6个月劳役。出卖他的是银币上荷兰女王耳朵附近的一个小标记,政府分析人员以前在其他伪币上见过。[33] 在记录中,印度穆斯林(或"兑灵人")也是荷兰货币的赝造者,例如,一名新加坡男子因走私荷兰银元到廖内而被捕,另一名印度穆斯林涉嫌将500枚伪造的荷兰银元运往巴厘岛。[34] 当局偶尔还会逮到不明种族的人(可能是阿拉伯人、印度穆斯林、"马来人",或三者的混血儿)伪造货币。1898年,一个叫迈丁的苏丹(Sultan Meidin)在上诉中获无罪释放,因为该案证人死亡,无法接受质询。[35]

新加坡经济实力雄厚的庞大阿拉伯人社群也参与了制造伪币活动,尤其是跨境进入东印度群岛的活动。然而,与穿过边境运输鸦片一样,真正让政府担心的是跨种族合作的可能性。1888年7月4日,《海峡时报》(*Straits Times*)刊登了来自泗水报纸的这样一则通告:"泗水怀疑新加坡是一个铸币中心……《泗水商报》

（*Surabaya Courant*）说，新加坡是铸币业的主要所在地。硬币从那里被出口到爪哇和周围的其他岛屿。据说，泗水的一些欧洲商行也参与了这项业务，并帮助某些巨额投资基础货币企业的阿拉伯人。通过这些欧洲中间商，他们得到了廉价的原材料。"[36] 欧洲人除了充当供应商，自己也携带非法货币越境（担任船舶工程师的人尤其喜欢这样做）。这些人似乎将此类行为视为在亚洲的许多次航行中的一种惯例。[37] 通过这种方式，他们可以积累一定的资本，为最终结束在当地航运公司的工作后动身回家做准备。

不过，与毒品的情况一样，在东南亚边疆跨界走私的伪币似乎绝大部分都是由华人运输的。早在1868年，一名华人便因持有用于制造暹罗货币的模具而在新加坡被捕，这引起了伦敦外交部的注意。[38] 荷兰海牙殖民地部的报告也对这些事务有着极大的兴趣，仔细记录了新加坡针对华裔走私嫌疑人的法庭案件以及罪犯的职业［特别是像商人童第东（Tong Tik Tong）这样的，他是该殖民地最重要的药材商之一］。[39] 和毒品交易的相关报道一样，马来语报刊披露了货币伪造者和走私者的亚种族特征，指出了具体的华人方言群体和被捕者的家乡。[40] 然而，还是跟地下毒品交易一样，华裔嫌疑人在法庭上常因缺乏证据而被无罪释放，或是获得保释后遁入新加坡的狭窄街道，从而逃脱法网的惩罚。[41] 在东印度群岛，就连理当是荷兰政府在华人群体中的左右臂膀的甲必丹，也会因私贩假钞被捕，如泗水华人首领在1896年就因走私货币而被捕。[42] 这种模式在前文也曾出现过，在当地社区有着很高地位的鸦片饷码华商，竟然也是该地区最大的鸦片走私贩子之一。

华人制造伪币的业务已经遍及英属领土，并深入荷属东印度群岛，有时还会突破边境，进入后者的心脏地带。1895年的一起案件揭示了这种非法活动的辐射区域能扩展到多远的地方，非法货币被一路运往荷兰帝国的中部和东部岛屿。那一年，有关华人伪造货币的流言传到了荷兰皇家邮船公司的总代理耳朵里，情报显示华人走私者正把硬币从新加坡运到泗水，再从泗水运到巴厘岛和松巴哇（Sumbawa）。[43] 运送伪币的是一艘华人蒸汽船，每隔22到23天就会在这条漫长的航线上航行一次。该船名为"万兴源"，船上的押送员与后两个地方的王公关系极为友好，他靠着这些人脉把伪币转运到东印度群岛的其他地方。"范·戈恩斯"（Van Goens）号是另一艘在类似航线上行驶的船，船长向荷兰皇家邮船公司通风报信，并说自己船上的水牛贩子哈吉·阿里（Haji Ali）可以证实此番说辞。"万兴源"号的押运员显然在用部分伪币来购买散装咖啡，以便分散风险，在这些伪币到达目的地之前就花掉一些。[44] 这样的故事在档案中很常见，说明正常的华人商业网络（以及长期存在的华人贸易路线）除了运输合法货物，有时也同时会被用于运输非法货物。

19世纪末的货币伪造

到了19世纪80年代末及90年代初，东南亚殖民当局得以在地图上绘制出这种大规模伪造活动发生的位置。许多调查都指向中国南部沿海地区。在两广总督与荷兰驻华大使，以及总督与总理衙门（相当于清政府的外交部）的通信中，一些省份、州市甚至村镇被描述为此类货币流通的起点。广东省和福建省南部沿海地区是这种生产活动的中心。靠近广州的台山、靠近汕头的兴宁和龙川以及靠近厦门的漳州都是生产中心。[45] 许多赝造硬币者显然是从日本获得冲压工具来制造这些硬币，而后这些硬币主要运往新加坡，再越过边境进入东印度群岛。[46] 在中国南部沿海地区的缉获量有时非常惊人，比如1895年，厦门附近发现了几个"装满伪造荷兰银元"的箱子。[47] 不过，这类缴获并未让东印度群岛的媒体感到满意，它们称，清政府虽然会试图发现并进行控制，但生产地点必会转移，受到起诉的只是苦力,"主要参与者仍藏身幕后"。⁴⁸ 荷兰驻香港领事同意此类评估,并告诉东印度总督,清廷的执法部门无疑也从伪造利润中分得了一杯羹。⁴⁹

事实上,正是中国沿海地区持续不断的腐败威胁,推动了荷兰领导层寻求可行的解决方案。1895 年 2 月,东印度群岛财政部发出通告,告知各边境驻地专员,新的伪造硬币即将到达;这些伪造硬币制作得极为精巧,以至于巴达维亚不得不列出清单,列举硬币上几乎无法察觉的微小特征,以便当地官员进行检查。⁵⁰ 同年 8 月,荷兰驻厦门领事写信给该地的代理海关专员,要求将扣押的硬币归还给荷兰人并运往巴达维亚,而不是交给中方银行。荷兰人会给硬币刻上缺口,使之成为无用的废币。这封信暗示,中方银行会因为腐败而让这些硬币重新流通,使巴达维亚的问题继续存在。⁵¹ 最后,1895 年 9 月,荷属东印度委员会(Raad van Nederlandsch-Indie)建议总督,对于中国沿海地区提供的有关伪币运入东印度的任何信息,都应给予奖励。拟议奖金比例是查缉所得货值的 50%,这对任何愿意告发同胞的当地华人来说都是一笔巨款。⁵²

荷兰人突击检查了东爪哇岛莫佐克托(Mojokerto)一个叫李德和(Lie Thoa Ho)的人的房子,查缴了两封中文信件,为人们了解 19、20 世纪之交的此类活动提供了一扇有趣的窗口。⁵³ 第一封信的作者名叫周康汉(Tjioe Kang Han),他在马年 9 月 14 日(1894 年 10 月 19 日)写信给李德和。信中说,他从泗水到厦门查看伪造荷兰盾的情况,但伪币尚未制造出来。然而,他们等待已久的铁匠已经到了,所有的伪造硬币将在 3 天至 5 天内准备好运输。正在制造的这批硬币价值 3000 美元至 4000 美元,但周康汉告诉李德和,运送的伪币总价值大约 10000 美元,包括新旧版本的荷兰盾。他要求把钱寄到他在瓷器街(Porcelain Street)的地址。他还让李德和照顾自己的儿子,因为他们"年幼无知"。他说,"愿汝为彼等之引

第九章　跨国伪币制造者

路指南",并不要把他们"视为外人,若是,吾则心安"。[54]

9天之后,周康汉写来第二封信,报告说货物终于准备好了,将在11月1日或2日运到东印度群岛。这批货物价值1800到2000美元,由周家和李家各派一人运送。周康汉提议将这笔钱从望加锡或巴厘岛带来,以巴厘岛为首选,因为它相对接近这次行动的中转地点庞越(Probolinggo)。信中接着讨论了谁应该向这次买卖投入多少钱,以及每个人的利润比例是多少。[55] 周康汉建议,实际上投资资本应该翻倍,双方各投入5000到6000美元。这两封信非常特殊,因为它们清楚地揭示了在19、20世纪之交时赝造硬币者的考量。他们在中国和东印度群岛的一干亲戚,包括叔叔、侄子、兄弟和儿子似乎都参与其中,他们还讨论了首选路线、制造技术和利润比例。直到最后时刻,周康汉仍相信自己会成功:一如前文所述,就在动身出发前,他还建议增加资本。显然,他根本不知道当局在追踪自己,直到为时已晚。

为打击这些有组织的计划和网络,外国政府认为最好是采取联合行动,因为中国的赝造硬币者正在损害其货币。1895年,荷兰驻伦敦代表巴龙·W.冯·戈尔茨坦(Baron W. von Goltstein)男爵询问英国外交部,是否就伪币问题向中国提出过任何建议,得知答案是否定的之后,他决定实施一项集体行动计划。[56] 1896年年初,一份批准英国参与的电报从伦敦发送给英国驻北京领事;荷兰和日本也将签署抗议信件,并希望这样可以增强呼吁力量。[57] 尽管如此,英国驻北京特使仍然认为外交渠道能发挥的作用有限,他向上级报告说:"我对这些交涉的实际结果并不乐观,但我希望能采取一些措施来阻止所议的非法贸易。"[58] 1896年1月7日,英国大使宝克乐(William Nelthorpe Beauclerk)写信给总理衙门,呼吁中方保护自身经济利益,并指出中国东南部地区也在伪造中国货币,北京方面如果不采取行动,将蒙受巨大损失。[59] 一个星期后,总理衙门感谢大使的来信,并表示将向南方各省总督下令"充分调查"此事。[60]
然而,这些调查没有任何下文,荷兰媒体只能继续猜测,到底有多少伪造的荷兰银元被运回到了海牙。[61]

事实上,到19世纪90年代中期,非法贩运情况异常严重,荷兰人甚至开始考虑派遣一名公务员到中国专门处理猖獗的赝造行为。[62] 然而,眼下有了新问题:主动请缨担任这一职务的荷兰人G.C.鲍曼(G. C. Bouwman)的履历很是可疑。他曾因殴打上级军官而遭大清皇家海关总税务司解雇,罗伯特·赫德爵士曾私下写信给荷兰人,说他认为鲍曼不适合这份工作。[63] 不过,荷兰驻华南领事说,鲍曼对中国社会底层有着深刻的了解,他对如何发起一场打击东印度伪币走私活动的设想(例如将船只分成80到100组,然后由他雇佣的一队华人侦探进行搜查)可能是有用的。此外,领事补充说,货币走私问题已经非常严重,值得冒险让鲍曼试试看。[64] 经过协商,他索要的月薪降到1500美元预付款,供其自由支配。1896年1月底,荷属东印度委员会批准了他的聘用。[65] 在减少向东印度群岛输送假币方面,鲍曼从未真正取得过进展,并且他的手下尽管在华人黑社会里有丰富的经验,但从未找到任何不利于重要走私贩子的确凿证据。鲍曼打击货币走私行动的结果最终令巴达维亚感到失望,尽管各方人士对失败的归因各有不同。[66]

虽然从整体上来说,鲍曼在中国南部为荷兰人充当守门员的任务干得算不上成功,但他对走私者将伪币从中国港口运送到东印度群岛的部分手段的确有相当的了解。鲍曼告诉荷兰领事,船上用来固定帆布的环是伪造荷兰银元的主要藏匿之处,这些环能让帆布保持笔直硬挺,非常适合用来隐藏紧压在一起的大量硬币。随后,他还用简单的草图作说明。[67] 鲍曼还让荷兰当局注意到走私行当里的这些小伎俩,以及船上的其他藏匿位置,如煤仓、舱底、轴隧和锚链舱等。[68] 然而,运输伪币的策略多种多样,总有大量的荷兰银

第九章 跨国伪币制造者

元能成功闯关。例如，荷兰人截获了停泊在巴达维亚丹戎不碌港（Tanjung Priok）的法国邮船"加达维里"（Gadavery）号，船上有几千枚伪造的荷兰银元被巧妙地装在炼乳箱中间。[69] 在巴厘岛，荷兰人还抓获过一艘中国蒸汽船，船上有些箱子带隔层，里面装满荷兰硬币。[70] 香港警察局局长猜测，大多数伪币都以货物而非个人行李的形式离港，因为根据法律规定，只有当存在合理怀疑的时候，警察才能彻底搜查船上的货物，当地华人对这一点都心知肚明。[71] 不过，英国驻北京代表就不这么肯定了，他认为伪币离开中国的方式有很多，包括手提行李夹带、货物运输、华人船员携带，以及通过许多地位优越的商人带出。[72]

随着时间的推移，将伪币贩运至东南亚的隐藏机制变得越来越复杂，伪造伪币的实际工艺也在进步。早在1883年，东印度群岛就出现了第一批伪造得非常好的荷兰银元，尽管伪造能力的高低很快就显现出来。本地制造的硬币在制造和工艺上表现最差，而被送到东印度银行和政府机构的海外制造的硬币，则表现出最高的精准度和工艺水平。巴达维亚将伪币样品送到乌得勒支交给专家检查，而后发现它们是由银、水银、铜、锌和铅制成的。[73] 到19世纪80年代末，这些硬币的大小和重量跟真正的荷兰银元几乎一模一样（当然，许多硬币仍然很容易就褪色）。[74] 然而，七八年之后，到了90年代中期，查获的伪币堪称完美，几乎没有人能够判断它们的真伪。[75] 19世纪90年代初，纯度为百分之九十六的硬币就很难辨别真伪了；等到1895年8月，造假者已经将银的比例精确降低到真正荷兰银元的纯度，即含有0.945银成分（跟真币的银含量完全一致）。[76] 因此，殖民地的国家公务员越来越难以发现伪币。对各地的造假者来说，花纹雕刻技术和制造工艺都变得越来越成熟。

海峡殖民地是伪造活动的主要分销中心。尽管伪币来自中国，甚至来自遥远的印度，但几乎所有的运输都要途经英国在东南亚的属地。[77] 槟城就是其中之一，19世纪80年代和90年代，人们在那里缴获了数百枚伪造的荷兰盾，荷兰领事要求获得各种额外权限来打击走私贩子，包括扩大电报特权、司法帮助和额外雇佣侦探的权力。[78] 新加坡也不断审判伪造者，这些人多次试图用船只把荷兰银元送到邻近的荷属东印度群岛。[79] 海峡殖民地的报纸上会刊登悬赏信息，寻找线索逮捕荷兰水域的货币走私贩子，爪哇银行和荷兰外交机构也被动员起来，协助阻拦假币越境流动。[80] 然而，这些做法的效果参差不齐。1897年10月至1898年8月，法院裁决了46起通过海峡"运送非法货币"的案件。虽然这是个相当大的数字，但它可能只是实际伪币走私数量的一小部分。[81] 海峡殖民地也仅仅是将伪币运到东南亚的若干渠道之一，这一点可从1896年英属北婆罗洲和香港之间签订的引渡条约中明确看出，该条约的文本中明确包括了伪币制造者。[82]

虽然英国的殖民地成了伪造的荷兰货币进入东印度群岛的通道，但英国自身在处理本国货币的走私方面也存在许多问题。由于英国在该地区的权力分散，海峡殖民地、英属北婆罗洲、沙捞越和文莱等各种实体都奉行协调但仍相对独立的货币政策，这极大地刺激了走私者将货币转移到可以获利的地方。英属北婆罗洲公司在这方面尤其声名狼藉，它本身就是一家重要的走私组织。该公司以折扣价向邻近的沙捞越、文莱和纳闽出口了大量自己的硬币，试图扩大其流通；沙捞越与这些活动进行了斗争，但最终收效甚微。[83] 该公司硬币的投机和走私者还以婆罗洲的港口为前沿基地，将这种特殊的货币运至新加坡，当地同伙以折扣价格购买这些硬币，再将之非法运到海峡殖民地。[84] 据《海峡时报》报道，苏禄的苏丹就是使用这种招数的"狡猾商人"之一。[85] 审视关于19世纪80年代中期英属北婆罗洲公司货币产量不断上升的研究，我们可以看出这些政策有多么激进。快速扩张的国家议程，加上该地区许多精明商人的金融本能（他们看出，通过有利的汇率兑换，他们可以将硬币从一个英属领地运到另一个英属领地，借此快速赚钱），这就使得东南亚各地硬币的走私速度越来越快。[86] 非法纸币，特别是伪造的香港和上海银行票据也被贩运到新加坡，例如1898年的一艘船就运送了价值22100美元的票据。[87] 纳闽是引导此类非法货币流动的一个极为重要的港口。有一份详尽的记录描述了这座小岛殖民地的管理者在应对伪币问题上所经历的麻烦：数十封信件、备忘录和电报触及这一话题。一些英国公务员将这种情况归咎于"殖民地附近有大片野蛮或半文明国家"，而另一些人则哀叹"硬币很容易被私人仿制"，所以，在纳闽，伪造和走私硬币只是生活中不幸存在的事实罢了。[88] 然而，纳闽似乎已成为婆罗洲周围广阔而偏远水域的十字路口，一旦环境和市场机会允许，伪币就将朝着不同的方向流通。因为这是一座自由港，从技术上讲属于海峡殖民地的一部分，其自由贸易市场结构非常适合在海峡殖民地其他地方迅速发展的各种灵活逃税手段和地下商业活动。然而，纳闽更靠近经济控制更严格的沙捞越和英属北婆罗洲政权，也就是说，那些希望在当地政权监督下开展贸易和销售货币的人会把它视为一条方便且邻近的销售出口。纳闽的政府机构也远不如新加坡和槟城的那样复杂或称职，这也使造假者及相关人员受益。有组织犯罪集团认识到纳闽具备地理上的战略优势，国家强制能力又有限，便利用该殖民地充当在南海上的英属领土东部开展伪造货币活动的前哨基地。[89]

然而，20世纪之初，荷兰人在东南亚的跨境货币伪造和走私活动中遭受的损失最大。这里很难给出统计数据，在所有被伪造并最终出售的硬币和纸币中，只有一小部分进入了边境两侧的政府分类账户。在统计数据中，货币以多种名称流通，包括银币、硬币、财宝、金元，有时，特别是海峡殖民地的荷兰货币，甚至会被叫作"转运商品"，这些事实使得统计表格的制作更加复杂。[90] 不过，一些当时针对所谓"伪币瘟疫"的统计数据保留了下来，它们提供了有关问题范围的线索（表6）。这些数字凸显出一种趋势：随着时间的推移，当局首先将精力集中到价值更高的纸币和硬币的检测和预防技术，走私荷兰硬币的面额稳步降低。[91] 每年处理的数百起伪造案件中显示出的另一个有趣的统计数据，与定罪和无罪释放的比率有关，这些比率在19、20世纪之交前后的若干年份里基本保持不变。这表明，尽管检测货币样本真伪的技术在不断改进，但直到19世纪90年代末，走私者仍然能够利用法律漏洞来逃脱惩罚。[92]

表6 荷属东印度群岛法庭审理的故意流通伪币案件报告

年份	有罪	无罪	驳回	判决	案件总数	选定的查获地点
1900	174	152	65	326	391	
1899	165	164	153	329	482	巴邻旁，西里伯斯（Celebes，苏拉威西旧名），爪哇
1898	190	158	46	348	394	
1897	241	210	68	451	519	勿里洞，巴厘，龙目
1896	177	224	83	401	484	东南婆罗洲，巴达维亚
1895	113	113	127	226	353	
1894	139	126	86	265	351	巴东、亚齐、巴邻旁
1893	149	175	47	324	371	
1892	95	187	13	282	295	
1891	72	10	3	82	85	
1890	50	4	1	54	55	苏门答腊东海岸

来源：摘选自 Koloniaal Verslagen (various), 1890–1900, Appx. C

当局的确需要升级这些检测能力。1897年，有近5000枚可疑的荷兰银元被运往荷兰检验，结果只有39枚是真的。[93] 事实上，爪哇银行前首席秘书在问题最严重的时候曾根据自己的研究推断，在1899年的东印度群岛，每6至12枚荷兰银元就有1枚是伪造的。

第九章 跨国伪币制造者

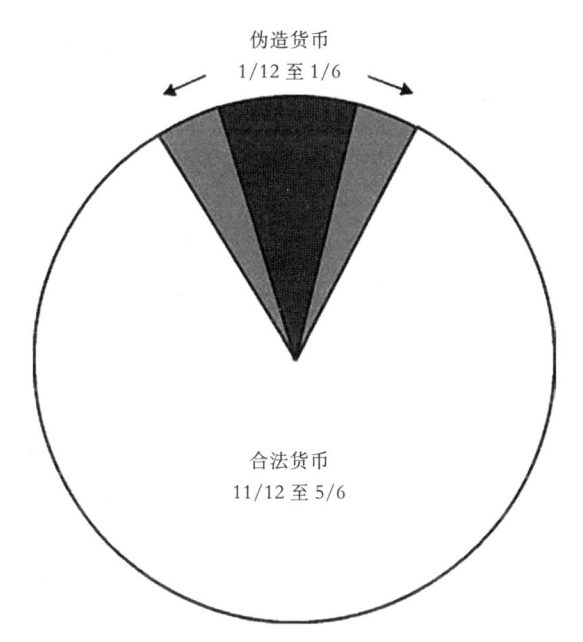

伪造货币
1/12 至 1/6

合法货币
11/12 至 5/6

图12　东印度群岛流通的合法和伪造硬币，1899年左右。图片来源：Rooseboom, "Valsche Rijksdaalders" (1899)1, p.393

他的论断说明，这个问题在20世纪初逐渐消失之前，曾恶化到了何种程度[94]（图12）。此时，荷属东印度群岛、英属印度、海峡殖民地和中国之间的政府间合作得以改善（直到19世纪90年代末，这种合作还几乎不存在），这使得伪币的运输变得更加困难。[95] 各地政府都着手查封制造硬币和纸币的作坊。造成这种情况的一个重要原因是，生产这种违禁商品所需的物质条件要比买卖毒品等非法物品复杂得多。电报在亚洲各个海岸之间来回穿梭，收买的线人最终让政府及时了解最新情况。伪币并没有消失，但渐渐地，它不再构成一个严重的经济问题，也不再造成重大的财政后果。不过，货币伪造和走私势头的衰退，要等到它成为该地区一项巨大的跨国生意之后的几十年后才到来。

19世纪末东南亚大量生产和流通伪币的情况，教会了殖民政权如何阻止跨境走私，尤其是针对特定违禁品的走私路线。获取非法生产的地点是关键之一。对于硬币和纸币的伪造，这是做得到的，因为制造伪币所需的工具通常笨重且难以隐藏。在19、20世纪之交，可供殖民帝国指挥的密探和线人网络日益壮大，有关中国、印度或东南亚本身的生产工厂的报告越来越多传到欧洲人的耳朵里。1900年以后，这三个地区的海岸、城镇和城市都受到了欧洲人愈发严格的控制，虽然伪造活动无法完全被根除，但它变得越来越困难。在这一特定领域，国家同样有能力比"造币者"领先一步，合法货币的生产技术不断发展，犯罪分子很难复制这些技术。在20世纪初的东南亚，国家在技术发展曲线上保持领先的能力，最终逐渐在维护殖民地货币体系方面发挥了作用。但事实证明，这种缓慢实现成功的局面无法复制到毒品问题上。而非法人口跨境贩运，将对该地区的帝国霸权构成另一个严峻的挑战。

第十章
非法人口贩运

在本书涵盖的半个世纪中,毒品和伪币穿越了东南亚英荷边境上的许多地方。这两种商品的重量都很轻,易于隐藏,这无疑有助于它们非法跨越边境。鸦片和禅杜被储存在船舱及乘客、船员的行李之中,伪币被藏在船帆索具和各种各样物品的夹层里。然而,不是所有的违禁品都那么容易隐藏。在进入20世纪的前后几年里,大规模人口贩卖也得到了发展,走私者出于不同目的将男男女女运送到不同的地方,有违两个殖民地国家的意愿。受害者是被变卖为侍妾和妓女的女性、奴隶和被称为"苦力"的非法劳工。[1] 新加坡和巴达维亚对这些"人口贸易"甚为反感,因为它们一贯罔顾政府的禁令,嘲弄了欧洲殖民者表面上的文明教化使命。这些人是如何遭到贩运的?他们从哪里来,又是如何被运送的?总的来说,上述三类人的流动,揭示了19、20世纪之交时沿着动荡易变的英荷边疆地区,人口贩卖活动的广泛网络及其地理分布。

贩卖女性

20世纪初,被走私到东南亚及其周边地区的人口中,最重要的一部分是用于性服务的女性。虽然目前已经有少量史学文献记录了这些妇女被贩卖并用于性交易的情况,但几乎所有文献涉及的都是这些女性合法的、得到认可的方面,而非更加隐蔽的流动方式。这些女性从不同的地方被运往东印度群岛和海峡殖民地。据曾根幸子(Sachiko Sone)估计,1868年至1918年,有近50万日本女性出于这些目的前往或被带往东南亚。她们中的一些人未满18岁,在旅途中受到误导或未登记,使得她们在技术上变成了非法入境者。[2]清水宏(Hiroshi Shimizu)补充说,到1909年,随着国力和国家声望的提升,日本制定了法律保护其在海外的"荣誉"(通过召回所有最初因贫困而离开的女性),大多数仍然留在苏门答腊的"唐行小姐"(Karuyuki-san,即日本妓女)均被视为非法。[3] 贺萧(Gail Hershatter)认为,把中国女性卖到尽量远离其家乡的地方卖淫,这种做法也很普遍,因为这样可以减少其逃脱的概率,也限制了其家人干预的机会。[4] 还有几位作者也揭示了在英属和荷属东南亚,尤其是荷属苏门答腊,种植园、城市和军营如何成为亚洲女性大规模流动和卖淫的场所。[5] 记录最完善的研究是詹姆斯·沃伦的《阿姑与唐行小姐》(Ah Ku and Karauyuki-san),内容涉及1880年至1940年新加坡卖淫业的整个体系,第一章便与人口贩运相关。[6]

殖民地国家深度卷入了这些女性在该地区的流动。在变革席卷该地区之前,新加坡和巴达维亚容忍甚至鼓励卖淫的原因之一在于,在许多行政管理人员看来,许多群体的性别比例失调,有必要采用某种形式的卖淫制度。19世纪之前,来到东南亚的外国人在一定程度上可以通过临时婚姻、纳妾和购买女奴等该地区的传统方式,与当地女性发生性关系。很多人认为这样的结合是正常的,这种现

第十章　非法人口贩运

象在近代早期并未遭到污名化。随着苦力劳工范围的扩大，男性数量很快大幅超过了女性，特别是在某些人群中，比如海峡殖民地的华人，这些人在1870年的男女比例为6∶1。19世纪40年代，纳闽建立后，伦敦积极主动地试图为该殖民地不断增长的劳动人口提供亚洲女性。这一政策后来由当地主要的煤炭生产企业东部群岛公司（Eastern Archipelago Company）继续执行。[7]19世纪80年代，随着纳闽岛成为英国重要的海军基地，政府加强了对当地妓女的医疗监督，试图确保水手们获得"必要的宣泄口"，同时又不会感染使人衰弱的性病。在海峡殖民地，就连华民保护官（Protector of Chinese）威廉·皮克林（William Pickering，他的工作是打击对卖淫制度的滥用行为）也认为，只要女性进入殖民地卖淫是出于自愿，那么整个制度就是必要的。[8]荷兰的政策制定者也对这一制度视若无睹，还指出年轻的种植园雇员通常因为太穷而无法结婚，并且同样存在白人女性自身也陷入卖淫行业的危险。[9]东印度新闻界的许多人坚定地为纳妾和卖淫制度辩护，表示它们符合东方的特殊情况，而欧洲本国的道德家根本不知道自己谈论的是什么。[10]

　　问题在于，许多女性实际上并不愿意参与殖民地制度认可的卖淫活动，或是根本就未成年。她们和合法流动的"待售"女性一起被偷运，从各个方向越过该地区边境。19世纪60年代末，十分清楚的是，有来自苏门答腊亚沙汉的巴塔克族妇女被运过海峡到达马六甲，并在夜间登陆。购买这些女性的顾客包括当地华人甲必丹的儿子，也是该殖民地最富有的商人之一，一个名叫德昌（Tek Chang）的头家。马六甲的常驻议员解释说，因为这些女性是"异教徒"，并非穆斯林，华人买家可以进口并使唤她们，不必担心改变信仰或遭受任何邻里间的非议。[11]两名马来朝圣者也向当局作证说，巴塔克妇女被偷偷运往内陆的马来亚锡矿，那里的华人和马来人是从槟城卖家手里购买她们的。[12]19世纪70年代和80年代，中国、婆罗洲和其他横跨荷兰领土的邻近岛屿也悄悄偷渡女性到新加坡。[13] 布吉人船主似乎深度卷入了后一类航行，他们的快帆船在廖内当地的浅水区发挥了很大的作用。[14] 到19世纪80年代初，报告还将安南（越南）和暹罗列为来源国，此类女性的买家是新加坡的阿拉伯人和华人。[15]

一套庞大的法律体系最终建立起来，试图处理该地区针对有组织卖淫制度的最严重的滥用行为，但从被贩卖女性的福祉来看，这一切收效甚微。詹姆斯·沃伦用了很大篇幅对海峡殖民地针对卖淫的法律条文及其演变进行讨论。1870年，新加坡颁布《传染病条例》(The Contagious Disease Ordinances)，标志着这一立法进程的开始，因为新加坡决定对妓院进行登记和检查。到1887年，当局通过了《妇女和女童保护条例》(Women's and Girls' Protection Ordinance)，该条例赋予政府权力，以搜查可能关押未成年或受胁迫妓女的船只和建筑。它还要求涉嫌贩运人口者在将少女带入殖民地时提供担保金。[16] 然而，仅仅一年后，由于英国国内掀起了一场反对国家干预卖淫的激烈抗议运动，《传染病条例》遭到废除，许多针对滥用卖淫制度的检查也随之消失。海峡对岸的东印度群岛也颁布了法律，试图打击贩卖女性和女童的行为，尽管荷兰人同样无法阻止贩卖未成年和被胁迫女性。[17] 有太多的花招把此类女性送进殖民地，国家难以真正防范。除了直接走私，年轻姑娘还会受到威胁，被要求假装是人贩子的女儿或自愿同居者，但事实通常并非如此。[18] 亚洲婚姻与西方婚姻在文化上的性质不同（有一个有趣的案例事关一名来自新加坡的华人男子和他的小妾），也使情况变得复杂，因为有时这些安排只是为了掩盖贩卖行为。[19] 马来人贩子还利用面纱的隐蔽性，以及穆斯林允许娶4名妻子的规定，将女性带过边境卖淫。[20] 到20世纪初，立法者不得不考虑到所有这些文化差异，以便对当局自己都无法确定是否涉及贩卖女性问题的现象进行一定

第十章　非法人口贩运

程度上的遏制。[21]

一如毒品和伪币，海峡殖民地也经常充当走私女性过境的中转站。尽管该地在纸面上保留了若干法律，试图阻止未成年或受胁迫女性在殖民地流动（不过1888年已废除《传染病条例》），但收效甚微，直到很晚的时期才取得了一些进展。1891年，官方从柔佛一家妓院发现了两名海南籍女子，她们顺利通过了香港和新加坡海关，没有被检查出来。此事凸显了官方努力的失败，殖民地部问，既然为了阻止这种贸易设立了这么多检查站，那么她们到底是怎么通过的。[22] 另一起案件发生在1898年，亚齐的一名妓院老板到槟城购买了10名年龄在9到15岁之间的女孩，但地方法官驳回了此案。虽然这些女孩是在一个众所周知的卖淫场所被发现的，但没有直接证据表明她们正在接受相关训练或将被用于卖淫，所以此案不得不撤销。[23] 诸如此类的失败激怒了华民保护官，他说自己熟悉殖民地内大多数重要的人贩子，但按照法律，他根本碰不了这些人，除非他能找到证明他们参与其中的直接证据。这意味着他需要找到证据，证明涉事妓女的未成年状态，或人贩子通过虚假借口、虚假陈述、欺诈或其他手段哄骗女性进入卖淫行业。[24] 连殖民地部都宣称，"这些华人皮条客极为狡猾，多年来成功地避开了香港和海峡殖民地的《妇女和女童保护条例》，该条例每两三年就有必要进行一次修改，以挫败其骗术伎俩"。[25]

然而，贩卖妇女和女童从事卖淫的人贩子并不只有华人。确实，华人在这些案件中占了大多数，其中既有马来语报纸暗指的潮州小商贩，也有把自己的"女儿"贩卖到殖民地的妇女，但华人绝非唯一从事这桩买卖的人。[26] 如上所述，布吉船主也参与了这档生意，除了前述19世纪60年代末的巴塔克卖家，法庭案件还涉及了苏门答腊岛的各个民族。马来人似乎也偶尔充当人贩子和运送者，新加坡的一起具有代表性的法庭案例清楚地表明了这一点。[27] 印度人经常借钱给海峡殖民地的各个华人妓院老板,甚至间接资助其中一些投资,而欧洲人有时也因为从卖淫活动中赚钱而被送上法庭。[28] 沃伦公布了一名日本人贩子村冈伊平治(Muraoka Iheiji)的数据,此人声称自己在4年间从日本带出了3200多名女性,考虑到当时贸易航线的扩张,这个数字可能并不太夸张。[29] 当然,考察官方名单和图表(如1877年新加坡的合法妓院登记册)可看出将女性运送到海峡殖民地的责任人的种族构成。这份文件上列出了数百个名字,大多数是华人老鸨和皮条客,还有一些是马来人和泰米尔人。然而,这份文件上也有其他名字,比如罗莎莉·布朗(Rosalie Brown)和维多利亚街548号的尤蒂·施瓦茨(Utily Schwartz)[30](表7)。

到20世纪初,海峡两岸仍然存在卖淫制度,反对的声浪也越来越强。荷属东印度群岛的情况也是如此,政府要求若干部门商讨改变现行的卖淫制度。[31] 英国属地同样如此,一封匿名信被寄给海峡殖民地当局,详细记录了每天在新加坡非法买卖妇女的情况,涉及二三十名人贩子。请愿书还指责华民护卫司署(Chinese Protectorate)和保良局(Poh Leung Kok)收受贿赂,对某些案件视而不见,但这些指控从未得到证实。[32] 然而,信中对腐败和官员串通走私者偷运妇女的指控非常详细,甚至触及了华民护卫司署的最高级别,英国当局再也无法忽视该问题。随着中国义和团运动爆发以及中日两国粮食歉收,越来越多的女性和女童登上前往海峡殖民地的蒸汽船,并且,由于有关新加坡卖淫制度的消息在欧洲流传开来,殖民地政府陷入尴尬境地,当局终于开始采取更为具体的措施。[33]

1904年,英国政府并未在巴黎签署《(禁止)白奴贩卖协定》(White Slave Traffic Agreement),该协定涉及海峡殖民地区的日本女性和其他同类女性,但新加坡同意帮忙揭露这些被贩卖的妇女,尽管这样的政府支持远远谈不上有力。[34] 在荷兰属地,趁着政策制

第十章 非法人口贩运

表 7　新加坡合法妓院老板的部分名单，1877 年 2 月

地址	妓院老板	妓女人数
新桥路（New Bridge Road）230 号	周阿细（Chow Ah See）	14
新桥路 234 号	周阿丘（Chow Ah Kiew）	15
新桥路 241 号	王泰乔（Wong Toi Jouh）	13
香港街 4 号	叶三（Yee Sam）	13
香港街 7 号	周阿泰（Chow Ah Toi）	16
香港街 16 号	周阿三（Chow Ah Sam）	11
香港街 39 号	苏嫂（Soo Soh）	18
马真路（Merchant Road）12 号	三嫂（Sam Soh）	11
振兴街（Chin Hin Street）16 号	阿坤（Ah Kum）	8
振兴街 21 号	李阿三（Lee Ah Sam）	5
北干拿路（Canal Road）22 号	李三嫂（Lam See Soh）	6
北干拿路 35b 号	阿贵（Ah Qui）	9
北干拿路 40 号	崔苏（Choi Soon）	4
新那阁街（Synagogue Street）2 号	陶阿嫂（Tow Ah Soh）	1
南桥路（South Bridge Road）186 号	克嫂（Koh Soh）	6
福建街 4 号	李林毛（Lee Lin Moi）	13
福建街 6 号	周阿来（Cheong Ah Roi）	14
福建街 35 号	梁盼西（Leong Pah Hee）	13
珍珠街（Chin Chew Street）64 号	周阿一（Chow Ah Yee）	15
珍珠街 67 号	梁阿旺（Leong Ah Voon）	10
珍珠街 68 号	翁阿超（Ong Ah Chop）	10
克罗士街（Cross Street）26 号	穆格多（Mumgodoh）	1
克罗士街 27 号	曼朱尔（Manjoor）	2
克罗士街 35 号	埃旦（Etam）	1
维多利亚街 104 号	唐霍（Toong Hoh）	4
维多利亚街 116 号	罗沙利·布朗（Rosalie Brown）	2
维多利亚街 119 号	阿玛（Ah Ma）	2
维多利亚街 124 号	杰里巴（Jerribah）	3
维多利亚街 5 号	阿代拉（Adella）	1
维多利亚街 548 号	尤蒂·施瓦茨（Utily Schwartz）	2
维多利亚街 544 号	阿喜（Ah Hee）	3
维多利亚街 514 号	奥梅利亚·格林（Omelia Green）	2
北桥路 97 号	阿巧（Ah Choi）	3
北桥路 99 号	杜金欧（Tow Kim Oo）	2
北桥路 487 号	梁阿福（Leong Ah Foo）	9
北桥路 489 号	王阿坤（Wong Ah Kum）	6
梧槽路（Rochore Road）52 号	莫舍阿（Morsenah）	1
沙克麦德沙巷（Shaik Medersah Lane）7 号	卡提杰（Katijah）	1
马来街 12 号	马里亚姆（Mariam）	1
阿拉伯街 199 号	索林坦（Sorintan）	1

来源：摘选自 SSLCP, 1877, Appendix M, lxi

定者们争论不休,人贩子继续以三宝垄(Semarang)和日里为中转站,将爪哇女性贩卖到新加坡,而另一些人则被骗到苏门答腊岛的种植园。[35] 不过,到了本书探讨时期的尾声,这两个殖民地政府正式结束了对卖淫活动的纵容。1913年,荷兰对卖淫活动的监管终于结束,而英属殖民地一直纵容卖淫活动,直到1927年才设定了3年的宽限期,正式宣告卖淫制度的终结。[36] 然而,对于这些行业中被非法贩卖的女性,那些被偷运至该地区的未成年或被胁迫参与卖淫的女性来说,这些变化意义不大。她们仍然生活在残酷的奴役和剥削中,巴达维亚和新加坡的立法修正,对缓解她们命运的痛苦来说几乎没有起到任何作用。

奴隶贸易

妓女并不是唯一在该地区持续遭到贩卖的人群。尽管该地区的殖民大国颁布了许多反对奴隶制度的法令,但在东南亚地区,奴隶制度仍然存在。东南亚自古以来就有着各种形式的奴隶制和债务奴役。安东尼·里德(Anthony Reid)概述了一些导致这种情况出现的结构性原因,他指出,人口密度低、文化上垂直联结,以及可用的雇佣劳动力很少,是奴隶制存在的主要原因。[37] 人类学家B.J.特维尔(B. J. Terwiel)和戈登·米恩斯(Gordon Means)已经证明了这些都是大陆政治体的特征,到18世纪末和19世纪初,大规模的猎奴远征几乎遍及东南亚的所有海上地区,将大量的人力和物资从孟加拉湾向东转移到新几内亚,甚至北至吕宋岛沿海。然而,19世纪后半叶,这种大规模的转移停止了,部分原因是奴隶主现在把奴隶留给自己,用于收集海洋和森林产品。欧洲海军的巡航,到此时也更为有效。[38] 然而,即使这一现象的顶峰已过,仍然有些地区对外输出更多的奴隶,巴厘岛、尼亚斯岛(Nias)、苏拉威西岛南

第十章 非法人口贩运

部和苏门答腊岛巴塔克高地均属此类。尽管荷兰属地早在1818年就首次禁止奴隶制，1860年还进一步加强了禁令，但直到1874年，巴达维亚才开始迫使地方首领也放弃奴隶（不过这些首领的损失得到了补偿）。[39]

1860年，荷属东印度群岛更新禁奴令，不仅废除了欧洲人和华人拥有奴隶的权利，也废除了奴隶贸易，尽管这些禁令只在爪哇得到执行，在外岛并未落实。外岛禁止了儿童债务契约，还立法限制了典当人口的跨境流动，但荷兰此时实际的统治力量不足，无法在边境居住区采取任何更严厉的措施。[40] 然而，随着建立在这些法条之上的荷兰法律大厦不断发展，巴达维亚对外岛的影响越来越大，特别是赋予政府海军的职能让荷兰人有了更大力量来打击散落在群岛各海域的奴隶贩运活动。例如，1877年国家公告第180号和181号赋予荷兰海军对任何悬挂本土政权旗帜（或根本没有旗帜）的船只有登船检查权，另一些法律则试图通过各种其他方式反对奴役。[41] 在海峡对岸的英国属地，英国人也在打击奴隶贩运，只不过这个进程和在巴达维亚的一样不均衡。例如，新加坡和雪兰莪之间签订的一项条约特别提到雪兰莪不能奴役英国人或英国臣民，但这仍然给了雪兰莪足够的空间来处理其他群岛民族，特别是苏门答腊的巴塔克人。[42] 到1874年，英国皇家海军的亚洲基地收到了关于如何发现和处理涉嫌贩运奴隶船只的具体指示。这些小册子揭示了伦敦在法律方面的顾虑，即想方设法避免因没收财产而引发诉讼，同时也揭示了伦敦在财政方面的敏锐，即试图从这些行为中获取税收。[43]

尽管两个殖民阵营都作出了努力，但在19世纪中期的几十年里，在东南亚岛屿，尤其是诸多边境沿线地区，奴隶贸易仍然十分猖獗。19世纪60年代末，巴达维亚将遏制北苏门答腊岛和马来半岛之间的大规模奴隶贸易视为将自身势力扩张到该地区的一个

图 13 19 世纪的巴塔克女奴。图片来源：KITLV，莱顿

第十章　非法人口贩运

充分理由（或借口，这取决于你读的是哪一方的信件）：据说每年有8000到10000名奴隶穿过马六甲海峡，尽管英国人对这个数字提出了异议[44]（图13）。不过，从马六甲常驻议员的信件来看，英国人并没有否认海上分界线的另一侧的确发生了一些奴隶交易。1866年年中，他写信给新加坡总督，声称在他管辖的地区里，夜里会有小船把奴隶运上岸，有时运到远在海上的马六甲米商自己的快帆船上，有时则送到海边吊脚楼的后廊上。[45] 在新加坡，沿着海岸线往南，布吉人的船只在东部季风期间把奴隶运送到甘榜格南（Kampung Gelam），荷兰人和英国人都曾报告过这种现象。19世纪70年代，苏拉威西岛和东婆罗洲之间仍然有大量的人口贩运活动，布吉船主也同样对更东边的奴隶贸易感兴趣。[46] 这些交易的主事者大多是阿拉伯人，他们从西婆罗洲的坤甸出发，从苏拉威西岛延伸到新加坡都遍布其生意网和前哨基地。再往北靠近北婆罗洲和苏禄海终点的地方也有一些人贩子，其中一些人是本地人，而另一些人是欧洲人，比如"托尼"（Tony）号蒸汽船的德国船长萨克森泽（Sachsze）。[47]

早在19世纪70年代，巴达维亚就试图将解放外岛奴隶的言论变得更加切实。有一种做法是，每释放一名奴隶或卖身人，都向当地首领支付一笔钱。配合更具强制性的手段，此举最终的确让大量受到奴役的人获得自由。最早尝试这种做法的地方是苏门答腊岛，到19世纪70年代中期，依靠此种激励手段，当地有20000人获得了自由。[48] 在东海岸，到1879年，奴隶可以在日里、冷吉和沙登（Serdang）赎身并获得自由，但或许是因为巴达维亚没有注入足够的资金来全面支持该计划，十年后当地仍有卖身为奴者。[49] 在日里，典当卖身的人比真正的奴隶要多，当事人可以花32到64美元从苏丹那里买回自由。[50] 然而，随着时间的推移，特别是随着巡查团队（正如在沿海岸线更南的巴邻旁的驻地专员所指出的那样）进一步深入内陆，保留这些卖身奴的做法似乎逐渐减少。[51] 然而，在一些地方，如19世纪70年代初的婆罗洲东南部，卖身人口（在本例中是当地居住的华人）的数量实际上有所上升。52《荷属东印度杂志》（*Tijdschrift voor Nederlandsch-Indie*）的一篇报道明确指出，在该岛西半部，人口的"典当"和"补货"仍在通过布吉人的船只进行。53

然而，这些计划和所谓的殖民地文明教化项目，仍然无法触及边境的大片居住区，尤其是在婆罗洲。哪怕到了相对晚近的时期，婆罗洲也一直是一块开放的奴隶贸易地区。在边境线的英国一侧，英国权力的分散性（既有沙捞越的王公，也有英属北婆罗洲公司，还有拥有英国顾问的文莱苏丹以及分裂的纳闽岛），助长了持续多年的人口贩卖。在沙捞越，布鲁克政权试图对奴隶制度和奴役条款进行立法，并对任何法院管辖范围之外的人口转让进行罚款。碰到这样的情况，不光主人会因为从事政权管辖范围之外的交易而赔钱，奴隶也同时获得自由。54 然而，在英属北婆罗洲公司位于婆罗洲北半部的领地内，公司专员的日记显示，人们的态度转变来得非常缓慢。威廉·普雷蒂曼（William Pretyman）1880年在坦帕苏克（Tempasuk）的日记中描述了各方为争抢偷来的奴隶发生的武装争斗，而帕帕拉（Papar）专员埃弗里特则明确表示，该地区的拿督（*datus*，即统治者）不顾公司的禁令，随心所欲地把巴瑶人（Bajaus）偷运到任何地方。55 在文莱，伦敦的代表也忙得不可开交，因为当地的邦格兰（*pangeran*，即王族）突袭了该公司领地，搜查奴隶，还袭击了派去逮捕罪犯的英国警察部队。56 听到这些掠夺事件的消息后，英国驻文莱领事叹了口气，说："贩卖和绑架奴隶是婆罗洲传统的一部分，必须逐步解决。"57 就连海峡殖民地的媒体也只期待此事能有缓慢进展，并称荷兰人花了100年时间才在爪哇解决了这个问题，而布鲁克统治了沙捞越几十年后也仍无法废除奴隶制。58

在漫长的国境分界线的荷兰一侧，进展略微迅速一些。在西婆罗洲远离荷兰实际管辖的地区，尽管当地首领签署了禁奴合约，奴隶制和奴隶贩卖仍一如既往地进行着。[59] 然而，主要是在婆罗洲东部沿海地区和距离海岸不远的内陆地区，贩奴活动才设法顽强地延续下来。1876年，库台、帕西（Pasir）、布隆岸、尚佰林（Sambaling）和佩加丹（Pegatan）等小型政治体在纸面上承诺，反对在该地区延续已久的人口贸易。然而仅仅几年后，根据荷兰政府收集的数据，这些苏丹国很明显并未履行承诺。[60] 一些荷兰人认为，这并不是因为缺乏努力；这些作者写道，苏丹自己无力控制其臣民或腹地，基本上使得贩奴活动畅行无阻。[61] 1883年，《海峡时报陆地刊》（Straits Times Overland Journal）说，尽管荷兰屡下禁令，贝劳附近的东海岸仍有整座整座的奴隶村；这些奴隶中有不少在矿区工作，过着极端艰苦的地下穴居生活。据说在塔博尔山（Gunung Tabur），每年有300个这样的奴隶被出售，他们被从菲律宾南部运来，在易货交易中被用来交换鸦片、布料和枪支。[62] 到1889年，东婆罗洲水域的荷兰驻地指挥官仍在贝劳河和布隆岸河河口外巡航，不懈地搜寻更多运载奴隶的快帆船。[63]

然而，直到19世纪末，奴隶制和贩奴活动还不止在婆罗洲边境的偏远森林这样的地方延续。新加坡是东南亚所有商业活动的中心节点，也是英国在该地区的权力中心。虽然当地已制定了大量法律来防止贩奴行径，但荷兰驻新加坡领事对海峡殖民地当局未采取行动打击奴隶交易仍尤感愤怒。所有这些贩卖活动都在地下秘密进行，且有多种形式。其中一种情况是一些朝圣者为完成朝圣之旅而负债累累。许多朝圣者，尤其是爪哇人和博亚人（Boyanese），到了新加坡就前进不得，但为了支付去阿拉伯的旅费，他们给自己签了数年的卖身契。117名朝圣中间人，被称为谢赫或长老（juragans），经常与每年途经新加坡的1万名群岛朝圣者签订长年的卖身契，并支付后者的旅费。这些卖身契让朝圣者过着近乎奴隶的生活。荷兰代表认为这种安排与"旧时非洲人"的遭遇极为相似，英国当局则说这种抱怨夸大其词，或仅仅是看法不同。⁶⁴ 至于对经由新加坡展开的其他形式的人口贩卖，英荷两方意见分歧较小，例如布吉船主在新加坡的小巷出售来自新几内亚的奴隶，爪哇女性被卖到新加坡和马六甲当管家或仆人。⁶⁵

后一种贩卖，即把东印度群岛的女性卖给新加坡华人富商和阿拉伯人做家奴，促使荷兰领事在1882年5月给殖民大臣写了一封抗议信。当月8日，有4名女性刚刚向领事寻求保护；其中3人，分别叫普尔（Poele）、马斯米拉（Masmirah）和卡里玛（Karimah），都是泗水居民，是受"罗萨"（Rosa）号蒸汽船押运员巴巴·斯罗宁（Babah Sroening）诱骗，和他一起来新加坡的。他答应娶她们所有人（他是穆斯林，这么做是合法的），并给她们珠宝，结果她们却被带到位于直落亚逸街（Telok Air Street）的"罗萨"号合伙人李兴旺（Lee Sing Wah）家中，并被贩为家奴。她们的工作从未得到过一分钱的报酬，她们也不被允许离开主人的房子。最后，屋里另一名女奴生病，主人叱责其懒惰并将之殴打致死，她们才终于逃跑。这样的案例促使荷兰领事威廉·里德（William Read）一再向英国人提出抗议，因为还有其他女性，其中既有爪哇人，也有布吉人，被违背意愿带到海峡殖民地并沦为奴隶。领事提到的最后一个案例是，一名妇女小时候生活在荷属东印度群岛，某天她走在路上时遭一名阿拉伯人绑架，后者用蒸汽船把她带到新加坡。有些女性已经在新加坡生活多年，她们没有办法回家，也不知道向谁求助。⁶⁶

奴隶制和债务奴役在东南亚以这样的形式存在了很长时间，哪怕时至今日，在某些情况下仍可以看到。⁶⁷ 然而，大多数传统意义上的贩奴活动（使用那种把人质锁在甲板上的船只），到20世纪初便绝迹了。例如，西婆罗洲的坤甸在19世纪70年代曾被称为奴隶中心，到19世纪90年代初就没有了这样的活动；在巴邻旁和占碑，到1891年，除了遥远的内陆地区，这种形式的奴役也不再实行。⁶⁸

在苏拉威西岛，1897年仍有抵押奴隶的现象，即使进入20世纪后，零星的阿拉伯人，如托拉查（Toraja）地区臭名昭著的赛义德·阿里（Said Ali），仍在搜寻可以贩卖的人口。[69] 不过，在群岛的大部分地区，即使从前是奴隶中心（如巴厘、龙目、库台和亚齐），到19世纪末贩奴活动也已遭遏制，尽管在一些地方仍然存在，如新几内亚和其他岛屿的小部分地区。[70] 有趣的是，随着国家力量扩展到周边地区，荷属东印度在废除人口贸易的过程中却成为20世纪初最接近实行奴隶制的地方。历史学家里德提请人们注意荷兰在外岛大规模推行的残酷徭役，更不用说庞大的苦力制度，荷兰当局在签订的合同及其条款中，对工人提供的待遇往往比任何本地主人提供给奴隶的都要差。[71] 正是在这样的情况下，奴隶制在一种框架下遭到废除，却又在另一种框架中多多少少非正式地延续着，这种大规模贩运人口的做法一直持续到20世纪。

贩卖劳动力

尽管巴达维亚和新加坡不仅试图垄断从南印度和华南一路向南前往海峡殖民地的苦力运输通道，而且还试图垄断这些人随后的流动，但在东南亚，欧洲的势力范围之外仍然存在着大量的劳动力贩运活动。林恩·潘（Lynn Pann）展示了在19、20世纪之交由国家赞助的华人劳工贸易的范围有多大，苦力被输送到古巴（糖料种植园）、澳大利亚（采矿）、新几内亚（加工干椰子），以及许多其他目的地。[72] 在东南亚，许多种植园主、矿业公司和商人在中国和印度都设有代理人，以寻找必要的劳动力，这些劳动力往往是在十分恶劣的处境下签订了卖身契，留得自由身的例子不太多。数以百万计的贫困劳工通过这些半官方途径来到东南亚，但还有一些人（尤其是在中国）是遭到绑架（特别是农民和沿海渔民）、出售（包括在部族间战斗中俘虏的囚犯），或是受了同行的招工人员所欺骗，被贩卖到等待的船上。[73] 东印度群岛的繁荣和建筑的爆炸式增长，特别是种植园和城市基础设施项目，如码头、铁路、烟草和橡胶企业，对劳动力的需求极为迫切，许多人都愿意在正规体系之外寻找所需的廉价劳工。荷属苏门答腊和英属北婆罗洲等地尤其如此，当地苦力的待遇特别恶劣。[74] 然而，太平天国运动等大规模动乱以及中印两国人口过剩，使得饥饿的民众无暇考虑上述因素。在穷人眼里，如果至少能有吃饭的机会，哪怕在最恶劣的条件下出卖几年的劳力也值了。[75]

正如上文所述的违禁品贸易一样，东南亚的殖民地国家试图通过立法来建立司法基础设施，切实地打击非法人口流动。例如，荷属东印度群岛在1887年发布第8号和第9号公报，颁布了一项完全禁止东印度"本地人"到任何外国地方劳动的法令。就连巴达维亚自己都认为，对此类活动的监视，以及它确保本国臣民不遭到贩卖或虐待的能力远远不够。不过，这些规定宣布仅仅几年后，人口过剩（尤其是在爪哇）的危机就压倒了这些担忧，当地苦力再次获允离开东印度。[76] 英属殖民地为应对走私非自愿或受虐待劳工问题而建立的法律体系，规模甚至更加庞大。法律规定了客船起航的时间和条件，并针对当地人使用的快帆船以及华人的帆船和舢板的航行制定了特别指示和准则。[77] 1877年具有开创性的《诱拐条例》（Crimping Ordinance）从法律上禁止了诱拐或强行招募，另一些法律则对华人和印度劳工途经海峡殖民地前往邻近殖民地的行为做出了特别规定。[78] 然而，直到进入20世纪，当局才针对可怕的"苦力馆"（lodging houses）的实际机制，特别是对海峡殖民地的荷属东印度苦力的困境采取了限制举措。[79] 不过，和前述非法毒品及伪币的流动一样，来自海峡两岸的《劳工委员会报告》（Labor Commission Reports）都清楚地表明，这些法律法规更多的是纸上谈兵，实际效果并不理想。

第十章　非法人口贩运　　　　　　　　　　　　　　　　217

　　1891年新加坡《劳工委员会报告》和荷属东印度政府的类似冗长文件显示，在进入20世纪的前后几年，劳工雇佣和招募中存在着何等严重的违法行为。发生这种情况的主要原因之一是，这一时期有多种不同种族的苦力在东南亚地区流动。爪哇人、博亚人、马辰人、达雅克人、吉兰丹人（Kelantanese）、泰米尔人和华人都在流动，他们有时是契约劳工，有时是自由移民。[80] 在这种混乱的状态下，存在着从这样的系统中获益的极大运作空间，许多经纪人和"猪仔馆"（barracoons，即劳务承包商）很快就发现了漏洞。英方报告通过专家证人的证词，明确地揭示出秘密社团已经极大地渗透到苦力运输环节，将中国南方移民从一个地方转移到另一个地方，而且这些活动大多罔顾国家监督，在令人难以置信的恶劣条件下进行。它还说明了工头如何专门设法招募较远地方的劳工，以便将潜逃的诱因和机会降至最低。[81] 在这种条件下，劳工会按照地域被打分，工头更喜欢北方人，而南方人，例如"海南人"和"澳门人"，则往往比北方同胞便宜得多。[82] 荷兰的报告还记录了对劳工制度大范围滥用的情况，比如以朝圣为幌子，但实际上是把人带去种植园和矿山，以及偷偷把人带出东印度群岛，表面上却声称是为欧洲展览提供"民俗生活样本"。巴达维亚还提醒爪哇北部海岸和婆罗洲东南部的许多地方官员，要警惕偷运劳工到邻近英国属地的企图。[83]

　　从荷兰驻华南领事和苏门答腊种植园主委员会（Sumatra Planters' Committee）保存的图表（表8）可以清楚地看出，这种不受国家监管、贩卖劳动力的主要场所之一是东苏门答腊岛的种植园和矿区。大量的华人苦力前往日里及其周边地区，在烟草种植园和南部锡亚地区的锡矿工作。[84] 然而，用于将劳工送往此地的运作体系备受华人劳工和荷兰农业企业的不满，因为它依赖于海峡殖民地和香港的苦力中介。这些中介在招募方法上往往缺乏道德操守。海峡殖民地的法庭案件，如拉姆塞米诉洛案（*Ramsamy v. Lowe*,

表 8　荷属东印度边境居住区的苦力劳工、组成情况和过境统计

边境居住区已登记的契约苦力，1906—1908 年

	1906	1907	1908
楠榜	611	659	644
巴邻旁	615	812	843
苏门答腊东海岸	71882	78361	79579
亚齐	858	839	851
廖内	2803	2399	1543
勿里洞	1964	5053	4037
西婆罗洲	529	937	206
东南婆罗洲	2834	4062	4985

苏门答腊东海岸：苦力的种族，1906—1908 年

	1906	1907	1908
当地人	65	270	75
爪哇人	23500	28229	29322
巽他人	2217	2205	2399
马都拉人	59	19	45
博亚人	279	148	91
马来人	5	9	2
马辰人	326	235	308
布吉人	4	0	0
"克灵人"	1455	1349	1728
华人	43969	45897	45606
其他外籍亚裔	3	0	3
总计	71882	78361	79579

从中国南部汕头地区出发前往东南亚的华人苦力，1886—1896 年

年份	海峡殖民地（作为中转）	苏门答腊东海岸
1886	46710	—
1887	46667	—
1888	40066	1222
1889	44258	3825
1890	35570	5066
1891	27742	3912
1892	30728	2991
1893	48601	5930
1894	33146	5882
1895	45915	8342
1896	49918	7194

来源：摘选自 ARA, Min van BZ, "A" Dossiers, Box 245, 以及 *Koloniaal Verslag* 1909, Appx D, p.22-3

第十章　非法人口贩运

1888）和奥伯林安诉布朗案（*Apolingam v. Brown*，1893），揭示了劳工贩子如何违反英国法律，试图将海峡殖民地的苦力带到日里；其他案例表明，这些非法流动完全发生在英国属地范围内，比如秘密将移民从其真正的目的地诱拐到其他地方，通常是声名狼藉之处。[85] 1890 年 1 月，从华南搭载大量苦力前往海峡殖民地的德国蒸汽船"周福"（*Chow Foo*）号上发生骚乱，船上的人发现蒸汽船实际上是要去日里，而不是事前承诺的海峡殖民地。为了让人们乖乖就范，13 名男子遭到枪杀。[86] 槟城的诱拐情况（同样是为了把华人苦力送到东苏门答腊）也很恶劣，华人证人给海峡殖民地提供的一些细节如下：

> 谢心璜（Cheah Sin Ng）：我是赫尔曼先生（Mr. Hermann）的经理，他是锡亚锡矿的老板……由于我的船正在修理，我租了三艘木船把苦力带到锡亚来。今天早上 9 点 30 分左右……18 名苦力上了船，剩下的人说："我们不去……你要把我们像猪仔一样卖到别的国家去。"
>
> 林四（Lim Shit）：我来自……广东省，是一名农场劳力，我受到诱骗……离家，他们告诉我，如果我跟着他们去新加坡，他们会为我找到一份好工作，如锯木工或砖匠……我们村里，除了我之外，还有 9 个人受到诱骗离开。12 月 15 日，我们被安置在一艘海南帆船上……今天早上我向秦三（Chin-Sam）要钱寄回中国，但他说到达目的地之前，我们拿不到钱。听说我们要被带离他的国家，我们拒绝上船；船上的人试图强迫我，所以我逃跑了，因为我看到其他人被打。
>
> 周阿义（Chew Ah Nyee）：张喜（Chaing-See）和贵隆（Kuai-Leong）告诉我，他们可以在新加坡给我找很多当职员的工作，而且工资很好；我相信了他们，被送上一艘帆船带到这个地方，我

被卖给了一家商店……这里有90个来自我家乡的男性,我猜,强壮的都被送去了锯木场,而我因为身体虚弱,被当作"猪仔"卖了。今天早上,我和许多人一起被带到一艘小船上。我不知道他们要把我们带到哪里去,但我们听说那地方离这边有11到12天的航程,而且我们必须在锡矿里工作。

衡喜玉(Hang Ship Ug):我们都被关在三道门里,不准出去——他们说我们应该被关在木料场里。

梁西三(Leong Ship Sam):直到今天为止,我们什么都不知道,也看不见天空。他们说我们必须到一些锡矿上工作,我和另外14个人被送上了一条小船,如果这些先生们没有来救我,我会一无所知地被骗走。

刘沈义(Lew Ship Yit):我和其他很多人一起被带到一艘船上,如果有人拒绝,他们就会被船老大的人殴打,争斗中我也被打了一拳。我不想被从新加坡送走,这才是我答应来的地方。[87]

有时,这些小型帆船会雇佣印度穆斯林来驾驶导航,把苦力以每人35美元的价格卖给等在苏门答腊的华人中介。[88]这些人最终将被运到韩都岛(Pulau Hantu,也叫鬼岛)海岸附近的一艘大船上,再被运过海上边境,进入荷兰属地。随着此类暴行愈发严重,海峡殖民地流传着多份华人抗议请愿书,许多当地华人指责英国警察睁一只眼闭一只眼,或是同谋并收受回扣,纵容这些人被带到东印度群岛。[89]有充分的理由相信,这些说法是真实的,就像我们已经在鸦片和其他一些违禁品贸易中看到过的那样。甚至一些海峡殖民地的行政人员也承认,该殖民地被用来"诱骗苦力到邻近的荷属定居点做奴隶"。[90]19世纪最后的几十年,随着关于奴隶制和苦力劳工等问题的道德风气发生变化,在亚洲更大的国际舞台上,这种暴行越来越让海峡殖民地政府感到尴尬。

第十章　非法人口贩运

来自同样位于苏门答腊岛海岸德宾丁宜港（Tebing Tinggi）的报告和华人目击者的陈述表明，走私者为什么经常需要采取欺骗手段诱使苦力来这些地区工作。该地区的华人伐木公司每年都会砍伐大量原木，并将其运到新加坡出口，这是一桩利润可观的生意，一根木材售价约为20美元，比一个苦力的价格还高。[91]然而，这些劳工（大多是从海峡殖民地转运来的华人男性）的工作待遇极其恶劣。苏门答腊岛东海岸的荷兰专员整理了一份报告，记录了为公司工作的各种华人的证词。报告显示，所有人都曾遭到拳头和棍棒的殴打，而且无法向警察投诉。[92] 1908年11月13日，勇顺（Yong Siu）作证说，苦力生了病，但公司不给药，继续逼迫他劳动。他所在的工队里有4人上吊自杀，他还指出一张照片中的男性已被殴打致死。最终，勇顺找到了停泊在邻近溪流里的一艘船，逃到了海峡殖民地，把自己的遭遇告诉了当局。[93]提交给海峡殖民地地方法院的其他案件证实了他的叙述，这些案件同样描述了这样一幅画面：上当受骗或被迫的苦力经由一个方向，被运过漏洞百出的海上边境，而少数幸运儿从另一个方向逃了出来。[94]

在海峡殖民地更南边，与新加坡相对的荷属廖内群岛，情况也大致相同。1904年，荷兰方面截获了一艘试图送华人苦力登陆的中国舢板，揭露了一种规模更为庞大的劳动力运送模式。这艘船的船舱里挤着161名海南工人，全是在中国南方的广东省装载的。廖内丹戎槟榔（Tanjung Pinang）的华人事务官员报告说，这艘船的证件是假的，目的地也是假的；它本应驶往更南边的邦加锡矿，但现在却试图把苦力送到廖内省。这些劳工大多是来自广东内陆的十来岁少年，他们上当受骗，因为中介向他们做出了虚假的许诺。船舶舱单上也没有提到任何乘客，尽管船长最终告诉荷兰人，这些工人是从安南带来的。华人事务官员并不相信这一说法，因为这艘船的所有文件似乎均为伪造。文件上称这艘船为"金都力"（Khing Tu

Li）号，但这位官员看了看船长宿舍里供奉海神的小祭坛，因为上面必须刻船的名字，这才发现它实际上是"金高辛"（Khing Goan Hin）号。船主试图让荷兰人误以为这是另一艘已在殖民地有备案的船，但这趟航行的目的始终是把苦力带到廖内省的一处秘密工地。荷兰驻香港领事对此表示认同。他指出，清政府经常把苦力流动视为清除国内"不良分子"的一种方式，而不太关心非法通道。[95] 20年前，该地区曾发生过一起类似的事件，当时另一艘未登记的帆船在当地水域失事，船上的大多数苦力都溺水身亡。[96]

荷兰人最终付出更多努力，尝试直接从中国招募苦力，这一策略在1890年后发挥了作用（主要是因为日里种植园主游说集团的资金，及其在荷兰外交界的影响力）。可即使在此之后，通过合法手段获得足够的劳动力仍然是一个难题。这一点可以从19世纪90年代中期新及锡业公司（Singkep Tin Company，这是一家在新及岛上运营的荷兰公司，这座岛屿在廖内群岛的南边）的运作中看出。新及锡业公司试图从中国农村地区招募劳动力，而不是通过新近建立的直接从华南到日里的渠道，这引起了荷兰当局的关注。例如，海牙驻汕头的领事告诉自己的上级，任何违反现行劳工招募制度的行为都可能使中国人感到紧张，进而危及更大规模朝向苏门答腊地区的劳动力输送。[97] 然而，该公司仍积极推进自己的计划，将已在他们手下工作的中国矿工派往广东周边地区，寻找身强力壮、能干体力活的男子并将之带到海峡殖民地。其中两名华人，徐南辛（Thoe Nam Sin）和蔡恩海（Tjoa Eng Hay）的马来语信件保存至今：它说明了公司对劳动力招募提出的限制条件，包括不得使用来自澳门或泉州的人，并提出了附加条件，规定要将苦力直接带到新及，不能靠近新加坡。[98] 最后这条规定是两者中较为苛刻的一条：如果把华工带到新加坡附近，他们就有机会接触到苦力中介和官方系统，这给了工人逃跑的机会，也让中介有了欺骗公司的机会。由

第十章　非法人口贩运

于遭到势力根深蒂固的荷兰利益集团和中国保护政策的强烈反对，这次将苦力带到新及的尝试最终失败。[99] 然而，躲开殖民地国家的视线，脱离官方认可的渠道并把劳动力带到东南亚，类似的尝试有很多，这只不过是其中的一次罢了。

在海峡殖民地更南边的邦加岛和勿里洞岛上的荷兰锡矿，工作条件极为恶劣，以至于中国政府代表在那里工作的中国臣民提出了抗议。这些岛屿离中国本土有2000英里远，搭乘蒸汽船需要8到10天才能到达。1905年，这里的常住人口约为250名欧洲人、250名阿拉伯人，以及4万名华人。[100] 许多华人在矿场工作，这些矿场在一定程度上自治，但最终要对更大的荷兰矿业公司或荷属东印度群岛负责。[101] 然而，到了1906年，人贩子偷运苦力到这些矿场，以及华工在矿场受到的恶劣待遇，引起了中国省级当局的愤慨。这一年，两广总督写信给荷兰驻香港领事，说他知道这种秘密招募；他警告领事说，这种招募是被禁止的，并要求领事尽力制止。[102] 中文媒体，尤其是香港的媒体，发表谴责时语气就没有这么温和了。1905年12月发表的一篇文章讲到苦力的大腿和手被打上烙印，并质问为什么中国人的性命这么不值钱。[103] 荷兰人很快作出了回应，两周后，在同一份报纸上，某位"金先生"以荷兰/中国贸易公司的名义刊登了一篇文章，否认这些报道的真实性。[104] 海峡殖民地的中文报纸刊登了更多的抗议文章，印证了先前的投诉。[105] 然而，整个事件显示出中国政府和巴达维亚的荷兰当局都清楚地知道偷运劳工越过边境的秘密行为，但多多少少都无力阻止。虽然两广总督于1906年3月禁止更多的华人苦力前往邦加，但总有其他方法可以通过地下渠道获得劳动力。[106]

最后，在婆罗洲，特别是该岛北部的英属北婆罗洲公司领地内，也出现了贩卖劳动力的情况。荷兰当局对该群岛劳工行为的监督报告专门指出，北婆罗洲是这类活动的终点站，并称该公司的领地经常被用作非法过境劳工的工作地点。前往苏门答腊岛东海岸的印度苦力有时会被腐败的工头诱骗到婆罗洲的种植园；1888年，荷兰驻新加坡领事报告说，一个叫哈吉·泰普（Hadji Taip）的人以这种方式欺骗了40名苦力，把他们带到了北婆罗洲公司的领地。[107] 北婆罗洲公司知道自己的领土有着"苦力坟墓"的恶名，还和邻近的政治体签署了引渡条约，以确保逃亡劳动力被带回自己的海岸。在20世纪初，沙捞越也实行类似的制度。[108] 这就使纳闽等附近港口不得不承担一项不甚讨好的任务，即必须始终留意逃亡工人，这些工人因为急于逃跑，常像蚂蚁一样迫不及待地从大船的侧面跳海。[109] 最终，该公司转向远至印度南部的劳动力来源，以满足其所需的人力，尽管大英帝国在亚洲的其他前哨基地也不愿将其属民送到北婆罗洲。1913年，在抱怨多年之后，中国政府作出了让步，允许更多的移民迁往该岛北部，不过，根据条约，中国政府派出了督导员T.B.谢（T.B.Sia）博士陪同工人并检查其工作条件。[110] 20世纪最初的几十年，亚洲一些地区的民族主义觉醒使得这种审查变得极有价值。那些殖民政权，即便以前不愿意改善基于虐待且近乎奴役的制度，如今也开始意识到其后果。贩卖劳工的行为已经持续了太长时间，并且声名狼藉，以至于所有相关方现在都表示，苦力需要新兴国际法律的保护。

这种关注是人们对本章研究的所有三种人口"秘密贩卖"的共同情绪。到20世纪初，大多数欧洲本土公民都认为，非法贩卖人口在道德上无法辩解；与此形成鲜明对照的是，19世纪六七十年代，人们多多少少地认为，东南亚等地不可避免地会存在各类人口"货物"。然而，欧洲本土公民的关注和殖民地在该地区实施变革的能力，往往是两回事。伪币制造者在殖民地国家的强制力量下步步退却，但在1865年至1915年间，鸦片贸易在英荷边境蓬勃发展。这50年里，人口贩卖活动始终不曾消失，但在帝国当局的打压下越来越转向地下。妓女往往成了"出租舞者"（taxi-dancers），苦力仍然遭受剥削，但不再像此前那样公开在现有制度之外进行贩卖。边境沿线的奴隶制基本消失了，尽管这与禁奴行动关系不大，而更多的是与两个欧洲殖民地国家在边疆地区协调一致的行政力量有关。因此，作为一个宽泛的概念范畴，人口贩卖展示了走私者和国家之间此消彼长的较量。到20世纪初，有一些被贩卖的人发现自己的生活有了巨大的改善，而另一些人仍然在形形色色的奴役中苦苦挣扎。

第四部分

跨越英荷边疆的非法武器交易

虽然政府的警惕性很高，但这处群岛上无数的岛屿提供了太多走私的机会，只要战争装备的交易能够从荷属东印度附近的港口获得供应，就别想着能够制止这种非法活动，因为每一个能将这些装备进口到这个殖民地的机会，都得到了武器贩子热切的关注，他们会迅速地抓住这些机会……但史高、史普遍的利益也牵涉其中……阁下想必知道，最近在穆斯林中出现了相当大的骚动……我相信阁下会同意我的看法，即当前统治穆斯林臣民的各大国，出于利益考量，迫切需要相互支持，共同维护和平与秩序。

——ARA，荷属东印度群岛总督致纳闽总督，1882 年 12 月 11 日，#41，in 1882 MR #1222

第十一章

弹药和边境：军火的背景

20世纪最初的几年里，非法毒品、伪币和被贩卖的人口大量往来于英荷边疆。每一种"商品"都给殖民地国家及其属民带来了挑战和机遇。违禁武器在该地区的扩散反映了其中的一些动态，然而，由于不受控制的武器流动会带来显而易见的危险，这一通道可以说是该地区政权最为关注的一条"秘密贸易"通道。监视和拦截武器过境变成了殖民地国家的全职工作，并逐渐演变成了一个愈发重要的政治问题，特别是对巴达维亚而言。武器如何跨越边境？这些交易发生在哪里？从亚齐持续不断的冲突，往南到新加坡的武器市场，再向北到不稳定的苏禄和北婆罗洲，我考察了边境沿线若干地点的此类活动。我还分主题探讨了非法武器。什么人参与了此类商品的运输？走私者和地方政权利用了哪些法律结构相互争斗？走私者利用什么规避机制让自己免于入狱？非法武器贸易反映了东南亚普遍存在的走私模式，主要是因为枪支的运输对殖民地国家来说非常重要。记录这类贸易的大量档案为我们了解该地区跨境走私的机制提供了线索。武器走私在进入20世纪前后的几十年里成了一项庞大的商业活动，并在第一次世界大战前夕发生了性质和数量上的变化。

绘制方向

穿过东南亚的武器运输有着悠久的历史渊源，甚至可以追溯到16世纪欧洲人接触该地区的最初几十年。当地社会很快就认识到枪支对该地区的生存和地缘政治运作有着重要意义。有学者指出，人们学习新型武器及其获取途径的速度似乎比其他任何商品都快（由于生存必需）。[1] 在东南亚，这套逻辑一目了然：17世纪，亚齐以及距离大规模商业活动相对较远的地区（比如婆罗洲上游等地）就出现了武器生产中心。[2] 滑膛枪和锻造精良的刀片进入了马鲁古以及新几内亚高地的分销网络，而另一些火器则渗透到棉兰老岛。在西婆罗洲，当地人甚至将一门荷属东印度公司的旧式大炮当成图腾崇拜。[3] 现存的东南亚语手稿为这些商品如何融入当地社会勾勒出了大概线条。布吉文的史料传授了如何操作和使用各种火器的知识，包括关于枪炮、弹道和火药的信息，而马来语文件显示，对火药和枪支的需求经常越过马六甲海峡，连接苏门答腊和马来半岛。[4] 巴塔克骨雕被当作能抵御子弹穿透的护身符佩戴，这些物品上刻着保护咒语（类似于传统上巴塔克人用来防范危险的咒语，这些危险包括毒药、风湿病和水蛭）。[5]

欧洲人仔细记录了枪支在东南亚各个社会的渗透情况。在婆罗洲大部分地区，铜枪不仅被作为贸易物品出售，而且也被当作货币单位；1865年，一担的铜枪相当于30枚银币。[6] 尤其是在沙捞越上游地区，人们还出售和推广5到10英尺（约1.5米到3米）长的大炮，"在家庭悲伤或欢乐的每一个场合，如斋戒日、节日、生日、结婚和死亡的日子"[7]，人们都会购买火药并发射。在亚齐，和在马来半岛一样,欧洲旅行者注意到男性在日常事务中全副武装,通常随身携带3把或更多的武器,如果是外出旅行,携带的武器更多。其中一些个人武器是枪支,如勒福舍猎枪(Lefaucheux hunting rifles)和左轮手枪。[8] 当时和后来的观察家都证明,女性往往也能熟练地使用枪支。[9] 在该地区出售枪支可获得巨额利润,通常每次交易的利润率都能超过100%,于是,到19世纪中期,这些商品以大规模商业化的方式扩展到当地社会,传播到了尽可能广阔的地域。武吉人、马来人、陶苏格人、华人、美国人和各种欧洲人都参与了武器的运输,甚至直到20世纪初,买家仍然分属几乎所有的族裔类别。[10] 到20世纪初殖民地政府试图对这类物品施加更严格的控制时,该地区几乎随处都可以找到藏匿起来的枪支。新加坡的一名警察局长讲述道,殖民地当局不分昼夜地搜查武器:在公寓里、妓院里、鸦片馆里以及港口"一片帆船的海洋里"。[11]

早在19世纪60年代,欧洲各殖民政府就试图通过逐步立法来限制枪支过境,消除几百年来自由武器贸易所遗留的问题。然而,这是一个极不平衡的过程,国家政策甚至个人偏好都严重影响了执法的速度与力度。例如,1863年,海峡殖民地暂时禁止对外出口武器,似乎担心有太多枪支从新加坡流入正发生太平天国运动的中国。然而,这一决定不久就取消了,港口恢复了以前作为武器交易中心的地位,频繁接待寻找此类商品的各色快船和帆船。[12] 如果说新加坡是群岛武器采购的中心节点,那么纳闽也并不逊色,这一事实使伦敦殖民地部的许多人感到苦恼。[13] 然而,1873年爆发亚齐战争,荷兰人立即禁止向北苏门答腊出口武器,并要求海峡殖民地也这样做,政府获得了控制东南亚岛屿武器进出口的新动力。新加坡总督哈里·奥德(Harry Ord)爵士在这个问题上态度强硬,非常乐意满足荷兰邻居的请求;没过几天,英国就颁布了禁止对亚齐提供武器的法令。虽然不管是在海峡殖民地还是英国本土,都有不少自由贸易派势力强烈反对，[14] 但奥德的决定一直持续到 20 世纪初才遭废除。武器的自由通行，以及这个问题如何与该地区的政治和经济交织在一起，将成为东南亚此后几十年的一个重大议题。

海峡殖民地对北苏门答腊的武器禁运令，带来了财政上的直接后果。据报道，新加坡对荷属东印度群岛的武器出口从 1873 年的 13211 美元，下降到 1874 年的不足 4000 美元，同期的弹药收入也从 14331 美元下降到 6202 美元。[15] 这些只是公开数字，实际数字几乎肯定要高得多，海峡殖民地贸易界对这些损失发出了强烈而愤怒的呼声。然而，随着亚齐战争的进展，巴达维亚认为在冲突的头几年几乎没有取得什么实质性进展，荷兰人决定，除非全面禁止向东印度群岛输送武器，否则他们达不到目的。1876 年，巴达维亚颁布禁令，宣布所有出口武器和弹药到东印度群岛的行为均为非法，并要求新加坡也同样处理。然而，总督奥德已经离任，新总督并不那么乐意合作。1877 年，荷兰禁止从葡属帝汶向东印度群岛出口武器，尽管海牙方面极力劝说，但海峡殖民地再次拒绝效仿。直到 1879 年，经过伦敦和海峡殖民地双方长时间的内部争论，新加坡才同意对整个荷属东印度群岛实行统一的武器出口禁令。一年后，纳闽岛也跟进效仿，从海峡两侧的角度来看，所有进入荷兰领土（不再仅限于北苏门答腊）的武器运输均为非法。[16]

等这些基本限定条件被确定下来，在未来的 20 年里，武器管制法律方面几乎就没有什么变化了。英国在东南亚的各个殖民地——海峡殖民地、北婆罗洲公司、沙捞越和马来联邦——建立了不同的权力管辖范围，针对不同的武器流动情况应用不同的规则和条例，但国家目标基本上是一致的，即阻止当地人民拥有枪支。[17] 1897 年，苏禄签订了新的协定，禁止在该海域贩运武器，但直到 1900 年，荷兰人才终于认为有必要请新加坡取消对荷属东印度群岛实行的全面出口禁令。[18] 亚齐的局势此时已经比较安全，荷属东印度群岛各地的法律普遍谴责武器进口,除非在受到严格控制的情况下。然而,真正不同的地方在于,和19世纪60年代的时候相比,这两个殖民地国家现在要强大得多,它们可以比以往任何时候都更有效地监督非法武器贩运等问题。哪怕是英国,长期以来在针对东南亚地区武器贩运的政策上摇摆不定、不断在外交和自由贸易倡议之间左右为难,到20世纪初也坚定地站在了国际武器控制的阵营中。帝国主义列强现在认为这样的政策符合其明确的长期利益,并且更加认识到,它们需要合作来避免使这些商品落入受管辖人口手中。[19]因此,到20世纪最初的十年,东南亚的非法武器运输已不再是一个重大问题。1914年和第一次世界大战的爆发将再次使这一动态演变成殖民政权的新危机模式。

这种事态的后期发展状况,不应妨碍人们理解在进入20世纪之前的几年,英荷之间(特别是在武器走私的问题上)经常进行激烈斗争。尽管海峡两岸都有自由贸易的支持者,也有人支持更严格地控制武器,但在该地区的武器贩运问题上,两个欧洲列强都将对方视为重要的竞争对手。海峡殖民地的商人就进入东印度群岛的英国船只所受待遇问题提出了大量投诉,声称巴达维亚以武器检查为借口,切开并破坏英国的货物,并在整个边疆地区推进荷兰的贸易利益。[20]荷兰方面则反驳说,负责执行武器禁运规定的英国执法人员根本没有执行相关规定的热情,甚至还竭力纵容武器走私者进入东印度。[21]这两种说法似乎都有一定的道理。当然,在19世纪末,有许多英国官员认为执行巴达维亚的武器禁令对海峡殖民地没有任何好处,并游说降低对被捕者的罚款,放松严格的控制。[22]荷兰人在东印度群岛水域,特别是在边境居住区严厉打击武器走私时,常常只能孤军奋战,这一事实似乎已为巴达维亚所接受。[23]

然而,有两个因素让荷兰的禁令具备恫吓力,并使得走私者在东印度群岛从事非法武器交易时面临比以往更大的挑战。首先是荷兰在海峡殖民地的外交手腕颇为高明,这主要体现在威廉·里德和乔治·拉维诺（George Lavino）这两个人身上。里德是英国人,但1847年成为荷兰政府在海峡殖民地的官方代表,并在1854年成为领事,一直在荷兰驻新加坡使馆效劳,直到1885年退休。在为荷属东印度殖民地服务的40年里,他一直坚持不懈地主张荷兰在海峡殖民地的利益,特别是武器禁令的执行。他在海峡殖民地的政治和经济权力结构中地位极佳,尽管有英国各方的拖延,但他为巴达维亚的利益所付出的努力往往非常有效。[24] 乔治·拉维诺最初是19世纪70年代荷兰在槟城负责亚齐事务的专员,后来成为该港口的荷兰副领事,20世纪80年代中期里德从新加坡退休后,他继任新加坡领事。拉维诺是荷兰人,他非常积极地代表荷兰利益,成为巴达维亚在槟城的关键人物,而槟城是亚齐大部分走私武器的来源地。[25] 这两个人向巴达维亚和海牙的上级汇报相关情况,其信件和电报构成了关于武器运输进入东印度群岛的现存文献的主干。

另一个有助于提高武器禁令效力的因素是荷兰人试图将"欧洲共同事业"的情绪强加给英国邻居。1881年6月22日,东印度总督给新加坡总督的一封信,完整地列出了这一论证的各种论据。荷兰总督说,英属殖民地不受限制的军火自由流动,不光导致了猖獗的海盗活动和奴隶贸易,还唤醒了泛伊斯兰主义的危险幽灵。巴达维亚不仅在与新加坡政府共同治理的群岛水域上利用这种焦虑,还在更广泛的背景下利用它。如果武器走私得不到充分控制,英属印度就将是可能倒下的另一块多米诺骨牌。[26] 没有直接证据证明这些暗示性论证在英国的政策制定会议上占据上风,但到19世纪80年代和90年代,海峡殖民地的圈子里有越来越多人抱怨武器对地区贸易的危害。其中有一些说得转弯抹角。《槟城公报》和《海峡观察家报》等报纸上的文章指出,如果荷兰人能更好地解除当地民众的武装,亚齐海岸发生的商人遇害事件本来是可以避免的。[27] 其他

第十一章 弹药和边境：军火的背景

报道则提出更为直接的批评，引用了一些案例并提到，同样是在北苏门答腊海岸，就连枪支走私者自己也会遭到武装攻击者的袭击，货物也被抢走。[28]这里有一个值得指出的重要趋势：随着时间的推移，海峡两岸的殖民地政府（以及殖民地舆论）都得出结论，即东南亚当地人拥有的枪支越少，对所有人越好。不过，如何确保这种状态就是另一回事了。

通往"中心"的武器：爪哇，1870 年

审视这一时期东印度群岛的非法武器运输问题，不能从边境开始，而应从 1870 年荷兰在爪哇的权力中心着手。两年前，《铁路机车》（*Locomotief*）的一篇文章声称，枪支不断落入爪哇人之手；更糟糕的是（从政府的角度来看），到 1870 年，这些枪支的数量似乎仍在增加。荷属东印度政府的各级官员开始讨论这个问题，行政人员也开始收集统计数据，以便更准确地记录此类武器进入东印度群岛的情况。[29]在岩望（Pasuruan），进口武器的数量似乎有了相当大的增长，而在因其古老的清真寺而成为地区性伊斯兰中心的淡目（Demak），进口武器的数量也在上涨。事实上，在爪哇岛北部海岸的主要港口城市三宝垄，枪支进口的净值从 1868 年的 18108 荷兰盾，一年后就飙升至 82790 荷兰盾。[30]很明显，整个爪哇的武器进口额在 19 世纪 60 年代后半期的大部分时间里一直徘徊在每年 4 万至 5 万荷兰盾左右，而眼下，仅在 12 个月的时间里，进口额就跃升至这个数字的 2.5 倍（表 9）。

1870 年 9 月，巴达维亚向爪哇所有专员下达一项命令，要求严格监视当地枪支的运输和持有情况，并向巴达维亚汇报结果。本书前面提到过，1870 年，爪哇农村仍然普遍存在暴力事件；巴达维亚司法部部长指出，参与暴力行为的强盗和抢劫犯几乎都拥有枪支。[31]

表9　荷属东印度群岛北爪哇海岸枪支持有情况官方统计数据，1864—1870年

1868—1870年爪哇三宝垄地区持有枪支数量

	1868	1869	1870
三宝垄	687	655	607
安巴拉哇（Ambarawa）	421	172	607
沙拉迪加（Salatiga）	269	273	280
肯德尔（Kendal）	920	920	931
格罗博根（Grobogan）	371	359	390
淡目	588	880	769
总计	3256	3259	3167

荷属东印度群岛爪哇武器进口官方统计数据，1864—1869年（以荷兰盾[f]计）

年份	巴达维亚	井里汶	芝拉扎（Cilacap）	三宝垄	泗水	岩望	总计
1864	20323	200	—	6940	13170	200	40833f
1865	24425	—	—	5110	5175	—	35110f
1866	30273	2219	—	6986	6697	310	46485f
1867	24982	1904	1680	11849	9103	430	49948f
1868	10341	5377	255	18108	13862	515	48458f
1869	18977	1005	250	82790	12688	596	116306f

来源：ARA，进出口税收员，三宝垄："Opgave van Ingevoerde Vuurwapenen van Weelde Gedurende het Jaar 1869", in (MvK, Verbaal 31 Oct 1870, La Z14 N41 Kab)。

从政府的角度看，更糟糕的是，首都的政策规划人员和官员都很清楚，大部分进入东印度群岛的武器，几乎一上岸就消失在政府的视野外。在爪哇，许多此类枪支进入了"土邦"（Vorstenlanden），即形式上仍为本地人统治的小块领土。[32] 尽管荷兰在爪哇的行政控制力度比在东印度群岛其他任何地方都要强大，但这些半独立领土的存在，为藏匿于政府视线之外的枪支提供了重要出口。三宝垄的专员发现有太多的枪支登陆本地（尤其是1869年之后），他把进出口关税统计数据寄给了巴达维亚，但他承认自己不知道有多少武器只是从港口进入驻地，趁着还没有人注意到就消失在了农村。尽管官方枪支进口统计数字在1868年至1869年间增长了4倍以上，但对爪哇当地人持有枪支数量的统计数字并没有任何增加。此外，他还暗示，枪支不仅从三宝垄流入农村，还从这座港口经海路流向东印

第十一章 弹药和边境：军火的背景

度群岛的其他地方。[33]

荷属东印度群岛关税的变化，似乎是造成这些趋势的主要原因。根据1837年的政府公报（no.2/43），除猎枪、工艺手枪和其他收藏品外，东印度群岛不得进口枪支；即使是例外情况，也要缴纳重税，通常是每支30荷兰盾，并且还需再缴纳15荷兰盾才能获得持枪证。然而，1865年和1866年的关税改革结束了这一制度，并取消了部分"贵重武器"标准，使得枪支不再只有非常富有的人才能购买。从1866年年初开始，武器进口不再有最低价值限制；无论武器价值多少、从哪里来，所有进口武器一律只统一征收6%的关税。为了给政府创造更多的收入，武器进口最低限额为100荷兰盾的原有规定和有关包装的特别条款也被废除。[34] 军火出口商察觉到一个巨大的新市场向自己的产品打开大门，几乎立即就抓住了这个机会。廉价的枪支开始从附近的海峡殖民地甚至更远的地方（比如欧洲的工厂）流入东印度群岛。[35]

是什么人以越来越大的规模向爪哇推销这些枪支？比利时武器制造商似乎是最主要的源头之一，特别是因为这些公司已经与欧洲的荷兰分销商建立了良好的关系。德国和普鲁士的工厂也运送了大量的枪支，凭借一些技术最先进的武器填补了高端市场的空白。[36] 荷兰制造商也在努力参与其中，通过其完善的网络将货物运送到荷属东印度群岛的各个地方。发往巴达维亚的机密报告称，对越洋进入荷属东印度群岛的商人来说，新加坡的枪支销售非常活跃，其价格与离实际生产中心近得多的欧洲几乎没有差别。[37] 然而，有些商人甚至不必在新加坡出售其商品，只要巴达维亚能获得利润分成，他们就可以获得授权并在爪哇拍卖武器。这项始于1865年的实验的确为政府赚到了一些钱。不过，我们也看到，这么做使更多武器流通起来，而巴达维亚只能追踪到其中一部分武器的下落。[38] 1869年的一份数据表显示了有多少武器（包括卡宾枪、步枪、手枪和左轮手枪）通过这种方式合法进入荷属东印度群岛，由获准购买的客户获得。这个数字非常高，而且一直在上升，直到荷兰政府在19世纪70年代初决定严格限制武器贸易。[39]

然而，巴达维亚最担心的是武器流向亚洲人口，而不是流向生活在荷属东印度群岛的欧洲人和少数获准拥有武器的非欧洲人。较之面向普通民众的贸易，针对后一类群体的重要武器贸易控制起来要容易得多，多年来，政府慢慢意识到了这一点。1870年，政府在三宝垄进行了一项统计调查，计算了该地区各民族过去几年拥有的枪支数量。据估计，在这段时间内，大约有600名至900名爪哇人拥有枪支（经国家许可），只有3名华人拥有这一特权，没有阿拉伯人或其他外籍亚裔有此特权。[40] 政府的这些信息明显偏离实际情况，与事实相去甚远。即使是政府最高层也开始意识到，在荷属东印度群岛非法持有武器以及随之而来的种种后果是一个比任何人以前想象的都要严重得多的问题。当年5月，海牙的殖民大臣责问总督，为什么他得知的有关爪哇秘密武器运输的信息如此之少；巴达维亚含糊作答，殖民大臣则粗暴地嗤之以鼻，并进一步训斥总督。[41] 荷兰本身也开始意识到这个问题的严重性。几个月后，关于应该重新实施更为严格的检查制度的提议悄然出现在了荷兰官方对此事的言论中。[42] 如果连国家自己都难以跟踪武器在其领土中心地区的流动，那么巴达维亚又怎么能指望在英荷边疆的广阔地带发现任何东西呢？

构建法律结构

一种解决枪支问题的方法是建立一套庞大而全面的法律体系。我在本章前面简要地介绍了武器管制法律的年表，但在这里，不妨更为深入地探讨一下海峡两岸为应对非法武器走私挑战所动用的法律机制。新加坡和巴达维亚都建立了一套宏伟的司法体系来处理未登记武器过境的问题，但两国在各自属地执行这些规定的力度不尽相同。国家也没有实现其法律议程的手段：荷兰的技术水平和荷属东印度群岛的广阔领土都妨碍了武器管制法律的成功执行。英国态度游移，荷兰有心无力，使得在19世纪末的数十年间武器不断越过边境。

从表面上看，到19世纪60年代，在跟踪和阻止非法武器的出口方面，英国在海峡殖民地的法律已经开始提供巴达维亚想要的一切。1860年第31号印度法令（India Act no. 31）在海峡殖民地生效，该法令规定对无证销售或制造枪支者处以数年的苦役和巨额罚款，尽管法律上的漏洞允许公民个人有时少量进口枪支自用。火药订购也受到了类似限制，任何储存超过5磅火药的人都必须持有许可证，即使是军火商也不得在库房里单次储存50磅以上的火药。[43] 1867年第13号法令允许海峡殖民地总督（联合殖民地立法委员会）禁止出口武器和弹药到他希望禁止的任何地方，而次年颁布的法律要求入境船只的主人立即申报其所运武器，并对城市范围内储存火药作出进一步规定。[44] 因此，早期旅行者所描述的大规模武器贸易仍然存在于海峡殖民地，但当局采取了许多控制措施来规范和引导这种贸易活动。

随着1873年亚齐战争的爆发，至少在纸面上，海峡殖民地的武器管制法律对走私者越来越严厉。如我们所见，当年，哈里·奥德爵士颁布了第一部禁止向亚齐出口武器的海峡殖民地禁令，并在此后的几十年里逐渐收紧了所有武器管制法规，不仅针对流入海峡殖民地本身的武器，也包括任何可能秘密转移到荷属东印度群岛等邻近政权的武器。1879年，海峡殖民地禁止向整个东印度群岛运送任何武器（一年后，纳闽岛也颁布了类似的禁令），这些措施的实施也可以在许多其他法令中看到。例如，1887年第18号条例赋予了当局更大的权力,可以在海峡殖民地港口内的船只上搜查枪支;1894 年第 8 号条例则对簿记和费用核算做出了新规定,扩大了国家的监督权力。后来的法令,如 1899 年第 1 号条例,针对海峡殖民地水域在安全方面面临的新威胁,概述了目前用于制造炸药和其他爆炸物的物品(硝酸甘油、雷酸汞等),这些物品也被跨境交易。[45] 这些问题在海峡殖民地以外的英国法律中也有涉及,如马来联邦通过了自己的细致规定,如 1915 年第 13 号条例。[46]

一如当时的英国和荷兰观察者所指出的,所有这些法律条文在纸面上给人留下了深刻的印象,但实际上,庞大的英国武器管制法律体系很少得到充分执行。英国驻亚齐乌勒埃勒埃地区(Uleelheue)代表向新加坡的上级抱怨说,他在拜访槟城时没有拿到各种条例和武器管制法令的抄件:那里的英国地方法官没有抄件,警察和政府也没有。他说,他所拜访的军火商都没有把政府的武器管制规定张贴在商店里,而且据他所知,这些规定没有一条被译为当地的亚洲语言(泰卢固语、马来语和汉语)。[47] 很难想象,连国家公仆都很难发现这些信息时,怎么能指望商人们知道政府政策的细节。乔治·拉维诺更加强烈地批评了当前事态。他抱怨海峡殖民地法律存在漏洞,比如如果武器走私者无力支付罚款,他们基本上就能逍遥法外,这是对英国封锁努力的嘲弄。领事努力修补这些漏洞,并定期向英国殖民大臣发送海峡殖民地法律的抄本,以说明某些条款如何经常遭到忽视。[48] 在 1887 年的一封信中,拉维诺苦涩地抱怨说,纸面上许多条款(其中包括要求必须直接证明扣押的武器货物属于船上的某个人,才能追究其责任)似乎是故意写出来让人钻空子的,虽然没有明白说出来,但实际上就是这种意思。[49]

意识到这一点之后,巴达维亚试图自己制定进口法规,以尽可能有效地阻止武器入境。我们可以看到,面对英国属地的荷兰边疆居住区都存在此类情况。在亚齐,即使进入 20 世纪,当局对拥有

第十一章 弹药和边境：军火的背景

和销售枪支仍有特别严格的规定，而在同样靠近英国边境的邦加，当局则特别注意确保火药没有被运输并藏匿到边境的另一侧。勿里洞的火药库没有修在主岛上，而是出于安全和监控原因，放在了卡尔莫亚（Kalmoa）的近海小环礁上。在西婆罗洲，地区行政当局开始讨论完全禁止使用硝石，因为这种化合物是火药的主要成分之一。[50] 从苏门答腊岛的东海岸到巴邻旁，再到东南婆罗洲，所有的边境居住区都颁布了特别的武器管制法，将边境沿线的城市与更广阔、更同质化的内陆地区区分开来。最后的这些法案揭示了本书前面讨论的一些国家焦虑，因为这些城市——其中包括棉兰、巴邻旁和马辰——通常是大量外籍亚裔（如阿拉伯人和华人）的聚集地。[51]

然而，荷兰人通过法律手段阻止武器流入东印度群岛的努力，不仅是基于地理上的计算，即围绕边境划出法律屏障，而且还随着边境居住区条件的变化灵活应对。因此，荷兰港口的港务官（*shahbandars*）获得了现行武器管制法规的特别印刷版，以便他们随时掌握荷兰法学的完整概要。[52] 其他公务员不光会收到荷兰语的指示和有关武器的决策，还会收到鲁米语（也即以拉丁字母书写的马来语）版本，这样，地方官员（他们中大多数人的荷兰语不太好）就能确切知道自己读到了什么。其中一本小册子的部分内容如下：

> 规定
>
> A. 进出口
>
> 第8.2条：销毁没收的枪支。
>
> B. 持有、运输和交易
>
> 第6.2条：无须证明即可持有的火药和弹药数量。
>
> 第6.3条：港口管理员有权扣押不属于船只装备的火药或弹药。
>
> 第17.1条：对违反枪支、火药或弹药持有及运输规定的处罚。[53]

专门法律还明确规定了在某些特定情况下应采取哪些措施，例如当载有武器或弹药的船只驶入港口，或者当这些物资沿着政府拥有的铁路线路运输时。与英国的限制规定一样，在20世纪最初的几年，荷兰法律对炸药等"爆炸性物质"的新型运输给予了适当的关注。[54] 换句话说，巴达维亚试图创造一种立法氛围，在时间的推移过程中，让走私武器进入东印度群岛变得越来越困难。它关注技术和工业方面的新发展，并在伦敦和新加坡的权力走廊中寻求合作。然而，从检查或控制进入荷属东印度的武器走私贸易方面看，所有这些措施的效果如何呢？

地域、辐射状的贸易路线和运输

走私者为向东印度群岛运送违禁武器要穿越广阔的领土，从这一点来看，上述禁令根本没有什么效果。武器穿过的不是一个点，甚至不是两个或三个点，而是穿过了边境沿线的多个交会点，从北苏门答腊的亚齐一直向东延伸到婆罗洲北部的顶端。不过，要是我们收集整理现有的查缴告示和相关统计数据，就能逐渐清晰地分辨出一些模式。不是边境上的所有地点都被平等地用作中转点，有些环境更适合跨越国际分界线来运输此类货物。总的来说，分散模式似乎遵循一种可识别的逻辑：槟城是马六甲海峡对苏门答腊市场的主要分销中心，而纳闽岛在婆罗洲和苏禄水域扮演同样的角色。其他港口，例如马六甲港，则履行次要职能，在某些情况下虽然也输送武器，但总量比前两个港口小。[55] 新加坡无疑是这些行动的中心地点，因为它位于南海的终点，可以通往苏门答腊、婆罗洲和荷属东印度群岛的许多分散的其他岛屿。在新加坡，自由贸易商业的狂热混乱也达到了顶峰，走私武器或其他任何东西的机会都要大得多。因此，新加坡尽管是英国在东南亚的权力所在地，但似乎一

第十一章 弹药和边境:军火的背景

贯是违背海峡两岸长期实行的武器管制法的主要场所。对此,巴达维亚的荷兰人和英国人自己都很清楚,尽管几乎没有管理者知道该怎么应对。

武器越过马六甲海峡的浅滩,从英国属地的多个地点扩散到苏门答腊。虽然荷兰人试图控制武器流入其控制的外岛领土,但资料显示,这些尝试并不成功。在1870年的巴邻旁,乡村枪击事件并不罕见,而在仅仅两年后的占碑,当地人就经常手持武器袭击荷兰士兵。[56] 次年(1873年),海峡殖民地对北苏门答腊出口武器的禁令终于生效,不过这似乎只对官方统计数据有影响,并未影响到整体贸易。[57] 火枪、步枪、手枪和左轮手枪继续涌入苏门答腊,尤其是现在走私武器的非法性质提升了交易的潜在利润。这些武器中有许多前往亚齐,要么直接运到亚齐海岸,要么落在冲突地区以南的地点,接着进一步转往北部地区。[58] 然而,苏门答腊岛的其他地区对枪支也有需求,当地反政府斗争(以及内斗)的规模不如北部的那么大。19世纪80年代初,在锡亚,像哈吉·奥斯曼(Haji Usman)这样的人,以及"程发胜"(Tjang Wat Seng)号和"帕坎"(Pakan)号等各种蒸汽船都被逮到参与走私。[59] 从新加坡到苏门答腊东海岸的海路上还截获了载有武器的当地快帆船,该地区的专员不禁为此抱怨说,在他的管辖范围里,武器禁令一文不值。枪支还穿过海峡殖民地来到了巴眼牙比(Bagan Si Api-Api),这是一个新兴的华人渔业定居点,坐落在苏门答腊岛的马六甲海峡沿岸。[60] 即使在苏门答腊岛遥远的南部,远离亚齐的冲突,更靠近主要海上航线,甚至更靠近巴达维亚,武器也在继续流动。在巴邻旁和占碑,走私武器的企图极为普遍,直到19世纪最后20年甚至进入20世纪初都仍然如此。[61]

从国家的角度来看,婆罗洲的情况也好不到哪里去。来自当时边境英国一侧的描述表明,在19世纪80年代,即使英国北婆罗洲公司开始加强对其领土的控制，北婆罗洲海岸和大片海湾地区仍在继续进行武器贩运活动。[62] 在边疆的荷兰一侧，监管更加困难。在婆罗洲东南部，武器从一些独立的小苏丹国（如库台）被走私到荷属苏拉威西岛，而枪支也被走私到巴达维亚的势力范围，进入受荷兰直接控制的亚文泰、帕西和巴厘巴板等城镇。[63] 在该岛的西侧，涉及武器运输的形势变得越来越复杂，这主要是由于邻近新加坡和其他英属港口。在槟城和新加坡十分活跃的义兴会在西婆罗洲也有分支机构，参与了跨越沙捞越边疆的大规模武器贩运活动。[64] 20世纪初，华人商业活动的这些触手导致荷兰对武器问题日益焦虑，特别是在沿边境的西婆罗洲地区。[65] 然而，在更低的水平上，枪支似乎几十年来也一直流入西婆罗洲，虽然数量不大，但仍然缓慢渗透到整个居住区。荷兰关于19世纪70年代和80年代驶往苏卡达纳、三发和坤甸的走私船只的报告相当多，记录了大量违禁品源源不断涌入边疆地区最不稳定的荷兰居住区之一。[66] 偶尔，火枪似乎也会反向流动，《沙捞越公报》清晰地展示了这一点。[67]

尽管从地理上看，婆罗洲和苏门答腊岛环绕着英荷边境，为走私者提供了一条长达数千千米、绕在荷兰控制领土上的"项链"，但武器也会直接穿过边境被转运到荷属东印度群岛的其他地区。我们已经从19世纪60年代末的爪哇看到了这一点。这种"穿刺效应"从许多地方都可以观察到，因为走私者试图把枪支运送到群岛的任何可以赚到丰厚利润的地方。苏拉威西岛是这一现象的一个典型例子，事实上，在本书考察的50年里，苏拉威西占海峡殖民地非法武器出口的份额很高。1873年海峡殖民地禁令将北苏门答腊和苏拉威西岛部分地区视为武器贸易禁区，此后，所有转移到该岛各大港口的武器都违反了这两个殖民势力的法律。然而，运送武器的快帆船和中式帆船，经常把巴里巴里（Pare Pare）、凯里（Kaili）、望加锡和其他港口作为目的地，这一点可从大量荷兰语和英语信件中清

第十一章 弹药和边境：军火的背景　　　　　　　　　　　　　　245

楚看出。[68] 不过，苏拉威西岛并不是这些货物唯一的目的地。零散的有关武器查获的告示和情报报告，读起来就像一份东印度群岛地理位置的电子表格，上面列出了那些频繁交易武器的地点（通常要穿过海峡殖民地）。除上述的苏门答腊和婆罗洲的所有港口外，这条港口和岛屿的警戒地带还包括巴厘岛、龙目岛、廖内、松巴哇、班达、新几内亚和爪哇。这些港口的多样性和地理距离表明，武器走私在进入20世纪的前后几十年里已经成为一桩庞大的买卖。[69]

或许，没有任何一份文件能比1888年1月30日荷兰驻新加坡副领事写给荷兰驻海牙外交大臣的一封信，更能说明武器走私贸易的特点。这封信长达12页，详细描述了1887年英荷边疆武器走私的模式和分布情况，为当时的武器走私状况留下了一幅迷人的快照。这份文件的巨大价值在于，它以横截面的视角描述了特定时期的武器贸易；这几乎就像检查树桩上的年轮，以寻找更大实体生命史的线索。副领事指出，1887年，新加坡试图向荷属东印度群岛的港口供应武器：爪哇岛上的代表港口是巴达维亚、泗水、井里汶和南望（Rembang），苏拉威西岛上有凯里，坤甸在婆罗洲很突出，还有爪哇岛以东的巴厘以及苏门答腊岛的占碑、锡亚和望加丽（Bengkalis）。将这些武器运过边境的参与者也属于各种各样的种族：各种案件中都提到了华人、博亚人、阿拉伯人和欧洲人的名字。货物本身也值得关注，因为运送的不光有大量的火药和雷管，还有后膛装填的毛瑟枪、左轮手枪，甚至温彻斯特连发步枪。最后，这封信中最能说明问题的部分，或许是标记为"结果"（Resultaat）的一节，也即阻止违禁品进入东印度群岛的部分。在1887年的几乎每一个案例中，涉及的两个殖民地国家都没有取得任何行动成果。[70]

考虑到地理范围广阔、各利益方分散以及产品和货物种类繁多，因此，即便进入20世纪之后，我们仍然可以看到文献资料中提及枪支过境也就不足为奇了。在这50年间，立法和执法技术可能发生了变化，但无论是英国人还是荷兰人都无法完全阻止武器贸易越过边界。荷兰的文件很清楚地说明了这一点。在亚齐南部加约人的土地上，直到20世纪初仍存在武器运输；而在楠榜，本地居民有时会用武器击退征调徭役的荷兰人小队，拒绝政府的劳工征召。[71] 在苏门答腊岛中北部的部分巴塔克地区，直到1904年，当地首领仍在通过马来贵族或低地华人订购温彻斯特和博蒙特（Beaumont）步枪，并几乎总是用山区的马匹进行交换。[72] 20世纪初，荷兰在占碑的巡逻队也经常遭武装分子的伏击和杀害，民众发起抵抗的原因是苏丹塔哈的叛乱，这场叛乱延续了近50年仍未平息。[73] 婆罗洲的情况也差不多。政府对未按规定上交枪支的当地人处以罚款，而抢劫团伙仍然能设法在短时间内侵占边缘领土，用武器骚扰当地居民。[74] 从1865年到1915年，武器走私的地域范围并没有缩小太多。实际的情况是，随着国家努力切断武器供应链，武器贸易也不断适应并调整，越来越深入地下。

种族和武器贸易

什么人参与了这些交易呢？作为一项持续存在的经济活动，哪些种族群体与武器走私有关？对这两个问题，简短的回答似乎是"几乎所有人"，因为在某种程度上，该地区大量不同的族群都参与了武器贩运。当时对跨越群岛进行贸易的人口的描述表明，在19、20世纪之交，东南亚市场极为国际化：19世纪80年代，约瑟夫·康拉德曾在这些海域航行，他提到了葡萄牙人、荷兰人、华人、布吉人、马来人、达雅克人、英国人、美国人、西班牙人、"苏禄人"［陶苏格人和/或巴兰金吉人（Balangingi）］和阿拉伯商人都参与其中。[75] 在不同时期，美国人、布吉人和华商似乎都特别参与了广泛的武器贸易。巴达维亚很清楚这一点，其武器管制法令不仅

第十一章 弹药和边境：军火的背景　　　　　　　　　　　　　　　247

用荷兰语颁布，还使用了当地语言。其中一些禁令是用中文发布和张贴的，还有一些是用爪夷文（Jawi，用旧式阿拉伯字母语言书写的古典马来语）印刷的。[76] 另一些法令则被翻译成布吉文或爪哇文（Javanese）。荷兰政府不给这些禁令留下任何阐释的机会：当地居民不理解武器管制法的后果，对国家来说太严重了。至于说当地人是否注意到这些禁令，是否在乎这些禁令的存在，又或是认为它们无非是从事一桩赚钱买卖的障碍，这完全是另一回事。

　　当地非华裔、印度裔或阿拉伯裔东南亚人大量参与这些交易。早在1865年以前，新加坡就已经是一个重要的武器贸易中心，吸引着来自群岛各地的快帆船，武器贩运是其最重要的出口商品之一。[77] 到19世纪后期，这种交易成为非法行为，但这并没有阻止当地不同种族的东南亚人继续参与其中。在婆罗洲，河口的拿督储存武器以防备咄咄逼人的邻居，而英国北婆罗洲公司直到1896年仍会以没有持枪许可证为由逮捕当地居民。[78] 但这并未阻止当地巴瑶人枪杀锡克教警察，而在文莱，分散的民众也可以随意购买枪支，有时通过苏丹，有时通过马来人、华人或欧洲商人。[79] 在婆罗洲之外，东南亚的当地人获得枪支的能力也大同小异。苏门答腊岛的巴塔克人试图以小渔船充当运输工具，搭载火器穿过海峡运回日里，再运到高地。[80] 据荷兰密探说，占碑各首领的使节也前往新加坡，在那里"兴致盎然"地寻找武器。[81] 不过，关于布古人尝试获取武器的消息，比其他任何当地人群体都要多。布古商人是东印度群岛主要的武器承运者，向荷属领地大范围分销武器。[82] 1879年1月一封被查获的信件中，巴里巴里岛上瓦久地区（Wajo）的布吉王公向新加坡的华人军火商提出请求。这封信被翻译出来后引发轩然大波，因为土公除了订购大量的火药和生铅，还订购了100箱火枪。[83]

　　东南亚的阿拉伯人和印度穆斯林，以及这两个群体生活在当地的后裔，同样参与了非法武器贸易。如我们所见，在涉及武器运输时，这些群体的成员尤其让荷兰政府感到畏惧，这通常是因为前者与伊斯兰教有广泛的联系。由于海峡贸易航行的大部分资金由切蒂亚尔（Chettiar）的放贷公司承保，穆斯林印度社区经常在幕后参与筹集这种冒险事业的资金。[84]不过，这些社群还更直接地参与军火走私。就像1896年穆罕默德·欧斯普（Mohamed Eusope）和梅丁萨（Meydinsah）的例子一样，新加坡的印度人有时会被抓到将成罐的火药秘密运入殖民地。[85]槟城也将阿拉伯人列为向亚齐抵抗力量走私枪支的罪魁祸首之一。就连英国驻亚齐乌勒埃勒埃地区代表也指出了这一点，说明这种情况众所周知，并不仅仅是东印度荷兰人的妄想。[86]因康拉德的故事而得以永生的"维达尔"（Vidar）号，在历史上是一艘阿拉伯人的船，以运送武器而闻名，多年来的若干份文件都清楚地对此作了说明。不管是19世纪70年代初还是更晚一些的80年代，人们都知道"维达尔"号向婆罗洲和苏拉威西岛运送火器，这些火器的主人是搭乘该船过境的阿拉伯乘客。[87]进入20世纪之后，东印度群岛的阿拉伯人似乎仍然参与此类航行，比如曾有一名阿拉伯人进口枪支到高地托拉查去狩猎奴隶。[88]

然而，一如我们已经考察过的其他若干违禁品贸易线路，查缴记录中的华人比例，似乎超过了他们在人口中对应的比例。19世纪80年代初，英属北婆罗洲公司在当地忙于阻止各类华人的武器走私，对其处以罚款，并大量查获步枪和火药。[89]纳闽和荷属西婆罗洲边境的华人秘密社团似乎是这些武器的主要运输者之一，而运输武器通常是为了保护自己免遭掠夺。[90]然而，婆罗洲华人反对国家的大规模起义也令人担忧，例如1915年发生的一次起义几乎引发了一场国际事件。[91]在马六甲海峡，华人也大量参与此种贸易。为此，荷兰驻海峡殖民地特使对华人进行了抨击，他向海牙报告说，华人就在英国当局的眼皮底下走私了大量武器，更早一些时候的信件还指控他们通过各种近海船只向抵抗组织提供武器，为亚齐战争火上

第十一章 弹药和边境：军火的背景

图 14 华人女子因持有武器而在新加坡被捕，1908 年。图片来源：*Utusan Malayu*,30 Jan.1908, p.3

浇油。[92] 然而，即使是在新加坡，也就是英国在东南亚的权力中心，华人也在 1865 年至 1915 年频频因走私武器而被捕。像干拿路的"林玉迎"（Lim Yem Eng）和"赵开莫"（Chop Kaij Moi）等公司经常被指控为武器贩运商，充当跨越荷兰边境的当地联络代理人。[93] 记录中还描述个别华人因违反国家法律携带枪支而被捕，例如 1894 年的一名潮州男子，1908 年一位海峡殖民地的华人妇女[94]（图 14）。

在英荷边境沿线，就连那些照理说出于爱国原因不会进行军火交易的欧洲人，也一直参与其中。对很多人来说，巨额利润的诱惑实在太大了。有一些军火走私航行似乎是孤立事件，例如，1873年英国的"约瑟夫"（Josef）号纵帆船在亚齐登陆并运送武器；1880年末，香港商人怀特（White）在北婆罗洲非法出售步枪。[95] 同样地，澳大利亚人斯特罗恩（Strachan）将枪支走私到葡属帝汶，并计划最终在东印度群岛出售；另一桩阴谋也被揭露，该阴谋的策划者试图通过欧洲人的网络，从槟城向亚齐运送2000支步枪。[96] 此外，西方人也进行过更有组织、有计划的尝试，意图将武器输送到荷兰属地。1894年发生了一起著名的案件，以佩齐（Paige）、尼尔（Niel）和丹尼尔森（Danielson）三人为首的一伙欧洲人试图把成箱的枪支运到巴厘岛，然后用马车将枪支运入该岛内陆。[97] 德国汉堡的贝恩迈耶公司（Behn Meyer Company）把主要的东南亚分公司设在新加坡，该公司也参与了大规模武器走私活动。这家公司的欧洲经理在19世纪80年代和20世纪初两次被控向东印度群岛走私武器。[98] 甚至就连不少荷兰人也积极参与此类贸易，这证明至少对一些人来说，利润是比民族大义更强的诱因。1873年，一家名为冯·德尔登（van Delden）的荷兰家族企业试图从泗水将39箱枪支运往巴厘岛，而大约十年后，荷兰公司达朗齐（de Lange）也被发现向亚齐走私武器。[99]

长期居住在该地区并与当地社会深度通婚的海峡殖民地印度—葡萄牙裔社群，也参与了这些贸易。印度—葡萄牙裔商人具备在这些交易中充当掮客的所有结构性条件。这一社群中的许多成员拥有商船，或者是他人船只的船长；语言通常也不是问题，因为成员之间普遍使用马来语方言，并且在马六甲海峡两岸保持着长期的人脉。故此，从现存资料中读到有一位德·索萨先生（Mr. de Souza）、一位耶利米先生（Mr. Jeremiah）——两人均为船长——在这些浅水

第十一章　弹药和边境：军火的背景

区触犯了荷兰的武器管制法，也就不足为奇了。1872年，"菲亚帕赫特"（Phya Pakeht）号的押运员耶利米被控与一名亚齐人同谋，在亚齐海岸沿线出售武器。1883年，德·索萨船长拥有并指挥在槟城外活动的"雅努斯"（Janus）号纵帆船遭荷兰巡洋舰"锡亚"（Siak）号拦截，他被控在苏门答腊运送武器上岸。德·索萨写了一封长信向英国驻乌勒埃勒埃领事表示抗议，声称自己是无辜的，尽管他承认可能有人把武器藏在自己船上。尽管英国驻亚齐领事试图代德·索萨向荷兰人求情，但他不相信船长是无辜的。领事告诉槟城，他听说有海峡殖民地有一个葡萄牙人集团在积极从事军火贸易，而德·索萨很可能是其中一员。[100]然而，在解决这些问题的期间，德·索萨遭到拘押，损失了很多钱，他的妻子和孩子在苏门答腊岛的东海岸无人保护。[101]显然，走私枪支是一桩利润丰厚但危险的生意：如果航行顺利，从业者可以赚取巨额利润，但无论是从职业角度还是从个人角度来看，失手的代价都很高昂。

当武器违背两个殖民地国家的意愿，被悄悄运过边境时，不同族裔的成员之间在武器走私方面存在多少合作或竞争呢？语言、阶级或种族团结，是决定谁与谁合作、与谁不合作的重要因素吗？历史学家约翰·弗尼瓦尔（John Furnivall）主张，不同种族的东南亚人只会在市场上相见，而回避其他"更深层次"的接触，让各自的群体保持独立状态。[102]这个结论似乎在某种程度上得到了证实，尽管可能比弗尼瓦尔乐于承认的要更微妙。英国人认为，这种性质的商业纽带肯定非常脆弱。"为了钱，"英国驻亚齐领事写道，"马来人会告发任何华人，华人也会告发任何马来人。"[103]东南亚人似乎明白殖民统治者是这么想的，并利用这一认知为自己谋取利益。在法庭对一起武器走私案进行审判的过程中，一名华人苦力透露说，替他担保的华人告诉他，如果他被抓住并被迫作证，他应该说是阿拉伯人而非华人付钱给他，让他把武器运过边境的：

> 我是个苦力，住在厦门街……大约一个星期前……"恒源"（*Chop Heng Guan*）号的陈老板叫我到贝尔公司（Behr Co.）的仓库去，给5口箱子缝上麻袋。我和陈老板手下叫吴成礼（Goh Seng Iyye）的伙计一起去的。到了那里，贝尔先生仓库里的苦力们正把来复枪装进箱子，钉上盖子。我把它缝上麻袋，还有4个人协助我。另外3口箱子已经钉好并缝上了麻袋……老板和伙计告诉我，如果我在去蒸汽船的路上被人发现，把箱子扔下就跑。如果有人问我什么问题，就说是有个阿拉伯人雇我把箱子搬上船的，别提老板的名字。4日上午，我在街上遇见了吴成礼。他告诉我那些武器被警察查获了。他给了我两块钱，让我躲起来，永远不要提起这件事。这些武器眼下在警察手中。[104]

放到殖民主义时期的态度和观念背景下看，这样的诡计合乎情理。很自然，当地的亚洲人会试图利用这些偏见来反抗宗主国，以求打破对自由贸易的限制。

然而，大多数证据表明，跨族裔的枪支走私联盟非常普遍。为了获得潜在的利润，只要有必要，商人就会放弃自己族裔的业务偏好和信任网络。这在1865年至1915年的多种背景和群体中都显而易见，但华商表现得尤为明显，为将军火运往海外，他们似乎能与任何一方联手。在婆罗洲西部坤甸之外的抵抗力量依靠华人在新加坡的关系获取枪支，他们将小型快帆船派到港口，装满火枪和弹药运回岛上。[105] 在马六甲，华人、印度人、马来人和亚齐人一起把武器运到苏门答腊，而在槟城，华人和当地穆斯林团体合作，通过霹雳地区运送枪支。[106] 亚齐的冲突似乎引发了一些最复杂的跨族裔行动，比如挂着英国国旗的船只，船上有华人船长，亚齐人或马来人船员。[107] 在海峡殖民地保存的关于向北苏门答腊走私武器的信件中，几乎所有族裔的名字都出现过，这表明在过去的数十年间，参与这些交易的种族范围非常广泛。[108] 这种现实和隐喻层面上跨界合作的意愿并不令人惊讶,因为对殖民压迫的抵抗和赚钱的机会,是大多数群体所共有的诱因。许多商人、船主、船长和普通百姓抓住这些机会,只要时间和地点允许,他们就会运送武器。

第十二章

实践与逃避：武器走私的动态

东南亚武器贸易的悠久历史表明，数百年来，各种各样的弹药、枪支和其他战争物资都在该地区流通贩运。在不同时期，这些商品运输者的身份也多种多样，不断变化。武器贸易的这两个方面——枪支本身和交易枪支的人——也一直在不断变化。但是，军火始终是一种具有极高价值的商品，这一点没有改变。无论是接触时期葡萄牙人及其大炮的出现，还是 19 世纪上半叶美国人带着火枪来到苏门答腊岛的胡椒产地时，情况都是如此。东南亚人知道这些商品对生存至关重要，因为该地区的力量平衡迅速转向那些最能有效地使用枪支的群体。正是由于这个原因，在东印度群岛外岛地区，传统上代表财富和权力的"商品"，如奴隶或礼仪用锣鼓，甚至直到 19 世纪末仍可用于交换火药和火枪。[1] 枪支可能已经融入了东南亚物资流动的庞大旋涡，但随着这类商品渗透到该区域的边境地带，它们也获得了一种"不二之选"（primus inter pares）的价值。这种扩散是如何实现的？走私者运送的是哪些种类的武器装备？它们如何流动？面对国家日益加强边界控制的形势，走私者有哪些选择？

第十二章　实践与逃避：武器走私的动态

军火货品的演变

最初，通过简单的广告促进枪支交易是最容易的方式之一。在1873年对荷属东印度部分地区（以及1879年之后这片辽阔领土上的其他地区）实行禁令之前，人们只要回复刊登在海峡殖民地当地报纸上的广告，就可以轻松买到武器。1870年1月6日发行的一期《槟城阿格斯和商业广告》（Penang Argus and Mercantile Advertiser）上的一则广告清楚地说明了这一点：广告的标题是"埃利（Elley）军火：无壳弹药"，正文非常详细地描述了可以从该公司购买的武器种类和价格，其中包括公司自己研发的"在任何气候下都不会失效的防水"子弹，还有可用于史密斯威森（Smith and Wesson）和其他口袋左轮手枪的"铜边子弹"。该公司还提供前膛和后膛装填步枪的火帽和药筒。² 差不多20年后，在邻近的荷属东印度群岛实施武器禁令的高峰时期，《海峡时报》等报纸上的广告照常进行此种叫卖，告诉顾客仍然可以买到武器，只是不能运到海峡殖民地更南边。约翰·利特尔公司（John Little and Company）在1888年7月6日发行的一期《海峡时报》上称，该公司新到了一批货，马提尼—亨利（Martini-Henry）步枪、温彻斯特连发枪、史奈德（Snyder）步枪和弹药现在均可买到。³ 许多此类公司也在马来语报纸上为自己的产品打广告，比如约翰·利特尔公司也在新加坡的《东方之星》（Bintang Timor）等报纸上买了广告位。⁴ 因此，寻找武器并不非常复杂，因为这些货品的供应商会确保任何潜在客户都知道要到哪里去找。

各种武器禁令、持续不断的冲突，以及反抗殖民侵略的抵抗运动，为这条商品线的成功提供了必要的基础。枪支和武器越过边境涌入东印度群岛。火帽是最常见的走私物品之一。这些易于隐藏、会引起爆炸的小东西（一箱装有62500枚火帽：250个小锡盒，每

图 15　在亚齐发现的火帽盒，1883 年。图片来源：PRO，伦敦

个小锡盒装 250 枚，体积只有 1 立方英尺，约 0.028 立方米）越境数量极为庞大。[5] 一次搜查就缴获 1 万枚甚至 3 万枚火帽的情况并不罕见。[6] 从死去的亚齐士兵身上取下的火帽盒，由英国驻乌勒埃勒埃特使通过海峡殖民地运送给上级；其中的一个锡盒被保存在伦敦档案馆的一口文件箱里（图 15）。[7] 这些火帽由伯明翰的基诺克公司（Kynoch Company）生产，正面印有汉字。然而，有些汉字代表马来语词汇，表明制造这些物品的欧洲公司知道是什么人在使用它们。[8] 穿越边疆的其他常见物品是火枪和雷筒，后者是该地区各民族使用了很长时间的老式步枪。记录中不乏一次运送 400 支、500 支甚至 600 支步枪的情况，不过单次缴获的数量往往较少。即使是制造子弹的钢包、传统弯刀或匕首等物资，也都经历过这些旅程。手枪、长矛、军刀和刺刀都是一起运送的，这种混杂多样的武器搭配能在多个港口找到买家。[9]

然而，非法军火贸易也包括更现代化的武器，因为不少使用最

第十二章　实践与逃避：武器走私的动态

先进技术的欧洲武器都找到了进入海峡殖民地的途径。苏门答腊岛东海岸的专员向荷兰总督抱怨说，新加坡当地人可以按"现货价格"买到恩菲尔德（Enfield）步枪和其他现代火器，这应该是真的，因为这些步枪当时在东南亚到处都是，甚至出现在婆罗洲内陆。19世纪70年代，荷兰在封锁亚齐期间向船员分发的先进博蒙特步枪也出现在敌方手中，而且荷兰巡逻队还发现，这些枪的枪管经过了改装，以适应当地的需求。[10] 美国温彻斯特步枪也被用来对付两大殖民列强，亚齐和苏门答腊岛的巴塔克高地上的当地人用它，在新加坡和苏拉威西岛之间航行的布吉人船员也用它。[11] 甚至连德国的毛瑟（Mauser）步枪也能在该地区买到，1899年初，500支毛瑟枪和50万发毛瑟子弹从新加坡运到了吕宋岛。[12] 然而，该地区的武器走私绝不仅限于小口径枪械，大炮也广泛分布在各地。荷兰海军指挥官A.J.克鲁吉特说，他在亚齐海岸巡逻的几年里缴获了数百门大炮，而其他船只，包括"泽兰"（Zeeland）号、"范·安特卫普城堡"（Citadel van Antwerpen）号和"梅塔伦·克鲁伊斯"（Metalen Kruis）号也报告了类似的缴获情况。[13]

　　火药或许要算这片水域上最常被查获的物品，因为它便于存储和运输。亚齐战争开始前，小桶装火药在当地的售价约为每桶两美元，而在3年后的1876年，价格涨到了每桶10美元，到19世纪80年代初，价格随着需要运往内陆的距离涨到最高接近每桶20美元。[14] 利润率这么高，大量火药非法跨过海峡入境也就不足为奇了。然而，战争开始前几天的情报显示，亚齐人并不需要火药，因为他们已经拥有了大量的火药。此时亚齐地区的大部分火药可能已经被储存起来了，但当地民众还擅长制造一种低质粗糙的火药，可以用于填充炮弹。[15] 巴塔克有几个地区的人使用散装火药，而其他亚齐人懂得如何制造填满火药的子弹，例如一个被荷兰人称为东姑·穆罕默德（Tunku Mahmoed）的著名制造者。[16] 然而，进入20世纪之后，这变得更困难了，因为复杂的新型步枪需要精细的机制火药，不能使用村里自制的混合物。[17] 尽管如此，数十年来仍有大量火药设法越过海峡进入荷兰属地，有时一次多达 1000 桶。在新加坡审判的案件表明，从 1870 年到 19、20 世纪之交，经常有人进行此种尝试。[18]

由于许多武器由多个部件组成，有时很难确定哪些部件属于战时禁运品，哪些不属于。例如，亚齐人可用的自制火药的来源多种多样：有些是从海峡殖民地的走私者手里购买的，但硫磺和木炭在当地都可以获得，硝石也可通过蒸发动物粪便来提炼。（据传言，亚齐内陆有华人，还有几个荷属东印度军队的逃兵，他们帮助亚齐方面制造火药。）[19] 1898 年，菲律宾南部的西班牙人宣布硫磺为违禁品，几个欧洲大国立即提出了抗议。在发布这项声明的时候，硫磺已经不再是机制火药的主要成分，并且有不少西方公司看到，如果严格控制这一物品的贸易，可能会造成在其非军事用途方面的利润损失。[20] 甘油是另一种引起混淆的商品。它的确被用于制造炸药，但在 19、20 世纪之交，它主要用于非军事目的。同样，随着技术迅速发展，它也被从东南亚殖民时期的禁运物品清单里删除了。[21] 不过，要说明在 19、20 世纪之交，人们难以判断哪些物品是真正的战争违禁品、哪些又不是，煤炭或许是最好的例子。从 1904 年和 1905 年发生的几起重要案件中可以清楚看到，运输货物的背景始终是争议的关键。[22]

然而，在同一时期，从地缘政治和技术角度来看，有一类武器的流通变得越来越重要：炸药的运输。从 1865 年起，硝化甘油及其他爆炸性物质在这一地区就已出现，但直到 19 世纪的最后几十年，这些物品才开始变得更加商业化。海峡殖民地于 1879 年、纳闽于 1884 年已相继颁布了关于运输和销售爆炸性物品的规定。然而，这些规定远远不足以阻止这类物品交易的蓬勃发展，因为炸药有着各种各样有助于开拓边疆的作用。有时，硝化甘油会通过

第十二章　实践与逃避：武器走私的动态　　　　　　　　　　259

欧洲私人企业流入当地人手中，这种扩散对殖民地政府影响巨大，后者很快就制定了更为复杂的法律结构。在海峡殖民地，我们可从 1899 年第 23 号条例看出这一点。该条例专门列出了爆炸物的种类，包括硝酸盐混合物、硝基化合物、氯酸盐混合物和雷酸汞，同时还列出并管制了各类爆破胶凝剂、硝酸铵、苦味酸粉和特多奈特（Teutonite，即白火药）等爆炸物品在殖民地内的运输方式。[23] 荷兰在 1893 年首次通过了有关爆炸物的严格规定，并在其后对关于爆炸物及其在东印度群岛运输的现有法律做了多次修正和补充。[24] 殖民地对这些物质潜在危险的敏感性似乎远远超过欧洲本土，在欧洲，对这类货物运输的执法力度要宽松很多。[25] 不过，这似乎也很好理解。巴达维亚和新加坡都认为，如果这些产品能在当地买到，当地居民就都会是这些产品的热切消费者。因此，每个殖民地政府都尽最大努力阻止这种可能性的出现，并尽可能使爆炸物品的流通被隔离并规范起来。

智胜政府

东南亚各方在规避此类禁令（无论是爆炸物还是整个武器贸易）方面，手法灵巧而成熟。走私者获得武器货物的能力，总是与国家改善其封锁拦截能力的制度设计保持同步。即使在 19 世纪 60 年代中期，这种"上有政策下有对策"的情况也表现得很明显，当地人能从捕鲸船上、中国的开放港口里，甚至靠乔装打扮来获得武器，比如海盗假装成和平的"商人"，驶入出售武器的港口。[26] 然而，随着英属和荷属殖民地政府的成熟，到 19、20 世纪之交，许多用于获得火器的策略也必然发展得更加复杂。如果行动失败，帮派会派替罪羊，通常是贫穷的苦力来承担责任；这些人有时会进监狱，但他们的家庭会在其出狱时神奇地变得更加富裕。[27] 当然，还有其他的策略。即便在 1900 年以后,当走私机制已被精心设计以智斗集结的国家部队时,简单的躲猫猫花招也仍被使用。有这样一段文字出现在 1915 年前后,充满诗意地描述了向新加坡走私武器的一次尝试。当时,海峡殖民地的一名警官看到一名苦力从停靠的蒸汽船上走下来。苦力背负重物走路的节奏有些不对劲,他运的东西明明很轻,不该像他表现得那般吃力。这名警官叫那人停下来,但他扔下担子,冲进人群消失了。警官拆开那人搬运的木制折叠桌,掏空的桌腿里掉出了十几支手枪和几百发子弹。[28]

如我们所见,火器不仅被转移到难以管控的边疆居住区,而且还大量流入荷属东印度群岛的核心地区。1869 年和 1870 年,殖民地官员发现大量枪支被藏在钢琴箱里,从荷兰非法运往爪哇。钢琴是掩盖武器非法通关的完美商品,它们是高价值物品,进口关税在欧洲便已支付,也就是说,它们在鹿特丹等港口就被密封在箱子里,在运往东印度群岛的漫长旅途中不需要经过检查。荷兰走私者利用这一事实,把大量枪支藏匿在存放钢琴的大板条箱里,并与管理人员协商,保证这些箱子在到达最终买主手中之前不会被打开。虽然当局后来意识到了这一点,但这种计谋似乎已奏效了一段时间。最终,荷兰政府最高层给船长、码头装卸工和特定蒸汽船的代理人发出信件,告知这种贸易严重违法。[29] 那些以运送钢琴出名的船只,比如"格拉文海格"(*Gravenhage*)号、"达尔维克"(*Dalwijk*)号、"辉迪普尔"(*Huijdehopper*)号、"阿尔布雷赫特的贝吉林"(*Albrecht's Beijling*)号和"阿尔布拉瑟丹"(*Alblaserdam*)号,都受到了监视和搜查。虽然多次检查都没有找到确凿的证据,但有一次突袭检查确实在运来的钢琴中发现了武器,并锁定鹿特丹是起运港。[30] 鹿特丹是此类走私活动的完美中心,因为它是欧洲最大的港口之一,每天都有大量的运输活动(和大量的船只交替)。这些结构性条件使得鹿特丹港在 21 世纪初仍在走私活动中扮演着重要的角色,该港

第十二章　实践与逃避：武器走私的动态　　　　　　　　　　　　　　　261

口的大部分违禁品仍主要运往亚洲。

　　钢琴箱并不是唯一藏匿非法武器的地方。几乎所有能用的地方都被利用起来，走私贩子的创造力是唯一的限制。瓶子被用来藏火药，其他军火则被伪装成蜡烛、肥皂、纺织品或干果。[31] 煤油桶也被用来隐藏火药，而制造子弹的多余钢材被藏在装洋葱的大口袋里。[32] 烟草麻袋和米包也被利用起来，船底压舱物也是常见的藏匿之处。[33] 走私者甚至会改装船只结构来协助走私，例如使用假船底，拉起甲板的横梁，把违禁品藏在下面，再将横梁钉回原处。[34] 沿着苏门答腊岛和婆罗洲海岸航行的渔船，以及装载农产品运过海峡的胡椒贸易船也以非法武器贩运而臭名昭著。[35] 在亚齐冲突的高峰期，走私者使用船只走私武器的范围之广、手法之巧妙，逼得巴达维亚试图做出限制，只允许在荷兰注册的船只才可以签订军需品供应合同，而即使这样似乎也于事无补。[36] 所有船只，不论来自哪个国家，都可以携带少量火药以自卫，这几乎毁掉了荷兰的封锁行动。事情很快就变得清楚：在许多航程中，船方以受到攻击时用掉了火药为借口，出售火药以牟利，然后到了下一个停靠港口再重新购买火药。[37]

　　还有其他方式可以规避武器禁令，如利用海峡殖民地武器管制法现行条文中的漏洞。如前所述，新加坡的英国当局往往不急于执行荷兰的武器禁令，因为许多人认为这样做不光妨碍港口的整体盈利能力，还有损海峡殖民地奉行的自由贸易原则。海峡殖民地法院的判决反映了这种矛盾心理，经常让走私者轻松脱身。例如，1875 年第 385 号小木船上的华人船员向东印度群岛走私武器却逃脱了惩罚，几名布吉船主也仅因为无力支付规定的罚款而避免入狱。[38] 就连欧洲的武器走私者有时也得以免陈罪责，因为海峡殖民地法院通常不愿定罪，除非有最确凿的证据。[39] 不过，英国国内也有人认为这么宽容太过离谱。1887 年，海峡殖民地总督向立法委员会的同僚询问，他们是否真的希望任何武器走私者最终都能逍遥法外，不管其行为多么明目张胆。4年后，委员会开始提出一些旨在修补漏洞的法案，因为就连殖民地一些最支持自由贸易的政治家也意识到，这种自由最终可能会反过来让他们自己付出代价。[40]当然，直到进入20世纪后，这些法律上的空白才真正在整个英荷边境沿线得到填补，比如，1902年马来的霹雳州颁布新法令，规定了在搜查和没收枪支时必须遵循的谨慎程序。[41]

除了利用（和滥用）现有的法律规定，武器走私者还利用当地的地理位置和文化结构来将货物运过边境。我们已经看到，硝石原产于北苏门答腊岛的部分地区，尽管婆罗洲的一些地方也能找到。[42]当地人民很容易收集它们并用来制造火药，然后将之卖到两个殖民地政府无法触及的地方。实际上，边境本身的性质也在鼓励走私，它由大片无人警戒的海岸线和成千上万的小岛组成，这使得武器走私成为一个诱人的选择。驻守边界沿线各地的荷兰人都对此心知肚明，并评论说当地人似乎极为擅长利用东南亚的地理环境来达成这一目的。[43]无论与巴达维亚的关系是远是近，许多地方首领都与邻近势力维持着牢固的文化联系，这也使得武器能够扩散到各种抵抗力量手中。因此，荷兰人的坚定盟友，如亚齐东海岸的伊迪公国，经常对巴达维亚施展两面三刀的手腕，一方面签署武器禁运协议，另一方面向"敌人"贩卖违禁武器。[44]在文莱也可以进一步看出当地文化在这方面的倾向，1897年，当地苏丹告诉英国人，他需要10担（约1333磅）火药用于仪式上的礼炮鸣放。礼炮响了3声，剩下的火药旋即消失。[45]

然而，对地理条件的娴熟使用不仅仅局限于当地。走私规避机制中最有趣的一个方面是，走私贩子会利用极为遥远的第三国中转中心来欺瞒国家当局。他们利用没有与荷兰签订任何武器禁运协定的国家，将之作为技术性的货物来源国，把武器运入东印度群岛，从而智胜武器管制法。法属越南、柬埔寨和英属缅甸都曾被这样利用过，直到这三个殖民地的立法者最终至少在纸面上关闭了此类出口。[46] 走私者还利用中国的部分地区，包括最南方的海南岛。[47] 有时，武器会被径直运往这些地方，之后再重新出口。还有些时候，表面上申报的从海峡殖民地港口出发的目的地似乎只是一个幌子，因为货物最终会运到公海港口外等待的船只上，或被直接运往东印度群岛。远至东印度群岛以东的葡属帝汶甚至新几内亚，都曾以这种方式遭到利用。[48] 如果以海峡殖民地作为武器走私的起点来绘制图表，那么佯装的目的地将散布在各个方向。

然而，似乎有多到不成比例的违禁武器通过暹罗流通。1885 年，面对几个欧洲列强的巨大压力，暹罗王室颁布了更为严格的法规，禁止向该王国进口武器（图 16）。[49] 在此之前，暹罗似乎是该地区武器走私贸易（特别是向南运往荷属东印度的武器）的集散地。关于这种过境贸易的往来信件仍有许多保留至今，其中的大部分出自当时荷兰驻曼谷领事办公室。[50] 悬挂暹罗国旗的蒸汽船参与了这一贸易，但许多其他国家的船只也肯定是同谋。[51] 暹罗当局非常清楚，沿着本国海岸的这种非法贸易已延续了很长时间，但当局似乎没有投入任何精力来加以阻止。即使到 1885 年，暹罗法律仍允许在某些情况下出口武器，但对荷属东印度群岛来说，进口武器是非法的。事实上，曼谷外交部部长承认，武器货物正驶离本国海岸，但他将大部分运输归咎于北大年（Patani）和登嘉楼（Trengganu）等偏远苏丹国的总督。[52] 许多此类货物最终通过小船到达荷属东印度群岛，而荷兰驻曼谷特使仅仅得到了（暹罗方面）模棱两可的承诺，说要对此事进行调查。[53] 即使 1885 年暹罗禁止出口武器之后，这种情况仍然存在了很长时间，新加坡的马来语报纸甚至到了 20 世纪初仍在报道曼谷的缉获事件。[54]

在荷属东印度群岛，获取武器的渠道并没有那么有条理，随

ประกาศ

ด้วย พระยา ภาสกรวงศวรราชาณัคินฤปรัคนสุปรีย   ผู้ บัญชา การ โรง ภาษี
ชาเข้าชาออก - รับ พระบรมราชโองการใส่เกล้า ฯ สั่งว่า ให้ ประกาศ แก่ บรรดา
ผู้ที่ บรรทุก สิน ค้า เข้า มา ใน กรุงเทพ ฯ ให้ ทราบ ทั่ว กัน ว่า   เพราะ เหตุ ที่ มี ผู้ บรรทุก
เครื่อง สาตราวุธ กระสุน ดิน ดำ   ฯ ล ฯ นั้น เข้า มา ใน กรุง สยาม   แล หัว เมือง ประ
เทศราชในเมื่อเร็ว ๆ นี้เปน อัน มาก   คณะเมนต์ผู้ ปก ครอง แผ่นดิน   ของ พระบาท
สมเด็จ พระเจ้า อยู่ หัว ใน กรุง สยาม   ได้ คิด จัด การ ที่ จะ ให้ การ เปน ไป ตาม พระราช กำ
หนด กฎหมาย   ตาม หนังสือ สัญญา ทาง พระราชไมตรี ทั้งปวง   จึง ประกาศให้ ทราบ
ว่า ตั้ง แต่ นี้ สืบไป   บรรดาการ บรรทุกเครื่อง สาตราวุธ กระสุน ดิน ดำ แล เครื่อง ระเบิด
ท่าง ๆ นั้น   จะไม่ อนุญาตให้ มี เข้า มา   เว้นไว้แต่ที่ได้ มีใบ อนุญาต วิเสส ฤๅก คณะเว
เมนต์ผู้ ปก ครอง นั้น   ได้ มา ก่อน เวลาบรรทุกเข้า มา จึ่ง จะ อนุญาตให้

ศุลก สถาน กรุงเทพ ฯ วัน ประหัศบดี ขึ้น เจ็ด ค่ำ เดือน สาม ปี วอก ฉอศก ศักราช ๑๒๔๖

(TRANSLATION.)
NOTIFICATION

Phya Bhaskarawongse Wararajauat Nriparatnasupery, the Superintendant of the Customs, has been directed by Royal Mandate to give notice to all Importers, that in consequence of the large Importation of arms, ammunition &c. into Siam and its dependencies of late, His Siamese Majesty's Government are taking means to enforce the laws according to the terms of the Treaties; and that henceforth all such importation of arms, ammunition and other explosive substances will not be permitted, unless the special permission of the Government shall have been previously obtained.

Custom House, Bangkok, 22nd January 1885.

图 16　暹罗武器禁令，1885 年。图片来源：ARA，海牙

意性也很强。荷属东印度陆军的当地人士兵有时会收受贿赂，谎报武器丢失，而实际上他们是拿了现金之后主动把武器交给抵抗力量的。[55] 还有一些枪支则被荷兰水手"不小心"掉入浅水区，而后早已等候在此的当地船只将其捞起，出售获利。[56] 然而，这样的走私和腐败行为也可以被其它一些能抓住最佳时机的行为所取代。例如，攻击落单的公务员（比如警察），抢夺其武器，或者偶尔聚众袭击偏远哨所（在那里，"法律和秩序"的力量明显不足）。[57] 有时，当地人甚至无须战斗就能直接拿走大量火器，如 19 世纪 80 年代初占碑就发生过这样一起事件。1880 年 11 月的一个晚上，小偷闯入当地总督的房子，偷走驻扎部队的全套装备——20 支步枪和 10 把剑。随后的调查发现，这些火器一路流向了远在内陆的占碑抵抗力量，他们正处在与荷兰占领军在低地展开的长达数十年的抵抗战争中。巴达维亚对当地的管理者在这一事件中表现出的无能大为愤怒。虽然荷兰人查明了这些武器最终的去向，但 20 支步枪中只有 2 支被寻回，其余的一直留在"叛军"手中，直到进入 20 世纪后才被收回。[58]

火器也可以从其他日常经济生活中常见的简单渠道获得。虽然根据规定，铁和黄铜制成品要缴纳关税，但只要有合适的工具，它们也可以被改造成枪支，有关它们的运输规定似乎并没有被大范围执行。[59] 走私船也经常更改船名和旗帜，或向旅途中停泊的不同港口当局提供虚假船号，进一步扰乱国家跟踪贸易流动的努力。[60] 再加上海峡殖民地的港口没有海关，这些情况都为此类违规行为提供了足够的空间。现有的货物检查机制很少，统计数字（比如对武器的统计数据）往往与附近来源确凿的数据全然不符。[61] 事实证明，即使是在有着最强烈的执法愿望的荷兰属地内，情况也是如此。在泗水，海关官员经常（不经意地）允许价值低于 25 荷兰盾的左轮手枪从港口巡查员眼前溜掉，因为这种手枪在城里的拍卖会上只能卖到该价格的 1/3。[62]

英荷边疆海域的航运和封锁监视的特殊性质，也使许多枪支得以绕过边疆的管控。1883 年，亚齐北部主要港口乌勒埃勒埃的英国领事就此问题向他在新加坡的上级提供了详细的报告。他批评荷兰人抱怨英国人对武器走私者不采取行动，因为正如他所说，荷兰人自己在阻止武器流入本国边疆方面就做得不够。他指出，荷兰军舰的平均速度比当地的中式帆船或单桅帆船慢，一旦走私船选择逃跑，荷兰人就追不上，而且荷兰人通常连试都不愿试。许多海军军官不喜欢缉私工作，他们觉得这有失身份，而且超出了"正常"的工作范畴，因此只是很勉强地完成任务罢了。这些军人的确会在荷兰海岸 3 英里的范围内搜查船只，但如果超出这一范围，

> 他们就只朝装满各种袋子和包裹的货舱瞅上两眼，就算手头有足够劳动力进行检查，船只的甲板上也没有空间放置所有的货物，如果什么也没找到，船方可能会提出麻烦的扣留和滞期索赔。他们说自己不知道包装等方面的商业惯例，不知道不同的产品通常是用什么箱子和袋子包装的——他们搞不清楚尺寸、数量、标记等。军队中尉并不是专家，不知道一口箱子里装的是鸦片还是布匹。他们认为缉私工作不公平地强加在了自己肩上，由于缺乏士气，他们不愿意对相关问题进行任何研究。[63]

同一时期巴达维亚的许多文件似乎也暗中认同这种评价。荷兰人知道走私活动总是在寻找进入东印度群岛的新渠道，但他们不知道如何阻止。[64] 荷兰信件中有大量参考资料，说明走私者先前用怎样的诡计把武器运到南方，包括公海转运的方法，有时甚至包括具体位置。[65]

涉及火药运输的相关伎俩是其中一些走私过程的缩影。在这里，英国驻乌勒埃勒埃领事再次详细介绍了相关的策略和具体细节。他

告诉海峡殖民地当局,亚齐人可以通过多种方式从边境对面获得火药。日里和冷吉的快帆船从新加坡获得火药,在公海上转运一部分以获取利润。照理说是盟友的地方首领们从荷兰人那里得到火药,也会私下转卖给抵抗力量。就连为荷兰军队供应物资的卡茨兄弟公司(Katz Brothers and Co.)似乎也参与了走私活动,因为他们出于自身的经济利益,很希望战争持续下去。新加坡的监控态度不冷不热,带来了其他取巧的途径。例如,火药检查员其实只是港务办公室里的一个职员,根本没有时间监督火药。声称要合法地把火药往北运往暹罗的船只,会选择不合适的季风天气出航,因为风向会把船只径直带到南方的东印度群岛去。一项复杂的制度规定,到访新加坡的船员可以在城内一次性购买2磅火药,或在城外购买10磅火药以供自卫,这使得大量火药流出海峡殖民地。[66]荷兰代表还发现了其他漏洞,例如用于工程和建筑的爆破火药被放错了地方,而在马来亚丛林深处也有小规模的火药生产。[67]

以下有两桩具体的案件,我们可以从中看出走私者规避武器管制法的一些相关问题。第一桩案件涉及"巴塔拉·巴戎·斯里"(*Batara Bayon Sree*)号船,该船被控于1879年在东婆罗洲和西苏拉威西之间的望加锡海峡走私枪支。船长威廉·卡恩(William Cann)讲述的故事是,那一年,他停靠在苏拉威西岛的港口巴里巴里等待修理损坏的螺旋桨。货物清单上列有成箱的武器和弹药,都是当地王公订购的;随后,这艘船将驶往龙目岛的自由港安佩南(Ampenan)。卡恩在巴里巴里等候有人修理自己的船,这时望加锡的荷兰港务长来了,他注意到货物清单上有武器,就以违反东印度群岛的武器禁令为由扣押了此船。卡恩抗议说,这完全是欺诈行为,他是光明正大地停靠在巴里巴里的,他相信当地的王公有自决权,因此才交出了武器。并且,码头上并未悬挂荷兰国旗,而是悬挂着王公的旗帜。荷兰港务长毫不在意,并告知卡恩,他因向荷属东印度的属国走私武器而被逮捕。直到这艘蒸汽船的部分所有者魏金顺（Gwee Kim Soon）和英国当局，包括一直到伦敦和海牙决策圈的人都通过信件和外交手段进行干预后，案件才得到和解。英国人被迫承认巴里巴里属于荷兰，作为交换，"巴塔拉·巴戎·斯里"号最终获得自由，并免除了1000荷兰盾的罚款。然而，望加锡法院的判决清楚地显示出我们在其他地方看到的许多问题：在判断什么时候什么行为属于走私时外交的重要意义、在承认边境地方政治体的势力范围时选择性忽视发挥的作用以及日常的规避机制。[68] 直到今天，我们都说不清，船长卡恩到底知不知道向巴里巴里运送枪支是被荷兰人严格禁止的。

第二桩有趣的案件来自 5 年后，涉及当地人的贸易快帆船从新加坡驶往西婆罗洲的航程。这里再次表明了荷兰人对从海峡对岸得到的所谓协助大感沮丧。巴达维亚驻新加坡领事 W.H. 里德收到情报，有 4 艘快帆船将携带从海峡殖民地购买的武器和火药前往婆罗洲；他通知了英国殖民大臣即将发生的违法行为，但"由于一些非常偶然的情况，（信件）直到快帆船已经起航后才送达"。里德对此非常愤怒，认为这是一项阴谋，为了暗中阻挠他打击走私的行动。他试图自己找船去追击这些船只，但英国总督告诉他不行，因为这样的追击从技术角度讲不合法。参与此事的人员，包括米齐亚（Mecijah）、伊斯梅尔（Ismail）、哈杰·阿利（Hadjie Allee）和哈杰·萨利赫（Hadjee Saleh），已经获准前往马来半岛的登嘉楼，但所有相关方都知道这根本不可能，因为季风的风向正相反。[69] 4 艘当地人的快帆船各携带了几百支火枪、火药、鸦片、大米和银元前往荷属婆罗洲。大费周章之后，荷兰人设法抓住了 4 艘船中的一艘，当时它正在廖内群岛之间穿梭。然而，由于这艘船挂着英国国旗，审判在新加坡法庭进行，案件因缺乏证人而被驳回。"如我所料，"里德在给上级的信中写道，"控方没有得到公平的机会。结果令人遗憾，因为这将给走私者带来新的勇气。"[70]

第十二章　实践与逃避：武器走私的动态

两大舞台：北苏门答腊和北婆罗洲

19、20世纪之交，东南亚的武器走私模式和机制可以从这条漫长边境上的两个地方看出大概情况：其一是北苏门答腊，包括亚齐和海峡殖民地；其二是北婆罗洲，包括英属北婆罗洲公司控制的土地，以及更广阔的苏禄海。这两个区域分别划定了长达3000千米的英荷边疆的两端，而这两地的人口和进行走私活动的类型大多也截然不同。在北苏门答腊，荷兰人和亚齐人之间的持续斗争主导了1865年至1915年马六甲海峡北部水域发生的几乎所有事件。在此空间内走私枪支被视为对荷兰殖民地国家军事能力的直接威胁，更不用说有损荷兰的军事荣誉了，因此巴达维亚的军队必须无情地消灭走私者。北婆罗洲和苏禄海在欧洲人的规划里就没有那么重要了，但它们仍被视为需要控制的麻烦地区，尤其是在武器贸易方面。1873年亚齐战争开始时，荷兰人有充分的理由相信，他们在新加坡政府中有一位打击武器走私的坚定盟友。毕竟，奥德总督曾告诉巴达维亚，一旦荷兰人对亚齐人采取敌对行动，他就打算立即在海峡殖民地发布武器禁令。[71]奥德的立场是他个人的，他认为海峡殖民地水域需要"法律和秩序"，荷兰人越早征服该地区独立的、非欧洲人控制的政权，对有关各方就越好。然而，伦敦并不完全赞同这一观点，并不断警告（后来还严厉斥责）这位总督过于偏向荷兰人。[72]奥德在海峡殖民地的任期很短，其接班人的政策对荷兰武器禁令的支持力度就小得多。新加坡最初曾颁布命令，规定商船不能再携带自卫的武器，但当海峡殖民地的商人几乎发生骚乱，说这样一来自己将完全听凭海盗的摆布时，官方旋即撤销这一命令。[73]海峡殖民地的商人继续携带自卫武器，而走私的武器也继续小规模地稳定流入亚齐农村。[74]当荷兰海军军官会见海岸线上的亚齐盟友时，他们惊讶地发现当地居民装备齐全。地方首领说，他们需要枪支猎杀经常在夜里到胡椒园捣蛋的野生动物。[75]

英国和荷兰都试图统计海峡两岸的武器流动，尤其是在亚齐战争开始后。然而，就算两国可以统计到相对公开的同类项目的数字，双方的数字似乎也从未一致过。英国人和荷兰人都记录了有多少武器被送往苏门答腊，供应给与巴达维亚结盟对抗亚齐抵抗力量的友好首领。然而，统计数据似乎不怎么可信。虽然英国和荷兰在账簿上都记录得非常精确，但荷兰看到的自己盟友收到的武器总数大约是英国能够统计到的两倍。[76] 一份旨在显示从海上向东印度群岛走私武器次数的日期表显然毫无准确性可言。在这份表上，1873年至1882年只列出了15起案件，而针对这一主题的任何档案资料研究都会发现数倍于此数字的走私活动。[77] 从这些"统计"边境走私的尝试中可以看出，事实上，这种统计活动就算真的有可能做到，也必定极为困难。北苏门答腊岛边境的武器走私是一项规模庞大、影响深远的生意，其意图和目的远远超出了国家的视野。

巴达维亚和新加坡的部分人士似乎理解了这个事实，以近乎听之任之的态度面对这个问题。虽然海峡两岸的一些行政人员继续对殖民地政府的监视和封锁工作抱有信心，但更现实的声音担忧，打击武器走私的战斗正节节败退。[78] 在新加坡，查缴通告和有时产生的巨额罚款并不能让媒体相信事情取得了任何进展。《海峡时报》说，走私涉及的利润实在太高，而缉获的武器又太少，根本无法让局面有真正的改变。[79] 在边界线对面的荷兰属地，许多更有洞察力的行政人员也持类似看法。荷兰驻东印度海军司令给巴达维亚总督写了一封表达沮丧的信件，承认北苏门答腊的封锁不起作用，火器继续渗入边境地区。[80] 就连荷兰驻槟城的副领事乔治·拉维诺也经常持悲观态度，他比其他任何一个人都更努力地阻止走私航运（并且他能继续工作很大程度上取决于他在阻止走私航运方面至少取得了一些成功）。拉维诺认为，海峡地区贸易的结构性

第十二章　实践与逃避：武器走私的动态　　　271

因素不利于巴达维亚的控制：英国的自由港、集结的警力不足以及大多数贸易商都是亚洲人，这些都妨碍了政府取得成功。拉维诺写道，更糟糕的是，许多居住在英国殖民地的人，包括不少英国人，对亚齐人的同情实际上远远超过对荷兰人。[81]

在整个漫长且代价高昂的亚齐战争期间，这样的挫败感持续不断。即使在1900年之后（那时，这场冲突几乎完全变成了游击战，不再有真正重要的决定性战斗），武器也似乎总是能够进入亚齐。这种挫败感在苏门答腊岛东海岸专员等人的记录中显而易见，1883年，该专员宣称，任何地方首领购买武器的企图都将受到严厉的惩罚，但试图向亚齐人走私武器的行为将受到更严厉的叛国罪惩罚。[82] 然而，这种急躁严厉的态度并没有完全奏效。尽管亚齐冲突最终演变为一场低烈度的抵抗运动，但亚齐民众的决心和仇恨太过强烈，无法完全消除（直到今天，他们仍然反对雅加达的印尼中央政府）。枪支继续流入北苏门答腊，所有居民都在使用枪支。这一点或许从《外岛政治报告》中能看得最清楚。该报告详细记录了武器持续进入农村的状况以及伴随武器运输而来的抵抗活动，充满了日常和局部的细节。在加约的山区，许多荷属东印度陆军的士兵死于交火；在梁邦（Leumbang），官方不断查缴步枪和左轮手枪，而在皮迪（Pidie）和德侬（Teunom）也是一样。[83] 即使是抵抗运动头领们的年迈老母亲也会与政府军战斗，有时在匆忙跑到山上藏匿武器的地方时不幸牺牲。[84] 对于当地民众来说，枪支的价值实在太高了，以至于即使被发现，他们也不可能轻易放弃这些武器储备；有时，主人宁可与它们一同消失。因此，在20世纪初的几十年里，进入亚齐的武器贸易对冲突双方都具有重大道德和经济意义，尽管原因显然不同。

北婆罗洲和苏禄海的武器贸易情况，与马六甲海峡此种贸易的演变略有不同。在前者，枪支走私已成为日常经济生活的重要组成部分，就连该地区的欧洲人也承认这一点。例如，纳闽的重要英国官员经常公开表示，行政当局不应干涉枪支贸易，因为此类贸易必然会给殖民地带来巨大的利润。[85] 然而，在仅仅几海里之外的文莱，武器贸易似乎日益活跃，到19世纪60年代中期，流通的枪支数量似乎明显增加，这引起了英国的关注，英国人开始重新考虑此类商品的自由贸易政策。造成这种局面的一个主要原因是，纳闽根本不知道大多数武器的去向。没有统计数字说明枪支最终流向了什么地方，英国人只知道它们已经离开了殖民地，不在自己的视线范围内。[86] 然而，随着时间的推移，事情变得越来越明显，大量枪支正向北航行，主要是运往积极抵抗西班牙扩张的苏禄和菲律宾南部的地方拿督。[87] 虽然和其他货物一样，武器在技术上被允许在苏禄海域公开交易，但西班牙巡洋舰可能会扣押或摧毁向"叛军"运送枪支的船只。因此，在此区域范围内，哪怕从技术上说武器过境还未违法，走私活动的幽灵就已经出现了。

婆罗洲内陆也在着手尝试控制长期存在的武器贸易。然而，与海上领域的情况一样，控制武器走私的拦截行动很难执行。在一定程度上，这里的贸易以黄铜枪的价值来进行等值计算。因此，有报道称，奴隶被按3支黄铜枪重量的价格（或75美元）出售，而旧锣也被换算成相应的枪支价值。由于全岛民众普遍以武器作为价值衡量标准，限制武器贸易十分困难。然而，政府罚款最初也是以罚没多少支枪来计算的，也就是说，就连政府自己对所谓不法行为进行控制时，也按照此一标准进行计算。[88] 大炮、火药和火枪在战争中以及在杜顺（Dusun）地区的葬礼和婚礼等文化庆祝活动中的广泛使用，也使禁止此类物品变得尤为棘手。[89] 但这并未阻止部分行政人员尝试执行禁令，尽管在婆罗洲有较长时间工作经验的官员提出警告说，不可一次做得太过头。1892年，代理总督L.P.博福特（L.P.Beaufort）试图在北婆罗洲各地颁布全面禁止枪支销售的禁令，一些人认为他的提议荒谬可笑，无法实现。包括博福特的前任在内

第十二章 实践与逃避：武器走私的动态

的许多人都认为，"我们制定任何法律，都不能阻止内陆的当地人获得武器和弹药"。[90]

在本书的前几章我们已经看到，英国在婆罗洲权威的分散也增加了武器控制的难度。大英帝国名号下的每个行政实体——纳闽、北婆罗洲公司、沙捞越以及远在伦敦的中央政府——对枪支的流动都有不同的目标要考虑。很多时候，这些目标并不一致。讽刺的是，到19世纪80年代，承诺阻止火器流入荷兰属地，比在英国自己内部各领土之间达成共识更容易；外交手段可以处理前者，而内部竞争仍然妨碍后者之间的充分合作。虽然火器确实从英属婆罗洲海域流入荷属东印度群岛，但至少有一部分货物似乎是为了利润而在大英帝国内部各地区之间被走私。伦敦殖民地部的官员就是否应该禁止武器进入北婆罗洲公司的领地进行过激烈的辩论，该公司一直恳请在直辖殖民地颁布此类法律，但多年来屡屡遭到拒绝。伦敦方面认为，当出现对皇室更重要的问题需要进行谈判时，武器走私问题可以用作对付北婆罗洲公司董事的筹码。[91]最终，在1884年，殖民地部同意禁止从纳闽向英属北婆罗洲运送武器，尽管此举最初只是暂时性的。[92]伦敦试图尽可能长时间地榨取自由贸易的利润，当这种贸易产生的相关问题蔓延并跨越北婆罗洲公司领地的边界时，他们也毫不关心。直到此时，火器仍从多个方向涌入北婆罗洲，从北部的苏禄、南部的沙捞越，甚至从荷属东印度群岛（传统上，它才是大部分非法武器贸易的目的地）也有较小规模的武器流出。[93]

直到20世纪初，苏禄群岛更广阔的海域仍然是该地区武器贸易的主要场所。1885年的《苏禄议定书》（The Sulu Protocol）保证该地区所有商品，无论性质如何，均可自由贸易。虽然西班牙经常无视该条约里关于武器贸易的规定，但是许多火器仍然能够设法通过西班牙巡逻队的封锁。[94]不过，到了1897年，欧洲列强之间的新外交倡议正在扭转该地区放任自流的自由贸易局面，该倡议禁止了武器运输，以此为列强在该地区所有帝国扩张项目之间合作行动的一部分。[95] 这种状况只持续了不到一年。1898 年，美西战争爆发，枪支走私再次成为苏禄海域的大生意。尽管在东南亚的英国人和荷兰人（以及包括中国政府在内的其他利益相关方）都发布公告，禁止其臣民向该地区运送武器，但由于利润可观，武器贸易仍然繁荣兴旺起来。[96] 当地首领和自治运动者将菲律宾殖民战争视为推动本土势力扩张的时机。西班牙人为了防御美国舰队，关闭了岛上所有的海洋信标和灯塔，这无疑有助于这种地下贸易的流动。政府在"黑暗中的眼睛"被彻底消灭，为来自许多国家的冒险家创造了自由互动的区域。[97] 来自不同地方的各种武器装备在此期间越过海上边界，进入了苏禄海。[98] 巴达维亚海军司令部警告其在外岛的公仆，要特别警惕那些试图将武器从东印度群岛运出的走私贩子。[99] 到 19 世纪末，这种方向上的颠倒已经再无讽刺意味。不管走私船在黑暗中静默航行时穿越了哪一个国家的边境，火器无非是一种买卖获利的商品罢了。

很明显，在整个 1865 年至 1915 年间，军火一直在英荷边境上流动运输。在 19 世纪的大部分时间里，东南亚都是一个地区性武器集市，直到殖民地企业反思了是否应该不加选择地销售武器，并开始专注于控制规模庞大的武器流动。然而，在这一地区开疆辟土的帝国建设项目也鼓励了火器的贩运，许多冒险家和当地抵抗运动的头领很快意识到，新的边境意味着新的牟利机会。在此期间，英荷边界的收紧让武器的自由贸易变得更加困难，但巴达维亚和新加坡从来都没有完全成功地阻止军火过境。然而，到这一时期快要结束的 1914 年，此类局面即将发生改变。第一次世界大战前夕，军火贸易被引上了新的方向，武器不仅跨越英荷边境流通，还穿越了整个东南亚，成为全球舞台上展开的更大规模斗争的导火索。此后，随着影响范围的扩大，该地区的武器交易规模也增加了。不过，这段特殊的历史超出了本书涉及的范围。

第五部分

边疆故事:格拉姆·梅里坎的悲伤

　　港务长向我保证,不能完全信任华人和当地人给出的统计数据的准确性。他们掌握着整个亚齐的贸易,常有各种动机不上报实际发运或接收货物的情况。

——荷兰驻槟城领事拉维诺致荷属东印度总督的信函,
1876 年 6 月 21 日,#991G, ANRI

第十三章

违禁品和"金万安"号帆船

本书的最后两章将细致考察跨越殖民地边境的走私,但其视角仍然依赖于前文讨论过的宏观历史过程。本书前面部分遇到的许多问题在这里再次出现,例如种族在走私中扮演的角色、走私者使用的规避机制以及走私者和殖民地国家如何用各自的方法运用法律结构。但现在,这些现象全都重新出现在同一起案件中。1873年6月,中式帆船"金万安"号从槟城驶出,两个月后在亚齐海岸被集结在荷兰封锁线上的一艘巡逻船抓获。随着这艘帆船在司法、政治和个人环境中经历了25年的动荡,"金万安"号遭扣押后的庭审过程给了我们一个前所未有的机会,得以一窥走私者及其敌人的生活和背景。此案留下的大量记录,其中有一些甚至是走私者自己的声音,呈现出了一个复杂故事的不同方面。走私、结盟、外交和法律都对案件的最终结果起作用。因此,最后两章从最底层考察走私和跨越殖民边境的问题。"金万安"号的审判揭示了走私活动如何被定义,以及这一定义在19、20世纪之交前后的几十年里又如何发生变化。

海上边疆

　　海面宽阔、水深偏浅的马六甲海峡将历史上位于苏门答腊岛北端的亚齐苏丹国与马来西亚西部沿海的槟城及其邻近海岸分隔开来。到19世纪末，亚齐曾一度是马来世界最强大的政治实体之一。两个世纪前，该苏丹国因其与阿拉伯半岛（每年都有大量亚齐人和群岛其他地方的朝圣者乘船前往）的紧密联系而被称为"麦加的阳台"。[1] 亚齐从奥斯曼土耳其进口武器，并在东南亚其他许多地区（甚至一度在印度）都派驻使节，成为东南亚商业时代最具国际影响力的强国之一。然而，亚齐苏丹国国内也同样十分繁荣，拥有石制天文观测点来观察星星的运动和其他星象，还拥有一套允许女性在国家中担任重要职务的政治和军事晋升制度。[2] 崎岖多山的内陆地区向沿海逐渐过渡成绵延数千米的海滩，这些海滩通常很平静，非常适合海峡贸易。与此同时，西部的海岸线则受到来自印度洋开阔海域的雷鸣般海浪的冲击。

　　槟城是1786年英国在马来半岛海岸建立的一个贸易前哨，位于这条巨大水道的另一端（地图3）。最初，槟城是英国船只前往中国途中的海军和贸易/航运基地，到19世纪末，槟城已经经历了鼎盛时期，并且作为地区性都市被新加坡所超越。话虽如此，这里的港口已成功地适应了充当海峡北部地区支线转口港的角色，连接本地与暹罗、苏门答腊、印度和马来半岛海岸之间的沿海贸易，甚至是一些长途贸易。槟城的人口极为多元化，汇集孟加拉人、博亚人、布吉人、缅甸人、爪哇人、华人和其他许多"种族"。[3] 农业劳工、海员、木匠、商人和行政人员在港口与邻近的种植园里并肩工作，因此，从一定程度上说，这座城市具有与其规模不相称的多功能性。[4] 多种货币在这里的港口活跃流通，哪怕是来自遥远地区的商家也能够轻松进行交易。槟城是东印度洋的十字路口，成熟且管理良好，

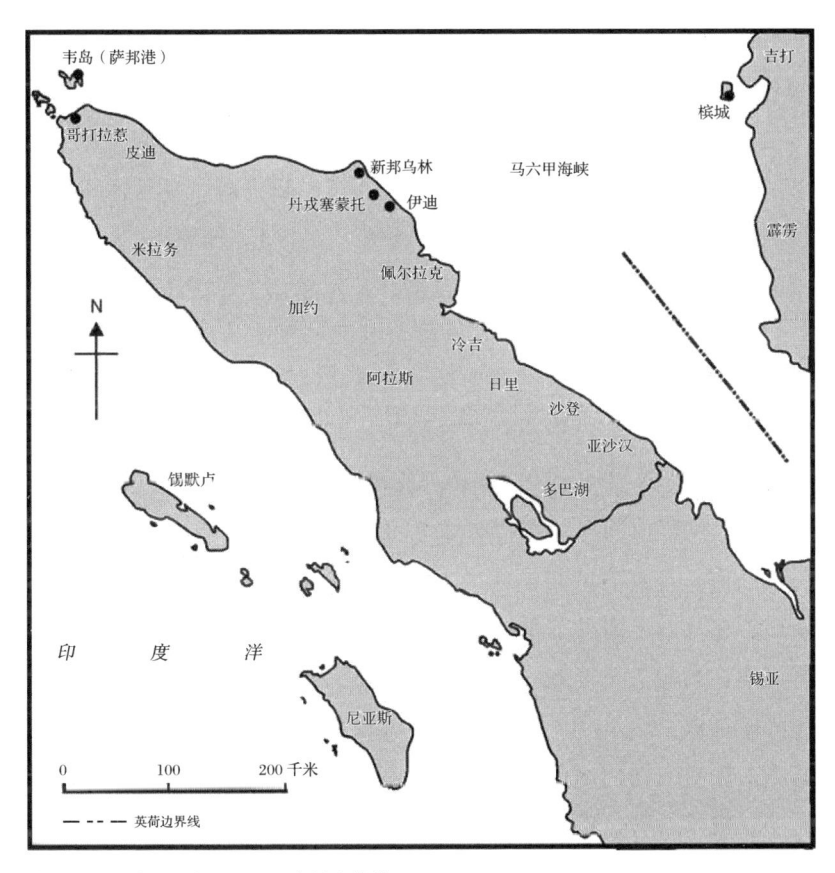

地图 3　19 世纪亚齐，马六甲海峡和槟城

它知道自己在区域经济运作中的优势，并非常成功地向当地人民推销这些优势。当地的交易所每天都有英镑、荷兰盾和墨西哥鹰洋的汇率交易，将这里的港口接入了更远地区的市场。[5]

不过，槟城贸易的支柱是北苏门答腊，其中又以亚齐海岸最为重要。亚齐海岸的贸易也是国际化的，哪怕在很小的港口，人们也接受使用若干种货币来支付当地农产品的运输费用。[6] 一年中的前几个月，大部分欧洲货物，如纺织品、铁、黄铜、玻璃器皿和制成品，都会登陆亚齐的港口。[7] 从 4 月开始，尤其是 5 月至 7 月，亚齐的大部分胡椒和槟榔就可以进行转运了，它们大多经由槟城运抵全球各地的市场。⁸ 萨林娜·宾蒂·哈吉·扎伊诺（Salina Binti Haji Zainol）深入探讨了19世纪前三分之二时期的海峡两岸贸易史，展示了自新加坡成立以来各方建立联系的规模和机制。虽然她的叙述回溯到17世纪亚齐的黄金时代，描述了亚齐苏丹伊斯坎达·慕达（Iskandar Muda）统治的繁荣时期，但这项研究的真正价值在于，它关注了19世纪槟城和亚齐被整合到同一系统后的贸易模式。她的研究清楚地表明，胡椒、烟草、布料和苦力是如何被塞进一条单一的商业轨道，通过现金预付款和蒸汽船联系到一起，并为激烈竞争所推动。⁹ 到19世纪60年代，许多不同的种族都参与这一贸易，根据潮汐的规律而在亚齐和槟城之间定期往返。¹⁰

然而，与群岛的其他地区一样，某些族群会更不懈地推动商业发展。在马六甲海峡北部水域，华商和印度穆斯林有最为显眼的族群网络。当时关于亚齐海岸的记载描绘了华商几乎参与了所有商业交易的场面，这些华人主要来自海峡殖民地，也有部分居住在亚齐的华人社群，他们以商家、贩子、中间人和承运人的身份参与商业活动，数量可观，遍布整个海岸。伊迪，也是巴达维亚在亚齐的主要盟友之一，有一个规模庞大的华人社群，此地许多人都拥有仓库和店铺，而另一些商人，如当地的一个饷码商集团，在海峡两岸进行贸易，赚取大笔收入。¹¹ 不过，有时华人也会遭受重大损失，如1876年，部分由于亚齐战争，槟城的泰华（Tek Wat）公司欠下近25万美元的债务。¹² 不少荷兰人对这些沿海地区的华人社群心存怀疑，认为他们是寄生虫，基本上靠着一种神奇莫测的预付款制度欺骗亚齐胡椒农户为生。¹³ 不过，为了达成巴达维亚自己的目的，荷兰人也会利用当地华人：槟城的杜清海（Toh Thing Hi）在亚齐有长期的贸易经验，他被荷兰舰队带去执行海岸测量任务。¹⁴ 1875年12月，一些华人甚至提出要帮助荷兰人，提供军队来对抗亚齐人，尽管没有记录表明这一提议获得采纳。[15]

南印度穆斯林在跨海贸易中也非常活跃。和华人一样，自公元1000年初以来，南印度人就一直朝这些浅水海域移民并从事商业活动。来自印度东南部科罗曼德尔（Coromandel）海岸的穆斯林早已与边境两侧的当地马来家庭通婚，不过，在槟城等地仍然有明显是直接移民的印裔社群。大部分关于这些贸易少数族裔的欧洲文献，都把这些社群称为"丘利亚"（Chulias）或"克灵人"，但与当地马来人通婚的部分人口通常称自己为爪夷土生混血儿（Jawi Peranakan）。来自南印度的初代移民商人家庭，以及爪夷土生混血儿人口，似乎在18世纪末槟城最早建立的社区中扮演了重要角色。他们提供了至关重要的联系功能，将南印度（槟城相当一部分移民和贸易都集中于此）和马来半岛以及苏门答腊岛海岸的马来社区（这里有着更多此类经济活动）连接起来。槟城初代南印度移民社群的创始成员之一卡迪尔·麦丁·梅里坎（Kader Mydin Merican）发挥了特别重要的作用，他将这个社区建设成为槟城经济社会的重要组成部分。1786年殖民地建立时，他和弗朗西斯·莱特（Francis Light）一起来到此地，到19世纪末，他的后代在该地区进行着广泛的贸易。[16]

1873年年初，整个地区的正常贸易系统，包括习惯于季节性商业模式的地区和长期以来促进这些交易的群体（如华人和南印度穆斯林），都遭到重大破坏。巴达维亚帝国的势力范围缓慢地沿着苏门答腊岛不断推进，这时终于到达亚齐。亚齐是该岛最后一个尚未受荷兰统治的重要苏丹国，但它独立的日子显然已经屈指可数了。[17] 然而，当年3月，荷兰对亚齐的第一次进攻被凶猛的抵抗所击退。[18] 荷兰人损失惨重，这既是因为亚齐人的勇敢和坚固的防御，也是因为疾病肆虐（尤其是脚气病）以及荷兰方面的过度自信和组织混乱。[19] 亚齐人没有海军，无法与荷兰人争夺区域制海权，但当地民众把渔船和商船改造成"游击舰队",在战争初期频频骚扰荷兰船只。此外,亚齐人在首都哥打拉惹和东海岸附近的炮台干扰了荷兰人的补给能力,迫使巴达维亚舰队远离海岸线,这给亚齐人带来了巨大的优势。[20] 英国派出船只观察敌对行动,但不久之后,事态就变得很明显,一件几乎不可想象的事情发生了。集结的荷属东印度军队与亚齐人刚一交战就失败了。[21] 失利的消息在马来世界传开,接着又传回到爪哇和荷兰本土公众的耳朵里,巴达维亚的规划者们叹了一口气,考虑接下来该怎么做。

为什么荷兰人在初次向亚齐发动进攻时没有做得更好?虽说荷兰当时只是欧洲一个不大的国家,但传统的苏丹国如何能够抵挡住西方强国的武装力量?也许最重要的是,为什么荷兰人没有进行更充分的准备,在这个他们已经探索了数个世纪的岛屿上展开一场血腥无情的战斗?几十年,这些问题一直困扰着荷兰和印度尼西亚的历史学家,尽管对于这场被视为荷兰的灾难性失败和北苏门答腊的史诗般胜利的事件,不同的学者提出了不同的因果解释。[22] 传统上人们通常认为,亚洲国家第一次在战场上对欧洲国家取得重大胜利是在1904年至1905年的日俄战争中,然而,与帝国主义有关的历史研究应该将此成就追溯到大约在日俄战争爆发前30年发生在亚齐的壮举。如果认可这一点,亚齐人所取得的胜利就更加令人诧异了:他们没有装备精良的现代化军队,却仍然取得了足以媲美20世纪初日本人的成就。与荷兰的军事能力相比,亚齐的绝大多数资源完全过时:他们的装备未能标准化,士兵几乎没有接受过任何现代战争策略方面的训练。然而,亚齐人战斗时的顽强和坚定信念让荷兰人感到十分惊讶。至少在接下来的一个世纪里,这将成为该地区抵抗一切形式的殖民统治(无论是欧洲人还是其他殖民者)的标志。

对荷兰人来说,1873年年初的失败既是一次心理上的打击,也

第十三章 违禁品和"金万安"号帆船

是对他们在东印度群岛上武装力量的挑战。到1873年，荷属东印度群岛在其核心岛屿爪哇和马都拉之外的地区缓慢扩张了几十年，但这股欧洲势力的推进浪潮从未遇到过像亚齐这样的敌人。这个苏丹国比巴达维亚之前扩张时的受害者更大、人口更多，并且比该地区任何其他当地人政权有着更为强大的军事实力和悠久的大规模组织活动的历史。此外，正如我在本书前面提到过的，马来世界不少仍然享有独立或半独立地位的当地苏丹和王公都将亚齐看作一块试金石。亚齐人知道自己正被其他人观察着，他们即将面对同样的困境。这些人似乎不仅为自己而战，而且还打着维护该地区穆斯林权益的旗号。因此，在海牙的大多数军事规划人员看来，在这个关键时刻，绝不能在该区域的亚洲王国和日益咄咄逼人的欧洲列强面前犯错。必须做点什么，而且要快点做，以维持荷兰在东南亚各国和贪婪的欧洲邻国面前的威望。[23]

为了打败亚齐人，荷兰人必须组建一支新的舰队，并集结更多的人力。然而，这需要时间，必需的部队要到年底才能抵达亚齐并展开第二次大规模进攻。双方都迎来了一个喘息的机会，用来制定战略和计划。对亚齐人来说，当务之急是尽快获得尽可能多的战争物资，因为每个人都清楚，第二轮更加协调一致的攻击肯定即将到来。对巴达维亚来说，这段窗口期十分必要，可以用来集结新的入侵部队，同时荷兰人也必须尽可能多地阻止上述物资运往亚齐。第一轮攻击失败后不久，整个亚齐海岸便遭到封锁。然而，从封锁一开始，举凡武器、鸦片、胡椒以及其他任何可以用于战争或换来现金以购买武器的东西，对它们的走私活动就非常猖獗。[24] 荷兰人通过设在海峡殖民地的密探系统得知了这一点，他们也知道，监控这些活动的贸易统计数据常常错得离谱。英国殖民地自由放任的贸易政策确保了这一点，但现在，在海峡两岸走私违禁品的利润过于可观，这一事实同样也促成了这种情况。[25] 荷兰人需要阻止走私活动，并且得尽快。然而，由于巴达维亚在亚齐海岸上还没有立足点，他们又怎么可能做得到呢？有什么手段可以用来防止走私商品到达目的地？也许最重要的是，荷兰人要如何在亚齐周围布下一张网，剥夺人民抵抗的手段并将之扼杀呢？

起航（1873年6月）

1873年6月26日和27日，也就是荷兰宣布封锁亚齐几个星期后，槟城的一群商人商定了一次合资航行，以在亚齐海岸采摘胡椒。参与这趟旅程的人员构成反映了前文已经讨论过的海峡地区复杂的民族融合的情况，船员、主要和次要承租人都来自不同的群体，为了这次航行的目的走到了一起。来自槟城的华人船东、英国臣民杨英（Yeo Eng）提供了这艘85吨、名为"金万安"的中式帆船（或"舢舡"，取决于不同记录的描述）。同样位于槟城，但在巴达维亚和其他港口设有办事处的洛兰·吉莱斯皮公司（Lorrain Gillespie and Co.）也参与其中。这家英荷合资企业签订了从亚齐海岸运送360桶亚齐胡椒的租船合同。最后，这次航行的主要批发商是南印度穆斯林格拉姆·麦丁萨·梅里坎（Golam Meydinsah Merican），他居住在槟城，投入了资金从沿海地区额外采购了700桶亚齐黑胡椒。这艘船的实际承租人是乔治·托尔森（George Tolson），他是来自洛兰·吉莱斯皮公司槟城办事处的一名荷兰人，与杨英就船只的使用进行了谈判。"金万安"号将驶往亚齐海岸的丹戎塞蒙托（Tanjung Semuntoh），最多停留10天来装货，然后返回槟城。杨英应支付所有关税、港口费或其他海事费用，胡椒或其他农产品的关税由承租人支付。6月27日星期五，"金万安"号驶出槟城港口，前往苏门答腊。[26]

到1973年，"金万安"号前往的亚齐东海岸地区已有相当长的胡椒种植历史。19世纪初，当地便开始种植胡椒，这种产品带来的收益属于当地的贵族乌勒巴朗（uleebalang），而哥打拉惹的苏丹又通过一套复杂的系统向这些贵族征税。然而，地方权力、距离和通信的现实情况使得哪怕在苏丹势力最大的时候，地方贵族也能获得相当大的独立性。到1873年，这块1.2万平方千米的海岸，每年生产大约10万担胡椒，其中大部分用小船穿过海峡运到槟城。到19世纪70年代，胡椒收入使这片海岸上的贵族相当富有，因此亚齐冲突的爆发，尤其是封锁，对他们来说是一件非同小可的事情。如果贸易中断得太严重或太久，乌勒巴朗就会失去大部分收入，一些人每年损失的金额接近10万荷兰盾。因此，当地的经济集团从一开始就反对封锁。槟城是亚齐东部胡椒的出口转运港，大多数乌勒巴朗都想方设法把货物运到那里。[27]

"金万安"号的目的地丹戎塞蒙托，便是亚齐苏丹国在这片海岸上生产胡椒的小附庸国之一。当地王公及其民众在这条海岸线上生产了大量的胡椒，而按照当时的记载来看，他们对荷兰人深怀敌意。亚齐抵抗派的领导者之一特库·帕亚（Teuku Paya）从海外旅行后回到苏门答腊岛，他经常溜进据信是反对荷兰人最激烈的亚齐小型政治体之一的丹戎塞蒙托。[28] 荷兰封锁舰队的船只尽可能频繁地在这一地区的海岸线上巡逻，经常在半夜停泊在近海，以保持一种持续且稳定的威慑力。[29] 尽管如此，荷兰人首次进攻亚齐的3年后，丹戎塞蒙托仍然悬挂着自己的旗帜，没有向巴达维亚投降。[30] 事实上，附近内陆地区的一些民众正忙着挖掘运河，试图把此地河流与其他河流系统连接起来，以便使胡椒能绕过封锁线。[31] 事实上，当亚齐抵抗力量想要误导荷兰人，让荷兰人不知道战争补给品是从哪里进入亚齐的时候，他们有时便会把丹戎塞蒙托的投降当成诱饵：该政治体数次假装向巴达维亚投降，不久之后又重新变成了交战方的成员。[32]

正是在这样的背景下，1873年6月，"金万安"号驶入了这座舞台。如前所述，梅里坎家族在槟城的南印度穆斯林社区中有着悠久而显赫的地位。除了曾参与1786年殖民地创立的卡迪尔·麦丁·梅里坎之外，枝繁叶茂的庞大的梅里坎家族还声称，穆罕默德·梅里坎·努尔丁（Mohamad Merican Noordin）是其祖先。努尔丁是19世纪30年代槟城的一名大商人，他拥有的船只在东印度洋各地交易盐、胡椒、禅杜和布料。在槟城的丘利亚商业网络中，社群伦理观念非常强烈。不过，到19世纪后半叶，梅里坎家族不再仅仅是以经商为生，还扩展到其他各行各业。[33] 他们在槟城参与清真寺建造和宗教教育，岛上的第一座清真寺是卡迪尔·麦丁·梅里坎于1801年修建的，而现存最著名的清真寺甲必丹吉宁（Kapitan Keling）也是在梅里坎的大力参与下建造的。其他一些梅里坎家族成员就没那么幸运了，他们靠家庭其他成员设立的宗教信托基金发放的慈善救助金为生。到20世纪初，梅里坎家族的一些人在省政府、采矿业和国家司法部门任职，而另一些人则继续以担任伊斯兰教师和经商为业。[34]

了解1865年至1915年梅里坎社群的最佳途径之一是海峡殖民地法院的记录，这些记录大量涉及梅里坎家族。梅里坎家族的成员似乎始终与法律纠缠在一起，不是原告，就是被告，要么是卷入了彼此之间的争端和仲裁。这些文件中有许多涉及金融或商业：一些梅里坎起诉公司损坏货物，另一些梅里坎涉嫌违反消费税规定，还有一些人卷入还款欺诈的案件。[35] 还有的时候，该家族成员甚至卷入了更严重的事情，如毒杀竞争对手，甚至是社群内大规模斗殴。[36] 这个大家族的规模很大，有时竞争也异常激烈，家族成员之间甚至会相互起诉，此种局面在19世纪80年代就出现过好几次。[37] 然而，梅里坎一脉的焦点并不局限于槟城内部的事务。这个家庭的成员还帮助亚齐人抵抗荷兰人，包括将外交求援信从亚齐海岸送给新加坡

第十三章 违禁品和"金万安"号帆船

的美国特使。有一个梅里坎贿赂了一艘德国蒸汽船上的乘务员,直接寄出了许多求援信中的一封,而其他信件则被藏在船只的黄油罐里送出。[38] 格拉姆·麦丁萨·梅里坎本人并没有出现在任何上述相关资料当中,因为他似乎只是社群里的一个中层商人。他甚至没有出现在槟城梅里坎主要世系的家谱上。[39]

"金万安"号出发时的贸易形势已经非常不稳定。在平时,海峡两岸的贸易规模庞大而自由:几乎所有类型的商品都可卖出或以物易物,甚至包括许多鲜为人知的物品。亚齐定期出口皮革、编织草席、制作家具用的藤条和其他植物纤维,以及棉花、烟草和大量牲畜(主要是山羊,但也有沿海小型马种)。[40] 反过来,海峡殖民地的商人向亚齐人运送各种各样的商品,包括鞋、帽、雨伞、瓦片和油漆。像锌、黄铜、铜和铁这样的金属一直有不小的需求,而像金箔甚至水银这样的特殊产品也会被运到亚齐人手里(亚齐人认为水银有药用价值,经常把它当成万能神药喝下去)。[41] 这些贸易航行是由许多国家的船只承运的,包括华人的中式帆船、马来的快帆船和方帆船以及欧洲的蒸汽船。槟城从1873年以来的航运统计数据,显示了这里的商业辐射方向是多么集中和定向:那一年,槟城大部分进港船只都来自新加坡和苏门答腊,而这两个地方也是槟城贸易船的主要目的地(表10)。[42]

然而,亚齐海岸最重要的出口产品还是胡椒,其次是槟榔。槟榔大量出售给来自槟城的商人,但也吸引了远至印度东南部沿海的船只,那里以及南亚和东南亚的许多其他地方都把槟榔用作一种温和的麻醉剂。19世纪70年代中期,亚齐槟榔的价格为每三担14至17美元,每年吸引大约20艘150吨至300吨的船只来装货。[43] 19世纪70年代的马来语信件显示了这些货物对当地统治者的重要性;帕桑干(Pasangan)的王公质问荷兰人,如果荷兰人不归还扣押的几艘槟榔船,他们怎么能被视为盟友或朋友呢?[44] 然而,胡椒才是

表 10　"金万安"号航行期间，马六甲海峡的官方贸易统计数据

I. 槟城与新加坡及苏门答腊的航运统计数据，1873 年

进入槟城的船只数量、吨位和船员人数，1873 年：

船籍	吨位	船员人数	船舶数量
新加坡	136778	9856	238
苏门答腊	47623	7388	233

驶出槟城的船只数量、吨位和船员人数，1873 年：

船籍	吨位	船员人数	船舶数量
新加坡	189691	12103	258
苏门答腊	29811	4808	185

II. 槟城出口到苏门答腊的贸易额，1873—1875 年

物品（美元等价价值）	1873	1874	1875
枪支	5357	170	485
火药	6145	0	48
子弹	210	65	112
贝拿勒斯鸦片	284012	351039	328243
波斯鸦片	8444	16434	17295
土耳其鸦片	3300	3500	31125

*** 注：上面两张表的数字针对整个苏门答腊。对亚齐的封锁极大地影响了出口地的分布。

III. 槟城出口到亚齐的常见贸易商品，1874—1875 年

布料、棉织品、金银线、鞋、帽、腰带、雨伞、靛蓝染料、水银、铁钉、锌、黄铜器皿、铜器皿、火柴、玻璃器皿、瓦片、中式储物柜、砖、石灰、油漆、挂锁、阿拉伯书、中国纸张、槟榔盒、鼻烟壶、煤油、盐、甘蔗、茶、中药、香水、肥皂、杂物等。

来源：摘选自 ANRI,"Comparative Table of Exports From Penang to Acheen in 1874 and 1875", in Kommissoriaal 14 July 1876, #522az, in Aceh #14 "Stukken Betreffende Atjehsche Oorlog (1876)", #475-734；亦可见 *SBB* 1874, p. 493-496

马六甲海峡北部经济的真正支柱：它为该地区带来的船只和商人远超其他任何商品。从新英格兰来的美国快帆船早已习惯了航行到苏门答腊岛来购买胡椒，远至意大利的商人也会来，有时一年就向地中海港口运送 8000 担胡椒。[45]"金万安"号出发时，亚齐沿岸反荷最激烈的地区之一新邦乌林每年通过胡椒销售可挣到 100 多万荷兰盾。然而，封锁开始后，这些利润中的大部分就必须通过夜间航行

来获得。负责封锁的荷兰指挥官对亚齐首领几乎把走私胡椒当作一种游戏而大为惊叹。能否智胜巡逻船成为对首领是否机智的考验，随着航行成功次数的增加，首领的地位也相应提高。[46]

　　散装大米是该地区贸易网络中的另一项重要物品。"金万安"号启程的前后几年，槟城出口亚齐的大米统计数据显示了这种运输的规模非常庞大：1872年到1875年，这个数字始终保持在1000"捆"*左右，尽管在封锁最严重的月份，这个数字有时会减少，因为那时大米只能运往"开放"港口。[47]这些大米大部分是仰光品质最好的米，在19世纪70年代中期，每捆售价超过100美元。[48]尽管在敌对行动爆发之前，亚齐就一直在进口大米，但由于战争，大宗大米贸易也发生了很大变化。封锁使亚齐的大米价格较之槟城翻了一番，同时也催生了一系列新的走私路线，以便向抵抗力量运送大米。[49]荷兰人收到的报告说，相当数量的大米通过沿海各个政治体运往抵抗派，最终经陆路转运到丹戎塞蒙托和新邦乌林。皮迪王公似乎也参与了这些交易，因为在他与荷兰人达成开放港口的协议后不久，大米便从该港口运送给内陆的抵抗派了。[50]事实上，不管是在海峡殖民地，还是在其他地方（包括19世纪80年代的中国），大米的运输都成了一个有争议的问题，各方都抱怨说，将大米视为"战争违禁品"是不公平的。不管公平与否，亚齐人都需要大米来生存和战斗，荷兰指挥部对此非常了解。包括"金万安"号船东在内的其他参与者似乎也完全明白这一点。

　　这座舞台上还有最后两种重要商品，分别是鸦片和武器，即使在正常时期，这两种商品也能在这片水域里赚到大钱。波斯、土耳其和印度的鸦片都通过海峡殖民地进入东印度群岛；19世纪70年

---

* 此处的捆，原文是"coyan"或者"koyan"，这是当地用于稻米、谷物、盐巴等物的体积单位，1捆约等于30担。

代初，对通过槟城转运至苏门答腊的鸦片之确切数量，英荷两国的统计数据有所不同，但都显示每年有数百箱。[51] 鸦片在亚齐非常受欢迎的原因有几个：分配鸦片通常会让家臣忠于乌勒巴朗或其他大贵族，同时鸦片也可以出售以获得巨额利润，尤其是在战争期间。

然而，向亚齐人走私武器才是真正长期困扰巴达维亚的问题。贩卖武器同样是海峡地区一种古老的正常贸易，随着1873年年初冲突拉开序幕，它也发生了重大变化。我们已经看到，1873年3月31日，新加坡总督哈里·奥德认为应该禁止向北苏门答腊运送武器。尽管殖民地部对此心存疑虑，建议奥德友好对待荷兰人但不要真正帮助他们对抗亚齐人，奥德还是将自己的想法付诸了实践。[52] 奥德的法令只是加强了荷兰海军部队与该地区武器走私者之间的猫捉老鼠的游戏。看看19世纪70年代荷兰封锁船的船长报告吧，同样的情形反复上演：在海岸的不同地点，荷兰人一次次地拦截、扣押船只，并发现船上秘密藏有武器。[53] 这种情况也是"金万安"号航行的背景之一，因为多年来一直在海峡两边穿梭的商人经常碰到荷兰人登船检查，或强行将自己的船拖向岸边。

1873年6月4日，荷兰方面的总督詹姆斯·劳登（James Loudon）在茂物（Buitenzorg，位于巴达维亚郊外的荷兰政府夏季办公地点）正式宣布封锁亚齐海岸[54]（图17）。该公告次日在伦敦发布，6月13日在新加坡正式印刷，随后不久又在槟城印刷。[55] 荷兰驻新加坡和槟城的正副领事均已收到通知，并获得了如何利用外交职位协助封锁的详细说明。巴达维亚还向荷属东印度群岛的其他高级机构，包括舰队指挥官，发出了极其细致的指示，说明巴达维亚希望如何安排封锁。[56] 与此同时，东印度行政当局也在不断地征求现场的反馈意见，并从东印度议会和舰队总司令那里听取关于应该采取什么措施让封锁最为有效的详细建议。[57] 1873年3月，也即正式宣布封锁的几个月前，海峡殖民地的商人就已报告称，他们与亚

第十三章 违禁品和"金万安"号帆船

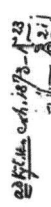

PROCLAMATIE.

De Gouverneur-Generaal van Nederlandsch-Indie, Opperbevelhebber der land- en zeemagt van Zijne Majesteit den Koning der Nederlanden beoosten de Kaap de Goede Hoop,

Brengt ter kennisse van een iegelijk wien zulks mogt aangaan, dat, naar aanleiding van den toestand van oorlog, waarin het Gouvernement van Nederlandsch-Indie met het rijk van Atjeh verkeert, de havens en landingsplaatsen, kusten, rivieren, baaijen en kreeken van genoemd rijk en zijne onderhoorigheden worden verklaard te zijn in staat van blokkade, met al de gevolgen daaraan verbonden, en dat met de uitvoering van dezen maatregel is belast de Kommandant der in de wateren van Atjeh gestationeerde Zeemagt.

Gedaan te Buitenzorg, den 4 Junij 1873.
LOUDON.

图17 荷兰宣布封锁亚齐的公告，1873年。图片来源：ARA，海牙

齐的贸易变得困难起来。到6月，亚齐周围逐渐形成的封锁网让贸易变得越来越困难。[58] 1873年6月27日，"金万安"号准备从槟城起航时，荷兰海军军官已经登上了参与封锁的东印度海岸警备船。槟城的荷兰人则在招募商人，组建一套覆盖范围甚广的荷兰密探系统。[59]

尽管如此，在"金万安"号启程前的日子里，海峡殖民地的生活多多少少还是正常的。在新加坡，立法委员会正在审议殖民地

前首席大法官的退休金问题、客船过度拥挤问题和学校督学报告等事项。⁶⁰ 有廉价房产可供出租，同时还有一批新书即将抵达殖民地，包括李奥诺文斯夫人（Mrs. Leonowens）的《暹罗后宫生活》（*Siamese Harem Life*）和《爱丽丝梦游仙境》（*Alice in Wonderland*），这两本书都在约翰·利特尔公司的书店里有售。⁶¹ 海峡殖民地新闻界大肆报道封锁的消息，各评论专栏不断指责总督奥德没有采取措施确保殖民地贸易的安全。⁶² 在槟城，"金万安"号启程的当天早上，有消息传来说，槟城港口的地理区域已经重新划定，一些新规定得到颁布，以确保港口更好地运转。前一天，代理助理警司 J.B. 休伊克（J. B. Hewick）宣誓就任全威省（Province Wellesley）地区的验尸官。槟城的警司斯皮迪（Speedy）队长发出通知，凡是在街上发现的流浪狗一律捕杀。⁶³

1873 年 6 月 27 日，"金万安"号悄然驶离槟城的港口。通过拼凑起来的荷兰封锁舰队的航海日志条目，我们可以大致了解到当天的天气和海况。大部分保留下来的手写日志显示，27 日，海峡北部刮起强风，主要来自西南方向。这一天似乎开始时相当晴朗，随后逐渐变为多云，直到傍晚开始下雨，并且狂风大作。海浪很高，封锁船的航行速度可以达到每小时 3 节，使用蒸汽动力的船每 4 小时要消耗 1200 到 3700 公斤煤炭。根据荷兰的记录，当时气压在 0.757 和 0.764 之间徘徊；温度似乎在 25 摄氏度至 28 摄氏度（78 华氏度至 88 华氏度）之间。⁶⁴ 1873 年不是海峡地区特别多雨的年份，但 6 月总是这个地区天气不好的时候。⁶⁵ 此时西南季风正盛，海面波涛汹涌，"苏门答腊风"（也即高速风）频繁出现。在 1873 年海峡殖民地的一份灯塔建设报告中，新加坡立法委员会指出，"每个在这片水域航行的船长都知道，西南季风期间，马六甲海峡的天气甚为恶劣"⁶⁶（表 11）。"金万安"号就在这样的天气和海况下出发了。6 月到 8 月是亚齐胡椒的装运期，所以必须忍受恶劣的天气。

第十三章 违禁品和"金万安"号帆船

表 11　气象资料:"金万安"号航行期间马六甲海峡的天气模式

	截至 1873 年(包括)的 5 年平均降雨量				
	1869	1870	1871	1872	1873
年降雨量(单位:英寸)	90.63	123.24	109.45	75.30	75.30

		新加坡的天气预报,1873 年			
			温度计		
月份	雨量(英寸)	气压(英寸)	干球	湿球	风向
一月	7.16	29.831	80.1	74.7	西北
二月	9.57	29.845	78.5	74.4	西北
三月	9.74	29.832	80.9	75.8	东北/西北
四月	10.54	29.806	81.4	77.2	东北/西北
五月	5.50	29.786	83.5	78.0	东北
六月	4.81	29.807	83.5	77.7	东南
七月	3.55	29.820	82.8	77.1	东南/西南
八月	6.08	29.828	81.7	77.0	东南
九月	3.00	29.847	82.7	77.4	东南
十月	7.93	29.833	81.8	76.8	东南
十一月	12.56	29.864	79.8	76.1	西北/东北
十二月	5.16	29.850	79.0	74.9	西北/东北
平均	7.13	29.829	81.3	76.4	n/a

来源: *SSBB* for 1873 (1874), p.557

在苏门答腊岛海岸的海峡对面,新组建的荷兰封锁舰队正严阵以待。海牙殖民地部档案馆中的一份文件揭示了 6 月中旬封锁船的分布、位置、船员构成和武器装备情况。这份图表还指出了这些船从哪儿来,要前往何处。[67] 然而,船只本身的航海日志记录得更为准确,详细记下了"金万安"号启程当天这些船的所有活动(表 12)。根据这两个来源,我们可以拼凑出封锁船在亚齐海岸前不断移动的情形。许多船正在进行锅炉和其他地方的修理工作,有些船的口粮不足,而另一些船存在大范围的纪律问题。[68] 另外的资料来源,如 A.J. 克鲁吉特出版的关于他在"帝汶"号上经历的回忆录,讲述了船上的当地水手中开始流行脚气病。煤炭短缺削弱了船队的活动范围,没有补给船也是一个麻烦,因为封锁船必须一路航行到

表 12　荷兰封锁舰队中特定船只在亚齐周围的位置

舰名	1873 年 6 月 27 日（"金万安"号出发日）前后一周	1873 年 8 月 23 日（"金万安"号扣押日）前后一周
"登布里尔"号	在伊迪附近巡逻	在伊迪附近巡逻
"库霍恩"号	在日里河外巡逻	在丹戎塞蒙托外巡逻
"帝汶"号	在马六甲海峡内巡逻	在亚齐东海岸外巡逻
"班达"号	从亚齐港到伊迪港	在伊迪附近巡逻
"博默勒瓦德"（Bommelerwaard）号	[在红海]	在亚齐东海岸巡逻
"维特格斯"号	从班达亚齐到韦岛	在伊迪附近巡逻
"梅塔伦·克鲁伊斯"号	在亚齐港外	[在西苏门答腊巴东外]
"马斯河与瓦尔河"（Maas en Waal）号	[在西苏门答腊实武牙港（Sibolga）外]	在东苏门答腊勿拉湾河外
"泽兰"号	在亚齐港外	在亚齐港外
"苏门答腊"号	[在廖内海峡]	在伊迪港外
"锡亚"号	无数据	在亚齐东海岸外
"范·金海军上将"（Adm. van King）号	[马辰到廖内]	在亚齐北海岸外
"范·安特卫普城堡"号	在亚齐东海岸外	在亚齐港外

来源：ARA, "Positie de Schepen en Vaartuigen in de Wateren van Atjeh op den 28 Augustus, 1873", in (MvK, Verbaal 17 Dec 1873, D33); 各封锁船日志，均源自 Ministerie van Marine 2.12.03/Scheeps-Journalen

伊迪才能获得新的补给。[69] 不完美的封锁，加上不完美的天气，还有一艘中式帆船向西南航行去寻找胡椒：这就是 6 月底马六甲海峡的情形。大约两个月后，"金万安"号再次出现在记录中，此时它已经驶离苏门答腊岛雾气弥漫的海岸。

第十四章
非法世界，1873—1899

1873年8月23日，"金万安"号满载亚齐黑胡椒，在丹戎塞蒙托海岸附近被荷兰船只"库霍恩"（Coehoorn）号扣押。一如"金万安"号启程的6月27日，对马六甲海峡来说，8月23日也是平淡无奇的一天。诚然，新加坡正举行喧闹的宗教游行「"在过去的6个星期里，世界上没有哪个城镇比这里更像是潘地曼尼南（Pandemonium，即地狱之都）"，一名观察人士说]，但总的来说，当地的气氛相当平静。[1]一船的口琴和六角手风琴已经运进了城里，而当大黑胡椒在新加坡市场上的价格是每市斤（Catty，约为600克）14美元。[2]当地报纸报道说，更多的荷兰军队正在从爪哇经巴东前往亚齐的途中，亚齐使者也正四处寻找盟友，甚至远至坤甸。[3]在槟城，几天前人们记录到一次小地震，震动了利思街（Leith Street）的一些房屋；维多利亚马戏团在城里表演新奇的马术、体操和杂技。[4]在世界上更遥远的其他地方，生活似乎也同样平淡。在荷兰，整个内阁（再次）威胁要辞职，而在英格兰，爱丁堡公爵正在计划即将到来的婚礼。在英属印度，第10团的一名军官正沮丧地准备在拉合尔因重婚罪而接受审判。[5]

1873年8月，扣押

然而，亚齐海岸在8月23日发生的事情就相当多了。由于当地正热火朝天地收获胡椒，伊迪的港口停泊着许多艘船，这是为数不多尚未受到荷兰封锁的港口之一，因为伊迪王公与巴达维亚关系较好。[6]然而，漫长海岸线的其余部分是禁止贸易的，荷兰舰队一直忙于阻止船只到达海岸。每天都有扣押事件：封锁舰队的航海日志中充斥着扣押中式帆船、快帆船，甚至小蒸汽船的记载，因为他们在船上许多杂七杂八的地方发现了违禁品。[7]7月底，整个亚齐沿海地区被划分为3个荷兰驻点，巴达维亚的船只日夜巡逻，搜寻突破封锁者。"帝汶"号报告称，全体军官和船员在任何时候都忙得不可开交，追赶离开或接近亚齐海岸的船。有时从甲板上可以看到十几艘或更多艘船，它们朝着不同的方向拼命航行，以躲避冒着黑烟赶来的蒸汽船。[8]此时，在亚齐的东海岸，值守驻点的船分别是"帝汶"号、"锡亚"号、"登布里尔"（Den Briel）号和"库霍恩"号，它们全都往来穿梭在丹戎塞蒙托河河口附近的水域上。[9]

通常，8月的天气状况让追赶、拦截船只变得非常困难。此时，马六甲海峡北部水域的风向经常变化；一些封锁船的日志将扣押"金万安"号前后几天的风向列为西北风，而另一些则报告是西南风甚至是东南风。[10]由于锋生作用，此时的气压往往极高。这个月的海面也波涛汹涌，追击变得很困难。平均气温很高，整个月的正常气温在77华氏度至81华氏度之间，尽管8月23日的温度达到86华氏度。[11]这一天的黎明时分乌云密布，亚齐海岸部分地区还下着毛毛雨。接着天气发生变化，大片天空放晴，但没过多久，乌云又从海面上滚滚而来。次日，天气又开始转变，8月25日，一场猛烈的

第十四章 非法世界，1873—1899

暴风雨袭击了该地区。[12]"金万安"号的运气似乎不太好，在离开亚齐海岸并试图驶回槟城时，它碰到了短暂的晴好天气。如果它提早48小时或推迟48小时出海，那么它很可能会悄无声息地溜过封锁线，消失在海峡的浓雾、狂风和季节性降雨中。

满载胡椒的"金万安"号驶离丹戎塞蒙托海岸约一英里时，封锁舰"库霍恩"号看到了它，并加快速度接近。"金万安"号可能掉转了方向，试图回到海岸，但据了解，"库霍恩"号在离海岸不到3英里的地方（即在国际水域）就追到了它。[13]"库霍恩"号8月23日的航海日志已经丢失，但船长C.德·克洛普（C. de Klopper）随后的一份报告显示，"库霍恩"号设法靠近"金万安"号，他最终登上了船。"金万安"号及其船长丘洛柏（Chiulo Po）被德·克洛普船长指控越过封锁线运送违禁品。[14]其他封锁船的航海日志告诉我们接下来发生了什么："库霍恩"号把这艘中式帆船交给了荷兰政府的"锡亚"号，后者把它拖到伊迪。两天后，"锡亚"号出发装载煤炭，以便将"金万安"号拖到苏门答腊岛海岸更远的地方。4个人被派到中式帆船上值守，船上的船员被关押为囚犯。这艘船被拖到日里，之后到廖内，最后一路拖到荷属东印度群岛的权力中心，遥远的巴达维亚。[15]

"金万安"号并不是第一艘因穿越封锁线而被抓获的来自海峡殖民地的商船，也不会是最后一艘。同年7月，"水手希望"（Mariner's Hope）号遭扣押，这件事在海峡殖民地引发了巨大的反响，报纸上也有广泛的报道。该船船员在巴达维亚接受审判，该船被宣布为合法战利品。[16]"吉尔比"（Girbee）号也大约在同一时间被扣押，并被带到爪哇接受审判，不过船员最终因扣押行为被判定为非法而逃脱了惩罚。[17]在封锁的最初几个月里，许多其他悬挂英国国旗的船也遭遇了同样的命运，包括"顺畅利"（Soon Chin Lee）号、"坤泰"（Kimon Thaij）号和"东方之星"（Bintang Timor）号，以及在荷兰航海记录中被略称为"快帆船#2、3、4、5、6"的无名船只。[18]根据证据、背景和被扣押时的具体情况，这些船有时被宣布违反封锁规定，另一些时候则被放行。荷兰最高层的决策者知道，亚齐战场上战利品扣押权很复杂，而且往往模糊不清；根据港口或货物性质的不同，管理者有时在相当相似的情况下会作出不同的决定。[19] 1873年7月，从槟城出发的"宁波"号在亚齐海岸被抓获，法庭要花一年多的时间来审理这艘船的案件，引发了荷兰和英国的政治家之间的外交纠纷，以及一些表示愤怒的书信往来。[20]

抓获"金万安"号的舰船在荷兰驻亚齐的海军力量里多少属于典型。这些船的日志和信件显示了封锁最严重时期船上的日常生活：起床、检查和清洁船只都是正常的规律性活动，同时还有更多的仪式性任务，如升旗和鸣放礼炮。这些船还在不断地保养和修理老化的锅炉，它是船的"心脏"，无论天气如何，它都能给船提供推进动力并保持航行。从一路拖到亚齐的驳船上获取煤炭以及食物供应（土豆、大米、咸肉，尤其是淡水）也占用了船员的大部分时间。在封锁时期，军纪也是服役的一个重要组成部分，特别是在战区内。船队的航海日志中满是水手们因各种各样的过失受到惩罚的记录：偷窃、打架、值班期间睡觉，以及偶尔企图逃跑。总体情况是，封锁线上的船往往没有做好履行职责的准备：燃料永远不足，纪律松懈，而且从来没有足够的船来维持全面监视。虽然在封锁的最初几个月里，"金万安"号和许多其他船只被抓获，但毫无疑问，一定有相当数量的其他船只完好无损地带着走私品穿过了封锁舰队。[21]

承认这些不足并不意味着淡化封锁舰队所面临的真正困难，尽管试图抓住该地区的大批走私者往往看似徒劳无益。"帝汶"号上的军官J.A.克鲁吉特对挑战和障碍进行了最为生动的描述。克鲁吉特描述了走私船可以藏身其中的无数条溪流，这些溪流距离海岸如此近，以至于荷兰蒸汽船常常无法追击。走私航行大多在夜间，走私者一看到荷兰船就逃跑并消失在森林里。有时，封锁船会驶入较宽阔的河流寻找猎物，船员在船的两侧密切监视着丛林中的人影。河流两岸密不透风地长着巨大的蔓生藤蔓，把荷兰船围在里面，几乎要抽光空气中的氧气。河岸上草丛茂盛，船员偶尔能辨认出小径或茅屋，但通常情况下，开上几英里也什么都看不见。鳄鱼的脊背在水里清晰可见。这些叙述往往带有一种康拉德式感觉，仿佛《黑暗之心》被搬到了苏门答腊岛。极少的情况下，荷兰人会发现并扣下满载胡椒、树脂或木材的船只，但更有可能的是，他们会遇到从黑暗中飞出的子弹，而不是任何走私的证据。虽说这些巡逻队有时也会缉获大量的胡椒，但似乎从来都不曾像封锁官员希望的那样多。[22]

然而，克鲁吉特的叙述并不是荷兰封锁舰队人员留下的唯一资料。不同荷兰人在这座舞台上所见所闻的报告，以亚齐海岸上个人行动或小规模冲突的叙述形式刊载在《海员陈述》(Mededelingen Zeewezen) 上。这些来自封锁亲历者的叙述让事件变得更加生动，让读者以第一人称视角来感受封锁期间的日常生活。[23] 保存在海牙海事局斯坦伯肯人事档案馆 (Stamboeken Personnel Records) 的海员记录也许更有价值。在这里，人们可以从厚厚的皮革卷宗里找到许多封锁行动参与者的信息，包括他们的阶级背景、驻扎记录和服役日期。例如，扣押"金万安"号的"库霍恩"号船长德·克洛普，在当时只有34岁，但他从20岁起就在东印度群岛的船上服役。在丹戎塞蒙托附近扣押"金万安"号时，德·克洛普担任"库霍恩"号船长才3个月，他在整个职业生涯中还将为20多艘船效力。[24] 同样，"库霍恩"号驻守点的另外两艘船，"帝汶"号和"登布里尔"号的船长查尔斯·博加特 (Charles Bogaart)、亨德里克·范·巾鲁克赫伊曾 (Hendrik van Broekhuizen) 在"金万安"号被俘获时也是30多岁的年轻人。他们在东印度水域也有丰富的经验，似乎和德·克洛普同时晋升。[25]

不过，我们还可以再深入地探究一下，看看8月23日究竟有哪些人跳过船舷登上了"金万安"号。舰队中的水兵，如"维特格斯"（Watergeus）号的兰伯特斯·埃弗拉德（Lambertus Everaard）和"帝汶"号的格里耶特·内克曼（Gerriet Nekeman）就是典型代表。扣押"金万安"号时，埃弗拉德年仅21岁，已经签约加入水兵，并预支了150荷兰盾；1875年，他得到了一笔退伍金和亚齐勋章，离开了东印度群岛。[26] 内克曼年纪大一些，快40岁了，在埃弗拉德才3岁时他就签约当了水兵，仅预支了20荷兰盾。和埃弗拉德一样，他也来自一座荷兰小镇，并最终带着全额退伍金退役。[27] 甚至关于封锁舰队里最基层勤务人员的记录也保存了下来，比如同在这些船上的水手（scheepelingen）。"金万安"号上的人可能与"帝汶"号上的二等水手科内利斯·苏克尔（Cornelis Sukkel），或"登布里尔"号上的三等水手扬·奥斯滕堡（Jan Ostenburg）有过接触。苏克尔有一双深蓝色的眼睛，长鼻子、尖下巴，头发是浅棕色的，他在19世纪60年代去过日本，还去过埃及。[28] 奥斯滕堡金发碧眼，扣押"金万安"号时年仅21岁。他最终在荷兰东印度海军至少47艘不同的舰船上服役。[29] 1873年8月，这两个人都在亚齐东海岸，可能在当天某个时候看到"金万安"号被拖进伊迪港。可以想象，"金万安"号上的人在开始漫长的通往法庭的南下之旅时，也看到了这两个人的蓝眼睛（虽说从船舷的防护栏杆后面几乎分辨不出来）。

法律流程（1874—1875年）

1874年下半年和1875年的头几个月，"金万安"号因企图突破荷兰的封锁受到审判。此时，亚齐冲突的舞台已经发生了重大变

第十四章 非法世界，1873—1899

图 18 亚齐海岸的地方首领，1880 年。图片来源：KITLV，莱顿

化。从"金万安"号在 1873 年 6 月启程到 8 月在丹戎蒙托外海被抓获期间，北苏门答腊的荷兰军队只有一支海军力量，封锁船在海岸附近巡航，偶尔炮击内陆地区。然而，到 1873 年 12 月，一支规模大得多的舰队和登陆部队已经集结完毕，再次对苏丹国展开入侵，而这次，他们十分认真。荷兰人不再过于自信，也不再准备不足。巴达维亚从第一次进攻的灾难中吸取了教训，并带着压倒性的武装力量回来了。[30] 1873 年 12 月到 1874 年 1 月，经过激烈的战斗，亚齐苏丹国的首都可打拉惹被攻占，亚齐抵抗力量的主力逃到了山区。[31] 1874 年到 1875 年，北苏门答腊不断发生小规模血腥冲突和游击战，荷兰人试图扩大首都周围的滩头阵地，而亚齐人则试图将欧洲人困在该岛的北角[32]（图 18）。双方伤亡惨重，疾病夺去了更多

人的生命。荷兰伤病员被送上封锁船运出亚齐。

尽管经历着战争的蹂躏，1874年和1875年整个苏门答腊岛海峡两岸的贸易势头仍然很强劲。荷兰驻新加坡领事报告说，1874年的贸易统计数据有所增长，尽管有几家华人商行破产，但没有一家欧洲商行因战争而破产。1875年的情况与此类似，因为海峡殖民地的商业模式基本恢复正常，而其他事情，比如霹雳州的内战，吸引了人们原本投入到亚齐上的关注。³³ 在槟城，胡椒的价格实际上从1874年的每担12.5美元下降到1875年的每担10美元，甚至在1876年下降到每担8美元，因为随着大部分海岸封锁解除，越来越多的胡椒得以从亚齐海岸运出。"金万安"号遭扣押的丹戎塞蒙托和亚齐的其他一些地区（如新邦乌林）仍处于封锁之中，但滞留在沿海其他许多地方的胡椒现在可以自由出口了，大量胡椒得以运输，最终导致价格下降。³⁴ 然而，许多船只仍遭到亚齐海岸各地的封锁舰队扣押，一份荷兰海图显示，仅在1874年下半年，就有29艘这样的船只遭扣押。³⁵

尽管荷兰人进行了封锁，但仍有这么多的船只继续穿越海峡来取胡椒，原因之一在于1873年夏天，荷兰人开始实行"通行证制度"。通行证制度是在海峡殖民地商人的巨大压力下建立起来的，它允许英国商人登陆亚齐海岸，收集上一季已经预付了款项的胡椒。商人把这些钱付给亚齐首领，帮助后者渡过难关，坚持到次年的胡椒收获季。但1873年6月封锁开始后，许多已经支付并承诺要进入市场销售的胡椒遭到了荷兰舰队的围困。这一事实在"金万安"号事件中至关重要。海峡殖民地商人向政府大声疾呼，声称封锁正在破坏他们的生计，荷兰人至少应该允许他们提取已经支付货款的货物。经过新加坡方面的不断敦促，巴达维亚在极大的压力下最终同意了。³⁶ 荷兰驻槟城副领事发给各种船只的通行证副本，有一些被保存在海牙中央档案馆（Central Archives in The Hague）。发出这

第十四章 非法世界，1873—1899

些通行证的条件是，贸易商不得携带任何现金或货物前往亚齐海岸，只能填装压舱物，直到他们抵达亚齐之后用胡椒装满船舱。然而，荷兰海军军官很清楚，持有通行证的船只经常携带货物，无论是鸦片、现金、大米还是武器。[37] 任何被发现的这类商品都被荷兰方面认为是走私商品，货物和运输货物的船只都可能被扣押。

正是在这样的情况下，"金万安"号被抓获。此案的细节，包括参与审判的人物及周边外交活动，都很能说明问题。尽管"金万安"号只是一艘 85 吨重的中式帆船，被扣押时船上并没有欧洲人，但这起案件的利害关系一路牵涉到了荷兰政府的最高层。当时有两位殖民大臣就此事写信，其中包括著名的殖民地政府改革家 I.D. 弗兰森·范·德·普特（I. D. Fanssen van de Putte），他从 1872 年一直任职到 1874 年。另一位是他的继任者 W. 范·戈尔茨坦（W. van Goltstein）男爵，后者担任过两届殖民大臣，此时为其任期中的第一届。[38] 该案进入审判阶段时，两名荷兰外交大臣也参与了此案，其中包括 J.L.H.A. 格里克·范·赫尔维宁（J. L. H. A. Gericke van Herwijnen）男爵和他的继任者 P.J.A.M. 范·德尔·杜斯·德·维勒布瓦（P. J. A. M. van der Does de Willebois），后者在其任职期间是荷兰与英国谈判的最高级别代表之一，同样担任了两届外交大臣。[39] 审判开始时的总督是劳登（在他任职期间，亚齐战争爆发），最终裁决时的总督是范·兰斯伯格（van Lansberge），他和格里克·范·赫尔维宁一样，是处理与英国人关系的外交专家。[40] 海军的几位大臣也参与其中，但作用相对较小。[41]

而在对面的海峡殖民地，相关各方的出场阵容要逊色许多。商人格拉姆·麦丁萨·梅里坎是槟城著名梅里坎家族的一个小角色，"金万安"号船主杨英和船长丘洛柏除了名字之外似乎没有留下任何痕迹。在槟城和巴达维亚设有办事处的英荷合资企业洛兰·吉莱斯皮公司租下该船承运 360 担黑胡椒。常在槟城代表该公司的是威廉·洛兰·希尔（William Lorrain Hill），G.P. 托尔森则经常参与该公司在荷属印度的交易，有时也会在槟城出现。J.E. 亨尼（J. E. Henny）是一名荷兰律师和法务官，最终受雇在巴达维亚法庭上协助代理"金万安"号一案。他出身于荷兰著名的司法世家，并于 1866 年成为巴达维亚的一名出庭律师。亨尼最终将成为一个相当重要的人物：他是荷兰国务委员会（Council of State in Holland）的荣誉成员，他的家族持续涉足这桩案子超过 25 年。[42] 最后，荷兰驻槟城亚齐事务特使乔治·拉维诺和荷兰驻该港口副领事威廉·帕戴（William Padday）也参与了此案。拉维诺虽然由于其工作的性质而不受海峡殖民地商人的欢迎，但几乎所有人都说他是一个非常好的代理人，不知疲倦地为荷兰在该港口的利益而努力。[43] 帕戴的情况有所不同。他似乎首先利用自己的地位谋取个人利益，并将自己的商业财富与荷兰军队的补给供应挂钩，从亚齐战争中获取经济收益。不过，荷兰人在一段时间后意识到了这一点，帕戴最终被迫对自己的行为做出解释，措辞中充满了卑躬屈膝的道歉。[44]

　　所有这些不同的人物都参与了"金万安"号后续的故事。1873 年 8 月 23 日遭扣押后，这艘船被拖到了荷兰舰队驻亚齐东海岸的地区总部伊迪。经过商议后，也为了补充更多的煤以便将船拖向南方，"金万安"号最终被拖到日里，接着到了廖内，最后到巴达维亚寻找法庭审理此案。整个过程耗费数月，似乎对船只和船上的货物造成了相当大的损耗。1874 年底，也就是实际缉获"金万安"号一年多之后，该船据称处于"下沉状态"。尽管这艘中式帆船的案情还有待斟酌，但被扣押船只及其受损货物的状况现在需要采取一定的处理措施。首先，他们从船舱中取出了亚齐胡椒，以免其进一步浸水和变质，并将之公开拍卖出售。在听取了专家（包括巴达维亚港务部门的一名官员和一些司法部门人员）的意见后，他们决定以任何可以达成的价格出售此船。[45] 1874 年 10 月 24 日，根据 19

第十四章 非法世界，1873—1899　　　　　　　　　　　　　　305

世纪初荷属东印度群岛的海上捕获法，在取走了胡椒且未经审判的情况下，"金万安"号也在巴达维亚被拍卖。这艘85吨的船，以略高于1050荷兰盾的价格成交，并扣掉62荷兰盾的托运费。[46]

在海峡对岸的槟城，"金万安"号及其货物的各利益相关方在这漫长的数月延误中也没有闲着。格拉姆·麦丁萨·梅里坎在这艘被扣押的船只上投资了700担胡椒，洛兰·吉莱斯皮公司的成员投资了360担胡椒，而杨英则担心失去整艘船。得知这艘船的命运后，格拉姆·梅里坎给洛兰·吉莱斯皮公司发送了消息，最后还给该公司在巴达维亚的分支机构也发了消息。与爪哇当局的交涉似乎没有起作用，因此有关商人决定采取法律行动。1874年2月7日，吉莱斯皮家族的成员会见了威廉·洛兰·希尔，并正式指定他担任律师。众人在当天发表誓词，并由槟城公证人查尔斯·威廉森·罗迪克（Charles Williamson Rodyk）公证。[47]帕戴也出席了仪式，并声明罗迪克和威廉·洛兰·希尔都是真正的英国臣民。[48]这似乎是商人试图促使荷兰政府参与其法律主张的一种尝试。同日，格拉姆·梅里坎也为诉讼提供了誓词，并指定希尔为其代表。[49]梅里坎的行动也受到荷兰副领事的监督，后者郑重宣誓，公证人和梅里坎均为英国臣民。[50]

此案被提交到巴达维亚高等法院，并于1875年1月15日作出裁决。海牙中央档案馆保存的一份长达35页的手写法庭最终判决书详细说明了案件的诸多细节，尽管它并没有讲出"金万安"号的全部故事。法院的判决让颁布封锁法令的巴达维亚高层决策者大感意外。"金万安"号被判无罪，没有违反荷兰封锁令。这艘中式帆船的船员否认知道任何有关亚齐封锁的事情。他们在前往亚齐海岸的航行中没有遇到任何封锁船只，在进入丹戎塞蒙托的河流时完全没有意识到海上的戒严状态。为了证明这一点，法庭逐字引用了"库霍恩"号船长德·克洛普的陈述：他作证说，在抓获"金万安"号时，丹戎塞蒙托已经被封锁了6个星期。从8月23日的扣押日期减去6个星期，法院得出7月12日作为丹戎塞蒙托周边开始封锁的时间。此时"金万安"号已从槟城驶出，船上的文件中没有任何警告或通知（按照国际法的规定，如果遇到封锁船，封锁方必须要发出警告或通知），因此它一定没有看到任何一艘封锁船，自然也就没有意识到亚齐周围的警戒线。于是，法院判定，扣押"金万安"号的行为是非法的。这艘中式帆船和船上的货物，连同任何"费用、损害赔偿和由此产生的利益"，都应退还给被告。[51]

荷属东印度政府中不少人对这一裁决感到愤怒。"金万安"号是在试图悄悄地从丹戎塞蒙托的河流溜入大海时被当场抓获的，船上装满胡椒，正要运往槟城港。1875年5月13日，原告方向高等法院提起上诉，要求作出判决。代表王室的律师再次提出他们的论点，而"金万安"号一方指派的律师则试图守住已赢得的阵地。这一次的判决更加模棱两可。被告得以维持原判，"金万安"号再次被宣布无罪，密谋携带违禁物品突破封锁线的控告不成立。然而，巴达维亚政府方面也获得了部分胜利，法院撤销了部分判决，即要求巴达维亚支付"费用、损害赔偿和由此产生的利益"的命令。最高法院认为在此事上它越权了：1829年第54号政府公报就"金万安"号作出裁决，没有提到支付额外费用给被告。故此，根据1819年第28号公报所赋予的权力，法院部分推翻了自己的判决，但仍以多数票判"金万安"号胜诉。涉及苏门答腊岛航行的各方将收回其在货物和船只本身上的投资，但所有审判费用和由此造成的损失都由他们自行承担。[52]

在审判过程及其后续事件中，司法部、东印度议会和其他有影响力的机构的人员就如何处理此事向荷兰政策圈提出了不同的建议。[53]"金万安"号作为一艘被控越过国际边境走私的船只的命运为许多人所知，然而，法庭最终判定归还的大部分款项据称从未得到

第十四章 非法世界，1873—1899

支付。威廉·洛兰（再次）授权乔治·托尔森代表自己与巴达维亚进行交涉。⁵⁴ 托尔森给总督本人写了一封信，解释说政府仍欠被告一大笔钱。"金万安"号装载了 50 袋（每袋 22 担）亚齐胡椒，总共 1100 担，这一重量相当于 1356 槟城担。考虑到没收时胡椒的价格为每担 14.5 美元，这些胡椒总价值 19662 美元，按 1 美元兑 2.5 荷兰盾的汇率计算，1873 年这些胡椒价值 49155 荷兰盾。托尔森解释说，从 1873 年到 1875 年，还产生了 10322 荷兰盾的利息，故此共有 59477 荷兰盾需要支付。托尔森说，在这笔款项中，还有 26349 荷兰盾尚未支付给被告。⁵⁵ 据称，由于未付款时间越拖越长，洛兰·吉莱斯皮公司的巴达维亚办事处最终被迫关门，随后破产。该公司在槟城的总部很快也步其后尘。最后，由于债权人追讨其在货物中所持的份额，格拉姆·梅里坎本人压力过大，"发生了一次严重中风"，卧床不起。⁵⁶ 他的一名后代告诉我们，"他的状况从未好转"，反而在这桩所谓的走私案的压力下"每况愈下"。⁵⁷ 格拉姆·梅里坎不久就去世了，"金万安"号的麻烦把他引上了一条不可抗拒、直入坟墓的悲惨道路。

风波再起（1898—1899 年）

这些复杂的法律诉讼（包括违禁品、跨种族武器走私，以及在动荡水域中悄然穿越边境）似乎在 1875 年已经宣告结束。而"金万安"号事件的细节之所以为人所知，是因为大约 25 年后，也就是 19 世纪 90 年代末，格拉姆·麦丁萨·梅里坎的儿子奥马尔·尼纳·梅里坎（Omar Nina Merican）重提此案。根据奥马尔·梅里坎所说，在"金万安"号走私案件中承诺支付给被告的金额从未偿付。因此，在他成年后（也就是将近 1/4 个世纪后），他试图再次公开这件事，并从荷兰人手里收回家族损失。他写信给曾在 1875 年的案件中帮忙代表被告利益的 J.E. 亨尼的弟弟 C.M. 亨尼。奥马尔·梅里坎后来去巴达维亚见到了 C.M. 亨尼，后者正在家族律师事务所当学徒。于是小亨尼写信给此刻已经回到荷兰的哥哥，索要相关文件。⁵⁸ 虽然被告和他们的代理律师团队中存在这样的连续性，但荷兰政界和行政人员的阵容已经彻底改变。新的殖民大臣是著名的大种植园园主 J.T. 克雷默（J. T. Cremer），他以商业才能而非外交手腕而闻名。⁵⁹ 克雷默任命他的朋友 W. 鲁斯博姆（W. Rooseboom）为东印度总督，后者是近 60 年来得到这个职位的第一名军人。⁶⁰ 最后，外交大臣 W.H. 德·博福特（W. H. de Beaufort）最终将再次与英国人就此案的法律依据进行谈判，他日后将成为 1899 年第一届海牙和平会议（First Hague Peace Conference）的荣誉主席。然而，在他的任期内，随着南非爆发布尔战争（Boer War），荷兰的反英情绪日益高涨。⁶¹

到 19 世纪末奥马尔·梅里坎采取行动时，海峡殖民地与苏门答腊之间的贸易和商业安全状况总体上已大为改善。海峡两岸进出口贸易统计数据稳步上升，荷兰驻新加坡和槟城领事编制的表格显示，这是一种稳固的整体趋势。⁶² 此外，该区域的港口也在大兴土木，例如槟城正在进行大规模勘测、码头建造和高架桥架设，以加强港口通过能力。⁶³ 然而，最能说明该地区逐渐走向稳定的迹象，或许要算沙璜的出现，这是地处亚齐北部尖端的韦岛上的一座新港口，也是该地区一座重要的新港口。巴达维亚不再满足于将新加坡作为该地区的转口港，决定尝试为适应海峡航运的巨大交通流量而建立自己的现代化基地。干船坞、煤炭站和邮政系统都建造到位，为该港口服务，沙璜逐渐成为吸引该地区贸易的磁石。尽管这座港口绝不会取代新加坡（或槟城）成为海峡北部水域商业活动的主要场所，但港口的建设本身就至少标志着该地区终于有了一定程度的强制性"秩序"。⁶⁴

尽管如此，一些严重的问题仍然存在，奥马尔·梅里坎重提"金万安"号一事的时候,正值公众对贸易体系的分析和抱怨大量涌现。早在19世纪70年代末,海峡殖民地的报纸文章就谴责荷兰封锁对英国商人的不公正,痛斥封锁机制对英国贸易造成了不必要的破坏。一些商人问道,巴达维亚是否故意实施这些行为以损害其他国家的商业利益;另一些人则尽管怀有疑虑,但仍选择认同荷兰人的理由,只追问如何改善贸易条件。[65] 甚至一些荷兰作家也对所谓的"航运法规"(scheepvaartregeling)提出了怀疑,虽说他们更可能是反对以这些手段充当对付亚齐人的策略,而非反对此举潜在地妨碍了英国人做生意。[66] 因此,在19世纪90年代,尽管如上所述,海峡的大部分地区已经实现了贸易增长与和平,英国人仍频频抱怨荷兰人对商船的处理方式,这是两岸对话的非常重要的组成部分。事实上,当时两个殖民地政府之间的大部分外交接触都是围绕着这个问题,即如何制订满足一个政府的需要同时不损害另一个政府的计划。[67]

1898年10月13日,奥马尔·梅里坎提交了请愿书,这是一份优雅的23页手写备忘录。在备忘录中,他向英国政府表示,自1868年以来,他的父亲与杨英及其船只"金万安"号就一直在苏门答腊从事胡椒生意,在碰到1873年的麻烦之前,这项业务已经顺利运转了5年。他告诉伦敦,那一年,封锁开始了,格拉姆·梅里坎从荷兰驻槟城副领事那里获得了前往亚齐海岸的通行证。按奥马尔·梅里坎所说,"金万安"号在返航途中遭到拦截,荷兰方向上船搜查丁武器或弹药,但 无所获。尽管如此,这艘船还是被拖到了巴达维亚。奥马尔·梅里坎再次表示,在巴达维亚,"船员被关进监狱",等到巴达维亚高等法院最终审理此案时,"金万安"号打赢了官司,船员将获得释放,船上的东西和船只本身都将归还给他的父亲。然而,赔偿损失的要求只得到了部分满足,荷兰政府就停止支付赔偿金了。奥马尔·梅里坎说,1875年8月31日,总督通知被告,他将无法批准再为此案划拨更多的资金。正如之前从托尔森写给巴达维亚的请愿书中所见，洛兰·吉莱斯皮公司最终解散了。部分参与了审判的被告律师 J.E. 亨尼不久后就乘船回了荷兰，这使得任何后续行动难以甚至不可能展开。格拉姆·梅里坎本人最终因这些麻烦而瘫痪，随后去世。奥马尔·梅里坎的请愿书附有海峡殖民地总督和英国驻海牙大使的来信，他们都为他寻求帮助。[68]

荷兰政府在处理"金万安"号事件的收尾工作时非常谨慎。很多利益方都牵扯其中，巴达维亚和海牙的政府官员对此心知肚明。殖民大臣、外交大臣、巴达维亚总督、东印度议会和司法大臣都对此事发表了意见。他们参考了墨西哥、葡萄牙和中国的案例，从国际层面审视法律依据，同时各方都试图决定应使用民法还是国际法来裁决此案。[69] 虽然这艘中式帆船是在 3 海里领海范围内被抓获的，但它的船籍和不断变化的海洋法规使事情变得十分复杂。一位荷兰消息人士承认，荷兰方面可能存在过错，并可能不得不为此案支付可观的赔偿金。该人士还提出疑问，最佳的行动方案是不是应该颁布一项紧急状态法（noodwet），以堵住荷兰最终立场中的任何漏洞？[70] 所有这些焦虑情绪背后的主要原因很简单：殖民大臣承认，此案的结果可能会开创先例。[71] 从长远来看，此案的经济损失可能非常巨大。因此，走私品的性质、走私活动及其定义是其中的关键。

荷兰人最终决定通过外交途径解决"金万安"号事件，他们认为这是获得有利结果的最佳途径。荷兰人要用简短而清楚的语言告诉英国人，奥马尔·梅里坎的说法欺骗了他们。[72] 关于寄给海峡对岸的回信将采用何种确切的措辞，荷兰政策圈内产生了相当大的争论，众人审查了若干回复草案，才确定了适当的答辩措辞。负责殖民地事务的大臣建议在答复英国人的信件时要极其谨慎，并严厉地说，只有在必要的情况下（并且应由英方主动提出要求），才应该把案件的相关资料交给英方代表。[73] 外交大臣也表示，此事本应是

第十四章 非法世界，1873—1899

国家内部事务，此回复应尽量减少英国以任何方式出手干涉的可能性。[74] 东印度议会对此表示赞同，并起草了一份简短的说明寄给英国人，并附上了荷兰政府自己用来参考的更长的分析。[75] 这一策略似乎奏效了。1899年8月以后，再也没有关于"金万安"号事件的任何消息从海峡对岸的英国一侧传来。[76] 新加坡和白厅似乎已经接受了他们受到自己臣民误导的事实。案件最初发生的25年之后，奥马尔·梅里坎、他去世已久的父亲格拉姆·梅里坎以及所有涉案人员，就这样从历史中消失了。

但是，"库霍恩"号在1873年8月23日抓获"金万安"号时，后者真的是在走私吗？当封锁线上的军人把它拖向伊迪时，船上的货物有哪一部分（如果有的话）被认为是违禁品？在25年的时间里，梅里坎家族向两个殖民地政府讲述的案件事实中，有多少是真话，又有多少是虚构？荷兰人撰写的更长的内部分析，似乎为这些问题提供了一部分可靠的答案。首先，很明显，奥马尔·梅里坎的"荷兰人因为要检查走私武器而登船"的说法，是为了误导两个欧洲政府。无论是在法庭案件记录还是在任何相关文件中，都没有提到武器是荷兰人扣押船只的原因。奥马尔·梅里坎似乎在其他方面也说了谎，或是受到了误导。这艘船并不如奥马尔所说是他父亲格拉姆·梅里坎租的，而是托尔森租的，1875年的法官也没有说这艘船的全部价值都应该给格拉姆·梅里坎，因为这艘船的主人从来都不是他（而是华人船东杨英）。"金万安"号的船员也从未被关在巴达维亚。J.E. 亨尼在法院判决后没有立刻离开东印度群岛，进而使得任何后续行动难以甚至不可能展开，他是在大约十年后才返回荷兰的。格拉姆和其他参与货物投资的人，似乎也都得到了退款。奥马尔·梅里坎知道，25年后案件的真相会变得模糊，他似乎想利用这一时间缺口试图从殖民地政府那里榨取尽可能多的钱。[77]

然而，更重要的一点或许是围绕"金万安"号实际启程日期的事实证据。这艘中式帆船于1873年6月27日离开槟城,但我们知道,亚齐封锁的消息于6月13日传到新加坡,两天后传到槟城。因此,被俘的船员说他们不知道有封锁线的存在,这是根本不可能的。这不仅是他们启程前十天槟城的头版新闻,也是在殖民地商人的生活里处于中心地位的事实(就算他们不看报纸),因为这对他们所有人的生计都有至关重要的影响。"金万安"号也不太可能拥有前往丹戎塞蒙托的通行证,因为没有这样的文件记录留存下来,如果有的话,它肯定会作为证据被提交给巴达维亚高等法院。然而,梅里坎没有披露的最关键的证据是,这艘船离开槟城时,船上载有少量货物,而不是按照封锁规定要求的只有压舱物。"金万安"号藏了100袋大米准备卖给亚齐人,封锁船肯定认为这是违禁品。大米虽然不是战争武器,但却可供给敌军食用,而关于大米是否应属违禁品的争论在英国和荷兰都广为人知,因为1885年双方在中国沿海地区围绕此问题已经展开过重要的辩论。这些辩论的副本可以在荷兰档案馆与"金万安"号的文件一起找到,这表明荷兰人肯定认为入境的大米违反了封锁规定。"金万安"号从丹戎塞蒙托运出胡椒、没有有效的海上通行证、秘密藏有大米,还在夜幕掩护下驶往槟城——所有这些都是导致这艘船因穿越海峡走私而遭到扣押的原因。[78]

"金万安"号案件持续了25年之久,牵涉到众多被告和律师以及两代殖民地公务员,给我们提供了一些关于当时走私的性质和动态方面的有力教训。首先,走私似乎是一桩多种族的生意:商人、船东、批发商和种植户都来自不同的种族,只要利润足够丰厚,他们就会毫不畏惧地联手参与这些冒险活动。从所有涉及此次航行的人身上,不管是"金万安"号的华人船长和船员、租用这艘船的印度穆斯林和英荷商人,还是丹戎塞蒙托的亚齐胡椒种植户,我们都清楚地看到了这一点。走私者还知道如何操纵和巧妙利用现有法律

第十四章　非法世界，1873—1899

体系来牟取自身利益，尽管在这起特定案件中，用了超过25年的时间，所有可供走私者选择的法律手段才被挫败。通过这些渠道获取利益似乎就像利用当地地理环境一般自然：一旦找到合适的途径，走私者便毫不犹豫地利用殖民地国家自己的结构和机制来对付它。

然而，"金万安"号事件给我们上的最有力的一课，或许是走私者对环境的评估，以及他们如何根据环境来获取好处。像梅里坎和洛兰·吉莱斯皮这样的海峡殖民地商人知道，宣布封锁之后，亚齐海岸上的胡椒将会过剩，他们也知道亚齐人会渴望出售这些货物，因为这样做符合其经济利益。海峡水域的混乱也意味着到达槟城的胡椒越来越少，最终到达槟城港口的胡椒的价格将越来越高。封锁的最初几个月里，情况确实如此。双方都有很强烈的动机无视荷兰的公告，冒险进行走私活动。武器是当时巴达维亚最担心的商品，但在这一关键时刻，出于环境的变化，大米、胡椒和其他杂物也成为违禁品。换句话说，这些货物一开始并非从本质上就属于违禁品，只是随着不同时期港口的开放和关闭而变成了违禁品。海峡殖民地商业链上的各环节参与者都明白这一点，他们把货物从一个地方运到另一个地方，试图智胜荷兰的封锁。此外，一些走私者甚至试图利用欧洲人的心理，借助武器贸易制造假象和死胡同，而真正要运送的是完全不同的货物。在这一点上，海峡走私者不仅对市场情况和当地地理情况了如指掌，对荷兰人本身的焦虑和关注也了如指掌。然而，在"金万安"号事件中，这种算计最终失败了，哪怕这种失败用了将近30年的时间才得以显现。

然而，这艘85吨的中式帆船所带来的影响，远不止它的审判和案件的最终结局。"金万安"号事件所提出的关于违禁品、国际法规和封锁等问题的争议，在两个殖民地国家的日常现实中持续存在多年。1875年审判的直接结果是让荷兰人在亚齐周围的警戒线上更加谨慎：东印度议会向舰队指挥官发出了新的指示，告诉他们如何更好地封锁海岸，不让走私者穿过海峡。[79]然而，长期的影响要深远得多。就如何察看和登检可能载有违禁品的商船，荷兰人发布了精确至极的指示，好让这些船只（如果它们确实在走私的话）找不到任何法律上的空子。[80]对英国人来说，"金万安"号案件也具有启示意义。该案件错综复杂，促使伦敦方面要求荷兰就其捕获法院的运作提供明确说明，白厅认为这些法庭的运作已跟不上不断发展的国际法。[81]同时，"金万安"号案件也为20世纪初《伦敦宣言》(Declaration of London)的出台铺平了道路，这份宣言更明确地界定了被视为载有"违禁品"的船只的权利和义务。[82]对与"金万安"号有关的走私者们来说，这是一篇最合适的墓志铭。这小小的一艘船，深刻而又恰如其分地展现了它所属时代的困难和机遇。

第十五章
结语

> 我们可以在世界历史地图上放一张描图纸,并大致勾画出任意时期世界经济的大致轮廓。由于这些经济体变化缓慢,我们有充足的时间研究它们,观察它们的运作,权衡它们的影响。这些缓慢变化的轮廓,揭示了世界底层历史的存在。
>
> ——费尔南·布罗代尔,《对物质文明和资本主义的反思》
> (*Afterthoughts on Material Civilization and Capitalism*, 1984),
> 第84页

我在本书中论述了一个观点:走私和边境形成的过程与东南亚殖民地长达3000千米的陆地和海洋有着内在的联系。从巴达维亚和新加坡进行统治的帝国政权俯瞰着分隔它们的空间,慢慢地划定了它们所看到的领土。这从来不是事前计划好的,而是经历了数十年的遭遇、谈判和决定当地情况的事件。[1]在这些发展过程中的政治方面,当地人民往往没有太多发言权,但他们通过在新演变出来的地理环境中开展活动，发出了自己的声音。一旦勾画出了边界，跨境走私就开始生根发芽。走私一直是该地区地缘政治历史的一部分，但现在，走私活动的规模达到了前所未有的程度。[2] 数百艘船扬帆穿过这片各种势力错综复杂的浅海；夜半时分，寂静的林中小路上传出窸窸窣窣的人声。19、20世纪之交前后的几十年里，"合法"边境的划定和跨越新边界的过程几乎是同时发生的。

1865年，英国和荷兰在东南亚群岛的殖民范围主要局限于爪哇、新加坡和分散在东印度群岛其他地区的几座被当作前哨的偏远小岛。然而，到1915年，这种情况发生了巨大的变化：当地的帝国建设项目不再是零敲碎打的小项目，不同的项目如今沿着整个边疆相互冲突。[3] 这种政治边界的出现和演变，为东南亚带来了复杂的新现实。世界上这个一向拥有活跃商业的地区，突然要受远在伦敦和海牙制定的一整套新制度的支配。尤其是荷兰人，他们认为保持对贸易的严格控制是强大统治的先决条件，这种意识形态与该地区许多长期存在的模式发生了冲突。当地民众以各种各样的方式应对荷属东印度的国家垄断制度，甚至是英国更宽松、更自由放任的政策（尽管这些英国政策往往也带有其特有的限制性）。一些贸易群体主动融入不断演变发展的经济秩序，急于在符合规定的贸易结构中寻找空间。然而，该地区的其他群体出于各自复杂的原因，抵制新秩序，并以各种方式走私各种商品。这种情况发生在东南亚的整个英荷边疆，并在1865年和1915年的资料中都有所体现。

在这半个世纪的领土扩张中，尤其是进入20世纪前后的几十年里，欧洲国家建设的资源已达极限。两个殖民政权都无法控制边疆的广阔地区。面对强大国家的建立，东南亚当地人民不断挑战这两个新兴霸权。走私只是该地区当地居民可能采取的一种反应，但随着大规模武装抵抗变得越来越不切实际，这一反应也变得越来越重要。因此，随着新加坡和巴达维亚在该地区势力的扩张，欧洲人

第十五章 结语

最希望对当地人的生活施加影响的一个方面可能就是贸易的性质了。这里的算计相当简单直接。国家靠从其公民（或臣民）的商业活动中抽取利润来维持生存：政府需要收入，而筹集资金的主要方式之一是对过境货物征税。然而，国家也在监控哪些商品越过边境、它们被运往何处以及由谁带来——对任何政府而言，这些问题都可能事关生死。所有商品都可以由国家征税，但对国家而言，更重要的是监管某些特定商品。主流的道德观和自我保护的本能（无论是财务上的还是其他方面的），决定了商品重要性的高低。

东南亚这一地区不断变化的贸易结构，使得我们可以对有关商业和权力性质的几个关键问题进行历史性考察。其中一些最重要的问题聚焦于商品本身的特性，即在不同的背景下，参与其中的各方如何定义商品，以及文化如何在权力不平等的舞台上影响它们的流动。[4] 实际上，在这条殖民时期的东南亚边境上，违禁品类别和商品本身没有固定的关系：掌权者说什么是违禁品，什么就是违禁品，这些规定有时变化得很快。在19世纪的马六甲海峡，由于该地区的欧洲政府对某些港口或产品下了禁令，许多商品几乎在一夜之间就从"合法"变为"非法"，或是反过来。大米、胡椒、槟榔、报纸和瓷器，还有其他许多物品，都曾碰到过这样的遭遇，在某些情况下被视为违禁商品，但在另一些情况下则不是。毒品、伪币、人口贩运和武器经常被列为走私商品，因为较之其他物品，这类商品更频繁地威胁到国家巩固政权的计划。然而，即使是这些"产品"，也只有在特定情况下才被判定为非法；正如这些国家会为了自身收入而进行大规模的鸦片贸易，妓女交易也受到多国的容忍，只要其流通受到国家的监管和控制。

这种把越境商品作为价值转移的容器的评估，似乎与许多天才物品的新文献相吻合。阿琼·阿帕杜莱（Arjun Appadurai）曾就"物的社会生命"（social lives of thing）发表过著名言论，他通过时间、空间和各种社会意义,追踪了他所说的物的"路径和转向"。[5]违禁商品穿越英荷边疆的过程非常契合这一框架,显示了实体物质如何带着一种价值离开,并带着另一种完全不同的价值到达(任意划定但具有强制性的)边界的另一侧。虽然理论家们已经讨论这种物品的价值转移问题有一段时间了,但是物体在穿越不同类型空间时价值发生变化的概念,在对东南亚的研究方面还比较新颖。[6]人类学家珍妮特·霍斯金斯(Janet Hoskins)最近对鼓、裹尸布和织布进行了这种分析,她还对更具"争议性"的物体(比如"干制首级")如何在该地区流通进行了考察。[7]帕特里夏·斯派尔(Patricia Spyer)也开始研究该地区的此类流动,尤其是这些商品可能穿越的各类"边疆"上的地方。[8]然而,对19、20世纪之交前后几十年新出现的英荷边界的考察表明,物和价值的这类转变是长期存在的。实体空间与政治强制力和商品之间的关系十分复杂,在不同的背景和地点不断变化。[9]

物质与空间的这种结合,在全球历史舞台上似乎同样如此。理论家朱利安·托马斯(Julian Thomas)曾说过:"应该把社会视为由人和人工制品共同组成的。这样,我们就能把人与物之间的关系视为一种对话关系。"[10]当然,这已经是人类学多年来研究的主题,像马林诺夫斯基(Malinowski)等先驱研究者很早就理解了商品流动[他描述的例子是太平洋库拉(kula)圈里的贝壳]对区域社会运作的极端重要性。[11]现在,许多地方的历史正根据这类思路被重新想象,以揭示此前的历史阐释如何忽略了货物流转对地区文化发展的重要性。从这个角度来看,日本的例子很有趣,因为新的分析清楚地揭示了据称"封闭的"德川时期的经济情况。长期以来,历史学家都认为,从17世纪中叶到19世纪中叶,日本与外界相对隔绝,但这些新的研究表明,伴随着极少数德川幕府允许进入日本列岛的货物,另有一系列商品少量流入日本(许多都是通过走私途径)。

第十五章 结语

这些商品可以是从烟草、钟表、餐具到枪支的任何东西,每一种都因不同的原因而受到欣赏和追捧。几个世纪以来,违禁商品都是以这种方式跨越了广阔的海洋空间,尤其是荷兰商人,他们学会了如何在将货物送入日本南部之前,穿越广阔的海域。[12]

在东南亚的英荷边疆,走私者尤其学会了在三种活动区域内进行运作,他们发现,这些空间既能给他们更多的成功机会,又能更好地保护他们免受殖民地国家的搜查和打击。边疆就是其中之一,因为它们在地理上往往离国家权力机构最远(当然并非总是如此)。走私者还经常利用咽喉要道,比如马六甲海峡和婆罗洲内陆的许多山口和山谷等,商人们会把贸易引导到这些对他们有利的小路上。然而,城市也被认为是走私活动的温床,因为城市中心的混乱和复杂非常适于掩盖非法活动。新加坡在这方面无可匹敌。它虽然是英国在该地区的权力中心,但它位于海上边境,且毗邻监管不严的荷兰岛屿,因而成为走私中心。然而,更小、更本地化的转口港也承担了这些功能,其中包括婆罗洲西部沿海的纳闽、马六甲、槟城和马六甲海峡的其他港口。这些地方都因走私活动而著称,这些走私活动专门针对某些商品(如槟城之胡椒)或某些地区(如纳闽所属的广阔的婆罗洲大陆)。走私和围绕走私展开的许多次要交易,帮助这些港口在竞争激烈的海域中生存并走向繁荣,尽管要全面统计这些贸易的广度和深度极其困难。[13]

在这座广阔的舞台上,走私活动的结构很大程度上是由这两个殖民地国家特殊的增长和发展所塑造的。从19世纪60年代和70年代起,英国和荷兰的殖民政权都开始了扩张计划,这既造就了也直接影响了两国不断演变的边界上的走私模式。在欧洲控制范围之外,总是存在一定数量的贸易;例如,到1865年,饷码制度外的非法鸦片运输,或者荷兰香料垄断范围之外的某些香料的流动,已经持续了几百年。然而,19世纪末,国家所释放出的探索、测绘、技术和扩张力量，与以往任何时候都完全不同。[14] 武装步兵、海军巡逻队和警察部队都集结起来，以巩固欧洲人扩张的步伐；法律和条约确保它们具有合法性，哪怕这是单方面强行施加的。巴达维亚和新加坡还设立了一系列令人印象深刻的设施来巩固不断发展的边境，如海岸照明、信标、电报线路和航运服务。传教士、人类学家和政府公务员等国家代理人也加强了欧洲人在这些边缘空间中的影响力。随着条约的重新谈判、当地首领的死亡以及某些地区人口的起伏流动，边境随着时间的推移而在微观层面上波动和变化。然而，它也很快变得坚固起来，对群岛各地参与其中的群体来说，这带来了政治、贸易和流动方面的可怕后果。

不是所有分布在这 3000 千米带状地区的民族，都默默接受了边界的悄然巩固。对于边疆地带国家形成以及明确、牢固的界线划定的抵抗是坚决且迅速的。陆上和海上的不少游牧及半游牧民族拒绝被纳入新的政治地理格局之中，选择尽可能长时间地保持流浪的生活方式。一些商人集团也跨越边境交易被官方禁止的物品，挑战正在形成的边界。这在毒品交易、伪币交易、人口贩运和武器弹药走私等方面均有详细表现。伪币制造者基本上输掉了这场战斗，到 20 世纪初，巴达维亚基本上控制了这一特殊的违禁品贸易。然而，在国家监管之外买卖人口（如未成年人、被强迫卖淫的妓女或无人监管的苦力劳工）的现象，则进一步转入地下。毒品走私从未受到国家形成过程的严重挑战，即便到了今天仍非常活跃且利润丰厚。因此，在这个地区，走私活动从来不曾被国家建设计划彻底消灭，且往往在国家力量无法触及的空间和地点延续下来。在这些国家的社会结构当中，许多参与其中的群体都帮助这些贸易适应了各种情况并繁荣发展。[15]

即使是试图铲除边境沿线的走私和不受限制的流动，也需要欧洲殖民者通过想象和身份类别来构建相应的概念与机制。必须将罪

第十五章 结语

魁祸首绳之以法,而有些族群比其他族群更容易被怀疑犯下这些罪行。在这方面,外籍亚裔是受怀疑的群体之一,因为在欧洲殖民者眼里,东印度群岛的华人、日本人和阿拉伯人都有自己的计划和目的,而这些计划和目的通常对国家不利。巴达维亚的焦虑还指向了东印度群岛的当地居民,因为穆斯林和当地居民数量庞大,远远超过该地区的荷兰人,被认为对统治政权构成了威胁。[16]然而,东印度群岛的走私群体中也经常有欧洲人的身影,其中一些是英国人、西班牙人或法国人,但还有一些是在自己的殖民地和祖国进行走私的荷兰人。巴达维亚的政策制定者知道这些情况,但现实情况往往不能被整合进在国家建设过程中有关走私的整体思维框架。走私通常被认为是一种抵抗,而按照这一思路,荷兰人不会抵抗他们自己的政府。因此,外岛大片地区的海盗行为和暴力活动也被想象成走私叙事的一部分,人们认为各种各样的神秘团体在密谋推翻荷属东印度的政权。但这种观点和实际情况大相径庭。

大量武器通过走私越过英荷边境,被运送给在这条弧线上居住、出行或贸易的不同人群,这样的情况正是这种殖民想象存在的原因。几乎所有在边境沿线上非法购买武器的人都是为了自保,往往是为了对抗来自国家本身的进攻。[17]这不是暴动,而是一种出于自利的生存计划,跟有组织的反对国家的政治抵抗没有关系。许多群体也购买武器与其他亚洲人竞争,比如西婆罗洲的华人矿工帮派或秘密社团,以及在海上争夺同类贵货品的布吉商人和水手。然而,就亚齐而言,从英荷边疆流入的枪支贸易的确是一次协调一致的政治叛乱企图。1873年初首次遭遇失败后,荷属东印度政权的愤怒倾泻在亚齐身上,亚齐成了荷兰人寻回自尊和自信的焦点,他们为了维护国家形象,必须打赢这场战斗。在长达50年的时间里,军火越过边境流入亚齐人手中,让一场场游击战得以延续,尽管最终未能达到目标。因此,走私在这座舞台上具有了在群岛其他地方所没有的意义。向抵抗组织输送枪支成为一种国家必须制止的违禁品贸易，因为至少在许多荷兰人看来，这直接威胁到了巴达维亚自身的生存和合法性。鉴于武器贸易的概况和动态对荷属东印度政府如此重要，本书特别对其给予了详细的描述。

走私与国家形成之间的关系，我们可以从1873年槟城出发的中式帆船"金万安"号在亚齐海岸走私时被抓获的故事中得到一些启示。从扣押和审判这艘船的相关论述中，本书的许多主题都被浓缩并得以表现。华人、印度人、亚齐人和欧洲人等不同族裔的参与者之间的合作，让巴达维亚大为惊恐，因为这艘走私船可能只是众多越境船只中的一艘。"金万安"号确实只是众多船只中的一艘，它的被捕和审判揭示了让荷兰人深陷焦虑的问题。武器、鸦片、银钱和其他有用的物资，如金属原料，都通过这些船只跨越海峡。然而，"金万安"号上只装载着要运往亚齐的大米，在8月那个炎热的日子被拦截下来的时候，船上唯一的货物是胡椒，目标是返回槟城。随后的审判和相关各方的审议，包括船只的承租人和英荷政府最高级别的官员，揭示了为什么所有这些货物都成问题。"金万安"号案件还为我们打开了一扇窗，让我们了解走私者的生活和想法，因为在两个殖民地国家的大量文件中保存了该事件涉案人员的备忘录。这一事件短暂地照亮了海峡地区不透明的走私世界，引导现代读者进入这通常模糊而黑暗的空间一窥究竟。

违禁品和边疆：存在异议的边缘地带

放眼世界历史，边境在现代的表现形式和某些通常被国家视为"犯罪"的经济行为的发展，似乎是齐头并进的。托马斯·威尔逊（Thomas Wilson）和黑斯廷斯·唐南（Hastings Donnan）指出，在大多数前现代政治体中，对统治政权真正重要的是对人民而非土地的控制。[18] 只要顺从地方精英（缴税，献出女儿，或是服徭役），人们就可以想去哪儿就去哪儿。然而，在全球空间中强行建立边界的做法，在很大程度上改变了统治者和被统治者之间关系的本质。对统治政权来说，领土权开始变得至关重要，臣民越过界限出行时必须受到监控，既要监视他们带来了什么，也要监视他们从当地政治体中拿走了什么。19世纪末，英国、中国和俄罗斯在西藏进行"大博弈"（Great Game）时就发生过这样的情况，秘鲁、墨西哥，以及现已瓦解的西班牙帝国控制的其他地区也发生过这样的情况。[19] 实际上，如果环顾全球，我们会看到在现代边境形成的几乎任何地方都有这样的过程在发生。

然而，一些理论家认为，即使19世纪是这些进程在全球范围内展开的分水岭时期，国家或初具国家形态的政治体、空间和非法行为也要拧巴地同床共枕很长一段时间。乔赛亚·海曼（Josiah Heyman）认为这种关系几乎必然具有辩证性，他写道，"国家法律的发展不可避免地创造了它的对应物，即模棱两可的区域和完全非法的行为"。[20] 几位研究前现代世界的学者认为，这种创造和反创造的过程可以一直追溯到占地中海和安第斯高原时代的政治制度。[21] 按照戴维·赫伯特（David Herbert）的看法，普遍来说，这种早就存在的现象在19世纪现代国家和殖民地的发展中得以具体化。随后，同样变得清晰起来的是，城市和地区之间的这种犯罪模式分布得并不平均。因此，这一观察使得对任何现代政治经济的考察都必须加入空间维度，无论其国家或地区的表现形式如何。"非法行为"发生的空间很重要，并且，不管这些空间是城市还是半乡村，都是可以跟踪的。[22] 在这两个领域，国家的权威都受到了削弱。因此，在分析针对权威的犯罪（例如在欧洲帝国扩张的全盛时期，东南亚诸岛的走私活动）时，要考虑到这些历史结构。

英荷边疆并非过去数百年间东南亚历史上殖民走私和争端发生

的唯一地点。和荷属东印度群岛一样,西班牙统治下的菲律宾也拥有广阔的群岛地带,官方进行封锁的资源有限,在那里同样出现了大量非法物品的流动。这些贸易大多发生在西班牙统治中心吕宋岛以外的岛屿上,华人的帆船特别喜欢未经西班牙王室批准就远航以寻找商业机会。[23] 然而,即使是在西班牙殖民中心马尼拉王城区的城墙之外,违禁品也大多能够自由流动,即使它们要被运往数千英里之外的目的地。每年从菲律宾驶往墨西哥的大宝船"马尼拉大帆船"(Manila galleon)满载西班牙在亚洲的战利品,为马尼拉的殖民走私者提供一个获得可观财富的机会。同样,19世纪英国在缅甸殖民扩张所获得的收入也从未达到与实际征服领土相应的水平。大量来自北方山区的高价值商品,如翡翠、蛇纹石、红宝石和祖母绿,悄无声息地向北流入中国云南,从未进入过英国人的金库。[24] 法国人在越南、柬埔寨和老挝碰到了类似的问题,美国人和德国人在东南亚更大范围的地区进行有限的帝国冒险时也是如此。[25]

到19世纪末和20世纪初,熙熙攘攘、汇聚了众多语言的大都市及其拥有庞大种植园的外围地区遍布东南亚。欧洲的政策和基础设施建设在经济和政治上都得到加强,最终以此前几个世纪的殖民贸易从未有过的方式影响了该地区。然而,虽然这些"高度殖民地化"的社会现在拥有的经济增长引擎发生了变化,却并不意味着欧洲人能够阻止甚至真正遏制普遍存在的走私活动。相反,这些新兴城市成为走私活动的温床,悄无声息地将非法货物运往多个不同方向。殖民资源的集中和对帝国的利润创造引擎(即城市和种植园)的关注,也让未付诸此类用途的"边缘"空间被用于其他职能。在东南亚的大部分地区(包括大陆的部分地区以及南岛海上世界的大片地区),毒品交易成为一项利润丰厚的商业活动。西班牙(以及后来的美国)属菲律宾与英国北婆罗洲公司在沙巴领土之间的海上边疆就是这样的空间之一:欧洲海岸警卫队和海军在这里进行了数十年

第十五章　结语　　　　　　　　　　　　　　　　　　　　　　　　325

的徒劳斗争，企图阻止鸦片通过这里，只可惜，鸦片已经渗透到海上边界两侧民众的生活方式和文化当中。[26] 偏远地区（至少从欧洲殖民区域中心的角度来看是偏远的）的自然资源，也成为夜幕降临、殖民地边防军和地方官员在驻地入睡之后的交易物品。缅甸的大片森林通过这种方式被偷偷运出表面上属于英国的领土，最终进入了边境对面的英国/暹罗商人的锯木厂。[27]

事实上，这些过程发生在广阔的地理范围内，也涉及大量不同的东南亚民族（以及不同的欧洲殖民势力），这表明，走私活动在这些边疆地区的动态，有着某种概念上的统一性。当时，类似的国家建设项目在整个东南亚都在同步推进，这就要求通常大体相似的计划和应对措施。[28] 例如，在此期间，电报、海军和乡村行政机构都在所有这些殖民地的边境景观中建立起来。这些都是欧洲帝国扩大其控制力，使各自边疆更接近"中央"意志的方式。然而，走私者似乎也在这些过程中发出了有力声音。沿着其中一些边境，走私者积极抗议国家的扩张，拒绝放弃旧的贸易模式，或是更有韧性地基于当前的新政治现实建立新的贸易模式。因此，面对日益壮大的国家带来的地理和政治变化，走私不仅是一种抵抗的模式，还具有高度的企业家精神，倾向于将这些变化转变为有利于当地人民的局面。从记录来看，在游牧民族和大商人之间，在东南亚平静的浅海上，在内陆的森林里，这种动态一次又一次地得到证实。也就是说，走私者的算盘会根据当地权力、道德和利益的格局不断进行校准和权衡。

研究走私者在英荷边界上的行为和互动，使我们可以对一些更重要的文献进行批评，这些文献论述了底层人口如何应对强加的权力。阿尔贝特·梅米（Albert Memmi）说过一句名言："反抗是摆脱殖民情境（colonial situation）的唯一出路，殖民者迟早会意识到这一点。"然而，这似乎并不正确。[29] 许多走私者发现，殖民情境是一种可塑性很强的现实，可以加以管理和操纵以实现当地人的目的，即使这样做很危险。帕沙·查特吉（Partha Chatterjee）已经在南亚殖民地的背景下提出了这一点，埃里克·沃尔夫（Eric Wolf）则证明了商品流通（无论走私者是不是欧洲人）如何与全球政治经济中新形成的权力形态密切相关。[30] 然而，要了解那些实际从事走私活动的人如何看待这些动态，仍然极其困难。劳里·西尔斯（Laurie Sears）曾探讨这些视角如何"与精英权力中心渐行渐远"，但具有讽刺意味的是，殖民档案里保留得最多的正是这些百年前思想的记录和痕迹。[31] 因此，就走私者的例子而言，"反起义的文体"（prose of counter-insurgency）是非常含糊不清的。[32] 众所周知，在进入20世纪前后的50年里，成千上万的走私者穿越边疆，其中有许多人把从事走私活动视为抵抗现代化国家束缚的一种可能形式。然而，除非殖民政权记录下他们的声音，人们通常不知道走私者在自己心中如何看待这些跨境旅行。

本书所描述的走私和非法流动等跨境"罪行"，似乎是亚洲殖民地社会中一连串越界行径的一部分，旨在反抗正在形成中的国家。在19世纪末、20世纪初，中国为反对帝国统治所发起的挑战包括建立秘密社团和构建走私网络，更不必说那些出现在中国部分沿海地区的更"直接"的叛乱和反抗的典型形式。[33] 在印度，反殖民当局的违规行为的范围可能更大，包括"抢劫"和罢工，以及英国当局所说的"偷猎""街头犯罪"和"土匪活动"。[34] 不足为奇，在东南亚，面对高压政权，当地居民也采取了类似的形式作为回应。在这一地区，加强国家控制的尝试包括环形殖民地监狱、指纹采集、人体测量学和森林警察制度。[35] 随处可见米歇尔·福柯（Michel Foucault）所阐述的"强制"（coercion）在地方上的表现，以及埃里克·霍布斯鲍姆（Eric Hobsbawm）和E.P.汤普森（E. P. Thompson）提出的地方逃避计划：该地区的地方历史学家也开始记录这些过程的低语和回声。³⁶ 面对英荷边境线两侧殖民政权不断扩张的势力范围和技术力量，当地人民（包括一些移民的欧洲人）试图通过为自己牟取利益和进行抵抗的计划向这些政权发起挑战，这是可以理解的。

事实上，问题并不在于将越界视为政府在殖民地社会或其他地方加强殖民控制和压迫的（也许是）自然的结果。更困难的任务是询问这些系统如何运转：在各种各样的背景和情况下，何时、何地、如何以及为什么。埃里克·孟肯南（Eric Monkonnen）主动提出"统计是理解过去的犯罪和刑事司法的主要手段"，但我对此持谨慎态度。³⁷ 对走私的研究清楚地表明，并非所有的统计数据都有相同的意义，其中有一些数字的可信度超过了另一些数字。事实上，有些数字甚至不值得花费纸张印刷出来。一些犯罪理论家已经开始向这一概念上的方向发展，而另一些人则追问，有没有可能分析"罪犯"如何作出决定（包括涉及在空间上跨越边境的决定）并不见得更为重要。³⁸ 这些决定在 19 世纪末、20 世纪初的英荷边疆上非常重要，正是因为作出这些决定要考虑的因素非常复杂。从 1865 年到 1915 年，这种状况始终如此，尽管在这期间，该地区的整个世界都发生了变化。

权力、道德和利益的计算仍然是决定性因素，使得走私活动至今仍然是马来/印尼边疆上现实状况的一个重要组成部分。许多相同的"商品"仍然在这条分界线上流动：农产品、人口（如工人，但也有妓女，她们经常跨境到货币更坚挺的马来西亚），还有武器等。这条边境线太长了，国家无法通过现有的资源来进行充分的监管，而且腐败现象仍然困扰着边境沿线设置的各种保障机制。国家和走私者这两个利益相关方仍然互相跳着华尔兹，同时向对方学习如何巩固自己的地位。走私者"借鉴"并改良技术，因为他们知道自己必须快速学习，才能在与国家通常拥有的优势资源对抗时生存下来；吉隆坡和雅加达继续将边疆勘测得越来越详细，以试图消除走私者具备"地方知识"的优势。然而，如果根据历史来判断，这是一场双方都赢不了的较量。特别是在进入 20 世纪的前后几十年，跨越这一特定边境的走私活动的历史似乎已明确地表明了这一点。无论是在 1865 年还是在 1915 年，边疆始终难以捉摸：可以测量，有时也可以执行管控，但更常见的情况是两侧都会被跨越。这种局面恐怕会在未来相当长一段时间内持续下去。

注 释

第一章 导言

1. 这封信的日期为 2 Saawal 1307 A.H.（1890 年 5 月 22 日），保存于 ARA, Dutch Consul, Singapore to Acting Colonial Secretary, Straits Settlements, 3 Nov. 1890, no. 1367, in (MvBZ/A Dossiers/Box III/A.49₈₃)。

2. 在本书中，我使用了"走私者"和"走私"这两个术语，但并不很情愿，因为这样做立即暗示了国家视角。显然，对一个人来说是"走私"，在另一个人看来可能是合法贸易，此类情况说不定已经持续了很长一段时间。

3. 普雷斯科特说："政治边疆和边界将不同政治控制或主权下的地区分开。边疆是宽度可变的地带……到 20 世纪初，大多数残存的边疆已经消失，代之以边境线……边界地带是指边界所在的过渡地带。"这本书中，这一过程发生在不同的时间和地点。见 Prescott, *Political Frontiers and Boundaries* (1987), 1,13。

4. 来自边境英国一侧的资料来源，包括来目各殖民地办事处的系列文件（144/Labuan; 273/Straits Settlements; 537/Colonies; and 882/Eastern Confidential Print）；英国驻婆罗洲和苏门答腊岛领事馆的外交部文件，以及那里的一系列的机密文件；英国管辖下马来联邦的各邦，特别是面对苏门答腊的马来半岛西海岸；贸易委员会（Board of Trade）文件；海事文件；沙捞越公报和沙捞越布鲁克政权的通信；英国北婆罗洲公司的文件；海峡殖民地的法庭案件；来自 19 世纪末和 20 世纪初的报纸、公报、官方报告和英语书籍。

5. 本书中的大部分证据来自面对英荷边界的荷兰定居者（亚齐、苏门答腊岛东海岸、巴邻旁、占碑、廖内、邦加、勿里洞、西婆罗洲和东南婆罗洲），以及边界另一侧的英属海峡殖民地、英属马来亚部分地区、沙捞越和英属北婆罗洲。引言中复制的地图，涉及苏门答腊岛、马来半岛和婆罗洲，主要使用当地地名，而不是殖民时期的名称。这是因为欧洲人居住权和领土边界在 1865 年至 1915 年期间发生了诸多变化，无法在一幅地图上准确描绘出来。

6　这里介绍两部优秀的新加坡历史，见 Turnbull, *A History of Singapore* (1981), and Chew and Lee, *A History of Singapore* (1991)。

7　奇怪的是，关于东南亚城市的文献几乎完全没有提及走私贸易。奥康纳的理论著作，甚至 Lockard（关于古晋）和 Wheatley（关于马六甲）深入而具体地考察城市中种族问题的研究，均未问及这些"市场交会点"是如何产生走私贸易文化的。同样，Dilip Basu、Frank Broeze、John Villiers 和 J. Kathirithamby-Wells 编纂的有关亚洲殖民地城市的作品很有用，提供了大量关于城市增长和形态形成的信息，但几乎没有关于秘密发展的"副产品"的信息。见 See O'Connor, *Theory of Indigenous Southeast Asian Urbanism* (1983); Lockard, *From Kampung to City* (1987); Wheatley, ed., *Melaka: Transformation of a Malay Capital* (1983); Basu, ed., *Rise and Growth of the Colonial Port Cities* (1983); Broeze, ed., *Brides of the Sea* (1989); Villiers and Wells, eds., *The Southeast Asia Port and Polity* (1990)。

8　康拉德是这一时期东南亚最著名的旅行家，但许多途经该地区的旅行者（尤其是荷兰探险家）的叙述，也不乏潜在的有用信息。

9　詹姆斯·沃伦曾报告说，直到 20 世纪 50 年代，婆罗洲的一些肯雅人（Kenyah）还记得历史上的奥尔梅杰（Olmeijer，因约瑟夫·康拉德的故事而出名）；他们还拥有一些他卖给他们的前膛步枪。见 Warren, "Joseph Conrad's Fiction as Southeast Asian History" (1987), 11。

10　中国／暹罗背景下关于此事的精彩讨论，见 Viraphol, *Tribute and Profit* (1977), esp. 123。

11　Reid 在 *Southeast Asia in the Age of Commerce* (1988) 及 Warren 的 *The Sulu Zone* (1981) 中对此做过简单引用。

12　见 Dian Murray 在中越语境中对此所做讨论，参见 Murray, *Pirates of the South China Coast*(1987), esp. 27。

13　这一论点在 Scott, *Weapons of the Weak* (1985) 及其 *Domination and the Arts of Resistance* (1990) 中有过最充分的阐述。

14　例如，见 Cobb, *The Police and the People* (1970) 和 Jones, *Crime, Protest, Community, and Police* (1982); 关于东南亚，见 Schulte-Nordholt, "The Jago in the Shadow" (1991), 以及 Bankoff, *Crime, Society, and the State* (1998)。

15　见 Hobsbawm, *Bandits* (1969); Blok, *The Mafia of a Sicilian Village* (1975); Scott, *The Moral Economy of the Peasant* (1976); and Popkin, *The Rational Peasant* (1979)。在这方面同样有用的还有 Hane, *Peasants, Rebels, and Outcastes* (1982); Cheah, *Peasant Robbers of Kedah* (1988); Nonini, *British Colonial Rule and the Resistance of the Malay Peasantry* (1992); 以及 Wolf, *Peasant Wars of the Twentieth Century* (1973)。

16　Warren 是个例外，其作品 *Ah Kuand Karayuki-san*(1993) 在靠前章节就描述了新加坡人口贩卖的情况。

17　见 Andaya, *To Live as Brothers* (1993)，以及 Murray, *Pirates of the South China Coast*。Warren 的 *The Sulu Zone* 还讨论了北婆罗洲和菲律宾南部林产品走私问题。

18　见 Chiang, *Straits Settlements Foreign Trade* (1978); Booth, ed., *Indonesian Economic History* (1990); Maddison, ed., *Economic Growth in Indonesia 1820-1940* (1989)。

19　见 Wolters, *Early Indonesian Commerce* (1967), and Irfan, *Kerajaan Sriwijaya* (1983)。

20　Hashim, *Kesultanan Melayu Melaka* (1990), 236-70.
21　例如，可见 Wertheim, *Indonesie van Vorslenrijk tot Neo-Kolonie* (1978), 22。
22　见 Locher-Scholten, *Sumatraans Sullanaat en Koloniale Staat* (1994), chap. 2; 亦可见 Heidhues, *Bangka Tin and Mentok Pepper* (1992)。
23　这里概述的部分此类交易，见 Tagliacozzo, "A Necklace of Fins" (2004)。
24　见 Gallagher and Robinson, "The Imperialism of Free Trade" (1953); Schumpeter, *Imperialism and Social Classes* (1951); Arendt, *The Origins of Totalitarianism* (1958); and Brewer, ed., *Marxist Theories of Imperialism* (1989)。
25　一些比较重要的研究包括 Webster, *Gentlemen Capitalists* (1998); Tarling, *Imperialism in Southeast Asia* (2001), 以及 Sardesai, *British Trade and Expansion in Southeast Asia* (1977)。
26　Fasseur, "Een Koloniale Paradox" (1979); a Campo "Orde, Rust, en Welvaart" (1980); Schoffer, "Dutch 'Expansion' and Indonesian Reactions" (1978); van der Wal, "De Nederlandse Expansie in Indonesie" (1971); Voorhoeve, *Peace, Profits, and Principles* (1985); and Wesseling, "The Giant That Was a Dwarf" (1989). 另见最近关于这一主题的最佳论述，Kuitenbrouwer, *The Netherlands and the Rise of Modern Imperialism* (1991)。
27　见 Van Goor, ed., *Imperialisme in de Marge* (1986); Lindblad, ed., *Het Belang van de Buitengewesten* (1989); Cribb, ed., *The Late Colonial State in Indonesia* (1994)。
28　Thongchai, *Siam Mapped* (1994).
29　这方面最好的一本专著是 Thomson 的 *Mercenaries, Pirates, and Sovereigns* (1994)。关于东南亚研究的空白，一个例外是 Warren 的 *The Sulu Zone*，它描述了现代菲律宾、马来西亚和印度尼西亚接壤地区的此类过程。
30　例如，可见 Eccles, *The Canadian Fronlier* (1983), and Paine, *Imperial Rivals* (1996)。
31　见 Cohen 的 *Exile in Mid-Qing China* (1991); Murphy (1960)。
32　见 Arnold 的精彩作品，包括 *The Problem of Nature* (1996) 和 *Colonizing the Body* (1993)。
33　此处最重要的作品是 van Schendel and Baud, "Towards a Comparative History of Borderlands" (1997)。
34　Sahlin 的 *Boundaries* (1989) 以非常成熟的视角考察了比利牛斯山脉一个地区的边境和身份形成；Wilson and Donnan 同样研究了这些问题，见 *Border Identities: Nation and State at International Frontiers* (1998)。最近，研究边境和边界如何构建（和解构）的最优秀的一部作品是 White 的 *The Middle Ground* (1991)。这些研究中有许多的思想先驱是 Turner 的 *The Fronlier in American History* (1920)。还可参见 Faragher 对 Turner 及其批评者的思考：*Rereading Frederick Jackson Turner* (1994)。
35　见 Irwin, *Nineteenth Century Borneo* (1967); Reid, *The Contest for North Sumatra* (1969)。
36　Locher-Scholten, *Sumatraans Sulttanaat en Koloniale Staat*; Lindblad, "Economische Aspecten van de Nederlandse Expansie" (1988).
37　此种情况下的"中央"，可能是巴达维亚，或是后殖民地时代的雅加达。见 a Campo, *Koninklijke Paketvaart Maatschappij* (1992); 亦可见 Dick, *The Indonesian Inter-Island Shipping Industry* (1987)。

38　Drabble, *An Economic History of Malaysia* (2000), 32-41, and Courtenay, *A Geography of Trade and Development in Malaya* (1972).

39　见 Ooi, *Of Free Trade and Native Interests* (1997), 120-67, and Kaur, *Economic Change in East Malaysia* (1998)。

40　Boeke, *Economics and Economic Policy of Dual Societies* (1953); Boeke, *The Evolution of the Netherlands Indies Economy* (1946); and Boeke, *The Structure of the Netherlands Indies Economy* (1942). 有关此类学术研究的有力批评（尽管是用爪哇语写的），请参阅 Elson, *Village Java Under the Cultivation System* (1994)。

41　见 Touwen, *Extremes in the Archipelago* (2001); Sulistiyono, *The Java Sea Network* (2003); Lindblad, "The Outer Islands in the Nineteenth Century" (2002), 82-110; Dick, "Interisland Trade" (1990), 296-321; Lindblad, "Economic Growth in the Outer Islands" (1993), 233-63; Ricklefs, *A History of Modern Indonesia* (2001), chap. 13; 地区概述可见 Brown, *Economic Change in South-East Asia* (1997)。

42　Officer of the Committee of the Privy Council for Trade to Herman Merivale, Esq., 17 June 1850, in CO 144/6; Extracts from the Minutes of the Legislative Council of Labuan, 3 Jan. 1853, in CO 144/II; Gov Labuan to CO, 9 Jan. 1872, no. 2, in CO 144/36; CO Jacket (Mr. Fairfield, and Mr. Wingfield), 21 May 1896, in CO 144/70; Gov Labuan to BNB HQ, London, 13 Nov. 1896, in CO 144/70.

43　见 Enactment no. 6 of 1915, Malay States; 也可见 *BintangTimor*, 6 Dec. 1894, 2。

44　SSBB, 1873, Spirit Imports and Exports, Singapore, p. 329, 379-80.

45　ANRI, Politiek Verslag Residentie West Borneo 1872 (no. 2/10); ARA, Extract Uit het Register der Besluiten, GGNEI, 2 Jan. 1881, no. 7, in 1881, MR no. 18.

46　ARA, First Government Secretary to Director of Finances, 6 Nov. 1889, no. 2585, in 1889, MR no. 773; First Government Secretary to Resident Timor, 8 March 1892, no. 600, in 1892, MR no. 217; ARA, Dutch Consul, Manila to MvBZ, 5 April 1897, no. 32; MvBZ to MvK, 24 May 1897, no. 5768, both in (MvBZ/A Dossiers/223/A.III/ "Verbod Invoer Wapens en Alcohol"）; ARA, Dutch Consul, London to MvBZ, 28 Jan. 1893, no. 37, and GGNEI to MvK, 27 Nov. 1892, no. 2268/14, both in (MvBZ/A Dossiers/223/A.III/ "Still Zuidzee"）.

47　ARA, Resident West Borneo to GGNEI, 10 Oct. 1889, no. 93 Secret, in 1889, MR no.730.

48　ARA, Dutch Consul, Singapore to GGNEI, 20 Sept. 1873, and Dutch Consul, Singapore, to Gov Gen NEI, 23 Sept. 1873, both in (MvK, Verbaal 17 Dec. 1873, D33); ARA, Resident Surabaya to GGNEI, 30 Nov. 1881, no. 15258 Secret, in 1881, MR no. 1139; ARA, Dutch Consul, Djeddah to MvBZ, 30 Aug. 1883, no. 632, in 1883, MR no. 1075; ANRI, Dutch Consul, Singapore to GGNEI, 18 May 1876, in Kommissoriaal 20 June 1876, no. 469az, in Aceh no. 13, "Stukken Betreffende Atjehsche Oorlog (1876)" /no. 235-469; and Dutch Consul, Singapore to GGNEI, 7 Feb. 1876, in Kommissoriaal 25 Feb. 1876, no. i53az, in Aceh no. 12: "Stukken Betreffende Atjehsche Oorlog (1876)" /no. 4-234; and "Resume van Artikelen in de Turksche Bladen te Constantinopel over der Beweerde Slechte Behandeling van de Arabieren in NI en van de Beschermingen ter Zake van de Ned. Pers" IG (1898) no. 2, 1096-97; see also the laws enacted under Staatsblad 1900, nos. 317 and 318.

49 Kruijt, *Atjeh en Atjehers* (1877), 130, 222; ARA, Dutch Consul, Penang to GGNEI, 19 Sept. 1873, no. 16, in (MvK, Verbaal 17 Dec. 1873, D33). 其他种类的生物制品，如古塔胶，有时也被英国人宣布为违禁品；见 *Federated Malay States Annual Report 1901* (Perak), 5。

50 ARA, 1898, MR no. 634.

51 ARA, Extract Uit het Register der Besluiten, GGNEI, in 1883, MR no. 24; ARA, 1892, MR no. 388; ARA, Memorie van Overgave van de Residentie Westerafdeeling van Borneo (MMK, 1912, no. 260), 34.

52 ARA, Dutch Consul, Singapore to GGNEI, 10 Dec. 1885, no. 986, in 1885, MR no. 807; *Utusan Malayu*, 9 Feb. 1909, 1; Gov. Straits to CO, 26 May 1900, Telegram, and Gov Straits to CO, 31 May 1900, Secret, both in CO 273/257; Longmans, Green, and Co., Publishers, to the Copyright Association, and forwarded to the CO, 15 Nov. 1888, in CO 273/157.

53 这类"普萨卡"（pusaka），也即传家宝，对生活在森林里的各个民族来说非常珍贵；关于这些产品的商业活动已经活跃了数个世纪。当地民族认为，瓷罐有特殊的属性，如能够唱歌或治疗疾病，还有些则用来埋葬死者或作为嫁妆。见 Harrison, *Pusaka: Heirloom Jars of Borneo* (1986), 19-20; 荷属婆罗洲边疆地区的各种瓷罐，见 Adhyatman, *Keramik Kuna* (1981)。

54 Onreat, *Singapore: A Police Background* (n.d.), 30.

55 见 *Geschiedenis van het Wetboek van Strafrecht voor Nederlandsch-Indie* (1918), 185; also van Kol, *De BestMurstelsels der Hedendaagsche Kolonien* (1905), 71。

56 相关维度和变化性，见 Kennedy, *Brief Geographical and Hydrographical Study of Straits* (1957), 40-41; 亦可见 Shaw and Thomson, *The Straits of Malacca* (1979)。

57 见 Lewis and Wiggen, *Myth of Continents* (1997), 189。

58 例如，可见 Reid, *Southeast Asia in the Age of Commerce* (1998); Lindblad, "Between Singapore and Batavia" (1996); Dick, "Indonesian Economic History Inside Out" (1993); and van Dijk "Java, Indonesia and Southeast Asia" (1992)。

第二章　测绘边疆

1 一如导言中的讨论，早在1824年，英属明古鲁和荷属马六甲互相交换时，双方就已经通过条约尝试此种属地划分。然而，该贸易协定的许多关键条款直到1871年才真正得以巩固。

2 这里有对当时情况的很好的概述：Bakker, "Van Paradijs tot Plantage" (1998), 75-85; 对这些机构的部分概述，见 Kan, "De Belangrijkste Reizen" (1889), 530 passim。

3 "Een Wenk voor de Ontwikkeling" (1881), 318.

4 Faes, "Het Rijk Pelelawan" (1881), 491; also Neumann, "Reis Naar de Onafhankelijk Landschappen" (1883), 1, 38.

5 ARA, 1872, MR no. 632; "Annexatie's in Centraal Sumatra" (1880), 161; van Hasselt, "The Objects and Results of a Dutch Expedition" (1885), 39.

6 Junghuhn, *Atschin en Zijn Betrekkingen tot Nederland*, (1873); "Toekomst van Groot-Atjeh"

(1880), 253.

7　Hellfrich, "Bijdrage tot de Kennis van Boven-Djambi" (1904), 973. 另可见前页地图，它显示了探险家如何利用河流到达高地区域。

8　见 ARA, J. F. van Bemmelen to GGNEI, 23 Nov. 1890, in 1890, MR no. 1029; and ARA, Director of Onderwijs, Eeredienst, Nijverheid to GGNEI, 20 Dec. 1890, in 1890, MR no. 1039; Pleyte Wzn., "Geschiedenis der Ontdekking van het Toba-Meer" (1895), 740, and the map following page 740 ; d. M., "De Onafhankelijke Bataks" (1902), 246; and Djoko, "Si Singa Mangaraja Berjuang" (1973), 267-99。

9　ARA, 1897, MR no. 611; Cremer, "Per Automobiel naar de Battakvlakte" (1907), 245.

10　Meerwaldt, "Per Motorboat 'Tole' het Tobameer Rond" (1911), 63; "Waterval van Mansalar" (1911), 109.

11　Andaya, *To Live as Brothers* (1993); Trocki, *Prince of Pirates* (1979); Heidhues, *Bangka Tin and Metok Pepper* (1992).

12　例如，可见 Lange, *Het Eiland Banka en Zijn Aangelegenheden* (1850); van Dest, *Banka Beschreven in Reistochten* (1865); and de Groot, *Herinneringen aan Blitong* (1887)。

13　Kroesen, "Aantekenningen over de Anambas-, Natuna-, en Tambelan Eilanden" (1875), 235 ff.; van Hasselt and Schwartz, "De Poelau Toedjoeh" (1898), 21-22.

14　"Chineesche Zee" (1896), 1-2.

15　Van Hasselt, "De Poelau Toedjoeh," 25-26. 这些指令已经发布了一段时间，但在此期间，修订的 de Hollander 的 "Handleiding voor de Beoefening der Land-en Volkenkunde" 尤显重要。见 ARA, Directeur van Onderwijs, Eeredienst, en Nijverheid to GGNEI, 21 March 1890, no. 2597, in 1890, MR no. 254。

16　对邦加的大范围勘测始于更早的 19 世纪 70 年代。见 ARA, 1894, MR no. 535; and Zondervan, "Bijdrage tot de Kennis der Eilanden Bangka en Blitong" (1900), 519。

17　"Balakang Padang" (1902), 1295; Niermeyer, "Barriere Riffen en Atollen" (1911), 877.

18　Van Goor, "A Madman in the City of Ghosts" (1985).

19　见 Kater, "Dajaks van Sidin" (1867), 183-88; Gerlach, "Reis naar het Meergebied" (1881), 327; Bakker, "Rijk van Sanggau" (1884), 1 passim; ANRI, Algemeen Verslag Residentie West Borneo 1890 (no. 5/21)。

20　Enthoven, *Bijdragen tot de Geographie van Borneo's Westerafdeeling* (1903); Perelaer, "Recensie over Jottings" (1881), 514-15; "Serawak en Noord Borneo" (1881), 1.

21　探险家 Muller 于 1825 年在库台内陆被杀；1844 年，苏格兰人 Erskine Murray 也在马哈坎河沿岸被杀；19 世纪 60 年代，库台附近的一名荷兰居民也被杀。见 Bock, *The Headhunters of Borneo* (1881)。

22　ARA, 1887, MR no. 531; ARA, Advies van Directeur van Onderwijs, Eeredienst, en Nijverheid to GGNEI, 18 June 1898, no. 10028, in ARA, 1898, MR no. 372.

23　"Noordoostkust Borneo" (1902).

24　PRO, Frank Hatton's Diary of His Last Expedition Up the Kinabatangan-Segama, vol. 76,16

注 释　　　　　　　　　　　　　　　　　　　　　　　　　　　335

　　　　Jan. to 16 Feb. 1883, in CO 874/boxes 67-77, Resident's Diaries.
25　Molengraaf, *Geologische Verenningstochten* (1900).
26　Nieuwenhuis, *In Centraal Borneo* (1900); "Dr. Nieuwenhuis5 Derde Tocht" (1901), 63. 荷兰人对内陆的渗透便是在尼乌文赫伊斯的旅行之后进行的。见 "Bij de Kaart van het Boven-Mahakam Gebied" (1902), 414。
27　ARA, Resident SE Borneo to GGNEI, 30 Dec. 1893, no. 7665/22, in 1894, MR no. 43; ARA, First Government Secretary to Resident West Borneo, 3 Feb. 1894, no. 337, in 1894, MR no. 141.
28　"Memorandum on Gold in North Borneo, 30 May 1934" in CO 874/996. 这份文件简短介绍了早期北婆罗洲境内进行黄金勘探的历史。
29　British Borneo Exploration Company, London, to R.W. Clarke, Telegraph, 29 Oct. 1908, in CO 874/350; see also the list of consignees in "Oil and Mineral Rights Agreements, 1905-1920," in CO 874/349.
30　"Sultan Omer Allie Sapprodin to Capt. Mason," 6 Dec. 1847; also "Sultan Omer Allie Sapprodin to William Glidden," 7 Dec. 1847, in CO 144/2.
31　见 Everett, "Distribution of Minerals in Sarawak" (1878), 30。
32　同上，28。
33　ARA, Directeur van Onderwijs, Eeredienst, en Nijverheid to GGNEI, 9 April 1873, no. 3364, in 1873, MR no. 285; Voute, "Goud-, Diamant-, en Tin-Houdende Alluviale Gronden" (1901), 116.
34　ANRI, Algemeen Administratieve Verslag Residentie West Borneo 1874 [no. 5/4].
35　Van Schelle, "Geologische Mijnbouwkundige Opneming" (1881) 1:263; "Metalen in Borneo's Westerafdeeling" (1883), 12-13.
36　Van Schelle, "Geologische Mijnbouwkundige Opneming" (1884), 123.
37　ANRI, Algemeen Verslag Residentie West Borneo 1889 [no. 5/20].
38　"Steenkolen en Brandstoffen" (1910), 66; "De Eerste Kamer over de Brandstof" (1910), 93.
39　ANRI, Maandrapport Residentie Borneo Z.O. 1870 [no. 10a/5 January; no. i0a/6 April.]
40　ARA, Extract Uit Het Besluiten, GGNEI, in i902, MR no. 86.
41　ARA, 1874, MR no. 519; ARA, 1889, MR no. 720; ANRI, Maandrapport Residentie Borneo Z.O. 1873 [no. 10a/8 January].
42　概述见 Heslinga, "Colonial Geography in the Netherlands" (1996), 173-93 和 van der Velde, "Van Koloniale Lobby naar Koloniale Hobby" (1988), 211-21; 同时代细节可见 *Koloniaal Verslag* (1878), Bijlage C, 36。
43　苏门答腊岛的二角测量详情，见 de Bas, *De Triangulatie van Sumatra* (1882)。
44　ARA, 1872, MR no. 467; "Topographische Opneming" (1892), 1148.
45　Surveyor General R. Howard, Labuan, to Col. Secretary, Labuan, 6 May 1873, in CO 144/40.
46　Kruijt, *Twee Jaren Blokkade*, 169,189.

47　ANRI, Aceh no. 5; Stukken aan de Kommissie, Ingesteld bij het Gouvernement Besluit 18 Mei 1873, no. 1 te Batavia, Over de Expeditie 1873. Expeditie Tegen Atjeh, Topographische Dienst, Expeditionaire Brigade, Rapport Gb, Order no. 8, p. 11, 11a [April 1873; Bijlage K, Bundel Aa-Az; II].

48　ANRI, Aceh no. 8; Atjehsche Verslagen 1874-75；"Gevechts Terrein op den 15 Februarij 1874"；Behoort bij Missive van den Kommandant van het Leger, 25 Maart 1874, no. 18.

49　ANRI, Aceh no. 8: Lichttoren op Poeloe Bras, 23 Maart 1875.

50　Cornelis, "Een Poging tot Verbetering der Kaarten" (1907), 1042-47; Enthoven, *De Militaire Cartographie* (1905).

51　Kan, "Geographical Progress in the Dutch East Indies" (1904/5), 715; Oort, "Hoe een Groote Kaart tot Stand Komt" (1909), 363-65.

52　ARA, Bijzondere Voorwaarden der Mijnconcessie Karang Ringin (Afdeeling Moesi Ilir, Resident Palembang) under Besluit no. 30,7 Feb. 1902, in 1902, MR no. 149; Bijzondere Voorwaarden der Mijnconcessie Kahajan (Dayaklanden, Borneo Z.O.) under Besluit no. 44, 27 Feb. 1902, in 1902, MR no. 204.

53　1909年，东婆罗洲出现海盗，需要英荷合作。当时荷兰驻伦敦大使格里克男爵对荷兰在东婆罗洲的主权主张的性质和范围感到困惑。在此后与荷兰负责殖民地和外交事务的部长的私人通信中，双方都强调了让荷兰特使熟悉荷属东印度群岛领土轮廓的重要性。此后不久，荷兰驻柏林、伦敦、东京、北京、巴黎、君士坦丁堡、斯德哥尔摩、圣彼得堡、华盛顿和曼谷的代表，都收到了相应的图册和地图。见 ARA, MvK to MvBZ, 15 July 1909, no. I/14735; MvK 26 Nov 1909, no. I/23629, all in (MvBZ/A/ 277/A.134)。双方也会分享有关边疆的性质和具体位置信息：ARA, First Government Secretary, Batavia, to Resident West Borneo, 20 Feb. 1891, no. 405, in 1891, MR no. 158, 该文件命令当地居民将描绘边境、道路和河流系统的地图发送给沙捞越的王公。这些旨在阐明边疆确切轮廓的实践，有时会带来出乎巴达维亚意料的结果。1894年，荷兰人在测量中发现，荷属东印度群岛的领土实际上比以前认为的要大，而1910年在婆罗洲的地形考察表明，边境沿线的一些山脉比原来测定的要小。分别可见 "Herziening van de Areaal-Opgaven" (1894), :734-38; Rouffaer, "Foutive Vermelding van Berghoogten" (1910), 787-88。

54　"Nieuwe Kaart van Sumatra" (1908), 680.

55　综述可见 Tagliacozzo, "Hydrography, Technology, Coercion" (2003), 89-107。

56　"Kaartbeschrijving: Zeekaarten" and "Hydrographie" (1918), 2403,126-27.

57　ARA, 1871, MR no. 464.

58　见 *Penang Guardian and Mercantile Advertiser*, 23 Oct. 1873,4。

59　见 ARA, Archief van de Dienst der Hydrografie (Ministerie van Marine), Doos 65: Journaal van Hoekmetingen en Peilingen Opname Straat Banka en N. Kust Banka,˙1860-63 (Ille 1c); 见卷末前3页的草图；如需比较，可参见同一部分，"Triangulatie Register Riouw en Lingga Archipel: Melville van Carnbee, 1894-99" (IIIb 1a), 58a, 该研究表明，仅仅40年后，水文学便取得了长足的进步。

60　ANRI, Maandrapport Residentie Banka 1870 (no. 96, October, November); 1878 (no. 104,

注 释

March); ANRI, Maandrapport Residentie Banka 1870 (no. 96, December); 1872 (no. 98, April); 1873 (no. 99, February).

61 ANRI, Maandrapport Residentie Banka 1878 (no. 104, September).

62 1891年，巴达维亚允许英国测量船对廖内群岛部分地区进行测绘。谈及同年将派荷兰船只在马来半岛海岸做类似的工作，《东印度指南》对此嗤之以鼻，认为这是荷兰人的面子之举。参见"Engelands Hydrographische Opnemingen"(1891), 2013-15。荷兰媒体上的其他文章也批评了巴达维亚的水文政策和能力。参见"Indische Hydrographie"(1882), 12-39; also "Naschrift van de Redactie"(1898),1289。

63 见 ARA, Archief van de Dienst der Hydrografie (Ministerie van Marine), box 9: Brievenboek no. 9, 1891-95, 35, 245, 285。

64 20世纪初完成的婆罗洲东北部的英文地图，可在 CO 531/20 找到。另见荷兰地图"Straat Makassar"，转载于 Mededeelingen op Zeevaartkundig Gebied over Nederlandsch Oost-Indië (1907), 5月1日, no. 6。随着时间的推移，从这些地图上可以越来越明显地看出，国家视野渗入了海洋周边地区。

65 参见"Hydrographische Opname in Oost-Indie"(1907) 中的照片，756-57。该文中照片的前景是"布卢门达尔"(Bloemendaal)号，它搁浅了，现已停止使用。与此同时，在背景中，"梵高"(Van Gogh)号蒸汽勘探船继续在海上航行。摄影师所运用的象征手法是显而易见的：进步通过蒸汽动力不断前行，而古老的科学则被遗留在海滩上。

66 见 PRO/Ministry of Trade 10/Harbour Department/no. 1031/File H/12434 "Alleged Uncharted Reef in the Middle Channel of the Singapore Straits, 1906"; Hickson, Naturalist in North Celebes (1889), 188-89; and Coops, "Nederlandsch Indies Zeekaarten"(1904), 129。

67 阴影区域是发表时已经勘测过的区域。日期表明了绘制该区域地图的准确年份。参见 Craandyk, "Het Werk Onzer Opnemings Vaartuigen"(1910), 75-76。

68 见 Scott, Seeing Like a State (1998)。

69 Struijk, "Toekomst der Inlandsche Vorsten"(1883), 451.

70 见 Pangeran Jehudin to W. C. Cowie, Managing Director, BNB Co, 27 Aug. 1878, in PRO/CO/874/Box 186。

71 "Overeenkomsten met Inlandsche Vorsten: Djambi"(1882), 540; ARA, 672, MR no. 170.

72 见 ARA, 1872, MR no. 75, 229 和 Surat Surat Pudjandjian Bandjarmasin, (1965), 258-67。苏丹曾在此向荷兰人宣誓，并承诺自己未来的行为。对坤甸，见"Overeenkomsten met Inlandsche Vorsten: Pontianak"(1882), 549。

73 FO to CO, 29 Sept. 1871, in CO 273/53.

74 见苏禄苏丹在纳闽向英国人提出的申诉，寻求与英国人结盟以对抗西班牙日益增长的影响力。见 Gov Labuan to CO, 15 Aug. 1871, no. 33, CO 144/34。

75 见 ANRI, "Surat Perjanjian Sewah Tanah Atas Gambir dan Lada Hitam," 1893, in Archief Riouw, no. 225/5 (1893); also "Process Verbaal Tentang Perbatasan Tanah Goubernement Hindia Belanda di T. Pinang untuk Ditandangani oleh Raja Abdoel Rachman dan Raja Abdoel Thalib" in Archief Riouw, no. 223/4 Stukken Sultan Lingga, 1899。

76 见 ANRI, "Idzin Pembuatan Peta Baru Tentang Pulau Yang Mengililingi Sumatra," 1889, in Archief Riouw, no. 225/9 (1889)。

77 ARA, 1890, MR no. 874; ARA, 1891, MR no. 395.

78 "Overeenkomsten met Inlandsche Vorsten: Lingga, Riouw" (1888), 163; "Het Eigendinkelijke van Onze Behandeling der Inlandsche Vorsten" (1891), 73.

79 见 PRO, Dutch Consul, London to FO, 20 Aug 1909, and FO to British Consul, Hague, 26 Aug. 1909, both in FO/Netherlands Files, "Treaties Concluded Between Holland and Native Princes of the Eastern Archipelago" (no. 31583)。不仅在东南亚的英荷之间是这样，在英属马来亚和暹罗之间也是如此。以霹雳州和暹罗属地吉打（Kedah）、吉兰丹和登嘉楼为例，见 *Perak Gov't Gazette*, 1900, "Agreements Between Her Britannic Majesty and His Siamese Majesty, 29 Nov. 1899," 350。

80 ARA, Kommissoriaal, Raad van NI, Advies van de Raad, 10 Jan. 1902, in 1902, MR no. 124a; and in 1902, MR no. 7; see also "Overeenkomsten met Inlandsche Vorsten: Lingga/ Riouw" (1907), 235.

81 "Aantword Namens de Soeltan van Sambas" (1907), 2.

82 Warren, "Joseph Conrad's Fiction as Southeast Asian History" (1987), 12.

83 Warren, *The Sulu Zone*, 83-84.

84 Chew, *Chinese Pioneers on the Sarawak Frontier* (1990), 115-17. 例如，沙捞越与荷属西婆罗洲之间边界划分的演变，可见 *Sarawak Gazette*, 27 June 1876, 22 July 1884, and 1 June 1914。

85 Resink, "De Archipel voor Joseph Conrad" (1959), 192-208; Backer-Dirks, *Gouvernements Marine* (1985), 173.

86 ARA, Dutch Consul, Singapore to GGNEI, 26 Dec. 1885, no. 974 in 1885, MR no. 802.; ARA, Dutch Consul, Penang to GGNEI, 29 March 1887, no. 125, in 1887, MR no. 289.

87 ARA, 1894, MR no. 298.

88 例如，可见槟城商会向英国当局提出的请求，18 Aug. 1893, in PRO/FO Confidential Print Series no. 6584/16（i）。

89 ANRI, Algemeen Administratieve Verslag Residentie West Borneo 1871 (no. 5/2); AlgemeenVerslag Residentie West Borneo 1874 (no. 5/4).

90 ARA, Resident, West Borneo to GGNEI, 8 June 1871, in 1871, MR no. 2804; Resident West Borneo to GGNEI, 18 April 1886, in 1886, MR no. 293.

91 ANRI, Algemeen Verslag Residentie West Borneo 1886 (no. 5/17); ARA, Asst. Resident Koetei to Resident Borneo Z.O., 25 Jan. 1883, in 1883, MR no. 368. 相关记叙可见 Wadley, "Warfare, Pacification, and Environment"（1999), 41-66。

92 FO to Dutch Consul, London, 2 Feb 1911, no. 392/11 in Co 531/3; and Dutch Chargé d'Affaires to FO, 19 Nov. 1910, in CO 531/2.

93 BNB Co. to CO, 2 May 1911, in CO 531/3.

第三章　执行边疆

1. Wright, ed., *Twentieth-Century Impressions of Netherlands India* (1909), 277. 更多关于东印度武装力量的信息，可参见 Heshusius, *KNIL van Tempo Doeloe* (1998); 英国在该地区的影响力情况，见 Harfield, *British and Indian Armies* (1984)。
2. ARA, 1872, MR no. 611, 685; ARA, Dutch Consul to Gov Gen NEI, 7 May 1872, Telegram no. 42, in 1872, MR no. 296. See also *Perang Kolonial Belanda di Aceh* (1997), and *Napitupulu, Perang Batak* (1971), 120-52.
3. ARA, Rapport, Stoomschip Suriname to Station Commandant, SE Borneo, 6 Aug. 1872, in 1872, MR no. 619; ARA, 1872, MR no. 499; ARA, Gov. Celebes to GGNEI, 8 March 1872, no. 166, in 1872, MR no. 203.
4. 见 Gov SS Diary, 7 Sept. 1868, no. 9812, National Library, Singapore。
5. "Transportschepen voor het Indische Leger" (1880), 36-55.
6. Philips, "De Transportdienst ten Velde" (1891), 46; "Olifanten voor het Transportwezen" (1880), 517.
7. ARA, 1871, MR no. 389; Nieuwenhuysen, "Negerelement bij het Indische Leger" (1899), 525.
8. "Geheimzinnige Werving van Neger Soldaten" (1892), 505-10; "Overzigt van een in het Berlijnsche Tijdschrift Opgenomen Artikel" (1882), 480-85, 681-85.
9. ARA, 1872, MR no. 47; "Eene Legerbelang" (1897), 44.
10. 见 Harfield, *British and Indian Armies* (1984), 388-89。
11. Nieuwenhuizen, "Beoefening der Inlandsche Talen" (1884), 335; Spat, "Welke Resultaten Mogen Verwacht Worden" (1899), 30-36. 综述可见 Bossenbroek, *Volk voor Indië* (1992)。
12. ARA, 1871, MR no. 389; ARA, 1872, MR no. 47.
13. Panari, "Krijgstucht in het Indische Leger" (1881), 225-35; "Numerieke Opgave van Militairen" (1881), 286-325, 429-45.
14. "Militaire Administratie in Indië" (1887), 1883.; see also "Rietslagen en Discipline" (1883), 342, for example.
15. "Reorganisatie der Geneeskundige Dienst" (1880), 449, 596; Pekelharing, "Loop der BeriBeri in Atjeh in de Jaren 1006-7" (1888), 305; ARA, 1885, MR no. 675. See also *Perang Kolonial Belanda di Aceh* (1997), 46.
16. ARA, Graphische Voorstelling van de 5 Daagsche Opgaven van Beri Beri Lyders, Oct. 1885-June 1886, in 1886, MR no. 497; ARA, 1885, MR no. 675.
17. "Een Enkel Woord Over de Voeding" (1883), 160.
18. Van Rijn, "Jenevermisbruik door de Europeesche Fusiliers" (1902), 744; "Een Voorstel tot Beteugeling der Twee Hoofdzonden in het Leger" (1895), 540; Madras General Order, 15 Feb. 1864, National Library of Singapore Film no. 615, especially in Penang.
19. Van Haeften, "Voorkomen van Darmziekten Bij het Leger te Velde" (1895), 80; Vink,

"Sprokkelingen Uit den Vreemde" (1899), 676; "Waterdichte Kleedingstuken" (1897), 224; van de Water "Doelmatige Kleeding" *IMT*1 (1902): 230; and *IMT*2 (1902): 212.

20 "Voor de Practijk" (1906), 669. 为了解边境地区艰苦的游击战，可参见 Gayo, *Perang Gayo-Alas* (1983), 217-35。

21 ARA, Rapport 29 March 1899, in 1899, MR no. 292; Cayaux "Voorschriften voor de Watervoorziening" (1906), 80.

22 "Verduurzaamde Levensmiddelen" (1896), 482.

23 ARA, Aantal Lijders aan Beri-Beri, Die op Ultimo November 1898 Onder Behandeling Zijn Gebleven, in 1899, MR no. 67; Koster, "Stem over de Drank Questie" (1902), 21.

24 见 Harfield, *Brilish and Indian Armies* (1984), 346。

25 ARA, 1899, MR no. 706; ARA, Commander, NEI Army to GGNEI, 10 Nov. 1888, no. 1022, in 1899, MR no. 94; ARA, 1899, MR no. 709.

26 Memorie van Overgave, Borneo Zuid-Oost, 1906 (MMK no. 270), 1; van den Doel, "Military Rule in the Netherlands Indies" (1994), 60-67.

27 Molenaar, "Aluminium en de Waarde van het Metal" (1895), 509; Nijland, "Repport Betreffende de Proef" (1903); Bombardier, "Een Nieuwe Vuurmond" (1895), 103; ARA, 1902, MR no. 206; ARA, 1902, MR no. 1062.

28 "Automobiel in Dienst van het Leger" (1906), 141, 179; de Fremery, "Militaire Luchtscheepvaart" (1907), no. 17.

29 尤其可参见 Buitenbezittingen Military template fashioned for the Memorie van Overgave in 1912, "Schema van de Militaire Memorie in de Buitenbezittingen (1912)" in ARA, MvK, Inventaris van de Memories van Overgave 1849 -1962, Den Haag, ARA, 1991。

30 Dyserinck, "Roeping van Zr. Ms. Zeemacht" (1886), 65.

31 ANRI, Algemeen Administratieve Verslag Residentie West Borneo 1872 (no. 5/3).

32 ARA, 1871, MR no. 301.

33 ANRI, Maandrapport Residentie Borneo Z.O. 1870 (no. 10a/5 January, July).

34 ARA, 1871, MR no. 425; ANRI, Algemeen Administratieve Verslag Residentie Palembang 1871 (no. 64/14); *Beschouwingen over de Zeemagt in Ned. Indië* (1875), 51-61. See also *Surat Surat Perdjandjian Riau* (1970), 207.

35 PRO/Admiralty, Vice Admiral Shadwell to Admiralty Secretary, 16 April 1872, no. 98, in no. 125/China Station Corrospondence/no. 21: ; Gov. SS to CO, 8 Jan. 1873, no.2, in CO 273/65; Gov SS to CO, 14 Jan. 1875, no. 15, in CO 273/79; Gov SS to CO, 16 July 1881, no. 260, and CO to SS, 20 Aug. 1881, both in CO 273/109.

36 PRO/Admiralty, CO to Admiralty Secretary, 30 April 1873; Admiralty to Vice Admiral Shadwell, 1 May 1873, and same to same, 27 June 1873, all in no. 140/Straits of Malacca.

37 见 "Kwaartaalverslagen der Verrichtingen van Zr.Ms./Hr. Ms. Zeemacht in Oost-Indië 1884-92," as quoted in Backer-Dirks, *Gouvernements Marine* (1985), 215。

38 例如，可见 July shiplogs of the *Metalen Kruis*, stationed off Aceh, in ARA, MvK, Verbaal

注 释

Geheim Kabinet 17 Dec. 1873, D33。封锁舰队的资料中不断提到这个问题。

39 ARA, Ministerie van Marine, Scheeps-Journalen [2.12.03]: see the shiplogs of the *Metalen Kruis* (Logbooks no. 3108-09, 3127, Friday, 27 June 1873, and Monday, 30 June 1873); the *Citadel van Antwerpen* (Logbooks no. 908, 914, Monday, 30 June 1873); and the *Maas en Waal* (Logbook no. 2755, Saturday, 28 June 1873).

40 ARA, MvK, Verbaal Geheim Kabinet 17 Dec. 1873, D33, *Coehoorn* to the Station Kommandant, East Coast Aceh, 13 Aug. 1873, no. 1004, 25 July 1873; ARA, MvK, Verbaal Geheim Kabinet 17 Dec. 1873, D33, "Telegraaf" to the Tijdelijke Kommandant der Maritieme Middelen in de Wateren van Atjeh, no. 11, July 22,1873.

41 F. C. Backer-Dirks, *Gouvernements Marine*, 273.

42 ARA, Chief of Marine, NEI, to GGNEI, 10 April 1885, no. 3814 in 1885, MR no. 243; ARA, Chief of Marine, NEI, to GGNEI, 15 April 1885, no. 4034 in 1885, MR no. 264; ARA, 1885, MR no. 659; and ARA, Chief of Marine, NEI, to GGNEI, 7 Oct. 1885, no. 11346 in 1885, MR no. 707.

43 "Aankondiging door de Hollander" (1881), 810-11; Van der Star, "De Noodzakelijkheid voorde Inlandsche Scheepsonderofficieren" (1903/1904), 191.

44 概述可见Teitler, "Een Nieuwe en een Oud Richting" (1978), 165-86; 亦可见"Marine Militaire du Japon," "Marine Militiare de la Chine" 和 "Station Anglaise de l'Inde" (1876), 536-38,542。

45 Macleod, "Het Behoud Onzer O. I. Bezittingen" (1898), 755, 871.

46 "Koninklijke Besluit van den 18 Sept. 1909" (1908/1909), 401.

47 ARA, MvBZ Circulaire to the Dutch Envoys in London, Paris, Berlin, and Washington, 1 Feb. 1895, no. 1097; MvBZ Circulaire to Dutch Envoys in Austro-Hungary, Sweden, Norway, and Russia, 2 Nov. 1896, no. 11265; Dutch Consul, Lisbon to MvBZ, 18 April 1895, no. 59/38; Dutch Consul Madrid to MvBZ, 1 Feb. 1901, no. 36/10, all in (MvBZ/ A/421/A.182).

48 ARA, Dutch Consul, Paris, to MvBZ, 14 Feb. 1900, no. 125/60, in (MvBZ/A/421/ A.182); ARA, Dutch Consul, Berlin to MvBZ, 3 Aug. 1904; 22 May 1903; 5 April 1902; 6 July 1899; 17 June 1898; 13 July 1897; and 30 Nov. 1896, all in (MvBZ/A/421/A.182).

49 "The Navy Estimates" in *The Times* (of London), 3 March 1897, enclosed in ARA, Dutch Consul, London, to MvBZ, 5 March 1897, no. 113, in (MvBZ/A/421/A.182).

50 "The Destroyer Yamakaze" in *The Japan Times*, 4 June 1910, enclosed under ARA, Dutch Consul, Tokyo, to MvBZ, 13 June 1910, no. 560/159, in (MvBZ/A/421/A.182).

51 ARA, 1902, MR no. 25, 48, 92, 132.

52 ARA, Memorie van Overgave, Bornco Zuid-Oost, 1906 (MMK no. 270), 24.

53 ARA, 1899, MR no. 36.

54 Van Rossum, "Bezuiniginging bij de Zeemacht," *De Gids* 2 (1907): 274; *De Gids* 3 (1907): 287; "Schroefstoomschepen Vierde Klasse" (1880), 161-62.

55 Dekker, *De Politie in Nederlandsch-Indië* (1938); Wright, *Twentieth-Century Impressions*

of Netherands India, 285; see also Mrazek, "From Darkness into Light" (1999), 23-46; and Schulte-Nordholt, "Colonial Criminals" (1997), 47-69.

56 Onreat, *Singapore: A Police Background*(n.d), 72.

57 见Jackson, *Pickering: Protector of Chinese* (1965)。

58 "The Penang Police," *Penang Argus and Mercantile Advertiser*, 16 June 1870,2; "Expenditures," SSBB, 1873,54.

59 War Office to CO, 12 March 1870; Army Medical Dept. to Quarter Master General, 2 March 1870; John Barry, Asst. Surgeon to Officer Commanding the Troops, Labuan, 4 Jan. 1870; CO to Ceylon Gov, 6 May 1870, Telegram no. 103; CO Minute Paper, 15 May 1870, all in CO 144/33.

60 ANRI, Algemeen Administratieve Verslag Residentie West Borneo 1872 (no. 5/3).

61 ANRI, Algemeen Verslag Residentie Borneo Z.O. 1871 (no. 9/2).

62 ARA, Plaatselijke Politieke Rapport, in ARA, 1877, MR no. 354. 部分出于这一原因，荷兰人在与廖内签订的合约中规定，他们应该获允开始在廖内水域巡逻，打击海盗。见 contract of 30 Sept. 1868 in *Surat Surat Perdjandjian Riau* (1970), 183–84。

63 ANRI, Algemeen Administratieve Verslag Residentie Riouw 1871 (no. 63/2).

64 ANRI, Algemeen Administratieve Verslag Residentie Palembang 1874 (no. 64/17); ARA, 1869, MR no. 105.

65 ARA, Extract uit het Register der Besluiten van de GGNEI, 20 Jan. 1882, no. 8.

66 KITLV Map Collection, "Soematra, Banka, en de Riouw-Lingga Archipel," 1896, Blad 6 (by Dornseiffen); 亦可见，"Beschouwingen over de Toestand van Onveiligheid" (1887), 378。

67 "Iets over de Reorganisatie van het Politiewezen" (1888), 183.

68 见警察部队报告，Appendix 7, in *SSLCP*, 1890, C56-57。

69 Gov. Labuan to CO, 26 Aug. 1882, no. 52, in CO 144/56. 殖民地总督看到了犯罪率高的确切原因，尤其是特定类型的商业犯罪："然而，我有理由认为，一定数量的与金融事务有关的犯罪并未得以发现，而且，如果没有欧洲人领导的警察部队，这些犯罪将继续存在。"见 *Labuan Annual Report* 1887, 6。

70 Gov. Treacher to Capt. Harrington, 26 Nov. 1881, in CO 874/144.

71 ARA, Chart of Present and Soon-to-be-Modified Police Strengths in West Borneo, in 1891, MR no. 369.

72 Memorie van Overgave, Borneo Z.O. (MMK, 1906, no. 270), 12; ARA, Directeur Binnenlandsch Bestuur Rapport van 21 Nov. 1894, and Extract uit het Besluiten van de GGNEI, 10 Dec. 1894, no. 5, in 1894, MR no. 1131.

73 Van Dongen, "Gerechtelijk Scheikundige Onderzoekingen," 714; Cayaux "Gerechtelijk-Scheikundige Onderzoekingen in NI" (1908), 1.

74 见 Gov SS to CO, 18 Oct. 1921, in Co 537/904; and Director of Criminal Intelligence, SS to Gov SS, 3 Oct. 1921, in CO 537/905。

75 "Appendix C: Singapore Municipality Expenditures, Comparative Statement," in *SSMAR*, 1895. 以前使用过街道蜡烛来照明，但它们从不曾像电灯这么有效。

76 "Seorang China telah ditangkap oleh mata-mata gelap di Anderson Road"（警探在安德森路逮捕了一名华人）*Utusan Malayu*, 16 Jan. 1908, 1; 亦可见 *Bintang Timor*, 13 Dec. 1894, 2。19 世纪的后几十年，爪哇语已经使用这个词了。

77 *Utusan Malayu*, 30 Jan. 1909, 1.

78 Memorie van Overgave, West Borneo (MMK, 1912, no. 260), 43-44.

79 M. W. Sibelhoff "Gewapende Politiedienaran" (1907), 864-65; Memorie van Overgave, Billiton (MMK, 1907, no. 250), 32.

80 Ruitenbach, "Eenigen Beschouwingen" (1905), 1009.

81 ARA, Police Commissioner's Instructions, enclosure inside Asst Resident, Batavia, to Resident, Batavia, 26 Feb. 1912, no. 50, in MvBZ/A/40/A.29bisOK.

82 关于东印度法律的概述，见 Hooker, "Dutch Colonial Law" (1974), 250-300。关于殖民社会中国家运用法律的一些更广泛的影响，见 Comaroff, "Colonialism, Culture, and the Law" (2001), 305-11, and Cooper and Stoler, "Tensions of Empire" (1989), 609-21。

83 见 See Teitler, *Ambivalentie en Aarzeling* (1994), 37–54。

84 见 Resink, "Onafhankelijke Vorsten" (1956); 亦可见他的 "Conflichtenrecht" (1959), 1–39。

85 ARA, 1872, MR no. 604; ARA, Asst. Res. Siak to Asst. Res. Riouw, 2 May 1873, no. 585, in 1873, MR no. 419.

86 ANRI, Algemeen Administratieve Verslag Residentie Palembang 1874 (no. 64/17).

87 ANRI, Algemeen Administratieve Verslag Residentie Riouw 1871 (no. 63/2); Maandrapport Residentie Riouw 1875 (no. 66/2, November).

88 Memo by Mr. Scott, Lt. Gov. Labuan, 26 Dec. 1855, in Co 144/12.

89 见 SSGG, 28 March 1873 转载的例子。马来半岛常常充当逃亡通道。

90 "Eenige Opmerkingen over de Reorganisatie," (1882), 340.

91 "Vreemde Oosterlingen. Bevoegdheid" *IWvhR*, no. 1561, 29 May 1893, 86–87; "Circulaires van het Raadslid Mr. der Kinderen" (1880), 311.

92 "Opmerkingen en Mededeelingen" (1882), 333.

93 Staatsblad 1887, no. 62; "Rechtswezen Billiton" *Bijblad Indische Staatsblad* (1894) no. 4813, 213.

94 ARA, 1887, MR no. 295.

95 ARA, Dutch Consul, Singapore to Col Sec, SS, 21 Sept. 1876, no. 531, in 1876, MR no. 792; ARA, Col. Sec., Singapore to Dutch Consul, 28 Sept. 1876, no. 5825/76, in 1876, MR no. 792.

96 "Circulaire van de Procureur Generaal 19 Juli 1884 Betreffende de Uitlevering naar de Straits-Settlements Gevluchte Misdadigers" *Bijblad Indische* Staatsblad 22 (1884): 198–200.

97 *Perak Gov't Gazette*, 1888, 160; ARA, 1876, MR no. 125; ARA, First Government Secretary,

Batavia, to Dutch Consul, Singapore, 11 Jan. 1889, no. 75, in 1889, MR no. 37.

98 ARA, First Government Secretary to Dutch Consul, Penang, 1 Sept. 1899, no. 1947, in ARA, 1899, MR no. 624.

99 ANRI, Algemeen Administrative Verslag Residentie West Borneo 1889 (no. 5/20); see also "Reglement op het Rechtswezen in de Westerafdeeling van Borneo" *IWvhR*, no. 1376, 11 Nov. 1889, 178–79.

100 ARA, Gov. BNB to Controleur Boeloengan, Dutch East Borneo, 12 Sept. 1896, no. 255, in ARA, 1896, MR no. 86; ARA, Gov SE Borneo to Gov BNB, 26 Oct. 1896, no. 771/5, in 1896, MR no. 86; ARA, Gov BNB to Gov SS, 8 Dec. 1896, no. 344/96 in 1896, MR no. 86.

101 例如，可见 *Sarawak Gazette*, 27 June 1876, 4 March 1879, 20 Dec. 1887, 2 March 1891 和 2 January 1892。

102 Gov BNB to BNB Co. Directorship, 21 Jan. 1908 in CO 531/1; FO Jacket, 25 Feb. 1910, in CO 531/2.

103 BNB *Official Gazette* no. 2, vol. 17, 1 Feb. 1906, in CO 874/800.

104 CO Jacket, 8 Dec. 1894, in CO 144/69.

105 "Draft Agreement Between Brunei and North Borneo for the Surrender of Fugitive Criminals," 19 March 1908, in CO 531/1.

第四章　巩固边疆

1 ANRI, Algemeen Administratieve Verslag Residentie West Borneo 1872 (no. 5/3); ANRI, Algemeen Administratieve Verslag Residentie Borneo Z.O. 1871 (no. 9/2); "Bijzonderheden Omtrent Sommige Werken," KV (1871), 115.

2 ANRI, Maandrapport Residentie Palembang 1871 (no. 74/9); ANRI, Algemeen Administratieve Verslag Residentie Palembang 1870 (no. 64/13).

3 ARA, 1872, MR no. 624; ARA, 1872, MR no. 632; ANRI, Maandrapport Residentie Palembang 1870 (no. 74/8 September).

4 "Wegen op Sumatra," (1881), 921.

5 *Straits Maritime Journal* 4 Jan. 1896, 5.

6 *Singapore Free Press* 3 Nov. 1904, 3.

7 Memorie van Overgave, Borneo Z.O., 1906, (MMK no. 270), 21; Memorie van Overgave, Sumatra Oostkust, 1910 (MMK no. 182), 26–28.

8 Memorie van Overgave, Palembang, 1906 (MMK no. 206), 18.

9 Lulofs, "Wegen-Onderhoud," (1904), 31. 作为对照，殖民地政府刻意忽略了沙捞越的公路建设，不仅因为其造价昂贵，也因为人们认为应该保持传统的河道交通方式。

10 见 Kaur, "Hantu and Highway," (1994), 1–50。

11 From Borrel, Mededeelingen Betreffende de Gewone Wegen in Nederlandsch-Indië, (1915).

注 释   345

12 东印度情况的整体综述，见 G. C. Molewijk, "Telegraafverbinding Nederlands-Indië" (1990), 138–55; 1870 年连接情况的具体细节，见 "Telegraphie," KV (1871): 123–24。

13 ARA, 1870, MR no. 564, 574, 606, 622.

14 ARA, "Nota Voor Directeur der Burgerlijke Openbare Werken, van Ingenieur Chef Afdeling Telegrafie," in 1873, MR no. 490; also ARA, 1871, MR no. 648, 663, 672.

15 ANRI, Dutch Consul Singapore to GGNEI, 12 Jan. 1876, Confidential in Kommissoriaal, 10 Feb. 1876, no. 117az, in Aceh no. 12, "Stukken Betreffende Atjehsche Oorlog" (1876).

16 ANRI, Maandrapport Residentie Palembang 1871 (no. 74/9 October); Gov Labuan to CO, 14 Feb. 1871, no. 4, CO 144/34. 总督说，自 1870 年 11 月以来，他就没有收到过来自伦敦的电报；一些消息是通过堆在新加坡邮局里的法语和英语邮件收到的，但这些邮件抵达纳闽的速度非常缓慢。

17 见 Dent (in London) to Read (in Singapore), 24 July 1880, in CO 874/112。

18 BNB Co HQ to CO, 18 Nov. 1889 Confidential, in CO 144/67; Gov Labuan to CO, 15 April 1894, in CO 144/69.

19 Memorie van Overgave, Borneo Z.O. (MMK no. 270), 23.

20 Le Roy, "Een Eigen Telegraafkabel," (1900), 287–95; "Nieuwe Kabelverbindingen in Ned. Oost-Indië," (1903/1904), 784. 仅吉打州的英国电缆就从 1912 年的 508 英里增加到 1916 年的 988 英里，其他州也有类似的增长。见 *Kedah Annual Report*, 1916, 9。

21 Explanatory Memo Accompanying Bill Relating to German-Netherlands Cables Laid Before the General Session, 1901–02 (n.d), in PRO/Board of Trade/MT 10: Harbour Department, no. 943/H/3910.

22 ARA, 1902, MR no. 1049; "Recensie van "De Draadlooze Telegrafie," (1906), 936–39; "Draadlooze Telegrafie," (1903), 258.

23 BNB Gov. to BNB Co. HQ, 19 June 1917, in CO 531/11.

24 ARA, 1870, MR no. 177; ARA, 1872, MR no. 509, 533; ATA, A. S. Warmolts to GGNEI, 2 Nov. 1872, in 1873, MR no. 10.

25 Quarles van Ufford, "Koloniale Kronik," (1882), 260–72.

26 Kielstra, "Steenkolen en Spoorwegen," (1884), 1.

27 ANRI, Algemeen Verslag Residentie Riouw 1890 (no. 64/1–?)

28 Van Daalen, "Spoorwegen in Indië," (1886), 770.

29 "Deli-Spoorwegmaatschappij," (1884), 683–85.

30 ARA, Extract Uit het Register der Besluiten van de GGNEI, 30 Sept. 1885, no. 2/c, in 1885, MR no. 630; ARA, 1886, MR no. 703.

31 巴达维亚不希望人车开得太快，因为速度快有可能增加发生重大事故的概率。ARA, Extract Uit het Register der Besluiten van de GGNEI, 29 Oct. 1886, no. 1/C, in 1886, MR no. 705.

32 见 *Johore Annual Report*, 1916, 23; *Perak Gov't Gazette*, 1902, 6; and *FMS Annual Report* for 1901。

33 De Krijthe, '*Bergkoningin*', (1983); "Spoor- en Tramwegen," (1921), 69, passim; ARA, 1902, MR no. 117, 526; ARA, Extract Uit het Register der Besluiten van de GGNEI, 13 Dec. 1901, no. 272, 35, in 1902, MR no. 38; "Spoorweg-Aanleg op Noord-Sumatra" (1899), 817.

34 Memorie van Overgave, Palembang 1906 (MMK no. 206), 4; Memorie van Overgave, Lampongs 1913 (MMK no. 216), 110; ARA, 1902, MR no. 153; Van der Waerden, "Spoorwegaanleg in Zuid-Sumatra," (1904), 175.

35 Eekhout, "Aanleg van Staatsspoorwegen," (1891), 955.

36 British Consul, Borneo to FO, 5 March 1904, in CO 144/78; BNB Co. HQ to CO, 19 Oct. 1910, Confidential in CO 531/2.

37 De Meijer, "Zeehavens en Kustverlichting," (1847–97), 304.

38 ARA, 1869, MR no. 99; ARA, 1870, MR no. 594; ANRI, Algemeen Verslag Residentie Banka 1872 (Banka no. 63).

39 ANRI, Algemeen Verslag Residentie Borneo Z.O. 1871 (no. 9/2).

40 Van Berckel, "De Bebakening en Kustverlichting" (1847–97), 308.

41 *SSBB*, 1873, "Expenditures," 55–56; 也可见章节 "Lighthouses"。

42 ARA, Extract Uit het Register der Besluiten GGNEI, 21 July 1885, no. 6, in 1885, MR no. 444; ARA, Extract Uit het Register der Besluiten GGNEI, 20 June 1886, no. 3/C, in 1885, MR no. 423.

43 See ARA, Ministerie van Marine, Plaatsinglijst van Archiefbescheiden Afkomstig van de Vierde Afdeling (Loodswezen), 1822–1928 (2.12.10). Series 321–32. Bijlage 3 对于信标和海岸照明建设的综述特别有帮助。

44 "Uitbreiding der Indische Kustverlichting," (1903), 1172.

45 Board of Trade to CO, 12 Jan. 1900, no. 16518, in CO 144/74.

46 BNB Co. HQ to CO, 26 Oct. 1899, in CO 144/73.

47 Memorie van Overgave, Borneo Z.O., 1906 (MMK no. 270), 19.

48 ARA, Commander, of the Marine to GGNEI, 24 Jan. 1899, no. 895, in 1899, MR no. 159.

49 *De Kustverlichting in Nederlandsch-Indië* (1913), 4.

50 Capt. E. Wrightson to Imperial Merchant Service Guild, (n.d), in CO 531/5; CO to Charles Brooke, 9 Jan. 1907, in CO 531/1. 按照一些英国水手的说法，灯塔修得永远不够多。

51 "Kustverlichting in NI," (1906), 81.

52 见 a Campo, *Koninklijke Paketvaart Maatschappij* (1992) 和 a Campo, "Steam Navigation and State Formation" (1994)。对这一时期运输模式的有用概述，见 Huijts, "De Veranderende Scheepvaart" (1994), 57–73 和在引言中引用过的 Lindblad, Dick 和 Touwens 的作品。

53 ANRI, Maandrapport Residentie Borneo Z.O 1872 (no. 10a/7), "Korte Overzigt van de Handel en Scheepvaart ter Koetei"; ANRI, Algemeen Administratieve Verslag Residentie West Borneo 1872 (no. 5/3).

54 ARA, 1870, MR no. 173; ANRI, Algemeen Administratieve Verslag Residentie Riouw 1871

(no. 63/2).

55 Gov Labuan to CO, 24 June 1876, no. 42, in CO 144/46; Gov Labuan to CO, 27 Nov. 1871, no. 17, in CO 144/35.

56 ARA, 1888, MR no. 461. 虽然荷兰皇家邮船公司是 1888 年依法成立的,但直到 3 年后才开始实际运营。

57 请参见其作品中复制的地图。

58 ARA, Directeur van Binnenlandsch-Bestuur to GGNEI, 13 April 1888, in 1888, MR no. 483; ARA, Raad van NEI, Advies, in Kommissoriaal, 12 March 1888, no. 4340, in 1888, MR no. 483.

59 La Chapelle, "Bijdrage tot de Kennis van het Stoomvaartverkeer" (1885), 689–90.

60 British Consul, Oleh Oleh to Gov SS, 29 June 1883, no. 296, in "Traffic in Contraband," vol. 11, in PRO/FO/220/Oleh-Oleh Consulate (1882–85).

61 见 Bogaars, "Effect of the Opening of the Suez Canal" (1955), 104, 117。

62 Memorie van Overgave, Palembang, 1906, (MMK no. 206), 4; ARA, 1902, MR no. 93; Memorie van Overgave, Jambi, 1908 (MMK no. 216), 47.

63 ARA, Directeur Burgerlijke Openbare Werken to GGNEI, 31 May 1902, no. 8564/A, in 1902/MR no. 542.

64 "Sabang-Baai," (1903), 237–38; Heldring, "Poeloe Weh," (1900), 630. 对这一时期北苏门答腊港的扩张,可参考如下有用的分析:Airress, "Port-Centered Transport Development," (1995), 65–92。

65 ARA, 1902, MR no. 402.

66 例如,华商不得前往上游的某些地方,因为官方担心他们会欺骗内陆的达雅克人;见 Chew, Chinese Pioneers, (1990)、130。布鲁克政权还开始对从荷属婆罗洲越境而来的产品仔细征税,见 Sarawak Gazette, 2 April 1893, 1 March 1894, 和 1 Sept. 1900, 以及 Cleary, "Indigenous Trade," (1996), 301–24。

67 见 Resink, "De Archipel voor Joseph Conrad" (1959)。

68 As reported in ARA, Directeur van Financien to GGNEI, 24 Aug 1875, no. 11004, in 1875, MR no. 563.

69 ANRI, Dutch Consul Penang to GGNEI, 21 June 1876, no. 991G in Kommissoriaal, 14 July 1876, no. 522az in Aceh no. 14, Stukken Betreffende Atjehsche Oorlog (1876).

70 Kruijt, Atjeh en de Atjehers, 172.

71 SSBB, 1873, "Judicial Returns," 574; 亦可见随后数年同一卷中报告的统计数据,尤其是 1874 年、1875 年和 1876 年的。

72 Gov Labuan to CO, 17 Sept. 1872, no. 70 in CO 144/38, 纳闽市场上销售的白兰地、烈酒、阿拉克酒、葡萄酒、烟草、啤酒和托迪酒(toddy)甚至农产品都逃了税。

73 例如,对烈酒、石油、火柴、金银、咖啡和大米的进出口有许多规定,其具体指示可在各类国家公报中找到。见 "Belastingen" (1921), 255。

74 "Nieuwe Tarieven," (1886), 213.

75 ARA, Resident West Borneo to GGENI, 13 Aug. 1879, no. 4423 in 1880, MR no. 252; Van der Haas, "Belasting op het Vervoer van Djatihout," *IG* (1897): 416. 1888 年，荷兰法院认为，自己有权裁定进口商品价值申报是否故意写得过低，以求少缴税款。见 "In en Uitvoerregten" *IWvhR*, no. 1280, 9 January 1888, 5–6。

76 例如，可见 ARA, Directeur van Financien to GGNEI, 18 Feb. 1881, no. 2959, in 1881, MR no. 161; ANRI, Algemeen Administratieve Verslag Residentie Palembang 1887 (no. 65/7)。

77 *Review of the Netherlands Indian Tariff Law* (1921).

78 ARA, Directeur van Financien to GGENI, "Rapport van 5 Jan 1894, no. 15," in 1894, MR no. 32; Memorie van Overgave, Borneo Z. O, 1906 (MMK no. 270), 14.

79 Memorie van Overgave, Jambi, 1908 (MMK no. 216), 46.

80 ARA, 1897, MR no. 281; ARA, 1897, MR no. 527.

81 当然，这也为一连串的新物品提供了走私机会。

82 *Tractaat van Londen 1824; Tractaat van Sumatra 1872; Bepalingen Inzake Kustvaart Doorschoten, met Aantekeningen in Handschrift*, from Indische Staatsblad no. 477, 479, 1912; "Handel en Scheepvaart" (1921), 22.

83 "Het Voorstel tot Opheffing van het Verbod" (1887), 938–39.

84 Kruijt, *Atjeh en de Atjehers*, 18; *British North Borneo Herald*, 1 Oct. 1896, 284; Warren, *The Sulu Zone*, 117–18; British Consul, Oleh-Oleh to Gov SS, 18 June 1883, no. 283, in "Blockades of the Aceh Coast, 1883," in PRO/FO/220/Oleh-Oleh Consulate, 1883 Correspondence.

85 这方面的情况见 Reid, *The Contest for North Sumatra*; 细节可见 a Campo *Koninklijke Paketvaart Maatschappij*。

86 以下作品对封锁做了精彩的概述：Ismail, *Seuneubok Lada* (1991), 101–15; 时代细节可见 ARA, "Citadel van Antwerpen" to Kommandant der Maritieme Middelen, Atjeh, 12 Aug. 1873, no. A/5; also Commander Zeemacht to GGNEI, 18 Sept. 1873, no. 9744, both in Verbaal Geheim Kabinet, 17 Dec. 1873, D33; ARA, "Zeeland" to Kommandant der Maritieme Middelen, Atjeh, 13–26 Aug. 1873, no. 92, in Verbaal Geheim Kabinet, 17 Dec. 1873, D33。

87 Kruijt, *Atjeh en de Atjehers*, 33.

88 ANRI, Dutch Consul Penang to GGNEI, 16 Aug. 1876, no. 103/G Confidential, in Kommissoriaal, 28 Sept. 1876, no. 719az, in Aceh no. 14 Stukken Betreffende Atjehsche Oorlog, (1876); ANRI, Dutch Consul Penang to GGNEI, 11 May 1876 Confidential, in Kommissoriaal, 28 Sept. 1876, no. 719az, in Aceh no. 14 Stukken Betreffende Atjehsche Oorlog, (1876).

89 见 British Consul, Oleh-Oleh, to Gov Aceh, 1 Sept. 1883, and 25 Sept. 1883 (no. 473, no. 534), both in PRO/FO/220/Oleh-Oleh Consulate (1882–85)。

90 PRO/FO/Confidential Print Series, vol. 29: SE Asia, 1879–1905, 194, 196, 233, etc., in *British Documents on Foreign Affairs* (1995).

91 Kempe, "Scheepvaartregeling," (1893), 410; "Havensen Scheepvaartregeling op Atjeh" (1907),

1079.

92　见 Van Basel, "Maleyers van Borneo's Westkust" (1874), 196; Verkerk Pistorius, "Maleisch Dorp" (1869), 97。

93　ARA, 1873, MR no. 119; ARA, First Gov. Sec., Batavia, to Directeur Onderwijs, Eeredienst, Nijverheid, 18 May 1878, no. 793, in 1878, MR no. 583. 关于荷兰殖民时期对东印度群岛的人类学概述，见 Ellen, "The Development of Anthropology" (1976), 303–24。

94　Snelleman, "Tabakspijpen van de Koeboe's," (1906); J. J. Kreemer, "Bijdrage tot de Volksgeneeskunde" (1907), 438; "Ziekenbehandeling onder de Dayaks" (1908), 99 passim.

95　"Ruilhandel bij de Bahau's" (1909/1910), 185.

96　Juynboll, "Mededeelingen omtrent Maskers" (1902), 28–29; Bezemer, "Van Vrijen en Trouwen" (1903), 3.

97　ARA, 1902, MR no. 501, 674.

98　"Beoordeling van het werk van Blink, "Nederlandsch Oosten West-Indië," (1905/1907), 1102.

99　ARA, 1902, MR no. 173.

100　这本书很好地描述了这些传教之旅覆盖的范围：Boomgaard, ed., God in Indië (1997)。同时代人对此的描述，见 "Verschillende Zendelinggenootschappen" (1887), 1922。

101　ARA, 1899, MR no. 444; ARA, 1902, MR no. 950; ARA, First Gov. Sec. to Dir. Education and Industry, 17 March 1902, no. 954, in 1902, MR no. 242.

102　ANRI, Algemeen Verslag Residentie Borneo Z.O. 1874 (no. 9/5).

103　ANRI, Algemeen Administratieve Verslag Residentie Palembang 1874 (no. 64/17); ANRI, Politiek Verslag Residentie Borneo Z.O. 1871 (no. 1/1).

104　"Eenige Mededeelingen van de Zending" (1905), 1 passim. 苏门答腊邦贡布桑（Pangombusan）的一名传教士报告说，当地有一个势力很大的首领，"是个想成为基督徒的正直人"，但他不能这样做：首先，他必须为自己母亲举行葬礼，她的尸体躺在他家里的一口柜子中。在此期间，如果首领的其他亲属去世了，他也必须为他们举办盛大的葬礼。最后，这位传教士说，首领本人将以"异教徒"身份死去，他的儿子们同样必须为他举办一场盛大的葬礼。"这样的葬礼没完没了。"他叹息道。

105　"De Missive" (1889), 336.

106　ARA, 1889, MR no. 216.

107　ANRI, Algemeen Verslag Residentie Borneo Z.O. 1890 (no. 9a/11).

108　ARA, Dutch Consul, Singapore to GGNEI, 6 Dec. 1889, no. 1230, in 1899, MR no.866.

109　Van den Berg, "Het Kruis Tegenover de Halve Maan" (1890), 68.

110　ARA, GGNEI to Titulair Apostolic Bishop, Batavia, 3 Oct. 1902, Kab. Geheim no. 29, in Extract Uit het Register der Besluiten van de GGNEI, 3 Oct. 1902, no. 29, in 1902, MR no. 905.

111　"Verdeeling van het Zendingsveld" (1889), 596–99.

112　见 "Katholieke Propaganda" (1889), 69; "Roomsch-Katholiek Propoganda" (1902),

1407。

113 荷兰通过此类公务人员在东印度群岛上开展的殖民活动,可参见以下有趣的阐释: Gouda, *Dutch Culture Overseas* (1995), 39–74。

114 ANRI, Politiek Verslag Residentie West Borneo 1872 (no. 2/10).

115 同上; ARA, Directeur van Binnenlandsch Bestuur to GGNEI, 23 May 1877, no. 5329, in 1877, MR no. 444。根据这封信的说法,在荷属东印度群岛,除爪哇和马都拉以外,只有 119 名荷兰行政人员。

116 Gov Labuan to CO, 19 March 1883, no. 26, in CO 144/57; High Commissioner, SS to CO, 10 March 1910, no. 1, in CO 531/2; ANRI, Algemeen Verslag Residentie West Borneo 1874 (no. 5/4).

117 ANRI, Algemeen Administratieve Verslag Residentie Palembang 1887 (no. 65/7).

118 有一宗案件是一名职员走私 600 瓶荷兰杜松子酒,见 "Vonnis in Zake Urbanus de Sha," *IwvhR*, 2 December 1872, no. 491, 492–93; 亦可见 "Poging tot Omkooping van een Openbaar Ambtenaar van de Rechterlijke Macht" *IWvhR*, no. 835 (1879), 103。

119 见 "Aanslagbijletten" (1894), 151–52; "Controle op Inlandsche Hoofden" (1899), 218–20; Van Leeuwen, "Een Voorstel tot hervorming" (1906), 193–210, 321–23。

120 见 Fred Toft to Sec. State Colonies, 31 May 1894, in CO 273/201; the *Penang Gazette*, 20 April 1894; and CO Jacket, 31 May 1894, in CO 273/201。霹雳州的大部分地区都靠近英国的主要前哨阵地槟城。

121 CO Jacket, 28 March 1894, and Fred Toft to Sec. State Colonies, 28 March 1894, both in CO 273/201.

122 见 Anonymous Petition under "Bribery of Government Officials" in CO 273/233。请愿书的部分内容如下:"如阁下想知道这是否属实,请派通晓中文的特使到商店去查看账簿。望阁下能帮助新加坡的贫困居民。"

123 De Bas "Het Kadaster in Nederlandsch-Indië" (1884), 252 passim.

124 ANRI, Politiek Verslag Residentie Borneo Z.O. 1871 (no. 4/1); Algemeen Administratieve Verslag Residentie Riouw 1871 (no. 63/2).

125 "Versterking van het Indische Kadastrale" (1904), 187; "Iets Over het Kadaster" (1885), 1582.

126 ARA, Directeur Binnenlandsch Bestuur to GGNEI, 9 Feb. 1892, no. 834, in 1892, MR no. 634; "Het Corps Ambtenaren," (1887/1888), 286; "Kontroleurs op de Bezittingen Buiten Java" (1884), 14–15.

127 Memorie van Overgave, Sumatra Oostkust, 1910 (MMK no. 182), 7, 24.

128 "Controleur op de Buitenbezittingen" (1910), 2.

129 Memorie van Overgave, Riouw, 1908 (MMK no. 236), 1–2, 8.

130 ARA, Process Verbaal 4 April 1893, in 1893, MR no. 608。在这一具体案件中,万鸦老总督 J.H. 韦尔曼德尔(J. H. Vermandel)因骚扰被他雇用的当地妇女而受到特派专员的质询。他有时会把花插在她们的头发上,(更严重的是)偶尔会在晚上进入其卧室,哪怕这些女性锁住了房门。当地民众对这些违法行为发出了强烈抗议,这个故事最终被荷兰媒体刊载出来。见 *Nieuwe Rotterdamsche Courant* 的报道。

第五章 暴力的幽灵

1 请见本书所提出的论点,Rabinow, *French Modern* (1989)。

2 本节的部分内容经过压缩,此前已在另一本作品中做过讨论,Tagliacozzo, "Kettle on a Slow Boil" (2000), 70–100。

3 见 Kniphorst, multivolume, in *Tijdschrift Zeewezen* "Historische Schets van den Zeeroof" (1876) 3; "Inleiding" (1876), 48; "De Bewoners van den Oost-Indischen Archipel" (1876), 159; "Oorsprong and Ontwikkeling van den Zeeroof" (1876), 195, 283; "Philippijnsche Eilanden en Noordelijk Borneo" (1876), 353, and (1877), 1, "De Moluksche Ellanden en Nieuw-Guinea" (1877), 135, 237; "Timorsche Wateren" (1878), 1; "Celebes en Onderhoorigheden" (1878), 107, 213; "Sumatra" (1879), 1, 85; "Het Maleische Schiereiland" (1879), 173; "Riouw en Onderhoorigheden" (1880), 1; "Banka en Billiton" (1880), 89; "Borneo's Oost-, Zuid-en West-Kust" (1880); also Raffles, *Memoir of the Life* (1835), and Brooke, *Narrative of Events* (1848)。

4 见 Lapian, "The Sealords of Berau and Mindanao" (1974), 143–54; Trocki, *Prince of Pirates* (1979); Anderson, "Piracy in Eastern Seas" (1997), 87–115; and Gullick, "The Kuala Langkat Piracy Trial" (1996), 101–14。这些作品在一定程度上取代了 Tarling, *Piracy and Politics in the Malay World* (1963) 和 Rutter, *The Pirate Wind* (1986), 后两者考察的年代更早。最好的研究作品仍然是 Warren, *The Sulu Zone* (1981)。

5 见 Dian Murray 有关 19 世纪初中国/越南沿海的作品, *Pirates of the South China Coast* (1987), esp. 17 passim; 亦可见 Rediker, "The Seaman as Pirate" (2001), 139–68; Starkey, "Pirates and Markets" (2001), 107–24, Anderson, "Piracy and World History" (2001), 82–106, and Nadal, "Corsairing as a Commercial System" (2001), 125–36。在这一时期,把欧洲各国(英国、荷兰、西班牙等)的航运活动描述为海盗活动也很容易。对该地区海盗的本土叙述(尽管主要集中在 19 世纪上半叶),见 Matheson and Andaya, trans., *The Precious Gift (Tuhfat al-Nafis)* (1982)。

6 Kniphorst, "Inleiding" (1876), 39–41.

7 Kniphorst, "Oorsprong and Ontwikkeling van den Zeeroof" (1876), 159 passim.

8 James Brooke to Viscount Palmerston, 13 Sept. 1848 and 6 March 1849, CO 144/3.

9 Herman Merivale to H. V. Addington, 16 Feb. 1850, CO 144/3.

10 事例可见 Translation of letter by the Sultan of Sulu to Gov Pope Hennessey (Labuan), no date, CO 144/28; translation of letter by the Sultan of Brunei to Gov Pope Hennessey, 19 Sept. 1868, CO 144/28。整体而言,文莱苏丹更愿意帮助这些镇压行动。

11 ANRI, Maandrapport der Residentie Riouw 1873 (Riouw no. 66/2: July); "Verslag Omtrent den Zeeroof" (1877), 475.

12 Kruijt, *Atjeh en de Atjehers* (1877); Captain Woolcombe to Vice Admiral Shadwell, China

Station, 6 Sept. 1873, no. 38, PRO/Admiralty 125/140; "Rajah Abdulah Mohamat Shah ibn Almarhome Sulatan Japahar to the Chinese Chiefs of the Sening Tew Chew and the Tew Chew Factions of the Chinese at Larut," 8 Aug. 1873, PRO/Admiralty 125/140.

13 Rear Admiral Sir F. Collier to Secretary Admiralty, 4 Sept. 1849, CO 144/3; ANRI, Politiek Verslag Residentie Borneo Zuid-Oost 1871 (no. 4/1).

14 见 "Rajah Abdullah Muhammad Shah to the Chinese Chiefs of the Sening Tew Chew at Larut," 11 Aug. 1873, in PRO/Admiralty/125/no. 148。

15 ANRI, Maandrapport Residentie Banka 1871 (no. 97/4: April).

16 Kruijt, *Atjeh*, 169.

17 Gov. Ord, Straits, to Earl Kimberley, 9 May 1873, no. 253, PRO/Admiralty 125/148; Gov. Labuan to Earl of Kimberley, 6 Nov. 1872, no. 76, CO 144/38.

18 ARA, 1871, MR no. 301; ARNAS, Maandrapport der Residentie Palembang, 1871 (Palembang no. 74/9: April).

19 Kniphorst, "Vervolg der Historische Schets van den Zeerof" (1882), 340.

20 ANRI, Politiek Verslag Residentie Banka 1871 (no. 124).

21 ARA, Report of Marsaoleh Tenaloga, Chief of Bone, Including Transcript of his Interview with Amina, Woman Who Escaped Tobelo Pirates (18 March, 1876) in 1876, MR no. 624.

22 Capt. Woolcombe to Vice-Admiral Shadwell, China Station, 6 Sept. 1873, no. 38; Capt., HMS *Midge* to Capt. Woolcombe on the *Thalia*, 20 Aug 1873, both in PRO/Admiralty 125/148.

23 ANRI, Maandrapport Residentie Banka 1871 (no. 97/5: July); Parkinson, *Trade in the Eastern Seas* (1937), 348.

24 Statement of W. C. Cowie to Act. Gov. Treacher, 4 May 1879, CO 144/52.

25 ANRI, Maandrapport Residentie Banka 1871 (no. 97/5: July).

26 Gov Treacher to Senior Naval Officer, Straits, 12 June 1879, CO 144/52.

27 Woolcombe to Shadwell, 6 Sept. 1873, no. 38, PRO/Admiralty 125/148.

28 Capt. Grant of HMS *Midge* to Capt. Woolcombe on the *Thalia*, 11 Sept. 1873, PRO/Admiralty 125/148; Kniphorst, "Historische Schets van den Zeerof" (1879), 224.

29 ANRI, Politiek Verslag Residentie Borneo Zuid-Oost 1872 (no. 4/2); ANRI, Maandrapport Residentie Borneo Zuid-Oost 1871 (no. 10a/6: May).

30 请参见朱仁德和图阿龙（1876年4月4日及5日）致警司的证言，Penang, in Consul Lavino to Governor General of the NEI, April 13, 1876, Confidential no. 921G, which is enclosed in Kommissoriaal, 3 May 1876, no. 332az。亦可见 Lt. Gov. Anson (Penang) to Consul Lavino, 6 May 1876, no. 858/76 Police, which is enclosed in Kommissoriaal, 15 June 1976, no. 458az. Both in ANRI, no. 13 ("Stukken Betreffende Atjehsche Oorlog"), 1876, no. 235–469 series。

31 ARA, Resident Probolingo to GGNEI, 20 March 1873, #977, in MR #204.

32 对海盗的惩罚，以及荷兰船长对海盗船只的法律权限，见 *Indische Staatsblad* 1876, no. 279, and 1877, no. 181, respectively。另见 1888 年 1 月 26 日与廖内苏丹国签订的关于海盗

的契约，*Surat Surat Perdjandjian Riau* (1970), 205 passim。

33 例如，可见 "Zeeroof," *IWvhR*, no. 1056, 24 Sept. 1883, 155–56; "Zeerof," *IWvhR*, no. 1609, 30 April 1894, 70–71; and "Zeerof," *IWvhR*, no. 1800, 27 Dec. 1897, 208.

34 See the statements of Dungin and Nauduah enclosed in W. C. Cowie to Act. Gov. Treacher, 2 June 1879, CO 144/52.

35 ARA, Resident Riouw to GGNEI (22 April 1881, no. 823) in 1881, MR no. 396; also Resident East Coast Sumatra to GGNEI (10 Aug. 1885, no. 523) in 1885, MR no. 523.

36 见 Gov. Leys, Labuan to FO, 30 Jan. 1882 和 the jacket enclosing this letter, CO 144/56。在该公司获得所有权之前，英国王室并不拥有这些土地，但伦敦一直专注于针对西班牙和德国的地缘战略考量。英属北婆罗洲公司对这些土地的租赁以及欧洲列强之间签署的条约，缓解了伦敦在这个问题上的大部分焦虑。

37 ARA, 1894, MR no. 289.

38 ARA, Executive Secretary Philippine Islands (Thomas Cary Welch) to Dutch Consul, Manila (PKA Meerkamp van Embden), 13 May 1910, Telegram (MvBZ/A/277/A.134).

39 ARA, Louis Mallet for Sir Edward Grey, FO to MvBZ, The Hague, 4 Nov. 1909, no. 1927; and Dutch Consul, London to MvBZ, The Hague, 6 July 1909, no. 1900/1203 (MvBZ/A/277/A.134).

40 爪哇的这一案件，见 "Regeling van Rechtsgebied: Zeerof," *IWvhR*, no. 2030, 26 May 1902, 81–83; 关于新加坡案件，见 "The King vs. Chia Kuek Chin and Others," *SSLR* 13, 1915, 1。

41 "Perompak-Perompak di Laut Johore," *Utusan Malayu*, 17 April 1909, no. 223, 3.

42 *Utusan Malayu*, 19 Dec. 1907, no. 19, p. 1–2.

43 类似于此处讨论的暴力行为，可见 Abdullah, "Dari Sejarah Lokal" (1987), 232–55, 尤其是 234 页关于占碑和塔哈苏丹的部分；西苏拉威西的例子，见 George, *Showing Signs of Violence* (1996); Robinson, *The Dark Side of Paradise* (1995), chap. 2; 猎头相对群岛的殖民控制，见 essays in Hoskins, ed., *Headhunting and the Social Imagination* (1996)。与印度此类过程的对比，见 Irschick, "Order and Disorder in Colonial South India" (1989), 459–92。

44 ANRI, Politiek Verslag Residentie Banka 1870 (no. 123); ANRI, Politiek Verslag Residentie West Borneo 1870 (no. 2/8); ANRI, Politiek Verslag Residentie Borneo ZuidOost 1871 (no. 4/1).

45 ANRI, Maandrapport Residentie Palembang 1871 (no. 74/9: May). "除了目前正在调查的几起不明原因的不法行为，过去几个月的和平与秩序未受干扰。"

46 ARA, 1872, MR no. 24.

47 ANRI, Algemeen Verslag Residentie West Borneo 1874 (no. 5/4).

48 ARA, 1873, "Kort Verslag van de Stand van Zaken, en van Personeel in de Residentie Ternate over de Maand Maart, 1873—Bijzondere Gebeurtenissen." in 1873, MR no. 257.

49 Gov. SS to Earl Kimberley, 24 July 1873, no. 216, PRO/Admiralty 125/148.

50 ANRI, Maandrapport Residentie Palembang 1870 (no. 74/8: May); ARA, Resident Palembang

to GGNEI (5 April 1873, no. 1798/6) in 1873, MR no. 281.

51 ANRI, Maandrapport Residentie Riouw 1870 (no. 66/2: April).

52 ARA, Resident Banjoewangi to GGNEI (23 Feb. 1873, no. 20) in 1873, MR no. 138.

53 ARA, 1873, MR no. 337; and Asst. Res. Benkoelen to GGNEI (18 April 1873, no. 983) in 1873, MR no. 262. 较之当地人之间的"自相残杀",对欧洲人施暴的叙述得到了更仔细的审视和关注,因此在欧洲的历史记录中,关于后者的文件线索特别多。

54 Gov SS to Earl Kimberley, 24 July 1873, no. 216, PRO/Admiralty 125/148.

55 见 Cheah, The *Peasant Robbers of Kedah* (1988)。

56 Swettenham, *The Real Malay: Pen Pictures* (1900), 24–25; Innes, *The Chersonese with the Gilding Off* (1885), 182.

57 伯奇在霹雳州的生活日志已发表在 Burns, ed., *The Journal of J. W. W. Birch* (1976)。

58 见 James Warren's *Sulu Zone*, esp. chap. 6; also Wagner, *Colonialism and Iban Warfare* (1972)。

59 例如,可见 FO to CO, 2 Aug. 1864, and CO to Gov Labuan, 4 Aug. 1864, both in CO 144/23。

60 Gov. Labuan to CO, 10 Aug. 1871, no. 29, CO 144/34. 亦可见 *Sarawak Gazette*, 4 March 1879 and 27 Sept. 1883, 关于沙捞越臣在荷属三发遇害的通告。

61 见以下各处提供的证词:Report of Pangiran Anak Dampit, Pangiran Anak Besar, and Pangiran Mahomet Jappar, Ordered by the Sultan of Brunei, A.H. 1284, 14 Jamadawal, in CO 144/26。

62 苏禄的苏丹巧妙地扭转了历史叙事,这样评价西班牙人:"他们更像海盗,偷船抢人,破坏货物。"见 Sultan of Sulu to Gov Labuan, 26 Samadil Akhir 1290 A.M., CO 144/41; Testimony Before Gov. Treacher (Labuan) of Tong Kang, Former Supercargo of the *Sultana*, CO 144/45; and Señor Calderon Collantes to Mr. Layard, 4 Jan. 1877, CO 144/49。西班牙王室对这种侵占行为仅部分地表示了歉意。当然,这样的暴力行为中,不光有施暴的西班牙人,也有受害的西班牙人。

63 关于19世纪缅甸和暹罗在这方面的模式的分析,见 Eric Tagliacozzo, "Ambiguous Commodities, Unstable Frontiers" (2004): 354–377。

64 "Poeloong-Zaak" (1886), 231.

65 "Officieel Relaas Omtrent Samenzweringen" (1888), 1992; "Officieele Relaas van de Ongeregelheden in Solo" (1889), 216.

66 "Onlusten in Bantam," *IG* (1888): 1122; "Officieel Relaas van de Onlusten te Tjilegon" (1889), 1768.

67 ANRI, Algemeen Verslag Residentie West Borneo 1890 (no. 5/21); ANRI, Algemeen Verslag Residentie Borneo Zuid-Oost 1890 (no. 9a/11).

68 Rajah Sarawak to Consul Trevenen (Brunei), 12 April 1892, CO 144/69.

69 ANRI, Algemeen Verslag Residentie Riouw 1890 (no. 64/1–2). 亦可见 Johor 和 Kelantan 的案例;见 *Johore Annual Report*, 1916, 16, and *Kelantan Annual Report*, 1916, 9。

70 ARA, Asst. Res. Deli to GGNEI, 12 March 1904, Telegram no. 117 (Sumatra O.K., fiche no. 156) (MvK, PVBB).

71　ARA, 1906, MR no. 634, 711, 828 (Riouw, fiche no. 296) (MvK, PVBB); MR 1906/07, no. 1054, 1352, 1629 (Lampongs, fiche no. 386) (MvK, PVBB).

72　ARA, Asst. Resident Billiton to GGNEI, Feb. Verslag, 18 March 1911, (Banka, fiche no. 389) (MvK, PVBB).

73　ARA, NF Deshon (Officer Administering Sarawak Gov't in Absence of the Raja) to Resident, West Borneo, 21 April 1904, no. F 12/04 (no. 394); Resident, Borneo Southeast to GGNEI, 22 May 1909 (April 1909 Report) (Borneo Z.O., fiche no. 477) (MvK, PVBB).

第六章　边疆的"外籍亚裔"

1　ANRI, Politiek Verslag Residentie West Borneo 1870 (no. 2/8); ANRI, Politiek Verslag Residentie Borneo Zuid-Oost 1871 (no. 4/1); ANRI, Politiek Verslag Residentie Banka 1871 (no. 124); ANRI, Algemeen Administratie Verslag Riouw 1871 (no. 63/2).

2　ANRI, Algemeen Administratieve Verslag Residentie Palembang 1870 (no. 64/13); Saw, *Singapore Population in Transition* (1970), 11. 这一时期，外岛的绝大多数荷兰人均为公务人员。例如，在1871年的邦加，除3人之外，所有常驻欧洲人都为政府工作；在剩下的3人中，有两人是荷属东印度轮船公司（Nederlandsch-Indische Stoomvaart Maatschappij）的代理人，另一人开了一家银行。非欧洲人口的平衡（及对国家的潜在威胁）因居住地而异：在一些地区，如苏门答腊岛东海岸、西婆罗洲、邦加和勿里洞岛，首要关注群体是大量的华人；在其他地区，如亚齐和婆罗洲东南部，巴达维亚更担忧的是阿拉伯人。直到20世纪之后，欧洲人在外围领地的许多居住区的人口并没有显著变化；19世纪80年代，即使在新加坡，欧洲人也只占总人口的2%。见 ANRI, Politiek Verslag der Residentie Banka 1871 (Banka no. 124), for more on Bangka.

3　Multavidi "Nieuwe Staatsinkomst" (1906), 340; Hulshoff, "Kaartsystem" (1910), 262 passim.

4　"Adres in Zake de Boekhouding" (1881), 948–49.

5　同上，952–53。

6　"Boekhouding der Vreemde Oosterlingen" (1881), 7. See also "Koopmansboeken," *IWvhR*, no. 2005, 2 December 1901, 189–91.

7　Fasseur, "Cornerstone and Stumbling Block: Racial Classification" (1994), 35.

8　Keuchenius, *Handelingen van Regering*, (1857), 296.

9　为了更好地解释东印度群岛基于不同种族建立的法律，见 Nederburgh, "Klassen der Bevolking van Nederlandsch-Indië" (1897), 79–80。这些复杂因素绝不仅仅是因为种族，即使在殖民地的欧洲法律范围内，法律状况也极其复杂，并不断演变。见 "Invoering van het Nieuwe Strafwetboek" (1902), 1235 passim.

10　见 Trockl, *Opium and Empire* (1987), 30。亦可见 McKeown, "Conceptualizing Chinese Diasporas" (1999), 306–37; Skinner, "Creolized Chinese Societies" (1996), 51–93; Reid, "Flows and Seepages" (1996), 15–49; Salmon, "Taoke or Coolies?" (1983), 179–210; and Wang, *China and the Chinese Overseas*, (1991)。

11　De Groot, *Het Kongsiwezen van Borneo* (1885). 时代更近的历史作品，见 Heidhues,

Golddiggers, Farmers, and Traders (2003), chaps. 3 and 4; Yuan, *Chinese Democracies* (2000), chap. 6; and Jackson, *Chinese in the West Borneo Goldfields* (1970)。

12　De Groot cited in Nederburgh, "Klassen der Bevolking" (1897), 79.

13　见 F. Fokken's Reports of 1896 and 1897, "Rapport Betreffende het Onderzoek Naar den Economische Toestand der Vreemde Oosterlingen op Java en Madoera en Voorstellen tot Verbetering" ARA, MvK, Verbaal, 17 April 1896, no. 27; also *Algemeen Handelsblad* 8 (April 1896)。

14　Romer, "Chineezenvrees in Indië" (1897), 193; ARA, "De Chineesche Kwestie in Nederlandsch-Indië," *Nieuwe Rotterdamsche Courant*, 12 June 1907, 1–2 (MvBZ/A/43/A.29bis.OK).

15　ARA, "De Chineezen-Quaestie in Indië," *Nieuwe Courant*, 23 April 1907; *Nieuwe Rotterdamsche Courant*, 12 April 1907 (MvBZ/A/43/A.29bis OK)。

16　ARA, "Het Chineezen Vraag-stuk in Indië," *Algemeen Handelsblad*, 3 April 1907 (MvBZ/A/43/A.29bis OK)。

17　Suhartono "Cina Klonthong: Rural Peddlers" (1994), 181 passim; Senn van Basel, "De Chinezen op Borneo's Westkust" (1875), 59 passim.

18　*Nanyang Chung Wei Pao*, 30 Oct. 1906 and 11 Jan. 1907; in Dutch Consul, Singapore to GGNEI, (22 May 1907, no. 998) [transl.] in (MvBZ/A/246/A.119)。

19　*Nanyang Chung Wei Pao*, 21 Aug. 1906 and 2 Aug. 1906; in Dutch Consul, Singapore to Gov Gen NEI, (22 May 1907, no. 998) [transl.] in (MvBZ/A/246/A.119). 荷兰人的报告可见 ANRI, Maandrapport Residentie Banka 1870 (no. 96), 1872 (no. 98), 1877 (no. 103) (December, July, and July, respectively)。

20　一名叫作 Si Nia 的妇女讲述道,两名马来人走进自己家里,和她的丈夫一起吸食鸦片；突然,他们抓住他,用刀刺他,直到他死亡。La Na 也给出了类似的描述,结果是一样的：两名华人的辫子都被当作战利品拿走了,房子后来也遭到抢劫。见 Testimony of Si Na, Wife of Shiong Shu, 8 Oct. 1867; Testimony of La Na, Wife of Ah Sing, 8 Oct. 1867; Gov Labuan to CO, 25 Oct. 1867, no. 37, all in CO 144/26; also ANRI, Algemeen Verslag Residentie West Borneo 1890 (no. 5/21)。

21　ANRI, Politiek Verslag Residentie West Borneo 1870 (no. 2/8). 英属马来亚和英属婆罗洲之间的华人竞争,相关讨论分别可见 Trocki, *Opium and Empire* (1990), 4 和 Chew, *Chinese Pioneers on the Sarawak Frontier* (1990), 130–31。

22　Schaalje, "Bijdrage tot de Kennis der Chinesche Geheime Genootschappen" (1873), 1–6. 沙尔杰翻译了部分入会誓词："万古长存, 达传会机；日月同心, 华夷同振。天下为公, 和公义气。会协江山, 壮协帝儿。"* 沙尔杰告诉我们,找到这些文字的正确顺序很难；不过,根据上述翻译,以及桃树的标志（Schlegel 以前发表过相关内容）,它似乎是著名的洪门入会誓词。沙尔杰进一步假设,文件中的其他引文,指的是槟岛上的一座村庄浮罗

---

*　参见图 7 中的文件,文字顺序难以确定,这里按照英文的意思大致排列,可能跟誓词本意的顺序有差异。

注 释

池滑（Pulau Tikus）；作者认为，这可能是会社引荐和集会的地方。槟城有一个华人秘密会社的总部，该会社横跨海峡至苏门答腊岛，荷兰人对此大为不安；这份文件是在苏门答腊东海岸的日里发现的，日期为1861年。

23　Young, "Bijdrage tot de Kennis der Chinesche Geheime Genootschappen" (1883), 547, 551–52, 574–77. 这份来自昔佳掩的文件是一份收据，上面写着公司已经收到了一美元。收据上的日期是辛酉年的7月26日，杨认为这指的是公历1861年。

24　ANRI, Algemeen Verslag Residentie West Borneo 1874 (no. 5/4); ANRI, Algemeen Verslag Residentie West Borneo 1889 (no. 5/20).

25　See ARA, Dutch Consul, Singapore to GGNEI (9 Jan. 1889, no. 37) in 1889, MR no. 38; also *Perak Gov't Gazette*, 1888, 32. 英国在对付中国秘密组织方面的行动，从1872年的"从任何实际目的来看都毫无用处"，到此后有了明显的改善；政府制定了一整套法律，以确保国家能够赢得这场战斗。见 "Report of the Inspector General of Police on the Working of Ordinance no. 19 of 1869, the "Dangerous Societies Suppression Ordinance," *SSLCP* 1872, 98, for the inspector general of police's (Singapore) disparaging comment above; 海峡殖民地针对这些会社的法律，见 Ordinance no. 19 of 1869, no. 4 of 1882, no. 4 of 1885, and no. 20 of 1909. 到1913年，英属北婆罗洲通过立法赋予国家进入集会场所的权力、扣押权以及拍照、按指纹和传唤证人的权力，这些都是针对秘密社团的。见 Gov, BNB to Chairman, BNB Co., London, 31 Dec. 1913, no. 4066/13, in CO 874/803. 探讨这些会社的最优秀的综合性作品，是 Ownby and Heidhues, eds., *Secret Societies Reconsidered* (1993); 海峡殖民地的更详细情况，见 Fong, *The Sociology of Secret Societies* (1981)。

26　"Privaatrechtelijke Toestand der Chineezen in Nederlandsch Indië" (1898), 210.

27　"Invloed der Vreemdelingschap op het Rechtswezen" (1897), 159–97. 关于华人应如何分类（他们自己怎么看、别人怎么看）等一些大问题的概述，参见 Salmon, "Ancestral Halls and Funeral Associations" (1996), 183–214 和 Karl, "Creating Asia: China and the World" (1998), 1096–1117。

28　ARA, 见中国大使致荷兰海牙当局的信件，光绪十二年（1886年）7月27日，见殖民大臣致外交大臣的信件 (9 Nov. 1886, A3/21–9471) in (MvBZ/A/43/A.29bis OK). 大使提出理由，说明为什么东印度华人应被视为中国臣民，不受荷兰管辖；他引用了东印度群岛的华人跨国婚姻，以及美国与华人打交道的例子。

29　ARA, MvK to MvBZ, 9 Nov. 1886, no. A3/21–9471 (MvBZ/A/43/A.29bis OK). 指示首先发送给外交部，然后转发至北京，荷兰驻华盛顿领事 (14 May 1907, no. 294/120) 和驻柏林领事 (5 June 1907, no. 2555/1011) 以及伦敦的外交部 (9 July 1909, no. 21833) 都回复给荷兰外交大臣 (MvBZ/A/43/A.29bis OK)。

30　ARA, Dutch Consul, Singapore to GGNEI (6 Oct. 1910, no. 2563); Official for Chinese Affairs, Batavia to Dir. Justitie, NEI (19 Oct. 1909); and *Nieuwe Rotterdamsche Courant* (25 March 1912), all in (MvBZ/A/40/A.29bis OK).

31　ARA, 赵崇凡的演讲, 24 April 1911（由泗水的中国事务官员翻译）in (MvBZ/A/40/A.29bis OK).

32　ARA, Officer for Chinese Affairs, Surabaya to Dir. Justitie, NEI (27 April 1911, no. 55 Secret) in (MvBZ/A/40/A.29bis OK).

33 ARA, GGNEI to MvK (31 May 1911, Kab Geheim no. 50/1) in (MvBZ/A/40/A.29bis OK).

34 *Han Boen Sin Po* (19 Jan. 1911) (transl.) in (MvBZ/A/40/A.29bis OK).

35 *Hoa Tok Po* (30 Aug. 1909) in Office for Chinese Affairs, Batavia to Dir. Justitie (10 Sep 1909), [transl.] in (MvBZ/A/40/A.29bis OK).

36 ANRI, Politiek Verslag Residentie Banka 1871 (no. 124) and 1873 (no. 125).

37 ANRI, Algemeen Administratieve Verslag Residentie Riouw 1871 (no. 63/2).

38 ARA, 1873, MR no. 526; ANRI, Algemeen Verslag Residentie Banka 1888 (no. 79).

39 ARA, Resident Banka to GGNEI (14 Nov. 1876, no. 948) in 1876, MR no. 948; ANRI, Politiek Verslag Residentie West Borneo 1870 (no. 2/8); ANRI, Algemeen Verslag Residentie West Borneo 1886; 1889 (no. 5/17; 5/20).

40 ANRI, Algemeen Administratieve Verslag Residentie West Borneo 1871 (no. 5/2). 孟嘉影矿区分为以下几个部分：两个各48人的矿区，一个34人的矿区，一个27人的矿区，13个各10—20人的矿区，25个各5—10人的矿区，还有两个各少于5人的矿区。由此可见，华人矿工在外围地区分布得多么零散。

41 "Europeesche Industrie in Borneo's Westerafdeeling" (1891), 2011.

42 ANRI, Politiek Verslag Residentie West Borneo 1870, 1872 (no. 2/8, 2/10); 亦可见 *Sarawak Gazette*, 1 May 1885 and 1 March 1893, 华人因非法越境而被捕的通知。

43 见 Sun Chou Wei's letter of 3 Dec. 1913, no. 484 as referenced in ARA, MvK to MvBZ, 5 Dec. 1913 (A1/8-no. 24407) (MvBZ/A/246/A.119)。

44 ARA, Resident Banka to GGNEI (14 Nov. 1876, no. 2348) in 1876, MR no. 948; ANRI, Maandrapport Residentie Banka 1876 (no. 102 Nov.).

45 ARA, Commander, Army to GGNEI (2 May 1879, no. 11) in 1879, MR no. 242.

46 见 ANRI, Surat Residen Riouw Kepada Sultan Lingga Mengenai Penebangan Kayu di Rantau Lingga Oleh Orang Cina Singapura (Archief Riouw), no. 223/18 中的华人证词; British Consul, Oleh-Oleh to Gov Aceh, 8–10–1883, no. 408, FO 220/Oleh-Oleh Consulate/General Correspondence, 1883; 荷兰领事关于向亚齐走私战争物资的备忘录, 8–6/1883, FO 220/Oleh-Oleh Consulate/General Correspondence, 1883 Appendix。领事在第二封信中说："对一个华人（不管他多么适合其所任职务）不借机谋取私利的任何一种指望都太奢侈了。"

47 *Sun Chung Wa Po* (3 May 1912) in Dutch Consul, Peking to Minister for Foreign Affairs (20 May 1912, no. 954/176) [transl.] in (MvBZ/A/40/A.29bis OK).

48 ARA, Minister for the Colonies to Minister for Foreign Affairs (7 Nov. 1912, K16-no. 21448) (MvBZ/A/40/A.29bis OK).

49 *Pei Ching Jih Pao* (8 April 1914) in Dutch Consul, Peking to MvBZ, (9 Jan. 1914, no. 48/8) [transl.] in (MvBZ/A/40/A.29bis OK).

50 *Pei Ching Jih Pao* (5 Oct. 1912) [transl.] in (MvBZ/A/40/A.29bis OK).

51 *Pei Ching Jih Pao* (2 Aug. 1912) in ARA, Dutch Consul, Peking to MvBZ (25 Sept. 1912, no.

注 释

1611/291) [transl.] in (MvBZ/A/40/A.29bis OK).

52　*Chung Kwo Jih Pao* (7 April 1912) in Dutch Consul, Peking to MvBZ (11 April 1912, no. 717/132) (transl.) in (MvBZ/A/40/A.29bis OK).

53　The Malay-language note from Ong Thiong Hoei, of the Indies newspaper *Hok Tok*, can be found in ARA (MvBZ/A/40/A.29bis OK).

54　例如，荷兰领事归档了一份汕头报纸刊登的广告的荷兰语译文，见 Peking to MvBZ (22 April 1912, no. 785/142–8868) (MvBZ/A/40/A.29bis OK)。根据新闻的性质，提供消息的奖励分别为 50 美元和 150 美元。

55　*Chung Kwo Jih Pao* (28 April 1912) in Dutch Consul, Peking to MvBZ (30 April 1912, no. 824/150) [transl.] in (MvBZ/A/40/A.29bis OK).

56　ARA, Advisor for Chinese Affairs in Surabaya to Officer for Justice, Surabaya (2 March 1912, no. 34, Very Secret) in (MvBZ/A/40/A.29bis OK).

57　ARA, in Advisor for Chinese Affairs in Surabaya to Officer for Justice, Surabaya (20 Feb. 1912, no. 24) in (MvBZ/A/40/A.29bis OK). 本文件所附的电报是泗水华人组织，即中华商会（The Siang Hwee）给东印度其他华人组织的电报。内容是："第一条可以做到；可以升起新的共和旗帜，荷兰当局不会阻拦；禁止散发新闻和／或谣言传单；特别通知书报社（The Soe Po Sia）和学校。"（书报社是另一家华人组织，与中国的革命分子有联系。）电报中称可以在东印度升起中华民国的旗帜，这是错误的——在几座城市，殖民大臣都发布了严格的指示，禁止这么做。

58　ARA, "Majoor der Chineezen Khouw Kim An to Kadjeng Toean Assistant Resident Batavia" (14 Feb. 1912, no. 413/A Secret) in (MvBZ/A/40/A.29bis OK).

59　见 Dutch translations under cover of ARA, Resident Batavia to GGNEI (6 March 1912, no. 81/E Very Secret) in (MvBZ/A/40/A.29bis OK)。其中一张标语称华人甲必丹是私生子，并说他"不能回到中国，也不能被称为欧洲人，他没有故乡可以回，只有阴间可以去"。另一张则称之为自己族群的暴君和野狗。

60　ARA, MvK to MvBZ, (3 April 1912, no. A1/25–6828) in (MvBZ/A/40/A.29bis OK).

61　见 "High Commissioner of Police's Instructions to Follow in Case of Chinese Riots Happening in Batavia (23 Feb. 1912) in Asst. Resident, Batavia to Resident of Batavia (26 Feb. 1912, no. 50) (MvBZ/A/40/A.29bis OK)。

62　ARA, MvK, Verbaal, 16 April 1898/22. 亦可见 Post, "Japan and the Integration of the Netherlands Indies" (1993) 和 Post, "Japanese Bedrijvigheid in Indonesie" (1991)。

63　有关这一进程的两方面的最佳书籍，见 Hane, *Peasants, Rebels, and Outcastes* (1982)。亦可见 Shimizu and Hirakawa, *Japan and Singapore in the World Economy*, (1999), 19–61, and Shimizu, "Evolution of the Japanese Commercial Community" (1991)。日本妓女的情况，见本书第 10 章。

64　Sugihara, "Japan as an Engine of the Asian International Economy, 1880–1930" (1990), 139; Hashiya, "The Pattern of Japanese Economic Penetration" (1993), 89–112.

65　"Tractaat van Handel en Scheepvaart" (1897), 351, 354.

66　Engelbregt, "Ontwikkeling van Japan" (1897), 800–03.

67 同上，807–08, 814。

68 Piepers, "Waarschuwing," De *Avondpost* (den Haag) 21 Oct. 1898; Nederburgh," Wijziging in Art. 109" (1898), 287.

69 同上，287。

70 1905/1906 年的移民目的地包括中国香港地区、法属亚洲各殖民地、暹罗、"马来群岛"、新加坡、槟城、美国、墨西哥、秘鲁、夏威夷、菲律宾、婆罗洲、爪哇、荷属苏门答腊和"东印度群岛"。见 ARA, Dutch Consul, Tokyo to Minister for Foreign Affairs (11 May 1908, no. 448/57–12128) in (MvBZ/A/589/A.209)。

71 ARA, MvK to MvBZ (8 Jan. 1908, Kab. Litt Secret, no. 678) in (MvBZ/A/589/A.209).

72 报告涵盖的居住区包括"打巴奴里（Tapaneoli）、明古连、楠榜、巴邻旁、占碑、苏门答腊东海岸、亚齐、廖内、邦加、勿里洞、婆罗洲、万鸦老、苏拉威西、安汶、德那第（Ternate）、巴厘和龙目岛"（换句话说，几乎是荷属东印度群岛的所有外岛）。见 enclosure in MvK to MvBZ (28 June 1909, Kab. Litt. Secret no. 13422) in (MvBZ/A/589/A.209)。

73 "Japanese Immigration," *Kobe Herald* (27 July 1907) (in MvBZ/A/589/A.209).

74 领事的意见在一份通函中再度被提及，ARA, GGNEI to Regional Heads of Administration (3 Dec. 1907, no. 407 Very Secret) in (MvBZ/A/598/A.209)。使用假冒部分船员的手法，便是这一过程的典型例子。例如，驶进泗水的日本运煤船上的船员人数为 65 人；领事报告说，其中只有一半可能是合法船员，其余的是秘密移民。也就是说，随船启程的日本人只有 30 或 35 名。

75 ARA, Dutch Consul, Kobe to GGNEI (12 Oct. 1907, no. 1209) in (MvBZ/A/589/A.209).

76 ARA, Dutch Consul, Kobe to Dutch Consul, Tokyo (25 Oct. 1905, no. 911/95) in (MvBZ/A/43/A.29bis OK); ARA, Dutch Consul, Tokyo to MvBZ (10 Jan. 1906, no. 28/3–2629) in (MvBZ/A/43/A.29bis OK). Also see Tsuchiya, "The Colonial State as a Glass House" (1990), 67–76.

77 ARA, Dutch Consul, Tokyo to MvBZ (29 Nov. 1905, no. 1104/206–117) and MvK to MvBZ (27 Jan. 1906, A3/32-no. 1461), both in (MvBZ/A/43/A.29bis OK).

78 "The China-Japan War," *Indo-Chinese Patriot* (Penang), 1, no. 1, Feb. 1895, 21; "The China-Japan War," *Indo-Chinese Patriot* (Penang), 1, no. 2, March 1895, 15.

79 "Japanese Peril: Colony in New Caledonia," *Melbourne Herald* (17 March 1911); 这篇文章的抄本由荷兰驻墨尔本领事寄给他在伦敦的同事，后者再将它转交给海牙 (ARA, Dutch Consul, London to MvBZ (29 April 1911, no. 1133/814–9201) in (MvBZ/A/589/A.209)。因此，荷兰监视和信息收集的另一个三角定位正在发挥作用：澳大利亚、英国和荷兰，这与早些时候荷兰领事在中国和日本履行类似职能的例子类似。这些辐射区域也扩展到了中东。

80 "Japanese Peril: Colony in New Caledonia—Rapid Advances," *Melbourne Herald* (21 March 1911); "Japanese Peril: New Caledonia as Base," *Melbourne Herald* (24 March 1911), both in (ARA, MvBZ/A/589/A.209). 亦可见 "The Semarang Exhibition," *Indo-Japanese Society Magazine* (August Issue, 1915) by Yoshio Noma, of the Japanese Dept. of Agriculture and Commerce, in (MvBZ/A/44/A.29bis OK)。

81 Controleur, Sampit to Resident, Borneo Southeast, 2 June 1908, no. 2 (Borneo, Z.O., fiche no. 395) (MvK, PVBB).

82 ARA, Dutch Consul, Tokyo to GGNEI (28 Aug. 1916, no. 1268/97) in (MvBZ/A/589/A.209); ARA, Dutch Consul, Tokyo to GGNEI (28 Aug. 1916, no. 1269/112); MvBZ to MvK (7 Nov. 1916, no. 48470), both in (MvBZ/A/589/A.209). See also Katayama, "The Japanese Maritime Surveys" (1985).

83 British Charge d' Affaires, The Hague to Foreign Office, 16 July 1919, CO 537/890.

84 "Memo Respecting the Acquisition of Dutch Islands Opposite Singapore, Annex 5: Japanese Estates in the Rhio Archipelago," 4 July 1921, Japan/Secret, F2840/23 no. 1, CO 537/903.

85 Gov, SS to CO, 16 Dec 1919, CO 537/890; CO Jacket, SS: Acquisition by Japanese of Properties in Strategic Positions, 16 Dec. 1919, CO 537/890.

86 Enclosure in Gov, SS to CO, 16 Dec. 1919, CO 537/890.

87 ARA, Dutch Consul, Tokyo to MvBZ (19 June 1918, no. 1012/89) in (MvBZ/A/43/A.29bis OK).

88 "Prognosis Concerning the Establishment of a Kwakyo Bank," *Tokyo Nichi Nichi* (9 May 1918), in Dutch Consul, Tokyo to Minister for GGNEI (18 May 1918, no. 836/60) [Dutch transl.] in (ARA, MvBZ/A/43/A.29bis OK).

89 *Osaka Mainichi* (11 June 1918) in Dutch Consul, Tokyo to MvBZ (19 June 1918, no. 1012/89) [Dutch transl.] in (ARA, MvBZ/A/43/A.29bis OK).

90 *Tokyo Asahi* (14 June 1918) in Dutch Consul, Tokyo to MvBZ (19 June 1918, no. 1012/89) [Dutch transl.] in (ARA, MvBZ/A/43/A.29bis OK).

91 此时，外岛许多居住区也弥漫着对日本人的担忧情绪，包括苏门答腊、婆罗洲、阿鲁群岛（Aru Islands）和新几内亚。见 ARA, Dutch Consul, Tokyo to GGNEI (10 June 1918, no. 956/72), and Dutch Consul, Tokyo to GGNEI (25 May 1918, no. 876/68), both in (MvBZ/A/43/A.29bis OK)。

92 Schoemaker, "Het Mohammedaansche Fanatisme" (1898), 1517.

93 "Mohammedaansche Broederschappen" (1889), 189; Veth, "Heilige Oorlog" (1870), 169; Schoemaker, "Mohammedaansche Fanatisme" (1898), 1518.

94 Van den Berg, "Pan-Islamisme" (1900), 228. 当代学者关于这一主题的著述越来越多；见 Reid, "Nineteenth Century Pan Islam in Indonesia and Malaysia" (1967), 267–83; Roff, "The Malayo-Muslim World of Singapore" (1964), 75–90; Van den Berge, "Indië, en de Panislamitische Pers" (1987), 15–24; Kaptein, "Meccan Fatwas" (1996), 141–60; Riddell, "Arab Migrants and Islamization" (2001), 113–28; Laffan, *Islamic Nationhood and Colonial Indonesia*, (2003); Clarence-Smith, "Hadhrami Entrepreneurs" (1997), 297–314; Mobini-Kesch, *The Hadrami Awakening* (1999); Van den Berg, *Hadramaut dan Koloni Arab* (1989); and De Jonge and Kaptein, eds., *Transcending Borders* (2002)。

95 ANRI, Politiek Verslag Residentie Banka 1871 (no. 124); 1872 (no. 125); ANRI, Politiek Verslag Residentie Borneo West 1870, 1872 (no. 2/8, 2/10).

96 ANRI, Politiek Verslag Residentie Borneo Zuid Oost 1871 no. 4/1); ANRI, Drie

Maandelijkschrapport Residentie Borneo Zuid-Oost 1872 (no. 10a/7 [3rd quarter]).

97 见 Andaya, "Recreating a Vision" (1997), 483–508。例如，巴邻旁的阿拉伯人向"臭名昭著"的槟城亚齐人派出了信使；新加坡的阿拉伯人也与苏禄的苏丹通信。见 Consul Read (Singapore) to GGNEI, 12 Jan. 1876, Confidential; same to same, 7 Feb. 1876, both in ANRI, Atjeh no. 12: ("Stukken Betreffende Atjehsche Oorlog")。

98 ANRI, Algemeen Verslag Residentie Banka 1874 (Banka no. 65); ANRI, Algemeen Administratieve Verslag Residentie Palembang 1874 (no. 64/17).

99 ANRI, Politiek Verslag Residentie Borneo Zuid-Oost 1873 (no. 4/3); ANRI, Algemeen Verslag Residentie West Borneo 1874 (no. 5/4).

100 Veth, "De Heilige Oorlog" (1870), 175.

101 ANRI, Algemeen Verslag Residentie Banka 1887 (no. 78); ANRI, Algemeen Verslag Residentie Riouw 1890 (no. 64/1–2); ANRI, Algemeen en Administratieve Verslag Residentie Palembang 1886, 1890 (no. 65/6; no. 65/10); ANRI, Algemeen Verslag Residentie Borneo Zuid-Oost 1888, 1890 (no. 9a/9, no. 9a/11).

102 ARA, 1879, MR no. 668.

103 ARA, Extract Uit het Register Besluiten, GGNEI (14 March 1881) in 1881, MR no. 259.

104 ARA, Resident West Borneo to GGNEI (8 July 1878, no. 78) in 1878, MR no. 474.

105 ARA, Resident Sumatra East Coast to Dutch Consul, Singapore (2 Oct. 1881, W/Secret) in 1881, MR no. 1107; Dutch Consul, Singapore to Resident Palembang (15 Sept. 1881, no. 541) in 1881, MR no. 860; ARA, Dutch Consul Singapore to GGNEI (28 Sept. 1885, no. 626) in 1885, MR no. 638. 从1885年3月到8月，有295名阿拉伯人从新加坡进入荷属东印度群岛；东印度群岛目的地包括巴邻旁（34）、日里（30）、锡亚（17）、马辰（13）、望加锡（7）、坤甸（6）、文岛（2）、占碑（1）、印特拉吉里（1）。

106 ARA, Resident Surabaya to GGNEI (30 Nov. 1881, no. 15258) in 1881, MR no. 1139; also Dutch Consul Djeddah to MvBZ (30 Aug. 1883, no. 632 Very Secret) in 1883, MR no. 1075; ARA, Resident Sumatra East Coast to GGNEI (4 Sept. 1881, Secret); also Resident Madura to GGNEI (7 Sept. 1881, G/3 Secret), both in 1881, MR no. 839; ARA, Resident Bantam to GGNEI (18 Dec. 1883, R/1 Secret) in 1883, MR no. 1173.

107 "Mohammedaansche Broederschappen" (1889), 15–20; "Mohamedaansch-Godsdienstige Broederschappen" (1891), 189. 关于许尔赫洛涅在泛伊斯兰教政策中所扮演的角色，可参见以下讨论，Algadri, *C. Snouck Hurgronje* (1884), 85–95, and Algadri, *Islam dan Keturunan Arab*, (1996), 43。

108 "The Dutch Government and Mohamedan Law in the Dutch East Indies," *Law Magazine and Review* (1895, February) N295, 183 passim.

109 "Resume van Artikelen in de Turksche Bladen" (1898), 1096–97.

110 Van den Berg, "Pan-Islamisme" (1900), 228. 荷属东印度的法庭上也讨论过这一归属的法律问题；见"Bevoegdheid. Arabier of Europeaan?" *IWvhR*, no. 2323, 6 Jan. 1908, 3。

第七章　来自当地人的威胁

1. 按照分类标准，荷属（和英属）东南亚当地人指的是亚齐人、巴塔克人、博亚人、布吉人、爪哇人、马来人以及该地区的其他地方民族。1871 年前，新加坡将所有这些群体单独分类；1871 年后，则统一归为马来人。
2. 关于这些论点的更广泛意义，见 Tagliacozzo, "Finding Captivity Among the Peasantry" (2003), 203–32。
3. 见 Achmad et al., eds., *Sejarah Perlawanan* (1984); Napitupulu, *Perang Batak* (1971); and Gayo, *Perang Gayo* (1983)。
4. 见 *Perang Kolonial Belanda di Aceh* (1977); and Van't Veer, *De Atjeh Oorlog* (1969)。
5. 按文中所列顺序，可参考 Lindblad, "Economic Aspects of Dutch Expansion in Indonesia" (1989); Kuitenbrouwer, *Netherlands and the Rise of Modern Imperialism* (1991); Black, The Indigenous Threat "The 'Lastposten'" (1985); Hirosue, "The Batak Millenarian Response" (1994), 331–43; and Locher-Scholten, (1994)。
6. ANRI, Politiek Verslag Residentie Borneo Zuid-Oost 1872, 1873 (no. 4/2, no. 4/3); ANRI, Algemeen Verslag Residentie Borneo Zuid-Oost 1886, 1887 (no. 9a/7, no. 9a/8).
7. First Gov. Secretary, Batavia, to Commander, NEI Army, 18 April 1900, no. 120 Secret (Djambi, fiche no. 324–25) (MvK, PVBB).
8. Resident Palembang to GGNEI, 3–20–1900, no. 39 Very Secret, and same to same, 5–1–1900, no. 57 Very Secret (Djambi, fiche no. 324–25) (MvK, PVBB).
9. Van Tholen, "De Expeditie naar Korintji in 1902–1903: Imperialisme of Ethische Politiek?" (1989), 71–85.
10. 只要有可能，地方政治势力就会寻找盟友对抗荷兰人。例如，廖内苏丹国就探索了与日本结盟的可能性。见 Andaya, "From Rum to Tokyo" (1977), 123–56。
11. ANRI, Politiek Verslag Residentie West Borneo 1870 (no. 2/8); ANRI, Maandrapport Residentie Borneo Zuid-Oost 1870 (no. 10a/5).
12. "Kraing Bonto-Bonto" (1872), 198–233; Gov. Heckler to GGNEI, 27 Sept. 1905, Telegram no. 554 (Riouw, fiche no. 294, 296) in (MvK, PVBB).
13. Van Daalen, Kotaradja to GGNEI, 20 Nov. 1905, Telegram no. 909; same to same, 16 Dec. 1905, Telegram no. 962, both in (Atjeh, fiche no. 10 (MvK, PVBB), for example. 关于这一现象，还有更多引文。
14. Report of Capt. C. Bogaart, "Timor," to Military Commander, Aceh, 23 Aug. 1873, inside August 26 jacket of same to same, ARA, MvK, V. Geheim Kabinet 17 Dec. 1873, D33 (no. 6042).
15. Schmidhamer, "Expeditie naar Zuid Flores" (1893), 101–15, 197–213; Tissot van Patot, "Kort Overzicht van de Gebeurtenissen op Flores" (1907), 762–72.
16. Troupier, "Borneo" (1909), 1046–51; "Kort Overzigt" (1906), 167–69.
17. "Kort Overzicht van de Ongeregelheden" (1907), 328–31; see Young, *Islamic Peasants and*

the State (1994).

18. Alting von Geusau, "Tocht van Overste Van Daalen" (1939), 593–613; Kempees, "Na Dertig Jaren" (1934), 111–16.
19. 见 Pringle, *Rajahs and Rebels* (1970), and Walker, *Power and Prowess* (2002)。
20. 例如，可见 ARA, Assistant Resident of Batak Affairs to GGNEI, 14 April 1904, #1656/4 (Sumatra O.K., fiche no. 156) (MvK, PVBB)。
21. ARA, First Gov't Secretary to Army Commander, 18 April 1900, Secret #120 (Djambi, fiche #324), and Resident, Lampongs, to GGNEI, 5 June 1906, #1221 (Lampongs, fiche #386) (MvK, PVBB).
22. ARA, Resident, West Borneo to Raja of Sarawak, 29 April 2005, #2320 (West Borneo fiche #394), and Resident Borneo, Southeast to GGNEI, 22 May 1909 (Borneo ZO, fiche #477), (MvK, PVBB).
23. 概述可见 Burns, "The Netherlands East Indies: Legal Policy" (1987), 147–297。
24. 见 Margadant in his *Verklaring van de Nederlandsch-Indische Strafwetboeken* (1895); Kruseman, *Beschouwingen over het Ontwerp-Wetboek* (1902), 61。
25. Fasseur, "Cornerstone and Stumbling Block," 34.
26. Kielstra, "Rechtspraak over de Inlandsche Bevolking" (1907), 1020.
27. Hurgronje, *Atjehers* (1893–94), 11; Kielstra, "Rechtspraak over de Inlandsche Bevolking" (1907), 165. 引文出自 Perelaer, "Rechtspraak over de Inlandsche Bevolking" (1908), 422。
28. "Belangrijke Wijzigingen in de Rechts" (1898), 431.
29. 《爪哇公报》（1898 年 2 月 18 日）载有关于"警察、民事司法，以及对当地人和被合法列为当地人者施以惩罚的行使规则"（Ind. Staatsblad 1848, no. 16）之修改意见，as per the Koninklijke Besluit of 7 Oct. 1897。
30. Anonymous, *Rechtspraak in Nederlandsch-Indië*, (1896).
31. Margadant, "Beoordeling van het Geschrift "De Rechtspraak in NI" (1897), 1; 亦可见 Pieper's review in "Rechtspraak in Nederlandsch Indië" (1897), 298。
32. "Inlanders bij de Rechtelijke Macht" (1906), 432.
33. 见 Shiraishi, *An Age in Motion* (1990)。
34. 见 Hekmeijer, Rechtstoestand der Inlandsche Christanen (1892)。
35. Hekmeijer 在法律期刊《法律与传统法》上向法律界人士汇报了 1896 年前后荷属东印度群岛的当地基督徒人数：他统计了大约 26500 名当地天主教徒，主要在米纳哈萨以及弗洛雷斯和帝汶；大约 212000 名当地新教教徒，主要在马鲁古以及爪哇和米纳哈萨的部分地区；大约 90000 名不属于任何单一基督教教派的当地基督徒，主要分布在爪哇、苏门答腊、婆罗洲、尼亚斯、萨武（Savu）、松巴和新几内亚。见 Hekmeijer, "Inlandsche Christenen" (1896/1898), 31。
36. Schich, "Rechtstoestand der Inlandsche Christenen" (1892), 1532.
37. Rutte, "Is Gelijkstelling van den Christen-Inlander met den Europeaan Wenschelijk?" (1899), 56.

38　Gersen, "Oendang-Oendang of Verzameling van Voorschriften" (1873), 108.

39　"Hindoe-Strafrecht op Lombok" (1896), 166.

40　"Makassarsche Scheepvaart-Overeenkomsten" (1897), 48 passim.

41　仅在西婆罗洲，不同群体的传统文化的记录便长达 600 页；见 Lontaan, *Sejarah Hukum Adat* (1975)。

42　见他的杰作，Van Vollenhoven, *Het Adatrecht van Nederlandsch-Indië* (1906); 亦可见 Holleman, *Van Vollenhoven on Indonesian Adat Law* (1981)。

43　Wolluston, "The Pilgrimage to Mecca" (1886), 408.

44　Blunt, *Future of Islam* (1882), 1–2；亦见 Hurgronje, *Mekka*, (1931), and Witlox, "Met Gevaar voor Lijf en Goed" (1991), 24–26。

45　Blunt, *Future of Islam* (1882), 3–4.

46　ARA, 1872, MR no. 820.

47　ANRI, Algemeen Administratieve Verslag Residentie Palembang 1874 (no. 64/17).

48　ANRI, Politiek Verslag Residentie West Borneo 1870 (no. 2/8).

49　ANRI, Algemeen Verslag Residentie Borneo Zuid-Oost 1871 (no. 9/2). 尤其可见 Amuntai 和 Martapura 两地的统计数据。

50　见 *SSLCP*, 17–5–1869 论述亚齐水域这一常见现象。

51　Gov SS to Secretary of State, Colonies, 18 Dec. 1873, no. 396, CO 273; 例如，在 1870 年至 1872 年间驶离新加坡的朝圣船上，Venus 号登陆中东时，比登记人数超载 582 人，Fusiyama 号超载 267 人，Sun Foo 号超载 388 人，Ada 号超载 268 人，Rangoon 号超载 265 人，Jedda 号超载 338 人。

52　Gov SS to Secretary of State, Colonies, 6 March 1889, CO 273/254. 每年有 2000 到 3000 名朝圣者离开新加坡，签发的护照数量几乎毫无用处；1881 年签发 1 本，1882 年签发 3 本，1884 年签发 4 本，1885 年签发 2 本，1886 年签发 1 本，1888 年签发 3 本，1889 年签发 2 本，不一而足。政府几乎无法真正了解什么人将投身这个每年一度的旅行。见 Vredenbregt, "The Hadj: Some of its Features" (1962), 91–154, and Roff, "The Malayo-Muslim World of Singapore" (1964), 75–90。

53　见 *SSGG*, Ordinance no. 16 of 1897, no. 9 of 1898, and no. 9 of 1899。

54　Conrad, *Lord Jim* (1968).

55　ANRI, Algemeen Verslag Residentie West Borneo 1886 (no. 517); ANRI, Algemeen Verslag Residentie Borneo Zuid-Oost 1886 (no. 9a/7).

56　ANRI, Algemeen Verslag Residentie Riouw 1890 (no. 64/1–2); ANRI, Algemeen Verslag Residentie Palembang 1886 (no. 65/6).

57　ARA, Resident Palembang to GGNEI (1 June 1881, Very Secret) in 1881, MR no. 563; 亦可见 Van Goor, "A Madman in the City of Ghosts" (1985)。

58　ARA, Extract Uit het Register der Besluiten Gouverneur General, NI (8 March 1883, Very Secret no. 4) in 1883, MR no. 252.

59　"Bedevaart naar Mekka, 1909/1910" (1910), 1638.

60 Veth, *Java: Geographisch, Ethnologisch, Historisch* (1907), 128–67.

61 See *SSGG* Ordinances no. 12 (1901) and no. 3, no. 17 (1906) for amendments both on pilgrim ships and pilgrim brokers.

62 我们将在接下来的篇幅里介绍西苏门答腊米南加保人的沿岸航行。在这里，我只简要地提及这种现象，它是一种基于文化的迁徙模式，米南加保的年轻男子会离开西苏门答腊的村庄，有时会持续很长时间。群岛上的其他民族也有类似的沿岸航行模式。

63 见 Chew, *Chinese Pioneers*, 109。

64 见他对 Segai-i 和森林内部及沿海地区其他民族的讨论；竞争激烈，激发了岛上大部分地区的许多暴力事件（包括猎头袭击）。Warren, *Sulu Zone*, 90 passim.

65 在婆罗洲市场上交易的部分商品包括：古塔胶、藤条、铁器、铜器、纺织品、烟草、槟榔、干鱼、木材和大米；玻璃、油和盐、珠子和黄金也很抢手，但供应较少。见 ANRI, Algemeen Administratieve Verslag Residentie West Borneo 1874 (no. 5/4)。

66 ANRI, Politiek Verslag Residentie West Borneo 1870 (no. 2/8).

67 ANRI, Algemeen Verslag Residentie West Borneo 1886 (no. 5/17); *Sarawak Gazette*, 3 Jan. 1893.

68 ANRI, Algemeen Verslag Residentie West Borneo 1888 (no. 5/19).

69 Raja Sarawak to Resident West Borneo, 12 April 1905 and 16 May 1905 (West Borneo, fiche no. 394); Resident Southeast Borneo to GGNEI, 22 May 1909 (Borneo Z.O., fiche no. 477) both in (MvK, PVBB). 有关该主题的当代学术研究，见 Pringle, *Rajahs and Rebels* (1970)。

70 Skeat, "Orang Laut of Singapore" (1900), 248, referenced in the Ministry for the Colonies Archive, The Hague (ARA, MvK). 作者得出结论，当时新加坡当地的 8 个族群中有 6 个实际上是海盗民族。这 8 个族群分别为：Orang Tambus、Mantang、Galang、Pusek、Sekanak、Barok、Moro 和 Sugi。

71 ANRI, Algemeen Verslag Residentie Borneo Zuid-Oost 1889(no. 9a/10). 大多数人到苏门答腊的烟草种植园寻找工作。

72 ANRI, Algemeen Verslag Residentie West Borneo 1889, 1890 (no. 5/20, no. 5/21).

73 Verkerk Pistorius, "Palembangsche Schetsen" (1874), 150. 马来亚当地民族 Orang Asli 也差不多是这种情况。见 Harper, "The Orang Asli" (1998), 936–66。

74 沿岸航行可以一路向北到达苏门答腊岛的北端，顺着岛的西海岸到达东海岸的部分地区（包括占碑，差不多快到棉兰），甚至穿过海峡到达森美兰。有时还延伸到更远的地方。见 Naim, *Merantau: Pola Migrasi Suku Minangkabau* (1979), esp. 2–3 and the map on page 65。该时期对米南加保人这一文化实践的记述，可见 Van Eerde, "De Adat Volgens Menangkabausche Bronnen" (1896), 209–20; and Klerk, "Geographische en Etnographische Opstel" (1897), 1–117. 对该时期的精彩讨论，见 Graves, *The Minangkabau Response to Dutch Colonial Rule* (1981), 19–21. 群岛上的其他民族也有类似的沿岸航行形式；只不过，米南加保人的传统最出名。

75 关于这个问题的争论和部分历史概要，见 Ockerse, "Emigratie van Javanen naar de Buitenbezittingen" (1903), 1223; "Emigratie naar de Lampongsche Districten" (1906), 1734; Rouffaer, "Uitzwerving van Javanen Buiten Java" (1906), 1187–90; and Caron, "Immigratie en

Irrigatie op de Buitenbezittingen" (1908), 707。当代的历史回顾性论述，见 Tirtosudarmo, "Dari Emigratie ke Transmigrasie" (1996), 111–21。

第八章　毒品走私

1　见 Turner, *British Opium Policy* (1876), and *Report of the International Opium Commission* (1909), for two important studies。

2　见 Brook and Wakabayashi, eds., "Introduction" (2000), 24。

3　"阿芙蓉"（Amfioen）大致可翻译为"鸦片"。时人论述鸦片在荷属东印度群岛的有趣历史，可参见 Baud, "Geschiedenis van den Handel en het Verbruik van Opium" (1853), 79–220。有用的现代史可见 Vanvugt, *Wettig Opium* (1985)。

4　见 Scheltema, "The Opium Trade in the East Indies" (1907), 80–81。我无法确认 Scheltema 关于亚齐的信息是否正确。万丹的例子可以追溯到 17 世纪，龙目岛的例子出自 19 世纪末。

5　例如，可见 Warren, *The Sulu Zone* (1981), 书中提到鸦片的流通，是苏丹和首领确保下属效忠的一种方式。

6　见 Trocki, "Drugs, Taxes, and Chinese Capitalism" (2000), 79–104。Also see Butcher and Dick, eds., *The Rise and Fall of Revenue Farming* (1993), 后者是一本精彩的编纂作品，论述了东南亚饷码制度的情况，提供了许多重要洞见。

7　Scheltema, "The Opium Trade," 244.

8　Trocki, *Opium and Empire* (1990). 特劳基简要地提到了新加坡境外的鸦片走私活动，特别是到柔佛和廖内的。

9　Warren, *Rickshaw Coolie* (1986).

10　Rush, *Opium to Java* (1990). 拉什还提及了鸦片的流动和国际走私问题，他的研究主要关注爪哇（以及巴厘岛，但篇幅不多）。

11　特劳基对新加坡的研究，如上所述，包括对柔佛、廖内和新加坡的饷码制度的小范围讨论，而拉什则将巴厘纳入了他对东爪哇和中爪哇鸦片走私的研究。不过，目前还没有著作考察英荷边疆两个殖民属地之间的鸦片走私活动。以下有关亚洲鸦片贸易跨区域历史的新内容，详细介绍了鸦片在印度和土耳其的采购情况，以及其他帝国（如日本）参与这种贸易的情况：Trocki, *Opium, Empire, and the Global Political Economy* (1999), Meyer and Parssinen, eds., *Webs of Smoke* (1998), and Jennings, *The Opium Empire* (1997)。

12　见 Staatsblad 1890, no. 149, and Bijblad no. 4428; 森林警察条例见 Staatsblad 1899, no. 122。

13　Staatsblad 1882, no. 115; 警探外出缉毒情况，分别见 Bijblad no. 7462, and no. 8198; Staatsblad 1911, no. 644, and Staatsblad 1911, no. 494。

14　"Opium-Smokkelhandel op Zee" (1884), 30–32.

15　*Straits Settlements Ordinance* 1894, no. 9, articles 5, 45, 13, *Straits Settlements Ordinance* 1902, no. 36; for warehouses, see *Straits Settlements Ordinance* 1903, no. 19, articles 5, 8c, 9a.

16　*Straits Settlements Ordinance* 1909, no. 21, articles 28, 38.

17　例如，可见 the *Perak Gov't Gazette*, 1893, 258。

18 ARA, Inspecteur Generaal van Financien to GGNEI, 31 May 1872, no. 10A, in (MvK, Verbaal 20 Aug 1872, no. 37).

19 ARA, Dutch Consul, Singapore to Secretary General, Batavia, (7 May 1877, no. 239) in 1877, MR no. 317.

20 ANRI, Maandrapport Residentie Banka, 1879 (no. 105/6 June); ANRI, Algemeen Administratieve Verslag Residentie Riouw 1871 (no. 63/2). 财政督察 Dr. de Roo 率邦加巡视组巡查了"以走私闻名"的丹戎加东（Tanjung Tedung）和佩南甘（Penagan），这是两个非法贸易中心。

21 *SSLCP*, 21 Aug. 1873, 123–25. 见总督在该星期立法会会议上的讨论。

22 ARA, Letter from Ho Atjoen, Opium Farmer in Belitung, to GGNEI (22 Dec. 1880) in 1881, MR no. 828. 1880—1882 年间，Ho Atjoen 为华人甲必丹与鸦片饷码商人。此后的 3 年，他亦承包了这部分业务的饷码，他苦恼地抱怨岛上和新加坡之间发生的所有非法鸦片贩运。

23 见 *SSBB* 的鸦片数据，1873, 369–70 for Singapore, 444 for Penang, and 478 for Melaka。

24 ANRI, Algemeen Administratieve Verslag Residentie Palembang 1874 (no. 64/16). Specifically singled out were Rejang, Lebong, Sindang, Ampat, Lawang, and Ranom.

25 J. A. Kruijt, *Atjeh en de Atjehers* (1877); also Dutch Consul Penang to GGNEI, 30 March 1876, no. 91, G/Confidential, in ANRI, Aceh no. 13, Kommissoriaal, 13 May 1876, no. 326az. "德文赫斯特"（*Devonhurst*）号是一艘由槟城代理商 Messrs. Katz Bros. 承包的轮船，该公司也是政府在亚齐的承包商；船上曾逮到一名华人男子试图将鸦片走私进入亚齐。

26 ANRI, Aceh no. 12, Dutch Consul Penang to GGNEI, 7 Jan. 1876, no. 83, G/Confidential, in Dept. van Oorlog VII, no. 192, 31 Jan. 1876.

27 Governor Labuan to CO, 6 Jan. 1874, no. 1, CO 144/42; Governor Labuan to CO, 28 Jan. 1870, no. 55, CO 144/32. 总督说，出于这些目的进出纳闽的船只都很小，如果没有风，它们就用桨，而且它们只运送鸦片。

28 ANRI, Politiek Verslag Residentie West Borneo 1870 (no. 2/8); ANRI, Politiek Verslag Residentie West Borneo 1872 (no. 2/10).

29 同上，"Bijzonderheden Verpachten Montrado"。

30 ANRI, Algemeen Administratieve Verslag Residentie West Borneo 1871 (no. 5/2); ANRI, Algemeen Verslag Residentie West Borneo 1874 (no. 5/4). 此处的犯罪统计数据仅针对打劳鹿。

31 "Onze Opium Politiek" (1884), 406–07.

32 "Atavisme der O.I. Compagnie" (1884), 427.

33 "Opium Reglement. Openbaar Ambtenaar. Omkooping," *IWvhR*, no. 846, 1879, 147–48; "Nog Eenige Opmerkingen over Amfioen-Overtredingzaken," *IWvhR*, no. 520, 16 June 1873, 96.

34 "Onze Opium Politiek" (1884), 409.

35 见 *Bintang Timor*, 4 Jan. 1895, 2; *Bintang Timor*, 28 May 1895, 2。

36 见 ARA, Dutch Consul Singapore to GGNEI, 10 Dec. 1885, no. 986, in 1885, MR no.807。这是一份极有代表性的文件，它显示了在特定的一年里，鸦片走私的范围和方向。日里、印特拉吉里、邦加、勿里洞东和爪哇的一些地方都抓到了走私鸦片的华人；见 ARA, Governor of Sumatra's West Coast to Director of Finance, 1 Dec. 1883, no. 8762, in 1883, MR no. 1174。在他负责的 1882—1883 年间，共进行了 46 次鸦片缉查行动；其中 31 起案件涉及华人，12 起涉及马来人，2 起涉及爪哇人，还有 1 名尼亚斯岛当地人。

37 见 "Overtreding van Art. 20 Amfioenpacht-Reglement. Vrijspraak," *IWvhR*, no. 613, 30 March 1875, 613; and ANRI, Politiek Verslag Residentie Banka 1870 (no. 123); also ARA, Dutch Consul Singapore to Secretary General Batavia, 7 May 1877, no. 239, in 1877, MR no. 317。

38 ARA, Dutch Consul Singapore to Secretary General, Batavia, 9 July 1877, no. 339, in 1877, MR no. 410; see also "Opium. Invoer van Opium," *IWvhR*, no. 1946, 15 October 1900, 166–67.

39 "Smokkelen van Opium" (1891), 2015–16.

40 ARA, Ho Atjoen to GGNEI, 22 Dec. 1880, in 1881, MR no. 828.

41 ARA, Dept. of Finance Kommissoriaal, 2 March 1881, no. 3616, in 1881, MR no. 828.

42 ARA, Asst. Resident Billiton to Director of Finance, 24 Nov. 1880, no. 1070, in 1881, MR no. 828.

43 ARA, Administrator Begerman to Asst. Res. Billiton, 8 Nov. 1881, no. 218, in 1882, MR no. 402. 华人矿工 Tjong Atjap，来自 30 号矿井，工号 1483，11 月 5 日因涉嫌走私鸦片在首府附近被捕，但事实证明，指控不实。官员报告称，此番被捕使得他至今仍在医院治疗。

44 ARA, Director of Finance to GGNEI, 6 Nov. 1889, no. 16728, in 1889, MR no. 858.

45 见 Young, "A. Liang-Ko. Opiumsluiken en Weldoen" (1894), 1–29。

46 ANRI, Algemeen Verslag Residentie West Borneo 1889 (no. 5/20).

47 ARA, First Gov't Secretary to the Commander, NEI Navy, 7 Feb. 1888, no. 183 in 1888, MR no. 104; and Commander of *de Ruyter* to the Commander, NEI Navy, 3 March 1888, no. 888, in 1888, MR no. 201.

48 由殖民地工程帅麦卡伦（McCallum）少校撰写的有关鸦片贸易的备忘录，enclosed in Gov, SS to CO, 27 Feb. 1893, no. 60, CO 273/186。

49 See *Regina vs. Wee Kim Chuan and Pong Yow Kiat*, *SLJ* (1890): 3–69, *Kim Seng vs. The Opium Farmer*, *SSLR* (1892) p. 66, and (1893), p. 115; The Opium Farm Respondent vs. Chin Ah Quee-Appellant, *SLJ* (1891) IV, p. 33; Chua Ah Tong, Appellant, vs. Opium Farmers, Malacca, Respondents, SLJ (1890) II, p. 92; Regina vs. Tan Seang Leng, *SLJ*, (1889) II, p. 69.

50 如 "Verbeurdverklaring van Clandestine Opium, Waarvan de Eigenaars of Bezitters Ondbekend Zijn," *IWvhR*, no. 533, 15 September 1873, p. 146–7; "Opiumovertreding" *IWvhR* no. 657, 31 January 1876, p. 19–20; "Opiumreglement. Getuigenbewijs," *IWvhR*, no. 658, 1876, 22–24; "Scheikundig Onderzoek van Achterhaalde Zoogenaamde Opium," Raad van Justitie te Batavia, 10 June 1876; "Opiumovertreding. Acte van Beschuldiging," *IWvhR*, no. 752, 1877, 192。

51. "Opium Aanhalingen" (1888), 474; "Opium Smokkelhandel Op Zee" (1884), 29.
52. "Smokkelen van Opium" (1891), 2016.
53. 见 Staatsblad 1911, no. 485; also Staatsblad 1914, no. 563, and 1917, no. 11, no. 497, 这些都是关于吗啡立法的内容；至于海峡殖民地关于吗啡的立法，则从 1896 年开始。
54. Straits Settlements Ordinance 1896, no. 7, article 2; and Ordinance 1903 no. 15, article 9.
55. Straits Settlements Ordinance 1903, no. 15, articles 3, 7; Ordinance 1904, no. 14, articles 5, 6; and Ordinance 1910, no. 27, articles 11, 12, 26, 34.
56. Straits Settlements Ordinance 1910, no. 27, articles 19, 21.
57. 例如，可见 *Utusan Malayu*, 25 Jan. 1908, 1, and *Straits Maritime Journal*, 4 Jan. 1896, 4。
58. 见 Onreat, *Singapore: A Police Background* (n.d.), 144–45，作者给出了该时期的亲历记叙。
59. Chief of Police, Penang to Resident Councilor, 3 March 1906, no. 558/06 in CO 273/317.
60. 见 City of London Police Report, John Ottaway, Detective Inspector, 11 June 1906, in CO 273/322, 伦敦的拜斯兄弟和斯蒂文森公司最终悄悄地交出了一份涉及槟城和怡保（Ipoh）的华人公司名单：Swee Guan and Co., Tan Eng Ching and Co., Ho Guan and Co., Kheng Ho and Co., and Poon Guan and Co。
61. Perak Dispensary, Ipoh to Baiss Bros. and Stevenson, 2 Jan. 1906; Baiss Bros. and Stevenson to Eu Poon Guan, 7 Dec. 1905, both in CO 273/317.
62. City of London Police Report, John Stark, Superintendent, 22 May 1906, in CO 273/322; and CO Jacket, 6 July 1906, Mr. Lucas, in CO 273/324. 警方报告遗憾地指出："我不知道有什么法律可以让他们因在这里运送吗啡而受到惩罚。"而殖民地部的评论是："从他们 12 月 7 日的信中完全可以看出，他们知道这样做有问题。"这两句话都指的是拜斯兄弟公司。
63. Governor Anderson, Straits, to CO, 30 March 1910, Confidential, in CO 273/357.
64. 见 Straits Settlements Ordinance 1907, no. 14, article 2; and Ordinance 1910, no. 27, Schedule, section 2。
65. Bijblad no. 8253; see also de Kort, "Doctors, Diplomats, and Businessmen" (1999), 123–45.
66. 本处所有信息均出自以下精彩文件："Memorandum on Seizures of Drugs and Opium in Penang, March and April, 1914, by Superintendent of Monopolies, Straits," enclosure in Gov. Young, Straits, to CO, 7 May 1914, Confidential, in CO 273/407。
67. 有关大麻饷码通告，见 *Perak Gov't Gazette*, 1888, 161。通告说，来自槟城的 Kootien Chetty 获得了拉律地区的种植权，通告用英语发布，后译为泰米尔语和中文。
68. Federated Malay States, 1898, no number, "Ganja Prohibition" (for Perak, June 1, 1899; for Negeri Sembilan, Effective after Expiration of One Month After Publication of the "Gazette"; for Pahang, date of publication of the "Gazette".
69. Gov, SS to CO, 29 Dec. 1898, no. 221, in CO 273/241.
70. FMS, 1898, "Ganja Prohibition"; Gov, SS to CO, 29 Dec. 1898, no. 221, in CO 273/241.
71. ARA, Dutch Consul Penang to Dutch Consul Singapore, 19 Sept. 1873, no. 16, in Verbaal Geheim Kabinet 17 Dec. 1873, D33 (no. 6042).
72. ARA, 1885, MR no. 521; "Jualan Chandu Gelap Dalam Betawi," *Utusan Malayu*, 2 Feb. 1909,

注释

2. 文章内容描述了在巴达维亚港口发现的大量走私鸦片，售价是新加坡原始价格的 9 倍。据 *Batavia Nieuwsblad* 报道，从新加坡和中国开往该地区的轮船上缉获了大量禅杜。另一次缉毒行动从 *Van den Bosch* 号轮船上查获了从新加坡运到泗水的 50 公斤禅杜，见 *Utusan Malayu*, 4 Feb. 1909, 1。

73　Memorie van Overgave, Djambi, 1908 (MMK no. 216), 62.

74　ARA, Director of Finances to GGNEI, 29 March 1892, no. 4430 in 1892, MR no. 366; "Opium, Praktijken van Deskundigen," *IWvhR*, no. 879, 3 May 1880, 71–72.

75　ARA, 1894, MR no. 210; "Beschrijving van de Argus en de Cyclops" (1893), 382.

76　Huizer, "Opium-Regie in Nederlandsch-Indië" (1906), 363.

77　见 *Attorney General v. Lim Ho Puah*, SSLR (1905), 9, 13; and *The Crown on Complaint of the Opium Farmers v. Lim Chiat*" SSLR (1904), 38。亦可见 *Ing Ah Meng v. The Opium Farmer* (1890), Kyshe, vol. 4, 627。

78　见 "1892: Singapore Opium, Report by Sir Robert Hart, Imperial Chinese Customs, China, 20 Feb. 1892," in CO 273/188, enclosed in Gov, SS to CO, 10 June 1893, no. 181, CO 273/188。罗伯特·哈特 1894 年 3 月 3 日致海峡殖民地总督 Mitchell 的信，其中对欺骗行为的描述也很有意思，见 CO 273/194。

79　见 Gov, SS to CO, 12 Nov. 1917, Confidential, in CO 273/458。

80　*Utusan Malayu*, 11 Feb. 1909, 1; *Utusan Malayu*, 13 Feb. 1909, 1; *Utusan Malayu*, 4 March 1909, 3, "Chandu Didalam Kapal Hong Bee"; *Utusan Malayu*, 11 March 1909, 3, "Chandu Didalam Kapal Hong Bee Lagi"; also *Singapore Free Press*, 1 Nov. 1904, 2.

81　Memorie van Overgave, West Borneo, 1912 (MMK no. 260), 35.

82　CO to British North Borneo Headquarters, 17 May 1911, CO 531/3; CO to BNB Headquarters, 20 Sept. 1911, CO 531/3; and CO to BNB Secretary, 10 June 1915, no. 25039, CO 874/914. 饷码制度分别于 1910 年 1 月 1 日在海峡殖民地、1913 年 1 月 1 日在纳闽、1915 年 1 月 1 日在英属北婆罗洲被终止。

83　这种情况必然导致在沙捞越与东南亚其他政治体的海陆边界之间出现大规模的走私活动。见 Charles Brooke to Gov, SS, 7 May 1913, in CO 531/5; Gov, SS to Charles Brooke, 20 Jan 1913, CO 531/5; see also CO Jacket, 15 Jan. 1913, CO 531/5。

84　See Governor BNB to Directors BNB, 15 July 1913; BNB Co. Chairman to BNB Gov., 20 Aug. 1913; and BNB Gov to BNB Chairman, 3 Nov. 1913, all in CO 874/914. 英属北婆罗洲的鸦片饷码商人徐垂清（Chee Swee Cheng）本人也受这些走私活动影响。

85　ARA, Chief Inspector, Opium Regie to GGNEI, 30 Oct. 1903, no. 3017/R, in Verbaal 13 Jan. 1904, no. 34.

86　Scheltema, "The Opium Trade in the East Indies," 240.

87　打击鸦片滥用是政府接管鸦片贸易的道德理由之一，鸦片价格也被提高。1917 年初，登嘉楼的鸦片饷码制度被终止；此后英国人接管了该行业，并直接向民众销售，价格立即从每两 5.50 美元上涨到每两 6.50 美元。在玻璃市（Perlis），当地的鸦片饷码制度于 1916 年遭到废除，禅杜价格从每两 6 美元上涨到每两 8 美元。见 Trengganu Annual Report, 1916, 3 和 Perlis Annual Report, 1916, 30。华人饷码商人后来变成了走私贩了，见 Scheltema, "The Opium Trade in the East Indies," 241。

88 见 CO/882 Eastern, 9, no. 114, 这份文件列出了马来半岛的一些规定。根据涉及的地区不同，法律也有所不同；就种族方面而言，只有年满 21 岁的华人男性可以在许可场所吸食鸦片等毒品。这份文件很好地概述了 20 世纪初毒品立法的范围和复杂性。

第九章　跨国伪币制造者

1　见 Trocki, *Opium and Empire*, 58; ANRI, Algemeen Administratieve Verslag Residentie West Borneo, 1870 (no. 5/1)。

2　Governor Labuan to CO, 24 July 1877, no. 68, in CO 144/48; Acting Consul General Treacher to FO, 29 April 1884, no. 14, in CO 144/58.

3　ANRI, Dutch Consul, Penang, to GGNEI, 21 June 1876, no. 991G Confidential, in Kommissoriaal, 14 July 1876, no. 522az, in Aceh no. 14, "Stukken Betreffende Atjehsche Oorlog (1876)"; ANRI, Algemeen Administratieve Verslag Residentie West Borneo 1874 (no. 5/4).

4　在殖民时期的东南亚地区，有关货币的文献大多是钱币学的，对交易制度和交易方式的历史的相关批判性研究几近于无。如果想了解进入 20 世纪前后数十年涉及的各种硬币和纸币，请参见：Pridmore, *Notes and Coins* (1955), 77–84。海峡殖民地的情况，见 Pope, "The P & O and the Asian Specie Network" (1996), 145–72。荷属东印度的情况，见 Bakker, *Eenige Beschouwingen over het Geldverkeer* (1936); Scholten, *De Munten van de Nederlandsche Gebiedsdeelen Overzee* (1951), 113–16; Vissering, *Muntwezen en Circulatie-Banken in Nederlandsche-Indië* (1920), 70–78; Van den Berg, *De Muntquaestie* (1874), 177–284; Van den Berg, *Currency and the Economy of Netherlands India* (1895; 1996 reprint); and Mevius, *Catalogue of Paper Money* (1981), 24–29。

5　ANRI, Algemeen Administratieve Verslag Residentie West Borneo 1872 (no. 5/3); ANRI, Algemeen Verslag Residentie Borneo Z.O. 1872 (no. 9/2); ANRI, Algemeen Administratieve Verslag Residentie Palembang 1870 (no. 64/13); ANRI, Algemeen Administratieve Verslag Residentie Palembang 1871 (no. 64/14).

6　ANRI, Dutch Consul, Penang, to GGNEI, 21 June 1876, no. 991G Confidential, in Kommissoriaal, 14 July 1876, no. 522az, in Aceh no. 14 "Stukken Betreffende Atjehsche Oorlog (1876)"; Kruijt, *Twee Jaren Blokkade*, 179.

7　ANRI, Algemeen Administratieve Verslag Residentie Riouw 1871 (no. 63/2).

8　ANRI, Algemeen Administratieve Verslag Residentie Palembang 1871 (no. 64/14); ANRI, Algemeen Verslag Residentie Banka 1872 (Banka no. 63); ARA, 1875, MR no. 532; ARA, 1874, MR no. 15, 27.

9　"Counterfeit Cents," *Penang Argus and Mercantile Adviser*, 3 Feb. 1870, 3; "A Well Known Coiner at Large," *Penang Argus and Mercantile Adviser*, 14 Feb. 1873, 3; "Bad Money," *Penang Argus and Mercantile Adviser*, 10 Feb. 1870, 3. 当然，荷属东印度公司时期也存在伪造伪币的行为，这并不是 19 世纪才有的新现象。

注 释

10 *Straits Observer*, 11 Nov. 1874, 3.

11 见 "In Omloop Brengen van Valsch Geld," *IwvhR*, no. 609, 1 March 1875, 35; "Medepligtigheid aan het Maken van Valsch Zilvergeld," *IWvhR*, no. 306, 10 May 1869, 84; "Namaker van Zilveren Muntspecieen, Wettig Gangbaar in Nederlandsch-Indië," *IWvhR*, no. 291, 25 January 1869, 17。

12 "Strafzaken," *IWvhR*, no. 569, 25 May 1874, 83–84.

13 "Information Concerning the Circulation of False Silver Coins in Netherlands India," in Baron de Lynden to Henry Howard, 23 June 1903, CO 273/296.

14 这封信见 ARA, Director of Finance to GGNEI, 15 June 1877, La Q1 Secret, in 1877, MR no. 416。

15 Colijn, ed., Nederlands Indië, Land en Volk (1913–14), 2:199–253, esp. 242. 淘汰种植园货币的时间比淘汰其他国家各种钱币的时间都要长。这是东印度群岛民族主义计划的一部分，荷兰公司的内部货币，不会像其他国家的纸币和硬币那样威胁殖民地的声望。这里展示的两件样品，都是边境上发现的伪币，其一是 1868 年的香港银元，其二是 1899 年棉兰公司 (Medan Company) 的烟票。

16 详情见 Resink's article "De Archipel voor Joseph Conrad" (1959)。苏门答腊东海岸的情况尤其复杂，亦可见 Potting, *De Ontwikkeling van het Geldverkeer*, (1997), esp. 288。遗憾的是，它只有一页篇幅涉及与伪造相关的事项。

17 Conrad, "Because of the Dollars," *Within the Tides: Tales* (1950), 172–73.

18 见 large charts under the name of "Vergelijkend Overzicht van hetgeen luidens de ingevolge de Geheime Circulaire van den Directeur van Financien van 13 October 1898, no. 109 ingediende Kwartaalstaten in Nederlandsch-Indië is Aangehouden aan Valsche Zilveren Munt," which can be found in 23 March 1903, CO 273/296。统计数据显示，在楠榜、巴邻旁、苏门答腊东海岸和西海岸、亚齐、廖内、邦加、勿里洞、西婆罗洲和东南婆罗洲、苏拉威西以及荷属印度群岛的其他居住区，都查获到伪币。

19 分别见 *KV* (1896), 188–89 和 (1897), 191–92。

20 ANRI, Algemeen Administratieve Verslag Residentie Palembang 1887, 1888 (no. 65/7 and 65/8); ANRI, Algemeen Verslag Residentie Banka 1889 (no. 80); ANRI, Algemeen Verslag Residentie West Borneo 1888 and 1889 (no. 5/20 and 5/21).

21 见 fascinating report from the chief agent, KPM to the Director of Finances, 23 Feb. 1895, no. 2048, in 1895, MR no. 239. 22。

22 Baron Hayashi to the Tsungli Yamen, Undated (1896), in CO 273/221.

23 Minister Beauclerk to the Tsungli Yamen, 7 Jan. 1896, in CO 273/221.

24 Treasury Department to CO, 14 Oct. 1895, no. 13911, CO 273/208.

25 Secretary, Government of India to British Minister in Peking, 1 Oct. 1895, no. 1833E, in CO 273/221.

26 Gov, SS to CO, 28 July 1898, no. 223, in CO 273/237

27 Law Offices of the Crown to FO, 8 July 1868, in CO 273/23; Treasury to CO, 11 Oct. 1873,

no. 14823, in CO 273/72.

28 见 *Straits Settlements Ordinances* 1891 no. 2, 1898 no. 11, and 1897 no. 8, respectively。

29 Federated Malay States Enactment no. 10 of 1912.

30 见 *Trengganu Annual Report*, 1916, 4。

31 见 *Bijblad van het Staatsblad van Nederlandsch-Indië*, no. 1238, 3046, and 1277, respectively。

32 见 *Indische Staatsblad* 1907, no. 465。

33 见 Baron von Goltstein (Dutch Envoy in London) to FO, 14 June 1898, in CO 273/243; also Dutch Consul, Singapore to GGNEI, 13 Sep 1897, no. 845 Secret, in ARA, MvK, Verbaal 22 Oct. 1897, no. 8。

34 ARA, Directeur van Financien to GGNEI, 19 Feb. 1896, no. H; and Dept. of Finance to "Algemeene Ontvangers van 's Lands Kassen in Nederlandsch-Indie," 19 Feb. 1895, Letter Y, both in (MvK, Verbaal 28 March 1895, no. 44.)

35 见法庭案件 "Sultan Meidin and Meidin v. Regina," SSLR (1898–99), 5:67–70。

36 *Straits Times*, 4 July 1888, 3.

37 ARA, Dutch Consul, South China/Hong Kong to GGNEI, 14 Dec. 1895, no. 698, in (MvK, Verbaal 31 March 1896, no. 24.)

38 FO to CO, 10 July 1868, in CO 273/23.

39 ARA, Dutch Vice-Consul, Singapore to GGNEI, 7 Feb. 1895, no. 109, in (MvK, Verbaal 22 March 1895, no. 25), and Directeur van Financien to GGNEI, 19 Feb. 1895, no. H, in (MvK, Verbaal 28 March 1895 no. 44.)

40 例如，可见 *Bintang Timor*, 7 Dec. 1894, 2: "Satu orang Macau nama-nya Ung Pueh, telah kena tangkap sebab membuat ringgit tembaga di Jalan South Bridge Road"。

41 ARA, Dutch Consul Singapore to GGENI, 18 May 1895, no. 387, in 1895, MR no. 450; 亦可见 *Singapore Free Press*, 1 Nov. 1904, 5。

42 *Straits Maritime Journal*, 4 Nov. 1896, 5.

43 ARA, Chief Agent of the KPM to Director of Finances, 23 Feb. 1895, #2048, in 1895, MR #239.

44 ARA, Director of Finances to Governors of Celebes and Bali and Lombok, 8 March, 1895, #t1 Secret, in 1895, MR #239.

45 见 ARA, Dutch Minister Resident to China, to GGNEI, 16 Aug. 1888, no. 51, and Secretary of Translation, Canton, to Dutch Minister Resident in China, 4 July 1888 (twentyfifth day of the fifth month of the Kwang Su (Guangxu) reign), both in 1888, MR no. 631; Minister Beauclerk to Tsungli Yamen, 7 Jan. 1896, in CO 273/221; and "Information Concerning the Circulation of False Silver Coins in Netherlands India," in Baron de Lynden to Henry Howard, 23 June 1903, CO 273/296。

46 Dutch Consul, Hong Kong to GGNEI, 6 Aug. 1895, no. 232, in ARA, MvK, Verbaal 4 Nov. 1895, no. 45.

47 Dutch Consul, Hong Kong to GGNEI, 8 Aug. 1895, no. 250, in ARA, MvK, Verbaal 4 Nov.

1895, no. 45.

48 "Overzicht van Artikelen van Notaris Vellema" (1896), 1252–55.

49 Dutch Consul, Hong Kong to GGNEI, 6 Aug. 1895, no. 232, in ARA, MvK, Verbaal 4 Nov. 1895, no. 45.

50 ARA, Dept. of Finance to "Algemeene Ontvangers van 's Lands Kassen in NI," 19 Feb. 1895, Letter Y, in MvK, Verbaal 28 March 1895, no. 44.

51 ARA, Acting Dutch Consul, Amoy, to Acting Commissioner of Customs, Amoy, 6 Aug. 1895, Confidential, in MvK, Verbaal 4 Nov. 1895, no. 45.

52 ARA, Advies van de Raad van NI, 9 Sept. 1895, in MvK, Verbaal 4 Nov. 1895, no. 45.

53 Directeur van Financien to Procureur Generaal, 5 Sept. 1895, no. H/6 Secret, in ARA, MvK, Verbaal 4 Nov. 1895, no. 45.

54 ARA, Nederlandse Vertaling van de Chineeschen Brief (no. 2) [forwarded by the Resident of Surabaya in his 23 Dec. 1894, no. 395], in (MvK, Verbaal 28 March 1895, no. 44.)

55 ARA, Nederlandse Vertaling van de Chineeschen Brief (no. 1) [forwarded by the Resident of Surabaya in his 23 Dec. 1894, no. 395], in (MvK, Verbaal 28 March 1895, no. 44.)

56 Baron von Goltstein, Dutch Consul, London, to FO, 15 May 1895, and FO to CO, 18 May 1895, both in CO 273/209.

57 FO to British Ambassador in Peking, 11 Jan. 1896, Telegram, in CO 273/221, and Minister Beauclerk to FO, 9 Jan. 1896, no. 16, in CO 273/221.

58 Minister Beauclerk to FO, 9 Jan. 1896, no. 16, in CO 273/221.

59 Minister Beauclerk to Tsungli Yamen, 7 Jan. 1896, in CO 273/221.

60 Tsungli Yamen to Beauclerk, 15 Jan. 1896, in CO 273/221.

61 "Overzicht van Artikelen van Notaris Vellema" (1896), 1254.

62 ARA, Government Secretary to Director of Finance, 15 Jan. 1894, no. 18, in 1894, MR no. 56.

63 情况见此文概述：ARA, Dutch Consul South China/Hong Kong to GGNEI, 15 Nov. 1895, no. 549, in (MvK, Verbaal 31 March 1896, no. 24)。

64 ARA, Dutch Consul South China/Hong Kong to GGNEI, 12 Oct. 1895, no. 429, and same to same, 14 Dec. 1895, no. 698 in (MvK, Verbaal 31 March 1896, no. 24.)

65 ARA, Dutch Consul South China/Hong Kong to GGNEI, 18 Dec. 1895, no. 728 Secret, and Advies van den Raad van Nederlandsch-Indië, 31 Jan. 1896, both in (MvK, Verbaal 31 March 1896, no. 24.)

66 "Information Concerning the Circulation of False Silver Coins in Netherlands India," in Baron de Lynden to Henry Howard, 23 June 1903, CO 273/296.

67 ARA, Dutch Consul, South China/Hong Kong to GGNEI, 14 Dec. 1895, no. 698, in (MvK, Verbaal 31 March 1896, no. 24.)

68 J. C. Bouwamn, Late Chinese Imperial Maritime Customs Service, South China, to Dutch

Consul Hong Kong, 16 Dec. 1895, in ARA, MvK, Verbaal 31 March 1896, no. 24.
69. *Straits Maritime Journal*, 4 Jan. 1896, 5; see also KV (1896), 188–89.
70. 见 *KV* (1897), 191–92。
71. ARA, Dutch Consul, Hong Kong to GGNEI, 6 Aug. 1895, no. 232, in (MvK, Verbaal 4 Nov. 1895, no. 45.)
72. Beauclerk to Tsungli Yamen, 7 Jan. 1896, in CO 273/221.
73. "Information Concerning the Circulation of False Silver Coins in Netherlands India," in Baron de Lynden to Henry Howard, 23 June 1903, CO 273/296.
74. ARA, Dutch Consul, Singapore to GGNEI, 8 Jan. 1894, no. 28, in 1894, MR no. 56; *Straits Times*, 18 July 1888, 3.
75. "Overzicht van Artikelen van Notaris Vellema" (1896), 1254; *Straits Maritime Journal*, 19 Feb. 1896, 6.
76. Gov, SS to CO, 7 Aug. 1895, no. 319, in CO 273/205.
77. ARA, 1894, MR no. 665. 荷兰驻孟买领事和印度总督之间的通信显示，不光在中国，在印度也有伪造荷兰银元的窝点。
78. ARA, 1888, MR no. 83; ARA, 1894, MR no. 316; Dutch Consul Penang to GGNEI, 9 July 1894, no. 412; and ARA, Directeur van Financien to GGNEI, 19 Feb. 1895, no. Z, both in (MvK, Verbaal 28 March 1895, no. 44.)
79. ARA, Judgement on *Chong See and Chong Ng vs. the Queen*, 5 Feb. 1895, Singapore Assize, in (MvK, Verbaal 28 March 1895, no. 44); and ARA, Dutch Vice Consul, Singapore to GGNEI, 7 Feb. 1895, no. 109, in (MvK, Verbaal 22 March 1895, no. 25.)
80. ARA, Directeur van Financien to Procureur Generaal, 5 Sept. 1895, no. H6 Secret, in (MvK, Verbaal 4 Nov. 1895, no. 45); KV (1896), 188–89; KV (1895), 207.
81. Gov, SS to CO, 20 Oct. 1898, no. 327, in CO 273/238.
82. *British North Borneo Herald*, 1 Sept. 1896, 79. See "Proclamation II of 1896, to Provide for the Extradition of Fugitive Criminals from the Colony to Hong Kong".
83. Charles Brooke to Consul General to Brunei and Sarawak, 18 Sept. 1886, in CO 144/62.
84. Gov. Labuan to CO, 28 Sept. 1886, no. 80, in CO 144/61; Gov. Labuan to CO, 3 Jan. 1887, no. 2, in CO 144/63.
85. *Straits Times*, 3 July 1888, 2.
86. CO Jacket (Mr. Branton) in 18 Sept. 1886, Co 144/62; Gov. Straits to CO, 24 May 1906, no. 185, in CO 273/317.
87. Gov. Straits to CO, 9 June 1898, no. 175, in CO 273/236.
88. Jacket Cover, Treasury Department to CO, 21 October 1873, in CO 144/41; Acting Consul General Treacher to FO, 29 April 1884, #14, in CO 144/58.
89. 关于这一主题的一些更重要的通信，见 Gov. Labuan to CO, 12 April 1886, #37, and CO to BNB Co. HQ, London, 26 Nov. 1886, both in CO 144/61; also Gov Labuan to FO, 6 Oct

1887, #49, in CO 144/64, Gov Labuan to CO, 9 Oct 1888, #39, in CO 144/65, and Gov Labuan to FO, 14 Jan 1888, #1, in CO 144/66。

90 ARA, Dutch Consul, Singapore to GGNEI, 18 Dec. 1893, no. 1347, in 1893, MR no. 1427.

91 1896 年至 1897 年间，查获的荷兰银元数量稳步下降；而同期缴获的 1/4 盾和"1 角钱"的数量不断增加。见 "Information Concerning the Circulation of False Silver Coins in Netherlands India," in Baron de Lynden to Henry Howard, 23 June 1903, CO 273/296。

92 请参阅 1895 年至 1901 年间的 *Kolonial Verslagen* 中所列出的统计数据。每年被判无罪或有罪的嫌疑人都有数百人。

93 "Valsche Rijksdaalders in Indië" (1899), 952.

94 Rooseboom, "Valsche Rijksdaalders in Nederlandsch-Indie" (1899), 393.

95 "Information Concerning the Circulation of False Silver Coins in Netherlands India," in Baron de Lynden to Henry Howard, 23 June 1903, CO 273/296.

第十章　非法人口贩运

1 一如"走私"和"走私者"这两个词，我在这里谨慎地使用"苦力"一词；对现代人来说，这个词有贬义。然而，这是当时使用的术语，使用它似乎比使用"劳工"一词更有意义，在此处的语境下，"劳工"并不一定具有迁徙海外的意思。

2 见 Sone, "The Karayuki-san of Asia" (1992), 46。

3 Shimizu, "The Rise and Fall of the Karayuki-san" (1992), 20. 亦可见 Mihalopoulos 的有趣文章，"The Making of Prostitutes" (1993)。

4 见 Hershatter, "The Hierarchy of Shanghai Prostitution" (1989), 4/1。亦可见 Jaschok, *Concubines and Bondservants* (1988), and Hershatter, "Modernizing Sex, Sexing Modernity" (1994), 147–74。

5 Ming, "Barracks-Concubinage in the Indies" (1983); Christanty, "Nyai dan Masyarakat Kolonial" (1994), 21–36; Hesselink, "Prostitution: A Necessary Evil" (1987); Ingleson, "Prostitution in Colonial Java" (1986). For analogs in the colonial Philippines, see Dery, "Prostitution in Colonial Manila" (1991), 475–89, and Terami-Wada, "Karayuki-san of Manila 1880–1920" (1986), 287–316.

6 Warren, *Ah Ku and Karayuki-san* (1993), see esp. chap. 4. 亦可参考有关这一主题的一篇新论文，Abalahin, "Prostitution Policy and the Project of Modernity" (2003)。

7 许多矿工购买克灵人女性当成情妇。见 FO to Spenser St. John, British Consul in Borneo, 4 July 1856, in CO 144/13; also Eastern Archipelago Co. to Colonial Land and Immigration Office, 28 May 1856, and Eastern Archipelago Co. to Radford, Esq., 23 May 1856, both in CO 144/13。

8 Gov. Labuan to CO, 16 June 1880, no. 52, in CO 144/53; Gov Straits to CO, 27 June 1883, no. 274, in CO 273/121.

9 Hesselink, "Prostitution: A Necessary Evil," 211.

10　见 "Indische Concubinaat en Prostitutie" (1899), 1380。亦可见 Adelante, "Concubinaat" (1898), 304–14, 610–17。

11　这些女人晚上被安置在后屋，以每人 50 到 70 美元的价格留作情妇。见 Resident Councilor, Malacca to Sec. of Gov't, Straits, 10 April 1866, in CO 273/9。

12　Testimony of Hadji Abdul Raman and of Hadji Abdullah bin Batu, both given to Major Burns, 10 April 1866, in CO 273/9. See also Resident Councilor, Penang, to Sec. of Gov't., Straits, 24 April 1866, and May 30, 1866, both in CO 273/9. 常驻议员说，女性一般只有在生计无着时才会被卖掉并被带到海岸。20 世纪初，矿工们得到国家监护下的妓女为妻。见 *Perak Gov't Gazette*, 1902, extract following page 336。

13　"人，主要是女性和儿童，从中国、婆罗洲和与新加坡相邻的岛屿被买来，以妓女和仆人身份被带到这里。这些人很可能会在这里被转手，但这并不是公开进行的……这是一种可判处 7 年监禁的罪行。" 见 Captain Dunlop, Inspector General of Police, Straits, to Acting Colonial Secretary, 4 April 1874, in CO 273/79。

14　Quahe, *We Remember: Cameos of Pioneer Life* (1986), 80.

15　Gov, SS to CO, 11 Aug. 1882, no. 290, in CO 273/115. 总督 Weld 指出，把女性贩运到殖民地的主要是快帆船和帆船，其中有许多来自荷兰边疆对面。

16　见 Ordinance no. 23 of 1870, "An Ordinance to Prevent the Spread of Certain Contagious Diseases," as published in the *SSGG*, 9 Dec. 1870, and Ordinance no. 1 of 1887, "An Ordinance to Make Further Provision for the Protection of Women and Girls," in *SSGG*, 13 May 1887。在霹雳州，如有任何女性想要合法离开妓院，旁人均不得阻止；见 *Perak Gov't Gazette*, 1890, 3。

17　针对这一主题在 20 世纪初的相关规定，见 Staatsblad 1907, nos. 278, 279; Staatsblad 1916, no. 199; and Bijblad nos. 347, 7332。

18　为了把女性运进殖民地所采用的形形色色的机制，见 reports under the rubric *League of Nations: Commission of Inquiry into the Traffic in Women*, multivolume (1932–38)。

19　见 "In the Matter of the Estate of Choo Eng Choon, Deceased, and Choo Ang Chee vs. Neo Chan Neo (et al.), Singapore" in *SSLR* 12 (1911): 120 passim。本案的大致情况说明当局对华人婚姻的性质极不确定，例如华人是一夫一妻制还是一夫多妻制。显然，这场辩论的结果会对人口贩卖产生很大影响。在这个特定案例中，为了弄清楚华人婚姻实际上到底是什么样子，人们引用了孟子、翻译家理雅各（James Legge）和交趾支那（Cochin-Chinese）关于华人婚姻的法律来判断。法庭认为华人是一夫多妻制。

20　*League of Nations: Commission of Inquiry* (1932), 81.

21　见 Ordinance no. 13 of 1894, *SSGG*, 7 Sept 1894; Ordinance no. 5, 1880, *SSGG*, 27 Aug. 1880; and Ordinance no. 25 of 1908; see also the *Sarawak Gazette*, 12 May 1871。

22　Gov. Straits to CO, 20 Jan. 1892, no. 31, in CO 273/179; CO Jacket, Mr. Elders, 20 Jan. 1892, in CO 273/179.

23　Report of Mr. Firmstone, Acting Assistant Protector of Chinese, Penang, 11 Nov. 1899, in CO 273/249. See also FMS Enactment no. 7, 1902, in the FMS Annual Report of 1901, in the *Perak Gov't Gazette*, 1902, 624, which describes age limits.

24 CO Jacket, 21 Nov. 1894, in CO 273/201.
25 CO Jacket, Mr. Cox, 16 Nov. 1899, no. 426, in CO 273/249.
26 见 *Bintang Timor*, 10 Dec. 1894, 2: "Satu orang Teo-chew nama-nya Tang Ah Moey sudah kenah tangkap smalang petang di Johor, sebab menchuri dan bawa lari satu budak perampuan, umor-nya 10 tahun, nama-nya Ung Eng Neo, deri Jawa Road dia bawa pergi budak itu di Johor dan jual-kan dia disana."（一个叫唐阿毛的潮州人在柔佛被捕，因为他从爪哇路偷了一个叫翁英娘的 10 岁女孩；他把她带到柔佛卖掉。）亦可见 *Regina v. Quah Ah So*, in ST, 18 July 1883, 3。
27 见 "In re Lam Tai Ying" in *Kyshe* 4:685 passim, and "Regina v. Rajaya and Anor." In *Kyshe*, 2:112 passim。
28 见 "Ahvena Ravena Mana Aroomoogim Chitty v. Lim Ah Hang, Ah Gee, and Chop Lee Whatt," *SSLR* 2 (1894): 80 passim; "Moothoo Raman Chetty v. Aik Kah Pay and Another," *SSLR* 9 (1905): 115 passim; "Joseph Scher, Appelent, v. Regina, On the Prosecution of Henry Perrett, Respondent," *SSLR* 4 (1900–01): 84 passim; "Martin Mosesko, Appellant, v. the Queen. On the Prosecution of William Evans, Respondent," *SSLR* 6 (1900–01): 69 passim。
29 见 Warren, *Ah Ku and Karayuki-san*, 82。
30 "Appendix M: Contagious Diseases Ordinance: List of Licensed Brothels for the Month of February, 1877," in "Report of the Committee Appointed to Enquire into the Working of Ordinance no. 23 of 1870," *SSLCP*, 2 April 1877.
31 见 ARA, 1889, MR no. 439; ARA, 1889, MR no. 766; ARA, 1891, MR no. 688; ARA, 1891, MR no. 211; and especially, for the Buitenbezittingen, ARA, 1890, MR no. 228。
32 Anonymous Petition on Bribery of Government Officers, 26 March 1897, in CO 273/233. Tan Yang Fook、Tse Chye Wong 和其他几位新加坡知名人士都牵涉其中。
33 见 *SSLCP*, 1903, C165; *Annual Report of the Chinese Protectorate, Straits Settlements* (1907), 38; see also Alistair Duncan to CO, 29 Dec. 1913, in CO 273/404, and Gov, SS to CO, 5 Sept., 1912, Confidential, in CO 273/383。
34 Gov, SS to CO, 15 March 1905, no. 95, in CO 273/308; also CO Cover Jacket, Mr. Johnson, 15 March 1905, in CO 273/308.
35 见 J. Kohlbrugge's article, "Prostitutie in Nederlandsch-Indië" (1901), 1736; see also van Kol, "Het Lot der Vrouw in Onze Oost-Indische Koloniën," *Koloniaal Weekblad* (25 Dec. 1902), 5。Kol 描述了一个爪哇女人被骗到苏门答腊岛东海岸卖淫，为当地华人和爪哇苦力服务；最终，她发疯了，手脚绑在竹竿上被装进麻袋运回爪哇。
36 在相当长的一段时间里，纳妾在东印度群岛和英国属地都被视为一种"道德妥协"，但进入 20 世纪之后，纳妾也受到了谴责。维多利亚时代的道德观念，以及更多欧洲女性出现在东南亚，促成了这些变化。见 Kern, "De Controleurs en 't Concubinaat" (1905), 250–52, and Hyam, "Concubinage and the Colonial Service" (1986), 170。
37 Reid, "Decline of Slavery in Nineteenth-Century Indonesia" (1993), 64–65, and Reid, "Introduction: Slavery and Bondage" (1983), 1–43.
38 见 Terweil, "Bondage and Slavery" (1983), 118–39; Means, "Human Sacrifice and Slavery"

(2000), 188–89; Warren *The Sulu Zone* (1981), 147, 14; see also Scwalbenberg, "The Economics of Pre-Hispanic Slave Raiding" (1994), 376–84。

39　Reid, "The Decline of Slavery," 69, 77; see also van Balen, "De Afschaffing van Slavenhandel" (1987), 83–96.

40　Backer-Dirks, *Gouvernements Marine* (1985), 57.

41　Staatsblad 1877, nos. 180, 181; see also Staatsblad 1876, nos. 35, 166, 246; Staatsblad 1877, nos. 89, 90; Staatsblad 1880, nos. 21, 114; Staatsblad 1883, no. 40; Staatsblad 1884, no. 162; and Staatsblad 1901, nos. 286, 287.

42　Gov, SS to Sec. State India, London, 21 May 1866, no. 587, in CO 273/9.

43　1869年的指导手册告知海军指挥官："奴隶制作为一种合法制度，存在于几个与大不列颠签订了禁止奴隶贸易条约的国家。因此，仅仅在船上发现奴隶并不能成为扣押该船的正当理由。"因此，如果军官在错误的情况下扣押涉嫌贩卖奴隶的船只，他将自行负责由此招致的任何损失或针对皇家提起的法律行动，并且还会引起海军部的"严重不满"。在公海上抓获奴隶贩子的非皇家海军船只，有权获得皇家悬赏，但这笔金额只相当于该船价值的2/3，并应被视为应纳税收入。见 Vice-Admiral Shadwell Circulaire to Ship Commanders, ChinaStation, 2 April 1874, no. 86; "Admiralty Instructions for the Guidance of Naval Officers Employed in the Suppression of the Slave Trade," 11 June 1869; and "An Act for Consolidating with Amendments the Acts for Carrying into Effect Treaties for the More Effectual Suppression of the Slave Trade, and for Other Purposes Connected with the Slave Trade," 5 Aug. 1873, all in PRO/Admiralty/125/no. 20, China Station General Correspondence (1871–74)。

44　见 British Envoy, The Hague to FO, 1 Feb. 1866, no. 20, and Gov, SS to Sec. of State for India, London, 6 April, no. 406, both in CO 273/9。

45　Resident Councillor, Malacca, to Sec. of Gov't, Straits, 10 April 1866, in CO 273/9.

46　ARA, Resident West Borneo to GGNEI, 11 April 1871, no. 32, Secret, in 1871, MR no. 522; Dutch Consul, Singapore to Col. Secretary, Straits, 6 Nov. 1874, in CO 273/79; ARA, 1870, MR no. 633; Berigt van de Resident der Zuider en Ooster Afdeeling van Borneo, 22 July 1875, no. 37, in 1875, MR no. 655.

47　ARA, Resident West Borneo to GGNEI, 11 April 1871, no. 32, Secret, in 1871, MR no. 522; ARA, Extract Uit het Register der Besluiten, GGNEI, 16 Aug. 1879, no. 1, in 1879, MR no. 476; also British Consul, Brunei to FO, 13 March 1877, no. 5 Political, in CO 144/48. 萨克森泽船长在当地水域是有名的奴隶贩子，他还曾因枪杀一名船员在新加坡被判刑。

48　*EvNI* 3 (1928): 806.

49　Ch. Kerckhoff, "Eenige Mededeelingen en Opmerkingen Betreffende de Slavernij" (1891), 757.

50　ARA, Resident Sumatra Oostkust to GGNEI, 3 Aug. 1875, no. 1037/10, in 1875, MR no. 655.

51　ANRI, Algemeen Administratieve Verslag Residentie Palembang 1871 (no. 64/14).

52　ANRI, Algemeen Verslag Residentie Borneo Z.O. 1871 (no. 9/2).

注 释

53　Kater, "Iets over de Pandelingschap" (1871), 296–305.
54　British Consul, Borneo to FO, 5 Feb. 1883, Consular no. 7, in CO 144/57.
55　见 William Pretyman's Diary at Tempasuk (vol. 72, 17 May 1880), and Everett's Diary at Papar (vol. 73, 22 April 1880), both in PRO/CO/874/British North Borneo, boxes 67–77, Resident's Diaries (1878–98)。
56　尤其可见 Gov. BNB to Consul Trevenen, 3 March 1891, in CO 144/68。迫于英国的压力，文莱苏丹被迫发布了一项禁止奴隶贸易的法令，特别提到严禁对该公司的属民下手。见 Sultan of Brunei Proclamation, 26 Rejab, 1308 A.H., in CO 144/68。
57　Consul Treveven to Marquis of Salisbury (FO), 31 March 1891, no. 2 Confidential, in CO 144/68.
58　*Singapore Daily Times*, 4 Jan. 1882, 2.
59　ARA, 1877, MRno. 423.
60　见 the *Koloniaal Verslagen* cites in Kerkhoff, "Eenige Mededeelingen en Opmerkingen Betreffende de Slavernij," 756。
61　"Varia" (1880), 481–83.
62　例如，可见 *Straits Times Overland Journal*, 26 March 1883。
63　ARA, Stations-Commandant Oosterafdeeling van Borneo to Commander, NEI Navy, 28 Nov. 1889, no. 898, in 1889, MR no. 149. See also "Slavenhandel. Slavernij." *IWvhR*, no. 1655, 18 March 1895, 42.
64　英国殖民地部的一些成员在听到更多关于朝圣者在新加坡受到系统性压迫的情况后，对新加坡当局反驳荷兰领事的说法无法赞同。1875 年初，米德先生在备忘录中写道："我对是否应该未经调查就搁置这一问题颇感怀疑。目前的'调查'几乎是零。里德先生（荷兰领事）把这些朝圣者的处境称为奴役，或许有些夸张。但在我看来，也比这好不了多少。" 见 CO Jacket, Mr. Meade, 2 Feb. 1875; Gov, SS to CO, 2 Feb. 1875, no. 26; Dutch Consul, Singapore, in "Letter to the Editor," *Singapore Daily Times*, 21 Sept. 1873; and Capt. Dunlop and Allan Skinner to Col. Secretary, SS, 12 Sept. 1874, all in CO 273/79。
65　见 *Straits Times Overland Journal*, 5 May 1882, in CO 273/118。针对海峡殖民地政府对这些虐待行为采取的监管努力，报纸的批评略显轻浮。"人们普遍认为，布吉人在新几内亚偷偷地从事一些黑色交易，并且经常从爪哇带来女性，高价出售给一些富有的土豪。当然，我们的政府对此毫不知情。他们为什么要知道呢？"其他多个来源证实了其中的两项交易。
66　细节可见 Read, Dutch Consul, Singapore to Col. Sec., Singapore, 8 May 1882, no. 243, in CO 273/115。
67　见 Tagliacozzo, "Smuggling in Southeast Asia" (2002), 193–220。
68　ARA, "Verslag Omtrent de Slavernij en den Slavenhandel in de Residentie Westerafdeeling van Borneo over het Jaar 1889" 17 July 1890, in 1890, MR no. 530; also "Verslag Betreffende Slavernij door de Resident van Palembang" (1891), in 1891, MR no. 194.
69　ARA, Controleur of the North coast to Resident, Manado, 5 Oct. 1896, no. 202, in 1897, MR

no. 438; also ARA, 1902, MR no. 877.

70　"Slavernij in Nederlandsch-Indië" (1907), 425–26.

71　Reid, "Decline of Slavery," 74–77. 关于 20 世纪初外岛仍然存在的奴隶制形式（无论是传统奴隶制还是强迫劳役）的激烈辩论，请参阅以下资料：Rookmaaker, "Heerendiensten" (1902), 278–82, 和 van Sluijs, "Heerendiensten in de Buitenbezittingen" (1903), 282–87。

72　Pan, *Sons of the Yellow Emperor* (1990), 47.

73　尤其可参见 Eunice Thio 关于劳动力贩卖机制的文章；"The Chinese Protectorate" (1960), and Blusse, "China Overzee: Aard en Omvang" (1998), 34–50。爪哇劳动力也以类似的方式遭到利用和剥削；见 Houben, "Nyabrang/ Overzee Gaan: Javaanse Emigratie" (1998), 51–65。

74　针对苏门答腊荷兰劳工制度的批评，有几篇极佳的作品，见 Breman, *Koelies, Planters, en Koloniale Politiek* (1992); Breman, *Labour Migration and Rural Transformation*" (1990); Breman, *Taming the Coolie Beast* (1989); Stoler, *Capitalism and* Confrontation (1985), and Usman et al., eds., *Sejarah Sosial Daerah Sumatra Utara* (1984), 8–9。关于邦加、勿里洞和新及岛等南海岛屿的情况，见 Heidhues, Bangka Tin and Mentok Pepper (1992), chap. 3, and Kaur, "Tin Mines and Tin Mining" (1996), 95–120。马来西亚的优秀案例分析，见 Loh, *Beyond the Tin Mines* (1988), 7–54。

75　"Overzicht van eene Voordracht" (1891), 305–11.

76　*Nota Over de Uitoefening van Staatstoezicht op de Werving* (1907), 3–4.

77　见 *Straits Settlements Ordinances* 1867, no. 31; 1890, no. 7; 1868, no. 14; 1870, no. 6; and 1883, no. 5, for example。

78　诱拐被定义为非法出售劳力以获取利润。*Straits Settlements Ordinances* 1873, no. 10; 1877, no. 2; 1880, no. 4; 1902, no. 9; 1910, no. 30; 1876, no. 1; 1884, no. 4; 1877, no. 3; 1892, no. 14; 1896, no. 21; and 1891, no. 8. 自 1888 年起，为了防止走私，马来亚霹雳州规定，华人苦力必须拍照存档。见 *Perak Gov't Gazette*, 1888, 74。

79　*Straits Settlements Ordinances* 1896, no. 18; 1897, no. 18; and 1908, no. 21.

80　*Labour Commission: Glossary of Words and Names in the Report of the Commissioners* (1891).

81　"Evidence of Tun Kua Hee, a Depot Keeper, 29 Oct. 1890 Sitting" in *the Labour Commission Report*, Singapore, 1891; and *The Labour Commission Glossary*, Singapore, 1891 under "Javanese and Native Labor," especially the accounts of Mr. Halloway, Mr. Gunn, Count D' Elsloo, Mr. Patterson, Mr. Wittholft, and Mr. Reimer. 1870 年在霹雳州庄园工作的印度苦力逃跑率非常高——在某些情况下，超过总劳动力的 20%。见 *Perak Gov't Gazette*, 1890, 572。

82　见 "Evidence of D. W. Patterson, Shipping Clerk in Messrs. Guthrie and Co., 27 Oct. 1890 Sitting," in *The Labour Commission Report*, Singapore, 1891。

83　"Nota Over de Uitoeffening van Staatstoezicht op de Werving" (1907), 9–12.

84　见 ARA, Dutch Consul for South China to Chairman of the Planters' Committee, Medan, 27 March 1909, no. 213, Appx. 1, in (MvBZ/A/245/A.119)。各边境地区的相关数字先是被列

注 释

出，然后被汇总成整个东苏门答腊的数据，因为这里是这些劳工的主要目的地。

85 日里案，见 "Apolingam v. E.A.B. Brown," *SSLR* (1893): 69 passim; "Ramsamy v. Lowe" *Kyshe* 4 (1888): 396 passim。对不列颠版图内苦力转运违反法律规定的情况，见 "Brown v. Vengadashellum" *Kyshe* 4 (1889): 524, and "Tio Ang Boi v. Hia Ma Lai" *Kyshe* 4 (1887): 230 passim。

86 见 the version as printed in the Amsterdam newspaper *De Standaard*, 11 April 1890。See ARA, Dutch Consul Hong Kong to Gov Gen NEI, 22 Dec. 1905, no. 1153, in (MvBZ/A/246/A.119。

87 见以下几人的正式陈词：''Cheah Sin Ng, Lim Shit, Chew Ah Nyee, Hang Ship Ug, Leong Ship Sam, and Lew Ship Yit," in "Paper Laid Before the Legislative Commission, Friday 23 Feb. 1877; Report by Mr. Pickering on Kidnapping Sinkehs" in *SSLCP* 1877, 4 of the report。

88 同上，2–3。

89 见 the "Proclamation by the People of Canton and Hokkien Province" in the *Straits Observer* (Penang), 14 Dec. 1874, 2。

90 "Report by Mr. Pickering on Kidnapped Sinkehs" *SSLCP* 1877, 3.

91 ARA, "Chuk Fu's Statement" [3 Feb 1909, Contract no. 17596] in Resident East Coast of Sumatra Report on the Mishandeling of Workers at Tebing Tinggi Woodcutting Kongsi (n.d.) in (MvBZ/A/246/A.119). See also *Surat Surat Perdjandjian Riau* (1970), 215.

92 ARA, Resident East Coast of Sumatra Report on the Mishandeling of Workers at Tebingtinggi Woodcutting Kongsi (n.d.) in (MvBZ/A/246/A.119).

93 ARA, "Yong Siu's Statement" [13 Nov. 1908, Contract no. 17593] in Resident East Coast of Sumatra Report on the Mishandeling of Workers at Tebingtinggi Woodcutting Kongsi (n.d.) in (MvBZ/A/246/A.119).

94 见 Tebingtinggi especially "Attorney General v. Wong Yew," *SSLR* 10 (1908): 44; and "Rex v. Koh Chin, Ang Tap, and Ang Chuan," *SSLR* 10 (1908): 48。苏门答腊的苦力死亡率高得吓人；见 van Klaveren, "Death Among Coolies" (1997), 111–25, and Emmer, "Mortality and the Javanese Diaspora" (1997), 125–36。关于在廖内和苏门答腊沿海地区的伐木、苦力劳动和移民概述，见 Erman, "Tauke, Kuli, dan Penguasa" (1994), 20–33。

95 ARA, Dutch Consul, Peking to MvBZ, 22 May 1905, no. 593/79; Dutch Consul Hong Kong to Dutch Consul Peking, 9 May 1905, no. 474/35; GGNEI to Dutch Consul Peking, 18 Nov. 1904, Kab. no. 48; and Officer for Chinese Affairs in Tandjong Pinang to Resident of Riau, March 1904, no. 4, all in (MvBZ/A/246/A.119).

96 ANRI, Maandrapport Residentie Banka 1872 (no. 98, December).

97 ARA, Dutch Acting Consul, Swatow to Dutch Minister for China, Peking, 20 June 1894, no. 41, in (MvBZ/A/245/A.119).

98 按信中所说，两名矿工试图招募 30 或 40 名男子，将他们直接带到新及矿区。他们不要澳门人和泉州人，是因为觉得这些人身体较弱，而且常惹麻烦。见 Thoe Nam Sin and Tjoa Eng Hay's letter, enclosed in ARA, Dutch Consul Hong Kong to New Chief Administrator of the Singkep Tin Co, 31 Dec. 1895, no. 759, in (MvBZ/A/245/A.119)。

99 ARA, Dutch Consul, London to MvBZ, 19 Oct 1896, no. 43, in (MvBZ/A/245/A.119).

100 ARA, Dutch Consul Hong Kong to MvBZ, 25 Dec. 1905, no. 1156/86 in (MvBZ/A/ 246/A.119).

101 "Nijverheid en Technische Kunsten," *Nieuwe Rotterdamsche Courant*, 12 Feb. 1911.

102 ARA, Viceroy Guangdong and Guangxi to Acting Dutch Consul, Hong Kong, 24th Day, 11th Moon, 32nd Year Guangxu Reign, in (MvBZ/A/246/A.119).

103 *Sai Kai Kung Yik Po*, 11 Dec. 1905. 文章特别谴责了在矿区为荷兰人当打手的华人。荷兰人自己也参与了这些不公正的行为，让华工处在悲惨的境况下，身体和精神都因劳动和压迫者的残酷行为而陷入崩溃。文章的作者随后警告说，如果中国强大起来，没有人敢对她的子民施以这样的虐待。In ARA (MvBZ/A/246/A.119).

104 *Sai Kai Kung Yik Po*, 25 Dec. 1905. 反驳称前文中有不实陈述；过去几个世纪，一直有华人前往荷属东印度群岛寻求财富。一些人最终发财致富，衣锦还乡。文章还指出，监督劳动的是华人工头，他们绝不会允许上文控诉的非人待遇发生。In ARA (MvBZ/A/246/A.119).

105 见 *Nanyang Chung Wei Pao*, 21 Aug. 1906; 2 Aug. 1906; 30 Oct. 1906; 11 Jan. 1907; 21 Jan. 1907。In ARA (MvBZ/A/246/A.119).

106 ARA, Dutch Consul Hong Kong to MvBZ, 25 Dec. 1905, no. 1156/86, in (MvBZ/A/ 246/A.119).

107 "Nota Over de Uitoeffening van Staatstoezicht op de Werving" (1907), 8.

108 见 See the *Sarawak Gazette*, 1 April 1891, 1 Dec. 1893, 2 April 1894, and 20 Sept. 1895。

109 见 CO to BNB Co. HQ, London, 18 Jan. 1889, in CO 144/66 and Act. Gov. Labuan to CO, 6 June 1889, in CO 144/67; also Gov. BNB to BNB Co. HQ, London, 18 June 1912, in CO 531/4。

110 见 Gov. Sec. Madras to Gov. Sec. BNB, 3 July 1912, and CO Jacket, 2 Oct. 1912, both in CO 531/4; BNB Co. HQ, London to CO, 3 Jan. 1913, in CO 531/5; BNB Co HQ, London, to CO, 22 June 1915, in CO 531/9。

第十一章　弹药和边境：军火的背景

1 Reid, "Europe and Southeast Asia: The Military Balance" (1982), 90–96.

2 关于早期军事产能的介绍，见 Reid, *Southeast Asia in the Age of Commerce* (1993), 219 passim。

3 各种博物馆藏品、20 世纪人类学著作以及欧洲旅行者当时的记叙，都证明了枪支在东南亚的大范围传播。

4 见 Manuscript Add. 12358 in the British Library, and Manuscript Malay 142, V, at the Royal Asiatic Society, both of which are described in Ricklefs and Voorhoeve, *Indonesian Manuscripts in Great Britain* (1977)。

5 文中描述的骨雕请参观人类博物馆，1933.3.7.33, also in Ricklefs and Voohoeve's manuscript

catalogue (under Batak Manuscripts)。在流传至今的雕刻上还有其他的保护咒语，比如对抗暴风雨、敌对魔法和旅行时的危险。

6. Gov Labuan to CO, 22 April 1865, no. 6, in CO 144/24.
7. Chew, *Chinese Pioneers* (1990), 108; Gov Labuan to CO, 30 Nov. 1881, no. 86, in CO 144/55. 在播种和收割稻谷的时候，去采集古塔波胶的队伍回来的时候，以及在其他河流系统的朋友或亲戚到达的时候，人们都会鸣枪示意。
8. Kruijt, *Atjeh en de Atjehers*, 22; Swettenham *The Real Malay* (1900), 24–25.
9. Kruijt, op. cit., 28; Pramoedya, *Bumi Manusia* (1981), 46–47.
10. Warren, *The Sulu Zone*, 44, 8–9, 11–13, 24–26, 51–52; 小可见 Resident West Borneo, Verslag April 1906 (West Borneo fiche no. 395) (MvK, PVBB)。
11. Onreat, *Singapore: A Police Background*, 101.
12. ARA, Dutch Consul Singapore to GGNEI, 26 Aug. 1863, and GGNEI to MK, 1 Nov. 1863, Kab no. 318 La M11, both in (MvK, Verbaal 14 Jan. 1864, no. 1)。海峡殖民地每年要出售价值数十万美元的枪支。
13. CO to Gov Lab, 10 Jan. 1865, in CO 144/23; Gov Lab to CO, 1 April 1865, no. 5, and Gov Lab to CO, 22 April 1865, no. 6, both in CO 144/24.
14. 见 "Proclamation, 31 March 1873," and "Government Notification, 13 June 1873, no. 125," both in *SSGG*, 1873。
15. 见 Export Statistics on Arms and Ammunition from Singapore in *SSBB*, 1873, and 1874。
16. ARA, "Verbod op den Uitvoer van Wapenen . . ." (n.d), 4, in (MvK, Verbaal 16 July 1900, Kab. Litt T9.); ARA, Col Sec, SS to Dutch Consul, Singapore, 4 Jan. 1877, no. 7370/76, in 1877, MR no. 23; W. G. Hemson to GGNEI, 19 Nov. 1879, no. 7319/79, in 1879, MR no. 730; and 1880, MR no. 140.
17. Gov BNB to Gov Labuan, 29 Nov. 1881, Gov Labuan to Gov BNB, 30 Nov. 1881, both in CO 144/55; Gov Lab to CO, 4 Sept. 1882, no. 56, in CO 144/56; CO Jacket, 8 Aug. 1885, no. 45, in CO 144/59.
18. British Envoy, Madrid to FO, 30 March 1897, Jolo Protocol, 30 March 1897 Supplemental, and CO to FO, 10 April 1897, all in CO 144/71; ARA, Gov Aceh to GGNEI, 8 April 1900, no. 17 Secret, and First Gov't Secretary, Batavia, to Gov Aceh, 26 March 1900, no. 93a, both in MvK, Verbaal 16 July 1900, Kab. Litt. T9, 7826; GGNEI to Gov SS, 4 Aug. 1900, no. 1, and Gov SS, to GGNEI, 25 Aug. 1900, no. 6893/00, both in MvK, Verbaal 4 Dec. 1900, Kab. Litt. C16, 13119.
19. 见 Memo by W. H. Read, under CO Jacket 1 Feb. 1911, in CO 537/360。这种普遍的感觉并没有阻止个别帝国政府，如法国，利用国际武器协议作为谈判的筹码来达到其他外交目的。
20. ARA, "Sumatra Affairs: Letter by 'A Merchant,'" *Penang Gazette and Straits Chronicle*, 19 April 1882, 3; Penang Traders' Memorial enclosed under cover of Lavino to GGNEI, 24 March 1885, no. 187, both in (MvBZ/A Dossiers/box 111/A.49SS/ "Uitvoerverbod . . .").
21. ARA, Dutch Consul, Singapore to MvBZ, Hague, 18 Dec. 1882, no. 729, in (MvBZ/A

Dossiers/box 111/A.49SS/ "Uitvoerverbod . . .").

22 见 the debate over the Arms Exportation Bill in *SSLCP*, 21 Dec. 1887, B199–200。

23 ARA, 1st Gov Sec, Batavia to Chiefs of Regional Administration, Outer Islands, 13 Nov. 1881, no. 124, in (MvK, Verbaal 7 Aug 1894, no. 20).

24 见 Read's autobiography, *Play and Politics, Recollections* (1901); 亦可见 Reid, "Merchant Imperialist" (1997), 34 passim。

25 简短的传记见 Reid, *The Contest for North Sumatra*, 133。

26 ARA, GGNEI to Gov SS, 22 June 1881, no. 1 Confidential, in (MvK, Verbaal 18 Oct 1881, A3/no. 15; 8594); 亦可见 ARA, Dutch Consul, Singapore to Dutch Ambassador, London, 22 Nov. 1879, no. 858, in 1879, MR no. 759, and GGNEI to Gov Labuan 11 Dec. 1882, no. 41, in 1882, MR no. 1222。

27 见 *Pinang Gazette*, 14 July 1882, 4; and the *Straits Observer* (Penang), 13 July 1897, 4。

28 "Memorandum on the Alleged Smuggling of War into Acheen by the British Consul in Oleh Oleh," 6 Aug. 1883, and Gov Aceh to British Consul, Oleh Oleh, 20 May 1883, no. 953, both in PRO/FO/220/Oleh Oleh Consulate/1882–85/vol. 11.

29 ARA, MK to GGNEI, 6 Oct. 1868, A3, no. 2/1256, in (MvK, Verbaal 6 Oct 1868, no. 2/1256); ARA, Exh. S13 Kab Vertr, MK, 7 Oct. 1870, in (MvK, Verbaal 31 Oct. 1870, La Z14 N41 Kab); ARA, 1870, MR no. 398.

30 ARA, Director of Finance to GGNEI, 17 Aug. 1872, no. 13606, in 1872, MR no. 588; ARA, Resident Semarang to Directeur van Financien, Batavia, 20 July 1870, no. 6755i, in (MvK, Verbaal 31 Oct. 1870, La Z14 N41 Kab); ARA, Gov't Secretary, Batavia "Opgave van de Invoer van Wapenen Gedurende de Jaren 1864 t/m 1869" in (MvK, Verbaal 31 Oct. 1870, La Z14 N41 Kab).

31 ARA, Dir. Justitie Batavia to GGNEI, 9 Sept. 1870, no. 1140/2161, in (MvK, Verbaal 21 March 1871, La D6 N21 Kab Geh).

32 ARA, Director of Finances to Gov't Secretary, 5 Aug. 1870, no. 11501/M, in (MvK, Verbaal 31 Oct. 1870, La Z14 N41 Kab).

33 ARA, Resident Semarang to Director of Finances, Batavia, 5 July 1870, no. 6240/i, in (MvK, Verbaal 31 Oct. 1870, La Z14 N41 Kab); ARA, Resident Semarang to Director of Finances, Batavia, 20 July 1870, no. 6755i, in (MvK, Verbaal 31 Oct. 1870, La Z14 N41 Kab).

34 ARA, MK, 14 Oct. 1870, Exh. S16 Kab. Vertr, in (MvK, Verbaal 31 Oct. 1870, La Z14 N41 Kab.); ARA, Director of Finances to Gov't Sec, Batavia, 5 Aug. 1870, no. 11501/M, in (MvK, Verbaal 31 Oct. 1870, La Z14 N41 Kab).

35 ARA, Resident Djokdjakarta to Director of Finances, Batavia, 12 July 1870 Telegram, and Collector of Import/Export Rights, Batavia, to Director of Finances, 16 Nov. 1869, no. 195, both in (MvK, Verbaal 31 Oct. 1870, La Z14 N41 Kab).

36 ARA, Resident Djokdjakarta to Director of Finances, Batavia, 12 July 1870 Telegram, in (MvK, Verbaal 31 Oct. 1870, La Z14 N41 Kab); ARA, Director of Finances to Gov't Sec, Batavia, 5 Aug. 1870, no. 11501/M, in (MvK, Verbaal 31 Oct. 1870, La Z14 N41 Kab).

注 释

37 ARA, MK to Gov Gen NEI, 12 Aug. 1869, La V12/W Kab Vertr., in (MvK, Verbaal 12 Aug. 1869, La V12/W Kab Vertr.); and ARA, Collector of Import/Export Rights, Batavia, to Director of Finances, 16 Nov. 1869, no. 195, in (MvK, Verbaal 31 Oct. 1870, La Z14 N41 Kab).

38 同上。

39 ARA, Collector of Import/Export Rights, Semarang: "Opgave van Ingevoerde Vuurwapenen van Weelde Gedurende het Jaar 1869," in (MvK, Verbaal 31 Oct. 1870, La Z14 N41 Kab).

40 ARA, Resident of Semarang "Opgave van het Aantal Vuurwapenen te Semarang in het Bezit van Inlanders en met Gelijkgestelden in 1868, 1869, 1870" in (MvK, Verbaal 31 Oct. 1870, La Z14 N41 Kab).

41 ARA, MK to GGNEI, 5 May 1870, no. 40/634, in (MvK, 5 May 1870, no. 40/634).

42 ARA, Director of Finances to Gov't Sec, Batavia, 5 Aug. 1870, no. 11501/M, in (MvK, Verbaal 31 Oct. 1870, La Z14 N41 Kab).

43 "Memorandum on the Alleged Smuggling of War into Acheen by the British Consul in Oleh Oleh," 6 Aug. 1883, in PRO/FO/220 /Oleh Oleh Consulate/1882–85/vol. 11.

44 见 Straits Ord. no. 13, 1867 and Ord. no. 8, 1868 in the *SSGG* of those two years。

45 见 Straits Ord. no. 18, 1887, and Ord. no. 8, 1894; and Straits Ord. no. 1, 1899。

46 见 Federated Malay States Ord. no. 13, 1915; 该条例涉及经销商许可证、非法进出口的处罚、隐瞒行为的惩罚、搜查令以及用于向马来联邦走私武器的船只的命运。

47 "Memorandum on the Alleged Smuggling of War into Acheen by the British Consul in Oleh Oleh," 6 Aug. 1883, in PRO/FO/220 /Oleh Oleh Consulate/1882–85/vol. 11.

48 ARA, Dutch Consul, Singapore to Col. Sec., SS, 28 May 1887, no. 465; Gov, SS to Dutch Consul, Singapore, 7 Nov. 1887; Dutch Consul, Singapore, to GGNEI, 21 Dec. 1887, no. 1097, all in (MvBZ/A Dossiers/box 111/A.49SS/ "Uitvoerverbod . . .").

49 ARA, Dutch Consul, Singapore to Col Sec, SS, 24 Feb. 1887, no. 194 in MvBZ/A Dossiers/box 111/A.49ss.

50 见 Staatsblad 1900, no. 179, and 1866, no. 96; 1907, no. 319; Staatsblad 1873, no. 41; and Staatsblad 1913, no. 408。

51 见 *Surat Surat Riau* (1970), contract of 18 May 1905, 253; Staatsblad 1907, no. 464; 1914, no. 454; 1873, no. 158; 1907, no. 319; 1897, no. 262; 1907 no. 319。

52 *Verzameling van Voorschriften ten Dienste van Havenmeesters* (1906).

53 *Pemimpin Bagi Prijaji Boemipoetera* (1919).

54 分别见 Staatsblad 1864, nos. 39, 40; 1907, no. 501; 1910, no. 487; and Staatsblad 1893, no. 234; 1894, no. 224; 1902, no. 206; 1904, no. 3; 1907, no. 318; 1908, no. 308。

55 见 "Rex v. Mabot and Others," SLJ 3 (1890): 65 passim; 这只是这一现象的诸多例子之一罢了。

56 ANRI, Maandrapport Residentie Palembang 1871, 1872 (no. 74/9, no. 74/10: November, March).

57 ARA, 1873, MR no. 279.

58 Gov Aceh to British Consul, Oleh Oleh, 4 Aug. 1883, no. 1382, in PRO/FO/Oleh Oleh Consulate/1882–85/vol. 11.

59 ARA, Dutch Consul, Singapore to Algemeen Secretaris, Buitenzorg, 18 May 1883, no. 353 Secret, in 1883, MR no. 448; 亦可见有关帕甘的多篇论文 in ARA, MvBZ/A Dossiers/box 111/A.49ss。

60 ARA, Dutch Consul, Singapore, to GGNEI, 20 April 1888, no. 249, in (MvBZ/A Dossiers/box111/A.49SS/ "Uitvoerverbod . . ."); ARA, Resident Sumatra East Coast to GGNEI, 22 Sept. 183, La R7 Secret, in 1883, MR no. 888; also see ARA, Dutch Consul to GGNEI, 9 Oct. 1891, in MvBZ/A Dossiers/box 111/A.49ss.

61 ARA, Dutch Consul, Singapore, to GGNEI, 8 Dec. 1886, and Dutch Consul, Singapore to Col. Sec., SS, 2 Dec. 1886, no. 1308, both in (MvBZ/A Dossiers/box 111/A.49SS/ "Uitvoerverbod . . ."); see also ARA, Dutch Consul, Singapore to MvBZ, 19 May 1892, in MvBZ/A Dossiers/box 111/A.49ss; see also "Invoer van Kruit," *IWvhR*, no. 2075, 6 April 1903, 53–54.

62 Gov BNB to CO, 8 Aug. 1885, no. 45, and CO Jacket, 25 Nov. 1885, no. 67, both in CO 144/59.

63 ARA, Asst. Res. Koetei to Resident SE Borneo, 15 Feb. 1874, no. 11, in 1874, MR no. 248; Gov't Secretary to Commander of NEI Navy, 2 Oct. 1883, no. 1584, in 1883, MR no. 927.

64 ANRI, Algemeene Verslag Residentie West Borneo 1889 (no. 5/20).

65 见 ARA, Resident West Borneo to Rajah of Sarawak, 13 Feb. 1915, no. 29, and Controleur of Sambas to Civil and Military Asst. Res., Singkawang, 29 Jan. 1915, no. 3, both in (MvBZ/A Dossiers/box 44/A.29 bisOK)。

66 ARA, Dutch Consul, Singapore, to Col. Sec., SS, 2 Dec. 1886, no. 1308; Dutch Consul, Singapore to GGNEI, 23 Nov. 1886; and Dutch Consul, Singapore, to GGNEI, 13 April 1888, no. 378, all in (MvBZ/A Dossiers/box 111/A.49SS/ "Uitvoerverbod . . ."); ARA, Dutch Consul, Singapore to MvBZ, 16 Feb. 1892, in MvBZ/A Dossiers/box 111/A.49ss; ARNAS, Vice-Consul Singapore to GGNEI, 19 April 1875, no. 1 Geheim, in Kommissoriaal 20 May 1875, no. 490az, in Aceh no. 5 "Stukken aan de Kommissie . . ." ; ARA, Dutch Consul, Singapore to GGNEI, 21 Nov. 1884, no. 732, in 1884, MR no. 738.

67 见 the brief notices in the *Sarawak Gazette*, 1 Aug. 1885 and 2 Jan. 1886。

68 ANRI, Dutch Consul Singapore to Col. Sec, SS, 10 Jan. 1876, no. 16; Col. Sec. SS to Dutch Consul, Singapore, 1 Feb. 1876, no. 216/76, both in Kommissoriaal 10 March 1876, no. 183az in Aceh no. 13, "Stukken Betreffende Atjehsche Oorlog, no. 235–469, 1876; ARA, Station Commander, Celebes to Naval Commander, NEI, 7 Aug. 1879, no. 1113, in 1879, MR no. 501; ARA, "Translation of a Bugis Letter from Rajah of Wajah at Pare Pare," 24 Jan. 1879, in (MvK, Verbaal 17 Feb. 1881, no. 33/298); ARA, H. P. Fenton, British Legation, Hague, to MvBZ, Hague, 1 Feb. 1881, and Dutch Consul, Singapore, to GGNEI, 13 April 1888, no. 378, both in (MvBZ/A Dossiers/box 111/A.49SS/ "Uitvoerverbod . . .").

69 例如，可见 ARA, 1876, MR no. 992, 261, 300; ARA, GGNEI to Gov SS, 30 March 1883,

注释

no. 10 Confidential, and Dutch Consul, Singapore, to Acting Col. Sec., SS, 30 Aug. 1888, no. 873, both in (MvBZ/A Dossiers/box 111/A.49SS/ "Uitvoerverbod . . ."); ARA, Dutch Consul, Singapore to MvBZ, 5 May 1892, and 16 Feb. 1897, both in MvBZ/A Dossiers/box 111/A.49ss; "Regina on the Prosecution of E.H. Bell, Respondent, v. John Burnett Paige, Appellant, in *SSLR* (1894), 2:84 passim。

70 ARA, Dutch Vice-Consul, Singapore, to MvBZ, 30 Jan. 1888, no. 106, in (MvBZ/A Dossiers/box 111/A.49ss.)

71 *Java Courant*, 12 Dec. 1905, in (Atjeh, fiche no. 1) (MvK, PVBB), and Residentie Lampongsche Districten, Mailrapport 1906/7 no. 1054, in (Lampongs, fiche no. 386) (MvK, PVBB).

72 Asst. Resident Bataksche Aangelegenheden (Medan) to GGNEI, 14 April 1904, no. 1656/4, in (Sumatra Oostkust, fiche no. 156) (MvK, PVBB).

73 Gov. Heckler to GGNEI, 27 Sept. 1905, telegram no. 554, in (Riouw, fiche no. 296) (MvK, PVBB); First Gov't Sec to Commander NEI Army, 18 April 1900, Secret no. 120, in (Djambi, no. 324–25) (MvK, PVBB).

74 Resident West Borneo to Dienst Landvoegd, Buitenzorg, 22 June 1908, no. 273 telegram, in (West Borneo, fiche no. 395) (MvK, PVBB).

75 例如，可见 Conrad, *An Outcaste of the Islands* (1992 reprint)。

76 中文和爪夷文告示指出，非经国家许可，禁止向东印度群岛出口武器。巴达维亚将密切关注什么人在何时何地以及为什么将枪支火器带入其领土。见荷属东印度法规的逐字抄本：Staatsblad 1875, no. 100, enclosed in ANRI, Resident Batavia to Algemeene Secretarie, 24 April 1875, no. 2474, and 29 April 1875, no. 2550, both in Aceh no. 8, "Atjehsche Verslagen 1874–75"。

77 ARA/ Dutch Consul, Singapore to GGNEI, 26 Aug. 1863, in (MvK, Verbaal 14 Jan. 1864, no. 1)

78 见日记 Mr. Everett at Papar (26 April 1880, vol. 73) in CO 874/Resident's Diaries; 亦可见 *British North Borneo Herald*, 16 July 1896, 221。

79 Gov BNB to CO, 8 Aug. 1885, no. 45, in CO 144/59; FO to CO, 12 March 1897; British Acting Consul, Brunei to High Commissioner, Borneo, 27 Nov. 1896; and Extract from Report dated 4 Jan. 1897, from F. O. Maxwell, Acting Resident, Province Dent, all in CO 144/71; *Sarawak Gazette*, 1 May 1894.

80 例如，可见 *Deli Courant*, 4 July 1888。

81 ARA, 1888, MR no. 516, 646, 683; ANRI, Dutch Consul, Singapore to GGNEI, 25 Jan. 1876, Confidential in Kommissoriaal 10 February 1876, no. 118az, in Aceh no. 12, "Stukken Betreffende Atjehsche Oorlog," no. 4–234, 1876.

82 ANRI, Dutch Consul, Singapore to GGNEI, 25 Jan. 1876, Confidential in Kommissoriaal 10 February 1876, no. 118az, in Aceh no. 12, "Stukken Betreffende Atjehsche Oorlog," no. 4–234, 1876; ARA, Dutch Consul, Singapore to Sec. Gen. Buitenzorg, 5 Jan. 1877, no. 5, in 1877, MR no. 287.

83. ARA, "Translation of a Bugis Letter from Rajah of Wajah at Pare Pare," 24 Jan. 1879, in (MvK, Verbaal 17 Feb. 1881, no. 33/298).

84. 见 ARA, Dutch Consul, Penang to Dutch Consul, Singapore, 30 Dec 1879, in (MvBZ/ ADossiers/box 111/A.49SS/ "Uitvoerverbod...")。

85. 见 "Meydinsah and Mohamed Eusope, Appellants, v. Regina, on the Prosecution of John Little, Respondent," SSLR, 1897, 4: 17 passim。

86. British Consul, Oleh Oleh to First Gov't Sec, Batavia, 20 Aug. 1883, no. 437, in PRO/FO/220/Oleh Oleh Consulate (1882–85), vol. 11.

87. ARA, Asst. Resident Koetei to Resident SE Borneo, 15 Feb. 1874, no. 11, in 1874, MR no. 248; ARA, Dutch Consul, Singapore to GGNEI, 21 Dec. 1887, no. 1097, in (MvBZ/ADossiers/box 111/A.49SS/ "Uitvoerverbod..."); Sherry, *Conrad's Eastern World* (1966), 105.

88. ARA, Government Secretary to Regional Government Chiefs, Buitenbezittingen, 21 Aug. 1902, no. 2821, Circulaire, in 1902, MR no. 728.

89. Mr. Everett's Journal, Papar, 22 April and 5 June 1880, in CO/874/vol. 73/Resident's Diaries.

90. Gov. Labuan to CO, 29 June 1866, no. 16, in CO 144/25; ANRI, Algemeen Verslag Residentie West Borneo, 1889 (no. 5/20).

91. 据说，1915年，沙捞越和三发的华人准备起义。他们已经将8000支步枪埋在地下。尽管最终发生了骚乱，荷兰边境一侧的部分房屋遭烧毁，但欧洲人事先得知消息，控制了这场运动。然而，一些荷兰官员为此大感惊慌，甚至似乎还向英国发出了求助请求，尽管很快就撤回（并解释了原因）。见 ARA, Resident West Borneo to Rajah of Sarawak, 13 Feb. 1915, no. 29; Controleur, Sambas to Civil and Military Asst. Res., Singkawang, 29 Jan. 1915, no. 3, and the surrounding documents, all in (MvBZ/A Dossiers/box 44/A.29 bisOK)。

92. ARA, Dutch Consul, Singapore to General Secretary, Buitenzorg, 25 Oct. 1881, no. 646 Secret in (MvK, Verbaal 7 Aug. 1894, no. 20); ANRI, Dutch Consul, Singapore to GGNEI, 28 April 1876, Confidential, in Kommissoriaal 17 May 1876, no. 372az, in Aceh no. 13, "Stukken Betreffende Atjehsche Oorlog," no. 235–469, 1876; "Memorandum on the Alleged Smuggling of War into Acheen by the British Consul in Oleh Oleh," 6 Aug. 1883, in PRO/FO/220 /Oleh Oleh Consulate/1882–85/vol. 11.

93. ARA, Dutch Consul, Singapore to Acting Col. Sec., SS, 21 Nov. 1884, no. 731, in 1884, MR no. 738.

94. 见 *Bintang Timor*, 12 Dec 1894, 2; 有关华人女子手枪遭查扣的详细报道，刊登在1908年1月30日《马来亚前锋报》(*Utusan Malayu*) 第三版。这名女子没有持枪许可，但警方在她位于巴西班让路的住所发现了手枪。海峡殖民地法官对她处以罚款。

95. ARA, Shiplog of the *Den Briel*, Logbook no. 712, 30 June 1873, 27–28, in Ministerie van Marine, 2.12.03; see also William Pretyman's Diary at Tempasuk, 7 Oct. 1878, in CO/874/vol. 72/Resident's Diaries.

96 ARA, 1893, MR no. 86, 714, 942; ARA, 1888, MR no. 74, 96, 119, 144, 153, 164, 185.

97 "Regina on the Prosecution of E. H. Bell, Respondent, v. John Burnett Paige, Appellant" in *SSLR*, 1894, 2:84 passim.

98 Gov Aceh to British Consul, Oleh Oleh, 15 Oct. 1883, no. 1915, in PRO/FO/220/Oleh Oleh Consulate (1882–5)/vol. 11; see also "Alexander von Roessing v. Regina" *SSLR*, 1905, 9:21.

99 "De Officier van Justitie, Soerabaya, contra F. W. de Rijk, Chef de te Soerabaya Gevestigde Firma Gebroeders van Delden," in *IWvhR*, 1873, no. 538, 20 Oct. 1873, 166–67; "A List of Cases of Smuggling Compiled in August 1882 by Mr. van Langen, then Assistant Resident on the West Coast of Acheen," in PRO/FO/220/Oleh Oleh Consulate/vol. 11.

100 De Souza to British Consul, Oleh Oleh, 18 Sept. 1883, in PRO/FO/220/Oleh Oleh Consulate/vol. 11; British Consul, Oleh Oleh, to Major McNair, Penang, 24 Sept. 1883, no. 530, in PRO/FO/220/Oleh Oleh/vol. 11.

101 Mr. de Souza to British Consul, Oleh Oleh, 10 Oct. 1883, in PRO/FO/220/Oleh Oleh Consulate/vol. 11.

102 见 Furnivall, *Netherlands India: A Study of Plural Economy* (1939), 446 passim。

103 "Memorandum on the Alleged Smuggling of War into Acheen by the British Consul in Oleh Oleh," 6 Aug 1883, in PRO/FO/220 /Oleh Oleh Consulate/1882–85/vol. 11.

104 Testimony of Koh Lay, 7 Dec. 1891, Singapore, in ARA, Dutch Consul Singapore to MvBZ, 17 Dec. 1891, in MvBZ/A Dossiers/box 111/A.49ss.

105 ARA, Dutch Consul, Singapore, to Acting Col. Sec, SS, 21 Nov. 1884, no. 731, in 1884, MR no. 738.

106 见 "Rex v. Mabot, 1890" *SLJ* 3 (1890): 65 passim, see also "Regina v. Khoo Kong Peh (1889)" *Kyshe* 4 (1885–90): 515。

107 ANRI, Dutch Consul, Singapore to GGNEI, 25 Jan. 1876, Confidential, in Kommissoriaal 10 Feb. 1876, no. 118az, in Aceh no. 12 "Stukken Betreffende Atjehsche Oorlog, no. 4–234, 1876; Captain, "Citadel van Antwerpen" to Dutch Consul, Penang, 15 July 1873, no. 37, in PRO/FO/220/Oleh Oleh Consulate/vol. 11.

108 "Return for the Period 1873 to 1882 of the Cases in Which Ships Have Been Charged with Attempts to Smuggle Contraband of War into Sumatra, Compiled Out of the Records of the Dutch Consulate at Penang, 1883" in PRO/FO/220/Oleh Oleh Consulate/vol. 11.

第十二章 实践与逃避：武器走私的动态

1 ARA, Resident Timor to GGNEI, 1 Dec. 1877, no. 1276, in 1878, MR no. 78; Frank Hatton's Expedition Diary up the Labuk River, and Overland to Kudat; and Mineral Investigations, 4–5/1882, in CO/874/vol. 75/Resident's Diaries.

2 *Penang Argus and Mercantile Advertiser*, 6 Jan 1870, 4.

3 *Straits Times*, 6 July 1888, 2.

4 *Bintang Timor*, 29 Nov 1894, 3.

5 ANRI, Lavino to GGNEI, 19 March 1873, no. 58/G Confidential in Kommissoriaal 3 April 1875, no. 358az, in Aceh no. 8, "Atjehsche Verslagen, 1874–75."

6 同上；ANRI, Koo Eng Tin to J. A. Fox, Penang Harbor Master, 25 Feb. 1875, in Kommissoriaal 13 April 1875, no. 358az, in Aceh no. 8, "Atjehsche Verslagen 1874–75."

7 Gov Aceh to British Consul Oleh Oleh, 15 Oct. 1883, no. 1915, in PRO/FO/220/Oleh Oleh Consulate/vol. 11.

8 据槟城华民保护官 E. Karl 说，锡盒上的汉字翻译成英文是 "Real Tukang"，马来语的意思是 "一流工匠"。见 British Consul, Oleh Oleh, to Gov SS, 15 May 1883, no. 238; British Consul, Oleh Oleh to Gov Aceh, 3 Nov. 1883, no. 628; and McNair, Honorary Resident Councilor, Penang, to British Consul, Oleh Oleh, 26 Oct. 1883, no. 6108/85, all in PRO/FO/220/Oleh Oleh/vol. 11。

9 ARA, Dutch Consul, Singapore to Acting Col. Sec. SS, 21 Nov. 1884, no. 731, in 1884, MR no. 738; ARA, "Translation of a Bugis Letter from Rajah of Wajah at Pare Pare," 24 Jan. 1879, in (MvK, Verbaal 17 Feb. 1881, no. 33/298); see also Gov Aceh to GGNEI, 20 Nov. 1905, telegram no. 909, in (Atjeh, fiche no. 1) (MvK, PvBB); ARA, Dutch Consul, Singapore to GGNEI, 20 April 1888, no. 249, in (MvBZ/A Dossiers/box 111/A.49SS/ "Uitvoerverbod . . ."); Captain, *Metalen Kruis*, to Dutch Consul, Penang, 4 Jan. 1875, no. 1264, and same to same, 4 July 1876, no. 1932, both in PRO/FO/220/Oleh Oleh Consulate/vol. 11.

10 ARA, Resident Sumatra East Coast to GGNEI, 22 Sept. 1883, La R7, Secret, in 1883, MR no. 888; William Pretyman's Diary at Tempasuk, 7 Oct. 1878, in CO/874/vol. 72/Resident's Diaries; ARA, Lt. Kommandant van Oordt (of the *Zeeland*) to Kommandant der Maritieme Middelen in de Wateren van Atjeh, 14 Aug. 1873, in no. 92, Verbaal Geheim Kabinet 17 Dec. 1873, D33; Gov Aceh to British Consul, Oleh Oleh, 4 Aug. 1883, no. 1382, in PRO/FO/220/Oleh Oleh Consulate/vol. 11.

11 *Java Courant*, 12 Dec. 1905 in (Atjeh, fiche no. 1) (MvK, PVBB); Resident Schaap telegram no. 353 (to Medan, 20 July 1904), in (Sumatra Oostkust, fiche no. 159) (MvK, PVBB); ARA, Dutch Consul, Singapore to Col Sec, SS, 24 Feb. 1887, no. 194, in MvBZ/A Dossiers/box 111/A.49ss.

12 ARA, *Manila Times*, 4 April 1899, in (MvBZ/A Dossiers/box 426/A.186).

13 J. A. Kruijt, *Atjeh en de Atjehers*, 97; Captain, *Citadel van Antwerpen*, to Dutch Consul, Penang, 15 June 1873, no. 37, and Captain *Metalen Kruis*, to Dutch Consul, Penang, 4 July 1874, no. 1932, both in PRO/FO/220/Oleh Oleh Consulate/vol. 11.

14 "Memorandum on the Alleged Smuggling of War into Acheen by the British Consul in Oleh Oleh," 6 Aug. 1883, in PRO/FO/220 /Oleh Oleh Consulate/1882–85/vol. 11; ANRI, Lavino to GGNEI, 20 June 1876, no. 98/G Confidential, in Aceh no. 14, "Stukken Betreffende Atjehsche Oorlog" no. 475–754, 1876.

15 ARA, Dutch Consul Penang to Dutch Consul Singapore, 19 Sept. 1873, no. 16, in MvK, Verbaal Geheim Kabinet 17 Dec. 1873, D33.

注 释   393

16 Asst. Res. Bataksche Aangelegenheden (Medan) to GGNEI, 14 April 1904, no. 1656/4, in (Sumatra Oostkust, fiche no. 157) (MvK, PVBB); ARNAS, Lavino to GGNEI, 9 Dec. 1875, no. 81/G, Confidential, in Kommissoriaal 4 Jan. 1876, no. 10az, in Aceh no. 12 "Stukken Betreffende Atjehsche Oorlog," 1876, no. 4–234.

17 Personal communication, Dr. Peter Boomgaard, former director, Koninklijke Instituut voor Taal-, Land-, en Volkenkunde (KITLV), Leiden, The Netherlands.

18 ARA, Dutch Consul Penang to Dutch Consul Singapore, 19 Sept. 1873, no. 16, in MvK, Verbaal Geheim Kabinet 17 Dec. 1873, D33; see "Buchanan v. Kirby (1870)," *Kyshe* 1 (1808–84): 230 passim; and "Attorney General v. Seven Barrels of Gunpowder (1890)," *Kyshe* 4 (1885–90): 688 passim.

19 "Memorandum on the Alleged Smuggling of War into Acheen by the British Consul in Oleh Oleh," 6 Aug. 1883, in PRO/FO/220/Oleh Oleh Consulate/1882–85/vol. 11.

20 ARA, Dutch Consul, Madrid, to MvBZ, 30 May 1898, no. 198/86, and "The Rights of Belligerents and Neutrals," in *The Times of London*, 19 May 1898, both in (MvBZ/A Dossiers/box 426/A.186).

21 ARA, MvBZ to Hudig en Blokhuijzen, Rotterdam, 24 May 1898, A/186, in (MvBZ/A Dossiers/box 426/A.186).

22 煤炭是军舰的燃料，这使其成为极具问题的物资，特别是在1904—1905年的日俄战争期间。战争局势变幻莫测，一些船只因为载有煤炭而遭到袭击，还有些地方，海员因为害怕送命，有时拒绝运载煤炭。从日本到菲律宾，再到新加坡，整个亚洲的海上航线都出现了这种趋势。见 Gov HK to Col Sec, 9 Sept. 1904, no. 4915/34; British Consul, Tokyo to FO, 20 July 1904, no. 44; HK Harbor Master to Col Sec, 23 Nov. 1904, no. 39378/45; Gov HK to Col Sec, 7 Nov. 1904, no. 41763/49; Gov HK to Col Sec, 20 April 1905, no. 13272/54 telegram, and Gov SS to Col Sec, 26 May 1905, no. 17927/58, all in CO 882/Eastern Print, no. 94, HK/Straits。

23 炸药还可用于铁路建设、道路建设、矿物勘探和其他目的。见 *SSLCP*, "Papers Laid Before the Legislative Council, Thursday 24 July 1879: Regulations Under the 'Gunpowder Ordinance, 1868'", no. 8, for the Safe Landing, Storage, and Removal of Dynamite"; Gov Labuan to CO, 10 Oct. 1884, no. 83, in CO 144/58; see also "Rules Made by the Governor in Council to Regulate the Manufacture, Use, Sale, Storage, Transport, Importation, and Exportation of Explosive Substances," in *SSLCP*, 13 June 1899, C231 passim。

24 Staatsblad 1893, no. 234; 1894, no. 224; 1902, no. 206; 1904, no. 3; 1907, no. 318; 1908, no. 308. See also "Reglement op den Invoer, het Bezit den Aanmaak, het Vervoer en het Gebruik van Ontplofbare Stoffen," 13–23, in *Verzameling van Voorschriften ten Dienste van Havenmeesters* (1906).

25 Shire Line Steamer Company to Marine Dept, Board of Trade, 2 Dec. 1907, in PRO/Board of Trade/MT Series/MT 10, Harbour Department, Correspondence and Papers (1864–1919).

26 "Copy of Minutes Relating to the Arms Act, Labuan Session no. 1 of 1866, Tuesday, May 8th, Statement of the Colonial Treasurer," in CO 144/25; Gov Labuan to CO, 22 April 1865, no. 6, in CO 144/24.

27 ARA, "Regina v. Mahabod," Criminal Assizes 1887, 14 March, in *Straits Times*, 15 March 1887, all in (MvBZ/A Dossiers/box 111/A.49SS/ "Uitvoerverbod . . .").

28 见 Onreat, *Singapore: A Police Background*, 145。

29 ARA, Director of Finances to GGNEI, 2 Aug. 1870, Secret H, in (MvK, Verbaal 7 Oct. 1870, La Q13 Kab.); ARA, GGNEI to MK, 13 Aug. 1870, no. 1006/8, in (MvK, Verbaal 7 Oct. 1870, La Q13 Kab.)

30 ARA, MK to GGNEI, 29 Aug. 1869, La D13/Y Kab Vertr., in (MvK, Verbaal 20 Aug. 1869, La D13/Y Kab Vertr.); ARA, MK to GGNEI, 25 Aug. 1869, La M13/A1 Vertr., and Minister of Finance to MK, 20 Aug. 1869, no. 84 Secret, both in (MvK, Verbaal 25 Aug. 1869, La M13/A1 Vertr.)

31 *Straits Times*, 14 July 1888, 3; Dutch Consul, Singapore to British Consul, Oleh Oleh, 17 Feb. 1883, in PRO/FO/220/Oleh Oleh Consulate/vol. 11.

32 Leys (Administrator, Labuan) to CO, 25 Nov. 1885, no. 67, in CO 144/59; Gov Aceh to British Consul Oleh Oleh, 4 Aug. 1883, no. 1382, in PRO/FO/220/Oleh Oleh Consulate/vol. 11.

33 ARA, Dutch Consul, Singapore to MvBZ, Hague, 18 Dec. 1882, no. 729, and Dutch Consul, Penang, to GGNEI, 29 Dec. 1881, both in (MvBZ/A Dossiers/box 111/A.49SS/ "Uitvoerverbod . . ."); ARA, Kapt. Bogaart, *Timor*, to Military Commander in Aceh, 1 Aug. 1873, no. 4, in MvK, Verbaal 17 Dec. 1873, D33; ARA, 1897 MR no. 146.

34 ANRI, Dutch Consul Singapore to GGNEI, 18 May 1876, Confidential, in 20 June 1876, no. 469az, in Aceh no. 13, "Stukken Betreffende Atjehsche Oorlog," 1876, no. 235–469, 1876; Captain, *Metalen Kruis*, to Dutch Consul, Penang, 14 Feb. 1875, no. 1456, in PRO/FO/220/Oleh Oleh/vol. 11.

35 *Straits Times*, 17 July 1888, 3; British Consul, Oleh Oleh to Gov Aceh, 21 Aug. 1883, no. 444, and First Gov't Secretary Batavia to British Consul, Oleh-Oleh, 17 Sept. 1883, no. 1494, both in PRO/FO/220/Oleh Oleh Consulate/vol. 11.

36 British Consul Oleh Oleh to Gov SS, 15 May 1883, no. 238, in PRO/FO/220/Oleh Oleh Consulate/vol. 11.

37 ANRI, Lavino to GGNEI, 2 Aug. 1876, no. 102/G, in Kommissoriaal 1 Sept. 1876, no. 635az, in Aceh no. 14 "Stukken Betreffende Atjehsche Oorlog," no. 475–734, 1876.

38 ANRI, Lavino to Sec. Gen. NEI, 2 April 1875, no. 166 Confidential, in Aceh no. 8, Atjehsche Verslagen 1874–75; ARA, Dutch Consul, Singapore to Col. Sec., SS, 24 Feb. 1887, no. 194, and Dutch Consul, Singapore to Col Sec SS, 18 March 1887, no. 249, both in (MvBZ/A Dossiers/box 111/A.49SS/ "Uitvoerverbod . . .").

39 见 "Alexander von Roessing v. Regina" *SSLR*, 1905, 9: 21, 24。

40 见关于《武器出口法案》(Arms Exportation Bill) 的辩论, in *SSLCP*, 21 Dec. 1887, B199–200; "Arms Exportation Ordinance Amendment Bill," *SSLCP*, 1891, B79。

41 见 FMS Enactment no. 4, 1902, 它对许可、执照、告密者、奖励, 甚至枪支上的强制性标记 (以便于识别和追踪) 都做了规定。见 *Perak Gov't Gazette*, 1902, 616–22。

42 见 W. B. Pryer's Diary at Sandakan, 31 March 1878, in CO/874/vol. 67/Resident's Diaries。

43 Kruijt, *Atjeh en de Atjehers*, 98–99; ARA, GGNEI to Gov Labuan, 11 Dec. 1882, no. 41, in 1882, MR no. 1222, and ARA, Resident Sumatra East Coast to GGNEI, 22 Sept. 1883, La R7, Secret, in 1883, MR no. 888; ARA, GGNEI to Gov SS, 22 June 1881, no. 1 Confidential, in (MvK, Verbaal 18 Oct. 1881, A3/no. 15; 8594).

44 ARA, Kapt. Bogaart, *Timor*, to Military Commander in Aceh, 1 Aug. 1873, no. 4, and 26 April 1873, no. 21, both in MvK, Verbaal 17 Dec. 1873, D33; Captain of the *Zeeland* to Dutch Consul, Penang, 20 April 1874, no. 732, and "Memorandum on the Alleged Smuggling of War into Acheen by the British Consul in Oleh Oleh," 6 Aug. 1883, both in PRO/FO/220/Oleh Oleh Consulate/1882–85/vol. 11.

45 Memorandum of Pangeran Shahbandar, Muara Damit, 11 Jan. 1897, in CO 144/71.

46 ARA, Dutch Consul Singapore to General Secretary, Buitenzorg, 25 Oct. 1881, no. 646 Secret, in (MvK, Verbaal 7 Aug. 1894, no. 20); ARA, 1886, MR no. 608; ANRI, Dutch Consul Singapore to GGNEI, 18 May Confidential, in Kommissoriaal 20 June 1876, no. 469az, in Aceh no. 13, "Stukken Betreffende Atjehsche Oorlog," no. 235–469, 1876; ARA, 1891, MR no. 972; ARA, Dutch Consul, Bangkok to MvBZ, 27 Nov. 1882, in MvBZ/A Dossiers/box 111/A.49ss.

47 ANRI, Dutch Consul Singapore to GGNEI, 18 May Confidential, in Kommissoriaal 20 June 1876, no. 469az, in Aceh no. 13, "Stukken Betreffende Atjehsche Oorlog," no. 235–469, 1876; ARA, Dutch Consul Singapore to General Secretary, Buitenzorg, 25 Oct. 1881, no. 646 Secret, in (MvK, Verbaal 7 Aug. 1894, no. 20).

48 见 ARA, Resident Sumatra East Coast to GGNEI, 22 Sept. 1883, La R7, Secret, in 1883, MR no. 888; many other sources show these activities being carried out。亦可见 ARA, Dutch Consul, Singapore to GGNEI, 12 Feb. 1887; Dutch Consul, Singapore to Acting Gov, Labuan, 18 July 1879, no. 531; same to same, 24 Oct. 1879, no. 792, all in (MvBZ/A Dossiers/box 111/A.49SS/ "Uitvoerverbod ..."); ARA, 1877, MR no. 287; ARA, 1886, MR no. 487, 568, 72A, 166; "Regina on the Prosecution of E. H. Bell, Respondent, v. John Burnett Paige, Appellant," in *SSLR*, 1894, 2:84 passim。

49 This proclamation, dated 22 Jan. 1885, is under cover of ARA, Siamese Minister of Foreign Affairs to Dutch Consul, Bangkok, 28 Jan. 1885, in MvBZ/A Dossiers/box 111/A.49ss.

50 例如，可见 MvBZ to MK, 8 Jan. 1883, Afd 1, no. 113, Dutch Consul, Bangkok, to Dutch Consul, Singapore, 21 Oct. 1882, no. 356 and Siamese Private Secretary to Dutch Consul, Bangkok, 1 Nov. 1882, all in MvBZ/A Dossiers/box 111/A.49ss。

51 例如，可见 ARA, Dutch Consul, Penang to GGNEI, 29 Dec. 1881, in (MvBZ/A Dossiers/box 111/A.49SS/ "Uitvoerverbod ...")。

52 ARA, Siamese Minister for Foreign Affairs to Dutch Consul, Bangkok, 2 March 1882; Dutch Consul, Singapore to General Secretary, Buitenzorg, 25 Oct. 1881, no. 646 Secret; Dutch Consul, Bangkok to GGNEI, 12 Sept. 1882, no. 291, all in (MvK, Verbaal 7 Aug. 1894, no. 20).

53 ARA, GGNEI to Dutch Consul, Bangkok, 6 Jan. 1882, no. 7; Dutch Consul, Bangkok to

GGNEI, 12 Sept. 1882, no. 292, both in (MvK, Verbaal 7 Aug. 1894, no. 20).

54 "Kapitan kapal api yang bernama Singapura itu khabarnya telah didenda $10 oleh hakim mahkamah wakil kerajaan Inggeris di Bangkok Siam karna membawa masok kasitu lima laras senapang dan obat bedil." *Utusan Malayu*, 1 Feb. 1908, 1.

55 "Memorandum on the Alleged Smuggling of War into Acheen by the British Consul in Oleh Oleh," 6 Aug. 1883, in PRO/FO/220 /Oleh Oleh Consulate/1882–85/vol. 11.

56 ARA, Loose sheet in front of the logbooks of the *Metalen Kruis*, no. 3108–09, reading "Process Verbaal," 17 August 1875, signed by Capt. and Quartermaster, telling that rifle no. 2988 of sailor 3rd class C. Koetelink fell overboard. (Ministerie van Marine, 2.12.03.)

57 ARNAS, Algemeene en Administratieve Verslag der Residentie Palembang 1886 (Palembang no. 65/6); ARA, telegram to Gov Gen NEI, sent via Penang 9/6/1885 (MvK); Resident Deli to Gov Gen NEI, 12 March 1904, telegram no. 117, in (Sumatra Oostkust, fiche no. 156) (MvK, PVBB).

58 ARA, Controleur Djambi to Resident Palembang, 13 Nov. 1880, Ltt. W, in 1880, MR no. 999; ARA, 1881, MR no. 86, 169, 281; and ARA, Resident Palembang to Gov Gen NEI, 3 Jan. 1881, Ltt.B, in 1881, MR no. 33.

59 "Remarks by C. V. Creagh on the Proposed Customs Excise and Inland Revenue Consolidating Proclamation," 11 Jan. 1892, in CO/874/box 207.

60 ARA, "Nota ter Beantwoording van Sommige Punten . . ." in (MvK, Verbaal 16 Feb. 1880, A3/no. 2; 1299).

61 Dutch Consul, Singapore to British Consul, Oleh Oleh, 17 Feb. 1883, in PRO/FO/220/Oleh Oleh Consulate/vol. 11; see also Melaka's arms imports, *SSBB*, 1873, 463.

62 *Straits Times*, 6 July 1888, 3.

63 "Memorandum on the Alleged Smuggling of War into Acheen by the British Consul in Oleh Oleh," 6 Aug. 1883, in PRO/FO/220 /Oleh Oleh Consulate/1882–85/vol. 11.

64 ARA, "Nota aan de Gouverneur van Atjeh," (n.d) in (MvK, Verbaal 24 Jan. 1884, A3/no. 28; 929).

65 ANRI, Extract of Lavino to GGNEI, 5 Sept. 1873, no. 15, in Kommissoriaal 15 April 1875, no. 374az, in Aceh no. 8, "Atjehsche Verslagen 1874–75" .

66 "Memorandum on the Alleged Smuggling of War into Acheen by the British Consul in Oleh Oleh," 6 Aug. 1883, in PRO/FO/220 /Oleh Oleh Consulate/1882–85/vol. 11.

67 ANRI, Lavino to GGNEI, 5 July 1876, no. 100/G, in Kommissoriaal 21 August no. 607az, in Aceh no. 14, "Stukken Betreffende Atjehsche Oorlog," no. 475–754, 1876; ANRI, Dutch Consul Singapore to GGNEI, 8 June 1876, Confidential, in Kommissoriaal 10 Oct. 1876, no. 459az, in Aceh no. 13, "Stukken Betreffende Atjehsche Oorlog," 1876, no. 235–469, 1876.

68 ARA, GGNEI to MvK, 18 Aug. 1881, no. 1494/9, in (MvK, Verbaal 30 Sept. 1881, A3/no. 4, 8028); ARA, MvBZ to MvK, 5 Feb. 1881, no. 965; British Consul, Hague to MvBZ, 1 Feb. 1881; William Cann, Master of the "Batara Bayon Sree" to Col Sec, Singapore, 3 Nov. 1880; Decision of High Court of Justice, Makassar, 15 Sept. 1880; Petition of Gwee Kim Soon,

注 释

Part Owner of the *Batara Bayon Sree*, to Gov SS, 6 Aug. 1880; GGNEI to Gov SS, 12 July 1880, no. 22, all in (MvK, Verbaal 17 Feb. 1881, no. 33/298); ARA, StationCommandant, Celebes, to Commander NEI Navy, 7 Aug. 1879, no. 1113, in 1879, MR no. 501; and ARA, Captain of the *Batara Baijan Sree* to Singapore Master Attendant, 18 Aug. 1879, in 1879, MR no. 725.

69 ARA, Dutch Consul, Singapore, to GGNEI, 21 Nov. 1884, no. 732, in 1884, no. 732, in 1884, MR no. 738; ARA, Dutch Consul, Singapore to Acting Col Sec, SS, 17 Nov. 1884, no. 722, in 1884, MR no. 722.

70 ARA, Dutch Consul, Singapore to Acting Col Sec, SS, 21 Nov. 1884, no. 731, in 1884, MR no. 738; ARA, Dutch Consul, Singapore, to Sec. Gen., Buitenzorg, 19 Dec. 1884, no. 805, in 1884, MR no. 817.

71 ARA, "Verbod op den Uitvoer van Wapenen . . ." (n.d), in (MvK, Verbaal 16 July 1900, Kab Litt. T9; 7826).

72 见 CO to Gov SS, 16 May 1873, and CO to Gov SS, 23 Sept. 1873, both in PRO/Admiralty/125/China Station: Correspondence [no. 140: The Straits of Malacca and Siam]。

73 ANRI, Lavino to GGNEI, 9 Dec. 1875, no. 81/G Confidential, in Kommissoriaal 4 Jan. 1876, no. 10az, in Aceh no. 12, "Stukken Betreffende Atjehsche Oorlog," no. 4–234, 1876.

74 ANRI, Lavino to GGNEI, 11 May 1876, no. 94G Confidential, in Kommissoriaal 15 June 1976, no. 458az, in Aceh no. 13, "Stukken Betreffende Atjehsche Oorlog," no. 235–469, 1876.

75 Kruijt, *Atjeh en de Atjehers*, 53.

76 "Statement Furnished by the Dutch Consul at Penang of Arms and Ammunition Exported From Penang to Sumatra During the Year 1882 [Principally—If Not Entirely—to Supply 'Friendly' Chiefs," 1883, and "Total of the Arms and Ammunition Exported From Penang to Sumatra During 1882, According to Statistics Compiled by the Harbor Master at Penang," 1883, both in PRO/FO/220/Oleh Oleh/vol. 11.

77 "A List of Cases of Smuggling Compiled in August 1882 by Mr. van Langen, then Assistant Resident on the West Coast of Acheen," Aug. 1882, in PRO/FO/220/Oleh Oleh Consulate/vol. 11.

78 British Consul, Oleh Oleh to Major McNair, Penang, 26 Sept. 1883, no. 541, in PRO/FO/220/Oleh Oleh/vol. 11.

79 "迄今为止，走私贸易一直肆无忌惮，零星的查缉只会让走私者更加谨慎。他们将想出新的手段来规避法律，挫败司法目标。" *Straits Times*, 10 July 1888, 3.

80 ARA, Commander of NEI Marine to Gov Gen NEI, 29 April 1885, no. 4623, in (MvK, Verbaal 2 Oct. 1885, Kab. B11).

81 ANRI, Lavino to GGNEI, 30 March 1875, no. 165, in Kommissoriaal 15 April 1875, no. 374az, in Aceh no. 8 "Atjehsche Versagen 1874–75."

82 ARA, Resident Sumatra East Coast to GGNEI, 22 Sept. 1883, La R17, Secret, in 1883, MR no. 888.

83 Gov Aceh to GGNEI, 24 Nov. 1905, telegram no. 921, and same to same, 27 Nov. 1905, telegram no. 927, both in (Atjeh, fiche no. 1) (MvK, PVBB).

84 *Javasche Courant,* 12 Dec. 1905, no. 99, and Gov Aceh to GGNEI, 16 Dec. 1905, telegram no. 962, both in (Atjeh, fiche no. 1) (MvK, PVBB).

85 "Copy of Minutes Relating to the Arms Act, Labuan Session no. 1 of 1866, Tuesday May 8th," Colonial Surgeon's Testimony, in CO 144/25.

86 Gov Labuan to CO, 29 June 1866, no. 16 in CO 144/25; Gov Labuan to CO, 22 April 1865, no. 6; Gov Labuan to CO, 29 June 1866, no. 16, in CO 144/25.

87 Warren, *The Sulu Zone,* see 129 passim.

88 William Pretyman's Diary at Tempasuk, 12 Dec. and 28 Feb. 1879, in CO/874/vol. 72/ Resident's Diaries.

89 Mr. Everett's Journal at Papar, 27 April 1880 and 6 Oct. 1879, both in CO/874/vol. 73/ Resident's Diaries.

90 "Remarks by C. V. Creagh on the Proposed Customs Excise and Inland Revenue Consolidating Proclamation," 11 Jan. 1892, in CO/874/box 207.

91 Gov Labuan to CO, 16 June 1880, no. 53, in CO/144/53; CO Jacket, 30 Nov. 1881, no. 86, in CO 144/55; CO to BNB HQ, London, 28 March 1882, and CO Jacket, 6 July 1882, both in CO 144/56..

92 Gov BNB to CO, 31 1884, no. 92; CO Jacket, 23 Oct. 1884; and CO to Gov BNB, 31 Oct. 1884, all in CO 144/58.

93 Gov Labuan to CO, 4 Sept. 1882, no. 56.

94 "Protocol Relative to the Sulu Archipelago, Signed at Madrid by the Representatives of Great Britain, Germany, and Spain on 7 March 1885," Article 4, in CO 144/71.

95 British Envoy, Madrid to FO, 30 March 1897, in CO 144/71.

96 ARA, Chinese Neutrality Decree, Tsungli Yamen, 9 May 1898; Proclamation of Neutrality by Netherlands India (in *Javasche Courant,* 26 April 1898), and Proclamation of Neutrality by the Straits Settlements (in *SSGG,* 25 April 1898), all in (MvBZ/A Dossiers/box 426/A.186).

97 见*Javasche Courant,* 29 April 1898, in (MvBZ/A Dossiers/box 426/A.186)。

98 ARA, Dutch Consul, Manila "Report over the Months March and April, 1902," in (MvBZ/A Dossiers/box 426/A.186); Warren, *The Sulu Zone,* 129–30; *New York Herald,* 27 Sept. 1898; *Manila Times,* 4 April 1899, all in (MvBZ/A Dossiers/box 426/A.186). 一些武器是从香港和其他北部港口运给阿奎纳多（Aguinaldo）及菲律宾"独立运动"成员的。

99 ARA, Dutch Minister, Navy to Directors and Commanders, Dutch Ministry, Marine, May 1898, Circulaire no. 261, in (MvBZ/A Dossiers/box 426/A.186).

第十三章 违禁品和"金万安"号帆船

1 Lombard, *Kerajaan Aceh Jaman Sultan Iskandar Muda* (1986).

注 释

2 见 Hurgronje, *De Atjehers* (1893–94); L. Andaya, "Interactions with the Outside World" (1992), 383; and B. Andaya, "Political Development" (1992), 439; Hasjmy, *Kebudayaan Aceh Dalam Sejarah* (1983)。

3 见人口统计数据，*SSBB*, 1873, 258。

4 同上，261–62。

5 交换信息的过程也可以找到；同上，292。槟城这一时期的更多资料，可参考 City Council of Georgetown, *Penang Past and Present* (1993), and Low, *The British Settlement of Penang* (1972)。

6 ANRI, Dutch Consul, Penang to GGNEI, 21 June 1876, no. 991G Confidential, in Kommissoriaal 14 July 1876, no. 522az, in Aceh no. 14 "Stukken Betreffende Atjehsche Oorlog (1876)" /no. 475–734.

7 ANRI, "Comparative Table of Exports from Penang to Acheen in 1874 and 1875," in Kommissoriaal 14 July 1876, no. 522az, in Aceh no. 14 "Stukken Betreffende Atjehsche Oorlog (1876)" /no. 475–734.

8 ANRI, Dutch Consul Penang to GGNEI, 9 Dec. 1875, no. 81/G Confidential, in Kommissoriaal 4 Jan. 1876, no. 10az, in Aceh no. 12 "Stukken Betreffende Atjehsche Oorlog (1876)" /no. 4–234.

9 Zainol, "Aceh, Sumatera Timur dan Pulau Pinang" (1995).

10 ANRI, Dutch Consul, Penang to GGNEI, 24 May 1876, no. 96G, Confidential, in Kommissoriaal 24 June 1876, no. 479az, in Aceh no. 14 "Stukken Betreffende Atjehsche Oorlog (1876)" /no. 475–734.

11 槟城华人公司 Ang Pi Ouw、Lim Thik Soei and Co. 已从伊迪王公处获得了该地区大部分进出口的包税饷码权。见 Kruijt, *Atjeh en de Atjehers*, 186。

12 ANRI, Dutch Consul, Penang to GGNEI, 24 May 1876, no. 96G, Confidential, in Kommissoriaal 24 June 1876, no. 479az, in Aceh no. 14 "Stukken Betreffende Atjehsche Oorlog (1876)" /no. 475–734.

13 Kruijt, *Atjeh en de Atjehers*, 55.

14 "士兵们说，这个华人是为了对抗新邦乌林而卜船的，他将担任向导；他在这些海岸线上做了多年买卖，熟悉许多地方……" 出处同上，54。

15 ANRI, Petition of Wong Shi Bing and Yeung Iin Ying, Dec. 1875, inside Asst. Resident Semarang to General Secretary, Batavia, 14 Jan. 1876, no. 402, in Aceh no. 12, "Stukken Betreffende Atjehsche Oorlog (1876)" /no. 4–234.

16 Sandhu, "The Coming of the Indians to Malaysia" (1993), 151–89; Mani, "The Indians in North Sumatra" (1993), 46–97; Sandhu, *Indians in Malaya* (1969); Bhattacharya, "The Chulia Merchants of Southern Coromandel" (1994); Khatchikiam, "The Chulia Muslim Merchants in Southeast Asia, 1650–1800" (1996); Fujimoto, *The South Indian Muslim Community* (1988); and Rudner, *Caste and Capitalism* (1994).

17 见 Kielstra, "De Uitbreiding van het Nederlandsch Gezag op Sumatra" (1887), 256 passim。

18 Gerlach, "De Eerste Expeditie Tegen Atjeh" (1874), 73–76.

19 Van der Stok, "Wetenschappelijk Verslag" (1874/5), 577–91.

20 Kruijt, *Atjeh en de Atjehers*, 25, 28.

21 British Admiralty to Vice-Admiral Shadwell, China Station, 27 June 1873, no. 194, in PRO/Admiralty/125/China Station/box 140/Correspondence.

22 来自双方的不同视角，见 van't Veer, *De Atjeh Oorlog* (1969), and *Perang Kolonial Belanda di Aceh* (1990)。

23 关于威望的讨论，见 Locher-Scholten, "Dutch Expansion" (1994): 91–111。

24 ANRI, Dutch Consul, Penang to GGNEI, 24 May 1876, no. 96G, Confidential, in Kommissoriaal 24 June 1876, no. 479az, in Aceh no. 14 "Stukken Betreffende Atjehsche Oorlog (1876)" /no. 475–734.

25 Janssen, "De Statistiek van den Handel" (1892), 161–78; ARA, Dutch Vice-Consul Penang to Dutch Vice Consul Singapore, 2 May 1874, in (MvK, Verbaal 25 Aug. 1874, Contraband and the Kim Ban An 335E24, Kabinet); ANRI, Dutch Consul Penang to GGNEI, 10 May 1876, no. 95G, Confidential, in Kommissoriaal 15 June 1876, no. 458az, in Aceh no. 13: "Stukken Betreffende Atjehsche Oorlog (1876)" /no. 235–469.

26 ARA, Golam Meydinsah's Statement, 7 Feb. 1874, and Kim Ban An Charter Party, 27 June 1873, both in (MvK, Verbaal 10 Dec. 1899, no. 21.)

27 这一信息可从下面找到：Ismail's article, "The Economic Position of the Uleebalang" (1994), 79–83。

28 ANRI, Dutch Consul, Penang to GGNEI, 24 May 1876, no. 96G, Confidential, in Kommissoriaal 24 June 1876, no. 479az, in Aceh no. 14 "Stukken Betreffende Atjehsche Oorlog (1876)" /no. 475–734. 同时，新邦乌林也被认为是坚决抵抗荷兰的。

29 Kruijt, *Atjeh en de Atjehers*, 42.

30 ANRI, Dutch Consul, Penang to GGNEI, 13 April 1876, no. 921G Confidential, in Kommissoriaal 3 May 1876, no. 332az, in Aceh no. 13: "Stukken Betreffende Atjehsche Oorlog (1876)" /no. 235–469.

31 ANRI, Dutch Consul, Penang to GGNEI, 11 May 1876, no. 94G Confidential, in Kommissoriaal 15 June 1876, no. 458az, in Aceh no. 13: "Stukken Betreffende Atjehsche Oorlog (1876)" /no. 235–469.

32 同上。

33 见 Zainol, "Aceh, Sumatera Timur, dan Pulau Pinang," 249–51; Eusoff, *The Merican Clan* (1997), 29–51。

34 Helen Fujimoto, *The South Indian Muslim Community*, chaps. 1–3.

35 例如，可见 "Noorsah Bawasah Merican v. William Hall and Co." in *Kyshe* 1:640 passim; "Palaniapah Chetty v. Hashim Nina Merican" *Kyshe* 4:559 passim; and "Ahamed Meah and Anor. v. Nacodah Merican" *Kyshe* 4:583 passim.

36 见 "Mushroodin Merican Noordin v. Shaik Eusoof" *Kyshe* 1:390 passim; "Merican and Ors. v. Mahomed" *Kyshe* 3:138 passim。

37 "In the Goods of Muckdoom Nina Merican" *Kyshe* 4:119; "Noor Mahomed Merican and Anor., v. Nacodah Merican and Anor," *Kyshe* 4:88 passim.

38 见 ARA, "Translation of a Letter from Omar Kattab Merican to Seenat Powlay Merican," 9 Sept. 1973, and same to same, 21 June 1873, both in (MvK, Verbaal 25 Aug. 1874, E24, Kabinet)。

39 Fujimoto, *The South Indian Muslim Community*, genealogical indexes.

40 ANRI, Dutch Consul Penang to GGNEI, 10 May 1876, no. 95G, Confidential, in Kommissoriaal 15 June 1876, no. 458az, in Aceh no. 13: "Stukken Betreffende Atjehsche Oorlog (1876)"/no. 235–469.

41 ANRI, "Comparative Table of Exports from Penang to Acheen in 1874 and 1875," in Kommissoriaal 14 July 1876, no. 522az, in Aceh no. 14 "Stukken Betreffende Atjehsche Oorlog (1876)"/no. 475–734; ANRI, Dutch Consul, Penang to GGNEI, 21 June 1876, no. 991G Confidential, in Kommissoriaal 14 July 1876, no. 522az, in Aceh no. 14 "Stukken Betreffende Atjehsche Oorlog (1876)"/no. 475–734.

42 这两个地方的统计数据远远超过其他任何产地或目的地；见 *SSBB*, 1873, 493–96。

43 ANRI, Dutch Consul Penang to GGNEI, 10 May 1876, no. 95G, Confidential, in Kommissoriaal 15 June 1876, no. 458az, in Aceh no. 13: "Stukken Betreffende Atjehsche Oorlog (1876)"/no. 235–469.

44 见 3 封马来语信件，ANRI, Civil and Military Commander, Aceh, to GGNEI, 12 Aug. 1876, no. 484, in Aceh no. 14 "Stukken Betreffende Atjehsche Oorlog (1876)"/no. 475–734。

45 ANRI, Dutch Consul Penang to GGNEI, 21 June 1876, no. 991G Confidential, in Kommissoriaal 14 July 1876, no. 522az, in Aceh no. 14 "Stukken Betreffende Atjehsche Oorlog (1876)"/no. 475–734.

46 Kruijt, *Atjeh en de Atjehers*, 167, 143, 168

47 ANRI, Comparative Table of Rice Exported from Penang to Acheen, in Kommissoriaal 14 July 1876, no. 522az, in Aceh no. 14 "Stukken Betreffende Atjehsche Oorlog (1876)"/no. 475–734.

48 ANRI, Dutch Consul, Penang to GGNEI, 21 June 1876, no. 991G Confidential, in Kommissoriaal 14 July 1876, no. 522az, in Aceh no. 14 "Stukken Betreffende Atjehsche Oorlog (1876)"/no. 475–734, ANRI, Dutch Consul, Penang to GGNEI, 19 July 1876, no. 101/G, in Kommissoriaal 21 Aug. 1876, no. 608az, in Aceh no. 14 "Stukken Betreffende Atjehsche Oorlog (1876)"/no. 475–734.

49 ANRI, Dutch Consul Penang to GGNEI, 7 Jan. 1876, no. 83G Confidential, in Department van Oorlog VII Afdeeling Generale Staf, in Aceh no. 12: "Stukken Betreffende Atjehsche Oorlog (1876)"/no. 4–234.

50 ANRI, Dutch Consul Penang to GGNEI, 9 Dec. 1875, no. 81/G, Confidential, in Kommissoriaal 4 Jan. 1876, no. 10az, in Aceh no. 12: "Stukken Betreffende Atjehsche Oorlog (1876)"/no. 4–234; ANRI, Dutch Consul, Penang to GGNEI, 19 July 1876, no. 101/G, in Kommissoriaal 21 Aug. 1876, no. 608az, in Aceh no. 14 "Stukken Betreffende Atjehsche

Oorlog (1876)"/no. 475–734.

51　海峡英国一侧的数字，见 SSBB, 1873, 444; ANRI, Comparative Table of Opium Exported from Penang to Acheen, in Kommissoriaal 14 July 1876, no. 522az, in Aceh no. 14 "Stukken Betreffende Atjehsche Oorlog (1876)"/no. 475–734。

52　ANRI, "Proclamation of Col. Sec. Birch, 31 March 1873," in Aceh no. 5: "Stukken aan de Kommissie"; also see CO to Gov, SS, 23 Sept. 1873, no. 206, in PRO/Admiralty/125/China Station/box 140/Correspondence.

53　例如，可见 Captain, Citadel van Antwerpen, to Dutch Consul, Penang, 9 May 1873, no. 283, and 15 June 1873, no. 37; Captain Vice-Admiral Koopman to Dutch Consul, Penang, 27 Jan. 1874, no. 251; Captain of the Zeeland to Dutch Consul, Penang, 20 April 1874, no. 732; Captain of the Metalen Kruis to Dutch Consul, Penang, 4 Jan. 1875, no. 1264; 14 Feb. 1875, no. 1456; 12 March 1875, no. 1293; and 4 July 1876, no. 1932, all in PRO/FO/220/Oleh Oleh Consulate/vol. 11/1882–85。

54　这份公告指出，亚齐的海岸、河流、海湾和港口现在将被视为处于封锁之下，详见 ARA, MvK, Verbaal 24 July 1873, B21。

55　见 British Admiralty to Vice-Admiral Shadwell, China Station, 21 Aug. 1873, no. 239, in PRO/Admiralty/125/China Station/box 140; also see Government Notification no. 125, as published in the SSGG, 13 June 1873。

56　ARA, General Secretary, Buitenzorg, to Dutch Consuls Singapore and Penang, 21 June 1873, La H1 Secret; Extract Uit het Register der Besluiten aan den Gouverneur Generaal van Nederlandsch Indië, 21 June 1873, La C3; and "Instructie voor de Kommandant der Maritieme Middelen Belast met de Blokkade van de Kusten van het Atjehsche Rijk" (n.d.), all in (MvK, Verbaal 16 Aug. 1873, J23 Secret.)

57　ARA, Advies van den Raad van NI Uitgebragt in de Vergadering van den 17 Junij, 1873; and Commander Dutch NEI Navy to GGNEI, 10 June 1873, no. 239 Secret, both in (MvK, Verbaal 16 Aug. 1873, J23 Secret.)

58　见 ANRI, Dutch Consul, Singapore to Col Sec, Straits, 8 March 1873, no. 1a; Col. Sec, Straits, to Dutch Consul, Singapore, 11 March 1873; and Dutch Commissioner Niewenhuijzen to Col Sec, Straits, 13 March 1873, all in Aceh no. 5: "Stukken aan de Kommissie"。

59　Backer-Dirks, De Gouvernements Marine, 170; Kruijt, Atjeh en de Atjehers, 34.

60　见 SSLCP, meeting of 23 June 1873, 69。

61　Singapore Daily Times, 25 June 1873, 2. 李奥诺文斯夫人是曼谷宫廷中著名的英国家庭教师，后因好莱坞电影《国王与我》(The King and I) 而名垂青史。

62　总督"通常理应是这些地区贸易的保护者"，但结果却"完全相反"。见 Singapore Daily Times, 24 June 1873, 2。

63　见当天的新闻报道，SSGG, 27 June 1873, 858, 877, 880, 883。

64　ARA, Logbook of the Den Briel, no. 712, 27 June 1873, 24–25; Logbook of the Coehoorn, no. 932, 27 June 1873, 144; Logbook of the Watergeus, no. 4887, 27 June 1873, 185–87; Logbook of the Metalen Kruis, no. 3108, 27 June 1873, 151–52; Logbook of the Citadel van

注释

Antwerpen, no. 908, 27 June 1873, 175–77; Logbook of the Maas en Waal, no. 2755, 27 June 1873, 60–61; Logbook of the Zeeland, no. 5157–58, 27 June 1873, 151–52, all in (Ministerie van Marine/2.12.03/Scheeps-Journalen.) 这些数据来自荷兰的记录, 图表中提供的气象信息来自英国的记录, 反映了不同的系统。

65 气象数据见 SSBB, 1873, 557, 该文件中提供了 1873 年前后新加坡的平均总降雨量。

66 引自 Shelford 的话, 说的是在这个季节建造 North Sands 灯塔时遇到的困难, 见 SSLCP, 1873, 3。

67 ARA, "Atjehsche Eskader, Wateren van Atjeh 16 Junij 1873," in (MvK, Verbaal 24 July 1873, B21.)

68 ARA, Logbook of the Coehoorn, no. 932, 27 June 1873, 144; Logbook of the Metalen Kruis, no. 3108, 27 June 1873, 151–52; Logbook of the Citadel van Antwerpen, no. 908, 27 June 1873, 175–77; Logbook of the Maas en Waal, no. 2755, 27 June 1873, 60–61; Logbook of the Zeeland, no. 5157–58, 27 June 1873, 151–52, all in (Ministerie van Marine/2.12.03/Scheeps-Journalen.)

69 Kruijt, *Atjeh en de Atjehers*, 29, 30, 44.

第十四章　非法世界, 1873—1899

1　对这次宗教游行 (似乎既包含了中式, 又有印度式) 的描述, 见 SSLCP, 1873, 126–27。

2　*Singapore Daily Times*, 23 Aug. 1873, 4.

3　*Singapore Daily Times*, 21 Aug. 1873, 2.

4　见 *Penang Guardian and Mercantile Advertiser*, 20 Aug. 1873, 2。

5　马德拉斯的助理政府天文学家因未婚妻悔婚而自杀; 在爱尔兰, 谋杀和其他暴力犯罪案件正在增加。见 *Penang Guardian and Mercantile Advertiser*, 21 Aug. 1873, 3。

6　不过伊迪最终还是被封锁了, 见 Kruijt, *Atjeh en de Atjehers*, 39, 48。

7　例如, 可查看封锁舰队 (包括"帝汶"号、"库霍恩"号、"锡亚"号、"登布里尔"号和"维特格斯"号等) 的船长提交给荷兰海军指挥官的信件, ARA, (MvK, Verbaal 17 Dec. 1873, D33)。

8　Kruijt, *Atjeh en de Atjehers*, 83, 40.

9　ARA, "Positie de Schepen en Vaartuigen in de Wateren van Atjeh op den 28 Augustus, 1873," in (MvK, Verbaal 17 Dec. 1873, D33.)

10　ARA, Shiplog of the *Den Briel*, no. 712, 22 Aug. 1873, 76; Shiplog of the *Watergeus*, no. 4887, 23 Aug. 1873, 57; Shiplog of the *Bommelerwaard*, no. 585, 21 Aug. 1873, 91, all in (Ministerie van Marine/2.12.03/Scheeps-Journalen).

11　荷二人温度计的实际读数是 30 摄氏度, 换算成 86 华氏度。见 weather indications as provided in SSBB, 1873, 559–60; also ARA, Logbook of the *Citadel van Antwerpen*, no. 908, 914, 23 Aug. 1873, 118–19, in (Ministerie van Marine/2.12.03/Scheeps-Journalen)。

12　ARA, Logbook of the *Banda*, no. 383, 23 Aug. 1873, 103–04; Logbook of the *Sumatra*, no. 4267, 23 Aug. 1873, 56, both in (Ministerie van Marine/2.12.03/Scheeps-Journalen).

13　ARA, Nota, Minister van Koloniën, 16 March 1899, in (MvK, Verbaal, 16 March 1899, U4 Kabinet.)

14　ARA, Commander of the *Coehoorn* to Station Commander, East Coast of Aceh, 25 Aug. 1873, no. 1006, entry for 23 Aug. 1873, in (MvK, Verbaal 17 Dec. 1873, D33).

15　ARA, Commander of the *Timor* to Commander of the Marine, Aceh, 26 Aug. 1873, no. 21, in (MvK, Verbaal 17 Dec. 1873, D33); ARA, Logbook of the *Den Briel*, no. 712, 23 Aug. 1873, 77; Logbook of the *Sumatra*, no. 4267, 23 Aug. 1873, 56, both logbooks in (Ministerie van Marine/2.12.03/Scheeps-Journalen).

16　本案细节见 "Verbeurdverklaring van Prijzen. Blokkade, Mariners Hope," in *IWvhR*, 3 Aug. 1874, no. 579, 121–24。

17　"吉尔比"号审判见 "Verbeurdverklaring van Prijzen. Blokkade, Girbee," in *IWvhR*, 19 Oct. 1874, no. 590, 165–66。

18　ARA, "Staat Aantoonende den Stand van de voor het Prijsgericht Aangangige Gedingen" 16 June 1874, in (MvK, Verbaal 24 Sept. 1874, no. 40); see also "Prijs en Buit. Blokkade. Schoener Ningpo," in *IWvhR*, 15 March 1875, no. 611, 42–44; "Prijs en Buit. Blokkade. Bintang Timor," in *IWvhR*, no. 632, 9 Aug. 1875, 126–27; "Prijs en Buit. Blokkade. Schending. Kim Soon Chin Lee," in *IWvhR*, 16 Aug. 1875, no. 633, 130–31.

19　ARA, MvBZ to MvK, 6 Aug. 1873, no. 3, in (MvK, Verbaal 7 Aug. 1873, N22).

20　ARA, British Envoy, Hague, to MvBZ, 8 Jan.1875; Gov. Straits to CO, 1 Sept. 1874, Col. Sec., Straits, to Sec. of Gov't, Batavia, 17 March 1874; Sec. of Gov't, Batavia, to Col. Sec., Straits, 17 April 1874; Col. Sec., Straits, to Gov't Sec., Batavia, 9 July 1874; and Gov't Sec., Batavia, to Col. Sec., Straits, 2 Aug. 1874, all in (MvBZ/A Dossiers/Box 199/A.105).

21　ARA, Commander of the *Siak* to Station Commander, East Coast Aceh, 18 Aug. 1873, no. 11; Commander of the *Coehoorn* to Station Commander, East Coast Aceh, 25 Aug. 1873, no. 1006; Commander of the *Den Briel* to Station Commander, East Coast Aceh, 12 Aug. 1873, no. 386; Commander of the *Timor* to Station Commander, East Coast Aceh, 26 Aug. 1873, no. 494, all in (MvK, Verbaal 17 Dec. 1873, D33); ARA, Shiplog of the *Coehoorn*, Logbook no. 932, 27 June 1873, 144; Logbook of the *Timor*, no. 4413, 25–26 June 1873, 198–99, both logbooks in (Ministerie van Marine/2.12.03/Scheeps-Journalen).

22　见 Kruijt, *Atjeh en de Atjehers*, 153, 157, 206。

23　例如，可见 "Verslag over de Krijgsverrigtingen in Atjeh" (1875), 1–22; Verheij, "Rapport van den 1sten Luitenant" (1877), 103 passim。

24　ARA, "Cornelis de Klopper, Kapt. t/z 1st Klasse," Inventaris no. 3, Stamboek no. 218, in (Ministerie van Marine/2.12.06/Stamboeken).

25　博加特于1892年成为海军中将，范·布鲁克赫伊曾因在苏拉威西岛西南部和婆罗洲东南部的服役而受嘉奖。见 ARA, "Charles Henri Bogaert, Lt. t/z 1st Klasse," Inventaris no. 2, Stamboek no. 158, and "Hendrik Jan.van Broekhuijzen, Lt. t/z 1st Klasse," Inventaris no. 2, Stamboek no. 197, both in (Ministerie van Marine/2.12.06/Stamboeken)。

26　ARA, "Lambertus Jacobus Everaard, 2nd Klasse," Stamboek no. 12914, part 39, in (Ministerie van Marine/2.12.08/Stamboeken Mariniers).

27 内克曼在奔赴巴达维亚之前曾在荷属西印度群岛服役。见 ARA, "Gerriet Nekeman, 1st Klasse," Stamboek no. 9053, part 36, in (Ministerie van Marine/ 2.12.08/Stamboeken Mariniers)。

28 ARA, "Cornelis Sukkel, 2de Klasse," Stamboek no. 7569, part 11, in (Ministerie van Marine/2.12.07/Stamboek Scheepelingen).

29 奥斯滕堡也曾在荷兰位于大西洋和好望角的驻地服役。ARA, "Jan.Ostenbrug, 3de Klasse," Stamboek no. 11807, part 19, in (Ministerie van Marine/2.12.07/Stamboek Scheepelingen).

30 Alfian, *Perang di Jalan Allah* (1987), and Said, *Aceh Sepanjang Abad* (1981).

31 见 "Kort Overzicht der Tweede Expeditie" (1875), 92 passim, 121 passim。

32 同上，58 passim, 100 passim。亦可见 van't Veer, *De Atjeh Oorlog* (1969); *Perang Kolonial Belanda di Aceh* (1977) 和 Alfian, "Sejarah Singkat Perang de Aceh" (1973), 237–66。这张照片摄于 1880 年，在战争最激烈阶段过去的几年之后。

33 "Jaarlijksch Verslag, Singapore" (1874), 490–92; (1875), 113.

34 Lavino, "Aanteekeningen Betreffende het Handelsverkeer in Atjeh" (1877), 751 passim.

35 ARA, "Opgave der Prijs en Buitgelden Gamaakt door de Schepen Behoorende tot het Station Oostkust van Atjeh, Gedurende het Jaar 1874," in (MvK, Verbaal 31 Aug. 1875, V20.)

36 见立法委员会会议上的讨论，SSLCP, 22 July 1873, 102–03。

37 克鲁吉特描述这些货物藏在主帆、桅杆和其他地方。见 Kruijt, *Atjeh en de Atjehers*, 56–57。

38 "Putte, Isaac Dignus Fransen van de," in *Biografische Woordenboek van Nederland*, (1994), 4:1100; "Goltstein, Willem Baron van," in *Biografische Woordenboek van Nederland*, (1994), 1:954.

39 "Joseph Louis Heinrich Alfred Baron Gericke van Herwijnen," in *De Nederlandse Ministers van Buitenlandse Zaken, 1813–1900* (1974), 235; "Gericke van Herwijnen, Joseph L.," in Molhuysen and Kossmann, *Nieuwe Nederlandsch Biografisch Woordenboek*, (1937), 1:928; "Pieter Joseph August Matie van der Does de Willebois," in *De Nederlandse Ministers van Buitenlandse Zaken*, 251; and "Willebois, Pieter Joseph August Maria van der Does de," in *Nieuwe Nederlandsch Biografisch Woordenboek*, 10:1209–10.

40 Reid, *Contest for North Sumatra*, 28, n. 1; "Loudon, James" and "Lansberge, Johan Wilhelm van," in *Biografische Woordenboek van Nederland*, 3:792, 739.

41 海军大臣分别是 L. G. Brocx, I. D. Fransen van de Putte 和 W. F. van Erp Taalman Kip，见 Van Ette, *Onze Ministers Sinds 1798*, (1948), 28。

42 见 "Johannes Eugenius Henny," in Van't Hoff, *Bijdrage tot de Genealogie van het Geslacht Henny* (1939), 21。

43 ANRI, Dutch Consul Singapore to Secretary General Buitenzorg, 11 Jan.1876, no. 18, in Aceh no. 12: "Stukken Betreffende Atjehsche Oorlog (1876)" /no. 4–234.

44 ANRI, Dutch Consul Singapore to Naval Commander, Batavia, 20 Dec. 1875, in Kommandant der Zeemagt en Department van Marine, 18 Aug. 1876, no. 122, in Aceh no. 14: "Stukken Betreffende Atjehsche Oorlog (1876)" /no. 475–734; ANRI, Dutch Vice Consul, Penang to Dutch Consul, Singapore, 23 Feb.1876, in Kommandant der Zeemagt, 7 July 1876, no. 6942, in Aceh no. 12: "Stukken Betreffende Atjehsche Oorlog (1876)" /no. 4–234.

45 ARA, Waterschout W. G. Lorreij to Asst. Resident for Police, Batavia, 7 Oct. 1874; "Requisitoir," 13 Oct. 1874; no. 12 of the Griffier van den Raad van Justitie te Batavia, 17 Nov. 1874, all in (MvK, Verbaal, 23 Aug. 1873, no. 21.)

46 ARA, Procureur-Generaal to GGNEI, 11 July 1899, no. 1258, in (MvK, Verbaal, 23 Aug.ust 1873, no. 21.)

47 ARA, Statement of William Lorrain Hill and Walter Gillespie, 7 Feb. 1874, and Notarizing of the Document by William Rodyk, 7 Feb. 1874, both in (MvK, Verbaal 10 Dec. 1875, Kab R30.)

48 ARA, Statements of W. C. S. Padday, 7 Feb.1874, on Rodyk and Lorrain Hill, both in (MvK, Verbaal 10 Dec. 1875, Kab R30.)

49 ARA, Statement of Golam Meydinsah Merican, 7 Feb.1874, in (MvK, 10 Dec. 1875, Kab R30.)

50 ARA, Statements of W. C. S. Padday, 7 Feb.1874, on Rodyk and Golam Meydinsah Merican, in (MvK, Verbaal 10 Dec. 1875, Kab 30.)

51 ARA, "Vonnis Definitief in de Zaak . . . *Kim Ban An*," and "Sententie Definitief in de Zaak . . . *Kim Ban An*," both in (MvK, Verbaal 10 Dec. 1875, Kab 30); also ARA, "Translation Extract," in (MvBZ/A Dossiers/Box 199/A.105).

52 见 "Verbeurdverklaring. Prizen en Buit. *Kim Ban An*" in *IWvhR*, 21 June 1875, no. 625, 1875; and "Translation Extract," in (MvBZ/A Dossiers/Box 199/A.105)。

53 ARA, "Konsideration en Advies van den Directeur van Justitie," 9 Aug. 1875; "Advies van de Raad van NI, Uitgebragt in de Vergadering van den 20 Augustus 1875"; and GGNEI to MvK, 31 Aug. 1875, no. 1289/3, all in (MvK, Verbaal, 10 Dec. 1875, Kab R30).

54 ARA, Statement of William Lorrain, 28 May 1875, in (MvK, Verbaal 10 Dec. 1875, Kab R30).

55 ARA, G. P. Tolson to GGNEI, 24 July 1875, in (MvBZ/A Dossiers/Box 199/A.105).

56 ARA, Memorial of Omar Nina Merican, 13 Oct. 1898, 17, in (MvBZ/A Dossiers/Box 199/A.105).

57 同上，17。

58 同上，19–20; 亦可见 "Christiaan Henny," in Van't Hoff, *Bijdrage tot de Genealogie van het Geslacht Henny* (1939), 25。

59 "Cremere, Jacob Theodoor," in *Biografische Woordenboek van Nederland*, 1:124.

60 日本刚刚与中国交战并获胜，西班牙将菲律宾输给了美利坚帝国，这些事件在荷兰政策圈引发了极大的焦虑。这可能是任命一名军人领导巴达维亚政府的原因之一。见 "Rooseboom, Willem," in *Biografische Woordenboek van Nederland*, 1:500。

注释

61 "Beaufort, Willem Hendrik de," in *Biografische Woordenboek van Nederland*, 1:28.
62 见 "Consulaat Generaal der Nederlanden in de Straits-Settlements te Singapore," *Consulaire Verslagen en Berichten* (1899) no. 2, 798 passim; (1901), no. 1, 77 passim; (1902), no. 1, 17 passim; also "Consulaat der Nederlanden te Penang," *Consulaire Verslagen en Berigten* (1899), no. 2, 841 passim; (1900) no. 1, 121 passim; (1901), no. 2, 795 passim。
63 "Improvements to the Port of Penang," *SSLCP*, 15 Oct. 1891, C113–17.
64 见 "Sabang Baai" (1903), 238; "Sabang als Kolenstation" (1904), 94; "Suikerpremie, Renteloos Voorschot en de Maildienst naar Poeloe Weh" (1903), 224–25; Cohen Stuart, "Sabang, Penang" (1905), 115 passim。
65 见 *Penang Gazette* of 13 Sept. 1879, 20 Sept. 1879, and 28 Sept. 1879 的摘录, all in ARA, (MvBZ/A Dossiers/Box 199/A.105)。
66 Kempe "De Scheepvaartregeling" (1893), 410–19.
67 见信件 A. M. Skinner, 22 Aug. 1893, no. 6584/16i; the Penang Chamber of Commerce, 18 Aug. 1893, no. 6584/16i; the Earl of Roseberry, 4 Nov. 1893, no. 6584/17; and J. A. de Vieq, 16 Dec. 1897, no. 7243/11i, all published in Nish, ed., *British Documents on Foreign Affairs* (1995)。
68 ARA, Memorial of Omar Nina Merican to the Secretary of State for Foreign Affairs, 13 Oct. 1898; Dutch Envoy, Hague, to MvBZ, 4 Jan. 1899, no. 319; Gov Straits Settlements to Joseph Chamberlain, 17 Nov. 1898, no. 362, all in (MvBZ/A Dossiers/Box 199/A. 105).
69 ARA, Minister van Koloniën, "Nota," 16 March 1899, in (MvK, Verbaal 16 March 1899, U4 Kabinet).
70 ARA, MvK to MvBZ, 16 March 1899, no. 3417, and MvK to MvBZ (draft), 16 Feb. 1899, both in (MvBZ/A Dossiers/Box 199/A.105).
71 ARA, MvK to MvBZ, 16 March 1899, no. 3417 (p. 9), in (MvBZ/A Dossiers/box 199/A.105).
72 见 ARA, "Ontwerp, Aan de Britschen Gezant" (n.d.), in (MvK, Verbaal 25 May 1899, no. 1)。
73 ARA, MvK to MvBZ, 25 May 1899, and MvK to MvBZ, 7 July 1899, both in (MvBZ/A Dossiers/box 199/A.105).
74 ARA, MvBZ to MvK, 3 June 1899, in (MvBZ/A Dossiers/box 199/A.105).
75 ARA, 1st Afdeeling, Raad van Staat to MvBZ, 25 April 1899, no. 30, in (MvBZ/A Dossiers/Box 199/A.105).
76 ARA, Minister van Koloniën, "Nota," 23 Aug. 1899, in (MvK, Verbaal 23 Aug. 1899, no. 21).
77 荷兰人认为,在奥马尔·梅里坎的所有错误陈述中,只有"金万安"号船员被关在巴达维亚这一点可能是小梅里坎存在误解,而不是彻底说谎。殖民大臣猜测,奥马尔·梅里坎误解了荷兰法庭原始文件中的荷兰语动词"bevrijd"(字面意思是"获释"),以为是中式帆船上的船员遭到了囚禁,而后获释。然而,"bevrijd"在该案件中的实际含义是"无罪",也即"摆脱了嫌疑"。这是荷兰人对奥马尔·梅里坎全部言论所作的唯一让步,认为可能是翻译中出了错。针对他所有主张的反驳,见 ARA, "Aantekeningen," inside MvK to MvBZ, 25 May 1899, in (MvBZ/A Dossiers/Box 199/A.105)。

360

361
78　ARA, "Nota" and "Aantekeningen," both inside MvK to MvBZ, 25 Aug. 1899; "Correspondence with the French Government in 1885 Respecting the Treatment of Rice as Contraband," London, His Majesty's Stationery Office, 1911; and MvK to MvBZ, 16 March 1899, no. 3417, all in (MvBZ/A Dossiers/box 199/A.105).

79　ARA, "Advies van den Raad van Nederlandsch Indië, Uitgebragt in de Vergadering van den 14 Mei 1875," in (MvK, Verbaal 31 Aug. 1875, V20).

80　请查看打印小册子《战时舰队与分队指挥官及皇家荷兰海军指挥官指南》(Handleiding in Tijd van Oorlog voor Eskader en Divisie-Commandanten en Commandeerende Officieren, Hr. Ms. Zeemacht, 无日期)，其中对这些问题给出了极其详细的指示，包括对中立商船进行检查的权利、对这些船只发出警告、设置封锁等。该手册存放在 (MvBZ/A Dossiers/Box 199/A.105)。这些程序成为 20 世纪初荷兰人在委内瑞拉外交上特别重要的问题，因为此时海牙不得不再次处理走私者和海上违禁品的问题，这一次是在另一区域。ARA, Minister van Marine to MvBZ, 6 Nov. 1908, no. 715A Secret, in (MvBZ/A Dossiers/box 199/A.105).

81　ARA, British Envoy, Hague to MvBZ, 19 Feb. 1908, in (MvBZ/A Dossiers/box 199/A.105).

82　见 "The Declaration of London," *The Times* (London) 9 March 1911, 6–7。

第十五章　结语

374

1　见 Locher-Scholten, "Dutch Expansion and the Indonesian Archipelago" (1994), 这个论点在印度尼西亚群岛地区得到了最佳阐述。

2　对前现代亚洲海上航线的争议性评估，见 Scammell, "European Exiles, Renegades, and Outlaws" (1992), 641–62。

3　关于东南亚和南亚地缘政治变化的有趣比较，见 Houben, "Native States" (1987), 107–35。

4　Marshall Sahlins 对过去几个世纪里亚洲和大洋洲的商品运输提出了类似的问题；见 "Cosmologies of Capitalism" (1994)。印度洋的情况，可见 Tagliacozzo, "Trade, Production, and Incorporation" (2002), 75–106。

5　见 Appadurai, "Introduction: Commodities and the Politics of Value" (1986), 236–57。

6　关于这一主题，已有大量成熟文献，例如，可见 Berger, *Reading Matter: Multidisciplinary Perspectives* (1992), 37–48; Dant, *Material Culture in the Social World* (1999), 40–59; Miller, "Why Some Things Matter" (1998), 3–24; and Bolton, "Classifying the Material" (2001), 251–68。

7　见 Hoskins, *Biographical Objects* (1998), 83–114, 137–60, 25–58。

8　Spyer, ed., *Border Fetishisms: Material Objects in Unstable Spaces* (1998).

9　对东南亚物质文化和史学的讨论，见 Tagliacozzo, "Amphora, Whisper, Text" (2002), 128–58。

10　见 Thomas, "The Socio-Semiotics of Culture" (1998), 98。

11　Malinowski, *Argonauts of the Western Pacific* (1922).

注 释

12 这些书里最优秀的一本是：Chaiklin, *Cultural Commerce* (2003)。

13 见 Hughes, "The Prahu and Unrecorded Inter-Island Trade" (1986), 103–13, and Richter, "Problems of Assessing Unrecorded Trade" (1970), 45–61。

14 对于这种情况在东印度群岛是如何发生的，见 Mrazek, *Engineers of Happy Land* (2002), and Pyenson, *Empire of Reason* (1989)。思考这一切如何以及为什么在全球空间中发生，见 Adas, *Machines as the Measure of Men* (1989), and Headrick, *The Tools of Empire* (1981)。

15 见 Onghokam, "Korupsi dan Pengawasan" (1986), 3–11, and Onghokam, "Tradisi dan Korupsi" (1983), 3–13。

16 伊斯兰宗教、政治和商业在该地区交织到一起的方式，往往被殖民地国家视为危险，见 Sutherland, "Power, Trade, and Islam" (1988), 145–65。

17 请看 Abdullah 进行的论证，"Reaksi Terhadap Perluasan Kuasa Kolonial" (1984), 以及 Kartodirdjo, ed., *Sejarah Perlawan-Perlawan Terhadap Kolonialisme* (1973)。

18 Wilson and Donnan, "Nation, State, and Identity" (1998), 8–9.

19 见 Hopkirk, *Trespassers on the Roof of the World* (1995), 159–61; Nugent, "State and Shadow-State in Northern Peru" (1999), 63–89; Deeds, "Colonial Chihuahua" (1998), 21–40; and Kearney, "Transnationalism in California and Mexico" (1998), 117–41。

20 Heyman, "States and Illegal Practices" (1999), 1.

21 Fisher, "Workshop of Villains" (1999), 56; Berdan, "Crime and Control in Aztec Society" (1999), 263.

22 对这一论点的注释，见 Day, *Fluid Iron* (2002)。

23 Chu, *The Triads as Business* (2000), Chapters 10, 11, 12; Sidel, *Capital, Coercion, and Crime* (1999).

24 见 Wickberg, *The Chinese in Philippine Life 1850–1898* (1965), 80–93。亦可见 Bankoff, "Bandits, Banditry, and Landscapes of Crime" (1988), 319–39。

25 Sardesai, *British Trade and Expansion in Southeast Asia* (1977), 136 passim.

26 20世纪初，美国在菲律宾应对过"贸易泄漏"和走私问题，而德国在其新几内亚殖民地也遇到了类似的问题。至于法属印度支那的情况，见 Walker, *The Legend of the Golden Boat* (1999), 25–50。

27 对这一主题的讨论，见 Warren, *The Sulu Zone* (1981), 109。

28 Ingram, *Economic Change in Thailand Since 1850* (1955); 更宏观的图景，可参见附录中的表10。

29 Memmi, *The Colonizer and the Colonized* (1965), 127.

30 Chatterjee, "More on Modes of Power" (1983), 317, Wolf, *Europe and the People Without History* (1982), 310–50, esp. 343–46.

31 Sears, "The Contingency of Autonomous History" (1993), 18; See also Spivak, "Subaltern Studies: Deconstructing Historiography" (1988), 10。

32 这个短语当然是来自 Ranajit Guha; 见他所写的 "The Prose of Counter-Insurgency" (1988),

45–88。

33 Wakeman, *Policing Shanghai* (1995), 60–78.

34 Mukherjee, *Crime and Public Disorder* (1995), appendix 2; Chakrabarti, *Authority and Violence in Colonial Bengal* (1997), 1–132; and Arnold, "Crime and Control in Madras" (1985), 62–82.

35 Zinoman, *The Colonial Bastille* (2001), chap. 7; Mrazek, "From Darkness to Light" (1999), 23–46; Barker, "The Tattoo and the Fingerprint" (1999), 129 passim; and Peluso, *Rich Forests, Poor People*, (1992), 44–90.

36 这些理论论述，见 Foucault, *Discipline and Punish* (1977), 169–170; Hobsbawm, *Primitive Rebels* (1959), 5, and Thompson, "The Crime of Anonymity" (1975), 272。印尼人关于抵抗的两种不同的解释，见 Suhartono, *Bandit-Bandit Pedesaan* (1995) generally, and Soeroto, "Perang Banjar", (1973), 163–202。

37 Eric Monkonnen, "The Quantitative Historical Study of Crime" (1980), 53.

38 见 Louwman, "The Geography of Social Control" (1989), 241, and Rengert, "Behavioural Geography and Criminal Behaviour" (1989), 161–75。亦可见 Knafla, "Structure, Conjuncture, and Event" (1996), 34–64; Ruggiero, *Crime and Markets* (2000), 44–64; and Spitzer, "The Political Economy of Policing" (1993), 569 passim。

地名人名拼写和用法说明[*]

追溯在东南亚英荷殖民地边疆上生活并相互影响的众多族群的复杂历史，需要用到多种不同的拼写系统和正字法。荷兰人和英国人各有独立（且通常非常不完善）的名称、地点和概念转写系统；许多当地势力（例如亚齐人和海外华人）也有自己的体系。事实证明，如何在这些令人眼花缭乱的名称中保持一定程度上的一致性，是一项艰巨的挑战。

在简化这些纷繁复杂的拼写方式时，我遵循了若干惯例。在注释中，我采用名字和地点的原始拼写，以便后续研究人员可以方便地从各种档案中找到本书引用的文件。因此，注释中"马六甲"的拼写形式，采用是"Malacca"而非"Melaka"，"勿里洞"是"Billiton"而非"Belitung"。在正文叙述中，提及地点时我使用现代名称："亚齐"是"Aceh"而不是"Atjeh"，"明古鲁"是"Bengkulu"而不是"Bencoolen"。这是为了帮助现代读者通过熟悉的现代地理来理

---

* 这里指原书所采用的拼写和用法。

解此处呈现的历史。

　　对于名字，我几乎在所有情况下都采用当时的写法。因为本书中讨论的几乎所有"走私者"都是中下层阶级，除了殖民地政府记录下来的方式之外，他们的名字再无其他形式保存下来。尤其是华人群体，汉语名字会出现荷兰语和英语的两种罗马字母拼写形式。然而，这些是我们仅有的历史记录，因此我使用的是它们在原始档案中出现的方式。至于华人的民族分类，我采用了当代拼写方式："海南人"写成"Hainanese"而不是"Hailam"，"客家人"写成"Hakka"而不是"Keh"。

　　文中提到的华人村庄采用当时的写法，并在括号内标注现代名称，以便读者在现代地图上找到地点。对于知名的中国城市和港口，我保留其原始的形式，不过，在第一次提到的地方，我会用括号标注现代拼写：对于"厦门"，我用了"Amoy"而不是"Xiamen"，"北京"用的是"Peking"而不是"Beijing"。中国的各省份也遵循同样的方法。

致 谢

没有哪本书是凭借一己之力写完的，而这本书兴许比大多数书籍都需要更多的帮助。许多同事都愿意讨论本书手稿中的观点、人物和地点，这让我感到相当意外。这里尤其想要提到我的三位老师：除了学术知识，他们还教会了我关于生活的知识，对于他们传授给我的一切，我将永远心存感激。过去几年，有几位学者以这样或那样的形式阅读了本书全部或大部分手稿，并及时提出了批评和建议，我对他们非常感激。芭芭拉·沃森·安达亚（Barbara Watson Andaya）、罗伯特·克里布（Robert Cribb）、罗伯特·埃尔森（Robert Elson）、本·基尔南（Ben Kiernan）、保罗·克拉托斯卡（Paul Kratoska）、安东尼·里德（Anthony Reid）、詹姆斯·拉什（James Rush）、詹姆斯·斯科特、乔纳森·斯宾塞（Jonathan Spence）、希瑟·萨瑟兰（Heather Sutherland）和让·格尔曼·泰勒（Jean Gelman Taylor）都无偿奉献了自己的时间，从未要求任何回报。还有几位学者答应阅读手稿中与其研究相关的章节，我在此对他们表示感谢：J. 阿·坎波（J. a Campo）、杰弗里·哈德勒

（Jeffrey Hadler）、J. 托马斯·林布拉德（J. Thomas Lindblad）、莫娜·罗罕达（Mona Lohanda）、鲁道夫·姆拉泽克（Rudolf Mrazek）、迪安·默里（Dian Murray）、柯蒂斯·雷诺（Curtis Renoe）、劳里·西尔斯（Laurie Sears）、吉姆·西格尔（Jim Siegel）、约翰·西德尔（John Sidel）、朱利亚蒂·苏罗约（Djuliati Suroyo）、通猜·威尼查库（Thongchai Winichakul）、G. 泰特勒（G. Teitler）和卡尔·特劳基。

对这一时代及这一地区，还有一大群人是通过我阅读其作品或多年来偶然的交谈，对我的看法产生了重要影响。在这方面，我要感谢伦纳德·安达亚（Leonard Andaya）、本尼迪克特·安德森（Benedict Anderson）、迈特里·昂—斯文（Maitrii Aung-Thwin）、格雷格·班克夫（Greg Bankoff）、蒂姆·巴纳德（Tim Barnard）、伦纳德·布兰斯（Leonard Blusse）、彼得·邦加德（Peter Boomgaard）、拉吉·布朗（Raj Brown）、伊恩·布朗（Ian Brown）、克里斯·邓肯（Chris Duncan）、迈克尔·菲纳（Michael Feener）、比尔·弗雷德里克（Bill Frederick）、克里斯托弗·吉贝尔（Christophe Giebel）、汤姆·古德曼（Tom Goodman）、弗朗西丝·古达（Frances Gouda）、瓦莱丽·汉森（Valerie Hansen）、洛塔·海德曼（Lotta Hedman）、蒂内克·海尔维格（Tineke Hellwig）、戴维·亨利（David Henley）、凯瑟琳·霍顿（Cathryn Houghton）、保罗·哈奇克罗夫特（Paul Hutchcroft）、石川登（Noboru Ishikawa）、埃里克·琼斯（Eric Jones）、迈克尔·拉凡（Michael Laffan）、史蒂夫·李（Steve Lee）、李·塔纳（Li Tana）、埃尔斯贝斯·洛彻—肖尔滕（Elsbeth Locher-Scholten）、西莉亚·洛伊（Celia Lowe）、阿尔弗雷德·麦考伊（Alfred McCoy）、露丝·麦克维（Ruth McVey）、奥德利·卡欣（Audrey Kahin）、迈克尔·蒙特萨诺（Michael Montesano）、吴振强（Ng Chin Keong）、亨克·尼

致 谢

迈耶尔（Henk Niemeijer）、斯坦·奥康纳（Stan O'Connor）、洛兰·帕特森（Lorraine Paterson）、南希·佩鲁索（Nancy Peluso）、雷姆科·拉本（Remco Raben）、梅尔·里克洛夫斯（Merle Ricklefs）、杰夫·罗宾逊（Geoff Robinson）、诺伊尔·罗德里格斯（Noelle Rodriguez）、辛吉·苏里斯蒂约诺（Singgih Sulistiyono）、孙来臣（Sun Lai Chen）、谭大勇（Tan Tai Yong）、基思·泰勒（Keith Taylor）、埃斯特尔·维尔索恩（Esther Velthoen）、里德·瓦德利（Reed Wadley）、詹姆斯·沃伦、梅雷迪斯·魏斯（Meredith Weiss）、查尔斯·惠勒（Charles Wheeler）、业历克斯·伍德赛德（Alex Woodside）、大卫·怀亚特（David Wyatt）和彼得·齐诺曼（Peter Zinoman）。克里·沃德（Kerry Ward）、雷·克雷布（Ray Craib）和安德鲁·威尔福德（Andrew Willford）对我来说是尤为重要的智力试金石，我非常感谢他们三人。

过去5年里，康奈尔大学的历史系和东南亚项目在经济和智力上为我提供了许多滋养。这两处的同事和朋友让学习变得有趣，让生活变得好玩。碍于篇幅所限，我无法在这里向麦格劳出版社（McGraw）和洛克菲勒大厅（Rockefeller Halls）的每一位成员表示感谢，我恳请各位谅解。不过，我要特别感谢康奈尔大学的三位现代亚洲史同事：谢尔曼·科克伦（Sherman Cochran）、J.维克多·科斯曼（J. Victor Koschmann）和塔玛拉·卢斯（Tamara Loos），他们三人都阅读并评论了手稿中与其专业知识相关的部分。相比其他人，他们让我在康奈尔大学教学和研究亚洲历史时获得了非常好的体验。我有幸参与了康奈尔大学许多优秀研究生委员会的工作；无论是在课堂上还是通过学生们的书面作业，他们教给我的都比我教给他们的更多。这里，我想感谢安德鲁·阿巴拉辛（Andrew Abalahin）、里克·鲁斯（Rick Ruth）、廖蔼欣（Oiyan Liu）、切·艾克业（Chie Ikeya）、杰森·麦克拉斯基（Jason McCluskey）、王松强（Soon Keong Ong）、林泰威（Tai Wei Lim）、多琳·李（Doreen Lee）、简·弗格森（Jane Ferguson）、许耀峰（Yew-Foong Hui）、孙允文（Yun-Wen Sung）、珍妮弗·弗利（Jennifer Foley）、洪丝怀（Sze Wei Ang）、阿塞尼奥·尼古拉斯（Arsenio Nicolas）、克里斯蒂安·伦兹（Christian Lenz）、乌皮克·贾林斯（Upik Djalins）、杰森·康斯（Jason Cons）、理查德·盖伊（Richard Guy）、雅各布·范登霍威尔（Jacco van den Heuvel）、洛兰·李（Lorling Lee）、郭玲香（Ling Xiang Quek）、凯·曼斯菲尔德（Kay Mansfield）、克里斯·穆斯克（Kris Mooseker）、南希·隆克托（Nancy Loncto）、珍·伊万杰里斯塔（Jenn Evangelista）、凯蒂·克里斯托夫（Katie Kristof）、芭芭拉·唐纳尔（Barb Donnell），尤其是朱迪·伯克哈德（Judy Burkhard）让我了解到纽黑文和伊萨卡（Ithaca）的当地情况。对他们在过去十年对我的关照，我深表感谢。

非常感谢耶鲁大学、康奈尔大学以及国内和国际上的多家资助机构，在我为本书长达12年的研究和写作过程中提供了资助。在欧洲、东南亚和伊萨卡进行的额外资料的收集和大部分修订工作，零零散散地耗时数月。最后几个星期的修订工作是在新加坡亚洲研究所完成的。2003年至2004年，我有幸成为该研究所的访问学者。我从那里的研究员同行们身上学到了很多东西。除了前面已经提到的一些名字，我还要感谢约翰·米克西奇（John Miksic）、埃德·麦金农（Ed McKinnon）、杰米·戴维森（Jamie Davidson）、马克·弗罗斯特（Mark Frost）、丘玉清（Khoo Gaik Cheng）、瓦塔纳·波尔塞纳（Vatthana Pholsena）、向彪（Xiang Biao）、丰田美香（Mika Toyota）、雷塞尔·莫哈雷斯（Resil Mojares）、乔尔·卡恩（Joel Kahn）、迈拉·斯蒂文斯（Maila Stivins）、徐馨玲（Chee Heng Leng）、方基兰（Tran Ky Phuong）、桃木至朗（Momoki Shiro）、K.S.乔默（K.S.Jomo）、谢里安·乔治（Cherian George）、戴维·林

致　谢

（David Lim）、纪尧姆·罗森伯格（Guillaume Rozenberg）、李唐（Li Tang）、珍妮·林赛（Jenny Lindsay），尤其是杰夫·韦德（Geoff Wade），感谢他们的友谊和陪伴。感谢耶鲁大学出版社的劳拉·海默特（Lara Heimert）、莫莉·埃格兰（Molly Egland）和劳伦斯·肯尼（Lawrence Kenney）耐心地等着我修订改正，谢谢他们给了这份手稿一个机会。

来自多个大洲的图书馆馆员和档案管理员的帮助让我非常感谢，在过去的几年里，他们共同协助我查找资料，帮助我在多种不同的系统中游刃有余。在这方面，康奈尔大学克罗奇亚洲收藏部（Kroch Asia Collections）前馆员艾伦·里迪（Allen Riedy）给予了我极大的帮助。荷兰国家档案馆（Algemeen Rijksarchief，位于海牙）的西尔克·普朗廷加（Sierk Plantinga）指导我查阅了大量有关19世纪荷属东印度群岛的资料，并且随时解答我对尚未公开而又堆积如山的文件提出的疑问。他还教我怎么品尝格涅瓦酒（genever）。在新加坡，蒂姆·叶宽（Tim Yap Kuan）多年来一直对我非常友善，就算我还没向他开口询问，他也总会提醒我应该查看哪些资料。新加坡国立大学的维马拉·南比亚尔（Vimala Nambiar）也给了我很多帮助。印度尼西亚国家档案馆的莫娜·罗汉达（Mona Lohanda）曾多次帮助过我，她的热情和知识总是让我受益匪浅。

新加坡国立大学地理系的季立成（Lee Li Kheng）教授熟练地绘制了本书中出现的4幅地图。周再成（Seow Chye Seng）耐心地裁剪和数字化了所有的图像。我非常感谢荷兰皇家语言、土地和民族学研究所（Koninklijke Instituut voor Taal, Land, en Volkenkunde，位于莱顿）、荷兰国家档案馆、英国公共记录办公室（Public Records Office，位于伦敦）和印度尼西亚国家档案馆允许我公开其馆藏中的这些图片。东南亚珍藏馆的霍华德·丹尼尔（Howard Daniel）为我提供了一份详尽的货币收藏家名单，帮我搜寻旧伪币。我很感谢新加坡的黄培兴（Francis Wee）和雅加达的拉赫曼纳·阿赫马德（Rachmana Achmad）允许我在本书中重新印刷他们收藏的来自两个时代的伪钞和硬币照片。杰夫·韦德（Geoff Wade）和刘宏（Liu Hong）就中文写法及时提供了建议，珍妮·林赛（Jenny Lindsay）和蒂努克·扬波尔斯基（Tinuk Yampolsky）则为一个特别困难的古马来语译法（让我头疼了足足一个星期）提供了帮助。亚历克斯·克拉弗（Alex Claver）和阿扬·塔塞拉（Arjan Taselaar）帮我追查了语义不清的荷兰语引文。我非常感谢他们的努力。

历年来，不少朋友都听过这个故事的不同版本。感谢他们所有人的倾听，如果这里无法一一提到他们的名字，希望他们也能原谅我。不过，有3个我大学时代的朋友特别值得提及，因为他们听的时间更长。摩根·霍尔（Morgan Hall）、约翰·海勒（John Heller）和迈克尔·斯坦伯格（Michael Steinberger）对我的生活产生了很大的影响。还有一群老朋友也曾给予过我多方面的帮助，这里无法一一列举，但他们会明白我的意思。乔恩·奥尔巴赫（Jon Auerbach）、汤姆·克罗（Tom Crowe）、马克·德勒乌（Marc DeLeeuw）、道格拉斯·冈萨雷斯（Douglas Gonzales）、金相浩（Sang Ho Kim）、迪克·劳（Dick Lau）、马克·莫科林（Mark Mokryn）、詹姆斯·欧西亚（James O'Shea）、彼得·史蒂芬诺普洛斯基（Peter Stefanopolous）、汤姆·斯特普涅夫斯基（Tom Stepniewski），还有最重要的是罗伯特·雅各布（Robert Yacoub）。如果没有他们，这本书是写不出来的。

多年来，我姐姐一直是个了不起的倾听者。她和她的家人不仅是我的亲戚，也是我的朋友——这是我生活中意想不到的收获。本书的问世也应归功于我的母亲。不仅是因为她自己就是一名具有开拓性的作者，还有一些只有她自己知道的其他原因。我的妻子凯瑟琳·佩普·李（Katherine Peipu Lee）对本书的贡献，比其他任何人都大。面对失去的周末，失去的假期，失去的夏天，她表现出了令人难以置信的耐心。她努力在这一切变动中保持微笑，她经常说，"没关系，你继续工作好了"。如果说这本书有什么价值，那么其中很大一部分都要归功于她。我们的宝贝女儿，克拉拉·塔利亚科佐—李（Clara Tagliacozzo-Lee），刚好在我最后一次寄出手稿时诞生。她看着它，完全不感兴趣——除非它可能是一种好吃的东西。就这样吧，挺合适的。

最后，我要提到我的父亲安杰洛·塔利亚科佐，他没有参与本书的写作。让我感到万分悲痛的是，到本书付梓之时，他离开我的日子，已经跟我与他相处的时间一样长了。我的父亲是一个极为正派温和的人，他的人生起步并不顺利，"二战"时期，他在意大利所遭受的贫穷和流离失所，让他选择了知识作为逃避的出口。他一直想成为历史学家，但为了养家糊口，他最终转向了另一个方向。说他没有参与这本书，我感觉其实并不对；当我的兴趣转向这个话题（和这个地区）时，他已经去世了，但他对我的影响还在，而且深深地刻在了我身上。谨以此书献给我的父亲，表达我对他感激、爱和怀念。

埃里克·塔利亚科佐

常用名称缩写

ARA	Algemeen Rijksarchief, The Hague (Netherlands)	
	荷兰国家档案馆（海牙）	
ANRI	Arsip Nasional Republik Indonesia, Jakarta, (Indonesia)	
	印度尼西亚国家档案馆（雅加达）	
BKI	Bijdragen tot de Koloniaal Instituut	
	荷兰皇家殖民学会	
BNB	British North Borneo	
	英属北婆罗洲	
CO	Colonial Office Correspondence	
	英国殖民地部档案	
ENI	Encyclopaedie van Nederlandsch Indie	
	荷属东印度群岛百科全书	
FO	Foreign Office Correspondence	
	英国外交部档案	
GGNEI	Governor General, Netherlands East Indies	
	荷属东印度总督	
IG	Indische Gids	
	东印度指南	

	IMT	Indisch Militair Tijdschrift
		东印度军事期刊（荷兰）
	JMBRAS	Journal of the Malayan Branch of the Royal Asiatic Society
		皇家亚洲学会马来亚分会期刊（英国）
	JSBRAS	Journal of the Straits Branch of the Royal Asiatic Society
		皇家亚洲学会海峡分会期刊（英国）
	JSEAS	Journal of Southeast Asian Studies
		东南亚研究期刊（英国）
	IwvhR	Indische Weekblad van het Recht
		东印度法律周刊（荷兰）
	KIT	Koninklijk Instituut voor de Tropen
		荷兰皇家热带学会
	KITLV	Koninklijk Instituut voor Taal-, Land-, en Volkenkunde
		荷兰皇家语言、土地和民族学研究所
	KV	Koloniaal Verslag
		殖民地报告
xvi	Kyshe	Kyshe's Law Reports, Straits Settlements
		凯舍的法律报告（海峡殖民地）
	MMK	Memorie van Overgaven, Ministerie van Kolonien
		荷兰殖民地部投降备忘录
	MR	Mailrapport
		邮政服务（荷兰）
	MvBZ	Minister, Buitenlandse Zaken (Foreign Affairs, The Hague)
		荷兰外交大臣（海牙）
	MvK	Minister, Kolonien (Colonies, The Hague)
		荷兰殖民大臣（海牙）
	MvM	Ministerie van Marine (Marine, The Hague)
		荷兰海洋事务大臣（海牙）
	NEI	Netherlands East Indies
		荷属东印度群岛
	PRO	Public Records Office, London, (England)
		英国公共记录办公室（伦敦）
	PVBB	Politieke Verslagen en Berigten, Buitengewesten (MvK)

	外岛地区政治公告（荷属东印度群岛）
RIMA	Review of Malaysian and Indonesian Affairs
	马来西亚和印尼事务评论
SLJ	Straits Law Journal
	海峡殖民地法律期刊
SS	Straits Settlements
	海峡殖民地
SSBB	Straits Settlements Blue Books
	海峡殖民地蓝皮书
SSGG	Straits Settlements Government Gazette
	海峡殖民地政府公告
SSLCP	Straits Settlements Legislative Council Proceedings
	海峡殖民地立法委员会会议记录
SSLR	Straits Settlements Legal Reports
	海峡殖民地法律报告
SSMAR	Straits Settlements Municipal Administrative Reports
	海峡殖民地市政管理报告
TAG	Tijdschrift voor Aardrijkskundige Genootschap
	地理学会期刊（荷兰）
TBB	Tijdschrift voor het Binnenlandsch Bestuur
	内务行政期刊（荷兰）
TITLV	Tijdschrift voor Indische Taal-, Land-, en Volkenkunde
	东印度群岛语言、土地和民族学期刊（荷兰）
TNI	Tijdschrift voor Nederlandsch Indie
	荷属东印度群岛期刊（荷兰）
TBG	Tijdschrift van het Bataviaasch Genootschap
	巴达维亚学会期刊（荷兰）
VBG	Verhandelingen van het Bataviaasch Genootschap
	巴达维亚学会会议记录

参考书目

I. 档案来源

I. 印度尼西亚

A. 印度尼西亚国家档案馆

1. 外岛居住区档案馆（Residentie Archiven, Buitengewesten）

A. 亚齐（1873—1909）

Atjeh no. 3: Rapport der Commissie Onderzoek met Opzigt over Expeditie Tegen het Rijk van Atjeh.
Atjeh no. 4: Algemeen Verslag der 2de Expeditie Tegen het Rijk van Atjeh.
Atjeh no. 5: Stukken aan de Kommissie, Over de Expeditie, 1873.
Atjeh no. 8: Atjehsche Verslagen, 1874—75.
Atjeh no. 12: Stukken Betreffende Atjehsche Oorlog, no. 4—234: (1892) [1876].
Atjeh no. 13: Stukken Betreffende Atjehsche Oorlog, no. 235—469: (1875) [1876].
Atjeh no. 14: Stukken Betreffende Atjehsche Oorlog, no. 475—734: (1873) [1876].

B. 邦加（1803—1890）

Banka no. 5: Maandrapporten no. 96—107 (1870—81).
Banka no. 5: Politiek Verslagen no. 123—6 (1870—73).
Banka no. 6a: Algmeen Verslagen no. 61—81 (1870—90).

C. 勿里洞（1795—1890）

Billiton no. 2: Algemeen Verslagen no. 8—24 (1874—90)
Billiton no. 4a: Maandrapporten no. 41—52 (1870—81).
Billiton no. 4a: Politiek Verslagen no. 67—80 (1870—73).
Billiton no. 4a: Algemeen Administrative Verslagen no. 83—86 (1870—73).

D. 楠榜（1739—1891）

Lampong no. 14: Algemeen Verslagen no. 14 (1868—73); no. 15 (1874—77); no. 16 (1878—84); no. 17 (1885—90).
Lampong no. 21: Maandrapporten (1866—73); no. 22 (1874—91).
Lampong no. 24: Politiek Verslagen (1863—72).

E. 巴邻旁（1683—1890）

Palembang no. 64—65: Algemeen Administrative Verslagen (1870—90).
Palembang no. 74: Maandrapporten (1870—81).

F. 廖内（1621—1913）

Riouw no. 64/1—2: Algemeen Verslagen (1878—90).
Riouw no. 63/2: Algemeen Administratieve Verslagen (1871—73).
Riouw no. 66/2: Maandrapporten (1866—81).
Riouw: Selected Other Materials from the Riouw Files.

G. 西婆罗洲（1787—1890）

Borneo W. no. 22—36: Algemeen Verslagen (1874—90).
Borneo W. no. 49—52: Algemeen Administratieve Verslagen (1870—73).
Borneo W. no. 228—31: Politieke Verslagen (1870—73).

H. 南部和东部婆罗洲（1664—1890）

Borneo Z.O. no. 120—43: Algemeen Verslagen (1870—90).
Borneo Z.O. no. 156—60: Politieke Verslagen (1871—73).
Borneo Z.O. no. 177—88: Maandrapporten (1870—82).

II. 荷兰

A. 荷兰国家档案馆

I. 殖民地部（Ministerie van Kolonien）

2.10.02	Openbaar Verbalen	(1850—1900) [Various Verbalen].
2.10.02	Kabinetsverbalen	(1850—1900) [Various Verbalen].
2.10.02	Koninklijke Besluiten	(1850—1900) [Various Besluiten].
2.10.02	Oost-Indische Besluiten	(1850—1932) [Various Besluiten].
2.10.36.04	Openbaar Verbalen	(1901—19) [Various Verbalen].
2.10.36.051	Geheim Archief	(1901—1940) [Various Verbalen]
2.10.39	Memories van Overgave	(1849—1962).

43. 亚齐

KIT 1900 619 Steinbuch, W. (Asst. Resident) Beschrijving Zelfbesturend Landschap Djoelo Rajeu, 18 pp., 1900.

46. 苏门答腊东海岸

MMK 1910 182 Ballot, J. (Resident) Memorie van Overgave van de Residentie Oostkust van Sumatra, 71 pp., 1910.

48. 巴邻旁

MMK 1906 206 Rijn van Alkemade, I.A. van (Resident) Memorie van Overgave van de Residentie Palembang. 50 pp. + appx., 1906.

49. 占碑

MMK 1908 216 Helfrich, O.L. (Resident) Memorie van Overgave van de Residentie Djambi, 73 pp. + appx., 1908.

50. 兰邦（Lampongse）地区

MMK 1913 229 Stuurman, J. R. (Resident) Memorie van Overgaven van de Lampongse Districten, 111 pp., 1913.

51. 廖内

MMK 1908 236 Kanter, W. A. de (Resident) Memorie van Overgave van de Residentie Riouw, 27 pp., 1908.

52. 邦加

MMK 1906 243 Wolk, H. van der (Resident) Memorie van Overgave van de Residentie Banka, 45 pp., 1906.

53. 勿里洞

MMK 1907 250 Lesueur, P. L. Ch. (Asst. Resident) Memorie van Overgave van de Residentie Billiton, 49 pp., 1907.

54. 西婆罗洲

MMK 1912 260 Driessche, Th. J. H. van (Resident) Memorie van Overgave van de Residentie Westerafdeling Borneo, 63 pp., 1912.

55. 南部和东部婆罗洲

MMK 1906 270 Swart, H. N. A. (Resident) Memorie van Overgave van de Residentie Oosterafdeeling Borneo, 39 pp. + appx., 1906.

2.10.52 Politieke Verslagen en Berichten Uit de Buitengewesten van Nederlandsch-Indie (1898—1940)

Atjeh (1905—11) Fiche nos. 1—42.
Sumatra Oostkust (1898—1911) Fiche nos. 155—72.

Riouw	(1899—1910)	Fiche nos. 294—304.	
Djambi	(1900—10)	Fiche nos. 324—56.	
Lampongs	(1906—33)	Fiche no. 386.	
Banka/Billiton	(1908—13)	Fiche no. 389.	
Borneo, West	(1898—1910)	Fiche nos. 393—401.	
Borneo, Z.O.	(1898—1910)	Fiche nos. 443—82.	

2.10.10; 2.10.36.02 Mailrapporten (1869—1900; 1900—53) Openbaar, 1869—1910.

II. 外交部 (Ministerie van Buitenlandse Zaken)

2.05.03 "A" Dossiers (Political Affairs) (1871—1918)

Box 40:	A.29 bis OK	[various files].	
Box 43:	A.29 bis OK	[various files].	
Box 44:	A.29 bis OK	[various files].	
Box 110:	A.49	[various files].	
Box 111:	A.49SS	[various files].	
Box 112:	A.49QU	[various files].	
Box 199:	A.105	[various files].	
Box 223:	A.111	[various files].	
Box 277:	A.134	[various files].	
Box 245:	A.119	[various files].	
Box 246:	A.119	[various files].	
Box 421:	A.182	[various files].	
Box 426:	A.186	[various files].	
Box 589:	A.209	[various files].	

III. 海事局 (Ministerie van Marine)

2.12.03 Scheepsjournalen [Ship Journals] (1813—1968)

Den Briel	(Logbook no. 712).
Coehoorn	(Logbook no. 932).
Timor	(Logbook no. 4413).
Banda	(Logbook no. 383).
Bommelerwaard	(Logbook no. 585).
Admiraal van Kingsbergen	(Logbook no. 2303).
Watergeus	(Logbook no. 4887).
Metalen Kruis	(Logbooks no. 3108/09/27).
Citadel van Antwerpen	(Logbooks no. 908/914).
Maas en Waal	(Logbook no. 2755).
Zeeland	(Logbooks no. 5157/58).
Sumatra	(Logbook no. 4267).
Schouwen	(Logbooks no. 3997/98).

2.12.06 Stamboeken van Zee-Officieren (Post-1850).
2.12.06 Stamboeken van Scheepelingen (19th Century).

2.12.07 Stamboeken van Mariniers (19th Century).
2.12.20 Archief Hydrografie (1812—1980)
Box 7:   Brievenboek A.R. Bloemendal, 1869—74.
Box 9:   Brievenboek, 1891—95 (no. 9).
Box 12:   Brievenboek, 1909—11 (no. 19).
Box 65:   Triangulatie Register Riouw en Lingga Archipel: Melville van Carnbee, 1894—99 (III B 1a).
Box 65:   Journaal van Hoekmetingen en peilingen Opname Straat Banka en N. Kust Banka, 1860—63 (III E 1c).

B. 荷兰皇家语言、土地和民族学研究所

Map Collection, Period Maps.
Reading Room, Early Periodicals.

C.《东印度法律周刊》法庭案件

"Bevoegdheid. Arabier of Europeaan?" *IWvhR*, no. 2323, 6 January 1908, 3.
"In en Uitvoerregten," *IWvhR*, no. 1280, 9 January 1888, 5—6.
"In Omloop Brengen van Valsch Geld," *IWvhR*, no. 609, 1 March 1875, 35.
"Invoer van Kruit," *IWvhR*, no. 2075, 6 April 1903, 53—54.
"Koopmansboeken," *IWvhR*, no. 2005, 2 December 1901, 189—91.
"Medepligtigheid aan het Maken van Valsch Zilvergeld," *IWvhR*, no. 306, 10 May 1869, 84.
"Namaker van Zilveren Muntspecieen, Wettig Gangbaar in Nederlandsch-Indie," *IWvhR*, no. 291, 25 Januuary 1869, 17.
"Nog Eenige Opmerkingen over Amfioen-Overtredingzaken" *IWvhR*, no. 520, 16 June 1873, 96.
"Opium Reglement. Openbaar Ambtenaar. Omkooping," *IWvhR*, no. 846, 1879, 147—48.
"Opium, Praktijken van Deskundigen," *IWvhR*, no. 879, 3 May 1880, 71—72.
"Opium. Invoer van Opium," *IWvhR*, no. 1946, 15 October 1900, 166—67.
"Opiumovertreding. Acte van Beschuldiging," *IWvhR*, no. 752, 1877, 192.
"Opiumovertreding," *IWvhR*, no. 657, 31 January 1876, 19—20.
"Opiumreglement. Getuigenbewijs," *IWvhR*, no. 658, 1876, 22—24.
"Overtreding van Art. 20 Amfioenpacht-Reglement. Vrijspraak," *IWvhR*, no. 613, 30 March 1875, 613.
"Poging tot Omkooping van een Openbaar Ambtenaar van de Rechterlijke Macht," *IWvhR*, no. 835, 1879, 103.
"Prijs en Buit. Blokkade. Bintang Timor," *IWvhR*, no. 632, 9 August 1875, 126—27.
"Prijs en Buit. Blokkade. Kim Ban An," *IWvhR*, no. 606, 8 February 1875, 22—24.
"Prijs en Buit. Blokkade. Schending. Kim Soon Chin Lee," *IWvhR*, no. 633, 16 August 1875, 130—31.
"Prijs en Buit. Blokkade. Schoener Ningpo," *IWvhR*, no. 611, 15 March 1875, 42—44.
"Regeling van Rechtsgebied: Zeeroof," *IWvhR*, no. 2030, 26 May 1902, 81—83.
"Reglement op het Rechtswezen in de Westerafdeeling van Borneo," *IWvhR*, no. 1376, 11 November 1889, 178—79.
"Slavenhandel. Slavernij," *IWvhR*, no. 1655, 18 March 1895, 42.

"Strafzaken," *IWvhR*, no. 569, 25 May 1874, 83—84.
"Verbeurdverklaring van Clandestine Opium, Waarvan de Eigenaars of Bezitters Ondbekend Zijn," *IWvhR*, no. 533, 15 September 1873, 146—47.
"Verbeurdverklaring van Prijzen. Blokkade, Girbee," *IWvhR*, no. 590, 19 October 1874, 165—66.
"Verbeurdverklaring van Prijzen. Blokkade, Mariners Hope," *IWvhR*, no. 579, 3 August 1874, 121.
"Vonnis in Zake Urbanus de Sha," *IwvhR*, no. 491, 2 December 1872, 492—93.
"Vreemde Oosterlingen. Bevoegdheid," *IWvhR*, no. 1561, 29 May 1893, 86—87.
"Zeerof," *IWvhR*, no. 1609, 30 April 1894, 70—71.
"Zeerof," *IWvhR*, no. 1800, 27 December 1897, 208.
"Zeerof," *IWvhR*, no. 1056, 24 September 1883, 155—56.

III. 新加坡

A. 新加坡国家档案馆（Singapore National Archives）

Colonial Office Document Series
  C.O. 144: Labuan (1846—1906).
  C.O. 273: Straits Settlements (1838—1919).
  C.O. 531: British North Borneo (1907—51).
  C.O. 537: Colonies, General (1759—1955).
  C.O. 874: British North Borneo Company (1865—1952).
  C.O. 882: Eastern Confidential Print (1847—1952).

B. 新加坡国立大学法律图书馆法庭案件

"Ahamed Meah and Anor. v. Nacodah Merican," *Kyshe*, 4:583.
"Ahvena Ravena Mana Aroomoogim Chitty v. Lim Ah Hang, Ah Gee, and Chop Lee Whatt" *SSLR*, 1894, 2:80.
"Alexander von Roessing v. Regina" *SSLR*, 1905, 9:21.
"Apolingam v. E.A.B. Brown," *SSLR*, 1893, 69.
"Attorney General v. Lim Ho Puah," *SSLR*, 1905, 9:13.
"Attorney General v. Seven Barrels of Gunpowder (1890)," *Kyshe*, 1885—90, 4:688.
"Attorney General v. Wong Yew," *SSLR*, 1908, 10:44.
"Brown v. Vengadashellum" *Kyshe*, 1889, 4:524.
"Buchanan v. Kirby (1870)," *Kyshe*, 1808—84, 1:230.
"Chua Ah Tong, Appellant, vs. Opium Farmers, Malacca, Respondents," *SLJ*, 1890, 2:92.
"In re Lam Tai Ying," *Kyshe*, Straits Settlements, 4:685.
"In the Goods of Muckdoom Nina Merican" *Kyshe*, 4:119.
"In the Matter of the Estate of Choo Eng Choon, Deceased, and Choo Ang Chee vs. Neo

Chan Neo (et al.), Singapore" *SSLR,* 1911, 12:120.
"Ing Ah Meng v. The Opium Farmer," *Kyshe,* 1890, 4:627.
"Joseph Scher, Appelant, v. Regina, On the Prosecution of Henry Perrett, Respondent," *SSLR,* 1900—01, 4:84.
"Kim Seng vs. The Opium Farmer," *SSLR,* 1892, 66, and 1893, 115.
"Martin Mosesko, Appellant, v. the Queen. On the Prosecution of William Evans, Respon-dent," *SSLR,* 1900—01, 6:69.
"Merican and Ors. v. Mahomed," *Kyshe,* 3:138.
"Meydinsah and Mohamed Eusope, Appellants, v. Regina, on the Prosecution of John Little, Respondent," *SSLR,* 1897, 4:17.
"Moothoo Raman Chetty v. Aik Kah Pay and Another" *SSLR,* 1905, 9:115.
"Mushroodin Merican Noordin v. Shaik Eusoof," *Kyshe,* 1:390.
"Noor Mahomed Merican and Anor., v. Nacodah Merican and Anor," *Kyshe,* 4:88.
"Noorsah Bawasah Merican v. William Hall and Co.," *Kyshe,* vol. 1.
"Palaniapah Chetty v. Hashim Nina Merican," *Kyshe,* 4:559.
"Ramsamy v. Lowe," *Kyshe,* 1888, 4:396.
"Regina on the Prosecution of E. H. Bell, Respondent, v. John Burnett Paige, Appellant," *SSLR,* 1894, 2:84.
"Regina v. Khoo Kong Peh (1889)," *Kyshe,* 1885—90, 4:515.
"Regina v. Rajaya and Anor," *Kyshe,* 2:112.
"Regina vs. Tan Seang Leng," *SLJ,* 1889, 2:69.
"Regina vs. Wee Kim Chuan and Pong Yow Kiat," *SLJ,* 1890, 3:69.
"Rex v. Koh Chin, Ang Tap, and Ang Chuan," *SSLR,* 1908, 10:48.
"Rex v. Mabot and Others," *SLJ,* 1890, 3:65.
"Rex v. Mabot, 1890," *SLJ,* 1890, 3:65.
"Sultan Meidin and Meidin v. Regina," *SSLR,* 1898—99, 5:67—70.
"The Crown on Complaint of the Opium Farmers v. Lim Chiat," *SSLR,* 1904.
"The Opium Farm Respondent vs. Chin Ah Quee-Appellant," *SLJ,* 1891, vol. 4.
"Tio Ang Boi v. Hia Ma Lai," *Kyshe,* 1887, 4:230.

IV. 英国

A. 英国公共记录办公室

1. 海军部

Admiralty no. 125: Station Records; China, Correspondence
    nos. 19—21:   General (1870—74).
    no. 110:   The Straits of Malacca, Siam (1873—76).
    no. 148:   Piracy, Including Straits of Malacca (1828—74).
Admiralty no. 127: Station Records: East Indies
    nos. 1—7:   General (1865—1902).

II. 商务部

M.T. 9: Mercantile Marine Dept., Correspondence (1865—1902)
  Mno. 712/93: Articles of Agreement: Clauses in Agreements of Indian Seamen Respecting Fines Imposed for Smuggling (1893).

M.T. 10: Harbour Department: Correspondence (1864—1919).
  Hno. 3910:   Foreshores (1905).
  Hno. 6457:   Lights (1897).

III. 外交部

Embassy and Consular Archives
  F.O: 220:   Holland and Netherlands: Oleh-Oleh (1882—85).
  F.O: 221:   Holland and Netherlands: Balikpapan (1897—1909).

官方来源和报纸

A. 官方出版物

Bijblad Indische Staatsblad.
British North Borneo Official Gazette.
Federated Malay States Annual Reports.
Indische Staatsblad.
Johore Annual Reports.
Kedah Annual Reports.
Kelantan Annual Reports.
Koloniaal Verslag.
Labuan Annual Reports.
Perak Government Gazette.
Perlis Annual Reports.
Sarawak Gazette.
Straits Settlements Blue Books.
Straits Settlements Government Gazette.
Straits Settlements Legislative Council Proceedings.
Straits Settlements Municipal Administrative Reports.

B. 报纸

Algemeen Handelsblad.
Avondpost, De.
Batavia Niewsblad.
Bintang Timor.
British North Borneo Herald.

Chung Kwo Jih Pao (transl.).
Deli Courant.
Han Boen Sin Po (transl.).
Hoa Tok Po (transl.).
Indo-Chinese Patriot.
Japan Times.
Javasche Courant.
Kobe Herald.
Manila Times.
Melbourne Herald.
Nanyang Chung Wei Pao.
Nieuwe Rotterdamsche Courant.
Osaka Mainichi (transl.).
Pei Ching Jih Pao (transl.).
Penang Argus.
Penang Gazette.
Penang Guardian.
Sai Kai Kung Yik Po.
Singapore Daily Times.
Singapore Free Press.
Straits Maritime Journal.
Straits Observer.
Straits Times.
Straits Times Overland Journal.
Sun Chung Wa Po (transl.).
Times (London).
Tokyo Asahi (transl.).
Tokyo Nichi Nichi (transl.).
Utusan Malayu.

引用来源

"Aankondiging door De Hollander van het 'Hollandsch-Maleisch Technisch Marine-Zak-woordenboek' van M. J. E. Kriens, 's Gravenhage, De Gebroeders van Cleef, 1880." *IG*, no. 2 (1881): 810—11.

"Aanslagbijletten." *TBB* 10 (1894): 151—52.

Abalahin, Andrew. "Prostitution Policy and the Project of Modernity: A Comparative Study of Colonial Indonesia and the Philippines, 1850—1940." Ph.D. diss., Cornell University, 2003.

Abdullah, Taufik. "Dari Sejarah Lokal ke Kesadaran Nasional: Beberapa Problematik Meto- dologis." In *Dari Babad dan Hikayat Sampai Sejarah Kritis,* edited by Alfian T. Ibrahim et al., 232—55. Yogyakarta: Gadjah Mada University Press, 1987.

———. "Reaksi Terhadap Perluasan Kuasa Kolonial: Jambi Dalam Perbandingan." *Prisma* 13, no. 11 (1984): 12–27.

Achmad, Ya', et al., eds. *Sejarah Perlawanan Terhadap Kolonialisme dan Imperialisme di Daerah Kalimantan Barat.* Jakarta: Departmen Pendidikan dan Kebudayaan Direktorat Sejarah dan Nilai Tradisional, 1984.

Adas, Michael. *Machines as the Measure of Men: Science, Technology, and Ideas of Western Dominance.* Ithaca: Cornell University Press, 1989.

Adelante, H. A. "Concubinaat bij de Ambtenaren van het Binnenlandsch Bestuur in Nederlandsch-Indië." *TNI* 2 (1898): 304–14, 610–17.

Adhyatman, Sumarah. *Keramik Kuna Yang Diketemukan di Indonesia, Berbagai Bengunaan dan Tempat Asal.* Jakarta: Himpunan Keramik Indonesia, 1981.

"Adres in zake de Boekhouding van Vreemde Oosterlingen." *IG*, no. 2 (1881): 948–63.

Airriess, Christopher. "Port-Centered Transport Development in Colonial North Sumatra." *Indonesia* 59 (1995): 65–92.

Alfian, Ibrahim. *Perang di Jalan Allah: Perang Aceh 1873–1912.* Jakarta: Pustaka Sinar Harapan, 1987.

———. "Sejarah Singkat Perang de Aceh." In *Sejarah Perlawanan-perlawanan Terhadap,* edited by Sartono Kartodirdjo, 237–66. Jakarta: Pusat Sejarah ABRI, 1973.

Algadri, Hamid C. *Snouck Hurgronje: Politik Belanda Terhadap Islam dan Keturunan Arab.* Jakarta: Penerbit Sinar Harapan, 1984.

Algadri, Hamid. *Islam dan Keturunan Arab Dalam Pemberontakan Melawan Belanda.* Bandung: Penerbit Mizan, 1996.

Ali al-Haji Riau, Raja. *The Precious Gift (Tuhfat al-Nafis).* Translated by Virginia Matheson and Barbara Watson Andaya. Kuala Lumpur: Oxford University Press, 1982.

Alting von Geusau, J. "De Tocht van Overste Van Daalen door de Gajo-Alas- en Bataklanden (1904)." *IMT* 70, no. 2 (1939): 593–613.

Andaya, Barbara Watson. "From Rum to Tokyo: The Search for Anti-colonial Allies by the Rulers of Riau, 1899–1914." *Indonesia* 24 (October 1977): 123–56.

———. "Political Development Between the Sixteenth and Eighteenth Centuries." In *The Cambridge History of Southeast Asia.* Vol. 1, Part 2, 402–55, edited by Nicholas Tarling. Cambridge: Cambridge University Press, 1992.

———. "Recreating a Vision: Daratan and Kepulauan in Historical Context." *BKI* 153, no. 4 (1997): 483–508.

———. *To Live as Brothers: Southeast Sumatra in the Seventeenth and Eighteenth Centuries.* Honolulu: University of Hawaii Press, 1993.

Andaya, Leonard. "Interactions with the Outside World and Adaptation in Southeast Asian Society, 1500–1800." In *The Cambridge History of Southeast Asia.* Vol. 1, Part 2, edited by Nicholas Tarling. Cambridge: Cambridge University Press, 1992. 345–95.

Anderson, J. L. "Piracy in the Eastern Seas, 1750–1856: Some Economic Implications." In *Pirates and Privateers: New Perspectives on the War on Trade in the Eighteenth and Nineteenth Centuries,* edited by David Starkey, E. S. van Eyck van Heslinga, and J. A. de Moor, 87–105. Exeter: University of Exeter Press, 1997.

"Annexatie's in Centraal Sumatra. I." *TNI* 1 (1880): 57–80; 2 (1880): 161–94.

Anonymous. *Beschouwingen over de Zeemagt in Nederlandsch-Indië.* Nieuwe Diep: L. A. Laureij, 1875.

Anonymous. *De Rechtspraak in Nederlandsch-Indië en Speciaal die over den Inlander—Een Voorlopig Program door een Nederlandsch-Indië Ambtenaar.* Leiden: A. H. Adriani, 1896.

"Antwoord Namens de Soeltan van Sambas aan de Heer J. L. Swart." *Koloniaal Weekblad,* no. 20 (16 May 1907): 2–4.

Arendt, Hannah. *The Origins of Totalitarianism.* 2d enlarged edition. New York: Meridian Books, 1958.

"Argus en de Cyclops." *IMT* 2 (1893): 382–83.

Arnold, David. *Colonizing the Body: State Medicine and Epidemic Disease in Nineteenth-Century India.* Berkeley: University of California Press, 1993.

———. *The Problem of Nature: Environment, Culture, and European Expansion.* Oxford: Blackwell, 1996.

———. "Crime and Control in Madras, 1858–1947." In *Crime and Criminality in British India,* edited by Anand Yang, 62–88. Tucson: University of Arizona Press, 1985.

"Atavisme der O.I. Compagnie en van het Kultuurstelsel." *TNI* 13, no. 2 (1884): 401–37.

"Automobiel in Dienst van het Leger." *IMT* 1 (1906): 125–40, 179–97.

Backer-Dirks, F. C. *De Gouvernements Marine in het Voormalige Nederlands-Indië in Haar Verschillende Tijdsperioden Geschetst 1861–1949.* Weesp: De Boer Maritiem, 1985.

Bakker, Alexander. "Van Paradijs tot Plantage: Beeldvorming van Nederlands-Indië in Reisverslagen, 1816–1900." *Indische Letteren* 13, no. 2 (1998): 75–85.

Bakker, H. P. A. "Het Rijk Sanggau." *TBG* 29 (1884): 353–463.

Bakker, Petrus. *Eenige Beschouwingen over het Geldverkeer in de Inheemsche Samenleving van Nederlandsch-Indië.* Groningen: J. B. Wolters, 1936.

"Balakang Padang, Een Concurrent van Singapore." *IG,* no. 2 (1902): 1295.

Balen, A. van. "De Afschaffing van Slavenhandel en Slavernij in Nederlands Oost Indië (1986)." *Jambatan* 5, no. 2 (1987): 83–96.

Bankoff, Greg. *Crime, Society, and the State in the 19th-Century Philippines.* Manila: Ateneo de Manila Press, 1998.

———. "Bandits, Banditry and Landscapes of Crime in the Nineteenth-Century Philippines." *JSEAS* 29, no. 2 (1998): 319–39.

Barker, Joshua. "The Tattoo and the Fingerprint: Crime and Security in an Indonesian City." Ph.D. diss., Cornell University, 1999.

Bas, F. de. "Het Kadaster in Nederlandsch Indië." *TAG* 2, no. 2 (1884): 252–70.

———. *De Triangulatie van Sumatra.* Aardrijkskundig Genootschap, Bijblad no. 10. Amsterdam, 1882.

Basu, Dilip, ed. *The Rise and Growth of the Colonial Port Cities of Asia.* Berkeley: University of California Press, 1985.

Baud, J. C. "Proeve van een eene Geschiedenis van den Handel en het Verbruik van Opium in het Nederlandsch-Indië." *BKI* 1(1853): 79–220.

"Bedevaart naar Mekka, 1909/1910." *IG,* no. 2 (1910): 1637–41.

"Belangrijke Wijzigingen in de Rechtsbedeeling van Inlanders." *IG,* no. 1 (1898): 431–41.

"Belastingen" *EvNI* 1 (1917): 222–64.

"Beoordeling van het werk van Dr. H. Blink Nederlandsch Oost- en West-Indië, Geographisch, Ethnographisch, en Economisch Beschreven, Leiden, EJ Brill, 1905 (I), 1907 (II)." *IG,* no. 2 (1907): 1102–06.

Berckel, H. E. van. "De Bebakening en Kustverlichting in de Koloniën." *Gedenkboek uitgegeven ter gelegenheid van het vijftigjarig bestaan van het Koninklijk Instituut van Ingenieurs (1847–1897),* 308–11 's-Gravenhage: Van Langenhuysen.

Berdan, Frances. "Crime and Control in Aztec Society." In *Organised Crime in Antiquity,* edited by Hopwood, Keith, 255–270. Swansea: Classical Press of Wales, 1999.

Berg, L. W. C. van den. *Hadramaut dan Koloni Arab di Nusantara.* Jakarta: INIS, 1989.

———. "Het Kruis Tegenover de Halve Maan." *De Gids* 4 (1890): 68–101.

———. "Het Pan-Islamisme." *De Gids* 4 (1900): 228–69.

Berg, N. P. van den. *Currency and the Economy of Netherlands India, 1870–1895.* 1895. Reprint, Canberra: Economic History of Southeast Asia Project, ANU, 1996.

———. *De Muntquaestie met Betrekking tot Indië.* Batavia: Bruining and Wijt, 1874.

Berge, Tom van den. "Indië, en de Panislamitische Pers (1897–1909)." *Jambatan* 5, no. 1 (1987): 15–24.

Berger, Arthur Asa. *Reading Matter: Multidisciplinary Perspectives on Material Culture.* London: Transaction Publishers, 1992.

Beschouwingen over de Zeemagt in Nederlandsch-Indië. Nieuwe Diep: L. A. Laureij, 1875.

Bezemer, T. J. "Van Vrijen en Trouwen in den Indischen Archipel." *Tijdspiegel* 2, no. 1 (1903): 3–19, 138–60.

Bhattacharya, Bhaswati. "The Chulia Merchants of Southern Coromandel in the 18th Century: A Case for Continuity." Paper presented at meeting of "International History on the Bay of Bengal in the Asian Maritime Trade and Cultural Network, 1500–1800," Delhi, December 16–20, 1994.

"Bij de Kaart van het Boven-Mahakam Gebied." *TAG* 19 (1902): 414–16.

Biografische Woordenboek van Nederland. The Hague: J. Charite Instituut voor Nederlandse Geschiedenis, 1994.

Blok, Anton. *The Mafia of a Sicilian Village, 1860–1960: A Study of Violent Peasant Entrepreneurs.* New York: Harper and Row, 1975.

Blunt, Wilfred Scawen. *The Future of Islam.* London: Kegan Paul Trench, 1882.

Blusse, Leonard. "China Overzee: Aard en Omvang van de Chinese Migratie." In *Het Paradijs is Aan de Overzijde,* edited by Piet Emmer and Herman Obdeijn, 34–50. Utrecht: Van Arkel, 1998.

Boeke, J. H. *Economics and Economic Policy of Dual Societies.* Haarlem: H. D. Tjeenk Willink and Zoon, 1953.

———. *The Evolution of the Netherlands Indies Economy.* New York: Netherlands and Netherlands Indies Council, 1946.

———. *The Structure of the Netherlands Indies Economy.* New York: Institute of Pacific Relations, 1942.

"Boekhouding der Vreemde Oosterlingen." *Het Recht in NI* 37 (1881): 1–9.

Bogaars, G. "The Effect of the Opening of the Suez Canal on the Trade and Development of Singapore." *JMBRAS* 28, no. 1, 1955: 99–143.

Bolton, Lissant. "Classifying the Material." *Journal of Material Culture* 6, no. 3 (2001): 251–68.

Bombardier, J. "Een Nieuwe Vuurmond voor Expeditien in Moeijelijke Terreinen." *IMT* 2 (1895): 103

Boomgaard, Peter, et al. eds. *God in Indië: Bekeringsverhalen uit de Negentiende Eeuw.* Leiden: KITLV, 1997.

Booth, Anne, ed. *Indonesian Economic History in the Dutch Colonial Era.* New Haven: Yale University Southeast Asia Studies 35, 1990.

———. *The Indonesian Economy in the Nineteenth and Twentieth Centuries: A History of Missed Opportunities.* London: Macmillan, 1998.

Borrel, P. J. *Mededeelingen Betreffende de Gewone Wegen in Nederlandsch-Indië en Meer in het Bijzonder Omtrent den Aanleg Daarvan in de Buitenbezittingen.* The Hague: F. J. Belinfante, 1915.

Bossenbroek, Martin. "Volk voor Indië: De Werving van Europese Militairen voor de Nederlandse Koloniale Dienst 1814–1909." Ph.D. diss., Leiden University, 1992.

Braudel, Fernand. *On History.* Translated by P. M. Ranum. Baltimore: Johns Hopkins University Press, 1977.

———. *Afterthoughts on Material Civilization and Capitalism.* Baltimore: Johns Hopkins University Press, 1984.

Breman, Jan. *Koelies, Planters, en Koloniale Politiek: Het Arbeidsregime op de Grootlandbouwondernemingen aan Sumatra's Oostkust in het Begin van de Twintigste Eeuw.* Leiden: KITLV, 1992.

———. *Labour Migration and Rural Transformation in Colonial Asia.* Amsterdam: Free University Press, 1990.

———. *Taming the Coolie Beast: Plantation Society and the Colonial Order in Southeast Asia.* Delhi: Oxford University Press, 1989.

Brewer, Anthony. *Marxist Theories of Imperialism: A Critical Survey.* London: Routledge, 1989.

Broeze, Frank, ed. *Brides of the Sea: Port Cities of Asia from the 16th to the 20th Centuries.* Kensington: New South Wales University Press, 1989.

Brooke, Sir James. *Narrative of Events in Borneo and Celebes, Down to the Occupation of Labuan.* London: John Murray, 1848.

Brook, Timothy, and Bob Tadashi Wakabayashi. "Introduction." In *Opium Regimes: China, Britain and Japan 1839–1952.* Berkeley: University of California Press, 2000.

Brown, Ian. *Economic Change in South-East Asia.* Oxford: Oxford University Press, 1997.

Burns, Peter. "The Netherlands East Indies: Colonial Legal Policy and the Definitions of Law." In *The Laws of South-East Asia: Vol. 2 European Laws in South-East Asia,* edited by M. B. Hooker, 147–297. Singapore: Butterworth, 1987.

Burns, P. L., ed. *The Journal of J. W. W. Birch, First British Resident to Perak, 1874–75.* Kuala Lumpur: Oxford University Press, 1976.

Butcher, John, and Howard Dick. *The Rise and Fall of Revenue Farming: Business Elites and the Emergence of the Modern State in Southeast Asia.* New York: St. Martin's Press, 1993.

Campo, J. a. *Koninklijke Paketvaart Maatschappij: Stoomvaart en Staatsvorming in de Indonesische Archipel 1888–1914.* Hilversum: Verloren, 1992.

———."Orde, Rust, en Welvaart: Over de Nederlandse Expansie in de Indische Archipel Omstreeks 1900." *Acta Politica* 15 (1980): 145–89.

———. "Steam Navigation and State Formation." In *The Late Colonial State in Indonesia: Political and Economic Foundations of the Netherlands Indies 1880–1942*, edited by Robert Cribb, 11–29. Leiden, KITLV, 1994.

———. *Koninklijke Paketvaart Maatschappij: Stoomvaart en Staatsvorming in de Indonesische Archipel 1888–1914*. Hilversum: Verloren, 1992.

Cayaux, H. B. "Gerechtelijk-Scheikundige Onderzoekingen in Nederlandsch-Indië." *Het Recht in NI* 90 (1908): 1–26.

———. "Voorschriften voor de Watervoorziening." *IMT* 37 (1906): 80–83.

Chaiklin, Martha. *Cultural Commerce and Dutch Commercial Culture: The Influence of European Material Culture on Japan, 1700–1850*. Leiden: CNWS, 2003.

Chakrabarti, Ranjan. *Authority and Violence in Colonial Bengal, 1800–1860*. Calcutta: Bookland Private Ltd., 1997.

Chapelle, H. M. La. "Bijdrage tot de Kennis van het Stoomvaartverkeer in den Indischen Archipel." *De Economist* 2 (1885): 675–702.

Chatterjee, Partha. "More on Modes of Power and the Peasantry." In *Subaltern Studies II: Writings on South Asian History and Society*, edited by Ranajit Guha, 311–50. Delhi: Oxford University Press, 1983.

Cheah, Boon Kheng. *The Peasant Robbers of Kedah 1900–1929: Historical and Folk Perceptions*. Singapore: Oxford University Press, 1988.

Chew, Daniel. *Chinese Pioneers on the Sarawak Frontier 1841–1941*. Singapore: Oxford University Press, 1990.

Chew, Emrys. "Militarized Cultures in Collision: The Arms Trade and War in the Indian Ocean During the Nineteenth Century." *Royal United Services Institute Journal* (October 2003): 90–96.

Chew, Ernest, and Edwin Lee. *A History of Singapore*. Singapore: Oxford University Press, 1991.

Chiang, Hai Ding. *Straits Settlements Foreign Trade 1870–1915*. Singapore: Memoirs of the National Museum, 1978.

"Chineesche Zee. Enkele Mededeelingen Omtrent de Anambas, Natoena, en Tembelan-Eilanden." *Mededeelingen op Zeevaartkundig Gebied over Nederlandsch Oost-Indië*, no. 4 (1 August 1896): 1–2.

Christanty, Linda. "Nyai dan Masyarakat Kolonial Hindia Belanda" *Prisma* 23, no.10 (1994): 21–36.

Chu, Yiu Kong. *The Triads as Business*. London: Routledge, 2000.

"Circulaires van het Raadslid Mr. T.H. der Kinderen aan de Betrokken Ambtenaren aangaande de Invoering van het Nieuwe Regtswezen in de Residentiën Benkoelen en Borneo's Z.O. Afdeeling." *Regt in NI* 34 (1880): 305–28.

City Council of Georgetown. *Penang Past and Present, 1786–1963: A Historical Account of the City of Georgetown Since 1786*. Penang, 1993.

Clarence-Smith, William Gervase. "Hadhrami Entrepreneurs in the Malay World, 1750 to 1940." In *Hadhrami Traders, Scholars, and Statesmen in the Indian Ocean, 1750s–1960s*, edited by Ulrieke Freitag, and William G. Clarence-Smith, 297–314. Leiden: Brill, 1997.

Cleary, M. C. "Indigenous Trade and European Economic Intervention in North-West Borneo, 1860–1930." *MAS* 30, no. 2 (1996): 301–24.
Cobb, Richard. *The Police and the People: French Popular Protest 1789–1820*. London: Oxford University Press, 1970.
Cohen, Joanna Waley. *Exile in Mid-Qing China: Banishment to Xinjiang 1758–1820*. New Haven: Yale University Press, 1991.
Cohen Stuart, J. H. "Sabang, Penang en Onze Handelsbetrekkingen met Britsch-Indië." *Tijdschrift voor Nijverheid en Landbouw in Nederlandsch-Indië* 71 (1905): 115–203.
Colijn, H., ed. *Nederlands Indië, Land en Volk/Geschiedenis en Bestuur/Bedrijf en Samenleving*, 2 vols., 2d ed. Amsterdam, 1913–14.
Columbijn, Freek. "Van dik hout en Magere Verdiensten: Houtkap op Sumatra (1600–1942)." *Spiegel Historiael* 32, nos. 10–11 (1997): 431–37.
Comaroff, John. "Colonialism, Culture, and the Law: A Foreword." *Law and Social Inquiry* 26 (2001): 305–11.
"Controle op Inlandsche Hoofden in zake Geldelijke Varantwoordingen." *TBB* 17 (1899): 218–20.
"Controleur op de Buitenbezittingen." *Koloniaal Weekblad* (19 May 1910): 2–3.
Conrad, Joseph. "Because of the Dollars." In *Within the Tides: Tales*, 172–73. London: Dent's Collected Edition, 1950.
———. *Lord Jim*. New York: Norton, 1968.
———. *An Outcaste of the Islands*. Oxford: Oxford University Press, 1992.
Cooper, Fred, and Ann Stoler. "Tensions of Empire: Colonial Control and Visions of Empire." *American Ethnologist* 16, no. 4 (2001): 609–21.
Coops, P. C. "Nederlandsch-Indische Zeekaarten." *Het Nederlandsche Zeewezen* 3 (1904): 129–30.
Cornelis, W. "Een Poging tot Verbetering der Kaarten van Noord-Sumatra." *TAG* 24 (1907): 1030–47.
"Corps Ambtenaren bij het Binnenlandsch Bestuur op de Buitenbezittingen." *TBB* 1 (1887/8 1888): 286–300.
Craandijk, C. "Het Werk Onzer Opnemingsvaartuigen in den Nederlandsch-Indischen Archipel." *TAG* 27 (1910): 75–76.
Cremer, J. T. "Per Automobiel naar de Battakvlakte." *Eigen Haard* 16 (1907). 245–53.
Courtenay, P. P. *A Geography of Trade and Development in Malaya*. London: G. Bell and Sons, 1972.
Cribb, Robert, ed. *The Late Colonial State in Indonesia: Political and Economic Foundations of the Netherlands Indies 1880–1942*. Leiden: KITLV, 1994.
Daalen, H. B. van. "Spoorwegen in Nederlandsch-Indië." *Indische Mail* 1 (1886): 633–45, 697–711, 769–80.
Dant, Tim. *Material Culture in the Social World: Values, Activities, Lifestyles*. Philadelphia: Open University Press, 1999.
Day, Tony. *Fluid Iron: State Formation in Southeast Asia*. Honolulu: University of Hawaii Press, 2002.
Deeds, Susan. "Colonial Chihuahua: Peoples and Frontiers in Flux." In Robert Jackson,

New Views of Borderlands History, edited by Robert Jackson, 21–40. Albuquerque: University of New Mexico Press, 1998.

Dekker, P. *De Politie in Nederlandsch-Indië: Hare Beknopte Geschiedenis, Haar Taak, Bevoegdheid, Organisatie, en Optreden.* Soekaboemi: Drukkerij Insulinde, 1938.

"Deli-Spoorwegmaatschappij." *IG* 2 (1884): 682–85.

Dery, Luis. "Prostitution in Colonial Manila." *Philippine Studies* 39, no. 4 (1991): 475–89.

Dest, P. van. *Banka Beschreven in Reistochten.* Amsterdam, 1865.

Dick, Howard. "Indonesian Economic History Inside Out." *RIMA* 27, nos. 1–2 (1993): 1–12.

———. *The Indonesian Inter-Island Shipping Industry.* Singapore: ISEAS, 1987.

———. "Interisland Trade, Economic Integration, and the Emergence of the National Economy." In *Indonesian Economic History in the Dutch Colonial Era*, edited by Anne Booth et al. New Haven: Yale University Southeast Asian Studies, 1990.

Dijk, C. van. "Java, Indonesia and Southeast Asia: How Important is the Java Sea?" In *Looking in Odd Mirrors: The Java Sea*, edited by Vincent Houben et al. Leiden: Vakgroep Talen en Culturen van Zuidoost-Azie en Oceanie, 1992.

Djoko. "Si Singa Mangaraja Berjuang Melawan Penjajah Belanda." In *Sejarah Perlawanan-perlawanan Terhadap Kolonialisme*, edited by Sartono Kartodirdjo, 267–99. Jakarta: Pusat Sejarah ABRI, 1973.

Doel, H. W. van den. "Military Rule in the Netherlands Indies." In *The Late Colonial State in Indonesia: Political and Economic Foundations of the Netherlands Indies 1880–1942*, edited by Robert Cribb, 60–67. Leiden: KITLV, 1994.

Dongen, J. van. "Gerechtelijk Scheikundige Onderzoekingen in Nederlandsch-Indië." *TBB* 33 (1907): 714–19.

Douglas, R. S. "A Journey into the Interior of Borneo to Visit the Kalabit Tribes." *JSBRAS* 49 (1907): 53–62.

"Dr. Nieuwenhuis' Derde Tocht." *Indische Mercuur* 24, no. 4 (1901): 63–64.

"Draadlooze Telegraphie." *Indische Mercuur* 26, no. 16 (1903): 259.

Drabble, John. *An Economic History of Malaysia, 1800–1990.* London: Macmillan, 2000.

"Dutch Government, and Mahommedan Law in the Dutch East Indies." *Law Magazine and Review* 20, no. 295 (February 1895): 183–85.

Drakard, Jane. *A Malay Frontier: Unity and Duality in a Sumatran Kingdom.* Ithaca: Cornell University Southeast Asia Program, 1990.

Dyserinck, H. de. "De Roeping van Zr. Ms. Zeemacht, en Een Blik op Haren Tegenwoordigen Toestand." *Militaire Gids* 5, no. 2 (1886): 65–106.

Eccles, W. J. *The Canadian Frontier 1534–1760.* Albuquerque: University of New Mexico Press, 1983.

Eekhout, R. A. "Aanleg van Staatsspoorwegen in Nederlandsch Borneo en Zuid-Sumatra." *TAG*, 2d ser., 8 (1891): 955–83.

"Eenige Mededeelingen van de Zending in de Battaklanden." *Berichten uit de Zendingswereld* (15 August 1905): 1–8.

"Eenige Opmerkingen over de Reorganisatie van het Rechtswezen in de Bezittingen Buiten Java en Madura." *IG*, no. 1 (1882): 340–46.

Eerde, J. C. van. "De Adat Volgens Menangkabausche Bronnen." *Wet en Adat* (1896–98) 1/2, no. 3, 1, pp. 209–20.

"Eerste Kamer over de Brandstof voor de Indische Vloot." *Het Nederlandsche Zeewezen* 9 (1910): 93–94.

"Eigendinkelijke van Onze Behandeling der Inlandsche Vorsten." *IG*, no. 1 (1891).

Ellen, Roy. "The Development of Anthropology and Colonial Policy in the Netherlands, 1800–1967." *Journal of the History of Behavioral Sciences* 12, no. 4 (1976): 303–24.

Elson, R. E. *Village Java Under the Cultivation System, 1830–1870.* Sydney: Allen and Unwin, 1994.

"Emigratie naar de Lampongsche Districten" *IG*, no. 2 (1906): 1734–35.

Emmer, P. C. "Mortality and the Javanese Diaspora." *Itinerario* 21, no. 1 (1997): 125–36.

"Engelands Hydrographische Opnemingen in Onze Koloniën." *IG*, no. 2 (1891): 2013 15.

Engelbregt, J. H. "De Ontwikkeling van Japan met het Oog op het Gele Gevaar." *TNI* (1897): 800–15.

"Enkel Woord Over de Voeding van den Soldaat te Velde." *IMT* 2 (1883): 160–70.

Enthoven, J. J. K. *Bijdragen tot de Geographie van Borneo's Westerafdeeling,* 2 vols. Leiden: Brill, 1903.

———. *De Militaire Cartographie in Nederlandsch-Indië.* Indisch Militair Tijdschrift, 1905.

Erman, Erwiza. "Tauke, Kuli dan Penguasa: Ekspolitasi Hutan Pangalong di Riau." *Sejarah, Pemikiran, Rekonstruksi, Persepsi* 5 (1994): 20–33.

Ette, A. J. H. van. *Onze Ministers Sinds 1798.* Alphen aan de Rijn: N. Sansom N. V., 1948.

"Europeesche Industrie in Borneo's Westerafdeeling" *IG*, no. 2 (1891): 2011–12.

Eusoff, Datin Ragayah. *The Merican Clan.* Singapore: Times Books, 1997.

Faes, J. "Het Rijk Pelalawan." *TBG* 27 (1881): 489–537.

Faragher, John. *Rereading Frederick Jackson Turner: "The Significance of the Frontier in American History" and Other Essays.* New York: Henry Holt and Co., 1994.

Fasseur, C. "Cornerstone and Stumbling Block: Racial Classification and the Late Colonial State in Indonesia." In *The Late Colonial State in Indonesia: Political and Economic Foundations of the Netherlands Indies 1880–1942,* edited by Robert Cribb. Leiden: KITLV, 1994.

———. "Een Koloniale Paradox. De Nederlandse Expansie in de Indonesische Archipel in het Midden van de Negentiende Eeuw (1830–1870)." *Tijdschrift voor Geschiedenis* 92 (1979): 162–86.

Fisher, Nick. "Workshop of Villains: Was There Much Organised Crime in Classical Athens?" In *Organised Crime in Antiquity,* edited by Keith Hopwood, 53–96. Swansea: Classical Press of Wales, 1999.

Fong, Mak Lau. *The Sociology of Secret Societies: A Study of Chinese Secret Societies in Singapore and the Malay Peninsula.* Kuala Lumpur: Oxford University Press, 1981.

Foucault, Michel. *Discipline and Punish: The Birth of the Prison.* Harmondsworth: Penguin, 1977.

Fremery, H. de. "Militaire Luchtscheepvaart." *Orgaan Indische Krijgskundige Vereeniging* 9, no. 17 (1907).

Fujimoto, Helen. *The South Indian Muslim Community and the Evolution of the Jawi Peranakan in Penang up to 1948.* Tokyo: Gaigokugo daigaku, 1988.

Furnivall, John. *Netherlands India: A Study of Plural Economy.* Cambridge: Cambridge University Press, 1939.

Gallagher, J., and R. Robinson. "The Imperialism of Free Trade." *Economic History Review* 6, no. 1 (1953): 1–15.

Gallant, Thomas. "Brigandage, Piracy, Capitalism, and State-Formation: Transnational Crime from a Historical Word-Systems Point of View." In *States and Illegal Practices*, edited by Josiah Heyman, 25–62. Oxford: Berg Publishers, 1999.

Gayo, M. H. *Perang Gayo Alas Melawan Kolonialis Belanda*. Jakarta: PN Balai Pustaka, 1983.

"Geheimzinnige Werving van Neger Soldaten in Liberia" *IG*, no. 1 (1892): 505–10.

George, Kenneth. *Showing Signs of Violence: The Cultural Politics of a Twentieth-Century Headhunting Ritual*. Berkeley: University of California Press, 1996.

Gerlach, A. J. A. "De Eerste Expeditie Tegen Atjih. Eene bijdrage tot de Indische krijgsgeschiedenis." *Tijdspiegel* 1 (1874): 73–120.

Gerlach, L. W. C. "Reis naar het Meergebied van de Kapoeas in Borneo's Westerafdeeling." *BITLV* (1881): 285–322.

Gersen, G. J. "Oendang-Oendang of Verzameling van Voorschriften in de Lematang-Oeloe en Ilir en de Pasemah Landen van Oudsher gevolgd, en door langdurig Gebruik Hadat of Wet geworden." *TITLV* 20 (1873): 108–50.

Goor, J. van. "Imperialisme in de Marge?" In *Imperialisme in de Marge: De Afronding van Nederlands-Indië*. Utrecht: HES Uitgevers, 1986.

Gouda, Frances. *Dutch Culture Overseas: Colonial Practice in the Netherlands Indies, 1900–1942*. Amsterdam: Amsterdam University Press, 1995.

Graves, Elizabeth. *The Minangkabau Response to Dutch Colonial Rule in the Nineteenth Century*. Ithaca: Cornell Modern Indonesia Project, Monograph no. 60, 1981.

Groot, Cornelis de. *Herinneringen aan Blitong: Historisch, Lithologisch, Mineralogisch, Geographisch, Geologisch, en Mijnbouwkundig*. The Hague, 1887.

Groot, Jan J. M. de. *Het Kongsiwezen van Borneo: Eene Verhandeling over den Grondslag en den Aard der Chineesche Politieke Vereenigengen in de Koloniën met eene Chineesche Geschiedenis van de Kongsi Lanfong*. The Hague: Nijhoff, 1885.

Gueritz, E. P. "British Borneo." *Proceedings of the Royal Colonial Institute, Royal Commonwealth Society* 29 (1897/98): 61–67.

Guha, Ranajit. "The Prose of Counter-Insurgency." In *Selected Subaltern Studies*, edited by Ranajit Guha, and Gayatri Spivak, 45–88. New York: Oxford University Press, 1988.

Gullick, John. "The Kuala Langat Piracy Trial." *JMBRAS* 69, no. 2 (1996): 101–14.

Haas, W. H. van der. "Belasting op het Vervoer van Djatihout." *IG* 1 (1897): 416–18.

Haeften, F. W. van. "Voorkoming van Darmziekten te Velde." *IMT* 2 (1895): 80–87.

Haeften, J. van. "Voorkomen van Darmziekten Bij het Leger te Velde." *IMT* 2 (1895): 80.

"Handel en Scheepvaart." *EvNI* 2 (1918): 10–47.

Hane, Mikiso. *Peasants, Rebels, and Outcastes: The Underside of Modern Japan*. New York: Pantheon, 1982.

Harfield, Alan. *British and Indian Armies in the East Indies, 1685–1935*. Chippenham: Picton Publishing, 1984.

Harper, T. N. "The Orang Asli and the Politics of the Forest in Colonial Malaya." In *Nature and the Orient: The Environmental History of South and Southeast Asia*, edited by Richard Grove, 936–66. Delhi: Oxford University Press, 1998.

Hart Everett, A. "Notes on the Distribution of the Useful Minerals in Sarawak." *JSBRAS* 1 (1878): 13–30.

Harrison, Barbara. *Pusaka: Heirloom Jars of Borneo*. Singapore: Oxford University Press, 1986.

Hashim, Muhammad Yusoff. *Kesultanan Melayu Melaka: Kajian Beberapa Aspek Tentang Melaka pada Abad Ke-15 dan Abad Ke-16 Dalam Sejarah Malaysia*. Kuala Lumpur: Dewan Bahasa dan Pustaka Kementerian Pendidikan Malaysia, 1990.

Hashiya, Hiroshi. "The Pattern of Japanese Economic Penetration of the Prewar Netherlands East Indies." In *The Japanese in Colonial Southeast Asia*, edited by Saya Shiraishi, and Takashi Shiraishi, 89–112. Ithaca: Cornell University Southeast Asia Program, 1993.

Hasjmy, A. *Kebudayaan Aceh Dalam Sejarah*. Jakarta: Penerbit Beuna, 1983.

Hasselt, A. L. van, and H. J. E. F. Schwartz. "De Poelau Toedjoeh in het Zuidelijk Gedeelte der Chineesche Zee." *TAG* 15 (1898): 21–45.

Hasselt, M. A. L. "The Object and Results of a Dutch Expedition into the Interior of Sumatra in the Years 1877, 1878, and 1879." *JSBRAS* 15 (1885): 39–59.

"Havens en Scheepvaartregeling op Atjeh." *IG* 2 (1907): 1079–80.

Headrick, Daniel. *The Tools of Empire: Technology and European Imperialism in the Nineteenth Century*. Oxford: Oxford University Press, 1981.

Heidhues, Mary Somers. *Bangka Tin and Mentok Pepper: Chinese Settlement on an Indonesian Island*. Singapore: ISEAS, 1992.

———. *Golddiggers, Farmers, and Traders in the Chinese Districts of West Kalimantan, Indonesia*. Ithaca: Cornell University Southeast Asia Program, 2003.

Hekmeijer, F. C. *De Rechtstoestand der Inlandsche Christengemeenten in Nederlandsch-Indië*. Utrecht: Utrechtse Stoomdrukkerij P. den Boer, 1892.

Heldring, E. "Poeloe Weh. Zijne Topographische Beschrijving en Eenige Opmerkingen met Betrekking tot de Beteekenis van het Eiland." *TAG*, 2d ser., 17 (1900): 622–39.

Hellfrich, O. L. "Bijdrage tot de Kennis van Boven-Djambi, Ontleend aan eene Nota van den Assistent-Resident." *TAG* 21 (1904): 973–97.

Herbert, David. "Crime and Place: An Introduction." In *The Geography of Crime*, edited by David Evans and David Herbert, 1–15. London: Routledge, 1989.

Hershatter, Gail. "The Hierarchy of Shanghai Prostitution 1870–1914." *Modern China* 15, no. 4 (1989): 471

———. "Modernizing Sex, Sexing Modernity: Prostitution in Early Twentieth-Century Shanghai." In *Engendering China: Women, Culture, and the State*, edited by Christina Gilmartin et al., 147–74. Cambridge: Harvard University Press, 1994.

"Herziening van de Areaal-Opgaven Betreffende de Buitenbezittingen." *IG*, no. 2 (1894): 1734–38

Heshusius, C. A. *Het KNIL van Tempo Doeloe*. Amsterdam: Bataafsche Leeuw, 1988.

Heslinga, Marcus. "Colonial Geography in the Netherlands." In *Geography and Professional Practice*, edited by V. Berdoulay, and J. A. van Ginkel, 173–93. Utrecht: Faculteit Ruimtelijke Wetenschappen Universiteit Utrecht, 1996.

Hesselink, Liesbeth. "Prostitution: A Necessary Evil, Particularly in the Colonies." In *Indonesian Women in Focus*, edited by Elsbeth Locher Scholten, and Anke Niehof. Leiden: KITLV, no. 127, 1987.

Heyman, Josiah, and Smart, Alan. "States and Illegal Practices: An Overview." In *States and Illegal Practices,* edited by Josiah Heyman, 1–24. Oxford: Berg Publishers, 1999.

Hickson, S. *A Naturalist in North Celebes.* London: John Murray, 1889.

"Hindoe-Strafrecht op Lombok" *TNI* 1(1896): 166–68.

Hirosue, Masashi. "The Batak Millenarian Response to the Colonial Order." *JSEAS* 25, no. 2 (1994): 331–43.

Hobsbawm, Eric. *Primitive Rebels: Studies in Archaic Forms of Social Movement in the Nineteenth and Twentieth Centuries.* Manchester: Manchester University Press, 1959.

———. *Bandits.* London: Weidenfield and Nicholson, 1969.

Hoff, B. van't. *Bijdrage tot de Genealogie van het Geslacht Henny.* Zutphen, 1939.

Holleman, J. F. *Van Vollenhoven on Indonesian Adat Law.* The Hague: Martinus Nijhoff, 1981.

Hooker, M. B. "Dutch Colonial Law and the Legal Systems of Indonesia." In *Legal Pluralism: An Introduction to Colonial and Neo-colonial Laws,* 250–300. Oxford: Clarendon Press, 1975.

Hopkirk, Peter. *Trespassers on the Roof of the World: The Secret Exploration of Tibet.* New York: Kodansha, 1995.

Hose, Bishop. "The Contents of a Dyak Medicine Chest." *JSBRAS* 39 (1902): 65–70.

Hoskins, Janet, ed. *Headhunting and the Social Imagination in Southeast Asia.* Stanford: Stanford University Press, 1996.

Hoskins, Janet. *Biographical Objects: How Things Tell the Stories of People's Lives.* New York: Routledge, 1998.

Houben, Vincent. "Native States in India and Indonesia: The Nineteenth Century." *Itinerario* 11, no. 1 (1987): 107–35.

———. "Nyabrang/'Overzee Gaan': Javaanse Emigratie Tussen 1880 en 1940." In *Het Paradijs is Aan de Overzijde,* edited by Piet Emmer, and Herman Obdeijn, 51–65. Utrecht: Van Arkel, 1998.

Hughes, David. "The Prahu and Unrecorded Inter-Island Trade." *Bulletin of Indonesian Economic Studies* 22, no. 2 (August, 1986): 103–13.

Huijts, J. "De Veranderende Scheepvaart Tussen 1870 en 1930 end de Gevolgen voor de Handel op Nederlands-Indië." In *Katoen voor Indië,* edited by J. Huijts, and S. Tils, 57–73. Amsterdam: NEHA, 1994.

Huizer, H. D. P. "De Opium-Regie in Nederlandsch-Indië." *IG,* no. 1 (1906): 360–80.

Hulshoff, B. "Het Kaartsysteem. Een Middel tot Vereenvoudiging van Publiekrechtelijke Administratiën en Meer Speciaal van die der Belastingen." *TBB* 38 (1910): 262–73.

Hurgronje, C. Snouck. *De Atjehers.* Leiden: E. J. Brill, 1893–94. (I)

———. *Mekka in the Latter Part of the 19th Century: Daily Life, Customs and Learning, the Moslims of the East-Indian Archipelago.* Leiden: E. J. Brill, 1931.

Hyam, Ronald. "Concubinage and the Colonial Service: The Crewe Circular (1909)." *Journal of Imperial and Commonwealth History* 14, no. 3 (May 1986): 170–86.

"Hydrographie." *EvNI* 2 (1918): 125–27.

"Hydrographische Opname in Oost-Indië." *Eigen Haard* 48 (1907): 756–59.

"Iets over de Organisatie van het Politiewezen op de Buiten-Bezittingen." *TBB* 2 (1888): 183–85.

"Iets over het Kadaster op de Buitenbezittingen." *IG,* no. 2 (1885): 1582–85.
"Indisch Concubinaat en Prostitutie, besproken door den Schrijver van 'Politieke Vragen'." *IG,* no. 2 (1899): 1378–85.
"Indische Hydrografie." *TAG* 6 (1882): 122–40.
Ingleson, John. "Prostitution in Colonial Java." In *Nineteenth and Twentieth Century Indonesia,* edited by David Chandler, and M. C. Ricklefs, 123–40. Melbourne: Monash Southeast Asian Studies, 1986.
Ingram, James. *Economic Change in Thailand Since 1850.* Stanford: Stanford University Press, 1955.
"Inlanders bij de Rechtelijke Macht." *IG,* no. 1 (1906): 432–34.
"Inlandsche Christenen." *Wet en Adat* 1/2, no. 1 (1896–98): 321–30.
Innes, E. *The Chersonese with the Gilding Off.* 1885. Vol. 1. Kuala Lumpur: Oxford University Reprints, 1974.
"Invloed der Vreemdelingschap op het Rechtswezen in NI." *Wet en Adat* 1/2, no. 1 (1896–98): 159–97.
"Invoering van het Nieuwe Strafwetboek." *IG,* no. 2 (1902): 1235–36.
Irfan, Nia Kurnia Sholihat. *Kerajaan Sriwijaya: Pusat Pemirintahan dan Perkambangannya.* Jakarta: Grimukti Pusaka, 1983.
Irschick, Eugene. "Order and Disorder in Colonial South India." *MAS* 23, no. 3 (1989): 459–92.
Irwin, Graham. *Nineteenth-Century Borneo: A Study in Diplomatic Rivalry.* Singapore: Donald Moore Books, 1967.
Ismail, Muhammad Gade. "The Economic Position of the Uleebalang in the Late Colonial State: Eastern Aceh, 1900–1942." In *The Late Colonial State in Indonesia: Political and Economic Foundations of the Netherlands Indies 1880–1942,* edited by Robert Cribb. Leiden: KITLV, 1994.
——— . "Seuneubok Lada, Uleebalang, dan Kumpeni Perkembangan Sosial Ekonomi di Daerah Batas Aceh Timur, 1840–1942." Ph.D. diss., Leiden University, 1991.
"Jaarlijksch Verslag. Singapore." *Consulaire Berichten en Verslagen* (1874): 544–48; (1875): 490–92.
Jackson, James. *Chinese in the West Borneo Goldfields: A Study in Cultural Geography.* Hull: University of Hull Occasional Papers, 1970.
Janssen, C. W. "De Statistiek van den Handel, de Scheepvaart en de In- en Uitvoerrechten in Nederlandsch Indië." *Bijdragen Statistisch Instituut* 8 (1892): 161–78.
Jaschok, Maria. *Concubines and Bondservants.* Hong Kong: Oxford University Press, 1988.
"Javaansche 'Hadat'." *De Economist* (1869): 1222
Jennings, John. *The Opium Empire: Japanese Imperialism and Drug Trafficking in Asia, 1895–1945.* Westport: Praeger, 1997.
Jones, David. *Crime, Protest, Community, and Police in Nineteenth-Century Britain.* London: Routledge and Kegan Paul, 1982.
Jonge, Huub de, and Nico Kaptein, eds. *Transcending Borders: Arabs, Politics, Trade, and Islam in Southeast Asia.* Leiden: KITLV, 2002.
Juriaanse, Maria. *De Nederlandse Ministers van Buitenlandse Zaken, 1813–1900.* The Hague: Leopold, 1974.

Juynboll, H. H. "Mededeelingen omtrent Maskers in den Indischen Archipel." *Internationales Archiv für Ethnographie* 15 (1902): 28–29.

"Kaartbeschrijving: Zeekaarten." *EvNI* 2 (1918): 240–41.

Kan C. M. "De Belangrijkste Reizen der Nederlanders in de 19e Eeuw Ondernomen. De Voornaamste Werken, in dat Tijdperk op Geographisch Gebied Verschenen." *TAG*, 2d ser., 6 (1889): 510–81.

———. "Geographical Progress in the Dutch East Indies 1883–1903." *Report of the Eighth International Geographic Congress. Held in the United States 1904–1905*, 715–23. Washington, D.C.: Government Printing Office, 1905.

Kaptein, Nico. "Meccan Fatwas from the End of the Nineteenth Century on Indonesian Affairs." *Studia Islamika* 2, no. 2 (1995): 141–60.

Kater, C. "De Dajaks van Sidin. Uittreksel uit eene Reisbeschrijving van Pontianak naar Sidin in April 1865." *TBG* 16 (1867): 183–88

———. "Iets over het Pandelingschap in de Westerafdeeling van Borneo en de Boegineesche Vestiging aan het Zuider-Zeestrand te Pontianak." *TNI* 2 (1871): 296–305.

Karl, Rebecca. "Creating Asia: China in the World at the Beginning of the Twentieth Century." *American Historical Review* 103, no. 4 (October 1998): 1096–1117.

Kartodirdjo, A. Sartono, ed. *Sejarah Perlawan-Perlawan Terhadap Kolonialisme*. Jakarta: Departemen Pertahanan Keamanan, 1973.

Katayama, Kunio. "The Japanese Maritime Surveys of Southeast Asian Waters before the First World War." *Institute of Economic Research Working Paper*, no. 85. Kobe: Kobe University of Commerce, 1985.

"Katholieke Propaganda." *IG*, no. 1 (1889): 69.

Kaur, Amarjit. *Economic Change in East Malaysia: Sabah and Sarawak Since 1850*. London: Macmillan, 1998.

———. "'Hantu' and Highway: Transport in Sabah 1881–1963." *MAS* 28, no. 1 (1994): 1–50.

———. "Tin Miners and Tin Mining in Indonesia, 1850–1950." *Asian Studies Review* 20, no. 2 (1996): 95–120.

Kearney, Michael. "Transnationalism in California and Mexico at the End of Empire." In *Border Identities: Nation and State at International Frontiers*, edited by Thomas Wilson and Hastings Donnan, 117–41. Cambridge: Cambridge University Press, 1998.

Kempe, E. "De Scheepvaartregeling." *De Militaire Spectator* 62 (1893): 410–19.

Kennedy, R. H. *A Brief Geographical and Hydrographical Study of Straits Which Constitute Routes for International Traffic*. United Nations Document A/Conference 13/6, 23 October 1957.

Kerckhoff, Ch. E. P. "Eenige Mededeelingen en Opmerkingen Betreffende de Slavernij in Nederlandsch-Indië en Hare Afschaffing." *IG*, no. 1 (1891): 743–69.

Kern, R. A. "De Controleurs en 't Concubinaat." *TBB* 28 (1905): 250–52.

Keuchenius, L. W. C. *Handelingen van Regering en der Staten-Generaal Betreffende het Reglement op het Beleid der Regering van Nederlandsch-Indië*. Utrecht: Kemink, 1857, II.

Khatchikiam, Levon. "The Chulia Muslim Merchants in Southeast Asia, 1650–1800." In *Merchant Networks in the Early Modern World, 1450–1800*, edited by Sanjay Subrahmanyam. Aldershot (U.K.): Variorum, 1996.

Kielstra, E. B. "De Uitbreiding van het Nederlandsch Gezag op Sumatra." *De Gids* 4 (1887): 256–96.

———. "Steenkolen en Spoorwegen ter Westkust van Sumatra." *De Gids* 4 (1884): 1–41.

Kielstra, J. C. "De Rechtspraak over de Inlandsche Bevolking in het Gouvernement Celebes en Onderhoorigheden en de Residentie Timor." *IG*, no. 1 (1907): 165–93.

"Klassen der Bevolking van Nederlandsch-Indië." *Wet en Adat* 1/2, no. 1 (1896–98): 79–81.

Klavaren, Marieke van. "Death Among Coolies: Mortality and Javanese Labourers on Sumatra in the Early Years of Recruitment, 1882–1909." *Itinerario* 21, no. 1 (1997): 111–25.

Klerks, E. A. "Geographisch en Etnographisch Opstel over de Landschappen Korintji, Serampas, en Soengai Tenang." *TITLV* 39 (1897): 1–117.

Knafla, Louis. "Structure, Conjuncture, and Event in the Historiography of Modern Criminal Justice History." In *Crime History and Histories of Crime: Studies in the Historiography of Crime and Criminal Justice in Modern History*, edited by Clive Emsley, and Louis Knafla, 33–46. Westport: Greenwood Press, 1996.

Kniphorst, H. P. E. *Tijdschrift voor het Zeewezen* "Historische Schets van den Zeeroof in den Oost-Indischen Archipel" (1876) 6, pp. 3–84; (1876) 6, pp. 159–224; (1876) 6, pp. 283–318; (1876) 6, pp. 353–452; (1877) 7, pp. 1–64; (1877) 7, pp. 135–210; (1877) 7, pp. 237–316; (1878) 8, pp. 1–48; (1878) 8, pp. 107–64; (1878) 8, pp. 213–306; (1879) 9, pp. 1–67; (1879) 9, pp. 85–146; (1879) 9, pp. 173–227; (1879) 9, pp. 1–67; (1880) 10, pp. 1–64; (1880) 10, pp. 89–204; (1880) 10, pp. 235–358.

Kohlbrugge, J. "Prostitutie in Nederlandsch-Indië." *Verslagen der Indisch Genootschap* (1901): 17–36.

Kol, H. van. *De Bestuurstelsels der Hedendaagsche Koloniën*. Leiden, 1905.

———. "Het Lot der Vrouw in Onze Oost-Indische Koloniën." *Koloniaal Weekblad* (25 Dec 1902): 5.

"Koninklijk Besluit van den 15den Sept 1909, Houdende Vaststelling van de Gewijzigde Samenstelling en Sterkte der Scheepsmacht voor Nederlandsch-Indië Benoodigd." *Marineblad* 24 (1909/1910): 401–402.

"Kontroleurs op de Bezittingen Buiten Java en Madura." *IG* 1 (1884): 14–20.

Kort, Marcel de. "Doctors, Diplomats, and Businessmen: Conflicting Interests in the Netherlands and Dutch East Indies, 1860–1950." In *Cocaine: Global Histories*, edited by Clive Emsley, and Louis Knafla, 123–45. London: Routledge, 1999.

Kort Overzicht der Tweede Expeditie naar Atjeh, Getrokken uit de Officieele Verslagen." *IMT* (18/3): 92–119; (1876): 58–87; 100–122

"Kort Overzicht van de Ongeregeldheden op Halmahera." *IMT* 38, no. 1 (1907): 328–31.

"Kort Overzigt van den Stand van Zaken op het Eiland Ceram." *IMT* 37, no. 1 (1906): 167–69.

Kossmann, K. *Nieuwe Nederlandsch Biografisch Woordenboek*. Leiden: Sijthoff's Uitgevers, 1937.

Koster, J. L. "Een Stem over de Drankquestie in het Nederlandsch-Indisch Leger." *TNI* (1902): 21–41.

"Kraing Bonto-Bonto; Verhaal van den Opstand in de Noorder-districten van Celebes in 1868 en van het Dempen van dien Opstand." *IMT* 3 (1872): 198–233.

Kratoska, Paul. *Index to British Colonial Files Pertaining to British Malaya*. Kuala Lumpur: Arkib Negara Malaysia, 1990.

Kreemer, J. J. "Bijdrage tot de Volksgeneeskunde bij de Maleiers der Padangsche Benedenlanden." *BTLV* 60 (1908): 438–87.

Kroesen, R. C. "Aanteekeningen over de Anambas-, Natoena-, en Tambelan-Eilanden." *TBG* 21 (1875): 235–47.

Kruijt, J. A. *Atjeh en de Atjehers: Twee Jaren Blokkade op Sumatra's Noord-Oost Kust.* Leiden: Gualth KoV, 1877.

Kruseman, J. W. G. "Beschouwingen over het Ontwerp-Wetboek van Strafrecht voor Inlanders in Nederlandsch-Indië." Ph.D. diss., University of Amsterdam, Haarlem, 1902.

Kuitenbrouwer, M. *The Netherlands and the Rise of Modern Imperialism: Colonies and Foreign Policy, 1870–1902.* New York: Berg Publishers, 1991.

Kustverlichting in Nederlandsch-Indië. Uitgegeven door het Hoofdbureau van Scheepvaart (Dept. van Marine), naar Aanleiding der Eerste Nederlandsche Tentoonstelling op Scheepvaartgebied te Amsterdam, 1913.

"Kustverlichting in Ned.-Indië." *IG*, no. 1 (1906): 80–81.

Labour Commission: Glossary of Words and Names in the Report of the Commissioners; Index to Evidence and Analysis of Evidence Taken by the Commission. Singapore: Government Press, 1891.

Laffan, Michael. *Islamic Nationhood and Colonial Indonesia: The Umma Below the Winds.* London: Routledge, 2003.

Lange, H. M. *Het Eiland Banka en Zijn Aangelegenheden.* 's Bosch: Muller, 1850.

Lapian, Adrian. "The Sealords of Berau and Mindanao: Two Responses to the Colonial Challenge." *Masyarakat Indonesia* 1, no. 2 (1974): 143–54.

Lavino, G. "Aanteekeningen BetreVende het Handelsverkeer in Atjeh, in 1874–1876, Ontleend aan Berigten van den Waarnemenden Consul der Nederlanden te Penang." *Consulaire en Andere Berigten en Verslagen over Nijverheid, Handel en Scheepvaart* (1877): 751–52.

League of Nations: Commission of Inquiry into the TraYc in Women and Children in the East; Report to the Council, IV, Social 1932, OYcial no. C.849.M 393, p. 81.

Leeuwen, F. H. G. J. van. "Een Voorstel tot hervorming van desa-instellingen en districtpolitie." *TBB* 31 (1906): 193–210, 321–23.

"Legerbelang." *IMT* 1 (1897): 44–51.

Lindblad, J. Thomas. "Between Singapore and Batavia: The Outer Islands in the Southeast Asian Economy in the Nineteenth Century." In *Kapitaal, Ondernemerschap en Beleid: Studies over Economie en Politiek in Nederland, Europa en Azie van 1500 tot Heden.* C. A. Davids et. al., eds. Amsterdam: NEHA, 1996.

———. "Economic Growth in the Outer Islands, 1910 to 1940." In *New Challenges in the Modern Economic History of Indonesia.* Leiden: Program in Indonesian Studies, 1993.

———. "Economische Aspecten van de Nederlandse Expansie in de Indonesische Archipel, 1870–1914." In *Imperialisme in de Marge: De Afronding van Nederlands-Indië,* edited by J. van Goor. Utrecht: HES, 1986.

———. "The Outer Islands in the 19th Century: Contest for the Periphery." In *The Emergence of a National Economy: An Economic History of Indonesia, 1800–2000,* edited by Howard Dick et al. Honolulu: University of Hawaii Press, 2002.

———, et al., eds. *Het Belang van de Buitengewesten: Economische Expansie en Koloniale Staatsvorming in de Buitengewesten van Nederlands Indië 1870–1942.* Amsterdam: NEHA, 1989.

Locher-Scholten, Elsbeth, "Dutch Expansion in the Indonesian Archipelago Around 1900 and the Imperialism Debate." *JSEAS* 25, no. 1 (1994): 91–111.

———. "National Boundaries as Colonial Legacy: Dutch Ethical Imperialism in the Indonesian Archipelago Around 1900." In *Indonesia and the Dutch Colonial Legacy*, edited by Frances Gouda and Elsbeth Locher-Scholten. Washington, D.C.: Woodrow Wilson Center Asia Program Occasional Paper no. 44, 1991.

———. *Sumatraans Sultanaat en Koloniale Staat: De Relatie Djambi-Batavia (1830–1907) en het Nederlandse Imperialisme*. Leiden: KITLV, 1994.

Lockhard, Craig. "Charles Brooke and the Foundations of the Modern Chinese Community in Sarawak, 1863–1917." *Sarawak Museum Journal* 19, no. 39 (1971): 77–108.

Loh, Francis. *Beyond the Tin Mines: Coolies, Squatters and New Villagers in the Kinta Valley, Malaysia, 1880–1980*. Singapore: Oxford University Press, 1988.

Lombard, Denys. *Kerajaan Aceh: Jaman Sultan Iskandar Muda*. Jakarta: Balai Pustaka, 1986.

Lontaan, J. U. *Sejarah Hukum Adat dan Adat Istiadat Kalimantan Barat*. Jakarta: C. V. Pilindo, 1975.

Low, James. *The British Settlement of Penang*. Singapore: Oxford University Press, 1972.

Lowman, John. "The Geography of Social Control: Clarifying Some Themes." In *The Geography of Crime*, edited by David Evans and David Herbert, 228–59. London: Routledge, 1989.

Lulofs, C. *Onze Politiek Tegenover de Buitenbezittingen*. Batavia, H. M, van Dorp & Co, 1908.

———. "Wegen-Onderhoud op Java en op de Buitenbezittingen." *TBB* 26 (1904): 31–39.

Mac-Leod. Norman "Het Behoud Onzer Oost-Indische Bezittingen. I." *TNI* (1898): 755–71, 871–92.

Maddison, Angus, ed. *Economic Growth in Indonesia 1820–1940*. Dordrecht: Foris Publishers, 1989.

"Makassaarsche Scheepvaart-Overeenkomsten (Tripangvangst)." *Wet en Adat* 1/2, no. 3 (1896–98): 48–54.

Malinowski, Bronislaw. *Argonauts of the Western Pacific: An Account of Native Enterprise and Adventure in the Archipelagoes of Melanesian New Guinea*. 1922; reprint, Prospect Heights, Ill.: Waveland Press, 1984.

Margadant, C. W. "Beoordeling van het Geschrift "De Rechtspraak in Nederlandsch-Indië en Speciaal die over den Inlander. Een Voorloopig Program door een N.-I. Rechterlijk Ambtenaar." *Recht in NI, Het* 68 (1897): 1–10.

———. *Verklaring van de Nederlandsch-Indische Strafwetboeken*. Batavia, 1895.

"Marine Militaire du Japon," "La Marine Militiare de la Chine," and "La Station Anglaise de l'Inde." *Revue Maritime et Coloniale* 50 (1876): 536–42.

Mani, A. "Indians in North Sumatra." In *Indian Communities in Southeast Asia*, edited by K. S. Sandhu and A. Mani, 46–97. Singapore: ISAES, 1993.

Marx, Karl. "Theories of Surplus Value." In *Karl Marx: Selected Writings in Sociology and Social Philosophy*, edited by Thomas Bottomore and Maximilien Rubel, 158–60. New York. McGraw-Hill, 1964.

McKeown, Adam. "Conceptualizing Chinese Diasporas, 1842 to 1949." *Journal of Asian Studies* 58, no. 2 (May, 1999): 306–37.

Means, Gordon. "Human Sacrifice and Slavery in the 'Unadministered' Areas of Upper Burma During the Colonial Era." *SOJOURN* 15, no. 2 (2000): 184–221.

Meerwaldt, J. H. "Per Motorboot 'Tole' het Tobameer Rond." *Rijnsche Zending* (1911): 63–69, 83–87, 113–16.

Meijier, J. E. de. "Zeehavens en Kustverlichting in Nederlansch-Indië" *Gedenkboek uitgegeven ter gelegenheid van het vijftigjarig bestaan van het Koninklijk Instituut van Ingenieurs (1847–1897)*, 303–05. 's-Gravenhage: Van Langenhuysen (1847–97).

Memmi, Albert. *The Colonizer and the Colonized.* Boston: Beacon Press, 1965.

"Metalen in Borneo's Westerafdeeling." *TAG* 7 (1883): 12–13.

Mevius, Johan. *Catalogue of Paper Money of the VOC, Netherlands East Indies, and Indonesia.* Vriezenveen: Mevius Numisbooks, 1981.

Meyer, Kathryn, and Terry Parssinen. *Webs of Smoke: Smugglers, Warlords, Spies, and the History of the International Drug Trade.* Lanham: Rowman and Littlefield, 1998.

Mihalopoulos, Bill. "The Making of Prostitutes: The Karayuki-san." *Bulletin of Concerned Asian Scholars* 25, no. 1 (1993): 41–57.

"Militaire Administratie in Indië." *IG* 2 (1887): 1883–84.

Miller, Daniel. "Why Some Things Matter." In *Material Cultures: Why Some Things Matter*, edited by Daniel Miller, 3–24. Chicago: University of Chicago Press, 1998.

Ming, Hanneke. "Barracks-Concubinage in the Indies, 1887–1920." *Indonesia*, no. 35 (April 1983): 65–93.

"Missive van Z.Exc. den Minister van Koloniën, d.d. 8 Mei 1888, Gericht tot het Nederl. Zendelinggenootschap." *Mededeelingen Nederlandsche Zendings Genootschap* 33 (1889): 336–50.

Mobini-Keseh, Natalie. *The Hadrami Awakening: Community and Identity in the Netherlands East Indies, 1900–1942.* Ithaca: Cornell University Southeast Asia Program, 1999.

"Mohammedaansche Broederschappen in Nederlandsch Indië." *TNI* 2 (1889): 15–20.

"Mohammedaansch-Godsdienstige Broederschappen, door een oud O.-I. Ambtenaar." *TNI* 2 (1891): 187–205.

Molenaar, T. J. A. "Het Aluminium en de Waarde van dat Metaal voor Militair Gebruik." *IMT* 1 (1895): 509–17.

Molengraaf, G. A. F. *Geologische Verkenningstochten in Centraal Borneo (1893–94): Atlas in 22 Bladen.* Leiden: Brill, 1900.

Molewijk, G. C. "De Telegraafverbinding Nederland-Indië." *Jambatan* 8, no. 3 (1990): 138–55.

Monkonnen, Eric. "The Quantitative Historical Study of Crime and Criminal Justice." In *History and Crime*, edited by James Inciardi and Charles Faupel, 53–74. London: Sage Publications, 1980.

Mrazek, Rudolf. *Engineers of Happy Land: Technology and Nationalism in a Colony* Princeton: Princeton University Press, 2002.

———. "From Darkness to Light: The Optics of Policing in Late-Colonial Netherlands East-Indies." In *Figures of Criminality in Indonesia, the Philippines, and Colonial Vietnam*, edited by Vicente Rafael, 23–46. Ithaca: Cornell University Southeast Asia Program, 1999.

Mukherjee, Arun. *Crime and Public Disorder in Colonial Bengal, 1861–1912.* Calcutta: KP Bagchi, 1995.

Multavidi. "Een Nieuwe Staatsinkomst van fl. 10,000,000 per Jaar." *TBB* 30 (1906): 338–52.
Murphy, Robert. *Headhunter's Heritage: Social and Economic Change Among the Mundurucu Indians.* Berkeley: University of California Press, 1960.
Murray, Dian. "Living and Working Conditions in Chinese Pirate Communities 1750–1850." In *Pirates and Privateers: New Perspectives on the War on Trade in the Eighteenth and Nineteenth Centuries,* edited by David Starkey, E. S. van Eyck van Heslinga, and J. A. de Moor. Exeter: University of Exeter Press, 1997.
———. *Pirates of the South China Coast, 1790–1810.* Stanford: Stanford University Press, 1987.
Naim, Mochtar. *Merantau: Pola Migrasi Suku Minangkabau.* Yogyakarta: Gadjah Mada University Press, 1979.
Napitupulu, S. H. *Perang Batak: Perang Sisingamangaradja.* Jakarta: Jajasan Pahlawan Nasional Sisingamangaradja, 1971.
Nederburgh, J. A. "Wijziging in Art. 109 Regeeringsregelement (Japansche Europeanen)." *Wet en Adat* I/2, no. 3, vol. 2 (1896–98): 287.
Neumann, J. B. "Reis Naar de Onafhankelijk Landschappen Mapat Toenggoel en Moeara Soengei Lolo VI Kota." *TBG* 29 (1884): 1–37, 38–87.
Niermeyer, J. F. "Barrière-Riffen en Atollen in de Oost Indiese Archipel." *TAG* (1911): 877–94.
"Nieuwe Kaart van Sumatra." *Indische Mercuur* 31, no. 38 (1908): 680–81.
"Nieuwe Kabelverbindingen in Ned. Oost-Indië." *Marineblad* 18 (1903/1904): 784–802.
"Nieuwe Tarieven van Invoer- en Uitvoerrechten in Nederl.-Indië." *Indische Mercuur* 9, no. 17 (1886): 213–14.
Nieuwenhuis, A. W. *In Centraal Borneo: Reis van Pontianak naar Samarinda.* 2 vols. Leiden, 1900.
Nieuwenhuyzen, W. C. "De Beoefening der Inlandsche Talen in het Indische Leger." *IG,* no. 1 (1884): 335–62.
———. "Het Negerelement bij het Indische Leger." *IG,* no. 1 (1899): 525–46.
Nijland, J. C. C. "Rapport Betreffende de Proef met 10 Verlichte Geweren, met Drie Bijlagen, gemerkt A, B, en C." *IMT* extra bijlage no. 6, ser. 2 (1903): 1–9.
Nish, Ian, ed. *British Documents on Foreign Affairs: Reports and Papers From the Foreign Office Confidential Print,* Part 1, Series E (Asia, 1860–1914), Vol. 29. University Publications of America, 1995.
Nonini, Donald. *British Colonial Rule and the Resistance of the Malay Peasantry.* New Haven: Yale University Southeast Asia Program, 1992.
"Noordoostkust Borneo: Van Hoek Mangkalihat tot de Berouwrivier." *Mededeelingen op Zeevaartkundig Gebied over Nederlandsch Oost Indië* 28 (July 1902): 1–12.
Nordholt, Henk Schulte. "The Jago in the Shadow: Crime and 'Order' in the Colonial State in Java." *RIMA* 25, no. 1 (1991): 74–91.
Nota over de Uitoeffening van Staatstoezicht op de Werving en Emigratie van Inlanders op Java en Madoera Bestemd voor de Buitenbezittingen of voor Plaatsen Buiten Nederlandsch-Indië. Batavia: Landsdrukkerij, 1907.
Nugent, David. "State and Shadow-State in Northern Peru Circa 1900: Illegal Political Networks and the Problem of State Boundaries." In *States and Illegal Practices,* edited by Josiah Heyman, 63–98. Oxford: Berg Publishers, 1999.

"Numerieke Opgave van Militairen Die Zijn Gedegradeerd en van Die, welke in de 2e Klasse van Discipline Zijn Geplaatst, Zoomede Omtrent de Toepassing van de Straf van Rietslagen (1867–1875)." *IMT* 2 (1881): 286–325.

O'Connor, Richard. *A Theory of Indigenous Southeast Asian Urbanism.* Singapore: ISEAS Monograph no. 38, 1983.

Ockerse. "Emigratie van Javanen naar de Buitenbezittingen." *IG,* no. 2 (1903): 1221–23.

"Officieel Relaas Omtrent Samenzweringen in Midden- en Oost- Java." *IG,* no. 2 (1888): 1992.

"Officieel Relaas van de Ongeregeldheden in Solo" *IG,* no. 1 (1889): 216–21.

"Officieel Relaas van de Onlusten te Tjilegon en Pogingen tot Oproer in Midden- en Oost-Java" *IG,* no. 2 (1889): 1768–76.

"Officier van Justitie te Soerabaya, contra F. W. de Rijk, Chef der te Soerabaya Gevestigde Firma Gebroeders van Delden." *Indisch Weekblad van het Recht* no. 538 (20 October 1873): 166–67.

"Olifanten voor het Transportwezen bij de Troepenmacht in Atjeh." *IMT* 2 (1880): 517–19.

"Onafhankelijke Bataks Benoorden het Tobameer." *IG,* no. 1 (1902): 246–48.

Onghokam. "Korupsi dan Pengawasan dalam Perspektif Sejarah." *Prisma* 15, no. 3 (1986): 3–11.

———. "Tradisi dan Korupsi." *Prisma* 12, no. 2 (February 1983): 3–13.

"Onlusten in Bantam." *IG,* no. 2 (1888): 1122–23.

Onreat, Rene. *Singapore: A Police Background.* London: Dorothy Crisp, n.d.

"Onze Opium Politiek." *TNI,* no. 1 (1884): 401–12.

Opium-Aanhalingen." *IG,* no. 1 (1888): 474–75.

"Opium-smokkelhandel ter Zee." *TNI,* no. 1 (1884): 29–45.

"Opmerkingen en Mededeelingen: Circulaires van de Commissaris Mr. T.H. der Kinderen tot Toelichting op het Nieuwe Reglement Betreffende het Regtswezen in de Residentie Riouw." *Regt in NI* 38 (1882): 333–54.

Ooi, Keat Gin. *Of Free Trade and Native Interests: The Brookes and the Economic Development of Sarawak, 1841–1941.* Kuala Lumpur: Oxford University Press, 1997.

Oort, W. B. "Hoe een Groote Kaart tot Stand Komt." *Onze Eeuw* 9, no. 4 (1909): 363–85.

"Overeenkomsten met Inlandsche Vorsten: Djambi." *IG,* no. 1 (1882): 540–42.

"Overeenkomsten met Inlandsche Vorsten: Lingga/Riouw." *IG,* no. 1 (1907): 233–42.

"Overeenkomsten met Inlandsche Vorsten: Pontianak." *IG,* no. 1 (1882): 543–54.

"Overeenkomsten met Inlandsche Vorsten: Suppletoir Contract met Lingga, Riouw, en Onderhoorigheden." *IG,* no. 1 (1888): 163–64.

"Overzicht van Artikelen van Notaris Vellema, in het Bataviasch Nieuwsblad en het "Vaderland," over de Circulatie van Valsche Munt in Indië." *IG,* no. 2 (1896): 1252–55.

"Overzicht van eene Voordracht van J.J. de Groot over dat Gedeelte van China Waar Emigratie naar de Koloniën Plaats Hebben." *TAG* 8, no. 1 (1891): 305–11.

"Overzigt van een in het Berlijnsche Tijdschrift 'Der Kulturkaempffer' Heft 64 van 1882 Opgenomen Artikel over de Hollanders en hun Werfdepot te Harderwijk en over het Soldaten Leven in de Hollandsche Koloniën." *IG,* no. 2 (1882): 480–85, 681–85.

Ownby, David, and Mary Somers Heidhues. *"Secret Societies" Reconsidered: Perspectives on the Social History of Early Modern South China and Southeast Asia.* Armonk, N.Y.: M. E. Sharpe, 1993.

Paine, S. C. M. *Imperial Rivals: China, Russia, and Their Disputed Frontier.* Armonk, N.Y.: M. E. Sharpe, 1996.

Pan, Lynn. *Sons of the Yellow Emperor: A History of the Chinese Diaspora.* New York: Little, Brown, 1992.

Panäri, Mäti. "Krijgstucht in het Indische Leger" *IMT* 2 (1881): 225–35.

Pekelharing, C. A. "De Loop der Beri-Beri in Atjeh in de Jaren 1886 en 1887." *TNI* 1 (1888): 305–11.

Pelly, Usman, et al., eds. *Sejarah Sosial Daerah Sumatra Utara Kotamadya Medan.* Jakarta: Departmen Pendidikan dan Kebudayaan Direktorat Sejarah dan Nilai Tradisional, 1984.

Peluso, Nancy. *Rich Forests, Poor People: Resource Control and Resistance in Java.* Berkeley: University of California Press, 1992.

Pemimpin Bagi Prijaji Boemipoetera di Tanah Djawa dan Madoera, no. 24/B.B.: Sendjata-api, Obat-Bedil dan Bekal Pemasang; A. Pembawaan Masoek dan Bembawaan Keloewar; B. Kepoenjaan, Pembawaan, dan Pernijagaan. Batavia: Drukkerij Ruygrok Co., 1919.

Perang Kolonial Belanda di Aceh. Banda Aceh: Pusat Dokumentasi dan Informasi Aceh, 1990.

Perelaer, E. "De Rechtspraak over de Inlandsche Bevolking in Nederlandsch-Indië." *TBB* 32 (1907): 418–22.

Perelaer, M. T. H. "Recensie over 'Jottings Made During a Tour Amongst the Land Dyaks of Upper Sarawak, Borneo, During the Year 1874, by Noel Denison, Formerly of the Sarawak Service, Singapore, Mission Press, 1879.'" *IG* (1881) 1, pp. 514–15

Philips, W. J. "De Transportdienst te Velde bij het Nederlandsch-Indische Leger." *IMT* 1 (1891): 46–49.

Piepers, M. C. "De Rechtspraak in Ned. Indië en Speciaal die over den Inlander." *TNI* 1 (1897): 293–309.

Pleyte Wzn., C. M. "Eene Bijdrage tot de Geschiedenis der Ontdekking van het Toba-Meer." *TAG* 7 (1895): 71–96, 727–40.

"Poeloong-Zaak, een ernstige Vingerwijzing." *IG* 1 (1886): 231–38.

"Politie." *TBB* 1 (1887–88): 379–82.

Pluvier, J. M. "Internationale Aspekten van de Nederlandse Expansie." *Bijdragen en Mededeelingen Betreffende de Geschiedenis der Nederlanden* 86, no.1 (1971): 26–31.

Pope, Andrew. "The P & O and the Asian Specie Network, 1850–1920." *MAS* 30, no. 1 (1996): 145–72.

Popkin, Samuel. *The Rational Peasant: The Political Economy of Rural Society in Vietnam.* Berkeley: University of California Press, 1979.

Post, Peter. "Japan and the Integration of the Netherlands East Indies into the World Economy, 1868–1942." *RIMA* 27, nos. 1–2 (1993): 134–65.

———. "Japanse Bedrijvigheid in Indonesie, 1868–1942: Structurele Elementen van Japans Vooroorlogse Economische Expansion in Zuidoost-Azie." Ph.D. diss., Vrije Universiteit, Amsterdam, 1991.

Potting, C. J. M. "De Ontwikkeling van het Geldverkeer in een Koloniale Samenleving Oostkust van Sumatra, 1875–1938." Ph.D. diss., Leiden University, 1997.

Pramoedya Ananta Toer. *Bumi Manusia.* Melaka: Wira Karya, 1981.

Prescott, J. R. V. *Political Frontiers and Political Boundaries.* London: Allen and Unwin, 1987.

Pridmore, F. *Coins and Coinages of the Straits Settlements and British Malaya, 1786 to 1951*. Singapore: Memoirs of the Raffles Museum, 1955.

Pringle, Robert. *Rajahs and Rebels: The Ibans of Sarawak Under Brooke Rule, 1841–1941*. Ithaca: Cornell University Press, 1970.

"Privaatrechtelijke Toestand der Chineezen in Nederlandsch-Indië." *TNI* (1898): 210–32.

Pyenson, Lewis. *Empire of Reason: Exact Sciences in Indonesia, 1840–1940*. Leiden: E. J. Brill, 1989.

Quahe, Yvonne. *We Remember: Cameos of Pioneer Life*. Singapore: Landmark Books, 1986.

Quarles van Ufford, J. K. W. "Koloniale Kroniek. Koloniale Literatuur: Ontginning van het Ombilin-Kolenveld en Spoorwegaanleg in Midden-Sumatra." *De Economist* 1 (1882): 260–72.

Rabinow, Paul. *French Modern: Norms and Forms of the Social Environment*. Cambridge: MIT Press, 1989.

Raffles, Sir Thomas Stamford. *Memoir of the Life and Public Services of Sir Thomas Stamford Raffles*. London: James Duncan, 1835.

Read, W. H. *Play and Politics, Recollections of Malaya by an Old Resident*. London: Wells Gardner, Darton, 1901.

"Recensie van 'De Draadlooze Telegrafie en hare Toepassing in Oost-Indië' door M. F. Onnen, Leiden E. J. Brill, 1906." *IG* 1 (1906): 936–39

Reelfs, J. C. T. "Consulaat Generaal der Nederlanden in de Straits-Settlements te Singapore. Jaarverslagen over 1899, 1900, 1901." *Consulaire Verslagen en Berichten*, no. 41 (1899): 798–814; no. 6 (1901): 77–94; no. 2 (1902): 17–42.

Rees, R. P. A. van. "Verslag over de Krijgsverrigtingen in Atjeh, door den 2den Luitenant bij het Korps Mariniers, R.P.A. van Rees, Kommandant van het Detachement Mariniers, aan boord van Zr. Ms. Stoomschip Metalen Kruis." *Mededeelingen Zeewezen* 7, no. 18 (1875): 1–22.

Reid, Anthony. *The Contest for North Sumatra: Atjeh, the Netherlands, and Britain, 1858–1898*. Kuala Lumpur: Oxford University Press, 1969.

———. "The Decline of Slavery in Nineteenth-Century Indonesia." In *Breaking the Chains: Slavery, Bondage, and Emancipation in Modern Africa and Asia*, edited by Martin Klein, 64–82. Madison: University of Wisconsin Press, 1993.

———. "Europe and Southeast Asia: The Military Balance." James Cook University of North Queensland, Occasional Paper 16. Townsville, Queensland, 1982.

———. "Flows and Seepages in the Long-Term Chinese Interaction with Southeast Asia." In *Sojourners and Settlers*, 15–49. St. Leonards, NSW: Allen and Unwin, 1996.

———. "Introduction: Slavery and Bondage in Southeast Asian History." In *Slavery, Bondage, and Dependency in Southeast Asia*, 1–43. St. Lucia: University of Queensland Press, 1983.

———. "Merchant Imperialist: W. H. Read and the Dutch Consulate in the Straits Settlements." In *Empires, Imperialism, and Southeast Asia*, edited by Brook Barrington, 34–59. Clayton, Australia. Monash Asia Institute, 1997.

———. "Nineteenth-Century Pan-Islam in Indonesia and Malaysia." *JAS* 26, no. 2 (1967): 267–83.

———, ed. *Slavery, Bondage, and Dependency in Southeast Asia*. New York: St. Martin's Press, 1983.

———. *Southeast Asia in the Age of Commerce: The Lands Beneath the Winds*. Vol. 1. New Haven: Yale University Press, 1988.

Rengert, George. "Behavioural Geography and Criminal Behaviour." In *The Geography of Crime*, edited by David Evans and David Herbert, 161–75. London: Routledge, 1989.

"Reorganisatie der Geneeskundige Dienst in het Indische Leger." *IMT* 2 (1880): 449–66, 596–608.

Report of the International Opium Commission, Shanghai, China, February 1–26, 1909. Shanghai: North-China Daily News and Herald, 1909.

Resink, G. J. "Conflictenrecht van de Nederlands-Indische Staat in Internationaalrechtelijke Zetting." *BTLV*, no. 1 (1959): 1–39.

———. "De Archipel voor Joseph Conrad." *BTLV*, no. 2 (1959): 192–208.

———. "Onafhankelijke Vorsten, Rijken, en Landen in Indonesie Tussen 1850 en 1910." *Indonesie* 9, no. 4 (August 1956): 265–96.

"Resumé van Artikelen in de Turksche Bladen te Constantinopel over de Beweerde Slechte Behandeling van de Arabieren in Ned. -Indië en van de Beschermingen ter Zake van de Ned. Pers." *IG* 2 (1898): 1096–1108.

Review of the Netherlands Indian Tariff Law: Tariffs of Import and Export Duties Up to 1 July 1921 (Government Edition). The Hague: Official Printing Office, 1921.

Richter, H. V. "Problems of Assessing Unrecorded Trade." *Bulletin of Indonesian Economic Studies* 6, no. 1 (March 1970): 45–61.

Ricklefs, M. C. *A History of Modern Indonesia Since c. 1200*. Hampshire: Palgrave, 2001.

Ricklefs, M. C., and P. Voorhoeve. *Indonesian Manuscripts in Great Britain: A Catalogue of Manuscripts in Indonesian Languages in British Public Collections*. Oxford: Oxford University Press, 1977.

Riddell, Peter. "Arab Migrants and Islamization in the Malay World During the Colonial Period." *Indonesia and the Malay World* 29, no. 84 (2001): 113–28.

Rijn, P. H. van. "Jenevermisbruik doer de Europeesche Fusiliers van het NI Leger." *Milit. Spectator* (1902): 744.

Robinson, Geoffrey. *The Dark Side of Paradise: Political Violence in Bali*. Ithaca: Cornell University Press, 1995.

Roff, W. R. "The Malayo-Muslim World of Singapore at the Close of the Nineteenth Century." *JAS* 24, no. 1 (1964): 75–90.

Römer, G. A. "Chineezenvrees in Indië." *Vragen des Tijds* 2, no. 23 (1897): 193–223.

Rookmaaker, H. R. "Heerendiensten in de Buitenbezittingen." *TBB* 23 (1902): 312–20.

———. "Is de officiele waarheid in Indië plotseling overleden?" *TBB* 24 (1903): 278–82.

"Roomsch-Katholieke Propaganda in de Minahasa." *IG* 2 (1902): 1407–08.

Rooseboom, J. W. "Valsche Rijksdaalders in Nederlandsch-Indië." *IG* 1 (1899): 393–99.

Rossum, I. P. van. "Bezuiniging bij de Zeemacht Tevens Verbetering." *De Gids* 2 (1907): 47–66, 474–91; 3 (1907): 287–305.

Rouffaer, G. P. "Foutieve Vermelding van Berghoogten op Schetskaarten der Buitenbezittingen." *TAG* 27 (1910): 787–90.

Rouffaer, G. P. "Uitzwerming van Javanen Buiten Java." *TAG*, 2d ser., 23 (1906): 1187–90.

Roy, J. J. le. "Een Eigen Telegraafkabel." *IMT* 1 (1900): 287–95.

Rudner, David West. *Caste and Capitalism in Colonial India: The Nattukottai Chettiars.* Berkeley: University of California Press, 1994.

Ruggiero, Vincenzo. *Crime and Markets.* Oxford: Oxford University Press, 2000.

"Ruilhandel bij de Bahau's van Midden-Borneo." *Katholieke Missiën* 35 (1909/1910): 185–86.

Ruitenbach, D. J. "Eenige Beschouwingen in Verband met het Huidige Politie-Vraagstuk." *IG* 2 (1905): 985–1014.

Rush, James. *Opium to Java: Revenue Farming and Chinese Enterprise in Colonial Indonesia, 1860–1910.* Ithaca: Cornell University Press, 1990.

Rütte, J. M. Ch. F. le. "Is Gelijkstelling van den Christen-Inlander met den Europeaan Wenschelijk?" *Recht in NI, Het* 72 (1899): 45–57.

Rutter, Owen. *The Pirate Wind: Tales of the Sea-Robbers of Malaya.* Singapore: Oxford University Press, 1986.

"Sabang als Kolenstation." *Het Nederlandsche Zeewezen* 3 (1904): 94.

"Sabang Baai." *Het Nederlandsche Zeewezen* 2 (1903): 236–47.

Sahlins, Marshall. "Cosmologies of Capitalism: The Trans-Pacific Sector of the World System." In *Culture, Power, and History: A Reader in Contemporary Theory,* edited by Nicholas Dirks et al., 412–58. Princeton: Princeton University Press, 1994.

Sahlins, Peter. *Boundaries: The Making of France and Spain in the Pyrenees.* Berkeley: University of California Press, 1989.

Said, H. Mohammad. *Aceh Sepanjang Abad.* Medan: P. T. Harian Waspada Medan, 1981.

Salmon, Claudine. "Taoke or Coolies? Chinese Versions of the Chinese Diaspora." *Archipel* 26 (1983): 179–210.

Sandhu, Kernial. "The Coming of the Indians to Malaysia." In *Indian Communities in Southeast Asia,* edited by K. S. Sandhu and A. Mani, 151–89. Singapore: ISEAS, 1993.

———. *Indians in Malaya: Some Aspects of Their Immigration and Settlement.* Cambridge: Cambridge University Press, 1969.

Sardesai, D. S. *British Trade and Expansion in Southeast Asia (1830–1914).* Bombay: Allied Publishers, 1977.

Saw, S. H. *Singapore Population in Transition.* Philadelphia: University of Pennsylvania Press, 1970.

Scammell, G. V. "European Exiles, Renegades and Outlaws and the Maritime Economy of Asia, 1500–1750." *MAS* 26, no. 4 (1992): 641–62.

Schaalje, M. "Bijdrage tot de Kennis der Chinesche Geheime Genootschappen." *TITLV* 20 (1873): 1–6.

Schelle, C. J. van. "De Geologisch-Mijnbouwkundige Opneming van een Gedeelte van Borneo's- Westkust: Verslag no. 1: Opmerkingen Omtrent het Winnen van Delfstoffen in een Gedeelte der Residentie Wester-Afdeeling van Borneo." *Jaarboek Mijnwezen* 1 (1881): 263–88.

———. "De Geologisch-Mijnbouwkundige Opneming van een Gedeelte van Borneo's Westkust: Verslag no. 6: Onderzoek naar Cinnaber en Antimoniumglans in het Bovenstroomgebied der Sikajam Rivier, met twee Kaarten." *Jaarboek Mijnwezen* 2 (1884): 123–49.

Scheltema, J. F. "The Opium Trade in the Dutch East Indies." *American Journal of Sociology* 13, no. 1 (1907): 79–112; no. 2 (1907): 224–51.

Schendel, Willem van, and Michiel Baud. "Towards a Comparative History of Borderlands." *Journal of World History* 8, no. 2 (1997): 211–42.

Schich, C. F. "De Rechtstoestand der Inlandsche Christenen." *IG* 2 (1892): 1532–45.

Schmidhamer, P.G. "De Expeditie naar Zuid Flores." *IMT* 24, no. 2 (1893): 101–15, 197–212.

Schoffer, I. "Dutch 'Expansion' and Indonesian Reactions: Some Dilemmas of Modern Colonial Rule (1900–1942)." In *Expansion and Reaction: Essays on European Expansion and Reactions in Asia and Africa*, edited by H. L. Wesseling, 78–99. Leiden: E. J. Brill, 1978.

Schoemaker, J. P. "Het Mohammedaansche Fanatisme." *IG* 2 (1898): 1517–37.

Scholten, C. *De Munten van de Nederlandsche Gebiedsdeelen Overzee, 1601–1948*. Amsterdam: J. Schulman, 1951.

Schöttler, P. "The Rhine as an Object of Historical Controversy in the Inter-War Years: Towards a History of Frontier Mentalities." *History Workshop Journal* 39 (1995): 1–21.

"Schroefstoomschepen Vierde Klasse." *IG* 2 (1880): 161–62.

Schumpeter, Joseph. *Imperialism and Social Classes*. New York: Augustus Kelley, 1951.

Scott, James. *Domination and the Arts of Resistance*. New Haven: Yale University Press, 1990.

———. *The Moral Economy of the Peasant*. New Haven: Yale University Press, 1976

———. *Seeing Like a State: How Certain Schemes to Improve the Human Condition Have Failed*. New Haven: Yale University Press, 1998.

———. *Weapons of the Weak: Everyday Forms of Peasant Resistance*. New Haven: Yale University Press, 1985.

Scwalbenberg, Henry. "The Economics of Pre-Hispanic Visayan Slave Raiding." *Philippine Studies* 42, no. 3 (1994): 376–84.

Sears, Laurie. "The Contingency of Autonomous History." In *Autonomous Histories, Particular Truths: Essay in Honor of John Smail*, 3–38. Madison: University of Wisconsin Southeast Asian Studies Monograph 11, 1993.

Senn van Basel, W. H. "De Chineezen op Borneo's Westkust." *TNI* 1 (1875): 59–75.

———. "De Maleiers van Borneo's Westkust." *TNI* 2 (1874): 196–208.

"Serawak en Noord-Borneo, Volgens de Jongste Mededeelingen." *TNI* 2 (1881): 1–25.

Shaw, K. E., and George Thomson. *The Straits of Malacca in Relation to the Problems of the Indian and Pacific Oceans*. Singapore: University Education Press, 1979.

Sherry, Norman. *Conrad's Eastern World*. Cambridge: Cambridge University Press, 1966.

Shimizu, Hiroshi. "Evolution of the Japanese Commercial Community in the Netherlands Indies in the Pre-War Period" (from Karayukî-san to Sôgô Shôsha) *Japan Forum* 3, no. 1 (1991): 37–56.

———. "The Rise and Fall of the Karayuki-san in the Netherlands Indies from the Late 19th Century to the 1930's." *RIMA* 26, no. 2 (1992): 20

Shimizu, Hiroshi, and Hitoshi Hirakawa. *Japan and Singapore in the World Economy: Japan's Economic Advance into Singapore, 1870–1965*. London: Routledge, 1999.

Shiraishi, Takashi. *An Age in Motion*. Ithaca: Cornell University Press, 1990.

Sidel, John. *Capital, Coercion, and Crime: Bossism in the Philippines*. Stanford: Stanford University Press, 1999.

Siebelhoff, M. W. "Gewapende Politiedienaren in Verband met Expeditiën, Afschaffing Schutterij en Legerreserve." *IMT* 2 (1907): 864–67.

Skeat, W. W. "The Orang Laut of Singapore." *JSBRAS* 33 (1900): 247–50.

Skinner, William. "Creolized Chinese Societies in Southeast Asia." In *Sojourners and Settlers*, edited by Anthony Reid, 51–93. St. Leonards, NSW: Allen and Unwin, 1996.

"Slaverij in Nederlandsch-Indië." *IG* 1 (1907): 425–26.

Sluijs, A. G. H. van. "Heerendiensten in de Buitenbezittingen." *TBB*, 24, 1903, pp. 282–87.

"Smokkelen van Opium Tusschen Singapore en Nederlandsch-Indië." *IG* 2 (1891): 2015–16.

Snelleman, J. F. "Tabakspijpen van de Koeboe's aan de Boven-Moesi-Rivier (Sumatra)." *Aarde en Haar Volken*, no. 24 (12 May 1906): 151.

Snow, Capt. Parker. "Colonization and the Utilisation of Ocean and Waste Spaces Throughout the World." In *Proceedings of the Royal Colonial Institute, Royal Commonwealth Society* 2 (1870–71): 117–21.

Soeroto, Soeri. "Perang Banjar." In *Sejarah Perlawanan-perlawanan Terhadap Kolonialisme*, edited by Sartono Kartodirdjo, 163–202. Jakarta: Pusat Sejarah ABRI, 1973.

Sone, Sachiko. "The Karayuki-san of Asia 1868–1938: The Role of Prostitutes Overseas in Japanese Economic and Social Development." *RIMA* 26, no. 2 (1992): 44–62.

Spakler, H. "Consulaat der Nederlanden te Penang. Jaarverslagen over 1898, 1899, 1900." *Consulaire Verslagen en Berigten* 43 (1899): 841–53; 7 (1900): 121–25; 47 (1901): 795–810.

Spat, C. "Welke Resultaten Mogen Verwacht Worden van het Onderwijs in de Maleische Taal aan de Kon. Mil. Academie?" *IMT* 1 (1899): 30–34.

Spitzer, Steven. "The Political Economy of Policing." In *Crime and Capitalism: Readings in Marxist Criminology*, edited by David Greenberg, 568–94. Philadelphia: Temple University Press, 1993.

Spivak, Gayatri. "Subaltern Studies: Deconstructing Historiography." In *Selected Subaltern Studies*, edited by Ranajit Guha and Gayatri Spivak, 3–32. New York: Oxford University Press, 1988.

"Spoor- en Tramwegen." *EvNI* 4 (1921): 68–85.

"Spoorwegaanleg op Noord-Sumatra." *TNI* (1899): 817–20.

St. John, Spenser. *The Life of Sir James Brooke: Rajah of Sarawak from His Personal Papers and Correspondence*. Edinburgh and London: William Blackwood and Sons, 1879.

Star, J. A. van der. "De Noodzakelijkheid voor de Inlandsche Scheepsonderofficieren om Nederlandsch te Leeren." *Marineblad* 18 (1903/1904): 191.

"Steenkolen en Brandstoffen in Oost-Indië." *Het Nederlandsche Zeewezen* 9 (1910): 66–71.

Steffens, W. "De Bouw van den Lichttoren op de van Diamontpunt Afstekende Zandbank. N.O. Hoek van Sumatra." *Het Nederlandsche Zeewezen* 5 (1906): 89–92.

Stok, N. P. van der "Wetenschappelijk Verslag over de Voorgekomen Verwondingen bij de 1e Expeditie Tegen het Rijk van Atjeh." *Geneeskundig Tijdschrift voor Nederlandsch-Indië* 16 (1874/1875): 577–720.

Stoler, Ann. *Capitalism and Confrontation in Sumatra's Plantation Belt 1870–1979*. New Haven: Yale University Press, 1986.

Struijk, N. J. "De Toekomst der Inlandsche Vorsten op de Buitenbezittingen." *IG* 1 (1883): 449–61.

Sugihara, Kaoru. "Japan as an Engine of the Asian International Economy, 1880–1936." *Japan Forum* 2, no. 1 (1990): 127–45.

Suhartono. "Cina Klonthong: Rural Peddlers in the Residency of Surakarta, 1850–1920." In *State and Trade in the Indonesian Archipelago,* edited by G. J. Schutte. Leiden: KITLV, 1994.

Suhartono. *Bandit-Bandit Pedesaan di Jawa: Studi Historis, 1850–1942.* Yogyakarta: Aditya Media, 1995.

"Suikerpremie, Renteloos Voorschot en de Maildienst naar Poeloe Weh." *Het Nederlandsche Zeewezen* 2 (1903): 224–25.

Sulistiyono, Singgih. "The Java Sea Network. Patterns in the Development of Interregional Shipping and Trade in the Process of National Economic Integration in Indonesia, 1870s–1970s." Ph.D. diss., Leiden University, 2003.

Surat-Surat Perdjandjian Antara Kesultanan Bandjarmasin dengan Pemerintahan Pemerintahan V.O.C, Bataafse Republik, Inggeris dan Hindia-Belanda 1635–1860. Jakarta: Arsip Nasional Republik Indonesia, 1965.

Surat-Surat Perdjandjian Antara Kesultanan Riau dengan Pemerintahan (2) V.O.C. dan Hindia-Belanda 1784–1909. Jakarta: Arsip Nasional Indonesia, 1970.

Sutherland, Heather. "Power, Trade, and Islam in the Eastern Archipelago, 1700–1850." In *Religion and Development: An Integrated Approach,* edited by Philip Quarles van Ufford, et al., 145–65. Amsterdam: Free University Press, 1988.

Sutherland, W. "Rapport Betreffende de Verrigtingen der Expeditionaire Mariniers op Sumatra van Julij 1874 tot Februarij 1876." *Mededeelingen Zeewezen* 19 (1877): 89–102.

Swettenham, F. A. *The Real Malay: Pen Pictures.* London: John Lane Bodley Head, 1900.

Tagliacozzo, Eric. "Ambiguous Commodities, Unstable Frontiers: The Case of Burma, Siam, and Imperial Britain, 1800–1900." *Comparative Studies in Society and History* 46, no. 2 (2004): 354–77.

———. "Amphora, Whisper, Text: Ways of Writing Southeast Asian History." *Crossroads: Interdisciplinary Journal of Southeast Asian Studies* 16, no. 1 (2002): 128–58.

———. "Finding Captivity Among the Peasantry: The Malay/Indonesian World, 1850–1925." *South East Asia Research* 11, no. 2 (2003): 203–32.

———. "Hydrography, Technology, Coercion: Mapping the Sea in Southeast Asian Imperialism, 1850–1900." *Archipel* 65 (2003): 89–107.

———. "Kettle on a Slow Boil: Batavia's Threat Perceptions in the Indies' Outer Islands, 1870–1910." *Journal of Southeast Asian Studies* 31, no. 1 (2000): 70–100.

———. "A Necklace of Fins: Marine Goods Trading in Maritime Southeast Asia, 1780–1860." *International Journal of Asian Studies* 1, no. 1 (2004): 23–48.

———. "Smuggling in Southeast Asia: History and Its Contemporary Vectors in an Unbounded Region." *Critical Asian Studies* 34, no. 2 (2002): 193–220.

———. "Trade, Production, and Incorporation: The Indian Ocean in Flux, 1600–1900." *Itinerario: European Journal of Overseas History* 26, no. 1 (2002): 75–106.

Tarling, Nicholas. *Imperialism in Southeast Asia: A Fleeting, Passing Phase.* London: Routledge, 2001.

———. *Piracy and Politics in the Malay World: A Study of British Imperialism in Nineteenth-Century Southeast Asia.* Singapore: Donald Moore, 1963.

Teitler, G. *Ambivalentie en Aarzeling: Het Beleid van Nederland en Nederlands-Indië ten Aanzien van Hun Kustwateren, 1870–1962.* Assen: Van Gorcum, 1994.

———. "Een 'Nieuw' en een 'Oude Richting': Militair Denken in Nederland en Nederlands-Indië Rond de Eeuwisseling." *Mededelingen van de Sectie Krijgsgeschiedenis* 1, no. 2 (1978): 165–86.

Terwiel, B. J. "Bondage and Slavery in Early Nineteenth-Century Siam." In *Slavery, Bondage, and Dependency in Southeast Asia,* edited by Anthony Reid, 118–39. St. Lucia: University of Queensland Press, 1983.

Thio, Eunice. "The Chinese Protectorate: Events and Conditions Leading to its Establishment 1823–77." *Journal of the South Seas* 16, 1/2 (1960): 40–80.

Thomas, Julian. "The Socio-Semiotics of Material Culture." *Journal of Material Culture* 3, no. 1 (1998): 97–108.

Thompson, E. P. "The Crime of Anonymity." In *Albion's Fatal Tree: Crime and Society in Eighteenth-Century England,* edited by Douglas Hay et al., 255–308. New York: Pantheon Books, 1975.

Thomson, Janice. *Mercenaries, Pirates, and Sovereigns: State-Building and Extraterritorial Violence in Early Modern Europe.* Princeton: Princeton University Press, 1994.

Thongchai, Winichakul. *Siam Mapped.* Honolulu: University of Hawaii Press, 1994.

Tirtosudarno, Riwanto. "Dari Emigratie ke Transmigratie: Meninjau Kembali Latar Belakang Kebijaksanaan Pemindahan Penunduk di Indonesia." *Sejarah, Pemikiran, Rekonstruksi, Persepsi* 6 (1996): 111–21.

Tissot van Patot, A. "Kort Overzicht van de Gebeurtenissen op Flores en Eenige Gegevens Betreffende dat Eiland" *IMT* 38, no. 2 (1907): 762–72.

"Toekomst van Groot-Atjeh." *TNI* 1 (1880): 241–55.

"Topographische Opneming van Borneo's Westerafdeeling." *IG* 1 (1892): 1148–50.

Touwen, Jeroen. *Extremes in the Archipelago: Trade and Economic Development in the Outer Islands of Indonesia, 1900–1942.* Leiden: KITLV Press, 2001.

"Tractaat van Handel en Scheepvaart Tusschen Nederland en Japan." *IG* 1 (1897): 351–54.

Tractaat van Londen 1824; Tractaat van Sumatra 1872; Bepalingen Inzake Kustvaart Doorschoten, met Aantekeningen in Handschrift. Indische Staatsblad no. 477, 479, 1912.

"Transportschepen voor het Indische Leger." *IMT* 1 (1880): 36–55.

Trocki, Carl. "Drugs, Taxes, and Chinese Capitalism in Southeast Asia." In *Opium Regimes: China, Britain, and Japan, 1839–1952,* edited by Timothy Brook and Bob Tadashi Wakabayashi, 79–104. Berkeley: University of California Press, 2000.

———. *Opium, Empire, and the Global Political Economy: A Study of the Asian Opium Trade, 1750–1950.* London: Routledge, 1999.

———. *Opium and Empire: Chinese Society in Colonial Singapore 1800–1910.* Ithaca: Cornell University Press, 1990.

———. *Prince of Pirates: The Temenggongs and the Development of Johor and Singapore 1784–1885.* Singapore: Singapore University Press, 1979.

Troupier, P. S. "Borneo. Een Goed Gelukte Overvalling" *IMT* 40, no. 2 (1909): 1046–51.

"Uitbreiding der Indische Kustverlichting." *IG* 2 (1903): 1172.

Tsuchiya, Kenji. "The Colonial State as a 'Glass House': Some Observations on Confidential Documents Concerning Japanese Activities in the Dutch East Indies, 1900–1942." *Journal of the Japan-Netherlands Institute* 2 (1990): 67–76.

Turnbull, C. Mary. *A History of Singapore.* Singapore: Oxford University Press, 1981.
Turner, F. S. *British Opium Policy and Its Results in India and China.* London: Sampson Low, Marston, Searle and Rivington, 1876.
Turner, Frederick Jackson. *The Frontier in American History.* New York: Henry Holt, 1920.
"Upper-Sarawak, Borneo, During the Year 1874, by Noel Denison, Formerly of the Sarawak Service, Singapore, Mission Press, 1879." *IG* 1 (1881): 514–17.
"Valsche Rijksdaalders in Indië." *IG* 2 (1899): 952.
Vanvugt, Ewald. *Wettig Opium: 350 Jaar Nederlandse Opium Handel in de Indische Archipel.* Haarlem: In de Knipscheer, 1985.
"Varia." *TNI* 2 (1880): 481–83.
Veer, Paul van't. *De Atjeh Oorlog.* Amsterdam: Uitgeverij De Arbeiderspers, 1969.
Velde, PGEIJ van der. "Van Koloniale Lobby naar Koloniale Hobby: Het Koninklijk Nederlands Aardrijkskundig Genootschap en Nederlands-Indië, 1873–1914." *Geografisch Tijdschrift* 22, no. 3 (1988): 211–21.
Velden, Arn. J. H. van der. *De Roomsch-Katholieke Missie in Nederlandsch Oost-Indië 1808–1908: Eene Historische Schets.* Nijmegen: Malmberg, 1908.
Velders, J. A., and A. J. du Pon. *Practisch Handboekje ten dienste van het Personeel der Stoomschepen van de Gouvernments-Marine, en de Ambtenaren, Belast met het Beheer of de Administratie der Gouvernements Gewapende en Adviesbooten.* Batavia: H. M. van Dorp, 1868.
"Verdeeling van het Zendingsveld in Indië Tusschen Katholieken en Protestanten." *IG* 1 (1889): 596–99.
"Verduurzaamde Levensmiddelen." *IMT* 1 (1896): 482–90.
Verheij, J. B. "Rapport van den 1sten Luitenant der Mariniers J.B. Verheij, Betreffende de Krijgsverrigtingen op Atjeh vanaf 26 December 1875 tot en met 7 Februarij 1876, Hoofdzakelijk ten Opzigte van het Detachement Mariniers, dat aan die Krijgsverrigtingen Heeft Deelgenomen." *Mededeelingen Zeewezen* 19 (1877): 103–55.
Verkerk Pistorius, A. W. P. "Het Maleische Dorp." *TNI* 2 (1869): 97–119
———. "Palembangsche Schetsen. Een Dag bij de Wilden." *TNI* 1 (1874): 150–60.
"Verschillende Zendelinggenootschappen in NI." *IG* 2 (1887): 1922.
"Verslag Omtrent den Zeeroof over het Jaar 1876." *TITLV* 24 (1877): 475–79.
"Versterking van het Indische Kadastrale Personeel met Ambtenaren uit het Moederland." *Tijdschrift voor Kadaster en Landmeetkunde* 20 (1904): 187–89.
Verzameling van Voorschriften ten Dienste van Havenmeesters en als Zoodanig Fungeerende Ambtenaren; Buskruijt en Wapenen, Ontplofbare Stoffen, Ontvlombare Olien, Steenkolen, Koperen Duiten, Opium, Hoofdstuk F. Batavia: Landsdrukkerij, 1906.
Veth, P. J. *Atchin en Zijn Betrekkingen tot Nederland: Topographisch-Historische Beschrijving, met een Schetskaart van het Rijk Atchin en de naastbij gelegen Nederlandsche Nederzettingen op Sumatra, naar de nieuwste bronnen te zamen gesteld door W.F. Versteeg.* Leiden: Gualtherus Kolff, 1873.
———. "De Heilige Oorlog in den Indischen Archipel." *TNI* 1 (1870): 167–76.
———. *Java: Geographisch, Ethnologisch, Historisch.* Vol. 4. Haarlem: De Erven F. Bohn, 1907.
Villiers, John, and J. Kathirithamby-Wells. *The Southeast Asian Port and Polity: Rise and Demise.* Singapore: Singapore University Press, 1990.
Vink, J. A. "Sprokkelingen Uit den Vreemde op het Gebied der Hygiène voor een Leger in de Tropen." *IMT* 2 (1899): 676–86.

Viraphol, Sarasin. *Tribute and Profit: Sino/Siamese Trade 1652–1853.* Cambridge: Harvard University Press, 1977.

Vissering, G. *Muntwezen en Ciculatie-Banken in Nederlandsch-Indië.* Amsterdam: J. H. De Bussy, 1920.

Vollenhoven, C. van. *Het Adatrecht van Nederlandsch-Indië.* 3 vols. Leiden: E. J. Brill, 1918–33.

"Voor de Practijk." *IMT* 2 (1906): 669.

"Voorheen. Rietslagen en Discipline." *IMT* 2 (1883): 342–52.

Voorhoeve, J. J. C. *Peace, Profits, and Principles: A Study of Dutch Foreign Policy.* Leiden: Nijhoff, 1985.

"Voorstel tot Beteugeling der Twee Hoofdzonden in het Leger." *IMT* 1 (1895): 540–42.

"Voorstel tot Opheffing van het Verbod dat de Vreemde Vlag Uitsluit van de Kustvaart in Nederlandsch Indië." *IG* 1 (1887): 938–42.

Voûte, W. "Goud-, Diamant-, en Tin-Houdende Alluviale Gronden in de Nederl. Oost- en West-Indische Koloniën." *Indische Mercuur* 24, no. 7 (1901): 116–17.

Vredenbregt, Jacob. "The Hadj: Some of its Features and Functions in Indonesia." *Bijdragen tot de Taal-, Land-, en Volkenkunde* 118 (1962): 91–154.

Waerden, J. van der. "Spoorwegaanleg in Zuid-Sumatra." *Indisch Bouwkundig Tijdschrift* 7, no. 9 (1904): 173–82.

Wagner, Ulla. *Colonialism and Iban Warfare.* Stockholm: OBE-Tryck, 1972.

Wakeman, Frederic. *Policing Shanghai, 1927–1937.* Berkeley: University of California Press, 1995.

Wal, S. L. van der. "De Nederlandse Expansie in Indonesie in de Tijd van het Modern Imperialisme: de Houding van de Nederlandse Regering en de Politieke Partijen." *Bijdragen en Mededeelingen Betreffende de Geschiedenis der Nederlanden* 86, no. 1 (1971): 47–54.

Walker, Andrew. *The Legend of the Golden Boat: Regulation, Trade and Traders in the Borderlands of Laos, Thailand, China, and Burma.* London: Curzon, 1999.

Walker, J. H. *Power and Prowess: The Origins of Brooke Kingship in Sarawak.* Honolulu: University of Hawaii Press, 2002.

Wang Gungwu. *China and the Chinese Overseas.* Singapore: Times Academic Press, 1991.

Warren, James. *Ah Ku and Karayuki-san: Prostitution in Singapore 1880–1940.* Singapore: Oxford University Press, 1993.

———. "Joseph Conrad's Fiction as Southeast Asian History." In *At the Edge of Southeast Asian History,* 12. Quezon City: New Day Publishers, 1987.

———. *Rickshaw Coolie: A People's History of Singapore 1880–1940.* Singapore: Oxford University Press, 1986.

———. *The Sulu Zone: The Dynamics of External Trade, Slavery, and Ethnicity in the Transformation of a Southeast Asian Maritime State.* Singapore: Singapore University Press, 1981.

Water, J. van de. "Doelmatige Kleeding. Algemeene Eischen aan Kleeding te stellen." *IMT* 1 (1902): 230–46; 2 (1902): 212–27.

"Waterdichte Kleedingstukken." *IMT* 1 (1897): 224–25.

Waterschoot van der Gracht, W. A. J. M. van. *Rapport over de Opsporing van Delfstoffen in Nederlandsch Indië. Krachtens Opdracht bij Koninklijk Besluit van 9 Juni 1913 no 54.* 's-Gravenhage: Algemeene Landsdrukkerij, 1915.

"Waterval van Mansalar." *TAG* 28 (1911): 109.

Webster, Anthony. *Gentlemen Capitalists: British Imperialism in Southeast Asia, 1770–1890.* New York: St. Martin's Press, 1998.

"Wegen op Sumatra." *IG* 1 (1881): 921–24.

"Wenk voor de Ontwikkeling van de Buitenbezittingen." *TNI* 1 (1881): 318.

Wertheim, W. F. *Indonesie van Vorstenrijk tot Neo-Kolonie.* Amsterdam: Boom Meppel, 1978

Wesseling, H. L. "The Giant That Was a Dwarf, or the Strange History of Dutch Imperialism." In *Theory and Practice of European Expansion Overseas: Essays in Honor of Ronald Robinson,* edited by A. Porter and R. Holland. London: Frank Cass, 1989.

Wheatley, Paul, ed. *Melaka: Transformation of a Malay Capital 1400–1980.* Kuala Lumpur: Oxford University Press, 1983

White, Richard. *The Middle Ground: Indians, Empires, and Republics in the Great Lakes Region, 1650–1815.* New York: Cambridge University Press, 1991.

Wickberg, Edgar. *The Chinese in Philippine Life, 1850–1898.* New Haven: Yale University Press, 1965.

Wilson, Thomas, and Hastings Donnan. "Nation, State, and Identity at International Borders." In *Border Identities: Nation and State at International Frontiers,* 1–30. Cambridge: Cambridge University Press, 1998.

Wilson, Thomas, and Hastings Donnan, eds. *Border Identities: Nation and State at International Frontiers.* Cambridge: Cambridge University Press, 1998.

Witlox, Marcel. "Met Gevaar voor Lijf en Goed: Mekkagangers uit Nederlands-Indië in de 19de Eeuw" in Willy Jansen en Huub de Jonge (redac)." In *Islamitische Pelgrimstochten,* 24–26. Muiderberg: Coutinho, 1991.

Wolf, Eric. *Europe and the People Without History.* Berkeley: University of California Press, 1982.

———. *Peasant Wars of the Twentieth Century.* New York: Harper and Row, 1973.

Wollaston, A. N. "The Pilgrimage to Mecca." *Asiatic Quarterly Review* 1 (1886): 390–409.

Wolters, O. W. *Early Indonesian Commerce.* Ithaca: Cornell University Press, 1967.

Wray, Leonard. "Settlements of the Straits of Malacca." *Proceedings of the Royal Colonial Institute, Royal Commonwealth Society* 5 (1873/74): 103–26.

Young, J. W. "A. Liang-Ko: Opiumsluiken en Weldoen." *TNI* 23, no. 1 (1894): 1–29.

———. "Bijdrage tot de Kennis der Chineesche Geheime Genootschappen." *TITLV* 28 (1883): 546–77.

Young, Kenneth. *Islamic Peasants and the State: The 1908 Anti-Tax Rebellion in West Sumatra.* New Haven: Yale University Southeast Asia Monograph Series, 1994.

Yuan Bingling. *Chinese Democracies: A Study of the Kongsis of West Borneo, 1776–1884.* Leiden: CNWS, 2000.

Zainol, Binti Haji Salina. "Hubungan Perdagangan Antara Aceh, Sumatera Timur dan Pulau Pinang, 1819–1871." MA thesis, Universiti Malaya, 1995.

"Ziekenbehandeling onder de Dayaks (Midden Borneo) Door een Missionaris Capucijn." *Katholieke Missiën* 33 (1908): 99–101.

Zinoman, Peter. *The Colonial Bastille: A History of Imprisonment in Vietnam, 1862–1940.* Berkeley: University of California Press, 2001.

Zondervan, H. "Bijdrage tot de Kennis der Eilanden Bangka en Blitong." *TAG* 17 (1900): 519–27.

索 引

（索引中的页码系原书页码，即本书页边码）

A

《阿姑与唐行小姐》[沃伦]（*Ah Ku and Karayukisan* [Warren]）231

阿卜杜勒·瓦哈卜—本·穆罕默德（Abdul Wahib-bin Muhammad）146

阿达特［传统法］（adat [traditional indigenous law]）169–170

阿芙蓉协会/阿芙蓉指导会（Amfioen Societeit/Directie）187

阿拉伯（Arabia）4, 241, 319

阿拉伯人（Arabs）113–114, 148, 176, 249, 367；泛伊斯兰主义（Pan-Islam and）151；贩卖女性（traffic in women and）232；贩奴（slave traffic and）238, 242；荷兰人怀疑的对象（Dutch suspicion toward）147, 150；伪造货币（counterfeit currency and）214–215；武器/弹药走私（weapons/munitions smuggling and）275, 276, 277, 278, 281；鸦片贸易（opium trade and）192；作为"外籍亚裔"（as "foreign Asians"）128, 268, 271

阿拉伯语（Arabic language）130

阿里，哈吉（Ali, Haji）216

阿利，哈杰（Allee, Hadjie）303

阿梁柯（Liang Ko, A.）194

阿南巴斯群岛（Anambas islands）12, 33, 115, 195

阿帕杜莱，阿琼（Appadurai, Arjun）364

阿威岛（Awi island）145

埃弗拉德，兰伯特斯（Everaard, Lambertus）343

埃弗里特，A. 哈特（Everett, A. Hart）36

安达娅，芭芭拉·沃森（Andaya, Barbara Watson）32

安德森，约翰（Anderson, John）197, 198

安南［越南］（Annam [Vietnam]）232, 248

奥伯林安诉布朗案（*Apolingam v. E.A.B. Brown*）245

奥德，哈里［爵士］（Ord, Sir Harry）262, 263, 270, 304, 330, 332

奥德，威廉（Ord, William）111

奥兰治—拿骚煤矿（Oranje Nassau coal mine）37

奥斯曼，哈吉（Usman, Haji）273

奥斯曼土耳其（Ottoman Turkey）16, 151, 319

奥斯滕堡，扬（Ostenburg, Jan）344

澳大利亚（Australia）68, 143, 170, 243

澳门（Macau）118, 249

B

巴达维亚［荷兰殖民中心］（Batavia [Dutch colonial center]）7, 10, 76：边疆勘探（exploration of frontier and）29；边疆执法（frontier enforcement and）53, 55, 57, 58–62, 63；边境平定（border pacification and）161, 163, 165–167；边境沿线暴力活动（violence along frontier and）117–119, 121–123；测绘（mapping and）38, 39, 42；传教活动（missionary campaigns and）96；地方民族（indigenous peoples and）93–96, 160–162, 367；地方民族流动（movement of indigenous peoples and）170–177；地方政治体（indigenous polities and）17, 31, 42–45, 47, 99, 160, 298, 321；泛伊斯兰主义威胁（Pan-Islam as threat to）146–147, 149–151；海盗（piracy and）112, 115, 116；海事机构（maritime institutions and）82, 83, 84–87；华人群体（Chinese populations and）132–33, 135–139；经济／贸易政策（economic/trade policies）88, 363；矿产勘探（mineral prospecting and）36, 37；穆斯林抵抗运动（Muslim resistance movements and）16, 146–147；南海群岛（South China Sea islands and）33；区域性地方势力（regional indigenous powers and）14；人口贩运（human trafficking and）230, 231, 236, 237, 238, 240–241, 243–245, 250；日裔群体（Japanese population and）140–143；司法管辖权（legal jurisdiction of）66–68；通信网（communications grid and）77, 78, 80, 81；"外籍亚裔"（"foreign Asians" and, 128, 129；伪造货币（counterfeit currency and）212–213, 216, 219, 367；为扩张主义服务的民族志（ethnography in service of expansionism）93；鸦片贸易（opium trade and）188, 189, 190–191, 195–196, 199, 201；亚齐封锁（Aceh blockade and）341, 346；与新加坡的通信（Singapore in communication with）44, 45, 78；在亚齐的初次挫败（initial defeat in Aceh and）322–324；殖民前哨（colonial outposts and）15；种族观念（racial perceptions of）169；亦可见"荷兰殖民当局""荷兰当局与武器／弹药交易"

巴达维亚皇家博物学家学会（Royal Naturalists' Society in Batavia）30

《巴达维亚商报》（Bataviaasch Handelsblad）88

巴达维亚艺术与科学学会（Batavian Society for Arts and Sciences）30

巴东（Padang）16, 81, 147, 223

巴东岛（Blakang Padang）33–34

巴克（Bakker）34

巴兰邦岸岛（Balambangan island）10

巴厘（Bali）119, 162：贩奴（slave traffic in）242；伪造货币（counterfeit currency in）214, 215, 217；武器／弹药走私（weapons/munitions smuggling in）275, 280

索 引

巴厘巴板（Balikpapan）138, 274

巴里巴里（Pare Pare）275, 277, 302–33

巴邻旁（Palembang）30, 64：边疆专员报告（frontier residency reports from）117；采矿（mining in）39；朝圣者（Hajj pilgrims from）172, 173；传教士（missionaries in）95；道路（roads in）77, 78；泛伊斯兰主义（Pan-Islam in）146, 149；贩奴（slave traffic in）242；腐败官员（corrupt officials in）97；航运（shipping in）87；荷兰法律（Dutch law in）67；苦力劳动（coolie labor in）247；叛乱（insurrections in）164；逃兵（military desertions in）55；"外籍亚裔"（"Foreign Asians" in）271；[伪造]货币（[counterfeit] currency in）209, 213, 223；武器/弹药走私（weapons/munitions smuggling in）273；鸦片贸易（opium trade in）191；针对欧洲人的暴力（violence against Europeans in）118；种族构成（ethnic composition of）129；周边海盗活动（piracy around）59, 110–111；亦可见"南苏门答腊"

巴塔克人（Batak people）32, 166：传教士（missionaries and）95；贩卖女性（trafficked women）232, 234；武器/弹药走私（weapons/munitions smuggling and）261, 277, 292, 293；蓄奴（enslaved）237, 239

"巴塔拉·巴戎·斯里"号[枪支走私船]（Batara Bayon Sree [gun-running ship]）302–303

巴西班让（Pasir Panjang）116

巴眼牙比（Bagan Si Api-Api）137, 273

巴瑶人（Bajau people）277

"白人王公"（"White Rajas"）201

白石隆（Shiraishi, Takashi）168

拜斯兄弟公司（Baiss Brothers firm）197

班达（Banda）119, 275

班讪（Baan-Saan）133

邦加岛（Bangka island）4, 10, 29, 32：边疆专员报告（frontier residency reports from）117；测绘（mapping of）33；朝圣者（Hajj pilgrims from）171, 172；泛伊斯兰主义（Pan-Islam in）147, 149；海岸照明（coastal lights around）83；华人群体（Chinese population）132, 136, 137, 138, 149；贸易中心（as trade center）33；水文情况（hydrography and）41；伪造货币（counterfeit currency in）210；武器/弹药走私（weapons/munitions smuggling on）271；锡矿（tin mining on）118, 249；鸦片贸易（opium trade and）193；种族构成（ethnic composition of）129；周边海盗（piracy around）59

绑架（kidnapping）120, 240, 243

宝石（gemstones）10, 36

保良局（Poh Leung Kok）236

报纸（newspapers）.澳大利亚（Australian）143–144；荷兰语（Dutch）131–132, 141, 168, 214, 266；历史文件（as historical documents）6；英语（English language）214, 274, 291；中文（Chinese）132, 135, 138, 139；亦可见"马来语报纸"

鲍曼，G.C（Bouwman, G. C.）4, 218–219

《北京日报》[中文报纸]（Pei Ching Chih Pao [Chinese newspaper]）138

北苏门答腊（North Sumatra）1, 14, 32, 344：叛乱（insurrections in）164, 165, 166；武器/弹药走私（weapons/munitions smuggling in）262, 263, 265, 274, 278, 282, 297, 304–306；与槟城的贸易（Penang trade with）320；亦可见"亚齐""亚齐战

争"

贝恩迈耶公司（Behn Meyer Company）280

贝劳（Berau）113, 241

贝劳河（Berau River）110

"本地人"（"Natives"）130

边界委员会［1889年］（Boundary Commission [1889]）45, 47

宾坦岛（Bintan island）145

槟城（Penang）2, 17, 29, 91, 222：暴力（violence in）119；地图（map）320；毒品走私（narcotics smuggling in）4, 196–198；非法贸易（illegal trade in）88；海盗（piracy and）113；和新加坡的道路连接（road connection with Singapore）78；荷兰驻荷兰大使馆（Dutch diplomatic presence in）46；华人秘密会社（Chinese secret societies and）132–133；"金万安"案（*Kim Ban An* case and）348；警力（police force）63；劳工流入（labor traffic in）245–246；历史（history of）319–321；卖淫（prostitution in）233–234；伪造货币（counterfeit currency in）210, 220；武器／弹药走私（weapons/munitions smuggling in）265, 273, 278, 279, 280；鸦片贸易（opium trade in）190, 191；亚齐贸易（Aceh trade with）320–321, 324–325；印度穆斯林（Indian Muslims in）322, 326–327；英国的吞并（British annexation of）10；英国军队（British military forces in）56；亦可见"马来半岛（马来亚）""海峡殖民地"

槟榔（betel nuts）15, 320, 327–329, 364

伯奇，威尔弗雷德（Birch, Wilfred）119

博福特，L.P（Beaufort, L. P.）307

博福特，W.H.德（Beaufort, W. H. de）351

博加特，C.（Bogaart, C.）164, 343

博克，卡尔（Bock, Carl）34

博雷尔，H. J. F.（Borel, H.J.F.）135

博亚人（Boyanese）241, 244, 275, 319

布尔斯马，W. G.（Boorsma, W. G.）32

布尔战争（Boer War）351

布吉人（Bugis people）7, 33, 93, 119, 247, 319：贩卖女性（traffic in women and）232；奴隶贩运（slave trafficking and）238, 241, 242；海上迁徙（sea migrations of）176；贸易定居点（trade settlements of）45；武器／弹药走私（weapons/munitions smuggling and）261, 262, 276, 277, 292, 297, 368；在荷兰军队中（in Dutch military forces）55；在荷兰人统治下的法律地位（legal status under Dutch）130

布吉语（Buginese language）276

布隆岸（Bulungan）69, 241

布鲁克，詹姆斯（Brooke, James）10, 37：达雅克匪帮（on Dayak bandits）175；海盗（on piracy）109, 110

布鲁克赫伊曾，亨德里克·范［船长］（Broekhuizen, Capt. Hendrik van）343

布鲁克政权［沙捞越］（Brooke regime [Sarawak]）15, 57, 88, 136, 166, 201；亦可见"沙捞越"

布伦特，弗雷德（Blunt, Wilfred）171

布罗代尔，费尔南（Braudel, Fernand）1, 362

C

蔡恩海（Tjoa Eng Hay）249

曾根幸子（Sone, Sachiko）231

查特吉，帕沙（Chatterjee, Partha）372

查志忠（Ja Ji Tjong）194

禅杜［鸦片衍生品］（chandu [opium

derivative］）190, 199, 201, 230

陈阿水（Tan Ah Soeie）193

陈合禄（Tan Hok Lok）143

"程发胜"号［蒸汽船］（Tjang Wat Seng [steamer]）273

出口税（export duties）89

《传染病条例》（Contagious Disease Ordinances [CDOs]）233

D

达雅克人（Dayakɛ）7, 17, 121；传教士（missionaries and）96；攻击华人村庄（attacks on Chinese villages）132；皈依伊斯兰教（converted to Islam）149, 162；荷兰军队（in Dutch military forces）55；苦力劳工（as coolie laborers）244；马来人充当荷兰人代理（Malays as Dutch proxies over）163；叛乱（insurrections of）117；人种学研究（ethnographic studies of）93, 94；突袭队（raiding parties of）122；武器／弹药走私（weapons/munitions smuggling and）276；想象的殖民地边疆（imaginary colonial frontier and）46；鸦片贸易（opium trade and）200–201；越境活动（cross-border movements of）175–176；在东印度的人口（population in Indies）128

"大博弈"（"Great Game"）369

大麻（ganja [marijuana]）198–199

大麻（marijuana）198–199

大清皇家海关总税务司（Imperial Maritime Customs Service）218

丹戎塞蒙托（Tanjung Semuntoh）325, 326, 329, 340, 341, 344, 354；封锁期间（duration of blockade of）345, 349；胡椒农户（pepper farmers of）355

淡美兰群岛（Tambelan islands）33, 195

当地人的传统法（law, indigenous traditional）169–170

当地文明社会的税收（taxation, by indigenous civilizations）9

道德等级（moral hierarchies）7–8, 16, 364

道路（roads）77–78, 97, 99

"德·勒伊特"号［荷兰蒸汽船］（Ruyter, De [Dutch steamer]）195

德·索萨［船长］（de Souza, Captain）280

德宾丁宜（Tebing Tinggi）246

德国人（Germany）61, 268, 370

德尼斯公司（Denys, A.）196

地方民族和政治体（indigenous peoples and polities）4, 160–161；边境平定（border pacification and）161–170；流动［游牧］（movement [nomadism] of）170–177；婆罗洲（of Borneo）35；苏门答腊（of Sumatra）31；武器／弹药走私（weapons/munitions smuggling and）277, 302–303, 304–305；乡村经济（village economy of）15；蓄奴（slaving practices of）120, 237；鸦片贸易（opium trade and）187；殖民地边疆的形成（formation of colonial frontier and）363；殖民焦虑（colonial anxiety about）367

地理（geography）2, 18–19, 356, 362–363；贸易咽喉（choke points of trade and）5, 365–366；武器／弹药走私（weapons/munitions smuggling and）297–298；鸦片走私（opium smuggling and）195

《地理学会杂志》（Tijdschrift voor de Aardrijkskundige Genootschap [Journal of the geographical society]）38, 42

地下贸易（undertrading）5
地形测量部（Topographische Dienst）38
地缘政治（geopolitics）46
德昌（Tek Chan）232
灯塔（lighthouses）82, 99, 333, 366：浮动"圆形岛"（as floating panopticons）84, 85；供应（supply of）59
灯塔，海岸和港口（beacons, shore and harbor）82, 83, 84, 112, 366
登嘉楼（Trengganu）299, 303
登特·阿尔弗雷德（Dent, Alfred）78
"登布里尔"号［荷兰海军船只］（Den Briel [Dutch navy ship]）340, 343, 344
帝国主义（imperialism）11, 13, 29, 43, 88, 323
"帝汶"号［荷兰海军船只］（Timor [Dutch navy ship]）164, 334, 340, 342, 343, 344
第二次世界大战（World War II）145
第一次世界大战（World War I）66, 198, 261, 264, 309
电报（telegraphy）78, 80, 91, 99, 144, 366：国家形成（state formation and）371；伪造货币贸易（counterfeit currency trade and）223
东部群岛公司（Eastern Archipelago Company）232
"东方之星"号［海峡殖民地的船只］（Bintang Timor [Straits ship]）341
《东方之星》［报纸］（Bintang Timor [newspaper]）291
东姑·默罕默德（Tunku Mahmoed）293
东南亚岛屿（Southeast Asia, Insular）4, 8, 19, 109, 110, 146：边疆执法（frontier enforcement in）69；地方政治体（indigenous polities of）13；海盗（piracy in）110；海事机构（maritime institutions in）83–84；华人移民（Chinese migrants to）131；勘探测绘（exploration and mapping of）28；苦力劳动（coolie labor in）243；贸易时代（Age of Commerce）319；奴隶（slaving in）236；日本势力崛起（Japan's rising power in）146；伪造货币（counterfeit currency in）220, 222, 224；小王国（petty kingdoms of）9；鸦片/毒品贸易（opium/narcotic trade in）371；鸦片贸易（opium trade in）187；英荷边疆形成（formation of Anglo/Dutch frontier in）3, 10；武器过境 transit of arms through, 261–265；雨季（rainy season）97；殖民文学（colonial literature about）122；走私的历史（history of smuggling in）9–11, 11–12, 13–15
东南亚英国殖民地（British colonies, Southeast Asian）：暴力和不稳定（violence and instability in）119–120；测绘（surveying and mapping of）37–38；酒类走私（liquor smuggling in）16；苦力劳动（coolie labor in）250–251；扩张（expansion of）366；权力分散（fragmented authority in）263；日裔群体流入（Japanese population movements into）142；史学（historiography of）13；探险家（explorers in）34, 35；伪造货币（counterfeit currency in）220–222；行政强化（administrative strengthening）18；鸦片的国家垄断（opium as state monopoly in）7；在缅甸（in Burma）370
东婆罗洲（East Borneo）44, 45, 61, 138：边疆专员报告（frontier residency reports from）117；奴隶贩运（slave traffic and）238；鸦片贸易（opium trade in）193；亦

索引

可见"荷属婆罗洲"

东万律（Mandor）16, 68, 136, 165

东印度海军陆战队（Indisch Militair Marine）58

《东印度军事杂志》（Indisch Militair Tijdschrift [Military Journal of the Indies]）165–166

东印度群岛工业学会（Indies Society for Industry）30

东印度群岛医学知识促进会（Society for the Furthering of Medical Knowledge in the Indies）30

东印度委员会（Raad van Nederlandsch-Indie [Indies Council]）217, 219, 330, 352, 353, 356

《东印度邮报》（Indische Mail）81

《东印度指南》（Indisch Gids）121, 195–196

毒品（narcotics）3, 15, 196–202, 364, 367；亦可见"鸦片贸易"

杜清海（Toh Thing Hi）321

短期声明（korte-verklaringen [short declaration]）45

《对物质文明和资本主义的反思》[布罗代尔]（Afterthoughts on Material Civilization and Capitalism [Braudel]）362

多巴湖（Toba, Lake）32, 320

E

俄国（Russia）13, 143, 369

厄尔梅罗什使团（Ermeloosche Zending）95

鳄鱼（crocodiles）35, 343

恩格尔布赖特，J.H（Engelbregt, J. H.）140

恩坨文，J.J.K（Endhoven, J.J.K.）31

F

法贝尔，G. 冯（Faber, G. von）133

法国殖民地（French colonies）61, 68, 144, 298, 370

法律和种族（race, law and）169, 201

《法律与传统法》（Wet en Adat）141

法庭/法庭案件（courts/court cases）3, 6, 66–70：贩卖劳动力（labor trafficking）245; 腐败（corruption and）97; 海盗（piracy and）116; 武器/弹药走私（weapons/munitions smuggling）293; 鸦片走私（opium smuggling）192, 199

法耶斯，J.（Faes, J.）30

反殖民抵抗运动（resistance movements, anticolonial）46, 292, 366–367, 371：东万律起义（Mandor uprisings）68; 河流（rivers and）162, 163, 165; 华人（Chinese）68, 138–139; 末沙烈叛乱（Matt Salleh rebellion）166; 穆斯林（Muslim）16, 146–147; 塔哈叛乱（Taha rebellion）111, 163, 164, 173, 276; 在荷属婆罗洲（in Dutch Borneo）162–163, 282; 在马鲁古（in Maluku）166; 在外岛（in Outer Islands）162–163, 173; 在占碑（in Jambi）276, 299; 殖民地税收（to colonial taxation）166; 亦可见"亚齐战争"

犯罪（criminality）8, 185, 373：边境沿线暴力活动（violence along border）117, 118; 持有枪支（firearms possession and）267; 存在异议的边缘地带（margins of dissent and）369, 370; 司法管辖（legal jurisdictions and）67, 68–69; 伪造货币（currency counterfeiting）222; 鸦片贸易（opium trade and）191

泛伊斯兰主义（Pan-Islam）146–151, 265, 277; 亦可见"哈吉（穆斯林到麦加朝圣）""伊斯兰教""穆斯林"

范登贝格，L.W.C（Berg, L.W.C. van den）96, 150, 151

贩卖人口（human beings, trafficked）3, 15, 230–231, 364, 367：苦力劳工（coolie laborers）243–251；奴隶（slaves）236–243；女性（women and girls）8, 231–236

贩卖猩猩（orangutans, traffic in）17

纺织品（textiles）91, 175

菲律宾（Philippines）19, 42, 80, 164, 370：海盗（piracy and）111, 115；美西战争（Spanish-American War and）309；奴隶贸易（slave trade and）176, 241；武器/弹药走私（weapons/munitions smuggling and）294, 307；与英属北婆罗洲的海上边界（maritime frontier with British North Borneo）371；亦可见"西班牙/西班牙帝国"

"菲亚帕赫特"号［军火走私船］（*Phya Pakeht* [gun-running ship]）280

费弗尔，吕西安（Febvre, Lucien）27, 28–29

费特，P.J.（Veth, P. J.）146, 149, 174

封锁亚齐（blockade, of Aceh）90–92, 297, 305："金万安"号案（Kim Ban An case and）318, 324, 326, 329–331, 340；公告（proclamation of）331；亦可见"亚齐战争"

弗洛雷斯（Flores）166

弗尼瓦尔，约翰（Furnivall, John）281

佛教（Buddhism）146

福建话（Hokkien Chinese）188, 192

福柯，米歇尔（Foucault, Michel）372

福佬话［中国方言，福建话］（Hoklo [Chinese dialect]）136

辅助舰队（Auxiliary Eskader）58

腐败（corruption）6, 8, 97–98, 191, 373

《妇女和女童保护条例》（Women's and Girls' Protection Ordinance）233, 234

附庸（vassalage）18, 45, 175

富商（*orang kaya* [rich merchants]）99

G

甘肃省［中国］（Gansu province [China]）13–14

港元（dollars, Hong Kong）211, 212

高沙地区［印特拉吉利］Gangsal area [Indragiri]）122

高延（Groot, J.J.M. de）131

膏状大麻（*bhang*）198

戈尔茨坦，W. 冯［男爵］（Goltstein, Baron W. von）218, 346

哥打拉惹［亚齐］（Kota Raja [Aceh]）38, 322, 325, 344

格拉克（Gerlach）34

公司［华人合作社］（*kongsis* [Chinese cooperatives]）29, 36, 118, 131, 248；亦可见"华人采矿社群"

古晋（Kuching）16

瓜拉江沙（Kuala Kangsar）98

郭树里（Kuo Shu-rio）145

国际法（law, international）251, 349, 352, 356

国王诉谢国陈等人［法庭案件］（*King vs. Chia Kuek Chin and Others* [court case]）116

H

哈顿，弗兰克（Hatton, Frank）35

哈吉［穆斯林到麦加朝圣］（Hajj [Muslim pilgrimage to Mecca]）146–147, 149, 161, 170–174, 192, 241；亦可见"伊斯兰教""穆斯林""泛伊斯兰主义"

哈塞尔特，A. L. 范（Hasselt, A. L. van）33

索引

海盗（piracy）4, 9, 42, 54, 265, 367：河流（riverine）77；荷兰海军（Dutch naval forces and）59；荷兰司法管辖权（Dutch legal jurisdiction and）66；衰落（decline of）122, 123；通信网络（communications grid and）80；威胁（threat of）109–116；武器／弹药走私（weapons/munitions smuggling and）295；英国警察（British police forces and）62

海曼，乔赛亚（Heyman, Josiah）369

《海权对历史的影响》[马汉]（Influence of Sea Power Upon History, The [Mahan]）60

海人["海上吉卜赛人"]（Orang Laut ["Sea Gypsies"]）7, 33, 149

"海上达雅克人"[伊班人]（"Sea Dayaks" [Iban]）149, 174

"海上吉卜赛人"[海人]（"Sea Gypsies" [Orang Laut]）7, 33, 149

海事局[海牙]（Ministry of Marine [The Hague]）83, 343

《海峡时报》（Straits Times）214, 221, 291, 305

海峡殖民地（Straits Settlements）9, 15, 86, 150：毒品走私（narcotics smuggling in）197；海盗（piracy and）111；荷兰密探（Dutch spies in）324, 331；华人秘密会社（Chinese secret societies in）133；华商（Chinese traders in）321；货币（currency in）209；监视朝圣（Hajj surveillance in）171；警力（police forces in）62–63, 65；苦力劳动（coolie labor in）244；卖淫（prostitution in）233；日本势力（Japanese power and）145；伪造货币（counterfeit currency in）220–221, 223；武器／弹药走私（weapons/munitions smuggling in）262, 263, 264, 267, 275, 294, 298, 301；鸦片贸易（opium trade in）189–190；亚齐抵抗派（Acehnese war party in）16；亚齐封锁（Aceh blockade and）91, 331–332, 351；沿岸贸易（coasting trade and）90；与苏门答腊的贸易（Sumatra trade with）351；亦可见"马来半岛（马来亚）"

韩都岛[鬼岛]（Pulau Hantu [Ghost Island]）246

韩国（Korea）213

航运（shipping）14, 41, 86–87, 91, 99, 366：法律（law and）170；港口设施扩建（port facilities expanded）351；海盗（piracy and）109；航运量（shipping columns）6；武器／弹药走私（weapons/munitions smuggling and）296, 298–299；亚齐封锁（Aceh blockade and）330–334；英荷关系紧张（Anglo-Dutch tensions over）351–352

何阿乔（Ho Atjoen）193

何关（Ho Guan）197

河流（rivers）9, 77：抵抗运动（resistance movements and）162, 163, 165；海盗（piracy on）110–111；航运（shipping on）87；勘探（exploration by）30, 31, 34；收费站（toll stations on）88；亚齐封锁（Aceh blockade and）342–343

荷兰（Netherlands）39, 60, 116, 131：大学（universities in）31–32；警探（police detectives from）64；水文测量局（Hydrographic Bureau in）41；伪造货币检测（counterfeit currency examination in）222；文明教化使命（civilizing mission of）162；亚齐战争与威望（Aceh War and prestige of）323, 324

荷兰／中国贸易公司（Holland/China Trade

Company）250

荷兰安达银行（Nederlandsche-Indisch Handelsbank）129

荷兰当局与武器／弹药交易（weapons/ munitions trade, Dutch authority and）15, 260, 330, 355, 364, 368：传统贸易网络（traditional networks of trade and）290–291；弹药货品的演变（evolution of munitions cargoes）291–295；地理位置和运输（geography and shipments）261–65, 272–276；对违禁品的监视（surveillance of contraband）122；法律结构（legal structure of）269–272；国家对人身胁迫的垄断（state monopoly on physical coercion and）7；火帽（percussion caps）1, 291–292, 293；逃避国家控制机制（evasion of state control mechanisms）295–303；"外籍亚裔"（"foreign Asians" and）128, 129；现代化基础设施（modern infrastructure and）175；引渡通缉犯（extradition of wanted men and）68–69；英荷边疆形成（formation of Anglo/Dutch frontier and）1–2, 3；英荷紧张关系（Anglo-Dutch tension over）264；在北苏门答腊和北婆罗洲（in North Sumatra and North Borneo）45, 304–309；在爪哇的荷兰帝国中心（in Javanese center of Dutch empire）265–269；种族特点（ethnicity and）276–282

荷兰东印度公司（Dutch East India Company）10, 130

荷兰东印度公司（Vereenigde Oostindische Compagnie [VOC]）10, 161, 187, 261

荷兰盾（guilders, Dutch）209, 210, 211, 217, 320

荷兰法律（law, Dutch）44, 53：边境平定（border pacification and）161–170；地方民族／政治体（indigenous peoples/ polities and）160；法院管辖范围（reach of the courts）66–70；华人社群（Chinese communities and）133；"金万安"号案（Kim Ban An case and）347, 348–349, 352–353, 356；卖淫（on prostitution）233；"外籍亚裔"（"foreign Asians" and）130, 137；伪造货币（on currency counterfeiting）214；武器／弹药（on weapons/ munitions）262, 264, 269–272, 280, 294；鸦片／毒品（on opium/narcotics）189, 196, 197

荷兰公务员（civil servants, Dutch）57, 68, 78, 92, 218, 366：边疆驻地人员稀少（sparse frontier presence of）97；边疆专员报告（frontier residency reports from）118；腐败（corruption and）97–98；疏离当地民众（alienation of local populace by）99；税收（tax revenues and）89；司法管辖（judicature and）167, 168；武器／弹药走私（weapons/munitions smuggling and）271；鸦片贸易（opium trade and）191–192, 201；宗教派别（religious denominations of）96

荷兰归正会传教士会（Nederlandsche Gereformeerde Zendingsvereeniging）95

荷兰国家艺术与工艺学校［阿姆斯特丹］（Rijkskunstnijverheidschool [Amsterdam]）31

荷兰皇家海军（Royal Dutch Navy）：查禁鸦片（opium interdiction and）189；亚齐封锁（in Aceh blockade）59, 90–92, 340–344, 346；组织和策略（organization and strategy of) 58–62

荷兰皇家邮船公司（Koninklijke Paketvaart Maatschappij [KPM]) 14, 84–87, 215

荷兰皇家邮船公司（Royal Dutch Packet Service) 14, 84–87

荷兰军队/海军（military/naval forces, Dutch); 见"荷属东印度军队""荷兰皇家海军"

荷兰军队中的非洲人（Africans, in Dutch military forces) 55

荷兰人的民族主义（nationalism, Dutch) 34, 39, 80, 93, 162

荷兰银元（rijksdaalders) 209, 210, 212, 214, 216：工艺水平等级（hierarchy of competence in) 220；送到荷兰检测（sent to Holland for examination) 222；中国生产（produced in China) 218

荷兰语（Dutch language) 13, 34, 60, 146

荷兰殖民当局（Dutch colonial authorities）: 地方政治体（indigenous polities and) 11, 17；抵抗（resistance against) 119, 121, 122, 137, 162–167, 276，泛伊斯兰主义被视为威胁（Pan-Islam seen as threat by) 146–151；贩卖女性（traffic in women and) 234, 236；海盗威胁（threat of piracy and) 109, 110–111；华人群体（Chinese populations and) 131, 133, 135, 139, 138–139；警力（police forces of) 62, 63–64, 65–66；苦力劳动（coolie labor and) 248–249；马来人首领作为封臣（Malay chiefs as vassals of) 175；碰到的困难（difficulties encountered by) 107；日本势力的崛起（rise of Japanese power and) 140–141, 143；史学资料（historiographical sources and) 4；伪造货币（counterfeit currency and) 210–211, 220；武器/弹药走私（weapons/munitions smuggling and) 262–265, 275, 292–293；鸦片贸易（opium trade and) 187, 199, 201；有关英国人进展的情报（intelligence on British advances) 34；与英国殖民当局的关系（relations with British counterparts) 259, 265；政府和军队（civil and military) 57；亦可见"巴达维亚（荷兰殖民中心）"

荷属东印度（Netherlands Indies) 1, 2, 9, 15：测绘（surveying and mapping of) 38–39, 40, 41–42；测绘领土（mapping of territories of) 33；朝圣者（Hajj pilgrims from) 170–174；当地人的抵抗（indigenous resistance to) 46；对越境的担忧（concern about border transgression) 4；泛伊斯兰运动（Pan-Islamic movements in) 146–151；贩奴（slave trafficking in) 237, 242–243；国家建设项目的暴力（violence of statemaking project) 117；海盗（piracy in) 113–115；海洋边界（maritime boundary of) 34；行政强化（administrative strengthening) 18；荷兰法律和当地人（Dutch law and indigenous peoples) 160；经济政策（economic policies in) 88；酒类走私（liquor smuggling in) 16；苦力劳动（coolie labor in) 243, 244, 247, 248, 250；扩张（expansion of) 323, 366；日裔人口（Japanese population) 139–144；史学（historiography of) 13；探险家（explorers in) 30–37, 34, 35；[伪造]货币（[counterfeit] currency in) 209–210, 214, 215, 222–223；武器/弹药走私（weapons/munitions smuggling in) 259, 264, 265–269, 270, 274–276, 298–299, 308, 368；武器禁运

（ban on arms shipments to）291；鸦片制度（opium as institution in）7, 187–188, 189, 195；与英国的引渡协议（extradition agreements with British and）69；种族多样化（ethnic diversity of）128

荷属东印度（Dutch East Indies）；见上

荷属东印度军队（KNIL [Dutch East Indies army]）54–58, 299, 302；朝圣者（Hajj pilgrimage and）171；逃兵（deserters）55, 294；亚齐战争（in Aceh War）306, 322, 339

《荷属东印度杂志》（Tijdschrift voor Nederlandsch-Indie）240

荷属婆罗洲（Borneo, Dutch）4, 14, 162；暴力和不稳定（violence and instability in）117, 119–120, 121；边疆类别（categorizing of frontier in）46–47；边疆专员报告（frontier residency reports from）117；朝圣者（Hajj pilgrims in）171, 172；传教士（missionaries in）95, 96；达雅克人（Dayaks in）175–176；当地地理知识（local geographical knowledge of）18；道路（roads in）77；地方政治体（indigenous polities in）43；地图（maps）11, 12；抵抗运动（resistance movements in）162–163；多种商品走私（variety of commodities smuggled in）17；泛伊斯兰主义（Pan-Islam in）149；贩卖女性（women trafficked from）232；贩奴（slave trafficking in）240–241；水域内的海盗活动（piracy in waters of）109, 110, 112, 115；航运（shipping in）86, 87；荷兰军队/海军军力（Dutch military/naval forces in）54, 57, 59；华人群体（Chinese communities in）29, 118, 131, 132, 133, 136–137；警力

（police forces in）63；勘探（exploration of）34–36；穆斯林（Muslims in）147；日裔（Japanese in）140；铁路（railroads in）82；伪造货币（counterfeit currency in）212；武器／弹药走私（weapons/munitions smuggling in）274,303；行政腐败（administrative corruption in）98；鸦片贸易（opium trade in）200–201；种族群体（ethnic populations in）128–129；亦可见"东婆罗洲""西婆罗洲"

贺萧（Hershatter, Gail）231

赫伯特，戴维（Herbert, David）369

赫德，罗伯特［爵士］（Hart, Sir Robert）199, 218

赫尔维宁，J.L.H.A. 格里克·范［男爵］（Herwijnen, J.L.H.A. Baron Gericke van）346

《黑暗之心》［康拉德］（Heart of Darkness [Conrad]）343

亨尼，C.M（Henny, C. M.）350

亨尼，J.E（Henny, J. E.）347, 350, 354

衡喜玉（Hang Ship Ug）246

胡椒（pepper）1, 2, 15, 296, 364；跨海峡贸易（cross-Straits trade in）320, 321, 329；禁品状态（contraband status of）5；亚齐封锁（Aceh blockade and）324, 325, 326, 329, 345–346, 347, 349–350；种植（cultivation of）44

华人采矿社群（mining communities, Chinese）17, 33, 193；反抗荷兰当局（in revolt against Dutch authority）16, 117；内部暴力（internecine violence in）122；西婆罗洲（in West Borneo）29, 36, 118

华人秘密会社（secret societies, Chinese）16, 62, 119, 132–133, 136；挑战帝国的控制

索引

（as challenge to imperial control）372；文献（documents of）134；武器／弹药走私（weapons/munitions smuggling and）278, 368

华人群体（Chinese populations）4, 7, 10, 119, 367：槟城（in Penang）319；贩卖女性（trafficked women）231, 232, 234；海盗（pirates）110, 112–113；航运（shipping and）87；荷属省级行政机构（Dutch provincial administration and）98；华人警察（in police forces）65；苦力劳工（coolie laborers）243–251；跨海峡殖民地贸易（cross-Straits trade and）321；奴隶贩卖（slave traffic and）240；起义（uprisings of）38, 68, 117；商人（merchants）46, 93, 120, 242；伪造货币（counterfeit currency and）215–216；

皇家地理学会（Royal Geographic Society）30

皇家民族学博物馆［莱顿］（Royal Museum for Ethnology [Leiden]）34

皇家民族学研究所（Royal Institute of Ethnology）30

《黄包车夫》［沃伦］（Rickshaw Coolie [Warren]）189

黄金（gold）10, 17, 91：充当货币（as currency）209；开采（mining of）29, 36, 37

黄齐山（Bong Kiesam）194

艎舡［华人河上"叛军"］（Wangkang [Chinese "river-rebel"]）117, 163–164

绘制地图（mapping）2, 13, 28–29, 366：边界勘探（exploration of boundary landscapes and）29–37；后殖民国家（by post-colonial states）373；陆地和海洋（by land and sea）37–42, 40；玛加当特，C.W（Margadant, C. W.）167, 168

婚姻（marriage）231, 233, 307

火帽（percussion caps）291–292, 293

火药（gunpowder）292–293, 296, 298, 307, 328

霍布斯鲍姆，埃里克（Hobsbawm, Eric）372

霍斯金斯，珍妮特（Hoskins, Janet）364–365

J

基督教（Christianity）95, 96, 130, 169

基督教传教士（missionaries, Christian）6, 29, 30, 92, 95–96, 366

基督教归正会（Christelijke Gereformeerde Kerk）95

吉布森（Gibson）10

"吉尔比"号［海峡殖民地船只］（Girbee [Straits ship]）341

吉隆坡（Kuala Lumpur）373

《吉姆爷》［康拉德］（Lord Jim [Conrad]）173

疾病（disease）56, 57, 62, 173, 322

集团（syndicates）6, 367：酒类走私（liquor smuggling and）16；武器／弹药走私（weapons/munitions smuggling and）295；鸦片走私（opium smuggling and）199；造假（counterfeiting and）222

技术（technologies）108, 275, 366, 373：海事（maritime）76；警察（police）46, 70；军队／海军（military/naval）61, 112；通讯（communications）78；伪造货币（currency counterfeiting and）224；武器／弹药走私（weapons/munitions smuggling and）272；医学（medical）57；应用（applied）3

季风雨（monsoon rains）78, 97, 333, 334

"加达维里"号［法国邮船］（Gadavery [French mailboat]）219

加拿大（Canada）13, 141

加约地区［北苏门答腊］（Gayo region [North Sumatra]）276, 306, 320

甲必丹［华人首领］（Kapitans [Chinese authorities]）139, 215, 232

监视（surveillance）2, 58, 88：朝圣者（of Hajj pilgrimages）171；贩卖人口（of traffic in human beings）244, 250；荷兰东印度公司（by Dutch East Indies Company）10；荷兰海军（by Dutch naval forces）59, 60, 61；警力（by police forces）62, 63；枪支走私（of firearms contraband）122；通信网络（communications grid and）78, 80；武器/弹药走私（of weapons/munitions smuggling）260, 301, 302, 305；鸦片走私（of opium smuggling）191；作为目标的泛伊斯兰主义（Pan-Islam as target of）149

柬埔寨（Cambodia）298, 370

剑桥考察队（Cambridge expedition）176

阶级制度（class system）2, 188–189

金登，Th. 德（Kinderen, Th. Der）67–68

"金高辛"号［船］（Khing Goan Hin [ship]）248

"金万安"号［中式帆船］（Kim Ban An [Chinese junk]）3, 318–319, 368–369：1873年6月的航行（voyage of June 1873）324–334；被荷兰封锁船抓获（seized by Dutch blockade ship）339–344；后来的航行（later voyage of）350–356；涉及的司法策略（legal machinations involving）344–350

《（禁止）白奴贩卖协定》（White Slave Traffic Agreement）236

经济垄断（monopoly, economic）4, 363：当地人的文明（indigenous civilizations and）9；荷兰东印度公司（of Dutch East Indies Company）10；酒类（liquor and）16；香料（spices and）366；鸦片（opium and）7

经济政策（economic policies）76, 88–92, 162

井里汶（Cirebon）16, 275

警察（police）5, 53, 62–66, 67, 117, 121：森林警察（forest police）372；《外岛政治报告》（Politieken Verslagen Buitengewesten [Outer Island Political Reports]）166, 306；武器/弹药走私（weapons/munitions smuggling and）299；鸦片/毒品（opium/narcotics and）192, 196, 199

酒精与烈酒（alcohol and spirits）15–16, 88

军力（military force）13, 53, 77：海军（naval）58–62；陆军（overland）54–58

K

喀拉喀托火山爆发［1883年］（Krakatoa volcanic eruption [1883]）150

卡茨兄弟公司（Katz Brothers and Co.）302

卡恩，威廉（Cann, William）302, 303

卡哈扬矿区［婆罗洲］（Kahayan mine [Borneo]）39

卡朗林［矿区］（Karang Ringin [mining concession]）39

卡扬人（Kayan people）35

凯里（Kaili）275

凯特（Kater）34

勘探（exploration）2, 11, 28, 366：边境地貌

索引

（of boundary landscapes）29–37, 31；进展（advances in）45

坎波，约普·阿（Campo, Joep a）84, 86

康拉德，约瑟夫（Conrad, Joseph）6, 45, 110, 278：东方水域故事（Eastern Waters stories）115；《黑暗之心》（Heart of Darkness）343；《吉姆爷》（Lord Jim）173；市场中的种族多样性（on ethnic diversity of marketplace）276；《为了那些叻币》（"Because of the Dollars"）211

科学家（scientists）30, 35

可卡因（cocaine）197–198

克雷默，J.T（Cremer, J. T.）32, 350–351

克灵人（Klings）；见"印度穆斯林（'克灵人'）"

克鲁吉特，A.J（Kruijt, A. J.）91, 191, 292, 334, 342, 343

克鲁塞曼，J.W.G（Kruseman, J. W. G.）167

克洛普，德［船长］（Klopper, Captain de）341, 343, 349

克尼佛斯特，H.P.E（Kniphorst, H.P.E.）109

克斯特伦，冯［军士长］（Kesteren, Sergeant Major van）118

峇峇曾（Baba Seng）1, 2

客家话［中国方言］（Hakka [Chinese dialect]）136

"苦力"（"coolies"）3, 32, 230, 367：贩卖（traffic in）243–251；跨海峡殖民地贸易（cross-Straits commerce and）321；掠夺（depredations against）132；武器/弹药走私（weapons/munitions smuggling and）281, 295；性别比例（sex ratio and）231–232；在荷属东印度（in Netherlands Indies）243

库布人（Kubu people）169, 176

"库霍恩"号［荷兰海军船只］（Coehoorn [Dutch navy ship]）339, 340, 341, 343, 349, 353

库切尼乌斯，L.W.Ch（Keuchenius, L.W.Ch.）95

库台（Kutei）37, 240, 242, 274

快帆船［马来船只］（perahus [Malay boats]）164, 176：贩奴（slave trafficking and）241；海盗船（as pirate vessels）110, 111, 114；跨海峡贸易（cross-Straits trade in）327；武器/弹药走私（weapons/munitions smuggling and）275, 303；亚齐封锁（Aceh blockade and）341

矿产（minerals）28, 32, 36–37

矿山/矿区（mines）15, 17, 18, 29, 33, 39：暴力（violence in）118；荷兰军事行动（Dutch military operations and）166；特许权（concession licenses）44；向矿区贩卖劳动力（traffic in human labor for mines）245

坤甸（Pontianak）34, 43, 136, 173, 175：贩奴（slave traffic in）238, 242；苏丹（sultan of）44；伪造货币（counterfeit currency in）213；武器/弹药走私（weapons/munitions smuggling in）274, 275, 282；鸦片贸易（opium trade in）194

"坤泰"号［海峡殖民地船只］（Kimon Thaij [Straits ship]）341

L

拉律苏丹（Larut, sultan of）112

拉姆塞米诉洛案（Ramsamy v. Lowe）245

拉什，詹姆斯（Rush, James）189

拉维诺，乔治（Lavino, George）264, 265, 270–271, 305–306, 317, 347

莱佛士，托马斯·斯坦福德［爵士］（Raffles,

Sir Thomas Stamford）10, 109

莱特，弗朗西斯（Light, Francis）322

《莱茵河》［费弗尔］（*Rhin, Le* [Febvre]）27

莱茵兰传教会（Rijnsche Zendelinggenootschap）95

兰斯伯格，范［总督］（Lansberge, Governor van）346–347

"蓝夹克"号［英国船只］（*Blue Jacket* [British ship]）41

劳工流入（labor, traffic in）243–251

老挝（Laos）370

雷，L（Wray, L.）199

雷辛克，G·J（Resink, G. J.）66

冷吉（Langkat）238, 302, 320

李德和（Lie Thoa Ho）217

里德，安东尼（Reid, Anthony）236–237, 242–243

里德，威廉·H.（Read, William H.）242, 264–265, 303

梁西三（Leong Ship Sam）246

廖内群岛（Riau archipelago）16, 32, 137：暴力和不稳定（violence and instability in）122；测绘（mapping of）33–34, 42, 63–64, 65；朝圣者（Hajj pilgrims from）172, 173；地方政治体（indigenous polities in）43；港口照明（harbor lighting in）83；海盗（piracy in）110, 111, 113；航运（shipping in）86；荷兰法律（Dutch law in）67, 68；荷兰人应对本地权贵（Dutch dealings with local potentates）44–45；华人群体（Chinese population）136；经济政策（economic policies in）89–90；苦力劳动（coolie labor in）247, 248；日裔资产（Japanese estates in）145；［伪造］货币（[counterfeit] currency in）

209–210, 214；武器/弹药走私（weapons/munitions smuggling in）275, 303；鸦片贸易（opium trade in）189, 190；伊斯兰教（Islam in）149；种族构成（ethnic composition of）129

列强（power）7, 371, 373

猎头（head-hunting）46, 54, 63, 107, 121：婆罗洲内的越境袭击（crossborder raids in Borneo）175；针对荷兰人的叛乱（insurrections against Dutch and）166

林阿吉（Lim Ah Kie）193

林翠梁 Lim Tsui Leng, 198

林鹤书（Rin Hei-sho）145

林加（Lingga）42, 111

林加德，威廉［上尉］（Lingard, Capt. William）45, 115

林权助［大臣］（Hayashi, Baron）213

林四（Lim Shit）245–46

林友昭（Rin Yu-cho）145

林玉迎［军火走私公司］（Lim Yem Eng [arms-trafficking company]）278

刘沈义（Lew Ship Yit）246

龙目（Lombok）162, 187, 242, 275, 302

卢洛夫斯，C.（Lulofs, C.）78

鲁米语［罗马化的马来语］（Rumi [Romanized Malay]）129, 271–272

鲁斯博姆，W.（Rooseboom, W.）351

鹿特丹（Rotterdam）296

路德会（Luthersche Genootschap）95

罗迪克，查尔斯·威廉森（Rodyk, Charles Williamson）348

"罗萨"号［蒸汽船］（*Rosa* [steamer]）242

洛巴姆岛（Lobam island）145

洛兰，E.F.G（Lorrain, E.F.G.）121

洛兰·吉莱斯皮公司（Lorrain Gillespie and

Co.）325, 347, 348, 350, 355

吕宋［菲律宾］（Luzon [Philippines]）237, 292, 370

M

马辰（Banjarmasin）16, 83, 162, 165, 271

马都拉/马都拉人（Madura/Madurese）98, 147, 247, 323

马哈坎河（Mahakam River）34

马汉，A.T.（Mahan, A. T.）60

"马卡萨"号［荷兰测量船］（Macassar [Dutch survey ship]）35

马克思，卡尔（Marx, Karl）185

马来半岛［马来亚］（Malay Peninsula [Malaya]）9, 174, 303, 319, 322：暴力和不稳定（violence and instability in）119；毒品法（drug laws in）198；酒类走私（liquor contraband in）16；奴隶贸易（slave trade and）238；水域内的海盗活动（piracy in waters of）110, 112；武器/弹药贸易（weapons/munitions trade in）261, 262；英国的前进运动（British advance in）11；种植园（plantations in）29；亦可见"海峡殖民地"

马来联邦（Federated Malay States）82, 84, 201, 213, 263, 270

马来人（Malays）7, 33：暴力社会的不稳定（violent social instabilities and）119, 120；东印度群岛的人口（population in Indies）129；贩卖女性（traffic in women and）232, 233, 234；海盗（piracy and）110, 113, 114；荷兰的附庸和代理人（as Dutch vassals and proxies）163, 175；荷兰军事力量（in Dutch military forces）55；苦力劳工（as coolie laborers）247；人种学研究（ethnographic studies of）92；商人（traders）29, 93；武器/弹药走私（weapons/munitions smuggling and）262, 276, 277, 282；与华人的敌对关系（antagonistic relations with Chinese）120, 121, 132, 137, 138, 281；与印度穆斯林通婚（intermarriage with Indian Muslims）322；在荷兰人统治下的法律地位（legal status under Dutch）130

马来属邦（Unfederated Malay States）18, 201

马来西亚（Malaysia）9, 19, 319, 373

马来语（Malay language）1, 16, 44, 139, 144, 270：荷兰海军（in Dutch navy）60；警方使用（for use by police forces）66, 139；鲁米语［罗马化的马来语］（Rumi [Romanized writing]）129, 271–272；欧洲军官（European military officers and）55, 60；信件（letters in）190, 249, 328；爪夷文［阿拉伯字母拼写的马来语］（Jawi [Arabic-alphabet]）276

马来语报纸（Malay-language press）：海盗（on piracy）116；卖淫（on prostitution）234；伪造货币（on currency counterfeiting）215；武器/弹药贸易（weapons/munitions trade and）261, 291, 299；鸦片/毒品走私（on opium/narcotics smuggling）192, 196, 199, 200, 200；英国便衣警察（on British undercover police）64–65

马林诺夫斯基，布罗尼斯拉夫（Malinowski, Bronislaw）365

马六甲（Melaka）2, 9, 238：卖淫（prostitution in）232；武器/弹药走私（weapons/munitions smuggling in）282；英国军队（British military forces in）56

马六甲海峡（Melaka, Straits of）1, 9, 15, 46, 364, 366：边界线（as frontier line）14, 29, 82, 319, 320；地理位置（geography）18；过境鸦片贸易（opium trade across）190–191, 199, 200；海盗活动（piracy in）110, 111, 116；华人秘密社（Chinese secret societies and）133；日本势力的崛起（rise of Japanese power and）145；商业咽喉（as choke point of commerce）365；天气状况（weather conditions in）333–334, 340；武器/弹药走私越境（weapons/munitions smuggling across）261, 273, 278；亚齐战争（Aceh War and）304；英国海军力量（British naval strength in）61；英荷边疆形成（formation of Anglo/Dutch frontier and）10, 11；越境贩奴活动（slave trafficking across）238

马鲁古（Maluku）10, 161, 162, 166, 261

马尼拉（Manila）130, 140, 370

马塔普拉（Martapura）37, 77

吗啡（morphine）4, 196–197

迈丁［苏丹］（Meidin, Sultan）214

麦加（Mecca）；见"哈吉（穆斯林到麦加朝圣）"

麦卡勒姆［少校］（McCallum, Major）195

卖淫（prostitutes）3, 5, 230, 231–236, 364："出租舞者"（"taxi-dancers"）251；日本人（Japanese）29, 139, 140, 231；未成年/被迫（underage/unwilling）367；文明教化使命（civilizing mission and）8；在马来西亚/印度尼西亚边疆（on Malaysian/Indonesian frontier）373；在殖民地新加坡（in colonial Singapore）8

曼谷（Bangkok）298, 299

曼帕瓦（Mempawah）43, 136, 138

茂物（Buitenzorg）330

梅里坎，奥马尔·尼纳（Merican, Omar Nina）350, 351, 352, 353–354

梅里坎，格拉姆·麦丁萨（Merican, Golam Meydinsah）325, 347, 348, 350

梅里坎，卡迪尔·麦丁（Merican, Kader Mydin）322, 326

梅里坎家族（Merican clan）326–327, 347

"梅林"号［英国船只］（Merlin [British ship]）116

梅米，阿尔贝特（Memmi, Albert）372

煤（coal）36, 37, 59, 80–81, 86, 91

美国（United States）115, 116, 141；亦可见"美国人"

美国人（Americans）262, 276, 290, 329, 370, 371；亦可见"美国"

美西战争（Spanish-American War）308：《海峡观察家报》（Straits Observer）210, 265；三佛齐王国（Srivijaya）9；斯罗宁，巴巴（Sroening, Babah）242；斯派尔，帕特里夏（Spyer, Patricia）365；香料群岛（Spice Islands）10

孟加拉人（Bengalis）319

孟肯南，埃里克（Monkonnen, Eric）373

米恩斯，戈登（Means, Gordon）237

米南加保人的沿岸航行（Minangkabau rantau）161, 170, 174, 177

秘密会社（geheime genootschappen [secret societies]）132

棉兰老［菲律宾］（Mindanao [Philippines]）261

缅甸/缅甸人（Burma/Burmese）176, 298, 319, 370, 371

民都鲁（Bintulu）36, 57

民族志（ethnography）33, 95

索引

明古鲁（Bengkulu）119, 210
明治维新［日本］（Meiji Restoration [Japan]）139
"摩洛人"船员（"Moro" crews）201
末沙烈叛乱［北婆罗洲］（Mat Salleh rebellion [North Borneo]）166
莫伦格拉夫，G.A.F（Molengraaf, G.A.F.）4, 35
墨西哥鹰洋（dollars, Mexican）209, 211, 320
慕达，伊斯坎达（Muda, Iskandar）321
穆罕马迪亚（Muhammadiyah）174
穆斯林（Muslims）16, 214, 246, 259；亦可见"印度穆斯林（'克灵人'）""伊斯兰教""泛伊斯兰主义"
穆西河（Musi River）30, 110–111

N

纳闽岛（Labuan island）2, 10, 120：测绘（mapping of）38；贩卖奴隶（slave trafficking and）240；警力（police force）63, 64，卖淫（prostitution on）232，商品关税（duties on commodities in）89；通信网（communications grid and）78；伪造货币（counterfeit currency on）221–222；武器／弹药走私（weapons/munitions smuggling in）262, 263, 270, 273, 278, 306–307, 308；鸦片贸易（opium trade in）191；运输线路（shipping routes and）86；周围的海盗（piracy around）111, 112；走私中心（as center of smuggling）366；亦可见"英属婆罗洲"
纳妾（concubinage）231, 232
纳土纳群岛（Natuna islands）33, 195
南海（South China Sea）29, 82, 273：朝圣者（Hajj pilgrims in）171；岛屿（islands of）32, 33；海盗（piracy in）110–111；海盗（piracy in）115；荷兰法律（Dutch law in）168；库布人（Kubu people of）176；南苏门答腊（South Sumatra）8, 38, 83, 177；叛乱（insurrections in）163, 166；伪造货币交易（counterfeit currency trade in）222；鸦片贸易（opium trade in）195, 200；伊斯兰教（Islam in）149；亦可见"巴邻旁"
南婆罗洲（South Borneo）83, 162–163
南望（Rembang）275
《南洋总汇报》［中文报纸］（Nanyang Chung Wei Pao [Chinese newspaper]）132
楠榜（Lampung）59, 82, 83, 168：朝圣者（Hajj pilgrims from）172；苦力劳动（coolie labor in）247；叛乱（insurrections in）166, 276
内克曼，格里耶特（Nekeman, Gerrie）343–344
尼德堡，J.A（Nederburgh, J. A.）141
尼乌文赫伊斯，A.W.（Nieuwenhuis, A. W.）35
尼亚斯岛（Nias island）237, 320
"宁波"号［槟城船只］（Ningpo [Penang ship]）342
纽曼，J.B（Neumann, J. B.）30
农业（agriculture）39, 90, 131, 174
努尔丁，穆罕默德·梅里坎（Noordin, Mohamad Merican）326
努沙登加拉（Nusa Tenggara）162, 213
女性（women）8, 230, 231–236, 262

O

欧斯普，穆罕默德（Eusope, Mohamed）278
欧洲人（Europeans）：贩卖女性（traffic in

women and）234；荷兰法律（Dutch law and）167；荷兰军队／海军（in Dutch military/naval forces）55, 58；奴隶贩子（as slave traffickers）238；施暴者（as perpretators of violence）120；武器／弹药走私（weapons/munitions smuggling and）261, 262, 275, 277, 278–280, 297；鸦片走私（as opium contrabanders）192–193；在东印度群岛的人口（population in Indies）128, 129, 160, 249, 367；遭受暴力袭击（violent attacks against）118–119, 120, 121, 147；走私者（as smugglers）7, 10

P

帕戴，威廉（Padday, William）347

"帕坎"号［蒸汽船］（*Pakan* [steamer]）273

潘林恩（Pann, Lynn）243

"佩尔将军"号［荷兰船只］（*General Pel* [Dutch ship]）41

霹雳（Perak）11, 98, 119, 133, 282, 297：内战（civil war in）345；苏丹（sultan of）112

皮克林，威廉（Pickering, William）232

皮莱，纳加（Pillay, Naga）214

葡萄牙／葡萄牙帝国（Portugal/Portuguese empire）61, 290

葡萄牙属帝汶（Timor, Portuguese）4, 200, 263, 279, 298

普雷蒂曼，威廉（Pretyman, William）240

普雷斯科特，J.V.（Prescott, J. V.）3

普伦，J.C.（Ploen, J. C.）30–31

普特，I.D. 弗兰森·范·德（Putte, I. D. Franssen van de）346

Q

齐亚林（Chee Ah Jin）192

枪支藏匿在钢琴里（pianos, guns hidden in）296

抢劫（robbery）120, 121

清朝［中国］（Ch'ing Dynasty [China]）135

清水宏（Shimizu, Hiroshi）231

"丘利亚"（"Chulias"）322, 326

丘洛柏（Chiulo Po）341, 347

R

人类学家（anthropologists）6, 92–93, 364–365, 366

日本（Japan）4, 139–141, 145, 146, 216, 236：德川时代的走私（smuggling in Tokugawa era）365；海军（naval forces of）60, 61；伪造货币（counterfeit currency in）213

日本人口（Japanese populations）7, 29, 151, 367：贩卖女性（trafficked women）231, 236；荷兰军队（in Dutch military forces）55；作为"外籍亚裔"（as "foreign Asians"）128, 139–46

日俄战争（Russo-Japanese War）60, 143, 144, 323

日里（Deli）43, 91, 138, 302, 347：地图（map）320；贩卖奴隶（slave traffic in）238；贩卖女性（traffic in women through）236；苦力劳动（coolie labor in）245；起义（uprising in）54；武器／弹药走私（weapons/munitions smuggling and）277

日里铁路公司（Deli Spoorwegmaatschappij [Deli Railroad Company]）81

日元（yen, Japanese）211, 213

容洪（Junghuhn）31

柔佛（Johor）81–82, 233

S

萨利赫，哈杰（Saleh, Hadjee）303

塞赫·艾哈迈德·本·阿卜杜勒·拉赫曼·本·萨伊姆（Sech Achmat Bin Abdul Rachman Bin Sa'im）113–114

"塞缪尔·拉塞尔"号［美国船只］（*Samuel Russel* [American ship]）41

赛义德·阿卜杜勒拉赫曼（Said Abdulrachman）193

赛义德·阿里（Said Ali）242

三宝垄（Semarang）236, 266, 267, 268

三发（Sambas）43, 45, 138, 274

桑高（Sanggau）36, 121, 133

森林（forests）15, 175：抵抗地区（as sites of resistance）122；华人伐木工（Chinese woodcutters in）137；森林警察（forest police）372；游牧民族（nomadic peoples in）161, 170

沙巴（Sabah）78, 371

沙尔杰，M.（Schaalje, M.）132–133

沙璜（Sabang）87, 351

沙捞越（Sarawak）15, 46, 121. 达雅克人（Dayaks of）175；地图（map）12；贩奴（slave trafficking in）240；华人秘密公社（Chinese secret societies in）136；经济政策（economic policies in）88；勘探（exploration of）34；苦力劳动（coolie labor in）250；矿产勘探（mineral prospecting in）36, 37；叛乱（insurrections in）166；王公（Raja of）84；伪造货币（counterfeit currency in）221, 222；武器/弹药走私（weapons/munitions smuggling in）261, 263, 274, 308；鸦片贸易（opium trade in）191, 201；引渡罪犯到荷兰领地（extradition of criminals to Dutch sphere）68；英国军队（British military forces in）57；亦可见"布鲁克政权（沙捞越）"

《沙捞越公报》（*Sarawak Gazette*）69, 274

商品（commodities）3, 186：国际边界（international boundaries and）2；航运（shipping and）87；火器（firearms as）261, 262；课税（duties placed on）88, 89；史学（historiography and）365；市场关系和当地人（market relations and indigenous peoples）174–175；税收（taxation of）89–90, 364；伪装成压舱物（disguised as ballast）7；武器/弹药（weapons/munitions as）290–291；种类（variety of）15–19

商业笔记（Zaakelijk Aantekeningen）93

上杜逊［婆罗洲地区］（Dusun, Upper [Borneo region]）57

上卡普阿斯河［婆罗洲地区］（Kapuas, Upper [Borneo region]）57

圣卢西亚湾（St. Lucia Bay）37

收税区（tolgebied [customs zone]）89, 99

"水手希望"号［海峡殖民地船只］（*Mariner's Hope* [Straits ship]）341

水文学（hydrography）41–42, 43, 59, 165

"顺畅利"号［海峡殖民地船只］（*Soon Chin Lee* [Straits ship]）341

斯科特，詹姆斯（Scott, James）8, 42

斯特鲁伊克，N.J（Struijk, N. J.）42

斯韦特纳姆，弗兰克（Swettenham, Frank）98

泗水（Surabaya）15, 68, 121, 135：华人群体（Chinese population）138, 139；伪造货币（counterfeit currency in）214, 215, 217；武器/弹药走私（weapons/munitions smuggling in）275, 280, 301

松巴哇（Sumbawa）215, 275

苏丹 / 苏丹国（sultans/sultanates）29, 116：保镖（bodyguards of）119；泛伊斯兰主义（Pan-Islam and）147；奴隶贩卖（slave trafficking and）240–241；鸦片战争（opium trade and）187；亚齐战争（Aceh War and）323；与荷兰的战争（Dutch wars with）160

苏克尔，科内利斯（Sukkel, Cornelis）344

苏拉威西（Sulawesi）42, 162, 170, 176：传教士（missionaries in）96；地方政治体（indigenous polities in）43；荷兰军队（Dutch military forces in）54；荷兰领土控制（Dutch territorial control in）161；奴隶贸易（slave trade in）237, 238, 242；叛乱（insurrections in）143, 164；水域内的海盗（piracy in waters of）109, 110, 113；武器 / 弹药走私（weapons/munitions smuggling in）274–275, 278, 292, 302

苏禄海（Sulu Sea）59, 120, 187, 304：海上边界（maritime border in）82；盆地（basin of）109, 115；武器贸易（arms trading in）306, 308, 309

苏禄群岛（Sulu archipelago）16, 90, 221

《苏禄议定书》[1885]（Sulu Protocol [1885]）308

苏门答腊（Sumatra）162：暴力和不稳定（violence and instability in）122；传教士（missionaries in）95；道路（roads in）77–78, 79；地方政治体（indigenous polities in）42；地图（maps）11, 12；泛伊斯兰主义（Pan-Islam in, 146）149；海事机构（maritime institutions in）83；海运（shipping in）87；荷兰法律（Dutch law in）68；荷兰军队 / 海军（Dutch military/naval forces in）54, 61；荷兰殖民扩张（Dutch colonial expansion in）322；胡椒和锡的走私（pepper and tin smuggling in）8；华人秘密会社（Chinese secret societies and）132–133；华人群体（Chinese populations of）4, 137；勘探（exploration of）30–32, 31, 34；勘探 / 测绘（surveying/mapping of）38；苦力劳动（coolie labor in）243, 245, 247, 249；跨海峡贸易（cross-straits trade and）344–345；卖淫（prostitution in）231, 234, 236；米南加保人的沿岸航行（Minangkabau *rantau* and）177；奴隶出口（slaves exported from）237；收费站（toll stations in）88；水域内的海盗（piracy in waters of）110–111, 112；铁路（railroads in）80–81；[伪造] 货币（[counterfeit] currency in）209, 212, 213, 223；武器 / 弹药走私（weapons/munitions smuggling in）261, 273–274；鸦片贸易（opium trade in）190, 192, 199；亚齐战争和走私（Aceh War and smuggling）9, 17；英荷之间的条约（Anglo-Dutch treaty and）11；种植园（plantations in）29；亦可见 "亚齐""占碑""楠榜""廖内群岛""南苏门答腊""西苏门答腊"

"苏珊娜·科妮莉亚"号 [荷兰船只]（*Susanna Cornelia* [Dutch ship]）111

苏伊士运河（Suez Canal）87

T

塔博尔山（Gunung Tabur）44, 113, 241

塔哈叛乱（Taha, rebellion of）111, 163, 164, 173, 276

台湾（Taiwan）145

太平天国起义 [中国]（Taiping Rebellion

索引

[China]）243, 262
泰卢固语（Telegu language）270
泰米尔（Tamils）234, 244
泰普，哈吉（Taip, Hadji）250
汤普森，E.P.（Thompson, E. P.）372
唐南，黑斯廷斯（Donnan, Hastings）369
唐行小姐[日本妓女]（Karayuki-san [Japanese prostitutes]）231
陶苏格人（Taosug people）45, 262, 276
特库·帕亚（Teuku Paya）326
特劳基，卡尔（Trocki, Carl）32, 130, 188
特雷彻，威廉（Treacher, William）112
特里普，西比路斯（Trip, Siberius）133
特维尔，B.J.（Terwiel, B. J.）237
天地会（Heaven and Earth Society）133
天主教传教士（Catholic missionaries）96
条约（treaties）6, 11, 29, 44, 45, 366
铁（iron）8, 36, 320, 327
铁路（railroads）80–82, 99
通猜，威尼差恭（Thongchai, Winichakul）13
通卡（Tonkal）30
通信（communications）76, 77–82
通行证法（Pass Laws）129, 135, 346, 354
童第东（Tong Tik Tong）215
图阿龙（Too Ah On）113, 114
《图绘暹罗》[迪猜]（Siam Mapped [Thongchai]）13
涂马里亚（To Mariam）113
土耳其人（Turks）128
托尔森，乔治·P.（Tolson, George P.）325, 347, 349–350, 354
托马斯，朱利安（Thomas, Julian）365

W

瓦格纳，乌拉（Wagner, Ulla）119

瓦伦霍文，C. 范（Vollenhoven, C. van）170
外岛（Outer Islands）14, 15, 146；暴力和不稳定活动（violence and instability in）118, 119；本地警察（indigenous police forces in）62；朝圣者（Hajj pilgrims in）173；传教士（missionaries in）95；当地人的传统法（indigenous traditional law in）169–170；道路（roads in）77；抵抗运动（resistance movements in）162–163, 17；泛伊斯兰主义（Pan-Islam in）150；贩奴（slave trafficking in）237, 238；公务员（civil servants in）97, 99；海盗（piracy in）110, 111, 115, 367；航运（shipping in）86–87；荷兰法律（Dutch law in）66, 67, 68, 167；荷兰军队/海军（Dutch military/naval forces in）54, 55, 56, 57, 61；华人群体（Chinese population of）151；经济政策（economic policies in）89；警力（police forces in）66；人口流入（population flows in）177；日本人（Japanese in）139, 141；伪造货币（counterfeit currency in）210, 211；武器/弹药走私（weapons/munitions smuggling in）273, 290；徭役劳动（corvée labor in）243；亦可见"外围领地"
外籍亚裔（Vreemde Oosterlingen [Foreign Asians]）128, 129, 151, 160, 367；荷兰法律（Dutch law and）130, 167；日本人（Japanese）139–146；武器/弹药走私（weapons/munitions trade and）268
外交（diplomacy）69, 84, 318, 353
外围领地（Buitenbezittingen）54, 64, 65, 66, 88；海事机构（maritime institutions in）83；华人群体（Chinese population in）136；伊斯兰教（Islam in）149；运输路

线（transportation routes in）77；亦可见"外岛"

万丹（Banten）16, 146, 187

万那河（Landak River）36

"万兴源"号［华人长途货轮］（Ban Hin Guan [Chinese tramp steamer]）213, 215, 216

万鸦老/万鸦老人（Manado/Manadonese）55, 99

王公（rajas）116, 119：“白人王公”（"White rajas"）201；泛伊斯兰主义（Pan-Islam and）147；伪造货币（counterfeit currency and）215；武器/弹药走私（weapons/munitions smuggling and）277, 302–303；鸦片贸易（opium trade and）187；亚齐战争（Aceh War and）323；与荷兰的关系（relations with Dutch）328–329

王新光（Wang Shin-ko）145

望加锡（Makassar）54, 87, 170, 217, 275

望加锡海峡（Makassar Strait）59, 83, 111, 302

威尔逊，托马斯（Wilson, Thomas）369

韦岛（Weh, island of [Pulau Weh]）87, 113, 114, 320, 351

违禁印刷媒体（print media, as contraband）15, 16

"维达尔"号［武器走私船］（Vidar [gun-running ship]）278

维勒布瓦，P.J.A.M. 范·德·杜斯·德（Willebois, P.J.A.M. van der Does de）346

伪造货币（counterfeit currency in）221；武器/弹药走私（weapons/munitions smuggling in）274, 307–308；鸦片贸易（opium trade in）189, 201；应用地质学（applied geology in）36；罪犯逃亡荷属地（criminal flight to Dutch sphere from）69；亦可见"英属婆罗洲"

伪造货币（currency, counterfeit）3, 15, 208–209, 212, 230, 251, 364：19世纪末（at end of nineteenth century）216–224；荷兰专家论（Dutch expert on）4；马克思论（Marx on）185；"外籍亚裔"（"foreign Asians" and）128, 129；迅速发展（as burgeoning practice）209–216

《为了那些叻币》［康拉德］（"Because of the Dollars" [Conrad]）211

魏金顺（Gwee Kim Soon）303

温克尔，C.P.K.（Winckel, C.P.K.）133

文莱（Brunei）11, 12, 19：奴隶贩运（slave trafficking in）240；矿业勘探（mineral prospecting in）36；苏丹（sultan of）120, 298；伪造货币（counterfeit currency in）221；武器/弹药走私（weapons/munitions smuggling in）277, 298, 307；鸦片贸易（opium trade in）201

翁比林煤田［苏门答腊］（Ombilin coalfields [Sumatra]）80–81

翁庄辉（Ong Thiong Hoei）138

沃尔夫，埃里克（Wolf, Eric）372

沃伦，詹姆斯（Warren, James）45, 119, 174：《阿姑与唐行小姐》（Ah Ku and Karayuki-san）231；贩卖女性（on traffic in women）231, 234；《黄包车夫》（Rickshaw Coolie）189

乌得勒支传教会（Utrechtsche Zendingsvereeniging）95

乌勒埃勒欧（Uleelheue）278, 292, 301

乌勒巴朗［亚齐贵族］（uleebalang [Acchnese princes]）325, 330

吴汉泉（Viraphol, Sarasin）7

武器/弹药走私（weapons/munitions smuggling and）262, 268, 275–278, 279, 281–282；性别比例（sex ratio）232；鸦片贸易（opium trade and）188–189, 190, 192, 194–195, 201；与马来人的敌对关系（antagonistic relations with Malays）120, 121, 132, 137, 138, 281；在荷属东印度的人口（population in Indies）128, 129；殖民地国家的想象（in colonial imagination）130–139；作为"外籍亚裔"（as "foreign Asians"）128, 129, 271；亦可见，"华人采矿社群""华人秘密会社"

武器贸易与捕鲸船（whaling ships, arms trade and）295

勿里洞岛（Belitung island）10, 12, 29；朝圣者（Hajj pilgrims from）172；荷兰法律（Dutch law on）68；华人矿工（Chinese miners on）122；警力（police forces）63；苦力劳动（coolie labor on）247；贸易中心（as trade center）33；伪造货币（counterfeit currency in）212, 223；武器/弹药走私（weapons/munitions smuggling on）271；锡矿（tin mining on）118, 249；鸦片贸易（opium trade in）190, 193–194

X

西班牙/西班牙帝国（Spain/Spanish empire）61, 111, 120, 294, 369：苏禄封锁（blockade in Sulu）90；武器/弹药走私（weapons/munitions smuggling and）276, 307, 308, 309；亦可见，"菲律宾"

西尔斯，劳里（Sears, Laurie）372

西婆罗洲（West Borneo）16, 34, 43；边疆专员报告（frontier residency reports from）117；朝圣者（Hajj pilgrims from）172, 173；地方统治者（indigenous potentates of）45；贩奴（slave traffic in）238；腐败（corruption in）97；华人社群（Chinese communities in）136–137, 368；警力（police forces in）64, 65；苦力劳动（coolie labor in）247；矿业勘探（mineral prospecting in）36；叛乱（insurrections in）165, 166–167；[伪造]货币（[counterfeit] currency in）209, 213；武器/弹药走私（weapons/munitions smuggling in）271, 274, 278, 303；鸦片贸易（opium trade in）191, 193, 194–195；亦可见"荷属婆罗洲"

西苏门答腊（West Sumatra）30, 146, 177, 210

希尔，威廉·洛兰（Hill, William Lorrain）347, 348, 349

昔佳掩（Sik-Ka-Iam）133

锡（tin）：开采（mining of）15, 29, 118, 232；走私（smuggling of）8, 10

锡亚（Siak）43, 273, 275

"锡亚"号［荷兰海军船只］（Siak [Dutch navy ship]）340, 341

暹罗（Siam）68, 140, 232, 298–299, 300, 302, 319, 371

香港（Hong Kong）：贩卖女性（traffic in women through）233, 234；伪造货币（currency counterfeiting through）213, 216, 219, 221；中文媒体对苦力劳动的谴责（coolie labor condemned by Chinese press）250；亦可见"中国"

小路（footpaths [setapak]）18, 77

谢，T.B.（Sia, T.B.）251

谢文庆（Cheah Boon Kheng）119

谢心璜（Cheah Sin Ng）245

新邦乌林（Simpang Ulim）91, 329

新当（Sintang）165, 175

新及锡业公司（Singkep Tin Company）249

新几内亚（New Guinea）34, 87, 95, 118, 162, 174：华人劳工（Chinese laborers in）243；猎奴远征（slaving expeditions to）237, 241, 242；武器/弹药走私（weapons/munitions smuggling in）261, 275, 298

新加坡［英国殖民中心］（Singapore [British colonial center]）2, 29, 34, 44, 76, 222, 339：暴力/不稳定（violence/instability and）119, 121, 123；边疆执法（frontier enforcement and）53, 54；边境沿线低烈度暴力（low-level violence along frontier and）118；地方民族流动（movement of indigenous peoples and, 171–172, 171–173, 174, 176；地图（maps）11, 12；地下贸易活动（undertrading activities in）5；贩奴（slave trafficking and）241–42；腐败（corruption in）98；海盗（piracy and）111, 112, 116；海军（naval forces of）59；海事机构（maritime institutions and, 82, 83, 84, 86, 87；荷兰属地罪犯的避难所（as refuge for criminals from Dutch sphere）67；华人群体（Chinese population）132, 136；经济网（economic webs and）15；警力（police forces in）62, 64；酒类走私（liquor smuggling in）16；勘探/测绘（surveying/mapping and）37–38, 42；跨境违禁品贸易（cross-border contraband commerce and）63；卖淫（prostitution in）8, 231, 234, 235, 236；人口贩运（human trafficking and）230, 231, 236, 237–238, 243, 244–245；日本人（Japanese in）140；商业大动脉（as major artery of commerce）351；司法管辖权（legal jurisdiction of）66, 67；通信网络（communications grid and）78；［伪造］货币（[counterfeit] currency and）209, 213, 214, 215, 216, 220；武器/弹药走私（weapons/munitions smuggling and）262, 263, 268, 273, 275, 277, 278, 280, 295, 302；鸦片（opium an）188–189, 190, 192, 194, 195, 199–200；亚齐战争（Aceh War and）304–305；有限的前哨站（as limited outpost）363；与巴达维亚的沟通（Batavia in communication with）44, 45, 78；种族构成（ethnic composition of）129；走私中心（as center of smuggling）366；亦可见"英国殖民当局"

新疆［中国］（Xinjiang province [China]）13–14

新教传教士（Protestant missionaries）96

新喀里多尼亚（New Caledonia）144

"新顺诚"号［中国船只］（Sin Soon Seng [Chinese junk]）113, 114

休梅克，J.P（Schoemaker, J. P.）146–147

休伊克，J.B（Hewick, J. B.）332

徐南辛（Thoe Nam Sin）249

许尔赫洛涅，C. 史努克（Hurgronje, C. Snouck）150, 167–168

蓄奴（slavery）3, 5, 107, 109, 230, 236–243：东南亚贸易的地理范围（geographical scope of Southeast Asian trade）176；荷兰司法管辖权（Dutch legal jurisdiction and）66；文明教化使命（civilizing mission and）8；武器/弹药交易（weapons/munitions trade and）307；武器贸易（arms trade and）265；消失（disappearance of）251

索引

《学铎》[中文报纸]（*Hok Tok* [Chinese newspaper]）138
巽他海峡（Sunda Strait）144, 145
巽他人（Sundanese）55, 247

Y

鸦片贸易（opium trade）5, 45, 135, 199–201, 230, 371：禅杜[鸦片衍生品]（chandu [opium derivative]）190, 199, 201, 230；荷兰司法管辖权（Dutch legal jurisdiction and）66；华人秘密会社（Chinese secret societies and）133；跨海峡贸易（in cross-Straits trade）328；"外籍亚裔"（"foreign Asians"）128, 129；吸引力（attraction of）187–196；相关条约（treaties concerning）44；亚齐战争（Aceh War and）324, 329–330, 346；殖民政权的参与（colonial regimes' participation in）7, 364；亦可见"毒品"
《鸦片与帝国》[特劳基]（*Opium and Empire* [Trocki]）188
雅加达（Jakarta）10, 38, 306, 373
亚美尼亚人（Armenians）192
亚齐（Aceh）1, 3, 177, 281, 320：测绘（mapping of）38–39, 40；朝圣者（Hajj pilgrims from）172；传教士（missionaries in）95；道路建设（road building in）77；东海岸驻地专员遇袭（resistance attacks on East Coast Residency）122；独立国家（as independent state）322；贩奴（slave traffic in）242；附近的海盗（piracy near）4, 110, 113, 114；海事机构（maritime institutions in）84；航运（shipping in）87；荷兰军队（Dutch military forces in）56, 57；勘探（exploration of）31, 34；苦力劳动（coolie labor in）247；枪支走私流入（gun smuggling in）164；苏丹（Sultanate of）11；铁路（railroads in）82；伪造货币（counterfeit currency in）209, 211, 223；武器/弹药走私（weapons/munitions smuggling in）261, 262, 279, 280, 282, 292 吸食大麻（marijuana use in）199；鸦片贸易（opium trade in）187, 189, 191；亚齐首领（Acehnese chiefs）345；与槟城的贸易（Penang trade with）320–321, 324–325
亚齐战争（Aceh War）17, 41：持续时间（duration of）306；当地华人（Chinese in）321；泛伊斯兰主义（Pan-Islam and）147, 149；荷兰的攻击[1873年]（Dutch assaults [1873]）16, 54, 322–324, 344, 368；荷兰军事进步（Dutch military improvement and）162, 163；荷兰扩张主义（Dutch expansionism and）161–162；经济情况（economic conditions and）345；武器/弹药走私（weapons/munitions smuggling and）262, 263, 270, 273, 278, 282, 293, 294, 304–306；殖民地海军（colonial naval forces and）59–60；亦可见"封锁亚齐"
亚沙汉河（Asahan River）42, 118
亚洲人/本土主义者的民族主义（nationalism, Asian/nativist）168, 251
烟草（tobacco）321, 365
沿海贸易（coasting trade）90
盐（salt）17, 45, 175
燕窝（birds' nests）45, 89, 93, 120, 174
赝造硬币者（coiners）208
扬, J.W.（Young, J. W.）194
扬, 亚瑟（Young, Arthur）198

杨英（Yeo Eng）324–325, 347, 348, 352, 354
徭役（corvée labor）122, 175, 243, 276, 369
野野村，K.（Nonomura, K.）144
伊班人［海上达雅克人］（Iban people [Sea Dayaks]）149, 174
伊迪［亚齐公国／荷兰盟友］（Idi [Acehnese state/Dutch ally]）164, 298, 321, 340, 347
伊平治，村冈（Iheiji, Muraoka）234
伊斯兰教（Islam）95, 96, 176, 326, 367：泛伊斯兰主义的威胁（Pan-Islam as threat）146–151；贩卖女性（traffic in women and）233；麦加朝圣（Hajj to Mecca）170–174；亦可见"穆斯林"
伊斯兰联盟（Sarekat Islam）174
义和团运动［中国］（Boxer rebellion [China]）236
义兴公司（Ghee Hin Kongsi）133, 136
义兴公司（Ngee Hin Kongsi）195, 274
引渡（extradition）68–69
隐蔽货舱（cargo spaces, hidden）6, 296
印度（India）14, 211, 213, 319, 340：苦力劳动（coolie labor from）243；违反殖民当局的行为（transgressions against colonial authority）372；伪币走私（counterfeit currency smuggling and）208, 220, 223, 224；武器／弹药走私（weapons/munitions smuggling and）265；英国的帝国史学（in British imperial historiography）13；与槟城的贸易／通信（Penang trade/communication with）78, 321, 322, 327–328
印度教徒（Hindus）214
印度穆斯林［" 克灵人"］（Indian Muslims ["Klings"]）147, 214, 246, 247；贩卖女性（traffic in women and）234；跨海峡殖民地贸易（cross-Straits trade and）321–322, 355；武器／弹药走私（weapons/munitions smuggling and）277–278, 282
印度尼西亚（Indonesia）10, 19, 38, 161, 166：亚齐战争的遗留问题（legacy of Aceh War and）306；与马来西亚的边境（Malaysian frontier with）373
印度—葡萄牙裔社群（Indo-Portuguese community）280
印度洋（Indian Ocean）319, 326
印特拉吉利（Indragiri）30, 43, 81, 122, 193
《印支爱国报》［槟城报纸］（Indo-Chinese Patriot [Penang newspaper]）143
英国（Britain）44, 197, 218, 233, 369
英国法律（law, English）：贩卖劳力（on traffic in human labor）244, 245；卖淫（on prostitution）233；伪造货币（on currency counterfeiting）213；武器／弹药（on weapons/munitions）262–263, 269, 270, 272, 273, 294；鸦片／毒品（on opium/narcotics）196, 197, 198, 199, 201；引渡条例（extradition ordinances）69
英国公务员（civil servants, British）92, 97, 98, 136, 221, 366
英国皇家海军（Royal Navy [British]）237
英国军队／海军（military/naval forces, British）56, 58, 59, 61
英国前进运动（Forward Movement, British）11, 119
英国殖民当局（British colonial authorities）：边疆勘探（exploration of frontier and）29；达雅克人的越境活动（Dayak crossborder movements and）175；泛伊斯兰主义（Pan-Islam and）150；贩卖女性（traffic in women and）231–234,

236；关于荷兰人进展的情报（intelligence on Dutch advances）31, 34；海盗威胁（threat of piracy and）109–110, 111；警力（police forces of）62–63, 64–65；矿业勘探（mineral prospecting and）36；劳工流动（labor traffic and）245, 246；日本势力的崛起（rise of Japanese power and）143, 144–145；史学研究来源（historiographical sources and）4；伪造货币（counterfeit currency and）221–122；武器／弹药走私（weapons/munitions smuggling and）262–264, 306–308；鸦片贸易（opium trade and）188–189, 191；亦可见"新加坡（英国殖民中心）"

英国自由贸易原则（free trade, British principle of）：武器／弹药走私（weapons/munitions smuggling and）262, 264, 297, 307, 308；亚齐封锁（Aceh blockade and）324；与荷兰的垄断制度形成对比（contrast with Dutch monopolistic regime）363

英荷边疆（Anglo/Dutch frontier）10, 11, 12, 76, 99, 364–365；边境平定（border pacification）161–170；不断演变的实体（as evolving entity）17；测绘（mapping of）11, 11–12, 13, 34, 39, 42, 43, 45；地理（geography of）110；分类（categorizing of）42–47；海上边疆（as waterbased frontier）14；勘探（exploration of）29–37；马来西亚／印尼的边疆（as Malaysian/Indonesian frontier）373；人口贩卖（human trafficking across）230–231；人种学报告（ethnographic reports from）92, 93, 94, 95；武器／弹药走私（weapons/munitions smuggling across）260–261, 272–276, 301, 304–309, 309；形成（formation of）2,

362；鸦片过境走私（opium smuggling across）187, 194, 195, 251；沿线地方民族／政治体（indigenous peoples/polities along）161, 175–176 沿线低烈度暴力活动（low-level violence along）116–123；沿线封锁（blockades along）90；沿线华人群体（Chinese populations along）138；沿线伪造货币（currency counterfeiting along）208；与帝国其他边疆地区的比较（comparison with other imperial frontiers）13–14；执法（enforcement of）46, 53–70

英属北婆罗洲（North Borneo, British）10, 11, 12, 15：道路（roads in）78；对沙巴的收购（Sabah acquired by）78；海事机构（maritime institutions in）84；行政腐败（administrative corruption in）97；警力（police forces in）64；苦力劳动（coolie labor in）243, 250–251；末沙烈叛乱（Mat Salleh rebellion）166；水域内海盗活动（piracy in waters of）111, 115；苏丹（sultans of）44；通信网络（communications grid in）78, 79；

英属北婆罗洲公司（British North Borneo Company）15, 35：边疆的暴力活动（violence along frontier and）121；标记殖民地边界（marking of colonial boundary and）47；贩卖劳动力（traffic in human labor and）250；贸易"渗透"至荷属婆罗洲（"seepage" of trade into Dutch Borneo and）45；奴隶贩运（slave trafficking and）240；伪造货币（counterfeit currency and）221, 222；武器／弹药走私（weapons/munitions smuggling and）263, 277, 308

英属婆罗洲（Borneo, British）10, 12,

46–47：暴力和不稳定（violence and instability in）119–120；达雅克人（Dayaks in）175；水域内的海盗活动（piracy in waters of）110, 112；权力分散（fragmented authority in）240, 307–308；伪造货币（counterfeit currency in）212；武器／弹药走私（weapons/munitions smuggling in）274；鸦片贸易（opium trade in）201；亦可见"文莱""纳闽岛""英属北婆罗洲""沙捞越"

英语（English language）196, 200

勇顺（Yong Siu）248

游牧（nomadism）170, 174

《有害药品条例》（Deleterious Drug Ordinances）197

诱拐（crimping）244, 245

诱拐（impressment [crimping]）244

《诱拐条例》（Crimping Ordinance）244

语言（language[s]）2, 14, 55, 281：簿记（bookkeeping and）129–130；法律（law and）67；人种学家（ethnographers and）92

约翰·利特尔公司（John Little and Company）291, 332

"约瑟夫"号［运输枪支的纵帆船］（Josef [gun-running schooner]）279

越南（Vietnam）8, 232, 248, 298, 370

Z

杂货贩［华人流动商贩］（klontong [itinerant Chinese merchants]）132

扎伊诺，萨林娜·宾蒂·哈吉（Zainol, Salina Binti Haji）321

炸药（dynamite）294

炸药（explosives）294–295

债奴（debt-bondage）236

詹姆斯·劳登（Loudon, James）330, 346

"詹普隆"号［阿拉伯商船］（Tjemplong [Arab trading vessel]）113–114

占碑（Jambi）10, 12, 122：朝圣者（Hajj pilgrims from）172；地方政治体（indigenous polities in）43；抵抗运动（resistance movements in）276；贩奴（slave traffic in）242；海运（shipping in）87；货币（currency in）209；勘探（exploration of）30, 31, 31；叛乱（insurrections in）164, 165, 166；苏丹（sultan of）46；塔哈叛乱（Taha rebellion in）111；武器／弹药走私（weapons/munitions smuggling in）275；鸦片贸易（opium trade in）199；针对欧洲人的暴力（violence against Europeans in）118

张忠福（Tjang Tjon Foek）68–69

长期政治合同（lange politieke contract [long political contract]）45

爪哇（Java）4, 16, 83, 98：暴力和不稳定（violence and instability in）121；朝圣者（Hajj pilgrims from）173–174；贩奴（slave trafficking in）240；荷兰法律（Dutch law in）167；荷兰军队（Dutch military forces in）54, 55；荷属领土的中心（as center of Dutch territorial control）161, 323, 363；华人群体（Chinese population）135–136, 138；苦力劳工（coolie laborers from）244；人口过剩（overpopulation of）177；日裔（Japanese in）140；水域内的海盗（piracy in waters of）113–114；伪造货币（counterfeit currency in）214, 223；武器／弹药走私（weapons/munitions smuggling in）265–269, 274, 275, 296；鸦片贸易

索 引

（opium trade in）189
《爪哇的鸦片》[拉什]（*Opium to Java* [Rush]）189
《爪哇公报》（*Javasche Courant*）168
爪哇海（Java Sea）19, 116
爪哇人（Javanese people）55, 82, 236, 319：朝圣者（Hajj pilgrims）241；贩奴（slave traffic and）242；苦力（coolies）244, 247；在荷兰统治下的法律地位（legal status under Dutch）130
爪哇语（Javanese language）276
爪夷土生混血儿（Jawi Peranakan）322
爪夷文[阿拉伯字母拼写的马来语]（Jawi [Arabic-alphabet Malay]）276
赵崇凡（Chao Ch'ung Fan）135
赵开莫[武器走私公司]（Chop Kaij Moi [arms-trafficking company]）278
《政府规定》（Regeeringsregelment [government stipulations]）130
政府海军（Gouvernements Marine）58, 60, 199, 237, 341
殖民地"边缘地区"（"periphery," colonial）32, 37, 98：半独立地方统治者（semi-independent local rulers in）45；测绘（mapping of）41；巩固扩张（solidified expansion of）76；国家形成的阻力（resistance to state formation in）366–367；行政稳定（administrative stabilization in）109；荷兰扩张（Dutch expansion into）166；铁路扩张（railroad expansion into）80
殖民地部[伦敦]（Colonial Office [London]）111, 145, 197, 198；贩卖女性（traffic in women and）233, 234；武器/弹药走私（weapons/munitions smuggling and）262, 308, 330
殖民地的知识（knowledge, colonial）29, 38, 47, 98：华人群体（of Chinese populations）131；军队（military）56；民族志（ethnographic）92
殖民地国家的簿记（bookkeeping, colonial state and）129–130
殖民国家的文明教化使命（civilizing mission, colonial）7–8, 95：传统法（indigenous law and）169；抵抗活动（resistance to）122；海盗威胁（piracy as threat to）109, 115；荷兰扩张主义（Dutch expansionism and）162；鸦片贸易（opium trade and）201
殖民者银行（Kwakyo [Colonists] Bank）145–146
殖民政权税收（taxation, by colonial regimes）7, 17, 36, 88, 89, 364：当地统治者（indigenous potentates and）89–90；抵抗（resistance to）166；华人群体（Chinese populations and）135, 138；军火（firearms）267；奴隶贸易（slave trade and）238；人口数据（population data and）98
制图师（cartographers）39
中国（China）4, 38, 319, 329："大博弈"（"Great Game" and）369；荷兰人的焦虑（Dutch anxiety about）131, 132, 138；苦力劳动输出（coolie labor exported from）247, 248–249, 251；太平天国运动（Taiping Rebellion）243, 262；伪币贸易（counterfeit currency trade and）208, 213, 216–220, 223, 224；武器/弹药走私（weapons/munitions smuggling and）295, 298；西部省份（western provinces as imperial frontier）13–14；辛亥革命[1911—1912]

（revolution of 1911–1912）135, 151；鸦片贸易（opium trade in）189, 199–200；义和团运动（Boxer rebellion）236；与日本开战［19世纪90年代］（war with Japan [1890s]）140；亦可见"香港"

《中国日报》［中文报纸］（Chung Kwo Jih Pao [Chinese newspaper]）139

中日战争（Sino-Japanese War）140

中文（Chinese languages）129, 135, 215, 217, 270

种植园（plantations）15, 29, 231, 245, 370, 371

种族（ethnicities）2, 14：多样性（diversity of）29；经济活动（economic activities and）88；"外籍亚裔"（"foreign Asians"）128；武器/弹药走私（weapons/munitions smuggling and）275, 276–282；殖民地军队（colonial military forces and）55；作为各种族交汇之地的市场（marketplace as meeting ground of）276, 281

周，丹尼尔（Chew, Daniel）45–46, 174

周阿义（Chew Ah Nyee）246

"周福"号［德国蒸汽船］（Chow Foo [German steamer]）245

周康汉（Tjioe Kang Han）217–218

朱仁德（Joo In Tek）113, 114

资本积累（capital accumulation）81, 145–146

宗教（religion）95, 130, 146, 169

总理衙门（Tsungli Yamen）216, 218

走私（smuggling）123, 177, 186, 318–319：背景（contexts of）5–9；避开国家的方法（methods of evading the state）295–303；边界的形成（formation of frontier boundary and）2；边境形成（border formation and）362；地理（geography and）4, 42, 82；抵抗（as resistance）371；多民族参与的生意（as multiethnic business）355；腐败的公务员（by corrupt civil servants）97, 98；海上力量强化（maritime strengthening and）82；荷兰海军（Dutch naval forces and）58–62, 330, 333–334, 340, 346；荷兰军队（Dutch land military forces and）55, 58；间接成本（overhead costs）7；警力（police forces and）63, 64；涉及商品多种多样（variety of commodities involved in）15–19；通信网络（communications grid and）80；西班牙的打击行动（Spanish actions against）120；诱因（inducements to）89；在东南亚的历史（history in Southeast Asia）9–11, 11–12, 13–15, 373–374；政治重要性（political importance of）7

走私船只（boats, smuggling）6

钻石开采（diamond mining）36, 77

作为违禁品的大米（rice, as contraband）5, 8, 15, 364：亚齐战争（Aceh War and）329, 346, 354；占碑的抵抗（Jambi resistance and）46

理想国译丛
imaginist [MIRROR]

001 没有宽恕就没有未来
[南非] 德斯蒙德·图图 著

002 漫漫自由路：曼德拉自传
[南非] 纳尔逊·曼德拉 著

003 断臂上的花朵：人生与法律的奇幻炼金术
[南非] 奥比·萨克斯 著

004 历史的终结与最后的人
[美] 弗朗西斯·福山 著

005 政治秩序的起源：从前人类时代到法国大革命
[美] 弗朗西斯·福山 著

006 事实即颠覆：无以名之的十年的政治写作
[英] 蒂莫西·加顿艾什 著

007 苏联的最后一天：莫斯科，1991年12月25日
[爱尔兰] 康纳·奥克莱利 著

008 耳语者：斯大林时代苏联的私人生活
[英] 奥兰多·费吉斯 著

009 零年：1945：现代世界诞生的时刻
[荷] 伊恩·布鲁玛 著

010 大断裂：人类本性与社会秩序的重建
[美] 弗朗西斯·福山 著

011 政治秩序与政治衰败：从工业革命到民主全球化
[美] 弗朗西斯·福山 著

012 罪孽的报应：德国和日本的战争记忆
[荷] 伊恩·布鲁玛 著

013 档案：一部个人史
[英] 蒂莫西·加顿艾什 著

014 布达佩斯往事：冷战时期一个东欧家庭的秘密档案
[美] 卡蒂·马顿 著

015 古拉格之恋：一个爱情与求生的真实故事
[英] 奥兰多·费吉斯 著

016 信任：社会美德与创造经济繁荣
[美] 弗朗西斯·福山 著

017 奥斯维辛：一部历史
[英] 劳伦斯·里斯 著

018 活着回来的男人：一个普通日本兵的二战及战后生命史
[日] 小熊英二 著

019 我们的后人类未来：生物科技革命的后果
[美] 弗朗西斯·福山 著

020	奥斯曼帝国的衰亡：一战中东，1914—1920 ［美］尤金·罗根 著
021	国家构建：21世纪的国家治理与世界秩序 ［美］弗朗西斯·福山 著
022	战争、枪炮与选票 ［英］保罗·科利尔 著
023	金与铁：俾斯麦、布莱希罗德与德意志帝国的建立 ［美］弗里茨·斯特恩 著
024	创造日本：1853—1964 ［荷］伊恩·布鲁玛 著
025	娜塔莎之舞：俄罗斯文化史 ［英］奥兰多·费吉斯 著
026	日本之镜：日本文化中的英雄与恶人 ［荷］伊恩·布鲁玛 著
027	教宗与墨索里尼：庇护十一世与法西斯崛起秘史 ［美］大卫·I. 科泽 著
028	明治天皇：1852—1912 ［美］唐纳德·基恩 著
029	八月炮火 ［美］巴巴拉·W. 塔奇曼 著
030	资本之都：21世纪德里的美好与野蛮 ［英］拉纳·达斯古普塔 著
031	回访历史：新东欧之旅 ［美］伊娃·霍夫曼 著
032	克里米亚战争：被遗忘的帝国博弈 ［英］奥兰多·费吉斯 著
033	拉丁美洲被切开的血管 ［乌拉圭］爱德华多·加莱亚诺 著
034	不敢懈怠：曼德拉的总统岁月 ［南非］纳尔逊·曼德拉、曼迪拉·蓝加 著
035	圣经与利剑：英国和巴勒斯坦——从青铜时代到贝尔福宣言 ［美］巴巴拉·W. 塔奇曼 著
036	战争时期日本精神史：1931—1945 ［日］鹤见俊辅 著
037	印尼Etc.：众神遗落的珍珠 ［英］伊丽莎白·皮萨尼 著
038	第三帝国的到来 ［英］理查德·J. 埃文斯 著

039　当权的第三帝国
　　[英]理查德·J.埃文斯 著

040　战时的第三帝国
　　[英]理查德·J.埃文斯 著

041　耶路撒冷之前的艾希曼：平庸面具下的大屠杀刽子手
　　[德]贝蒂娜·施汤内特 著

042　残酷剧场：艺术、电影与战争阴影
　　[荷]伊恩·布鲁玛 著

043　资本主义的未来
　　[英]保罗·科利尔 著

044　救赎者：拉丁美洲的面孔与思想
　　[墨]恩里克·克劳泽 著

045　滔天洪水：第一次世界大战与全球秩序的重建
　　[英]亚当·图兹 著

046　风雨横渡：英国、奴隶和美国革命
　　[英]西蒙·沙玛 著

047　崩盘：全球金融危机如何重塑世界
　　[英]亚当·图兹 著

048　西方政治传统：近代自由主义之发展
　　[美]弗雷德里克·沃特金斯 著

049　美国的反智传统
　　[美]理查德·霍夫施塔特 著

050　东京绮梦：日本最后的前卫年代
　　[荷]伊恩·布鲁玛 著

051　身份政治：对尊严与认同的渴求
　　[美]弗朗西斯·福山 著

052　漫长的战败：日本的文化创伤、记忆与认同
　　[美]桥本明子 著

053　与屠刀为邻：幸存者、刽子手与卢旺达大屠杀的记忆
　　[法]让·哈茨菲尔德 著

054　破碎的生活：普通德国人经历的20世纪
　　[美]康拉德·H.雅劳施 著

055　刚果战争：失败的利维坦与被遗忘的非洲大战
　　[美]贾森·斯特恩斯 著

056　阿拉伯人的梦想宫殿：民族主义、世俗化与现代中东的困境
　　[美]福阿德·阿贾米 著

057　贪婪已死：个人主义之后的政治
　　[英]保罗·科利尔 约翰·凯 著

058 最底层的十亿人：贫穷国家为何失败？
[英] 保罗·科利尔 著

059 坂本龙马与明治维新
[美] 马里乌斯·詹森 著

060 创造欧洲人：现代性的诞生与欧洲文化的形塑
[英] 奥兰多·费吉斯 著

061 圣巴托罗缪大屠杀：16世纪一桩国家罪行的谜团
[法] 阿莱特·茹阿纳 著

062 无尽沧桑：一纸婚约与一个普通法国家族的浮沉，1700—1900
[英] 艾玛·罗斯柴尔德 著

063 何故为敌：1941年一个巴尔干小镇的族群冲突、身份认同与历史记忆
[美] 马克斯·伯格霍尔兹 著

064 狼性时代：第三帝国余波中的德国与德国人，1945—1955
[德] 哈拉尔德·耶纳 著

065 毁灭与重生：二战后欧洲文明的重建
[英] 保罗·贝茨 著

066 现代日本的缔造
[美] 马里乌斯·詹森 著

067 故国曾在：我的巴勒斯坦人生
[巴勒斯坦] 萨里·努赛贝 著

068 美国资本主义时代
[美] 乔纳森·利维 著

069 大清算：纳粹迫害的遗产与对正义的追寻
[英] 玛丽·弗尔布鲁克 著

070 1914年一代：第一次世界大战与"迷惘一代"的诞生
[美] 罗伯特·沃尔 著

071 渗透边界的秘密贸易：东南亚边境地带的走私与国家，1865—1915
[美] 埃里克·塔利亚科佐 著